『죄의식: 일말의 양심』은 죄의식을 다양한 관점에서 연구한 최초의 책이다. 지금까지 죄의식을 심리학, 정신의학, 정신분석학, 인류학, 6대 주요 종교(유대교, 기독교, 이슬람교, 힌두교, 불교, 유교), 4명의 주요 철학자(아리스토텔레스, 칸트, 존 스튜어트 밀, 니체), 법 등의 관점에서 동시에 분석한 책은 없었다. 헤란트 캐챠도리안은 역사적 맥락과 현대적 맥락에서 일반적으로 죄의식을 유도하는 행동들을 검토하면서 죄의식이 개인적인 삶과 친밀한 관계에서 어떻게 기능하는지를 탐구하고 있다.

죄의식
일말의 양심

헤란트 캐챠도리안 저

김태훈 역

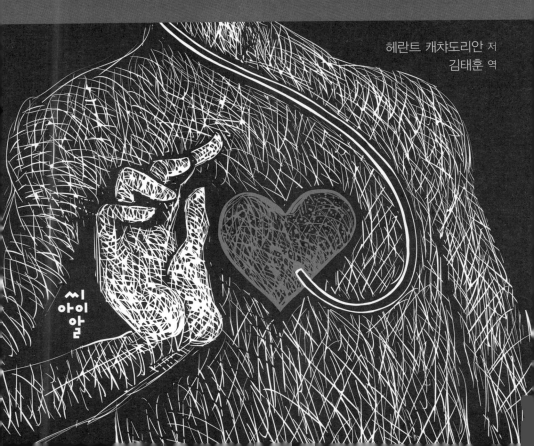

씨아이알

머리말

세르반테스는 『돈키호테』 머리말에서 "이 이야기를 구성하느라 애를 쓴 것은 사실이지만, 내가 분명히 말씀드릴 수 있는 것은 당신이 이제 읽으려는 이 머리말을 쓰는 것보다 더 괴롭게 여겼던 것은 없었다는 것이다. 나는 머리말을 쓰려고 몇 번이나 펜을 들었으나 무엇을 써야 할지 몰라 다시 펜을 놓곤 하였다."[1]라고 밝혔다.

많은 작가들이 세르반테스와 같은 경험을 하였을 것이며, 지금의 나 또한 마찬가지다. 머리말을 쓴다는 것이 왜 이렇게 어려운 일인가?

우선 무엇보다, 독자들이 머리말을 읽지 않을 수도 있다는 막연한 생각 때문이다. 지역의 주민들을 대상으로 하는 연설이나 편지글의 서문처럼, 머리말이 너무 일반적이면 개인적인 어떤 관심을 유발하지 못할 수 있다. 그런데 저자의 입장에서 보면 결정하기 어려운

1   Miguel de Cervantes(1605-15/2003), *Don Quixote*, tr. Edith Grossman, p. 4(New York: Harper Collins).

문제들이 있다. 머리말에서 책의 주요 내용을 밝히는 것이 독자의 욕구를 자극하는 데 도움이 되는 것일까 아니면 둔화시키는 것일까? 독자들이 생각을 풀어갈 수 있도록 주요 내용을 미리 드러내지 않는 것이 오히려 더 도움이 되는가?

머리말이 무엇을 말하고자 하는가에 따라 달라진다. '머리말'이라 하면 그것은 당연히 짧은 글로 주제 그 자체를 다루어야 한다. 또한 머리말은 그 책에 대한 안내이기도 하다. 즉, 머리말은 독자들에게 무엇을 기대해도 좋을 것인가를 알려주어야 한다. 그런 의미에서 이 머리말은 다음과 같은 3가지의 목적을 내포한다. 독자들에게 내가 이 책을 쓴 목적을 말하고, 이 책을 읽어야 하는 이유를 밝히며, 책의 대강의 내용을 언급하는 것이다.

내가 이 책을 쓴 목적은 10여 년 동안 스탠퍼드 대학교 대학원에서 죄의식과 수치심에 관한 강의를 하게 된 것과 유사하다. 나는 학생들에게 두 가지 이유에서 그에 관하여 관심을 갖고 강의를 하게 되었다고 말하였다. 하나는 교수로서의 전문성과 관련된 것이었고, 다른 하나는 개인적인 것이었다. 첫 번째 이유의 경우, 내가 40여 년 동안 담당해왔던 대부분의 강좌들은 매우 큰 규모의 학급이었다(2만여 명 이상이 등록하였다). 그러나 이제는 수강하는 학생들에 대해 좀 더 알 수 있는 작은 규모의 세미나에서 강의하고 싶었다. 더욱이 나의 강의는 주제를 여러 전문 분야의 관점에서 접근하는 방식이었다. 나는 폭넓은 지적 관심을 가진 정신의학 교수로서 인간 행동을 가장 잘 이해하기 위해서는 그러한 학제적 접근이 필요하다고 생각하였다. 죄의식과 수치심의 주제는 바로 그러한 성격에 잘 들어맞는 것이었다.

개인적인 이유는 내가 학생들 나이였을 때 죄의식을 심하게 겪었던 경험과 관련이 있다. 무슨 특별한 이유가 있었던 것은 아니다. 내가 한 사람의 청년으로서 동료들보다 죄의식을 더 느껴야 할 다른 이유는 없었다. 나는 마치 자신이 창출하지도 않은 소득에 대해 세금을 지불하는 사람과 같았다. 학생들에게 왜 내 강의를 수강하는지 그 이유를 적어보라고 했을 때, 그들의 대답 또한 나의 관심과 일치하였다. 절반가량의 학생들이 그 주제에 관심을 갖고 있다고 말했는데, 그들은 심리학을 전공하고 있거나 혹은 그 주제에 대해 지적인 흥미를 갖고 있었다. 나머지 학생들은 유대교도/가톨릭교도/복음주의 기독교도로서 혹은 자주 죄의식을 느낄 것으로 추정되는 몇몇 단체의 일원으로서 죄의식에 관심을 갖고 있거나, 죄의식을 느끼도록 하는 부모를 두고 있거나, 또는 죄의식을 느끼고 있지만 왜 그런지를 모르는 경우 등 주로 개인적인 문제와 관련이 있었다.

나는 이 책을 읽는 많은 독자들도 이와 유사한 동기를 갖고 있을 것으로 예상한다. 만약 여러분이 죄의식 주제에 대해 지적으로 호기심을 갖고 있다면, 여러분은 이 책이 그 주제에 대해 풍부한 자료를 지니고 있다는 것을 알게 될 것이다. 내가 알기로는 그 어떤 책도 이만큼 죄의식을 다양한 측면에서 다루고 있지 않다. 이런 주장이 다소 건방지게 들릴지 모르지만, 나로서는 그럴 만한 이유가 있다. 내가 강좌에서 사용하고자 그와 같은 책을 백방으로 찾았지만 헛수고만 하고 말았기 때문이다. 나 이외에, 나와 같은 전공영역인 정신의학 그리고 행동과학 분야의 전문가 6명이 함께 강좌를 운영하였다. 그들이 다룬 주제는 이 책에 제시되어 있는 바와 같이 진화 심리학과 인류학, 6개 주요 종교(유대교, 기독교, 이슬람교, 힌두교, 불교, 유교), 도덕 철학자들(아리스토텔레스, 칸트, 존 스튜어트 밀, 니체), 그리고 죄에 관한 법적 개념 등을 아우른다.

죄의식(그리고 수치심)에 대해서는 그동안 여러 학문적 관점에서 풍부하게 조망해왔다. 최근에는 전문 학문 분야에서 그와 관련된 지식들이 체계화되고 있다. 우리의 지식이 확장되려면 반드시 필요한 일이다. 그러나 그러한 접근에서 나온 책들은 죄의식의 어떤 특정한 측면에 대해서는 깊이 있게 다룰 수 있지만 다양한 측면을 놓치게 된다.

이 책의 최대 장점은 한 권 안에 다양한 학문적 관점이 담겨 있다는 것이다. 나는 이 모든 관점들을 통합해보고 싶지만, 그건 역부족이다. 가히 바벨탑의 후예들로서 긍지를 가질 만한 다양한 전문가들이 보여주는 방법론, 언어, 개념, 그리고 가설 등에서의 차이가 그것을 어렵게 한다. 결과적으로, 여러분이 이 책에서 접하게 되는 것은 현실적인 대화가 아니라 "평행선을 달리는 독백들"(한 동료 학자가 그렇게 말했다)이다. 그러나 이들 각기 다른 목소리들이 비록 서로에게 향하고 있지는 않다 하더라도 지금 하나의 방 안에서 울리고 있다. 나는 여러분이 이러한 다양한 관점에 귀를 기울임으로써 죄의식과 같은 주제를 이해하는 최선의 방법이란 여러 시각에서 그것을 바라보는 것임을 확신할 것으로 믿는다. 윌리엄 밀러는 혐오감에 관하여 아주 재미있는 책을 냈는데, 그 역시 머리말에서 비슷한 감정을 토로한 바 있다.

나는 이 책을, 이상하게 들리겠지만, 심리학이 지금보다 덜 제한되었던 시절에 대한 존경의 표시로 평가한다. 그 당시에 심리학은 미덕과 악덕, 허구적 및 역사적 이야기, 개인이 자기 자신을 어떻게 평가하는가와 더불어 다른 사람들과 어떻게 지내는가에 관한 것이었다. 심리적인 문제가 아직 도덕적 문제나 사회적 문제와 분리되지 않았던 것이다. 따라서 역사, 문학, 도덕 철학, 그리고 심리학으로부터 방법론을 이끌어낸 이 책은 매우 잡다해 보인다.[2]

---

2 William Ian Miller(1997), *The Anatomy of Disgust*, p. xii(Cambridge, MA: Harvard University Press). 또한 나는 밀러가 성(性)을 언어로 표기하는 데 있어서 제기되는 논쟁적인 이슈를 언급하며 그 자신은 "우리"라는 말을 채택하여 사

또한 이 책에 기술된 분야 가운데 어떤 특정한 분야에 전문적으로 관심을 갖고 있는 독자들도 이 책이 매우 유용하다는 것을 발견할 것이다. 자신의 전문 분야 내에서는 특별히 모르는 것이 많지 않을 것으로 여겨지지만, 자기 전문 이외의 분야에서는 새로운 것이 많을 것으로 생각되기 때문이다.

그러나 이 책은 교과서도 아니고 또한 연구 논문도 아니다. 비록 학문적으로도 매우 충실하긴 하지만, 이 책은 순수 학문적인 측면에 관심을 갖고 있는 독자보다는 보다 일반적이며 광범위한 독자들을 위한 것이다. 여러분은 이 책에서 특정 분야의 전문가와 작가의 목소리뿐만 아니라 일상의 삶에서 죄의식을 경험하는 보통 사람들의 목소리 또한 듣게 될 것이다. 각 장은 문학 작품이나 개인적 이야기의 사례로 시작한다. 또한 각 장은 논의되고 있는 주제들의 구체적인 경우를 보여주는 짧은 이야기들과 예시들을 담고 있다.

개인적으로 죄의식에 대해 보다 많은 관심을 갖고 있는 경우는

용하여 왔다고 말하는 것에 충분히 공감이 간다. 그가 표현한 바와 같이, "나, 너, 그녀, 그, 우리라는 대명사 가운데 어느 것이 주해에서 우선인가는 오늘날 정치적 및 도덕적 함축을 지닌 문제이다." 그래서 그는 "초청된 우리"(invitational we)를 채택한다. 이 "우리"라는 것은, 밀러가 지적하고 있듯이, "왕 같은 나, 즉 개인적 주장들에 대해 책임을 면하고자 혹은 나의 개인적 주장들이 규범으로 가치가 있다고 함으로써 그것들에 그럴듯한 권위를 승인하고자 애쓰는 그러한 내가 아니다. '우리'는 시도했지만 실패한 동정과 상상의 목소리이다." 위의 책, p. xiii.

언급하기 참 곤란하다. 내 자신과 내 강의를 듣는 학생들처럼, 많은 독자들도 죄의식에 대해 개인적으로 관심을 갖고 있거나, 아니면 지금 현재 죄의식으로 고통을 받고 있을지도 모른다. 만약 여러분이 이런 사람들 가운데 한 사람이라면, 여러분은 이 책으로부터 어떤 도움을 기대할 수 있을까? 내가 앞에서 말했던 바와 같이, 이 책은 학문적으로 충실하기도 하지만 그렇다고 순수 학문적인 책은 아니다. 이와 아울러, 이 책이 자기치유적 성격의 안내서는 아니지만 그럼에도 불구하고 또한 도움이 될 수 있도록 진지하게 노력하였다. 분명히 이 책은 여러분이 올바른 죄의식이란 무엇인지, 그리고 일반적인 의미에서 죄의식은 마땅히 어떠해야 하는지를 이해할 수 있을 뿐만 아니라, 여러분 자신의 삶의 경험 속에서 이를 이해하는 데 도움이 될 것이다. 죄의식에 관한 지식은 여러분에게 과연 자신이 누구인지에 대한 보다 깊은 통찰을 제공할 뿐만 아니라 여러분 자신의 일상생활과 행동을 스스로 보다 잘 통제할 수 있도록 해줄 것이다. 그것은 또한 여러분이 다른 사람들, 특히 여러분과 가까운 사람들과의 관계에서 죄의식이 어떻게 작용하는지를 보다 잘 이해할 수 있도록 해줄 것이다. 더 나아가 그것은 어느 누군가가 죄의식을 이용하여 여러분을 조종하려 할 때 여러분 자신을 지켜줄 것이다.

여러분이 일상의 삶에서 언제 죄의식이 부족한지, 그리고 언제 죄의식이 과도한지를 아는 것은 매우 중요하다. 과도한 죄의식은 여러분의 삶에서 기쁨을 앗아가 버린다. 반면에 결핍된 죄의식은 여러분이 맺고 있는 관계를 파멸로 이끌고 여러분으로 하여금 사회에 대해 양심을 품도록 할 수 있다. 여러분이 속한 사회적 집단의 기대와 충돌하게 되면, 여러분은 결국 피해를 입게 된다. 이 책은 여러분이 이러한 두 함정을 피할 수 있도록 도와줄 것이다. 그리고 나는 여러분이 이 책을 읽음으로써 종교적·철학적 관점에서 죄의식에 관한 보다 깊은 통찰을 지니고, 나아가 여러분 자신의 도덕적 감정과 윤리적 확신을 더욱 풍부하게 하길 바란다.[3]

처음에 나는 죄의식을 어떻게 다룰 것인가에 관해 독자들에게 충고하기를 꺼렸다. 부탁받지도 않은 일에 대해서 충고하는 것은 주제넘는 참견이며 불필요한 짓일 수 있기 때문이다. 더욱이 충고는 개인의 도덕적 가치나 심리적 관심과도 서로 일치해야 한다. 두루뭉술한 충고는 스팸메일이나 다름없다. 충고가 유용하려면, 개개인에 맞춤형이 되어야 한다. 하나의 예가 모든 사람에게 다 맞을 수는 없다. 그래서 이 책에서는 각 장의 말미에 그 장의 특정한 관점에서 죄의식에 대처하는 문제를 언급해두었다.

그러나 이 책이 심각한 도덕적 딜레마의 해결에 도움을 줄 수 있

---

3 왜 도덕적이어야 하는가에 관한 문제는 Kai Nielson(1972), "Why Should I Be Moral?", Paul W. Taylor, ed. (1972), *Problems of moral Philosophy*, 2nd ed., pp. 539-58(Belmont, CA: Dickenson)에 보다 자세히 언급되어 있다.

는 데에는 한계가 있다. 이 책의 초고를 열심히 읽었던 내 친구 중의 한 명은 개인적으로 하나의 문제를 갖고 있었다. 그는 어떤 관계로 인해 양심상 괴로움을 겪고 있었다. 그래서 그는 이 책을 통해 자신의 딜레마를 벗어날 수 있는 방법을 찾고자 하였다. 그것은 익히 예상되는 일이기도 하다. 그가 이 책을 통해 자신의 문제에 대한 어떤 분명한 해결책을 발견하지 못하고 실망을 하게 된 것에 대해 놀라워하지는 않는다. 그러한 특수한 해결책은 이 책의 범위를 넘어서는 것으로 전문 상담이나 치료를 요구할 수도 있기 때문이다.

과연 오늘의 삶을 살아가고 있는 우리에게 있어서 죄의식을 보다 넓은 문화적 관점에서 바라보는 일이 정말 가치가 있고 중요한 일인가? 빅토리아 시대에서는 도덕적 열광자들이 죄의식을 이용하여 사람들을 엄청 괴롭혔다. 이블린 워의 『다시 찾은 브라이즈헤드』에서 신교도 남성과 은밀한 사건에 연루되었던 가톨릭 이혼녀의 비탄을 생각해보라.

　매년, 매일, 매시간, **죄 안에서 살고, 죄와 함께 살며**, 죄에 의해 살고, 죄를 위해 살고 있다. 아침에 죄와 더불어 눈을 뜨고, 죄에 드리워진 커튼을 바라보고, 죄를 목욕시키고, 죄에 옷을 입히고, 죄에 다이아몬드 반지를 끼우고, 죄에 음식을 먹이고, 죄를 관광시키고, 죄를 기쁘게 해주고, 만약 밤에 죄가 초조해하면 다이얼 정제[수면

제] 한 알을 먹여 잠들게 한다.[4]

도대체 어느 누가 이 이상으로 잠 못 이루며 불안해하겠는가? 지금은 많은 사람들이 죄의식보다는 권리의식을 더 소중히 여기는 것 같다.[5] 그들은 자신이 다른 사람들에게 빚진 것에 대해 지녀야 할 책임보다는 다른 사람들이 자신에게 빚진 것에 대해 더 관심을 갖고 있다. 심지어 전통적인 도덕 판단의 기반이, 그에 따라 죄의식을 느낄 필요성도 당연히, 많은 비난의 공격을 받는 것처럼 보인다. 예컨대 최근에 『죄의 방어』라는 책에 기고한 사람들이 우상 숭배, 신성모독, 부모 배척, 살인, 간통, 사기, 탐욕, 황금률 파괴, 용서 거절, 오만, 험담, 욕정, 상대를 가리지 않는 성행위, 매춘, 절망, 그리고 자살 등에 대해 방어하는 주장들을 생각해보라. 그러나 자극적인(그리고 오히려 오해의 소지가 있는) 제목과 각 장의 주제에도 불구하고, 여전히, 그 책은 전통적인 도덕을 전면적으로 거부하지는 않는다. 다만 그의 과도함과 불합리성을 비판하는 것이다. 우리는 물론 이런 모든 것들에 대해 이미 들은 바가 있으며, 또한 어느 누구도 백 년 전에 니체가 했던 말 그 이상을 하지 못하고 있다. 결국, 죄의식은 현재도 여

---

4 Evelyn Waugh(1945), *Brideshead Revisited*, p. 278(Boston: Little, Brown).

5 나의 이 소견에 대해서는 John Racy에게 감사한다.

전히 우리와 함께 살아 숨 쉬고 있는 셈이다.

　이 책의 주제는 다음과 같다. 죄의식을 느끼는 능력은 타고난다. 즉, 우리는 진화 과정을 거치면서 뇌 속에 그러한 능력이 구조화된 채로 태어난다. 죄의식은 사회적 통제와 관련하여 다양한 기능을 발휘하는 관계로, 그에 대한 경험은 문화적 편차에 따라 달라진다. 다른 감정과 마찬가지로, 죄의식도 그 자체로는 선도 악도 아닌 중립적인 것이다. 그것이 과도하거나 결핍될 때 병적으로 나아간다. 죄의식은 도덕적 추론에서 없어서는 안 될 요소이며 특히 유일신 종교와 밀접한 관련이 있다. 그런 점에서 아시아 종교와는 다소 관련성이 떨어진다. 죄의식은 도덕성에 관한 철학적 담론에서 중요한 요소를 차지하며 법체계에서도 핵심 개념을 이루고 있다. 우리는 후속 장들에서 이들 주제 하나하나를 차례로 다룰 것이다.

　여러분은 이미 이 책의 대강에 관하여 어느 정도 알아차렸을 것이다. 그러나 그 내용을 좀 더 안내해줌으로써 여러분은 보다 구체적으로 무엇을 기대해도 좋을지를 생각할 수 있을 것이다. 목차를 보고 그것을 분명하게 알기는 어렵기 때문이다. 이 책은 크게 두 부분으로 이루어져 있다. 첫 번째 부분(제1장부터 6장까지)은 죄의식에 관한 우리의 개인적 경험 가운데 주로 심리적 관점에 관하여 다룬다. 두 번째 부분(제7장부터 11장까지)은 진화 심리학, 인류학, 종교, 철학, 법의 렌즈를 통해 죄의식을 바라보는 등 보다 넓은 사회적 맥락에서 접근한다. 첫 번째 부분은 미시적 관점을, 그리고 두 번째 부분은 거시적 관점을 제공한다.

제1장은 죄의식과 그의 관련 개념들, 곧 후회, 쑥스러움, 수치심, 혐오 등의 지형을 그림으로써 논의를 위한 그의 기초를 닦는다. 제2장은 전형적으로 죄의식과 관련되어 왔던 행동들을 살펴본다. 죄의식 유발 행동에 대한 기본 구조는 주로 십계명과 7대죄로부터 나온다. 십계명(유대 기독교 윤리의 핵심)은 특정한 행동들에 초점을 두고 있으며, 7대죄(중세 기독교의 유산)는 죄의식을 유발하는 행동으로 이끄는 그러한 기질을 지적함으로써 인간 행동의 핵심적인 동기에 초점을 둔다.

제3장은 아마도 대부분의 독자들이 이런 종류의 책에서 발견하기를 바라는 바에 가장 근접할 수 있다. 이 장은 우리의 개인적인 그리고 친밀한 관계에서 죄의식이 어떻게 작용하는지에 관한 핵심적인 문제를 다룬다. 제4장은 개인적인 잘못과 관계가 없는 몇 가지 유형의 죄의식, 예컨대 생존자의 자책, 집단적 죄의식, 그리고 실존적 죄의식 등을 다룬다는 점에서 좀 특이하다. 제5장은 병적 죄의식에 관한 까다로운 문제를 다룬다. 우리의 도덕적 행동을 규제하는 데 도움을 주는 건강한 죄의식과 과도하거나 부족하여 생기는 병적 죄의식 간의 차이를 규명한다.

제6장과 7장은 도덕 판단을 할 수 있는 역량(죄의식을 느낄 수 있

는 개연성)이 어떻게 발달하는가를 다룬다. 제6장은 이 과정을 개인의 일생을 통해 고찰하는 반면, 제7장은 인류의 종 수준에서 이를 검토한다. 제7장은 죄의식의 진화가 어떤 역할을 하는가를 고찰함으로써 이 책을 두 부분으로 구분하는 개인적 관점과 사회적 관점 사이를 연결해주는 가교 노릇을 한다.

제8장과 9장은 세계 6대 종교, 곧 서양의 유대교, 기독교, 이슬람교, 그리고 동양의 힌두교, 불교, 유교의 죄의식에 관한 고래로부터 내려오는 방대한 전통을 살펴본다. 이 두 장은 가장 도전적인 장이 될 수도 있다(사실 이 두 장이 가장 쓰기가 어려웠다). 그러나 한편으로 우리가 죄의식을 이해하는 데 있어서는, 우리가 종교를 갖고 있던 그렇지 않던 상관없이, 없어서는 안 될 핵심이기도 하다. 종교는 그 어떤 접근보다도 대부분의 사람들의 도덕의식을 형성하는 데 영향을 미쳐왔으며, 그 점은 지금도 여전하다. 따라서 우리가 특정 종교의 가르침을 따르든 그렇지 않든 간에 그것에 가까이 접근하는 것은 매우 의미있는 일이다.

제10장은 종교에 초점을 두었던 장들과 달리 세속적인 내용을 다룬다. 죄의식에 대한 세 가지의 주요 철학적 접근, 곧 아리스토텔레스의 덕 윤리학, 칸트의 의무 윤리학, 그리고 존 스튜어트 밀의 유용성 윤리학을 제시한다. 또한 서구 도덕에 대한 니체의 준열한 비판도 제시한다. 마지막으로, 제11장은 죄의식에 대한 경험 가운데 우리가

선택할 수 있는 것이 무엇인가에 대한 것으로부터 법적 차원에서는
무엇이 의무적인 것인가에 대한 것으로 논지를 전개한다. 우리는 죄
의식에 대한 그 어떤 접근에 대해서도 임의로 수용하거나 거부할 수
있지만, 법의 지배하에서는 선택의 여지가 없다. 따라서 법이 유죄
여부를 어떻게 결정하는가를 알아볼 필요가 있다.

　한 저명한 철학자인 친구가 내게 말하길, 만약 이 책이 죄의식을
다루고자 한다면, 죄의식이 이 책의 전면을 차지하고 있어야 한다고
하였다. 만약 다른 특질들이 등장해야 한다면, 그것들 또한 죄의식과
관련하여 다루어져야 한다는 것이다.[6] 나는 친구의 훌륭한 충고를
일관되게 반영하려고 노력하였지만, 역부족인 면이 없잖아 있을 것
이다. 주제에서 벗어난 경우가 있을 때에는 독자의 관용을 바랄 뿐이
다. 아울러 나는 이 책에 내 자신의 의견이나 입장이 개입되지 않도
록 가능한 한 무척 많은 노력을 기울였으며, 그러한 개인적 견해는
끝맺는 말에 실었다.

　이 책을 쓰는 일이 나에게는 엄청난 도전이자 삶에 대한 풍부한
경험이기도 하였다. 나는 이 책의 집필을 통해 그 어떤 노력으로도
얻을 수 없는 많은 것을 배웠다. 더 나아가, 그것은 순수한 지적 활동
그 이상이었다. 즉, 그것은 내가 느끼고 행동하는 방식을 변경시켰

---

[6]　Robert Audi, 사적 교신.

다. 나는 이 책을 읽는 독자 여러분도 이와 유사한 경험을 공유하길 기원한다.

끝으로, 여러분은 물론 이 책을 여러분 마음대로 읽을 수 있다. 하지만 나는 여러분이 각 장을 순서대로 읽기를 바란다. 어쩌면 여러분은 보다 더 많은 관심을 갖고 있는 장을 선택하여 먼저 읽고 싶은 충동을 느낄 수도 있을 것이다. 만약 그런 읽기 방식이 여러분이 추구하는 바를 얻는 데 도움이 된다면, 그것도 좋은 일일 것이다. 그러나 그런 방식은 자칫 이 책의 구성 저변에 흐르는 논리적 맥락을 잃을 수 있다. 만약 어떤 장이 여러분의 흥미를 도대체 끌지 못한다면, 최소한 그 장만은 그냥 스쳐 지나칠 수는 있을 것이다. 이 책이 독립적인 주제들을 엮은 백과사전이 아님을 고려해야 한다. 즉, 이 책은 각 장이 나름의 세계를 구축하면서도 연속으로 이어져 나중에 전체적으로 뜻이 통하도록 의도되었다.

감사의 말

이 책의 아이디어는 내가 10여 년 동안 스탠퍼드 대학교에서 학제적 세미나를 통해 죄의식과 수치심을 가르쳤던 데에 기원을 두고 있다. 많은 동료들이 내 전공 분야 외의 주제들에 대해 객원 강사로 봉사해주었다. 나는 그들에게 많은 감사의 빚을 지고 있는데, 특히 무엇보다 그들 각자의 학문 분야 관점에서 죄의식을 이해할 수 있도록 나를 안내해준 점에 대해 감사한다. 그들의 아이디어는 이 책의 전반에 반영되어 있다. 이 동료들은 해당 장의 시작하는 곳에 인용되어 있다.

이들 가운데 여러 명은 스탠퍼드나 다른 기관에 있는 사람들과 함께 이 책을 준비하는 데 매우 소중한 도움을 주었다. 샌포드 기포드, 언리 영, 낸시 맥게라간, 댄 번스타인은 원고를 모두 읽고 사려 깊은 견해를 주었으며, 또한 일반 독자로서 각기 자신의 전공 및 관심 분야와 관련하여 매우 유익한 제안을 해주었다. 또 다른 사람들은 자신들의 특정 학문 분야 관점에서 관련 장에 대한 비평을 해주었는데, 이를 열거하면 다음과 같다. 앤 퍼낼드, 센드리 허처슨, 마크 그로스는 심리학, 존 레이시는 정신의학, 데이비드 햄버그와 울라 모리스 카터는 집단 죄의식, 에스더 휴렛은 박애주의, 로버트 사폴스키는 진화론, 아놀드 아이젠과 에스텔 헤러비는 유대교, 마크 맨콜은 유대교, 힌두교, 불교에 관하여 광범위한 도움을 주었다. 로버트 그레그는 유일신, 특히 기독교에 관하여 많은 도움을 주었고, 스코티 맥레난은 유일신과 아시아 종교, 에이브라힘 무사, 샤자드 바시르, 그리고 행크 에드슨은 이슬람교, 라카 레이, 쉬린 파샤, 스미타 싱, 그리고 줄피카르 아흐마드는 힌두교, 마크 버트슨은 불교, 그리고 특히 리 이어리, 쉬라 멜빈, 진동 카이, 그리고 레이첼 주는 유교에 관하여 많은 도움을 주었다. 여러 논문들을 검토하였던 로버트 아우디와 레니어 앤더슨은 철학, 로버트 와이즈버그, 폴 브레스트, 그리고 스티브 토벤은 법률에 관하여 도움을 주었다. 그들의 도움이 없었다면, 아마도 이 책은 출판되지 못하였을 것이다.

　나는 특히 이 책에 대해 최초로 관심을 가져주고 또한 출판에 이르는 전 과정 동안 꾸준히 지원해준 마이클 켈러에게 감사한다. 나는 스탠퍼드 대학교 출판부 관계자인 앨런 하베이, 에미리-제인 코헨, 제프리 와이네켄, 주디스 히바드, 그리고 보이지 않는 곳에서 출판 작업에 참여해준 모든 분들에게도 감사를 드린다. 리차드 군데는 원고를 편집하는 데 탁월한 기여를 하였으며, 나의 문장을 수정하는 데 나보다 더 많은 역할을 하였다. 도날드 램은 자신의 많은 시간을 투

자하여 이 책이 일반 독자층에 보다 쉽게 다가갈 수 있도록 해주었
다. 데이비드 라이온 또한 이 점에서 많은 도움을 주었다.

　나는 상주학자와 동료 교수로 예우해주며 훌륭한 사무실을 제공
해준 휴렛 재단과 그의 이사장인 폴 브레스트, 그리고 워드 프로세서
와 씨름하고 있던 나에게 지속적인 도움을 주었던 데니스 로비쵸우,
브라이언 헨드릭슨, 척 페레이라, 마크 그린필드 등 재단 관계자 여
러분에게도 고마움을 전한다.

　나는 아내 스티나에게 특별한 감사의 빚을 지고 있으며, 이 책을
그녀에게 바친다. 그녀는 원고 전체를 수차례 읽고 또 읽었다. 작가
이자 번역가로서 보여주었던 그녀의 예리한 판단은 이 책의 스타일
과 내용을 개선하는 데 가장 많은 도움이 되었다. 그녀와 여러 차례
토론을 가짐으로써 여기저기 있었던 애매한 문구와 생각들이 보다
명료해졌다. 내가 많은 시간과 노력을 기울여 이 책을 성공리에 마무
리할 수 있었던 데에는 그녀의 진심어린 노력과 인내가 자리하고 있
었다. 나의 딸 니나는 총명한 예술가의 눈으로 책 표지의 선택과 디
자인에 한 몫을 해주었다. 나의 사위인 시나 나자피는 출판을 알선해
주었다. 아들인 카이는 핀란드의 집에서 몇 차례 여름을 보내면서도
윈드서핑 한 번 같이 타지 못한 채 집 안에 들어앉아 연구에만 몰두
했던 나를 잘 이해주었다.

　이 책이 세상에서 빛을 보게 되는 데 관여했던 모든 나의 동료들,

가족, 그리고 친구들은 혹여나 이 책에 대한 긍정적인 평가가 있다면 그것을 받을 자격이 충분하다. 이 책에 대한 그렇지 못한 측면은 전적으로 나의 책임이다.

헤란트 캐챠도리안

차 례

CHAPTER 01

죄의식과 그의 관련 특질들

죄의식과 그의 관련 특질들

대학생이었을 때, 나는 언젠가는 동경하는 나의 마음을 충족시켜줄 이상적인 여성상을 늘 상상 속에서 갈망하고 있었다. 건축학과를 졸업할 무렵 나는 그 여성을 만났다. 최소한 나는 그런 줄 알았다. 신시아는 내가 갈망하던 그 모든 것을 갖추고 있는 것 같았다. 그녀는 아름다웠고 지적이었으며 타고난 재능도 있었다. 그녀는 자신감이 충만한 강한 의지의 소유자였다. 만약 내가 그녀를 쟁취할 수만 있다면, 더 이상 바랄 것이 없을 것 같았다. 나보다 더 원숙하고 직업적으로

나는 이 장과 다음 장에 대해 논평과 함께 유익한 제안을 해준 앤 퍼낼드(Anne Fernald), 센드리 허처슨(Cendri Hutcherson) 그리고 마크 그로스(Mark Gross)에게 감사한다. 센드리 허처슨(Cendri Hutcherson)은 또한 심리 문학의 출처를 확인하는 데 도움을 주었다.

안정된 많은 남성들이 그녀에게 구애하였다. 그러나 놀랍게도 그녀의 마음을 쟁취한 사람은 바로 나였다. 적어도 나는 그런 줄 알았다.

우리는 결혼을 하였다. 그런데 나는 그것이 엄청난 실수였다는 것을 깨달았다. 나는 꼼짝 없이 잡힌 것 같은 기분이었고, 잘못된 의무감에서 비롯되었다는 인식이 들었으며, 체면을 손상당할 수 있다는 두려움이 함께 밀려오면서 그녀를 향한 나의 열망은 산산이 부서져나갔다. 이윽고, 우리의 생활은 감정 폭발을 통한 기분 전환조차도 없는 우울한 불만 속에서 엉망진창이 되어갔다. 나는 차츰 신시아를 비참하게 만드는 내 자신을 책망하고, 황폐한 미래에 대해 그리고 무엇보다 내가 그렇게 간곡하게 원했던 바를 허락해주셨던 하나님에 대한 믿음이 약해지는 것에 대해 내 자신을 비난하게 되면서, 죄의식 감정이 나의 삶을 파고들기 시작하였다. 우리의 결혼생활이 힘들게 이어지고, 내가 일에 몰두하려고 애쓰면서, 나의 죄의식 감정은 점차 무뎌져갔으며 이는 동시에 체념과 분노로 바뀌어갔다. 나와 마찬가지로 신시아 역시 행복하지 않았기 때문에, 나는 우리가 서로 헤어지는 것이 낫겠다고 그녀를 설득하였다. 그러나 나를 잃을 수도 있다는 미래에 대한 전망은 그녀로 하여금 내가 결코 헤아리기 어려운 여러 이유들에 매달리게 하였다. 마침내 나는 그녀를 떠났다.

우리가 헤어진 지 몇 개월 후, 나는 지지부진한 우리의 관계를 해결할 희망을 안고 신시아를 만났다. 우리의 만남은 의외로 우호적이었으나 더 이상의 진전은 없었다. 내가 떠나려 할 때, 신시아는 좌절하면서 나에게 다시 돌아와 달라고 애원하였다. 나는 순간 어리둥절했다. 그녀는 결코, 아직까지 단 한 번도, 나와 관계된 그 어떤 것에 대해서도 사과하거나 심지어 죄의식을 가져본 적이 없었다. 나는 그녀가 양심을 지닌 사람이라는 것을 잘 안다. 다만 그녀는 분명히 그런 감정을 표현하는 것을 모욕적으로 여기거나 자존심이 강해 그러한 감정을 인정하려들지 않았을 것이다. 그러나 지금 그녀는 비참한 굴욕을 참아가며 나에게 간청하고 있었다. 눈물에 젖은 그녀의 에메랄드빛 눈망울을 바라보자, 나의 팔은 그녀를 와락 껴안고 싶어 했다. 하지만 나의 다리는 그녀로부터 나를 멀리 벗어나도록 하였다. 핏기 없는 미소를 머금은 채, 나는 그녀를 돌아본 후 차를 향해 걸어갔다.

차를 몰고 가자, 엄청난 죄의식이 나를 엄습해왔다. 내가 어떻게 그런 고통을 그녀에게 줄 수 있단 말인가? 좀 더 행복한 인생에 대한 나의 희망이란 이런 엄청난 고통의 희생을 대가로 얻어지는 것인가? 나는 돌아가고 싶었다. 그러나 사냥꾼에게 쫓기는 먹이마냥 가속 페달을 더욱 밟고 있었다. 신시아의 후회는 의심의 여지없이 진정성이 있었으며 나도 그녀를 용서할 수 있었다. 그러나 나는 내 삶의 나머지 여정을 그녀와 함께한다는 것을 상상할 수 없었다.

쉬 사라지지 않고 남아 있던 나의 죄책감이 나로 하여금 이혼을 제기하도록 한 것은 2년여의 시간이 흐른 후였다. 내가 이혼을 해야겠다는 결심이 분명해졌을 때, 신시아는 마음속에 앙심을 품게 되었다. 그것은 그 어떤 것보다도 더 나의 마음이 멀어져가도록 힘을 실어주

었다. 우리의 이혼이 여러 사람에게 알려지면서, 미련으로 엉거주춤
하던 나의 죄의식은 산더미 같은 수치심으로 대체되기 시작하였다.
나는 태어나 처음으로 인생에서 커다란 낭패를 경험하였다. 죄의식
과 수치심 가운데 어느 것이 더 나를 힘들게 하는지 알 수가 없었다.[1]

필립 K는 전도유망한 젊은 건축가이며 신시아는 재능이 넘치는
예술가이다. 혹자는 매력적이고, 지성적이며, 남부럽지 않은 두 사
람이 어쩌다 그렇게 어울리지 않는 결혼으로 빠져드는 잘못을 했는
지 궁금해할 수 있을 것이다. 그러나 여기에서 우리가 관심을 갖는
것은 그런 흥미진진한 이슈가 아니라 죄의식이 그러한 인생 드라마
에서 어떤 역할을 하는가에 있다. 우리는 필립이 죄의식에 맞서 발버
둥치는 것을 어떻게 이해해야 하는가? 그는 단순히 주변 사람들의
말에 예민한 반응을 보이는 사람인가 아니면 과도한, 병적인 죄의식
을 가진 사람인가? 죄의식은 그에 쉽게 빠져드는 그의 성격 때문인
가 아니면 신시아와의 원만치 못한 관계로 인해 빚어진 결과인가?
만약 필립이 다른 어느 누군가와 결혼했다면, 그의 삶을 힘들게 했던
그러한 죄의식을 갖지 않았을까? 신시아가 보다 성숙한 다른 어느
누군가와 결혼했다면, 그녀는 그렇게 쉽게 혹은 성공적으로 자신의
남편에게서 죄의식을 유발할 수 있었을까? 비록 우리가 위 이야기에
서 신시아를 보다 잘 이해할 수 있는 내용을 충분히 확보하지 못하고

있는 상황이지만, 이 슬픈 이야기에서 여러분에게 그녀는 악인으로 떠오르는가 아니면 희생자로 떠오르는가? 악인과 희생자는 항상 존재하는가 아니면 관계 그 자체로 인해 발생하는가? 그런 경우에, 죄의식은 친밀한 관계를 지속하는 데 도움이 되는가 아니면 방해가 되는가? 죄의식은 사랑을 고양시키는가 아니면 증오를 불타오르게 하는가?

우리는 지금까지 이러한 문제들을 심리적 및 관계적 측면에서만 언급해왔다. 그러나 죄의식은 그와 더불어 중요한 사회적 및 문화적 요소를 함축하고 있다. 필립은 전통적이며 보수적인 배경에서 태어났다. 그의 공동체에서 이혼은 드물었고 또한 수치스러운 일이었다. 그의 가족의 사회적 명성과 모범적인 젊은이로서의 자기 자신의 평판을 고려해보면, 필립이 이혼에 따른 수치심으로 뒤범벅이 되는 것은 정말로 견디기 어려운 일이었을 것이다. 그것은 또한 필립이 과연 하나님의 의지를 정확하게 이해했는지 아니면 자기 자신의 욕망을 하나님의 의지로 대체했는지 의문을 들게 하였다. 필립이 느끼는 개인적 실패감과 이혼에 대한 대중들의 예상된 비난은 그에게서 죄의식과 수치심의 격렬한 감정을 불러일으켰다.

비록 우리 대부분이 필립이 경험했던 것과 똑같은 그런 경험으로 고통을 겪어보지 않았다 하더라도, 우리가 죄의식이나 수치심을 느낄 때 그 기분이 어떻다는 것을 아는 것은 분명히 다른 경우를 통해서도 가능할 것이다. 필립은 이런 정서를 각기 다른 시기에 각기 다른 방식으로 자신을 괴롭혔던 독특한 감정으로 언급하고 있다. 우리들도 대부분 사실 그렇게 한다. 후회와 쑥스러움뿐만 아니라, 죄의식과 수치심이 필립의 경험 속에 서로 얽혀 혼재되어 있다(우리에게 흔히 있는 것처럼).

우리가 뭔가 잘못하거나 혹은 수치심을 느낄 때, 우리는 '기분이 나쁘다.' 보통 우리는 이들 감정이 무엇으로 이루어져 있는지 서로 분리하여 각각 명칭을 붙이려 하지 않는다. 우리가 죄의식을 느꼈다 혹은 부끄럽다고 말하면서 감정에 명칭을 붙여 말하는 경우는 우리가 그런 감정에 대해 곰곰이 생각하거나 혹은 다른 사람들에게 그런 감정을 자세히 설명하고자 할 때뿐이다. 그런 감정은 우리에게 폭넓게 공유되고 있기 때문에 그 명칭들은 금방 이해가 된다. 그러나 이들 감정은 늘 우리의 마음속에서 분리되지도 않을뿐더러 뚜렷하게 정의되지도 않는다.

여러 감정 용어에 대한 일상적인 용법과 과학적인 용법 간에는 흔히 상당한 차이가 있다는 것도 주목할 만하다. 달리 말하면, 우리가 수치심과 죄의식 같은 용어를 일상의 삶에서 사용할 때, 그 의미가 심리학자들이 같은 용어를 사용할 때와 반드시 똑같은 것은 아니라는 것이다. 그 때문에 형식을 잘 갖춘 연구물에서 취해진 더할 나위없는 구분들이 우리의 일상적인 경험과 잘 맞지 않는 것처럼 느껴

지는 것이다. 이는 또한 심리학자들이 죄의식과 수치심의 감정을 구
분할 때 주장하는 구성요소들과 그들이 일반 사람들을 대상으로 한
조사연구에서 발견한 그에 관한 그들의 지각이 서로 일치하지 않는
까닭을 설명해줄 수 있을 것이다.

비록 이 책이 기본적으로 죄의식을 다루고 있지만, 우리는 그와
관련한 "이웃들", 곧 후회, 쑥스러움, 수치심 그리고 혐오 등을 언급
하지 않고서는 그것을 결코 논의할 수 없다.² 이들 정서는 **자기 평가**
적 기능에 이바지한다. 이들 정서는 우리의 행동에 관한 판단과 더불
어 우리가 생각하는 그런 우리 자신을 반영한다. 이런 감정을 경험할
때, 우리는 우리 자신의 마음과 정신으로 우리 자신을 재판에 회부한
다. 그런 이후, 다른 사람들이 우리를 어떻게 판단할 것으로 생각하
는지와 더불어 우리의 사회적 지위와 자존감을 고려하여 판단을 하
게 된다. 결과적으로, 처벌에 대한 두려움과 사회적 지위의 상실에
대한 불안감은 불가피하게 우리의 죄의식과 수치심의 경험에 영향을
미치게 된다.

죄의식과 수치심으로부터 야기된 고통과 불만은 매우 낮은 수준
의 불안으로부터 아주 깊은 분노에 이르기까지 그 범위가 매우 넓다.
대부분의 경우에는 단지 우리 삶의 정서적 표면에서 잔물결이 이는
정도이지만, 때로는 격렬한 폭풍으로 돌변할 수 있다. 그런 감정들은
불쾌하기 때문에 우리는 가급적 피하려 한다. 그러나 우리를 아프게

하는 것이 모두 나쁘다는 것은 아니다. 비틀어진 발목 때문에 생기는 고통은 속도를 내어 걸음으로써 더 많은 손상을 입는 것을 방지해준다. 이와 마찬가지로, 죄의식이나 수치심과 같은 고통스러운 감정은 우리의 삶과 인간관계에 반드시 교정되어야 할 적절치 않은 어떤 것이 존재한다는 점을 우리에게 알려주어 경각심을 갖게 해준다.

정서란 무엇인가?

정서란 단어는 심리적 흥분(라틴어 "나는 감탄했다"; "나는 화가 났다"로부터)[3]과 관련이 있다. 정서에 관한 보다 비형식적인 용어-**감정(feeling)**-는 동사("나는 죄의식을 느낀다")뿐만 아니라 명사("나는 죄의식 감정을 갖고 있다")로도 사용될 수 있다.[4] 정서는 두려움으로 심장이 뛰고 수줍음으로 얼굴이 붉어지는 것과 같은 신체적 징후를 수반하는 고양된 심리적 각성 상태를 말한다. 정서는 우리의 사고와 행동에 동기를 부여하고 안내하는 데 있어서 핵심적인 역할을 하며, 안면과 신체를 통한 그의 표출은 다른 사람들에게 내면의 감정을 전달해준다. 정서는 상호작용의 진행과정에서 사회적 관계에 중요한 문제들을 해결한다. 그러나 이론가들은 정서의 기원, 결정적인 특징 그리고 결과에 관해 각기 다른 가설을 제

기한다.[5]

정서에 관한 초기 연구들은 주로 개인에 의해 경험된 것으로서 그의 '**개인의 마음속에서 생기는**' 측면에 초점을 두는 경향이 있었다. 그러나 최근에 이르러, 이에 관한 연구가 부모와 자녀 그리고 사랑하는 연인 관계와 같은 인간 상호작용에서 발휘하는 정서의 '**대인관계**' 기능으로 옮겨가는 추세를 보이고 있다.[6]

정서는 인성의 핵심에 위치하고 있다. 정서는 보편적이며 우리 인간의 진화적 유산의 일부이다. 그런고로 그것은 고등 동물들과 공유되고 있다. 그렇지만 그것은 또한 다른 동물들과는 다른 인간만의 방식에서 문화에 의해 형성되기도 한다. 사람들은 정서를 소중히 여기는 동시에 또한 두려워한다. 정서는 삶에 재미를 더하며 우리로 하여금 황홀경을 맛보게 해준다("너무 흥분된다"). 정서는 또한 자제력의 상실을 암시하며("사랑에 빠져버렸다") 그리고 합리적으로 행동할 우리의 능력을 방해하기도 한다("너무 화가 나서, 나는 침착할 수가 없었다").

정서는 비록 자연적인 것이지만, 그렇다고 그냥 발생하는 것은 아니다. 어떤 이유가 있기 때문에 발생하는 것이다.[7] 정서 그 자체는 좋지도 않고 나쁘지도 않다. 그 결과는 정서가 어떻게 활용되는지 그리고 왜 활용되는지에 따라 달라진다. 전통적으로 철학자들은 정서가 우리의 판단을 흐리게 한다는 점에서 탐탁잖게 여겼으며, 심리학자들은 경험적 연구를 수행하기에는 감정이 너무 막연하다고 생각하여왔다. 그러나 우리는 이제 정서를 모든 인간의 경험에 핵심적인 것으로 평가한다. 정서를 이성에 적대적인 것으로서보다는 이성과 상호 연관된 그리고 결코 이성과 분리될 수 없는 존재로 인식한다. 즉, 사고와 감정은 상호보완적이며 분리될 수 없다. 우리는 사고를 하지 않은 채 감정을 경험할 수 없고, 또한 감정을 느끼지 않으면서 사고를 할 수 없다.[8]

초기의 연구자들은 화와 두려움(슬픔, 행복, 혐오 그리고 놀람뿐만 아니라)과 같은 **기본 정서**에 초점을 맞추었다. 이들 핵심 정서는 생물학적 기반(그런고로 이들 정서는 고등 동물들과 공유되고 있다)과 함께 독특한 생리적 징후를 내포하고 있다. 이들 정서는 모든 문화권에서 나타나며 보편적으로 인정되는 얼굴 표정을 보인다. 예를 들면 우리는 세계의 어느 곳에서든, 심지어 사진상에 나와 있는 얼굴을 단순히 바라보더라도 그 사람이 화가 났는지 어떤지를 알 수 있다. 이들 정서는 인간에게 필수적인 생존과 재생산 기능에 기여함으로써 서서히 발전되어 왔다(그리고 문화적으로 변화되어 왔다).

죄의식, 수치심, 후회, 쑥스러움 그리고 자존심에 관한 주관적인 경험은 이들 정서를 정서 영역 안에서 같은 비중으로 공평하게 평가한다. 그러나 이들 정서는 보편적인 기본 정서로서의 요소가 부족하다. 그런고로 이들 정서를 **부차 정서**라 부른다. 어떤 사람이 죄의식이나 수치심을 느끼고 있는지보다는 어떤 사람이 화가 났거나 두려워하는지를 아는 것이 훨씬 더 쉽다. 부차 정서는 문화적 조건에 영향을 더 받기 쉬우며, 따라서 그에 관한 경험과 표현에서 커다란 문화적 차이가 드러난다. 예를 들면, 프랑스 사람과 중국 사람이 화나 슬픔을 경험하는 방식은 그들이 죄의식이나 수치심을 경험하는 방식보다는 더 유사할 것이다. 그렇다고 부차라는 말이 이차적인 중요성을 지닌다는 것을 의미하는 것은 아니다. 이들 부차 정서 또한 우리의 사고, 감정 그리고 행동을 조절하는 데 있어서 중심적인 역할을 수행한다.

최근까지 신경과학자들은 정서를 통제하는 뇌 구조를 직접적으로 파헤칠 수는 없었다. 초기의 신경학 연구에서 활용되었던 일반적인 방법은 전기적으로 뇌의 여러 부분들을 자극시켜 그에 따른 행동 징후를 관찰한 후, 그런 기능들을 통제하는 뇌 중추의 위치를 알아내는 것이었다. 그러나 오늘날에 이르러서는 양전자단층촬영과 기능성 자기공명영상과 같은 보다 복잡한 도구들을 활용하여 놀라운 결과를 이끌어내고 있다. 비록 우리가 아직까지 죄의식과 수치심에 관한 신경과학을 완전하게 이해하는 데에는 어려움이 있지만, 이들 정서가 정상적으로 어떻게 작동하고 병적 조건하에서는 어떻게 작동하는지에 관한 우리의 이해를 심화시키는 연구들이 나타나고 있다.

오늘날 신경과학자들은 주관적인 정서 경험이 뇌의 어디에서 일어나며 또한 어떻게 일어나는지에 초점을 맞추고 있다. 기능성 자기

공명영상은 뇌의 여러 부분들의 활성화와 관련된 혈류량에서 미묘한
증가를 탐지해낸다. 그런 후 영상처리기법은 이들 혈류량 변화를 사
진으로 찍힐 수 있는 영상으로 전환시킨다. 피실험자들이 어떤 잘못
을 저지른 경우를 상상하도록 함으로써 죄의식이나 수치심의 감정을
경험하도록 유도한다. 그러면 피실험자들의 뇌의 특정 부분들이 '빛
을 내며' 반응한다.

　　이러한 발견들은 무엇을 암시하는가? 우리는 사고와 감정의 연
계를 그 저변에 깔려 있는 신경 구조로 해석할 수 있는가? 다음의 예
를 생각해보자. 우리가 전화로 말할 때, 우리의 목소리는 전화 케이
블을 따라 흐르는 전기 신호들로 전환되며, 나중에는 말로써 우리가
들을 수 있는 음파로 다시 전환된다. 이러한 과정은 목소리의 전달에
대해서는 설명해주지만, 단어의 의미에 관해서는 우리에게 그 어떤
것도 말해주지 않는다. 마찬가지로, 우리가 죄의식을 경험하는 경우
뇌에서 무슨 과정이 일어나고 있는가를 탐지할 때 과연 뇌는 단순히
전화기처럼 그렇게 작동하는 것인가? 아니면 뇌는 죄의식 그 자체의
정서의 '의미'를 전달하는 일과도 또한 깊이 관련되어 있는가?

　　어느 누구도 양심의 자리가 뇌 안에 위치해 있다고 주장하고 있
지 않다. 그럼에도 불구하고 뇌의 특정 부분이 죄의식의 경험과 관련
된다는 인식은 우리가 정서의 신경 지형도를 확립해나가는 데 도움
을 준다. 그런 작업을 시작하는 것은 바람직하다. 왜냐하면 그것은

뇌의 어떤 부분이 정서 관련 메시지를 전달하고 있는지 뿐만 아니라 관련 정서들 간, 예컨대 죄의식과 쑥스러움 사이를 구분해주기 때문이다.[9] 이 주제에 관해서는 우리가 도덕 판단에 관한 뇌기능 장애의 결과를 논의할 때 더 자세히 말할 것이다.

도덕성을 연구할 때, 심리학자들은 세속적이면서 비심판적인 접근을 취한다. 그들은 주로 개인이 도덕 판단을 어떻게 내리는지 그리고 그러한 판단 능력은 어떻게 발달하는지에 관심을 기울인다. 그들은 종교적 혹은 철학적 관점에서 도덕성에 접근하는 사람들이 몰두하는 그러한 도덕적 문제들에는 일반적으로 관심을 덜 기울인다. 그들은 보통 문화적으로 상대적인 관점을 취한다. 그럼에도 불구하고 몇몇 심리학자들은 다양한 윤리 체계가 도덕적 기준을 제공하는 기본 방식을 발견하고자 노력하여왔다. 그러한 하나의 접근은 세 가지의 주요 요소, 곧 '빅 쓰리'를 다루고 있다. '자율성 윤리'는 개인의 권리와 정의에 초점을 맞추는데, 특히 다른 사람의 권리 침해에 맞서는 규칙들에 주목한다. '공동체 윤리'는 도덕 규칙들을 결정하는 공유된 사회적 관습에 관심을 갖는다. '신성 윤리'는 순결에 대한 관심과 더불어 종교적 신념과 실천을 다룬다. 자율 윤리로부터 나오는 행동 기준들(살인 금지와 같은)은 일반적으로 공동체 윤리(성적 행위에 관한 규칙들과 같은)나 신성 윤리(종교적 의무들과 같은)에 의해 명령된 것들보다 더 보편적이다.[10]

자의식 정서

심리학자들은 죄의식, 수치심, 쑥스러움 그리고 자존심을 **사회적 정서**라 부른다. 왜냐하면 그런 정서는 사회적 상호작용에 따라 크게 좌우되기 때문이다. 이들 정서는 또한 **도덕적 정서**로도 간주되는데, 이는 우리가 어떻게 행동해야 하며 또한 어떻게 행동해서는 안 되는가에 관한 사회적 판단을 내포하기 때문이다. 이들 정서는 타인들과 더불어 전체로서의 사회의 안녕과 연관되어 있다. 우리는 이들 정서를 통해 선한 행동을 하고 악한 행동을 회피하게 하는 도덕적 힘을 부여받는다. 모든 도덕적 정서가 자기 판단적이며 부정적인 것은 아니다. 타인들의 선행에 대한 감탄 및 감사와 같은 감정뿐만 아니라 자긍심(긍정적 의미에서)과 같은 긍정적인 도덕적 정서들 또한 존재한다.[11]

오늘날 심리학자들은 죄의식, 수치심, 쑥스러움 그리고 자존심을 일반적으로 **자의식 정서**라 부른다. 이것은 정서가 자의식적이 될 수 없다는 점에서 그리고 오로지 인간만이 그렇게 할 수 있다는 점에서 다소 어색한 용어이다. 그 용어가 전달하고자 하는 의미는 그러한 정서들이 다른 사람들에 의해 내려진 자신에 관한 평가를 반영한다는 것이다. 그 경우에, 그런 정서를 '타인 지향적' 정서로 부르는 것이 더 옳을 지도 모른다. 왜냐하면 그런 정서는 다른 사람들이 자신들에 관하여 어떻게 느끼는지에 관한 사람들의 지각을 반영하기 때문이다.[12] 그런 정서를 **자기평가 정서**라 부르는 것이 훨씬 덜 애매할 것 같은데, 그 용어는 오히려 거의 사용되지 않고 있다.[13] 후회와 혐오는 보통 이 정서군에 포함되지 않는다. 그러나 두 정서는 이 정서군과 여러 가지 중요한 부분을 공유하고 있으며, 우리는 그에 관해 짧으나마 더 논의할 것이다.

자의식 정서는 여러 가지 기본 특징들을 공유하고 있다. 이들 정서는 자기인식, 곧 다른 사람들의 측면에서 본 자기 자신에 관한 의식을 요구한다. 자의식 정서는 기본 정서보다 늦게 아동기 무렵에 등장하며 어느 정도의 인지적 성숙과 추론을 필요로 한다. 인생의 초기단계에 발생하는 화와 같은 기본 정서와 달리, 쑥스러움, 수치심 그리고 죄의식은 약 3살이 될 때까지는 나타나지 않는다. 이들 정서는 두려움, 화, 기쁨과 달리, 그 나름대로 구별되며 보편적으로 인정되는 얼굴 표정이 없다(쑥스러움이나 수치심을 반영하는, 얼굴이 빨개지는 경우는 예외임). 자의식 정서는 복잡한 사회적 목표를 달성하는 데 많은 기여를 한다. 두려움과 같은 정서가 약탈자로부터 도망을 가게 하는 것처럼 위험에 직면했을 때 도움을 주는 반면에, 자의식 정서는 사회적 지위의 성취와 유지 그리고 집단 따돌림 예방을 수반하는 보다 복잡한 사회적 역할에 의존한다.[14] 마지막으로, 자의식 정서는 저주이자 축복이 될 수 있다. 우리는 이에 관해 다시 논의할 것이다.

쑥스러움은 수치심의 핵심적인 요소로 흔히 생각되어 왔다. 지금 여기에서는 하나의 독립된 정서로 간주한다. 죄의식과 수치심 간의 구분은 보다 복잡하고 또한 불확실하다. 어떤 연구자들은 죄의식과 수치심을 같은 정서의 다른 두 측면으로 생각하며, 또 어떤 연구자들은 두 정서를 서로 아주 다른 것으로 이해한다(얼마나 서로 다른가에 대해서는 입장 차이가 있다). 두 정서 간의 공통성을 과도하게 강조하는 사람들은, 죄의식과 수치심을 마치 형체가 없는 두 구름층이 서로 맞닿은 것처럼 만듦으로써, 그 둘 간의 중요한 차이를 놓치고 있다. 그와 정반대의 관점을 취하는 사람들은 어쩌면 존재하지도 않을 '순수한' 모습의 죄의식과 수치심을 찾는 헛된 일에 개입하고 있다. 보다 현명한 접근은 후회, 쑥스러움, 수치심 그리고 죄의식을 각기 다른 정서로, 그럼에도 불구하고 서로 중복되고 뒤섞인 정서로 바라보는 것이다.

예를 들면 나이 지긋한 나의 어머니가 왼쪽 눈의 시력이 떨어진 것에 대해 푸념을 늘어놓는다고 가정해보자. 어머니의 한탄이 완전히 엉뚱해 보이지는 않는다(그리고 나는 매우 바쁘다). 그래서 나는 어머니의 푸념에 아무런 반응을 하지 않는다. 일주일 후, 어머니는 시력을 완전히 잃어버리셨다. 나는 어머니를 모시고 병원으로 달려가지만, 때는 이미 너무 늦었다. 나는 이 사태를 등한시한 것에 대해 후회하며 죄의식을 느낀다. 그동안 일어났던 일과 관련하여, 나는 좀 더 잘 알지 못했던 것에 대해 부끄럽고 수치스럽다. 또 다른 예를 보자. 저녁 파티에서 활발하게 대화에 참여하다 그만 식탁보 위에 붉은 포도주를 엎지른다. 나는 어쩔 줄 모르게 부끄럽다(특히 내 아내가 나를 노려보고 있다). 그리고 그 식탁보가 집안 대대로 이어져 내려오는 가보임을 알게 되자, 나는 죄의식을 느낀다.

위와 같은 일상적인 경험에서, 죄의식이 끝나는 지점과 수치심이 시작하는 지점이 어디인지를 분간하여 말하기 어렵다. 그리고 그 반대 또한 마찬가지다. 우리가 이미 지적한 바와 같이, 연구자들조차 이 둘의 실체를 이해하는 방식에서 서로 이견을 보인다. 더 나아가 두 정서에 대한 그들의 정의가 시간이 지나면서 바뀐다. 예컨대 지난 20여 년 사이에 수치심과 죄의식에 관한 통속적인 관점에 도전하는 새로운 개념이 등장하고 있다. 우리는 이 또한 간단히 논의할 것이다. 그러나 이러한 논쟁적인 문제에 대해 논의하기 전에, 우리는 자의식 정서를 구성하는 다양한 요소들이 무엇인지를 명확히 할 필요가 있다.

후회

후회는 보통 말하는 그러한 자의식 정서에 포함되지 않는다. 그러나 후회는, 그 자체로도 물론 중요하지만 이들 모든 정서에 있어서 중요한 요소이다. 후회는 우리의 일상 삶에 흔히 존재하며 결혼한 부부들이 이야기할 때 가장 많이 제기하는 화제 중의 하나이다. 그 말의 어원(고대 프랑스 말, "흐느껴 우는 것")이 암시하듯, 후회는 우리가 잃거나 이루지 못한 바에 대한 실망과 슬픔을 담고 있다. 그것은 삶의 현실을 '과거에 할 수도 있었는데'와 같은 '만약의 문제들' 혹은 '만약 ~하기만 한다면' 등 과거의 사실과 가정적으로 대립시키는 일종의 '사후 가정적 사고'의 특징을 지니고 있다. 후회는 흔히 유용한 목적에는 별로 도움이 되지 못하지만("엎질러진 물은 다시 담지 못 한다"), 때로는 실패에 대한 값진 교훈을 줄 수도 있다. 다른 사람들을 위로하고 동정하는 것은 도움이 되지만, 결코 되돌려질 수 없는 일에 대해 우리가 그것을 지나치게 자기 비난의 수단으로 비화시키는 것은 바람직하지 않다.[15]

사람들은 아무 조치도 취하지 않은 것보다 자신들이 취했던 조치에, 우리가 하지 않았던 것보다는 오히려 했던 것에 더 후회를 잘한다. 그 까닭은 아마도 후자의 경우가 자신의 개인적 책임을 더 내포하고 있기 때문일 것이다. 그러나 개중에는 우리가 과거에 했던 것보다는 하지 못했던 것을 더 곱씹는 사람들도 있다(나 역시 그중의 한 사람이다). 어떤 후회는 합리적 근거에 바탕을 두는 경우도 있고(예를 들면 보다 나은 교육을 받지 못했던 것에 대한 후회), 또 어떤 후회는 그렇지 못한 경우도 있다. 예컨대 숫자 하나로 복권에 당첨되지 못한 것을 여러 숫자가 맞지 않아 떨어진 경우보다 더 후회한다. 불과 몇 분 차이로 공항에서 비행기를 놓치는 경우에 오히려 30분 늦게 도착하여 그런 경우보다 더 짜증을 낸다. 비록 그 차이란 것이 미미하여 결과를 변화시키지는 못하지만, 우리가 그에 가까이 접근하면 할수록 우리는 더욱 힘들어진다.

해리 트루먼 대통령은 후회란 시간을 쓸데없이 낭비하는 것이라 하였다. 우디 앨런이 자신의 삶에서 유일한 후회라고 했던 것은 자신이 어떤 다른 사람이 되어보지 못한 것이라고 하였다. 우리는 후회를 묵살하거나 그것을 가볍게 여길 수 있다. 하지만 후회는 우리에게 강력한 영향을 미칠 수 있으며, 심지어는 죄의식을 훨씬 더 능가할 수도 있다. 예컨대 휴가 때 돈을 물 쓰듯 썼거나 신발 한 켤레에 너무 많은 돈을 지출했을 경우 후회할 수 있을 것이다. 그러나 몇 년이 지난 후에 그 일을 생각해보면 우리가 잘못했던 것에 대한 후회가 대개 죄의식을 대신하는 경향이 있다.[16]

후회는 흔히 간단한 오판에 뒤이어 등장한다("그 신발을 사지 않았어야 했는데"). 후회는 정형화된 거절("당신의 입사지원을 승낙할 수 없음을 알려드리게 되어 유감입니다") 혹은 보다 진지한 감상("네 생일 파티에 참석할 수 없어 정말 미안해")을 표현한다. 후회의 표현은 격식 차리지 않은 사과(누군가와 부딪칠 경우 "미안합니다"라고 말하는 것과 같은)로 쓰이기도 하며 혹은 책임을 보다 진지하게 인정

할 때도 사용된다("당신의 감정을 상하게 한 점에 대해 진심으로 사
과합니다").

대부분의 경우에 후회는 하찮은 선택의 결과에 뒤따르지만, 중요
한 결정 이후에 뒤따라올 수도 있다("나는 직업을 잘못 선택했어";
"나는 결혼을 잘못했어"). 죄의식과 수치심의 중요 요소로서, 후회는
자신의 실패감을 더욱 심각하게 만든다. 그러나 후회는 쑥스러움과
마찬가지로 도덕적 오점과는 거리가 있다. 이에 대해서는 다음에 다
룰 것이다.

쑥스러움

쑥스러움은 불안하게 하는, 예측할 수 없는
그리고 통제가 어려운 사건들에 대한 반응이다. 그것은 당황스러운,
창피한 그리고 아주 심한 경우에는 굴욕적인, 어색한 감정이다("죽
고 싶었다"). 쑥스러움은 전형적으로 사회적 관습이나 예의를 벗어
났을 때 일어난다(프랑스어로 faux pas **뽀빠 헛디딤** 혹은 gaucherie
고쉬리 서투른 행위라 한다). 그것은 사회적 경계가 침범되는 '범주
위반'을 의미한다. 물론 이는 쑥스러움에서 도덕 혹은 윤리적 규칙들
이 위반되는 것은 아니라는 점 외에는, 죄의식과 수치심도 마찬가지

다. 위반은 단지 관습이나 전통에 대한 것이다. 쑥스러움이 지니고 있는 이러한 도덕과 무관한 특질은 그의 핵심 특징 가운데 하나이다. 다음의 예를 생각해보자.

남자 친구 집에서 저녁 식사를 할 때, 그의 아버지가 나에게 졸업 후에 어디에 머무를 계획인지를 물었다. 나는 비록 결혼한 학생들에게 우선권이 주어지지만 대학원생용 기숙사에 들어가고 싶다고 하였다. 그러자 나의 남자 친구는 자신의 와인 잔을 내려놓으며, "우리가 한 침대에서 잠을 자고 있는 것도 다 그런 이유에서 입니다. 그래서 내년엔 제 여자 친구가 좋은 기숙사에 들어갈 수 있을 거예요"라고 말했다. 턱이 아래로 떨궈지면서 나의 얼굴은 벌겋게 달아올랐다. 나는 시선을 떨어뜨려 파스타가 담겨 있는 접시를 응시하였다. 그이의 부모님 시선을 피할 수만 있다면 내 얼굴을 파스타 국수에 처박고 싶었다. 나는 테이블 아래로 남자 친구를 걷어찼다.[17]

여기에는 몇 가지 요소들이 작용하고 있다. 하나는 놀람의 요소이다. 두 사람이 한 침대에서 잠을 자고 있다는 뜻밖의 사실 혹은 최소한 그러한 주장은 난데없이 튀어나온 것으로 전혀 예상치 못한 일이다. 그것은 젊은 여성을 마치 대중 앞에서 발가벗기듯 폭로하는 것과 똑같은 효과를 지닌다. 성적으로 빈정거리는 것 또한 명백히 다른 중요한 요소이다. 즉, 그들은 같은 침대에서 단순히 잠을 자는 것이 아니라 '함께 잠을 자는 것'이다. 그러나 그것으로 인해 엄청 당혹감을 느낀다 하더라도, 해악을 끼치고자 하는 의도가 들어 있던 것이 아니므로 죄의식이나 수치심이 유발되지도 않는다. 그것은 하나의 조크이며 짐작컨대 부모님들 또한 불쾌해하지 않았다. 만약 그렇지 않았다면, 젊은 여성은 심한 모욕감을 느꼈을 것이며 자신의 남자 친구는 꾸지람을 들었을 것이다.

나는 전에 만나기는 했지만 이름을 기억할 수 없는 사람들을 다시 만나야 한다는 점에서 규모가 큰 파티에 참여하는 것을 좋아하지 않는다. 무엇보다, 내가 그들을 내 아내에게 소개해야 할 때 특히 쑥스럽다.

나는 화장실에 앉아 있으면서 문을 잠갔다고 생각하였다. 누군가가 문을 열자, 나는 무척 당혹스러웠다.

위 두 경우의 상황은 서로 다르다. 이름을 기억하지 못한다는 것은 사람들이 별로 중요하지 않다는, 즉 '잊어도 좋다'는 것을 암시한다. 그것은 비록 의도하지는 않았다 하더라도 사람들을 그리고 자기 자신을, 호의적이지 않게 만든다. 외부에 노출되지 않는 한 화장실에

앉아 있는 것은 전혀 부끄러운 일이 아니다. 그러나 대중에게 드러나
게 되면, 우연히 그렇게 된 경우라 하더라도 우리는 '갑자기 당해 당
혹해'한다.

　우리는 또한 다른 사람들이 하는 일로 인하여 쑥스러울 수가 있
는데, 특히 그들의 행위가 현재의 우리 모습에 부정적으로 영향을 미
칠 때 그럴 수 있다.

　나의 엄마와 아빠는 유행이 지난 옷을 입고 또한 시대에 뒤진 음악
을 듣는다. 친구들이 건너와 스테레오에서 흘러나오고 있는 그런 옛
날 음악을 듣는 것은 창피한 일이다.

　남편과 나는 다른 부부의 집을 방문하고 있었다. 우리는 긴 소파에
앉아 있었는데, 남편은 그 부부가 아끼는 커피 테이블 위에 다리를 올
려 휴식을 취하고자 하였다. 그것은 참으로 남을 배려할 줄 모르는 일
이라 나는 끔찍함을 느꼈다.[18]

　쑥스러운 상황에서 또 다른 주요 요소는 **위화감**이다. 예컨대 우
리는 파티에서 지나치게 치장한 옷을 입거나 격에 맞지 않게 차려 입
으면 매우 어색함을 느낀다. 그 집단의 구성원에게만 한정하는 사회
적 규범을 몰랐거나 혹은 따르지 않아, 마치 그 집단에 속하지 않는

사람들처럼 우리는 소외감을 느끼게 된다.

　내가 미국에 온 지 얼마 안 되어 나는 워싱턴에 있는 어느 유명한 변호사의 집에서 열린 파티에 가게 되었다. 집 안으로 들어섰을 때, 나는 방 안에 있는 모든 사람이 거의 동일한 검은색 정장을 입고 있다는 것을 알았다. 격식을 갖추지 않은 화려한 빛깔의 상의를 착용한 나와는 사뭇 달랐다. 나는 군복을 입지 않고 퍼레이드에 참여하는 한 사람의 군인처럼 느껴졌다.

　이 경우에 그 사람은 미국에 온 지 얼마 되지 않았기 때문에 용인될 수 있을 것이다. 그렇지 않다면 비난이 빗발쳤을 것이다. 최근 몇 년 사이에 의상의 형식 의례에 대한 기대는 많이 완화되어 왔지만 그에 관한 관습은 여전하다. 이제 만약 여러분이 형식을 갖춰 옷을 입고 다른 사람들은 전혀 그렇지 않은 옷을 입은 곳에 간다면, 그 또한 어울리지 않을 것이다.

　이러한 위화감은 또한 우리를 바보처럼 보이게 만드는 그런 터무니없는 행동으로 인해 수반될 수 있다.

　나는 식료품들로 잔뜩 쌓인 바구니를 나르다가 그만 비틀거리며 그것들을 사방에 마구 흐트러뜨리고 말았다. 감자들이 나뒹굴고 오렌지들이 멀리 굴러갔다. 어느 누군가가 나에게 괜찮으냐고 물었다. 그리고 또 다른 사람은 나를 도와주려고 하였다. 그런 행동들이 나를 더욱 겸연쩍게 만들었다.

익살떠는 희극은 바로 이런 종류의 행동을 개발하여 우리를 웃게 만든다. 누군가가 어쩔 줄 몰라 쩔쩔매는 데에는 재미의 요소가 존재하는데(독일 사람들은 이를 남의 불행에 대해 갖는 쾌감이란 의미의 **Schadenfreude 샤덴프로이데**라 부른다), 이는 남의 불행을 고소하게 여긴다는 뜻으로, 특히 권위 인물들에 대한 우리의 반대 감정 병존을 보여주는 것이다. 우리는 어린아이가 무언가를 떨어뜨려도 별로 주목하지 않으며, 장애자가 휠체어에서 떨어져도 특별히 무슨 재미가 있는 것은 아니다. 그러나 오피스 파티에서 웨이터가 샴페인을 직장 상사에게 엎지르면 모두 즐거워한다.

모든 자의식 정서 가운데 쑥스러움은 가장 독특한 신체적 표현을 보여준다. 사람들은 시선을 돌리고, 내려다보고, 웃음을 참거나 수줍은 듯 웃음을 씩 웃는다. 그러나 가장 전형적인 표현은 **얼굴을 붉히는** 데 있다. 전통적으로 얼굴을 붉히는 것은 겸손의 표현으로 간주되었다. 그래서 특히 젊은 여성들이 이를 환영하였다. 줄리엣은 로미오에게 다음과 같이 말한다.

알다시피 밤의 가면이 내 얼굴을 가려주었어요.
그렇잖으면 소녀의 뺨은 수줍어 붉어졌을 거예요.
당신이 오늘 저녁 제가 하는 말을 엿들었으니까요.[19]

밀턴의 『실낙원』에서 천사 라파엘마저도 천사들의 성생활에 관한 질문을 받고 얼굴이 붉어진다.

천사는 사랑의 본래의 색채인 하늘의 장밋빛으로
붉게 타는 미소 지으며,
대답한다. 그대들 생각에 우리들이 행복하다고 알면 충분하다.
사랑이 없으면 행복이 없지.
그대가 몸으로 즐기는 순수한 것은 어떤 것이고
(그리고 그대는 순수하게 창조되었다) 우리들이
훌륭히 즐긴다, 방해하는 것은 하나도 없다,
막, 관절, 수족 등 아무것도 격리하는 장벽이 없이.[20]

다윈은 얼굴의 홍조를 보편적인 것으로 보았으며 인간의 모든 표현 가운데 가장 인간적인 것이라 생각하였다. 이는 아동기에 이미 나타나지만, 다른 동물들에게서는 결코 볼 수가 없다.

얼굴이 붉어지는 것은 무의식적일 뿐만 아니라 일이 더 악화되는 걸 억제하고자 하는 소망이다. 젊은이들이 나이든 사람들보다 더 잘 붉어진다. … 여성들이 남성들보다 더 잘 붉어진다. … 맹인도 피할 수 없다. … 완전한 맹아도 마찬가지다.

대부분의 경우에 붉게 변하는 신체 부위는 얼굴, 귀 그리고 목이다. 그러나 많은 사람들은 얼굴이 붉어지면서 온 전신이 달아오르고 화끈거리는 것을 느낀다. …

피부가 붉어진 후 약간 창백해지는데, 이는 모세혈관이 팽창하고 나서 수축하기 때문이다. …

… 대부분의 사람들은 얼굴이 심하게 붉어지면 정신력이 혼돈스러워진다. … 그들은 흔히 고통스러워하고, 말을 더듬으며, 어색한 동작을 취하거나 얼굴을 이상하게 찌푸린다. … 얼굴 홍조를 유도하는 정신 상태는 … 부끄러움, 수치심 그리고 겸손으로 이루어진다. 이 중 겸손은 자기주시와 관련된 모든 것 가운데 가장 중요한 요소다. … 그것은 우리 자신의 신체 외관에 드러나는 단순한 가식이 아니라 다른 사람들이 우리를 어떻게 생각하는가에 관한 사고이다. 그리고 바로 그것이 홍조를 띠게 만든다.[21]

쑥스러움은 상대를 필요로 한다. 개인이 사적으로 쑥스러워질 수 있다고 생각하기는 어렵다. 이는 쑥스러움의 기본 결정요인이 원하지 않는 **노출**로부터 나오는 감정이기 때문이다. 쑥스러움이 나체, 보다 구체적으로 말하면, 대중의 시선으로부터 차단되어야 하는 신체 부위, 특히 성기의 노출과 전통적으로 서로 관련되어 있다는 것은 이를 잘 반영해주고 있다. 그러나 어떤 상황하에서 노출이 일어나느냐에 따라 많이 좌우된다. 예컨대 대중목욕탕이나 샤워장에서 남성들과 여성들이 서로 만나면 매우 쑥스러워하지만, 동성끼리는 그렇지 않다. 해변에서는 반누드 차림이라 하더라도 부끄럽지 않다. 우리는 신체를 사랑하는 사람이나 의사에게는 자연스럽게 보이지만, 낯선 자들에게는 그렇지 않다.[22] 오늘날 누드에 대한 서양인들의 태도는 많이 완화되었으며, 특히 젊은이들 사이에서는 더욱 그렇다. 몇몇 대학 기숙사들에서는 남녀가 함께 샤워를 할 수 있도록 하고 있는데, 표면상 이유로는 누드에 대한 '신비스러움을 제거'하는 것이라 한다.

  나체 그리고 더 나아가 속옷의 노출과 관련한 수치심은 양성 모두에게 해당되지만("속옷이 보여요"; "지퍼가 열려 있네요"), 여성들에게 더 관련된다. 여성(남성은 아님) 성기에 대한 옛날 의학 용어는 '수치스러운 것'이란 뜻의 **음부**이다. 대부분의 문화권에서 여성의 성기는 욕구를 불러일으키는 자극적인 것으로 여기는 반면에 남성의 성기는 위협적인 것으로 여긴다. 그래서 여성의 나체는 돈을 지불하고 감상하지만 남성의 경우는 교도소에 간다. 여성의 신체는 남성의 신체보다 더 대상화되며 또한 '남성의 시선'에 영향을 받기 쉽다. 그래서 여성들은 앉는 자세, 다리를 꼬는 모습 혹은 그 밖에 다른 사람들에게 노출되는 자신의 신체 모습에 더 많은 관심을 기울인다.

이런 생각은 어떤 신체 기능을 공개적으로 드러내는 것으로까지 확장할 수 있다. 물론, 이는 남녀 모두에 해당한다. 소변을 보고, 배변을 보며, 자위행위를 하거나 혹은 성행위를 누군가에게 들키면('목격당하면') 창피하다. 이보다는 정도가 덜하다 하더라도, 트림을 하고, 방귀를 뀌고, 침을 뱉고, 구토를 하고, 그리고 코를 후비는 것도 마찬가지다. (이러한 말만 들어도 괜히 창피스러울 수 있다.) 우리는 다른 사람들에게 혐오감을 줄 수 있는 일에 쑥스러워한다.

소녀들은 생리와 관련한 모든 징후들을 숨기는 것을 일찍 배우는데, 만약 그렇지 못한 경우에는 매우 수치스러워한다. 여러 종교적 전통들은 생리와 관련한 터부를 발달시켰는데, 어떤 곳에서는 여성이 '청결하지 못하다'고 하여 생리 기간이 끝나면 청결의식을 치러야만 한다. 정액을 사정하는 남성들의 몽정에도 비슷한 제약이 가해지지만, 훨씬 덜 엄격하게 적용된다.[23]

쑥스러움은 우리가 **무엇을 하는가**보다는 우리가 **누구인가**와 관련하여 야기될 때 보다 부정적인 수치심 정서로 바뀐다. 이는 흔히 우리가 어떻게 보이는가, 다른 사람들이 우리를 어떻게 느끼는가 그리고 우리는 자신에 관하여 어떻게 느끼는가에 대해 보이는 반응이다. 안됐지만 신체적 결함을 지닌 사람들은 그런 감정에 더 쉽게 노출될 수 있다. 그러나 그런 감정은 그냥 흔히 자신이 너무 키가 작다,

크다, 야위다 혹은 뚱뚱하다는 생각에서 비롯된다("나의 살찐 엉덩이와 올챙이배가 나를 혐오스럽게 만드는데, 다른 사람들도 나와 똑같이 느낄 거라고 생각해"). 다른 사람들이 거의 알아차리지 못할 정도의 흠도 우리 스스로 그것을 의식할 수 있다. 이는 항상 겉모습만의 문제가 아니다. 우리가 이야기하고, 걷고, 웃고, 농담하는 방식, 간단히 말해, 우리가 다른 사람과 다르고, 이질적이고, 열등하다고 느끼는 그 모든 것이 우리를 쑥스럽게 할 수 있다.

더욱이 쑥스러움의 원인은 신체적인 것에 국한되지 않는다. 우리는 자신의 약점이 사회적 감시망에 노출될 때도 쑥스러워한다. 여기에는 우리를 우둔하고 무지하게 보이게 하는 혹은 재능, 사회적 예의범절, 운동 기량 혹은 매력에서 뭔가 부족해 보이는 개인적 무능ㅡ그것이 사실이든 상상이든ㅡ도 포함될 수 있을 것이다. 가족 관계로부터 비롯된 인지된 약점도 여기에 포함될 수 있다. 예컨대 우리가 입는 옷, 우리가 먹는 음식, 우리가 말하는 억양, 그 밖에 우리의 공개된 모습과 관련된 모든 것을 반영하고 있는 사회적 계층이나 인종적 기원과 같은 것이다. 수치심이나 쑥스러움으로 인해 겪는 고통은 사람들로 하여금 편견을 갖게 하고 또한 다른 사람들을 차별하게 만드는 요인 중의 하나로 작용할 수 있다.

그럼에도 불구하고 적절한 유형의 쑥스러움은 유용한 사회적 기능을 발휘하는 데 도움을 준다. 그의 보편성과 신체적 특징은 그것이

본래적으로 우리에게 존재한다는 것과 아울러 문화에 따라 서로 차이가 있다는 것을 시사한다. 쑥스러움은 우리가 곤란한 상황에서 빠져나올 수 있는 타협적인 태도로 작용한다. 그것은 일종의 사과이다. 그의 복종적인 태도는 자신이 사회적 실수를 저질렀고, 또한 그것을 후회하고 있음을 인정하는 것이며, 그 때문에 자신의 서투름으로 인해 야기된 짜증을 바꿔보려는 것이다. 그것은 자신의 칠칠맞지 못한 행동에 대해 책임을 지겠다는 것을 시사한다. (쑥스러운 일을 저질렀음에도 불구하고 마치 아무 일도 일어나지 않은 것처럼 행동하는 사람들을 생각해보라.) 이와 더불어 쑥스러움은 우리의 업적에 대한 긍정적인 발언, 예컨대 부모가 자신의 자녀에 대해 자랑하거나, 은퇴기념파티에서 당사자의 업적을 칭송하는 경우에도 야기될 수 있다.

만약 쑥스러움이 너무 자주 혹은 과도하게 일어난다면, 그것은 사회적 약점으로 작용할 수 있다. **사회적 불안**으로 인해 고통을 받는 사람들이 더 그러기 쉽다. 숫기가 없고, 내성적인, 자의식이 강한 그리고 지나치게 다른 사람들의 평판에 의존하는 사람들이 훨씬 더 자주 그런 상태에 직면할 수 있다. 그러나 여기에서 우리가 분명히 구별해야 할 것은 사실상 누구에게나 일어날 수 있는 **상황적 수줍음**과 목에 걸린 맷돌마냥 피할 수 없는 마음의 짐으로 존재하는 **성격 특질**로서의 수줍음이다.[24] 그런 짐을 짊어지고 있는 사람들은 마치 자신들을 비웃을 준비가 되어 있는 수많은 관중들이 바라보고 있는 무대

위에 서있는 것처럼, 자신들이 커다란 수치를 당할 수 있다는 끊임없는 두려움 속에서 생활한다. 병적 수줍음처럼 쑥스러움은 자신감을 손상시키고, 우리 자신을 과소평가하며, 사회생활을 위축시킨다.[25]

마지막으로, 비록 대부분의 쑥스러움이 의도적이지 않고 또한 자신도 모르게 나타나지만, 다른 사람의 이미지를 떨어뜨리고, 손상시키거나 혹은 더럽히는 데 이용되는 소위 말하는 **전략적 쑥스러움**이라는 의도적인 것도 존재한다.[26] 또한 우리가 **망신**이라 부르는 것은 비판, 비난, 소문, 빈정거림, 거짓말을 통해 경험하게 된다. 예컨대 정치적 경쟁자의 명성과 대중 이미지를 손상시킬 수 있는 정보를 흘려 망신을 주는 것이다.

수치심

수치심이란 말은 고대 독일어 **스케브(skew)**("숨기다")란 말에서 나왔다. 이것은 수치심이 노출과 연관되어 있음을 입증하는 것으로, 이에 대해서는 쑥스러움의 중요 요소로서 언급한 바 있다. 노출에 대한 방어는 은폐다. 아동들이 쑥스러움을 느낄 때, 그들은 자기 얼굴을 부모의 옷자락 속에 파묻는다. 성인들도 숨고 싶고, 주눅이 들거나 혹은 모습을 감추고 싶으면 비슷한 모습을

보인다. 수치심에 관해 다윈은 다음과 같이 말했는데, 이는 쑥스러움
과 구별하기 매우 어렵다.

예리한 수치심하에서는 은폐에 대한 강렬한 욕망이 존재한다. 우
리는 신체, 특히 시선을 외면한다. 수치감을 느끼는 사람은 그 자리
에 있는 사람들의 시선과 마주치는 것을 견디기 어려워하며, 그래서
거의 대부분의 사람들은 예외 없이 시선을 떨어뜨리거나 혹은 비스듬
히 내리깐다.[27]

이처럼 두 정서 간에 중복이 존재하는 것은 우리가 쑥스러움을
수치심의 중요 요소로서 보는 전통적인 관점이 남아 있기 때문에 그
러는가? 그래서 우리는 오늘날 수치심을 정의할 때 쑥스러움과 관련
한 모든 특징을 제거해야 하는가? 우리가 수치심으로부터 그런 특징
들을 끄집어내고 나면 과연 무엇이 남는가? 수치심은 아무것도 걸치
지 않은 채로 죄의식을 응시하고 있는가? 그렇다면 우리는 또한 수
치심을 죄의식과 어떻게 구분할 수 있는가?[28]

지금도 이러한 문제들에 대해 분명하게 대답하지 못하고 있다.
그래서 우리는 수치심이 은폐하고자 하는 욕구나 얼굴이 붉어지는
것과 같은 현상과 더불어 우리가 위에서 기술하였던 여러 가지 신체
적 징후들을 아직까지는 쑥스러움과 공유하는 것으로 가정하지 않을

수 없다. 한편으로는 수치심과 쑥스러움이 몇 가지 점에서 서로 다른 심리적 및 사회적 특징을 보이고 있다. 예컨대 보도에서 다리가 걸려 비틀거리는 사람과 공연 중에 넘어지는 발레 댄서 간에는 분명한 차이가 있다. 전자는 그저 쑥스러울 뿐이다. 그러나 후자는 기량이 부족하고 능력이 모자란다는 것을 반영한다는 점에서 수치스러운 것이다. 쑥스러운 행동은 웃음을 유발하지만(여기에는 당사자도 포함될 수 있다), 수치스러운 행위에 대해서는 비난과 혐오가 뒤따른다(그것은 자기혐오로 나아간다). 수치심은 고통스러울 뿐만 아니라 쑥스러움보다는 더 깊은 심리적 및 사회적 영향을 받는다. 우리는 수치심이 항상 쑥스러움을 수반하지만 그 역은 같지 않다고 말할 수 있을 것이다. 즉, 우리는 수치스러워하지 않으면서도 쑥스러움을 느낄 수 있다는 것이다. 그렇다고 쑥스러움이 단순히 보다 완화된 수치심을 의미하는 것은 아니다. 그 두 정서 간의 차이점은 강도의 문제일 뿐 아니라 또한 질적인 문제이기도 하다.

하나의 중요한 차이는 윤리적 책임에서 나온다. 수치심은 윤리적 문제와 연관될 수도 혹은 그렇지 않을 수도 있다. 그러나 쑥스러움은 이와 하등의 연관성이 없다. 수치심에는 실제로 두 가지 유형이 존재하는데 **도덕적** 유형과 **도덕과 무관한** 유형이 그것이다. 도덕과 무관한 수치심은 자신의 결점이 대중에 노출되어 사회적 지위의 상실로 이어지는 경우에 주로 발생한다. 그런 경우에 수치심은 쑥스러움과 겹쳐질 수 있다. 더욱이 도덕과 무관한 수치심은 또한 개인적인 무능, 부족함 그리고 사회적으로 비난을 받으며 존경의 상실로 이어지는 실패감과 관련된다. 예를 들면 도덕과 무관한 수치심은 과정에서 낙제한 학생, 해고당한 종업원, 수술에 서투른 의사, 소송에서 패한 변호사 혹은 파경에 이른 결혼 등으로부터 발생한다. 그럼에도 불구하고 그런 결점들은 여전히 도덕적 수치심과는 거리가 멀다. 왜냐하면 거기에는 다른 사람을 해하려는 의도가 없을뿐더러 도덕규범에 대한 위반도 개입되어 있지 않기 때문이다. 그러나 이에 관한 경계가 분명한 것은 아니다. 위의 예들에서 보았듯이, 어떤 일들은 또한 상황에 따라 도덕적 수치심이나 죄의식을 불러일으킬 수도 있다.

또 다른 핵심적인 구분은 도덕적 수치심의 경우 수치심이 일반적으로 그러한데, 자신에 관하여 전반적으로 부정적인 평가를 내리는 반면에, 쑥스러움과 죄의식은 어떤 특수한 행위와 관련되기 때문에 개인의 자아를 건드리지는 않는다. 이것은 수치심과 죄의식을 구분하는 새로운 중요한 요소이다. 이에 관해서는 나중에 좀 더 자세히 논의할 것이다.

수치심은 중요한 사회적 및 문화적 측면을 내포하고 있다. 서양 문화권의 경우 수치심은 도덕적 정서로서 죄의식에 다음가는 위치를 점유하고 있다. 반면에 아시아 문화권에서는 그 반대이다. 이는 죄의식이나 수치심과 관련한 용어가 다양한 언어로 사용되고 있는 것을 보면 알 수 있다. 예컨대 영어에는 단지 하나의 단어가 존재하는데 중국어에는 수치심에 해당하는 단어가 100여 가지에 이른다. 수치심에 해당하는 단어가 영어에서는 단지 하나에 불과하기 때문에, 우리는 그의 도덕적 요소와 도덕과 무관한 요소를 구분할 수가 없다. 그러나 프랑스어에는 두 가지 용어가 있기 때문에 그 구분이 매우 용이하다. **수줍음(Pudeur 퓌데르)**은 나체와 관련된 창피함으로서의 수치심을 의미한다. 그것은 예의범절을 함축하고 있지만 그렇다고 직접적인 도덕적 함의를 지니고 있지는 않다. 이와는 대조적으로, **자괴감(honte 옹뜨)**은 명예의 상실이나 치욕과 관계되는 것으로, 도덕적 결함을 함축하고 있다. 불란서어는 또한 수줍음의 '좋은 수치심'과 불명예의 '나쁜 수치심'을 구분하고 있다.

그리스어에도 이와 유사한 구분이 있는데, **창피(aidos 아이도스)**(성기를 뜻하는 aidoia 아이도이아로부터 나온 것으로, 나체를 의미)는 수줍음을 나타낸다. 예컨대 올림포스 산의 여신들이 아프로디테와 아레스가 한 침대에 든 것을 비웃으며 신들과 어울리는 것을 거부한 것은 바로 창피, 곧 수치감과 부끄러움 때문이었다. 그 맥락은 섹스와 무관할 수도 있다. 오디세우스는 자신이 초대한 손님들에게 자신이 우는 모습을 보이는 것을 수치스러워하였다.

수치심과 관련한 두 번째 단어는 **부끄러움(aischune 아이스퀴네)**으로, 이는 보다 직접적으로 도덕적 수치심과 관련되며, 불명예나 굴욕을 뜻한다. 트로이 전쟁에서 아약스는 만약 싸우지 않는다면 그것은 불명예일 것이라고 하면서 전사들로 하여금 싸우도록 함성을 지르며 독려함으로써 수치심을 이용한다. **창피**는 자신의 내부에서 일어나는 반면, **부끄러움**은 외부로부터 유발된다. 그러나 그 구분이 뚜렷하지는 않으며 또한 부끄러움이 쑥스러움을 나타내기도 한다. 사람들은 자기 자신의 명예감과 더불어 다른 사람들의 명예감도 함께 지니고 있다. 그래서 사람들은 자신의 명예나 혹은 어느 누군가의 명예가 손상될 때 분노를 느낀다.[29] 수치스러운 일을 저지른 사람에게 호머가 보인 반응은 **응보(nemesis 네메시스)**, 곧 앙갚음으로 나아가게 하는 분노감이다. (네메시스는 잘못이나 무례에 대한 천벌을 내리는 여신이었다. 오늘날 이 말은 일반적으로 사람들의 **뻔뻔스러움**에 대한 앙갚음적인 행동을 일컬을 때 사용된다.)

우리 대부분은 이러한 예민한 구분에 대해서 잘 모른다. 더 나아가, 많은 사람들은 도덕적 수치심과 죄의식을 서로 구분하는 데 상당히 어려움을 느낀다. 다음의 인용문들은 수치심과 관련한 예로서 제시된 것이지만, 죄의식의 예로도 쉽게 인용될 수 있을 것이다.

나는 이혼이 진행 중인 지금 수치심으로 힘들어하고 있다. 20여 년의 결혼생활이 지난 후, 내 남편은 수년에 걸쳐 겨우 네 번의 정사를 가졌음을 자백하였다. 나도 남편이 그렇게 된 데에는 어느 정도의 책임이 있다고 생각하지만, 결코 그이의 부정행위를 용서할 수 없다. 그럼에도 불구하고 비록 이 문제에 관해 왜 내가 이렇게 힘들어하는지 알 수 없지만, 결혼에 실패하였다는 사실로 인해 여전히 수치심을 느끼고 있다.

이 사건은 아마도 나의 삶에서 가장 부끄러운 일일 것이다. 어머니는 내가 그것이 어떤 형식이든 성행위를 해본 경험이 있었는지를 물으셨다. 물론 성과 예방에 관한 일상적인 대화에서였다. 나는 결코 그런 경험이 없다고 부인하였다. 그것은 거짓말이었다. 부모님을 실망시킬 수 없었기 때문에 그렇게 말을 했지만, 부끄러움과 죄의식을 동시에 느꼈다. 그것은 항상 민감한 문제여서 실제로 내가 했었던 그런 행위보다 오히려 거짓말 한 것에 대해 훨씬 더 죄의식을 느꼈다. 나는 항상 부모님께 내 문제에 대해 말씀드리고 상의하였지만, 지금의 나는 부모님께 문제를 숨기고 있는 것이다.

나는 어리석게도 동료와 부정행위를 저지르고 말았다. 내 아내가 의심하기 시작하자, 나는 거짓말을 하게 되었다. 나를 진실로 부끄럽게 만드는 것은 부정 그 자체가 아니라(물론 그것도 나를 괴롭히는 것은 분명하지만) 항상 나를 신뢰하여왔던 사람에게 거짓말을 한다는 그 사실이었다.

첫 번째의 경우, 그 여성은 이혼을 한다는 것을 부끄러워한다. 그 녀의 남편이 정숙하지 못하였지만, 그녀는 그런 문제에 자신도 일정 부분 공헌한 점에 대해 자책하면서 그에 대해 죄의식을 느끼는 것이 다. 남편과 달리, 그녀는 부부간의 신뢰를 무너뜨리는 행위를 하지 않았으면서도 스스로를 책망하고 있다. 다음의 두 경우에서는, 성적 일탈 행위가 있었지만, 수치심을 유발하고 있는 실제적인 뇌관은 그 에 수반되고 있는 거짓말이다. 거짓말은 도덕규범을 위반하는 것으 로 이해하여왔었기 때문에, 그 사람들은 자신들이 느끼는 감정을 죄 의식으로 규정하였을 것이다. 사실, 부정행위는 소중한 사람에 대한 일종의 배신으로 이해되기 때문에, 그 경우에 수치심을 느낄 수 있다 (비록 젊은 여성은 그런 감정을 죄의식으로 언급하고 있지만).

전통적으로 도덕적 수치심은 죄의식보다는 불명예와 관련되어 왔다. 명예는 하나의 행동 규범으로서 오랜 역사를 지니고 있다. 호 머의 영웅들에 대한 두 가지 미덕은 **명예**와 **명성**이었다. 수 세기 동 안, 유럽의 남성들은 하찮은 일에 대해서도 자신의 명예를 위해 결투 를 하였다. 수치심은 아시아 문화권에서 훨씬 더 중요한 역할을 한 다. 이와 더불어, **수치감**을 갖는 것과 **부끄러워하는 것**은 서로 다른 중요한 문화적 차이를 반영한다. 특히 아시아 문화권에서는 수치심 혹은 수줍음을 느끼는 능력을 하나의 미덕으로 간주한다. 부끄러워 하는 것은 실패를 함축한다. 수치심으로부터 해방되는 것은 좋은 일

이지만, 수치를 모르는 것은 그렇지 않다(이와 대조적으로 죄가 없다
는 것은 결백하다는 것을 의미한다).

　　죄의식은 선을 **넘어서는**, 곧 침해와 관련되는 것으로 범죄나 도
덕규범에 대한 위반으로부터 나온다는 주장은 이미 오래전부터 있었
다. 이와는 대조적으로 수치심은 개인적 기준이나 사회적 기준에 따
르지 못하는 등 어떤 **선에 미치지 못함**으로써 나온다. 정신분석학적
측면에서 보면, 죄의식은 **초자아**의 명령에 복종하지 않는 경우에 발
생하며, 수치심은 **자아 이상**(ego-ideal)의 기대를 충족시키지 못한
경우에 나온다. 비행은 죄의식을 이끌어내며, 결점은 수치심을 이끌
어낸다. 죄의식은 우리로 하여금 나쁜 사람으로 느끼도록 만들며
("나는 착하지 않다"), 수치심은 우리로 하여금 부족한 사람으로 느
끼도록 만든다("나는 부족해").30

　　이런 관점에서 볼 때, 죄의식과 수치심은 전형적으로 특정한 선
행 행위들과 관련되는데, 그에 따라 어떤 행위들은 수치심으로 그리
고 또 어떤 행위들은 죄의식으로 나아갈 것이다. 또 다른 일반적인
관점은 다윈으로까지 거슬러 올라가는 것으로, 대중에 대한 탄로의
여부를 근거로 수치심과 죄의식을 구분한다. 수치심은 자신의 결점,
실패 혹은 자신의 대중적 위상을 손상시키는 위반행위가 노출되는
것과 관련되는, 보다 **대중적** 정서로 간주되고 있다. 반면에 죄의식은
자신의 내부에서 일어나는 것으로 양심에 뿌리를 두고 있으며, 또한

후회와 자격지심의 **사적인** 감정과 더 관련된다.

　많은 심리학자들은 여러 경험적 연구를 근거로, 수치심과 그의 죄의식과의 관계에 관한 전통적인 측면들에 대해 도전을 하고 있다. 이러한 새로운 관점의 핵심 개념은 수치심이 자아의 전체를 망라하는 반면에 죄의식은 전체 자아를 건드리지 않고 특정한 위반 행위에 대한 반응으로만 여겨진다는 것이다. 이러한 전통에 따른다면, 죄의식보다는 수치심이 우리에게 훨씬 더 해를 끼치는 정서가 될 수 있다. 죄의식에 관한 보다 전통적인 관점을 짚어본 후 이 문제를 다시 다루고자 한다.

자존심

　　　　심리학자들은 자존심을 매우 중요한 긍정적인 자의식 정서로 이해하고 있는데, 이런 관점은 현재 여러 사람들이 객관적으로 공유하고 있다. 이는 자존심을 칭송하고 받아들일 수 있는 정서로서 보다는 비난하고 거부해야 하는 하나의 도덕적 오점으로 보았던 초기의, 전통적인 관점과는 날카롭게 대비된다. 이것은 하나의 문화적 변화를 의미하는 것으로, 이에 대해서는 우리가 자존심에 관한 좀 더 오래된, 종교에 기반을 둔 부정적 관점을 논의할 때 다시 거론할 것이다.

자존심에는 두 가지의 서로 다른 정서적 표현, 곧 하나는 긍정적
이며 또 하나는 부정적인 표현이 있다. 그럼에도 단지 하나의 단어로
이를 아우르고 있는 것은 영어의 언어적 유물이라 할 수 있다. 다른
언어들은 그 둘을 서로 구분한다. 예컨대 불란서어에는 **피에르테**
(fierté)란 말이 있는데, 이는 좋은 혹은 건전한 자존심을 의미하며,
오르구웨일(orgueil)이란 말은 나쁜 혹은 건전치 못한 자존심을 의미
한다.[31] 우리는 지금 여기에서 두 가지의 서로 다른 정서로 다룰 것
인가, 아니면 긍정적 및 부정적 측면을 모두 지닌 하나의 정서로 다
룰 것인가? 어느 경우에나 그 둘은 서로 독립적으로 간주되어야 한
다. 이 장에서는 자존심을 긍정적인 정서로 다루고, 다음 장에서 그
의 어두운 측면을 다루고자 한다. (역자 주: 이 책에서는 pride를 긍
정적인 정서와 관련해서는 '자존심'으로, 부정적인 정서와 관련해서
는 '교만'으로 구분하여 번역한다.)

자존심은 우리가 관심을 갖고 있는 일을 성취했을 때뿐만 아니
라, 우리 자신의 기량과 선행을 통해서도 얻는 만족과 기쁨의 감정이
다. 그것은 친사회적 행동을 증진하고 우리로 하여금 앞서나가도록
동기를 제공해준다. 자존심은 우리 자신에 대한 자긍심의 중추에 해
당한다("나는 내 자신을 긍정적으로 생각한다"). 자존심은 또한 서양
문화권에서 중심적인 심리적 미덕으로 여기는 개인주의의 한 요소이

기도 하다. 자기 자신의 두 발로 설 수 있다는 것, 어느 누구에게도
의존하지 않는다는 것은 자신이 독립적인 존재라는 자존심을 갖게
해준다. 반면에 그의 실패는 수치심으로 이끈다. 그런 경우, 자존심
과 수치심은 서로 밀접하게 관련되는데, 자존심은 수치심의 정반대
에 위치한다. 죄의식과의 관련은 보다 덜 직접적이다. 그래서 지금
여기에서는 이를 다루지 않을 것이다.

　자존심이 지금까지는 비록 연구자들의 관심을 그렇게 많이 끌지
는 못하였지만, 충분히 자의식 정서로서 자격을 갖추고 있다. 그것은
누구나 기꺼이 인정하는 얼굴이나 신체적 표현의 특징을 지니고 있
다. 예컨대 어떤 사람이 두 손을 엉덩이 위에 두고, 머리를 귀로 젖히
거나 높이 쳐들며, 스스로 매우 만족해하는 미소를 머금은 얼굴로 똑
바로 서 있다면, 아마도 그 사람은 자존심을 가장 분명하게 표출하고
있을 것이다. 자존심은 진화론적으로 근거를 갖고 있으며, 비록 문화
적 차이에 영향을 받기도 하지만, 실질적으로 모든 문화권에서 인정
되고 있다.[32]

혐오

　　　　　후회처럼, 혐오는 보통 자의식 정서에 포함되지 않으며 심리학 문헌에도 이에 관한 연구가 상대적으로 매우 드물게 등장한다. 이는 아마도 혐오가 우리가 다른 사람들에 대해 갖는 정서적 반응이기 때문일 것이다. 그것은 덜 '자의식적'이다. 곧, 그것은 남들이 자신을 어떻게 생각할 것인가를 덜 의식한다. 그런 의미에서 그것은 화와 더 많이 닮아 있다. 그러나 혐오는 수치심이나 죄의식과 밀접한 관련을 가지며, 또한 자기 자신을 향해서도 경험될 수 있다. 우리가 강렬한 죄의식, 수치심 그리고 쑥스러움을 경험할 때, 우리는 또한 우리 자신을 혐오할 수도 있다. 따라서 그것은 자기 비난이 이를 수 있는 최고의 정점을 나타낸다.

　　우리는 전형적으로 역겨운 신체 조건에 반응하여 혐오를 경험한다. 즉, 외모, 느낌, 냄새 혹은 맛과 관련하여 우리가 더럽고 아주 지저분하다고 생각하는 것들은 우리의 감각을 불쾌하게 만든다. 흔히 이것들은 어떤 생체의 기능이나 생성물과 관련된다. 우리가 위에서 언급하였던 바와 같이, 만약 우리가 한 행동이 다른 사람들에게 혐오를 준다면, 우리는 쑥스러움을 느낀다. 그러나 이러한 유형의 혐오는 보통 어떤 도덕적 함축을 지니지 않는다. 도덕적 감상으로서 함축을 지니는 그런 혐오는 위선, 배신, 학대, 다양한 거짓 감동(아첨과 굽실거리는 노예근성 같은), 그리고 우리의 감정을 상하게 하고 짜증나게 하는 인격 결함(너무 괴팍스럽고, 성미가 까다로우며, 어리석은 경우와 같은) 등으로부터 유발된다.[33]

만약 혐오의 대상이 예컨대 잔혹한 행위라면, 그것은 우리가 자랑스러워할 수 있는 긍정적인 정서에 속한다. 정의롭지 못하고 공정치 못한 것을 비난하는 것은 우리의 도덕적 감수성의 존재를 확인시켜주는 것이다. 그러나 우리가 혐오하는 대상이 사회적 약자인 사람들, 예컨대 불구자, 장애인, 비만인, 이상한 자 그리고 매력이 없는 사람 등일 경우에, 우리는 사회적 비난을 받을 수 있다(혹은 받아야 한다).

한때 무자비했던 시대에는 사람들이 이런 저런 면에서 '비정상적인' 자들을 모두 공개적으로 비웃을 수 있었다. 그들은 그저 재미로 공개 처형장에 나가거나 정신 병원을 방문하였다. 중세의 도덕가들은 혐오를 욕망에 대항하는 하나의 무기로 삼으려 노력했다. 그래서 여러분이 욕정에 가득 찬 눈으로 아름다운 여인을 바라볼 때, 여러분은 곧 그녀의 사랑스러운 몸 안에 있는 선혈을 생각해야만 할 것이다. 그에 대한 혐오는 그녀를 만지고자 하는 그 어떤 욕망도 분명히 사라지게 할 것이다.

이제 우리는 다른 사람의 치욕을 단순히 주목하는 것만으로도 부끄러움을 느끼며 자신의 존재를 의식할 수 있다. 우리는 양심에 호소함으로써 우리의 혐오감을 억누르고자 노력한다. 그러나 우리는 또한 경험에 의해 다소 오염된 것을 느낀다. 정화 효과를 갖고 있는 경멸과 달리, 혐오라는 감정은 우리 자신의 정신적 약점을 돌아보게 하며 우리의 마음이 어느 정도 때가 묻었다는 느낌을 받게 한다.

죄의식

　　　　　　죄의식이란 말은 두 가지 의미로 사용된다. 첫째는 위반으로 인해 **죄가 있는** 상태이다. 이는 **객관적인**, 사실적 의미에서 도덕적 혹은 법적 책임을 의미한다. 두 번째는 도덕적 위반 행위를 한 이후 죄의식을 **느끼는 주관적인** 정서이다. 그것은 잘못을 저질렀다는 혹은 도덕적 의무를 이행하지 못했다는 자각으로 인해 발생하는 고통스러운 내면적인 긴장이다. 죄의식을 느낀다는 것은 또한 **회한**(라틴어로부터 나옴)이라는 용어로도 표현되는데, 그것은 양심의 파괴에 대한 은유를 암시한다. 그러므로 만약 내가 자동차 한 대를 훔친다면, 나는 절도죄를 저지른 **상태에 있으며** 또한 절도를 저지른 것에 대해 죄의식을 **느낀다**.

　　죄를 범한 행위와 죄의식 감정이 항상 함께 유발되는 것은 아니다. 죄를 범하지만 죄의식을 느끼지 않는 혹은 그 어떤 잘못을 저지

르지 않고도 죄의식을 느끼는 것이 가능하다. 예컨대 살인은 법적 및
도덕적 위반이지만, 만약 내가 어느 누구를 정당방위에서 살인을 했
다면, 나의 행위는 정당화될 수 있을 것이다. 그 경우, 나는 유죄가
아니며 또한 죄의식을 느낄 필요도 없다. 그 역으로 비록 우연한 사
고로 인해 빚어진 어느 누군가의 죽음에 대해 내가 책임이 없다 하더
라도 나는 그에 대해 죄의식을 느낄 수 있을 것이다.

'죄의식'이란 말이 히브리어 구약 성경에는 존재하지 않는다는 것
은 놀라운 일일 수 있다. 그러나 그것이 그리스어 신약에서 사용된 방
식에 중요한 차이들이 있다. 이것은 죄의식이 기독교에서 개념화되어
왔던 방식에 대한 몇 가지 단서를 제공한다. 기독교는 죄의식에 대한
서구인들의 신념과 태도에 엄청난 영향을 미쳤다. 예컨대 고대 그리
스어에는 '죄의식을 느끼는' 의미의 죄의식에 해당하는 단어가 없다.
죄를 범한 유죄상태와 가장 근접한 용어는 **하마르티아**(hamartia)인
데 이는 '잘못을 저지르다'를 의미한다(글자 그대로 하면, '과녁을 벗
어나다'). 책임(라틴어 **culpa 컬파**, '유죄' 혹은 '잘못'으로부터 나옴)
으로서의 죄의식과 또한 관련이 있는 다른 용어들로는 "벌을 받고 있
는" 혹은 "속박된 몸이 된"(하박국 2:15) 상태 등을 포함한다.

빚을 지고 있다는 생각이 죄의식의 중심을 이룬다. 죄의식은 실
제적으로 고대 영어 debt로부터 나왔다.[34] (독일어로 Schuld **슐트**는
죄의식과 빚 두 가지를 의미한다.) 죄의식과 빚 간의 관계는 고대 종

교 규범으로 거슬러 올라가며, 이는 우리의 법적 및 도덕적 관점에 계속 영향을 미치고 있다. 응보("눈에는 눈")는 빚을 되돌려준다는 생각에 의지하는 것으로, 이는 구약 성경에서 정의의 핵심적인 근거가 된다. 우리는 죄의식에 관한 종교적, 철학적, 법적 관점을 다루는 후속 장들에서 책임으로서의 죄의식에 대해 보다 충분히 논의할 것이다. 여기에서는 주로 다음 이야기들에 잘 나타난 바와 같은 죄의식의 주관적 감정에 대해 관심을 가질 것이다.

나의 가장 깊은 죄의식은 내 어머니가 보낸 생의 마지막 해와 관련이 있다. 나는 많은 시간을 어머니와 함께 보내지 못했다. 어머니는 내 곁에 있기를 바랐지만, 나는 친절한 간호 도우미를 구해드렸다. 그녀가 병원으로 후송될 때, 나는 강의 중이었다. 나는 전화로 어머니의 임종 소식을 전해 들었다. 나는 내 인생에서 그 어떤 일보다 이 일에 대해 깊은 후회와 죄의식을 느낀다.

나는 술에 취한 채 파티 장소에서 나와 집으로 운전을 하고 가는 도중 사고를 냈다. 내 아내는 사망했다. 나는 아내의 생명을 잃게 한 것에 대해 커다란 빚을 지고 있다고 생각한다.

다섯 살 때 계모를 만난 이후, 나는 줄곧 그녀를 증오했다. 크리스

마스 휴가 때 집에 머물면서, 나는 그녀의 건강에 관하여 매몰찬 말을 내뱉었다. 나의 아버지는 당황해하였는데, 내가 어렸을 때 계모가 암으로 거의 죽음 직전까지 갔었던 사실을 그날 밤 시간이 얼마 지난 후에 내게 말해주었다. 나는 깊은 죄의식을 느꼈다.

무엇이 이들 경험을 죄의식이라 할 수 있도록 해주는가? 몇 가지가 드러나는데, 그것은 무엇보다 추상적인 도덕 규칙의 측면보다는 소중한 관계에 있는 사람들에 대한 일탈이다. 죽어가는 어머니에 대한 딸의 태만이 깊은 회한을 이끌어낸다. 배우자를 사고로 죽게 한 것이 죄의식을 유발시킨 명백한 이유지만, 음주 운전은 또한 수치감을 이끌어낼 수도 있을 것이다. 계모를 증오한 것은 그가 그녀의 건강에 대해, 과거에 암과 투쟁하였던 사실을 모른 채, 인정 없는 말을 내뱉을 때까지는 이슈가 되었던 것으로 보이지 않는다.

죄의식은 수치심보다 더 어떤 잘못을 저지른 이후에 느낀다는 점에서 **후향적**일 수 있으며 혹은 무엇이 잘못일 수 있는가를 반성한다는 점에서 **전향적**일 수 있다. 그것은 **작위**(그릇된 일을 하는) 혹은 **부작위**(옳은 일을 하지 않음)의 행위로부터 나올 수 있다. 어느 경우든 죄의식은 우리가 다른 사람들과 개인적 거래를 실행하면서 사용하는 '통화'(화폐)의 일환이다. 그것은 다른 사람들의 행동을 변화시키는 강력한 영향기법('죄책감에 사로잡힌 상태'에 놓이게 하다)이다. 이에 관해서는 다음 장에서 다룰 것이다.

죄의식이 우리의 삶에서 영향을 발휘하는 정도는 매우 다양하다. 어떤 사람들은 죄의식으로 전혀 고통을 당하지 않는 반면, 어떤 사람들은 죄의식으로부터 헤어나지 못한다. 어떤 연구는 사람들이 날마다 약 2시간 정도를 '죄의식을 느끼며' 보낸다고 주장하고 있다. 이는 다소 과장되게 들릴지 모르겠지만, 아마도 그것은 우리가 하는 모든 생각 중에서 죄의식을 느낄 수 있는 가능성까지 포함하는 것일 것이다.[35] 수치심이 그러하듯 죄의식도 문화와 강력한 관련을 맺는다. 역사적으로 볼 때 서양 문화권의 경우, 죄의식은 인간의 삶에서 지금보다 훨씬 더 중요한 위치를 차지하고 있었던 것으로 보인다.

현대 사회에서도 죄의식은 여전히 가장 흔한 고뇌의 원천이 되고 있다. 뉴욕 타임스의 "도덕가" 칼럼은 윤리적 딜레마와 씨름을 하고 있는 많은 사람들의 이야기를 들어보라고 주장한다. 가장 흔히 받는 질문은 "당신은 말할래?" 부분에 있다. 예컨대 당신은 친구에게 배우자의 불륜을 알려줄래? 동료가 경영진 몰래 갈취한 삥땅은? 식료품 가게에서 물건을 훔치는 할머니는? 이런 상황들은 남의 일에 참견할 것인가와 비행을 무시해버릴 것인가의 딜레마를 낳는다. 어떤 선택이든 죄책감을 느낄 가능성이 있다.[36]

개인의 책임을 결정하는 데는 고의성이 중요한 요소가 된다('행위자의 귀인'). 누군가를 고의적으로 정당한 이유도 없이 해치는 경우는 단순히 해를 입히는 경우보다 죄의식을 훨씬 더 느끼기 쉽다. 대부분의 일상적인 죄의식 경험은 그 정도가 약하고 또한 쉽게 잊힌 다.[37] 그런 감정은 우리가 누군가에게 해를 끼칠 때 일어나는데, 우 리는 수없이 많은 방식에서 그럴 수 있다. 예컨대 우리는 남들의 약 점을 이용하고, 자신의 책임에 태만하고, 이기적이며 과도한 이익을 남기고자 행동하고, 다른 사람들에게 권력을 휘두르고 싶거나 혹은 도움이 필요한 사람들에 대한 지원을 하지 않는다. 우리는 사려 깊지 않고 소홀하게 행동함으로써 우리에게 소중한 사람들의 감정을 너무 나 자주 상하게 한다. 그럼에도 우리의 대부분은 이를 대수롭지 않게 여긴다. 그래서 우리는 때, 이유, 정도를 잘 가늠하여 우리가 저지른 위반행위에 걸맞은 죄의식을 느껴야 할 것이다.

실존적 측면에서 보면 죄의식이 우리를 과거에 얽매이도록 구속 한다는 점에서, 우리의 진정한 현재적 삶을 어렵게 만드는 측면이 있 다. 그것은 우리 자신에 대해 지니고 있는 우리의 신뢰를 말없이 무 너뜨리며, 더 나아가 자긍심과 자신감의 상실로 이어지게 한다. 우리 는 우리 자신과 더불어 다른 사람들의 눈에 왜소해진 우리 자신을 느 낀다. 죄의식의 무게에 눌리게 되면, 우리는 대중 앞에서 어떻게 행 동해야 할지 그리고 본래 자기 자신의 모습을 어떻게 보여주어야 할 지 당황하게 된다.

죄의식의 유익성은 그것이 우리의 관계를 얼마나 잘 보호하고 또

한 사회적 유대를 고양시키는 데 어떤 도움이 되느냐에 따라 결정된
다. 죄의식은 우리의 결점을 인식하도록 해주고, 우리의 잘못을 인정
하게 하며, 그것을 또한 수정하도록 해준다. 그러한 교정적인 행위는
우리의 손상된 사회적 유대와 소중한 관계를 복원시켜준다. 죄의식
은 우리가 만회하도록 하는 데 도움을 준다. 그러나 과도한 죄의식은
삶에서 기쁨을 앗아가 버리며 사회적 무력감만 고양시킨다. 그것은
우리의 관계를 손상시키고 우리의 유대를 약화시키며 우리 자신과
다른 사람들 간에 틈을 만들어간다. 그것은 우리로 하여금 고립된 느
낌을 갖도록 하고 학대와 배제에 취약하게 함으로써 우리를 사회로
부터 소외시킨다.

　다윈은 죄의식의 표현이 특정한 문화와 상관없이 보편적일 것으
로 주장하였지만, '죄의식을 느끼고 있는 것으로 보이는' 어떤 믿을
만한 신체적 표현은 아직 존재하지 않는다.[38] 사진에 나타난 표현들
을 중심으로 진행된 자의식 정서에 관한 연구들도 아직까지 죄의식
의 독특한 특징을 발견하는 데 실패하였다. 죄의식의 얼굴 및 신체
표현이 쑥스러움이나 수치심보다 더 미묘하다거나 혹은 사진 상의
정적인 표현보다는 좀 더 동적인 움직임에 의존할 수는 있을 것이다.
그렇지 않다면, 죄의식은 비언어적 방식으로는 적절히 전달할 수 없
는, 오로지 언어적 표현만을 필요로 하는 복잡한 정서에 해당할지 모
른다.[39]

죄의식과 수치심에 관한 새로운 관점들

역사적으로 보면 죄의식은 서양 문화권에서 지배적인 도덕적 정서에 속했다. 종교나 철학은 수치심보다는 죄의식에 더 폭넓은 관심을 기울였다. 죄의식은 또한 지난 세기에 걸쳐 정신분석학 이론의 영향 아래 정신의학의 주요 관심사가 되어 왔다. 이는 문학에서도 상황이 대개 비슷한데, 여기에서도 등장인물들은 수치심보다는 죄의식으로 인해 고통을 더 겪는다. 요약하면 죄의식은 도덕 판단에서 대단한, 중대한 정서가 되어 왔다.

오늘날 이러한 역사적으로 확립된 죄의식과 수치심에 대한 관점을 재해석하고 그의 개념적 기반을 재정립하고자 하는 중요한 움직임이 심리학 내부에서 일어나고 있다.[40] 몇몇 회의적인 심리학자들이 평가하고 있듯이, "지난 20여 년 동안 과학 매체나 대중 언론에서, 수치심은 심리적으로나 대인 관계에서 고뇌의 정서적 원천으로 중심 무대를 차지하고 있으며 흔히 고결한 죄의식의 감정과 적나라하게 대조되어 '어두운' 정서로 낙인찍히고 있다."[41] 이 새로운 관점은 오늘날 자의식 정서를 연구하며 광대한 결과들을 내놓고 있는 심리학자들 사이에서 유력한 개념적 모델이 되고 있다.[42]

이 새로운 관점을 지지하는 심리학자들은 정서가 기여하는 **사회적 목적**에 초점을 두는 **기능주의적** 접근을 취하고 있다.[43] 수치심과 죄의식에 관한 새로운 관점에서 그의 핵심 개념은 죄의식이 특수한 행위와 관련되는("내가 그 끔찍한 **짓을 저질렀다**") 반면, 수치심은 전체 자아와 관련된다("**내**가 그 끔찍한 짓을 저질렀다")는 것이다. 그래서 죄의식은 그 사람의 자아의식에 보다 제한된 효과를 미치는 반면, 수치심은 전체 자아를 망라하는, 보다 넓은 범위에서 영향을 미치게 된다("**나**라는 **존재**가 창피스럽다").[44]

이러한 입장의 이론적 근거는 심리학자 헬렌 블록 루이스의 연구로 거슬러 올라가는데, 그는 정신분석학 이론의 임상적 통찰력을 자아 심리학 및 인지 양식의 실험 연구에 통합하였다.[45] 사실은 이와 관련하여 헬렌 린드는 이미 1958년에 다음과 같이 표명한 바가 있다.

수치심은 전체 자아에 영향을 미치고 또한 영향을 받는 경험이다. 이러한 전체 자아는 그의 독특한 특징 가운데 하나이다. … 그것은 죄의식에서처럼 어떤 특정한 행위에 선택적으로 개입하지 않는다. …

이러한 전체적인 특성 때문에, 수치심의 경험은 전체 자아에서 어떤 변화가 있을 때에만 오로지 변경되거나 초월될 수 있다. …

그것은 자아로부터 분리될 수 있는 고립된 행위가 아니다. … 노출된 것은 나 자신이다.[46]

수치심과 죄의식 간의 이러한 핵심적인 차이들은 이 분야의 선두

주자 중 한 사람인 심리학자 준 프라이스 탱니에 의해 다음과 같이
정교화된다.

　수치심의 경우, 부정적인 평가의 초점이 전체 자아에 모아진다. 어
떤 위반이나 실패에 뒤이어, 전체 자아는 아주 철저하게 파헤쳐지며
자신의 부족함을 발견하게 된다. 이러한 고통스러운 자기 점검과 아
울러 위축감, 한없이 작아지는 느낌 그리고 자신이 가치가 없다는 생
각이 함께 밀려온다. 수치심은 또한 실제이든 혹은 상상이든 간에 못
마땅해하는 사람 앞에서 자신의 부족함이 탄로되는 것과 관련한 심상
도 포함한다. 비록 경험적 연구결과들은 수치심이 혼자 있을 때에도
경험될 수 있다고 지적하지만 … 수치심은 전형적으로 결점이 있는
자기가 타인들에게 어떻게 보일 것인가에 관한 자각과 관련된다. 그
리 놀랄 일은 아니지만, 수치심 경험은 흔히 숨고자 하는 욕구, 즉 쥐
구멍이라도 들어가서 사라져버리고 싶은 마음을 수반한다. 그리고 …
수치심은 적대적이고, 방어적인 분노의 유형을 불러일으킬 수 있으
며 … 실제이든 아니면 상상이든 아마도 못마땅해하는 타인을 염두에
두고 있을 것이다.
　이와는 대조적으로 죄의식은 나쁜 감정이다. 그러나 그것은 수치
심보다는 그렇게 전체적이거나 파괴적이지 않다. 죄의식은 전체 자
아와는 다소 거리가 있는, 특정한 행동에 대한 부정적인 평가로부터
일어난다. 이런 특정한 행동은 부도덕한, 부족한 혹은 그렇지 않다면

결점이 있는 것으로 밝혀지고 있다. 그러나 전체 자아는 손상되지 않은 채 그대로 남아 있다. 행동(자아보다는)에 대한 이러한 초점과 함께 긴장감, 회한 그리고 유감이 밀려온다. 죄의식의 한복판에 서있는 사람은 흔히 자백하고, 사과하고자 하는 압력을 느끼거나 아니면 이미 저지른 나쁜 행위에 대해 배상하고자 한다. 분명히 이것은 유쾌하지 못한 정서이다. 그러나 행동이 자아가 아닌 재가의 대상이기 때문에 자아는 상황이 허락하는 데에 따라 배상 행위를 기꺼이 취할 준비가 되어 있다.[47]

　연구자들은 또한 죄의식과 수치심에 관하여 일반적으로 인정되었던 여러 다른 측면들에 대해서도 의문을 제기하였다. 예컨대 수치심은 공적인 정서인 반면에 죄의식은 보다 사적인 정서라는 관점이나 혹은 수치심은 다른 사람들이 자신에 관하여 생각하는 것에 대한 반응인 반면, 죄의식은 개인이 자기 자신의 자아에 관하여 생각하는 것과 관련된다는 관점 등이다. 그러나 경험 연구들은 이러한 사적/공적 구분이 이들 정서를 신뢰할 만하게 구분하지 못한다는 것을 보여주고 있다. 수치심과 죄의식 둘 다 모두 내적인 요소와 외적인 요소를 지닐 수 있다. 그것들은 보통 공적인 상황에서 느껴지기도 하지만 또한 사적으로도 경험될 수 있다.

　일반적으로 인정되었던 관점 가운데 의문이 제기된 또 다른 것으

로는 죄의식, 수치심, 쑥스러움을 그들을 유발시키는 특수한 상황들
과 연계시키는 것이다. 이에 관해서도 마찬가지로, 여러 연구들은 앞
서 일어난 일들과 그것들이 이끌어내는 정서 간에는 예측 가능한 연
관이 존재한다는 확실한 증거를 발견하지 못하고 있다. 어떤 사람을
쑥스럽게 하는 일이 또 다른 사람에게는 창피스럽거나 죄의식을 느
끼게 할 수도 있다. 같은 일이 수치심을 유발할 수도 있고 죄의식을
이끌어낼 수도 있다. 예를 들면 어떤 사람들은 다른 사람들에게 거짓
말하고, 사기를 치고, 도와주는 일을 외면하고 혹은 부모님 말씀을
따르지 않는 것을 수치심을 유발하는 것으로 언급하는 반면, 또 어떤
사람들은 주어진 상황이 어떻게 해석되느냐에 따라 죄의식을 유발하
는 것으로 생각한다.[48]

　다른 흥미 있는 구분은 잘못을 저지른 개인으로부터 나오는 감정
적 신호에 근거하고 있다. 우리는 전형적으로 우리의 행위가 다른 사
람들에게 슬픔, 화 혹은 경멸을 불러일으키는 원인이 될 때 수치심을
느낀다. 반면에, 우리는 우리의 행위가 고통, 고뇌 그리고 실망의 원
인이 될 때 죄의식을 느낀다.[49]

　이미 받아들여졌던 관점들에 도전하는 최근의 연구들은 거꾸로
다른 연구들로부터 또한 도전을 받고 있다. 예컨대 이에 도전하는 연
구들은 죄의식이나 수치심을 보다 쉽게 유발하는 독특한 상황들이
실제로 존재한다는 것을 보여준다. 그들은 죄의식이 도덕적 위반을

수반하는 상황들과 관련되는 반면, 수치심은 도덕적 위반이든 혹은 그와 무관한 위반이든 대중에게 노출되는 경우에 일어난다는 것을 재확인하고 있다. 다양한 전례들이 쑥스러움은 가장 일반적으로 신체적인 실수, 눈에 띔, 실망스러운 성과 그리고 신체에 대한 통제 상실 등과 관련되고, 수치심은 실망스러운 성과와 남들을 아프게 하는 것으로부터 나오며, 죄의식은 의무 불이행, 거짓말, 사기, 남들에 대한 태만 그리고 배신 등으로부터 나온다는 것을 입증한다는 것이다.[50]

이것은 곧 어떤 주어진 행동이 반드시 특정한 정서를 유발한다고 말하는 것은 아니다. 오히려 그것은 정도의 문제이다. 예를 들면 빈도의 감소 순서를 고려해보면 실망스러운 성과는 수치심, 쑥스러움 그리고 죄의식을 이끌어내는 원인이 될 수 있는 반면, 배신은 그 순서가 죄의식, 수치심 그리고 쑥스러움이 될 것이다. 그러므로 어떤 특수한 일이 특정한 정서와 연관된다거나 혹은 그렇지 않다는 두 주장은 모두 어느 정도의 타당성을 지니고 있다.[51]

그러한 애매함과 모순은 우리로 하여금 그만 손들게 할지도 모른다. 그러나 보다 설득력 있는 증거가 등장하면 그 어떤 것도 수정되는 것이 과학의 흐름이다. (그리고 우리는 인간의 행동을 흑과 백으로 뚜렷이 구분되는 곳보다는 중간지대에서 바라보는 것이 더 현실적이라는 것을 유념해야 할 것이다.)

새로운 기능주의적 접근에서 가장 의미 있고 중요한 주장은 수치심이 죄의식보다 더 해를 많이 끼친다는 것이다. 이것은 죄의식과 수치심이 임상 이론과 실제에서 일반적으로 이해되던 방식과는 중요한 변화를 보인다. 죄의식이 문제를 일으킨 장본인으로부터 공감이나 이타주의와 같은 친사회적 행동을 유발하는 수단으로 여겨지는 대신에, 수치심은 개인의 심리적 및 도덕적 안녕에 아주 해로운 '추한' 감정으로 치부된다.[52] 이에 대해서는 우리가 제5장에서 죄의식의 병리적 현상을 논의할 때 더 자세히 검토할 것이다.

이 장에서 우리는 쑥스러움, 수치심 그리고 죄의식의 일반적 특징을 살펴보았고, 그들의 유사점과 차이점 그리고 그들을 구분하는 데 있어서 나타나는 문제점들을 고찰해보았다. 이것은 본질적으로 행동과학의 관점이며, 다음의 여섯 장의 논의에서도 그 기조는 계속 이어질 것이다. 이 접근은 죄의식을 주관적 느낌으로 바라보는 심리학적 관점에서 죄의식의 경험에 초점을 맞춘다. 우선 무엇보다 우리는 그것이 종교적 혹은 철학적 의미에서 도덕성의 주제에 관심을 갖는 것이 아님을 유념할 필요가 있다.

이 책을 읽어나감에 따라 여러분은 점차적으로 문화적, 역사적, 문학적, 철학적, 종교적 관점에서 죄의식과 수치심을 이해해야 한다는 임상 및 인본주의적 분야와 이와는 대조적인 심리학의 경험적, 과학적, 실험적 방법 간에 나타나는 긴장을 지각할 것이다. 우리는 두 진영 중 어느 한쪽을 선택해야 한다는 강요는 피해야 한다. 왜냐하면 두 진영은 각기 다른 방식에서 우리의 이해에 공헌하기 때문이다. 두 진영은 각기 다른 가정, 방법 그리고 증거에 적용되는 법칙을 확립하고 있다. 과학적 접근은 개별적인 연구를 통해 나온 각각의 조각들로 모자이크를 창조하고 싶어 한다. 반면에, 임상적 접근이나 인본주의적 접근은 개별적 조각들이 아니라 그들의 의미를 전달하는 통합적 이미지로서의 인상파 그림을 더 선호한다. 두 진영은 모두 실제를 나타내는 두 가지 다른 방법으로, 어느 것이 다른 것보다 더 실제적이라 할 수는 없다.

머리말에서 지적한 바와 같이 이 책의 주요 목적은 죄의식에 대한 이러한 다양하고 이질적인 접근들을 함께 고찰하는 것이다. 만약 우리가 그 유명한 코끼리와 맹인들 이야기에서와 같은 그러한 제한적인 인식으로부터 탈피해야 한다면, 우리는 마땅히 그럴 필요가 있다. 이것은 비록 불가능한 일은 아니라 하더라도 어려운 일이다. 내가 이들 각기 다른 목소리를 잘 전달할 수 있을지는 모르겠지만, 최소한 이 한 권의 책 안에서 그들을 함께 다루고는 있다.

1 *Journey Through the Night* (2006), 미 발행 원고이며, 저자명은 보류함.

2 William Ian Miller (1997), *The Anatomy of Disgust*(Cambridge, MA: Harvard University Press)에 있는 "Disgust and Its Neighbors"라는 글에서 유추하였다.

3 나는 핵심 단어의 어근 혹은 어원을 자주 언급할 것이다. 이는 어쩌면 독자들이 생각하기에 불필요하거나 이해하기 어려운 일일 수도 있다. 물론 나는 이 책이 언어학에 관한 것이 아님을 잘 안다. 그러나 나의 의도는 단어가 지니고 있는 숨은 의미를 지적함으로써 우리가 그 개념을 보다 잘 이해하는 데 도움이 되도록 하는 데 있다.

4 **affect**는 정서(emotion)의 또 다른 용어이다['정서 장애'(affective disorders)와 같은]. **열정(passion)**은 가장 강렬한 정서의 일종이며 성적 혹은 낭만적인 사랑을 함축하고 있다. **감상(sentiment)**은 감정(feeling)의 동의어이지만, 그것은 또한 추상적 개념['정치적 감상'(political sentiment)과 같은] 혹은 과장된 감정['감상적인 시'(sentimental poem)]을 암시하는 것과 관계가 있다. 이 장과 다음 장에 나오는 사전적 정의는 주로 Elizabeth J. Jewell & Frank R. Abate, eds. (2005), *The New Oxford American Dictionary*, 2nd ed.(Oxford: Oxford University Press), Christine A. Lindberg, ed. (1999), *Oxford American Thesaurus of Current English* (Oxford: Oxford University Press)를 참고하였다.

5 Charles Darwin(1872/1998), *The Expression of the Emotions in Man and Animals* (London: Harper). 정서에 대한 일반적인 안내에 대해서는 다음의 책들을 참고할 것. Carroll E. Izard (1991), *The Psychology of Emotions*(New York: Plenum); Jerome Kagan (2007), *What Is Emotion?*(New Haven: CT: Yale University Press). 사회학적 관점에 대해서는 Jonathan H. Turner and Jan E. Stets (2005), *The Sociology of Emotions*(New York: Cambridge University Press)를 참고할 것.

6 Dacher Keltner and Jonathan Haidt (1999), "Social Function of Emotions at Four Levels of Analysis", *Cognition and Emotion* 13: 505-21.

7 James R. Averill (1994), "Emotions Are Many Splendored Things", Paul Ekman and Richard J. Davidson, eds. (1994), *The Nature of Emotion: Fundamental Questions*, pp. 100-101 (New York: Oxford University Press).

8　Antonio R. Damasio (1994), *Descartes's Error: Emotion, Reason, and the Human Brain* (New York: Harper Collins).

9　죄의식과 쑥스러움은 내측전전두엽피질(medial prefrontal cortex)과 좌측후부상측측두구(left posterior superior temporal sulcus)를 활성화시킨다. 쑥스러움은 우측두피질(right trmporal cortex)과 좌우양측해마(bilateral hippocampus)에서 더욱 활성화된다. 이 연구에 관한 개관은 Jennifer S. Beer, "Neural Systems for Self-conscious Emotions and Their Underlying Appraisals", Jessica L. Tracy, Richard W. Robins, and June Price Tangney, eds. (2007), *The Self-Conscious Emotions: Theory and Research*, pp. 53-67 (New York: Guilford)을 참조할 것.

10　R. A. Swader et al. (1997), "The 'Big Three' of Morality (Autonomy, Community, and Divinity) and the 'Big Three' Explanation of Suffering", A. Brandt and P. Rozin, eds., *Morality and Health*, pp. 119-69 (New York: Routledge).

11　June Price Tangney, Jeff Stuewig, and Debra J. Mashek (2007), "What Is Moral about the Self-conscious Emotions?", pp. 21-38, Tracy, Robins, and Tangney (2007).

12　Joseph J. Campos (2007), "Forewood", pp. x-xii, Tracy, Robins, and Tangney (2007).

13　Jonathan Haidt (2003), "The Moral Emotions", Richard J. Davidson, Klaus R. Scherer, and H. Hill Goldsmith, eds. (2003), *Handbook of Affective Sciences* (New York: Oxford University Press). "자기평가의 정서"는 철학자 Gabrielle Taylor (1985), *Pride, Shame, and Guilt Emotions of Self-Assessment* (Oxford: Clarendon)에서 사용된 용어이다. 자의식 정서에 관한 가장 광범위한 두 가지 자료는 June P. Tangney and Kurt W. Fischer, eds. (1995), *Self-Conscious Emotions: The Psychology of Shame, Guilt, Embarrassment, and Pride* (New York: Guilford)와 Tracy, Robins, and Tangney (2007)이다. 보통 독자들을 위한 자료로는 June Price Tangney and Ronda L. Dearing (2002), *Shame and Guilt* (New Yokr: Guilford)를 참고할 것.

14　Jessica L. Tracy and Richard W. Robbins (2007a), "The Self in Self-Conscious Emotions", pp. 5-7, Tracy, Robins, and Tangney (2007).

15 Janet Landman (1993), *Regret: The Persistence of the Possible* (New York: Oxford University Press); Susan B. Shimanoff (1984), "Commonly Named Emotions in Everyday Conversations", *Perceptual and Motor Skills* 58: 514.

16 John Tierney (2009), "Oversaving, a Burden for Our Times", *New York Times*, Mar. 24, p. D1.

17 특별한 경우가 아닌 한, 이 책의 모든 인용문들은 내가 1995년부터 2003년까지 인간 생물학 프로그램의 일환으로 스탠퍼드 대학교에서 죄의식과 수치심에 관한 학제적 관점의 세미나를 개최했는데 그때 등록하였던 약 150명의 학생들로부터 나왔다. 60명의 중장년 성인들도 스탠퍼드 평생교육 프로그램에서 제공한 비슷한 과정을 밟았다. 이들 과정에서 요구한 것 중 하나가 강의에서 토의될 수 있는 죄의식과 수치심에 관한 자신의 개인적 경험을 제출하도록 하는 것이었다.

이들 자료는 공식적인 연구 목적보다는 일차적으로 강의에 활용하고자 한 것이었다. 피험자들을 무작위 표본으로 선정하지 않았기 때문에, 그들의 조사 결과가 일반 대중에게 일반화될 수 있는 것은 아니다. 특별히 연구 목적으로 진행된 죄의식에 관한 많은 심리학 연구들도 이와 비슷한 결점을 지니고 있다. 피험자들은 전형적인 대학생들인데, 그들이 일반 대중을 대표한다고 말하기는 힘들다. 이와 마찬가지로, 실험자들이 연구를 목적으로 피실험자들로 하여금 비윤리적 행위를 하도록 할 수는 없기 때문에, 윤리적 고려사항들이 실험연구를 제한할 수밖에 없다. 이러한 한계하에서 연구자들은 자신의 필요한 부분을 수행해야만 한다. 이 책에 있는 긴 이야기들과 인용문들은 문학 자료 혹은 임상자료들로부터 나왔다. 임상실험 자료의 경우, 본인을 확인할 수 있는 특징들을 변경시켰으며, 어떤 경우에는 임의로 내용을 허구화시킴으로써 개인의 사생활을 보호하였다. 짧막한 글들과 인용구들(흔히 삽입어구로 제시된)은 그와 유사한 자료들로부터 나왔거나 혹은 개인이 주어진 상황하에서 했을 것 같은 가설적인 진술들일 수도 있다.

18 Richard H. Willis (1998), *Human Instincts, Everyday Life, and the Brain*, vol. 1, pp. 234-35 (Charlottetown, Prince Edward Island: Book Emporium).

19 Darwin (1872/1998), p. 334.

20 John Milton (1674/2000), *paradise Lost*, Book VIII, pp. 620-25 (London: Penguin). 나는 이곳과 제8장에서 밀턴의 자료를 안내해준 마틴 에반스에게 감사한다.

21 Darwin (1872/1998), pp. 334, 310 그리고 다음의 페이지들.

22 나는 리비아에서 한 옷가게 창가에 야한 속옷을 공개리에 전시해놓은 것을 보고 놀랐다. 나는 그 광경을 보고 여성들이 남편들을 위해 그 옷을 사서 입는 것으로 생각하였다. 나는 의과대학의 전염병 수업과 관련하여 베이루트의 홍등가를 방문할 기회가 있었다. 무슬림 창녀들은 자신들의 성기를 공중 의사들에게 노출시켜주었지만 베일에 가린 자신들의 얼굴은 끝내 공개하지 않았다(아마 자신들의 고객들에게도 그럴 것이다).

23 혐오의 역할은 Miller (1997)에서 논의되어 있다.

24 Philip Zimbardo (1997), *Shyness: What It Is, What To Do about It* (Reading, MA: Addison-Wesley).

25 Rowland Miller (2007), "Is Embarrassment a Blessing or a Curse?", pp. 245-58, Tracy, Robins, and Tangney (2007).

26 Sandra Petronio (1999), "Embarrassment", David Levinson, James J. Ponzetti Jr., and Peter F. Jorgenson, eds. (1999), *Encyclopedia of Human Emotions*, vol. 1, pp. 209-14 (New York: Macmillan).

27 Darwin, (1872/1998), pp. 319-20. 다윈은 또한 머리를 떨어뜨리고 시선을 땅에 고정시켰지만 자신도 모르게 달아오른 화끈함을 보여줄 수는 없었던 로마의 배우들에 대해 로마의 극작가인 세네카를 인용하고 있다(어쩌면 배우들이 전형적으로 마스크를 착용하기 때문에 문제의 본질과 무관할 수도 있다).

28 Anita L. Vangelisi and Stacy L. Young (1999), "Shame", pp. 603-11, Levinson, Ponzetti, and Jorgenson (1999).

29 Bernard Williams (1993), *Shame and Necessity* (Berkeley: University of California Press). 나는 그리스어와 관련하여 여러 도움을 준 Robert Gregg에게 감사한다.

30 Gerhart Piers and Milton B. Singer (1970), *Shame and Guilt* (New York: Norton).

31 자의식 정서와 관련한 보다 깊은 언어적 고찰에 대해서는 Robin S. Edelstein and Philip R. Shaver 92007), "A Cross-Cultural Examination of Lexical Studies of Self-Conscious Emotions", pp. 194-208, Tracy, Robbins, and Tangney (2007)을 볼 것.

32 이를 개관하고자 한다면, Jessica L. Tracy and Richard W. Robbins (2007b), "The Nature of Pride", pp. 263-82, Tracy, Robbins, and Tangney (2007)을 볼 것.

33 혐오에 관한 저명한 자료에 관해서는 Miller (1997)을 볼 것. 이후의 논의는 주로 이 책에 의존하고 있다.

34 Tamara J. Ferguson (1999), "Guilt", pp. 307-15, Levinson, Ponzetti, and jorgenson, vol. 1 (1999).

35 Roy F. Baumeister, Harry T. Reis, and Philippe Delespaul (1995), "Subjective and Experiential Correlates of Guilt in Daily Life", *Personality and Social Psychology Bulletin* 21: 1256-68.

36 Randy Cohen (2002), *The Good, the Bad and the Difference: How to Tell the Right from Wrong in Everyday Situations* (New York: Doubleday).

37 Baumeister, Reis, and Delespaul (1995).

38 Darwin (1872/1998), p. 261.

39 Dacher Keltner and Brenda N. Buswell (1996), "Evidence for the Distinctness of Embarrassment, Shame, and Guilt: A Study of Recalled Antecedents and Facial Expression of Emotion", *Cognition and Emotion* 10(2): 155-71.

40 이러한 새로운 접근은 오늘날 자의식 정서의 심리학에 관한 많은 출판물을 쏟아 내고 있는데, 특히 Tracy, Robins, Tangney (2007)와 Tangney and Fisher (1995)에 있는 June T. Tangney의 글을 볼 것.

41 Tama J. Ferguson et al. (2007), "Shame and Guilt as Morally Warranted Experiences", p. 330, Tracy, Robins, and Tangney 2007).

42 이하의 논의는 Tangney and Fisher (1995); Helen Merrell Lynd (1958), *On Shame and the Search for Identity* (New York: Harcourt, Brace); Jonathan H. Turner and Jan E. Stets (2005), *The Sociology of Emotion* (New York: Cambridge University Press); Tracy, Ronins, and Tangney (2007)을 참고하였다.

43 Karen C. Barrett (1995), "A Functionalist Approach to Shame and Guilt", pp. 39-56, Tangney and Fisher (1995); Keltner and Haidt (1999).

44 Tangney and Dearing (2002), p. 18.

45 위의 책. 루이스에 대한 자료는 Helen B. Lewis (1971), *Shame and Guilt in Neurosis* (New York: International University Press); Helen Block Lewis (1987), *The Role of Shame in Symptom Formation* (Hillsdale, NJ: Lawrence Erlbaum Associates)이다. 자의식 정서의 새로운 관점에 관한 가장 포괄적인 자료로는 Swader et al. (1997)이 있다. 보다 일반적인 독자들이 개관하고자 한다면, Tangney and Dearing (2002)을 볼 것.

46 Lynd (1958), pp. 49-56.

47 June Price Tangney, Susan A. Burggraf, and Patricia E. Wagner (1995), "Moral Emotions and Moral Behavior", *Annual Review of Psychology* 58: 345-72.

48 June Price Tangney, Jeff Stuewig, and Debra J. Mash다 (2007), "Moral Emotions and Moral Behavior", *Annual Review of Psychology* 58: 345-72.

49 Campos (2007), p. xii.

50 Richard H. Smith et al. (2002), "The Role of Public Exposure in Moral and Nonmoral Shame and Guilt", *Journal of Personality and Social Psychology* 83: 138-59.

51 Keltner and Buswell (1996).

52 Tangney and Dearing (2002).

CHAPTER 02

계율과 죄

계율과 죄

인간의 파계에 관한 슬픈 이야기는 길고 음울하다. 우리가 이 장에서 관심을 갖고자 하는 것은 위반자들에게 죄의식을 불러일으키는, 다시 말해 그들로 하여금 후회하게 할 뿐만 아니라 도덕적으로 비난받게 하는, 보다 심각한 도덕적 결점으로 오랫동안 간주되어 오고 있는 그런 행동들이다. 그런 의미에서 볼 때 살인은 전형적인 범죄이다. 성경에 등장하는 첫 번째 살인은 카인이 자신의 동생 아벨을 죽이는 것이다. "그런데 주님께서는 아벨과 그의 제물은 기꺼이 굽어보셨으나, 카인과 그의 제물을 굽어보지 않으셨다. 그래서 카인은 몹시 화를 냈는데 … [그리고] 자기 아우 아벨에게 덤벼들어 그를 죽였다." (창세기 4:4-8).

셰익스피어의 『맥베스』는 맥베스를 파멸로 이끌고 자신의 부인을 미치게 만들어 결국 자살로 모는 잔인한 죄의식을 다룬 살인 이야기이다. 그러므로 그것은 이 장을 시작하는 적절한 사례가 될 것이다. 그 구성은 이미 잘 알려져 있다. 맥베스는 스코틀랜드의 왕인 덩컨을 대신하여 반란을 잠재운 후 동료인 뱅코와 함께 집으로 돌아오는 중이다. 그들은 맥베스를 미래의 왕으로 환호하는 세 명의 마녀를 만난다. 이는 그의 마음속에서 덩컨을 죽이고 왕위를 **빼앗으려는** 음모를 싹트게 하였다. 그의 '가장 위대하고 사랑스러운 파트너'인 부인은 그의 그러한 야심에 불을 지피지만, 맥베스가 유혈이 낭자한 행위를 실행할 결심이 부족하지 않나 하고 두려워한다.[1] 덩컨이 맥베스의 성에서 밤을 보내려고 오자, 부인은 자신의 엄청난 야심을 드러낸다.

무시무시한 음모에 끼어드는 악령들이여, 어서 와서 날 나약한 여자로부터 벗어나게 해다오. 머리 꼭대기에서 발끝까지 잔인한 마음으로 가득 채워다오! 전신의 피를 혼탁하게 하여 연민의 정이 얼씬도 못하게 하고, 양심의 가책이 나의 흉악한 결심을 뒤흔들거나 혹은 그 가책으로 인해 실행을 단념하게 하는 일이 없도록 해다오! 자, 살인의 정령들아, 내 몸 안으로 들어와 내 달콤한 젖을 담즙으로 바꿔다오.[2]

맥베스 부인은 여성으로서의 자신의 양심을 억누르며 남자처럼 행동하고자 하지만("나약한 여자로부터 벗어나게 해다오"), 맥베스는 주저한다. 마녀의 예언이 적절한 시점에 실현되는 것을 왜 기다리지 못하는가? 즉, 왜 왕을 살해하는가? 덩컨은 그의 사촌이며, 자기 집의 손님이다. 그는 훌륭하며 존경받는 왕으로, 자기에게도 가장 많은 관심을 기울여주고 있다. 맥베스 부인은 그런 것은 사양할 것이다. 그녀는 결심이 흔들리는 것에 대해 맥베스를 몹시 질책하며 그의 남성다움을 촉구하고 있다. 그 어느 것도 그녀를 단념시키지 못할 것이다.

… 저는 아기에게 젖을 먹여본 일이 있어서 젖을 빠는 아기가 얼마나 귀여운가를 잘 알고 있어요. 그러나 제가 당신처럼 맹세를 하였다면, 어린 것이 제 얼굴을 쳐다보고 방글방글 웃더라도, 저는 뼈가 없는 잇몸에서 강제로 젖꼭지를 잡아 빼고 머리통을 부셔버릴 수 있어요.[3]

맥베스는 여전히 주저한다. 실패한다면 어떻게 될까? 그러나 부인은 결코 실패하지 않을 거라고 말한다. 그녀는 왕을 시중들고 있는 내관들에게 술에 약을 타서 먹인 후, 덩컨을 죽이고 그의 피를 곁에서 잠자고 있는 내관들에게 묻혀 마치 그들이 왕을 살해한 것처럼 보이도록 하려 한다. 그러나 맥베스 부인은 그렇게 하지 못한다. 왜냐하면 잠자고 있는 덩컨이 자신의 아버지를 떠올리게 하였기 때문이다. 맥베스는 결국 살인을 저지르고 스코틀랜드 왕이 된다. 그는 후회를 극복하지만("바다의 신 넵튠이 다스리는 망망대해의 바닷물인들 이 손에 묻은 피를 씻어버릴 수 있을까?"), 그리 오래가지 못한다. 그는 덩컨의 죽음에 관해 자신을 의심하는 뱅코를 살해한다. 그리고 뱅코의 유령이 그에게 자주 나타나기 시작하면서, 맥베스는 혼란에 빠지게 된다.

맥베스 부인은 주도권을 장악한다. 그녀는 살인을 우습게 여긴다("물만 조금 있으면 그 핏자국도 그 일도 말끔히 씻어버릴 수 있어요"). 맥베스에게 되돌릴 수 없는 일에 집착하지 말라고 말한다("이미 한 일은 과거의 일일 뿐이어요"). 그녀는 손님들 가운데서 명랑하고 즐겁게 행동하며, 모든 것이 잘 되는 것처럼 가장한다. 그러나 죄의식이라는 엄청난 힘이 밀려들면서 그녀는 결국 파멸한다. 그 반전은 빠르게 진행되고 자세한 설명이 없다. 그녀는 꿈속에서 악행을 암시하는 수수께끼 같은 말을 내뱉으며 이리저리 배회한다. 그녀는 허공 속에서 손을 깨끗이 씻으려 한다.

　… 아직도 흔적이 있다.

　　　…

없어져라, 이 흉측한 흔적아! 어서 없어져!

    …

… 하지만 그 늙은이가 그렇게 피가 많으리라고는 미처 몰랐어요?

    …

어쩌지, 이 손은 영영 깨끗해질 수 없단 말인가?

    …

아직도 피비린내가 난다. 아라비아의 온갖 향료로도 이 작은 손의
악취를 없앨 수 없단 말인가.[4]

맥베스 부인의 죄의식은 어떠한 구원도 허락하지 않으며, 결국
그녀는 스스로 목매죽는다. 맥베스의 유명한 독백은 그들의 삶과 인
간 존재에 대한 묘비명과 같은 것이다.

인생이란 걸어가는 그림자에 지나지 않는다.
잠시 동안 무대 위에서 흥이나 덩실거리지만
얼마 안가서 잊혀버리는 처량한 배우일 뿐이다.
바보 천치들이 지껄이는 이야기에 불과해,
떠들썩하고 분노가 대단하지만
아무런 의미도 없는 것이다.[5]

『맥베스』는 셰익스피어가 죄의식을 중심 주제로 하여 가장 치밀

하게 악에 초점을 두고 완성한 작품이다. 표면상 그것은 일단 한번 불붙으면 주인공들을 파멸로 이끄는 억제할 수 없는 야망에 관한 이야기이다. 그럼에도 불구하고 극은 여러 가지 당혹스러운 의문들을 불러일으킨다. 마녀들이 말한 예언은 맥베스가 결코 변경시킬 수 없었던 미래를 예측한 것이었는가? 아니면 그는 자신을 살인자로 바꾸어놓을 억압된 야망의 목소리를 듣고 있었던 것인가? 만약 맥베스와 그의 부인이 고결한 부부였다면, 적어도 그렇게 보였듯이, 무엇이 그들을 그렇게 사악하게 변신시켰는가? 맥베스는 부인의 독려가 없었더라도 그런 범행을 저질렀을까? 양심을 억제하는 데에도 서로 호흡이 잘 맞아야 하는가? 그들을 벼랑 끝으로 내몰았던 것은 그들의 개인적 성향보다는 그들의 관계에서 비롯되는 그 무엇이었는가? 맥베스의 잔인성은 부인이 그의 남성성을 부추긴 것에 대한 반응이었는가? 애초에 맥베스 부인의 양심을 질식시켰던 철석같은 의지는 어떻게 그녀를 파멸로 몰고 간 잔인한 죄의식으로 전환하는가? 모든 위대한 비극에서처럼, 비록 많은 시도는 있어왔지만 이러한 의문들에 대해 분명한 대답이 없다.[6] 이에 관한 프로이트의 해석이 있는데, 그는 인간의 심층적인 심리적 동기를 파헤쳐 이러한 의문들에 대해 대답하고자 하였다.[7]

　프로이트는 사람들이 왜 오랫동안 간직해왔던 소망이 이루어진 이후에 파멸에 이르는 경우가 있는지 그 이유를 묻는 것으로 시작한다. 맥베스 부부가 야망을 성취한 이후, 왜 그 영광이 엉망으로 되어 버렸는가? **외면적**인 장애가 제거되고 나면, 우리는 마음이 편해진 다. 그러나 우리의 소망을 성취하는 데 장애가 되는 것이 **내면적**인 것으로, 우리의 양심으로 둘러싸여지면, 그리고 그 장애로 압도당하 게 되면 문제가 생기게 된다. 외면적인 소망을 성취하고자 하는 결심 은 흔히 내면적인 장애와 대립하는 계기가 된다.

이것이 맥베스의 경우와 어떻게 들어맞는다는 것인가? 맥베스 부인은 남편으로 하여금 덩컨을 죽이도록 압력을 가할 때 양심의 가 책을 느끼지 않는다. 범행을 저지른 이후, 맥베스가 심리적으로 붕괴 되어가기 시작할 때, 그에게 기운을 불어넣어준 것은 바로 맥베스 부 인이다. 그러나 그녀가 무대 위에 다시 등장할 때는 그녀를 스스로 목매 숨지도록 충동하는 엄청난 죄의식에 사로잡혀 있다. 프로이트 는 "세상에서 가장 단단한 쇠로 주조된 것 같은 이 인물을 무너뜨린 것"은 무엇인가라고 물었다. 극 중에서 사건들이 전개되는 방식이 너 무 빨라 이해하는 데 어려움이 있다. 프로이트는 우리가 그 사건들이 전개되는 시간 구조를 다소 변경할 것을 요청하는 견해를 내놓는다. 셰익스피어가 『맥베스』의 구성을 빌려왔던 홀링세드의 『연대기』에 서 덩컨 살인 이후 맥베스의 왕위 등극과 극에 묘사된 부부의 파멸 사이에는 10년의 세월이 흐른다. 이 기간 동안에 일어난 가장 중요한 사건은 부부가 자녀를 갖는 데 실패한 것이다. 그것이 왜 문제가 된다는 것인가?

마녀들은 맥베스가 왕이 될 것이라고 예언하면서, 또한 뱅코에게
도 그의 자식들이 왕위에 오를 것이라고 말했다. 맥베스가 자신의 사
후에도 통치를 지속할 수 있는 유일한 길은 자녀를 갖는 것이었을 것
이다. 이는 그가 부인에게 한 다음과 같은 말에 잘 나타나 있다.

> 당신은 사내아이만 낳아야겠소!
> 그 담대한 기질로는
> 남자밖에 낳지 못할 것이오.

그러나 부부는 자녀를 갖지 못하였고 맥베스가 왕조를 건설하고
자 한 꿈은 와해된다. 맥베스 부인은 그에 대해 자신을 책망한다. 그
녀는 그 비극을 이해하는 데 있어서 핵심이다. 맥베스 부부가 이룬
외면적 소망은 왕위에 등극하는 것이며 그리고 그 대가는 덩컨의 죽
음이다. 그러나 맥베스 부인의 심층적인 무의식적 소망은 존속살인,
곧 자신의 아버지를 살해하는 것이다. 덩컨을 죽일 수가 없었다는 그
녀의 설명은 그러한 억압된 소망에 대한 부정이자 은폐이다. 그녀의
양심은 그들의 왕조를 건설하고자 하는 야망이 존재하는 한 억제된
다. 그것이 실현되지 못하면 맥베스 부인의 방어는 와해되고 그녀의
양심은 그녀를 죽음으로 벌준다.

프로이트의 복잡한 분석에는 우리가 군이 자세히 들여다볼 필요가 없는 다른 여러 측면들이 존재한다. 프로이트의 해석에 대한 옳고 그름의 문제는 우리의 목적과는 부합하지 않는다. 여기에서의 문제는 그들이 저지른 악을 탓하기에 앞서 범죄를 설명하는 심리적 요소들을 우리가 확인할 수 있느냐에 있다. 하나의 설명은 나머지 다른 설명들을 불가능하게 하는가, 아니면 여러 설명들을 상호보완적인 것으로 보아야 하는가? 순수한 심리적 설명은 도덕관념이 없는 경험 세계를 초래할 것이며, 악에 의존한다는 것은 인간의 행위를 숙명론적으로 만들 것이다.

맥베스의 비극이 우리 자신의 삶과 불가피하게 갖는 관계는 무엇인가? 우리 가운데 살인자는 거의 없으며, 또한 살인이란 것이 우리가 야망을 성취하고자 할 때 양심을 억누르며 반드시 선택해야 하는 유일한 방도도 아니다. 우리가 권력을 성취한 이후에 선한 일을 할 것이라고 우리 자신에게 다짐하는 경우, 어떻든, 우리는 우리가 결코 손 뗄 수 없는 악과 파우스트식 거래(역자 주: 돈, 성공, 권력을 바라고 옳지 못한 일을 하기로 동의하는 것)를 하는 것인가?

대부분의 죄의식 경험은 비극의 원천이 아니라 우리의 일상 삶의 한 부분이다. 신뢰를 저버리고 책무를 완수하지 않는 경우가 비일비재하다. 그런 일들은 신학자들, 철학자들, 임상의들을 긴장시키지도 않는다. 그들은 수많은 작은 도덕적 실수보다는 그리 많지 않은 커다란 실수에 관심을 갖는다.

물론 그러한 행동을 제한할 의도에서 만들어진 도덕적 규범이나 법적 규제는 모든 사람에게 의미가 있지만, 실제적으로는 그런 규범들이 모든 사람들에 의해 똑같이 준수되는 것은 아니다. 이중적인 기준이 남성과 여성에게, 지배자와 피지배자에게 적용되어 왔으며, 어느 정도는 아직도 여전히 존재한다. 권력을 많이 가지면 가질수록, 제재를 받지 않고 행동할 자유를 더 크게 향유한다. 로마 황제 카라칼라는 이를 잘 표현해주었다. "나는 내가 원하는 어느 누구한테도 내가 하고 싶은 그 어떤 일도 할 수 있다는 것을 기억하라."

우리가 사람들에게 도덕적으로나 법적으로 책임을 지게 만드는 수많은 범죄와 비행을 이해하려면 이에 관한 어떤 구성의 원리가 필요하다. 그러기 위해선 우리는 무엇보다 서양 문화권에서 가장 널리 받아들여지고 있는 윤리 규범인 성경의 십계명을 검토해야 할 것이다. 그런 이후 중세 기독교 이래로 인간을 도덕적 타락으로 이끄는 대표적인 성향으로 여겨져 온 대죄를 다룰 것이다. 십계명이 특정한 행동들(살인이나 간통과 같은)과 관련되는 반면, 대죄(화나 애욕과 같은)는 그런 행동으로 이끄는 특질과 관련된다.

십계명

　　　　　　도덕적 및 법적 규정은 그 기원을 종교적 금
지에 두고 있다. 가장 오래된 것으로 알려진 것은 고대 바빌로니아의
함무라비 법전(기원전 18세기)이다. 중심 기둥에 새겨진 것으로, 태
양신 샤마시가 왕에게 법전을 전수해주는 모습을 보여준다. 이와 비
슷하게 모세는 이집트에서 탈출하며 주님으로부터 십계명을 받았다
(출애굽기 20:1-18; 신명기 5:6-12). 그 십계명은 "너희는 ~해야 한
다"가 아니라 "너희는 ~해서는 안 된다"와 같이 부정적인 말로 시작
하고 있다. 대죄뿐만 아니라 십계명의 일차적인 관심은 죄의식 감정
이 아니라 죄의식 행동에 있다. 그러나 두 경우에서도 죄의식이나 회
한(그리고 아주 흔히 수치심)의 감정은 당연히 기대하는 결과이자,
또한 회개와 구원을 위해서는 없어서는 안 될 요소라는 점이 아주 분
명하다.

　　토라(다섯 권으로 이루어진 최초의 히브리 경전)는 613개의 계율
을 포함하고 있지만, 유대인의 법과 윤리의 기본적인 구조를 구성하
는 것은 십계명이다. 그것들은 10마디 말씀(히브리어로 asaret ha-
devarim 앗세렛 하드바림; 그리스어로 dekalogos 데칼로고스)으로
불린다.[8] 십계명은 원래 이스라엘 사람들을 위해서 만들어졌지만 구
약 성경을 통해 기독교 윤리의 중심이 되었다. 예수는 '계율'에 대해

언급하고, "마음에서 나오는 것은 악한 생각, 살인, 간음, 음란, 도둑질, 거짓증거, 비방"(마태복음 15:19-20)이라며 그에 수반되는 몇 가지 죄목을 들었다. 이어서 이들 계율은 서구 사회에서 그 어떤 다른 도덕규범과 비길 데 없는 보편성을 획득하였다. 비서구 사회의 종교적 전통의 도덕규범들도 이와 유사한 기본적인 도덕적 및 사회적 관심사를 반영하고 있다.

　　종교적 측면에서 볼 때, 십계명은 인간에게 전달된 신의 의지를 상징한다. 그에 관한 이해와 해석은 수세기를 거치면서 변화하는 사회적 환경에 따라 적절하게 진화하여왔지만, 그의 기본적인 의미는 예전과 똑같다. 비종교인들에게는 그의 종교적 중요성이 크게 와 닿지 않을 수도 있겠지만, 십계명은 여전히 강력한 도덕적 영향력을 발휘한다. 세속적인 측면에서 볼 때도 십계명은 인간관계의 규칙이나 사회의 효과적인 기능과 관련하여 인간이 수천 년 이상 겪었던 경험들 가운데 최고의 정수를 의미한다. 십계명은 여전히 '영향을 미치고 있다.' 예를 들면 앞에서 언급한 바와 같은, 심리학자들에 의해 주장된 소위 말하는 '세 가지의 커다란' 윤리적 관심들도 십계명에 포함된다. 세 가지의 커다란 윤리적 관심이란 우선 다른 사람들에게 해를 끼치는 것을 금지하는(살인하지 말라, 도둑질하지 말라, 거짓 증언을 하지 말라) 정의 및 개인적 권리의 주제와 관련이 있고, 공동체에 의해 공유된 사회적 관습을 보호(부모를 존경하라, 간통하지 말라,

네 이웃의 물건을 탐내지 말라)하는 것과 관련이 있으며, 그리고 인간과 신과의 관계를 분명히 규정하는 일과 관련이 있다.

십계명이 잘 알려져 있기 때문에 여기에서 우리가 굳이 그의 종교적, 법적, 역사적 중요성을 장황하게 늘어놓을 필요는 없다. 오히려 다음의 물음과 같이 그것이 우리의 죄의식 경험과 어떻게 관련되는지를 고찰하는 편이 더 나을 것이다. 그 계율에 대한 위반이 어떻게 우리를 책잡히게 만드는가? 십계명의 원래 의도는 무엇이었으며, 그것은 오늘날 우리들에게 어떤 의미를 지니고 있는가?

십계명은 정언적이며 그 어떤 조건도 허락지 않는 필연적인 성명이다. 그럼에도 십계명은 항상 재해석에 대한 여지를 남겨놓고 있다. "너희는 간통해서는 안 된다"라는 계명은 아직도 존속하고 있다. 그러나 당시에 '간통'이 의미하였던 바는 나중에 이에 대해 논의하겠지만, 우리가 오늘날 그 용어를 이해하는 방식과는 다르다. 이런 현상은 그 계율을 전혀 무의한 것으로 만드는 것이 아니라, 오히려 우리가 오늘날의 문화적 맥락과 더불어 원래의 그의 의미를 이해하길 요구하는 것이다.

처음 세 가지 계율은 인간과 주님과의 관계에 대한 것이다. 그러므로 그 계율들은 종교적 맥락에서 더 잘 이해될 수 있다. 간단히 말해 유대교는 다른 신들에 비해 우월한 유일신을 숭배하는 전통을 확립한 최초의 종교였다("너희는 내 앞에서 다른 신을 섬기지 말라").

따라서 많은 신 가운데 한 신을 선택하는 택일신교로 시작하였던 것이 일신교 혹은 한 신에 대한 배타적인 숭배로 발전하였다.

우상 숭배는 모든 형태의 인간의 신적인 측면에 관한 '마음속에 깊이 새겨진 영상'(단순히 초상이 아닌)에 대한 숭배이다. 그것은 유대교에서 최고의 죄이며, 기독교와 이슬람교에서도 마찬가지다. 우상 숭배는 현대사회에서 죄의식을 느끼는 데 더 이상 이슈가 되지 않는다. 그러나 우상 숭배는 정말 문자 그대로의 우상을 숭배하는 것 그 이상이다. 주님보다 우선하는 그 어떤 것도 우상 숭배의 한 형태이다. 개신교 신학자인 폴 틸리히는 삶에서 최고인 것조차, 예컨대 가족, 친구, 직업, 기쁨 그리고 어떤 모든 다른 애정, 선 혹은 악 등도 하나님보다 우선한다면 "우상 숭배적인 궁극적 관심"을 뜻한다고 말한다.

세 번째 계명은 주님의 이름을 망령되이 일컫는 것을 금한다. 정통파 유대교는 하느님의 이름을 함부로 부르는 것을 금지한다. 그는 하느님(Adonai 아도나이, Elohim 엘로힘)으로 일컬어진다. 주님의 이름은 히브리어 자음 YHVH를 야훼(Jahveh) 혹은 여호와(Jehovah)로 글자 번역한 것이다. 기독교도들과 이슬람교도들은 하나님의 이름을 오로지 경외하는 마음으로 부를 것이다.[9] 함부로 사용하게 되면 그것은 불경스러운 말로 전락하고 만다.

이들 계명은 어떻게 죄의식의 경험과 관련되는가? 만약 우리가 주님을 믿지 않는다면 계명은 문제가 되지 않을 것이다. 그러나 만약 우리가 주님을 믿는다면, 그 경우에는 주님에 대한 위반은 가장 심대한 죄의식 감정을 불러일으킬 것이다. 만약 주님과 우리의 관계가 더할 나위가 없다면, 나머지는 저절로 따라올 것이다. 만약 그렇지 않다면 아무것도 문제될 것이 없을 것이다.

다음의 일곱 가지 계명은 보다 직접적으로 대인 관계에 초점을 두고 있다. 이제 이들 계명의 본래의 의도와 더불어 그 계명들이 오늘날 우리의 죄의식 경험과 어떤 관계를 갖는지 논의할 것이다.

안식일을 거룩히 지켜라

안식일을 지키라는 계명은 천지창조를 완성한 제7일째 되는 날에 하느님의 안식을 축하하는 것과 관련이 있다. 안식일을 성실하게 준수하는 사람들은 모든 일을 멈추고 그날 하루를 종교 의식과 영적 반성 속에서 지낸다. 즉, 유대인들과 안식일 재림파 교인들은 토요일에 각각 유대교회(시나고그)와 교회에 나가며, 그 밖의 다른 기독교도들은 일요일에 교회에 간다. 그리고 이슬람교도들은 금요일에 공동기도를 위해 모인다.

안식일을 준수하지 못하면 많은 사람들이 죄의식을 느끼곤 한다.

이것은 더 이상 그렇게 완고한 경우가 아닐 수 있으나, 아직도 여러
사람들을 괴롭히고 있다.

> 일요일 아침이었다. 가족들이 교회에 가려고 준비하고 있는 동안,
> 나는 담요 속에 숨어 있었다. 엄마가 방문을 열자, 나는 가엾게 기침
> 을 하였다. 엄마는 "아마도 너는 교회에 가지 말고 집에 있어야 할 것
> 같다"라고 하였다. 나는 "그래도 된다면, 그렇게 하죠"라고 대답했다.
> 나의 벌 받을 작은 가슴은 쾌재를 부르고 있었다. 다음 날 죄의식이
> 엄습하여 왔다. 하나님이 나에게 벌을 줄 것이 분명해 보였다. 나는
> 이후 3개월 반 동안 교회에 빠지지 않았는데, 실제로 그때 병이 났다.
> 정말이다.

종교를 제쳐놓고라도 주말에 일을 한다는 것은 문제가 될 수 있
다. 물론 늘 주말에 작업이 예정되어 있는 사람들에게는 다른 문제
다. 그러나 풍부한 경력을 쌓은 전문가들이 금요일 오후가 되어서도
아직 완수해야 할 책무들이 있다는 것은 문제의 소지가 있다. 가끔씩
주말에 일을 해야 할 필요가 있는 경우에는 아쉬움이 남는 것으로 단
순히 그칠 수 있지만, 늘 반복적으로 그래야 한다면 그것은 가족의
일원으로서 해야 할 의무에 배치되고 갈등과 죄의식을 유발할 수 있
는 하나의 원천이 될 수 있다. 두 아이의 엄마는 자신의 남편에 대해

다음과 같이 말하고 있다.

나는 주중에 집에서 아이들을 돌보는 일에 대해서는 개의치 않지만, 정말로 주말에는 좀 쉬고 싶다. 그래서 남편인 밥이 토요일 아침에 사무실로 향할 때면, 사실 마음이 불편해진다. 나는 그가 가족을 위해 열심히 일을 한다는 것을 이해한다. 그러나 그가 아이들에게 진정한 아빠가 되기 위해서는 그들과 함께 시간을 보내야 할 필요가 있다. 내가 그에게 이런 사실을 이야기하면, 그는 아이들에게(나는 말할 것도 없고) 소홀한 것에 대해 미안하고, 유감스럽게 생각한다고 말한다. 그러나 내가 보기에 그것으로 충분하지 않다. 내가 바가지를 긁으며 흥분하면, 아마 그는 집에 있을 것이다. 그러나 마음이 사무실에 가 있다면, 그것이 무슨 소용이 있겠는가.

주말에도 일을 하는 사람이 엄마라면 아마도 더욱 괴로워할 것이며, 남편은 그에 대해 훨씬 더 화를 낼지 모른다. 그런 상황들은 직업과 가족의 의무를 고려해볼 때 남성과 여성 가운데 누가 어떤 책임을 져야 할 것인가와 같은 골치 아픈 문제를 초래한다. 그것은 계율의 입안자들도 애초에 결코 직시할 수 없었던 새로운 죄의식의 원천으로 작용할 수 있다.

너희 부모를 공경하라

부모와 자녀 간의 관계는 이론의 여지는 있지만 죄의식을 느끼는 가장 중요한 하나의 원천이다. 넓은 의미에서 보아 자신의 부모에 대해 의무를 충실하게 이행하지 못하는 것이 이와 관련한 죄의식 감정의 많은 부분을 차지한다. (내 강의를 듣는 학생들을 대상으로 조사했을 때도 부모와의 관계가 지금까지 죄의식을 느끼는 것들 중 가장 큰 범주로 나타났다.) 여기에는 몇 가지 이유가 있다. 분명히 모든 사람에게는 부모가 있다(혹은 있어왔다). 즉, 그 어떤 다른 인간관계도 이만큼 보편적이지 못하다. 부모-자녀 관계는 분해될 수 없다. 한 번 부모면, 영원한 부모다. 비록 부모와 자녀가 서로 관계를 끊었다 하더라도, 그들은 항상 어떤 수준에서 서로의 삶의 일부분을 차지하고 있을 것이다. 이들 관계 속에는 상처받기 쉬운 자녀들의 어린 시기도 들어 있기 때문에, 사람들이 겪는 아픔 그리고 그에 이은 죄의식은 특히 강렬하다. 그 어떤 다른 친밀한 관계라도 예컨대 배우자, 연인, 친구 혹은 원수지간이라도 그와 견줄 수 없다.

죄의식을 느끼는 기본적인 이유는 우리를 키워서 세상에 내보낸 부모로부터 받은 빚을 보상해드리지 못한 데 있다. 설령 부모가 자신들의 책임을 다하지 못했다 하더라도, 그 빚이 취소될 수는 없다. 우리가 버릇없게 굴고, 은혜를 모르며, 감사할 줄 모를 때, 즉 우리가 그들의 감정과 욕구에 무감각할 때, 우리는 부모를 공경하지 않는 것이다. 부모에 대한 불경이 아무리 사소한 일이라 하더라도, 그 결과는 다음과 같이 강렬할 수 있다.

나는 힘든 한 주일을 보내고 있었다. 엄마에게서 전화가 오자, 원래 전적으로 내 문제임에도, 나는 엄마에게 큰소리로 신경질을 내며 불경스럽게 말을 했다. 엄마는 결국 우셨다.

나는 이제 두 명의 장성한 자녀를 둔 어엿한 아버지가 될 만한 그런 나이지만, 아직도 내 아버지 때문에 짜증이 나는 경우가 많다. 아버지와 대화를 하는 도중 화가 치밀어 오르자, 나는 그만 대화를 갑자기 일방적으로 중단해버렸다. 나는 이 나이 먹어서도 그런 돌발행동을 한 것에 대해 죄의식을 느낀다.

나는 엄마가 나보다 언니를 더 좋아한다고 역정을 냈다. 분노의 물결이 서서히 물러가자, 나는 엄마를 나쁜 사람 취급했던 나 자신에 대해 커다란 죄의식을 느꼈다.

자녀들의 마음속에 죄의식을 더 잘 깃들게 하는 사람은 아버지보다는 어머니다. 이는 어머니들이 아버지들보다 자녀들과 더 많은 시간—특히 아동기—을 함께 지내기 때문이기도 하지만 어머니들이 자녀들로 하여금 죄의식을 느끼도록 하는 경향이 더 있기 때문일 수도 있다. 전통적으로 아버지들은 자녀들을 다룰 때 직접적인 방식을 주로 사용하는 반면, 어머니들은 자녀들에게 영향을 미치고자 할 때 그들의 감정에 호소하는 경향이 많다. 부모와의 상호교류는 성인이 되어도 여전히 죄의식의 강렬한 원천으로 남는다. 즉, 우리가 표현하지 못했던 사랑과 우리가 억제하지 못했던 화에 대한 죄의식은 부모가 돌아가시고 난 이후에도 오랜 세월 동안 사라지지 않는다.

자식으로서의 의무는 특히 비서구권 문화에서 강하게 인식되어 왔다. 코란은 부모가 살아계시는 동안 그들을 화나게 하는 그 어떤 작은 불평이라도 우리가 결코 해서는 안 된다고 가르친다. 전통적인 중국 사회의 경우, 부모는 존경받고 조상들은 숭배의 대상이었다. 부모를 공경하는 의무는 전통적으로, 비록 현대사회에서는 많이 쇠퇴한 것으로 보이는 관습이지만 연장자들에 대한 존중으로 확장되어 왔다.

어떤 부모는 공경하기가 참 어렵다. 그런 부모는 대개 꼬치꼬치 참견하고, 통제하며, 인정해주지 않고, 업신여긴다. 그럼에도 불구하고 그들을 공경하지 않으면 여전히 우리 가슴에는 죄의식이 존재한다. 이는 조부모에게도 마찬가지일 수 있다.

나는 조부모를 좋아하지 않는다. 그들은 눈치가 없고, 무감각하며, 사람들을 늘 기분 나쁘게 한다. 그들은 사람들에 대해, 그들이 결코 하지 않았다고 하는 일에 대해서도 추궁하고, 또한 그들의 잘못이 인정되면 이를 결코 용서하지 않는다. 그들은 거의 말도 안 되는 인종차별적인, 성차별적인 발언을 서슴지 않는다. 그들은 특별히 총애하는 손주들이 있으며 그런 사실을 애써 숨기려 하지도 않는다. 게다가 비록 자신들이 나이가 들었고 또한 그래서 많은 시간을 함께 보내기는 어렵다고 말하면서도, 그들은 왜 내가 자신들을 방문해주지 않는지 이상해한다. 나는 그들이 정말 실제로 나를 사랑한다고 생각하기 때문에, 그리고 어느 정도는 나 또한 그들이 가족이란 점에서 그들을 사랑하고 있기 때문에, 죄의식을 느낀다. 내가 자신들을 사랑하지 않는다고 그들이 생각할까봐 마음이 괴롭다.

나는 아버지에 대해 무척 분노했었다. 왜냐하면 아버지는 나에 대해 너무 지나치게 비판적이었기 때문이다. 내가 아무것도 하지 않는 것이 상책이었다. 나는 절대적으로 그의 인정을 받고 싶어 했지만, 결코 그러질 못하였다. 아버지가 돌아가시기 전 최후로 병을 앓고 계셨을 때, 나는 그동안 아버지에 대해 생각해왔던 바를 말하고 싶은 충동에 휩싸였었다. 그러나 그때 말하지 않았던 것이 잘했다는 생각이 든다.

우리는 부모들이 자녀들과의 교류에서 죄의식을 느끼는 많은 사례들을 쉽게 인용할 수 있을 것이다. 부모는 자신의 자녀들에 대해 책임을 느끼며 그들의 인생이 잘 풀리지 않으면, 비록 그것이 그 자녀들로부터 비롯된 것이라 하더라도 죄의식을 느낀다. "우리가 무슨 잘못을 한 적은 없는가?"라고 스스로에게 묻지 않는 부모를 상상하기가 매우 어렵다.

내 아들이 고등학교를 중퇴하였을 때, 남편과 나는 소름이 끼쳤다. 우리는 아들을 좀 더 좋은 학교에 보내지 않은 것에 대해, 그를 도와줄 가정교사를 구하지 않은 것에 대해, 그리고 우리가 그를 학교에 다닐 수 있도록 할 수 있었던 그리고 했어야 했던 그 밖의 모든 일들에 대해 우리 자신을 책망하였다.

내 딸이 이혼하자, 나는 무척 힘들었다. 내 딸이 15살이었을 때 내가 이혼을 했었는데, 나는 그것이 이런 사태가 일어나게 된 것에 대해 어느 정도 책임이 있지 않은가 하는 생각이 들었다.

나는 아버지의 가업을 이어받았으며 내 아들 또한 그렇게 해주기를 기대하였다. 그는 옷가게를 운영하는 일에 전혀 관심이 없었고, 심지어 내가 하는 일도 도와주지 않았다. 그러나 나는 조금씩, 서서히 그를 이 일에 관여토록 압력을 가하였다. 2년여 동안은 잘 참고 했지만 결국 그는 그만두고 말았다. 그는 이제 너무 늦었노라고, 자신이 원했던 일을 하기에는 너무 늦어버렸노라고 탄식한다. 그는 마치 찌부러진 타이어 같다. 아내와 나는 그에게 무엇을, 어찌해야 할지 모르겠다. 아내는 이런 사태에 대해 나를 질책하지만 나는 그에게 최선이라고 생각되는 바를 했다. 설사 내가 뭘 잘못했다 하더라도 지금 내가 할 수 있는 유일한 일이란 그저 그에 관해 유감스러워할 뿐이다.

자신의 자녀들에 대해 책임을 느끼는 것은 자연스러운 일이지만, 부모가 자녀들의 인생을 발전시키는 정도는 자신들이 상상하는 것보다 훨씬 못 미칠 수 있다. 자녀가 어떤 사람이 되는가를 결정하는 데에는 부모도 중요하지만, 성, 출생 순서 그리고 어떤 가정환경에서 성장하는가도 중요한 요인으로 작용한다. 두 자녀가 똑같은 가정에서 성장하면서도 서로 다를 수 있는 것도 그런 이유에서이다. 그러므로 부모가 자녀들의 일로 죄의식을 느끼는 정도는 그 결과를 결정하는 데 있어서 과연 부모가 어느 정도 책임을 져야 하는가의 책임 수준과 비례할 수밖에 없다. 게다가 일단 주사위가 던져지면 죄의식이 그 어떤 것도 변경시킬 수는 없다.

너희는 살인하지 말라

살인은 생명을 앗아가는 것을 뜻하는 일반적인 말이지만, 히브리어에서는 그 말(ratsah **라짜흐**)이 전형적으로 정당화되지 않은 살인을 저지르는 것을 의미한다.[10] 살인이 법적으로 허용되는, 예컨대 정당방위와 같은 경우들이 있다. 그러한 정당화는 '정당한 전쟁'으로까지 확대되는데 이는 악용되기 쉬운 개념이다. 그러나 정당화된 전쟁이나 정당방위에서의 살인도 여전히 죄의식의 짐에서 벗어날 수는 없다.

미국은 사형(이의 반대론자들은 그것을 '사법살인'으로 간주한다)을 부과하는 서양 세계에서 몇 안 되는 국가들 가운데 하나다. 아마도 그의 집행과 관계된 모든 사람들, 예컨대 판사부터 사형 집행인에 이르는 사람 그 누구라도 그에 대해 꺼림칙한 마음이 들 것이다. 그렇지만 대부분 그런 일로 힘들어하는 것 같지는 않다. 가톨릭 성당과 복음주의 교회 신자들은 이와 관련한 계율을 낙태에 의한 살인을 금지하는 것으로까지 확대하고 있는데, 그들은 태어나지 않은 태아도 생명에 대한 권리를 지닌 한 '인간'이라고 주장한다.

낙태는 일반적으로 심각한 심리적 영향을 끼치지 않는다(지배적인 감정은 안도의 감정이다). 그러나 어떤 여성들과 남성들은 여전히 임신을 종결시킨 행위에 대한 도덕적 책임으로 심리적 압박을 느낀다.

나는 19년 전에 낙태를 했었다. 나는 낙태 때문이 아니라 내가 아무런 죄의식을 느끼지 않았다는 것 때문에 죄의식을 느꼈다. 수술 진행 과정이 순조롭지만은 않았으며 나 또한 겁이 났다. 남편과 나는 자녀를 더 원하지 않았다. 물론 아이가 태어난다면, 나는 그 아이를 사랑할 것이고 또한 좋은 엄마가 될 거라고 생각한다. 그렇지만 나는 현실적인 접근을 택했다.

내가 낙태를 해야만 하는 것에 대해서는 의심의 여지가 없다. 그럼에도 수술이 진행되면서 자궁 근육이 수축하기 시작하자, 내 아이의 탄생이 상기되어 죄의식을 느꼈다.

일부 낙태반대운동 집단들은 태아에 대한 추도식을 개최함으로써 죄의식을 주입하려 한다. 또한 반대론자들은 임신중절 진료소에 낙태된 태아들의 모습을 담은 사진을 전시한다. 그러나 진료소를 폭탄으로 공격하는 사람들(거의 항상 남성들)은 다른 사람들의 생명을 위험에 빠뜨린 것에 대해서는 별반 고통을 느끼지 않는 것 같다.

일부 종교의 경우 예컨대 불교에서는 모든 생명에 대한 탈취를 금지하는데, 그것은 인간이든 혹은 동물이든 상관없이 똑같이 적용된다. 그러나 대부분의 세계에서 단순히 어떤 살아 있는 것들을 죽이는 행위(killing)와 고의나 불법적으로 죽이는 행위(murder) 사이의 경계선이 모호하며, 또한 가해자를 책임으로부터 어느 정도 자유롭게 해주는 정상참작을 허용한다. 우리가 죄의식의 법적 측면을 논의할 때 이에 대해 좀 더 자세히 검토할 것이다. 그러나 인간의 생명을 탈취하는 것이 우리가 다른 사람에게 가할 수 있는 가장 통탄할 일이자 또한 복구가 불가능한 해악이라면, 그 상황이 어떤 상황이라 하더라도, 양심이 있는 사람이라면 어떻게 그러한 행위가 죄로부터 전적으로 자유로울 수 있는지 상상하기는 쉽지 않은 일이다.

┃ 너희는 간음을 해서는 안 된다

간음은 결혼한 사람이 배우자 이외의 다른 누군가와 자발적으로 성적인 육체관계를 맺는 것을 말한다. 우리는 지금 간음을 누군가와 갖는 혼외정사와 동등하게 여기고 있지만, 구약성서에서는 그것을 배우자 이외의 그 어떤 모든 다른 사람이 아니라, 자신의 **이웃**의 배우자와 성적 관계를 갖는 것으로 보다 협소하게 정의하였다. 더욱이 성서는 야곱의 제자들이나 솔로몬과 같은 왕들이 내연의 처들을 두는 것에 대해 비난하지 않는다. 그러므로 간음의 문제는 보통 말하는 그런 섹스에 있는 것이 아니라 신뢰에 대한 배신, 즉 이웃(이는 보통 자신의 친척)에 속한 것을 취하는 행위와 같은 것에 있는 것으로 보인다. 이러한 차이는 사실 중요한데 우리는 이런 사소한 것에 지나치게 신경을 쓰지 않는다. 간음에 대한 성서의 처벌은 돌로 쳐서 죽이는 것이다. 그러나 그 소행에 대해 성인 남성 네 명의 목격자가 필요했기 때문에 실제로 간음으로 유죄판결을 받은 사람은 매우 드물었다(레위기 21:10).

예수는 간음하지 말라는 계율을 누누이 강조하였으면서도, 간음으로 붙잡힌 여인과 마주쳤을 때에는 용서하는 태도를 보였다. 예수는 그녀를 비난하는 자들을 나무랐다("너희 중에 죄 없는 자가 먼저 돌로 치라"). 비난하던 자들이 더 이상 그녀를 책망하지 않자 예수는 그 여인에게 "나도 너를 정죄하지 아니하노니, 가서 다시는 죄를 범치 말라"(요한복음 8:7-11)라고 하였다.

간음은 아직도 여전히 많은 사람들이 죄의식을 느끼는 주요 원인이 되고 있다. 그것은 문학에서 통속적인 주제가 되는데, 특히 이는 보통 그 결말이 나쁘게 끝나는, 여성에게 그런 불리한 결말이 많았던 빅토리아 시대의 소설에서 자주 다루어졌다. 플로베르의 에마 보바리와 톨스토이의 안나 카레니나는 결혼생활에서 빗나가고 비탄에 빠지는, 곧 에마는 음독자살하고, 안나는 달려오는 기차에 몸을 던지는 내용이다. (그들이 사랑했던 사람들은 삶을 잘 영위한다.) 하나의 주목할 만한 예외는 호손의 『주홍 글씨』에 나오는 딤스데일 목사이다.

이 소설에서 죄의식으로 고민하는 사람은 사랑하는 여인 헤스터 프린이라기보다 오히려 딤스데일이다. 긴장한 고백이 그에게서 터져 나온다.

"뉴잉글랜드인 여러분!" 그가 외쳤다. 높고 엄숙하며 장엄한 그의 목소리가 사람들의 머리 위로 울려 퍼졌다. 그러나 목소리는 말하는 내내 떨렸고, 끝을 알 수 없는 깊은 참회와 비애에서 벗어나려고 몸부림치느라 때때로 날카로운 소리가 새어 나왔다. "지금까지 저를 사랑해주신 여러분, 저를 성스러운 목사로 존중해주신 여러분! 여기 서 있는 저를, 이 세상에서 가장 못된 죄인인 저를 보십시오! 마침내 … 마침내! 저는 7년 전에 섰어야 했던 이 자리에, 이 여인과 함께 서 있었어야 했던 여기에 비로소 지금 서 있습니다. 이 여인은 자신의 팔로 … 비굴함에 압도당하지 않도록 저를 부축하고 있습니다."11

간음에 관한 전통적인 비난 그리고 그에 수반되는 죄의식은 1960년대 동안에 도전을 받았다. 그렇지만 '자유 결혼'의 대안이 완전히 그 물꼬를 돌리지는 못하였다. 자유 결혼이란 개념은 혼외정사를 도덕적으로 용납할 수 없게 만드는 것은 성행위 그 자체가 아니라 배우자에 대한 기만과 배신이라는 전제를 기반으로 하고 있었다. 만약 부부가 성행위에 자유롭게 동의했다면 부정이라 할 수 없으므로, 죄의식을 느낄 필요가 전혀 없다는 것이다. 이는 비록 어떤 사람들에게는 가능했던 것으로 보이지만 실제로는 매우 어려운 일로 드러났다(특히 여성에게).

자유 결혼이 제도화되지는 못하였지만 아주 소수의 남성과 여성들이 혼외정사를 계속 유지하고 있다. 남성들의 약 30-50%와 여성들의 20-40%가 최소한 1회의 혼외정사를 가진 것으로 추정된다.[12] 이와 동시에 약 80%에 가까운 미국인들은 혼외정사를 항상 나쁜 것으로 생각하고 있다.[13] 결론적으로 혼외정사를 하는 사람들은 잠시 스쳐가듯 느끼든 혹은 깊게 느끼든 죄의식을 느끼기 쉬우며 상대 배우자는 배신감을 느낄 수 있다.

나는 혼외정사를 유지하고 있었는데 내 아내가 이를 따져 묻자 나는 그 사실을 부인했다. 나는 쓸모없는 녀석 같은 기분이 들었다.

나는 예상했지만, 막상 내 남편의 외도를 확인하자 배신감과 더불어 화가 치밀어 올랐다. 정말이지 나 역시 똑같은 짓을 했는데, 그것은 오로지 남편의 배신행위에 대한 반발에서였다.

비록 내가 당시에는 그 사실을 몰랐다는 것으로 정당화시킬 수는 있지만, 내가 다른 여자의 남자 친구와 키스를 했다는 것을 알고 나자 엄청난 죄의식을 느꼈다. 내가 그 여자를 알기 때문에 죄의식이 더욱 밀려왔다. 나는 나의 도덕과 신념을 무너뜨려버린 것이다. 난 결코 그 두 사람의 관계에 개입하고 싶지 않았으며 마치 내가 소문난 '다른 애인' 같은 기분이 들었다. 그것은 뭔가 잘못이었다. 내가 그런 일을 하다니 이상한 일이다.

간음에 대한 종교적 죄의식은 정상참작 요인들을 허용하지 않는다. 그러나 다른 경우들에서는 죄의식을 느끼거나 그렇지 않은지 혹은 다른 사람들에 의해 죄가 있는 것으로 여겨지는지의 여부가 여러 요인에 따라 달라질 수 있다. 예컨대 부부간의 성관계가 부족하거나 만족스럽지 못할 경우(이는 배우자의 부재, 관심 부족, 병 혹은 갈등 때문일 수 있다), 성적으로 욕구불만이 있는 배우자가 다른 곳에서 성적 만족을 추구하는 행위는 정당화될 수 있다고 생각할 것이다. 성적 '문란행위'가 가끔 일어나는 일인가 아니면 습관적으로 자행하는 일인가, 우연한 행동인가 아니면 연애의 결과인가, 그리고 이 밖의 다른 여러 사항들이 상황을 각기 다르게 만들 수 있다. 이들에 대한 고려는 우리가 단 하나의 절대적인 도덕적 기준을 따르느냐 아니면 상대적인 도덕적 기준을 따르느냐에 따라 달라진다. 이에 대해서는 곧 다시 논의할 것이다.

부부의 부정은 흔히 이혼으로 이어진다는 점에서, 가정의 붕괴와 더불어 자녀들에 미치는 부정적인 영향은 이후에 죄의식의 특별한 원천이 된다. 간통이 유명 인사와 관련되는 경우, 그에 따른 스캔들은 그 사람의 정치적 이력에 심각한 손상을 끼칠 수 있다. 예컨대 클린턴 대통령은 모니카 르윈스키 사건으로 거의 탄핵을 당할 뻔했다. 뉴욕 주지사 엘리엇 스피처는 창녀와 성관계를 맺은 이후 사임하였다. 그 두 사람은 대중들에게 후회와 죄의식으로 자신의 잘못을 인정하였다. 그러나 섹스 이상으로 이미지에 더 큰 손상을 입힐 수 있는 것은 대중에 대한 거짓말과 위선이다. 개빈 뉴섬이 샌프란시스코 시장으로 손쉽게 재선될 수 있었던 것은 아마도 자신의 동료이자 친구의 아내와 부정한 관계를 가졌음을 인정하고 즉시 고백한 결과가 아닌가 싶다.

간통과 혼전 섹스는 아내(남편) 아닌 딴 여자(남자)와 관계한다는 공통 요소를 갖는다. 그러나 혼전 섹스는 배우자에 대한 부정과는 관계가 없다. 그럼에도 불구하고 간통과 마찬가지로 혼전 섹스도 엄청난 비난을 받으며 죄의식의 풍부한 원천이 되곤 했었다. 1960년대 이래 대중의 태도가 엄청나게 변화하였으며, 오늘날에는 많은 사람들이 서로 동의하는 독신 성인들 간의 섹스를 사실상 정상적인 것으로 간주하기에 이르렀다. 그럼에도 그와 관련하여 죄의식이 존재하는 경우는 보통 그 일이 일어나는 특정한 상황 때문인 경우가 많다.

작년에 클럽 파티에서 어떤 사람을 만났다. 우리는 둘이 술을 마셨다. 우리는 서로 시시덕거렸고 결국엔 집으로 가서 육체적인 관계를 맺게 되었다. 나를 부끄럽게 만드는 것은 섹스 그 자체가 아니었다. 그보다는 내가 술에 취하지 않은 맨 정신 상황이었다면 그렇게까지 일이 벌어지지는 않았을 텐데 하는 마음 때문에 부끄러운 것이다.

오늘날 지배적인 성 윤리는 서로 동의한 관계에서의 섹스는 최소한 관계적인 정황에서는 도덕적으로 수용할 만하지만, 어쩌다 만난 사람과의 성행위는 잠재적으로 문제의 소지가 있다는 것이다. 실제적으로 미국인의 약 1/3은 여전히 혼전 섹스를 언제나 옳지 않은 일로 간주하고 있다.[14]

이 주제와 관련한 가장 최근의 문제는 '묻지 마 섹스'인데 이는 사전에 상호 간의 어떤 인간관계도 없이 죄의식으로부터도 자유로운 일종의 성관계로, 특히 대학생 젊은이들 사이에서 나타나고 있다. 일반적으로 여성들보다는 남성들이 어쩌다 만난 상대와 성관계를 더 갖고 싶어해왔었는데, 현재는 여성들도 그런 행위를 하고자 하는 의지가 뚜렷해졌다는 것이다. 여성들의 혼전 섹스 비율이 치솟았던 1960년대에도 똑같은 주장이 제기됐었다. 그러나 서로 사랑하는 관계(심지어 불확실한 관계라도)가 아니라면 여성들은 여전히 섹스를 삼가는 경향이 있다는 것이 시간이 흐르면서 입증되고 있다. 그리고 묻지 마 섹스를 비판하는 자들은 여성들에게 섹스를 추구하지 말고, 사랑을 지연시키며, 그로부터 벗어나라고 주의를 촉구한다.[15] 더욱이 자신들의 세대가 탐닉하였던 죄의식으로부터 자유로운 묻지 마 섹스에 대해, 이를 옹호하는 취지로 말하는 사람들조차도 "누구하고나 쉽게 섹스를 하고 허황된 문자로 치장한 연애 유희가 난무하는 세상에서 서로를 장난삼아 대했지만, 우리는 마음속으로는 아주 절실한, 따뜻한 사랑을 갈망한다"[16]라고 결론짓고 있다.

너희는 도적질하지 말라

누가 다른 사람의 것을 결코 취해본 적이 없다고 정직하게 주장할 수 있는가? 우리 가운데 남의 집을 침입하여 강도짓을 하는 사람은 거의 없지만, 납세신고를 곧이곧대로 하지 않은 사람은 많을 수 있다. 우리는 친구를 사취하는 일에는 주저하지만 기관들은 봉이다. 가게 물건을 훔치는 일은 어떤 사람들에게는 오락이며 또 어떤 사람들에게는 강박충동이다. 그러나 우리가 뭔가를 도둑맞으면 분개하여 반응한다.

죄의식은 흔히 도적질과 관련된다. 어린 시기에 했던 도적질도 사라지지 않고 뇌리에 남아 있다. 성 아우구스티누스는 어렸을 때 이

옷집 배나무에서 과일 몇 개를 훔쳤던 죄의식으로부터 결코 벗어나지 못하였다. 우리와 가까운 사이에 있는 사람의 물건을 훔치는 경우 특히 죄의식을 더 느끼기 쉽다.

나는 물건을 훔친 것에 죄의식을 느낀다. 이전에 내 헤어드라이기가 망가졌었다. 나는 친구 소유의 동일한 모델의 헤어드라이기를 훔쳤다. 어느 날 그 헤어드라이기에 스위치를 넣었을 때 기분이 나빠졌다.

9살 때, 나는 엄마가 별 신경을 쓰지 않는 것 같아 엄마 지갑에서 5달러를 훔쳤다. 아빠는 5달러가 분실된 것을 알고 누가 그런 짓을 했는지 계속 추궁하였다. 처음에 나는 부인했지만 죄의식이 엄청 밀려오자 고백하였다.

내가 형뻘 되는 친구의 장난감을 훔쳐 집으로 가져왔던 것이 세 살 때였다. 어머니가 그 장난감에 대해 어찌된 영문인지 물었을 때, 나는 친구가 주었다고 말했다. 어머니는 선물을 준 친구에게 고맙다고 전화를 하였으며 자연스럽게 내가 훔친 사실이 탄로 나고 말았다. 벌받을까 봐 두려워 거짓말을 했는데, 죄의식을 불러일으켰던 것은 바로 그 거짓말이었다.

도적질과 거짓말은 어린 시기의 아동들에게 있어서 특히 중요하다. 왜냐하면 도적질과 거짓말은 아동들이 가장 흔히 할 수 있는 비윤리적인 행위로, 그들이 할 수 있는 그 밖의 다른 그런 행위가 특별히 많지 않기 때문이다. 부모는 그런 행위가 아이가 성장하면서 더 큰 심각한 일탈로 이어질까봐 걱정한다. 그러나 지나친 반응을 보이지 않는 것이 중요하다. 6살 난 아들을 둔 아버지는 거스름돈이 생기면 모아두었던 컵에서 자기 아들이 동전 몇 개를 훔치자 몹시 흥분하기 시작하였다. 그는 아들을 꾸짖으며 왜 남의 물건을 훔쳐서는 안 되는지에 대해 일장연설을 하였다. 그렇지만 아이는 매우 혼란스러웠다. 그는 아버지가 화를 낸 까닭은 자기 소유물을 아들이 마치 친구의 장난감처럼 훔쳤기 때문이라고 생각하였다. 아버지로부터 일장연설을 들었지만, 그는 도적질을 해서는 안 되는 도덕 원리의 개념을 습득하지는 못했다. 그래서 그는 그 경험을 통해 배운 것이 거의 없었다.

도적질에 따른 물질적 결과는 어쩌면 매우 하찮을 수도 있다. 그러나 비록 어떤 실재하는 해악이 발생되지 않는다 하더라도, 그 결과는 죄의식을 낳을 수 있다. 왜냐하면 도적질이 가치 있는 사람이나 원리에 대한 신뢰의 파괴를 가져오기 때문이다. 도적질은 이기심, 존중과 배려의 결핍 그리고 신뢰를 상실하게 하고 관계를 소원하게 만드는 적대적 행위를 암시한다. 우리는 이를 우리의 사적 공간을 침범하는 불법침입을 통해 경험한다. 물질적 동기 이외에, 도적질에 대한

상징적 동기는 특히 상점에서 물건을 훔치거나 충동적으로 도둑질을
하는 행동들에서 가장 두드러진다. 그런 행동들이 유발하는 흥분과
죄의식은 그것들의 의식적 혹은 무의식적 매력의 일부분이다.

　　우리는 도적질하면 흔히 절도나 강도를 연상하지만, 사실 이런
행위들은 기업세계에서 사취당한 어마어마한 크기와 비교해보면 작
은 우수리에 불과하다. 엔론은 기업 탐욕과 사기의 상징이 되었다.
그러나 최근에는 버나드 매도프의 폰지사기(역자 주: 고수익을 미끼
로 투자자를 유인한 후 뒤에 가입한 사람의 원금으로 앞 사람의 수익
을 지급하는 다단계 사기수법)만큼 그렇게 세인의 큰 관심과 의분을
느끼게 할 만한 일이 없는데, 이에 관해서는 정신병성의 인물들을 논
의할 때 다루는 것이 더 좋을 것이다. 우리들의 대부분은 도둑이 아
니다. 그러나 우리는 교묘하며 무모한 절도 영화나 기사를 보면 아마
도 대리 만족 때문에 그에 매료당하기도 한다.

　　특히 노예 소유, 성매매 강요 그리고 유괴는 희생자들을 물건으
로 취급하여 그들의 인간성을 박탈한다는 점에서 가장 악명 높은 절
도 형태에 속한다. 지적 재산권을 훔치는 것은 더 민감하다. 모든 책,
미술품 혹은 악곡은 그의 원래 저작자가 있는 반면에, 지식의 합법적
전달과 표절 간에는 차이(비록 애매한 부분이지만)가 있다.

　　도적질은 과연 항상 나쁜가? 계율이 절대적인 것으로 들리지만,
사실 그것은 살인에 대한 금지에서처럼 흔히 조건에 따라 달라질 수

있다. 우리 가운데 많은 사람들은 음식을 훔쳐 굶주림에 시달리는 아동들을 먹이고 그러면서 별다른 죄의식을 느끼지 않는 것에 대해 정상참작을 할 것이다. 나중에 우리는 이 문제가 종교적 관례나 철학적 전통에서, 그리고 법의 운용에서는 어떻게 취급되는지 검토할 것이다.

│ 너희는 거짓 증언을 하지 말라

십계명은 보통 우리가 말하는 그런 거짓말을 언급하는 것이 아니다. 아마도 십계명에서 말하는 거짓말은 거짓 증언 혹은 **위증**(선서를 하고도 거짓말함)에 포함될 수 있을 것이다. 위증은 피고인을 교도소에 보낼 수 있다는 점에서 가장 중대한 거짓말의 형태가 된다. 그것을 제외한다면 거짓말은 형사상의 범행에 해당되지 않는다(만약 그렇지 않다면, 교도소는 현재보다 훨씬 더 혼잡할지도 모른다).

만약 우리가 거짓말을 수많은 기만의 형태로까지 확장한다면, 거짓말은 실질적으로 거의 누구나 다 행하는 일이라 할 수 있을 것이다(이에 해당하는 영어 단어로는 112개나 있다).**17** 거짓말은 도적질보다 훨씬 더 정상참작의 대상이 된다. 진실성의 황금 기준은 진실을 말하는 것, 완전한 진실을 말하는 것, 그리고 오로지 진실만을 말하는 것이다. 그러나 만약 우리가 그 기준을 엄격하게 적용한다면, 일상생활은 엄청나게 어려울 것이며 또한 그 결과도 반드시 바람직한 것만은 아닐 것이다. 시쎄라 복은 거짓말에 관한 자신의 통찰력 있는 책에서 일련의 문제들을 제시하는데 그것은 항상 진실을 말하는 경우에 발생할 수 있는 도덕적 복잡성에 관한 것이다.

의사들은 진실을 말할 경우 환자들이 공포나 불안에 떨 수 있기 때문에 죽어가는 환자들에게 거짓말을 해야 하는가? 교수들은 힘든 취업 시장에서 제자들이 좀 더 나은 기회를 잡을 수 있도록 추천서에 그들의 우수성을 과장해서 적어야 하는가? 부모는 양자인 자녀들에게 그들이 입양되었다는 사실을 숨겨야 하는가? 사회과학자들은 의사들이 진단과 처방에서 인종적, 성적 편견을 보이는지를 알아보기 위해 조사관들을 환자로 위장시켜 의사들에게 보내도 되는가? 정부 변호사들은 그렇게 하지 않으면 절실히 필요한 복지법안에 반대할지도 모르기 때문에 연방의회 의원들을 대상으로 거짓말을 해야 하는가? 그리고 언론인들은 부패를 폭로하기 위해 정보를 제공한 사람들의 신상을 거짓말로 말해도 되는가?[18]

정직하고 사려 깊은 사람들은 신학자들이나 철학자들이 그러하듯이 이들 문제에 각기 다르게 대답할지 모른다. 성 아우구스티누스와 임마누엘 칸트는 항상 진실만을 말해야 한다는 입장을 대표한다. 성 토마스 아퀴나스는 보다 조건부적인 관점을 견지하였는데, 그는 거짓말을 세 가지 범주로 구분하였다. 곧, 선한 목적에 공헌하는 거짓말, 농담으로 하는 거짓말 그리고 악의적이며 해를 끼치는 거짓말이 그것이다. 오로지 마지막 거짓말만 대죄에 속하며 처음 두 거짓말은 용서를 받을 수 있다고 보았다. 이와 유사한 허용 범위가 유대교에도 존재하는데, 탈무드는 가정에서 평화를 유지하기 위해 하는 거짓말들은 허용한다. 마틴 루터 또한 관용적인 관점을 취했다. 즉, 그는 "만약 어떤 사람이 선을 위해, 그리고 기독교를 위해 유익하고 설득력 있는 거짓말을 한다면, 그것이 무슨 해악이 된단 말인가 … 불가피한 거짓말, 유용한 거짓말, 도움이 되는 거짓말, 그런 거짓말들은 하나님에 대항하는 것이 아니며 하나님도 그런 거짓말들을 받아들일 것이다."라고 하였다.[19]

대부분의 거짓말들은 어떤 심각한 결과를 초래하지 않는다. 어떤 사람은 거짓말로 이어졌던 행동에 대해 후회하지 않을지도 모른다. 하지만 거짓말은 신뢰에 대한 배신을 내포하고 있다는 점에서 여전히 죄의식을 유발할 수 있다.

내가 기숙학교에 있었을 때가 15살이었는데, 나는 봄방학이 되자 집에 가는 대신에 남자 친구와 함께 뉴욕에 갔다. 부모님에게는 지역사회 프로젝트에서 일을 할 것이라고 말씀드렸다. 이후 나는 부모님에 대해, 그리고 무엇보다도 하나님에 대해, 죄의식을 느꼈다.

사람들이 점차 나이가 들어가면 현실의 실용적인 측면들이 부각되면서 절대적으로 정직해야 한다는 필요성은 그만큼 약해진다. 중년의 한 남성은 생명이 꺼져가고 있는 자신의 어머니에 대해 다음과 같이 말했다.

어머니의 암이 온몸으로 퍼졌다는 것이 확실해졌을 때, 나는 어머니가 그 사실을 알아야 한다고 생각했다. 그러나 어머니는 정말이지 알고 싶어 하지 않는 것으로 보였다. 그래서 나는 어머니에게 머지않아 좋아질 것이라고 말했으며, 만약 필요하다면 의사한테 사실을 확인해보라고 하였다.

내 남편은 내가 성도착자로서 성전환 수술을 받았다는 것을 모른다. 내가 그를 만나기 전에 있었던 일을 그에게 말함으로써, 굳이 내가 그를 당황케 할 필요가 있는가?

마지막 문장은 인간의 성에 관한 내 강좌에서 한 패널리스트가

한 말이다. 학생들은 충격을 받았다. 한 학생이 그녀가 어떤 사람인지와 같은 그런 중요한 측면에 대해 알지 못한 남자와 어떻게 결혼이 가능했었는지를 물었다. 그녀는 그에게 "당신의 아버지는 당신의 어머니에 관해 모든 것을 다 알고 있는가?"라고 되물었다.

너희는 남의 재물을 탐내지 말라

탐낸다는 것은 다른 사람의 소유에 속하는 것을 간절히 욕구하는 것을 의미한다. 십계명은 특별히 이웃에 속한 것, 곧 우리가 간음과 관련하여 논의했던 똑같은 조건에 해당하는 것을 탐내는 것에 대해 언급하고 있다. 랍비들은 우리가 정당하게 요망할 수 있는 것과 억제되어야 할 욕망들을 서로 구분하였다.[20] 십계명 안에 들어 있는 우리가 탐내서는 안 될 것들로는 이웃의 아내로부터 그의 집, 남종, 여종, 소, 나귀에 이르는, 요약하면 이웃에 속한 모든 것이 이에 해당한다. 그렇다면 그것은 이웃 이외의 다른 어떤 사람의 소유에 대해서는 우리가 탐낼 수 있다는 것을 의미하는가?

'이웃'의 개념은 도덕적 책임의 영역을 규정하는 데 있어서 중요하며, 동시에 어려운 문제들을 일으킨다. 중요한 것은 당신이 **어떤** 행위를 하는가가 아니라 당신이 **누구에게** 행위 하는가라는 것이다.

이것은 행위란 그것이 누구와 관계가 있던 상관없이, 그 자체로 옳거
나 그르다고 주장하는 종교적 주장이나 철학적 주장과 갈등을 빚는
다. 더욱이 누가 내 이웃인가? 유대교는 혈족관계를 기반으로 촘촘
히 구성된 부족 공동체 내에서 발생했다. 이웃은 실제적으로 자신의
형제, 조카 혹은 다른 친척이다. 친척의 범위를 넘어 유대인의 일차
적인 책임은 다른 유대인들에까지 미쳤다. 선한 사마리아인의 우화
에서 예수는 관심을 갖고 돌보는 범위를 멸시받는 집단의 구성원까
지 포함하는 것으로 확장함으로써, 매우 넓은 의미의 도덕적 책임을
소망하고 있음을 보여주었다. 그럼에도 불구하고 사실상 모든 종교
의 신도들은, 적어도 원리에서는 그렇지 않다 하더라도 실제로는 다
른 종교의 신도들보다 같은 종교의 신도들에 호의를 더 보인다.

　카인이 아벨을 죽인 이후 주님은 "카인아, 네 아우 아벨은 어디
있느냐?"라고 물었다. 그러자 그는 "모릅니다. 제가 아우를 지키는
사람입니까?"라고 대답하였다. 참으로 우리는 누구의 파수꾼인가?
이 질문에 대한 대답은 진화론적으로부터 종교적, 철학적 그리고 법
적으로까지 다양하게 나올 수 있다.

대죄

십계명은 사람들이 해야만 하는 그리고 해서는 안 되는 일과 관련이 있지만, **왜** 사람들이 그런 일을 하는지와는 관련이 없다. 대죄는 도덕적 일탈로 나아가게 하는 충동에 주목한다. 예컨대 탐욕은 도적질을, 분노는 살인을 그리고 애욕은 간음을 저지르게 할 수 있다는 것이다.

플라톤은 영혼에는 세 가지 요소가 있다고 하였다. 추론하는 능력과 두 가지의 충동(이는 동물들도 가지고 있다), 즉 분노와 같은 **정념** 그리고 성욕과 같은 **욕망** 혹은 강렬한 욕구가 그것이다. 도덕적 행동은 이성에 의한 이들 충동의 통제를 요구한다. 시간이 지나면서 이들 충동은 행성들과 연결되었는데, 금성은 욕망을 그리고 화성은 공격성을 초래하였다는 것이다. 초기 기독교 저술가들은 이런 통념들을 그들의 이교도 연합으로 추방하고, 대신에 모든 다른 죄들의 원천으로서 **중대한 죄**로 일컬어지는 일련의 죄에 관심을 기울였다.[21]

6세기경에 그레고리우스 교황은 7가지 죄들을 선별하였으며 죄의 중대함에 따라 맨 위에 교만을 그리고 맨 아래에 애욕을 두어 그 순서를 정하였다. 13세기에 성 토마스 아퀴나스는 이 죄들을 **대죄**라 새롭게 고쳐 불렀다. 앤드류 그릴리는 대죄의 특성을 다음과 같이 기술하고 있다.

소위 말하는 대죄란 … 건전하고 건강한 인간 성향은 삐딱하게 일
그러지고 … 우리를 벌 받을 만한 행동으로 이끄는, 우리의 성격 가운
데 7가지의 난잡한 성향에서 비롯된 죄를 뜻한다. 대죄는 근본적인
악으로부터 생기는 것이 아니라 통제에서 벗어난 근본적인 선으로부
터, 혼란스럽고 두려우며 신뢰하기에 충분하지 않은 인간의 사랑으로
부터 나온다. … 전통적인 가톨릭 영성은 우리 모두는 우리의 성격에
가장 심각한 대죄인 '유력한 결점'을 지니고 있다고 주장하였다.[22]

대죄는 교만, 질투, 분노, 나태, 탐욕, 탐식 그리고 음욕으로 이
루어진다. 토마스 아퀴나스는 플라톤의 견해를 따라 음욕, 탐식, 탐
욕, 나태를 욕망에 그리고 분노, 질투, 교만을 정념에 포함시켰다.
이것은 악이란 덕들의 과잉이나 결핍의 결과라는 아리스토텔레스의
기본적인 윤리적 원리와 꼭 맞아 떨어진다.[23]

중세 후기에 단테는 『신곡』에서 대죄를 지옥과 천국의 중간구역
으로서 연옥의 구조를 조성하는 데 활용하였다. 이는 인간의 모든 행
위는 사랑이 동기가 된다는 생각에 기반을 두고 있다. 즉, 선한 사랑
은 선한 결과를, 악한 사랑은 나쁜 결과를 가져온다는 것이다. 대죄
는 여러 가지 사악한 사랑의 형태를 상징한다. 곧, 교만, 시기, 분노
는 **나쁜** 사랑과 관련되고, 나태는 **너무 적은** 사랑과 관련되며 탐욕,
탐식, 음욕은 **무절제한** 사랑과 관련된다.[24] 오늘날에는 이러한 대죄

에 관한 생각이 별스럽게 들릴지 모르나, 만약 우리가 그것을 현대적인 의미로 전환시킨다면 그 타당성은 매우 높게 나타날 것이다.[25]

지옥편에서 단테는 죄인들에게 사악함의 수준에 따라 그에 해당하는 형을 선고하며, 그에 따라 그들은 분할된 여러 개의 **구덩이**를 갖춘 9개의 동심원 고리로 이루어진 지옥으로 들어가게 된다. 물론 연옥의 권역들과 지옥의 고리들이 서로 상당히 겹치긴 하지만, 지옥에서는 죄인들을 별도로 그리고 보다 세부적으로 분류하고 있는데, 그들의 일탈이 훨씬 더 중대하다. 더욱이 연옥에 있는 죄인들은 비록 죄를 짓긴 하였지만 죽음을 맞이하기 전에 용서를 빌며 기도했었고, 지금은 죄에서 벗어나고자 열심히 노력하고 있다. 그러나 지옥에 있는 죄인들은 뉘우치지도 않은 채 죽음을 맞이했으며, 따라서 영원히 그곳에 있어야 할 운명에 처해있다.[26]

교만(superbia 수페르비아)

앞 장에서 우리는 오늘날 심리학에서 그리고 주류 서양 문화권에서 두드러진 교만의 긍정적인 관점(역자 주: 우리는 보통 이를 '자존심'으로 이해한다)을 논의하였다. 교만에 관한 고대의 부정적인 관점은 그것이 대죄의 정점으로서 그의 첫째 원천이라는 데에 잘 반영되어 있다.

교만은 하느님의 위대함과 은총에 대한 도전이라는 점에서 근본적인 위반이다. 겸양이 부족하다는 것은 하느님의 은혜인 성과를 가로채는 것이다. 연옥의 첫 번째 권역(cornice 돌림띠)에서 단테는 엄청난 무게의 돌덩어리를 등허리에 얹고 비틀비틀 걸어가는 교만의 영혼들을 만났다. 교만의 영혼은 그의 세속적인 것에 대한 집착의 무게 때문에 똑바로 일어설 수가 없었다.

교만이 단테의 지옥에 있는 죄인들에게 하나의 독립 범주로 나타나지 않는 것은 놀랄 만한 일이다. 그 까닭은 아마도 교만이 많은 죄인들의 위반에 반영되어 있기 때문일 것이다. 더욱이 아홉 번째 동심원 고리인 지옥의 맨 밑바닥에는 천사들 가운데 가장 강력한 마왕(Luacifer 루시퍼)이 있는데, 그 자신 또한 교만으로 인하여 파멸의 나락으로 떨어졌다. 그의 동료들은 그들의 친척을(카인을 시작으로), 그들의 지역과 국가를, 그들의 손님을, 군주를, 은인들을 배신한 배반자들인데, 그 가운데에서도 최악의 배신자는 예수를 배반한 유다이다. 그들은 모두 마왕 루시퍼가 박쥐 날개를 닮은 여섯 개의 날개로 바람을 일으키는 차가운 얼음 호수 안에 갇혀 있다. 배신은 사람들의 유대를 가능하게 해주는 신뢰를 파괴한다는 점에서 가장 나쁜 죄이다.

고대 그리스인들은 도를 지나친 자부심과 구속에서 해방된 야망

을 언급하는 특별한 의미로 **오만**(hubris 휴브리스)이란 말을 사용했
다. 숭고함이나 강력함에 대한 오만은 신들의 특권에 대한 도전이었
다. 신들은 재미로 할 수 있을 것이지만, 사람들이 자신들을 모방하고
자 할 때는 여신인 네메시스로부터 엄청난 압박을 받아야만 했다.[27]

철학자들은 교만이 긍정적인 특성과 부정적인 특성 모두를 지니
고 있다고 생각함으로써 보다 균형 잡힌 관점을 취했다. 아리스토텔
레스는 명예에 대한 과도의 욕구를 **허영**과 그리고 그의 결핍을 **소심**
('도량이 좁은' 상태)과 동일시하였다. 데이비드 흄은 교만을 다른 사
람의 의지에 종속되는 것을 거부하는 확고한 자아의식의 일부로 보
았다. 교만은 자신의 가치에 대해 건전한 의식을 갖는 것과 그것을
다른 사람에게 심하게 자랑하거나 군림하는 것으로 구분된다.[28]

교만에 관한 이러한 부정적인 관점은 일차적으로, 설령 전적으로
그렇지는 않다 하더라도 종교적 측면에 그 기원을 두고 있다. 심리학
자들 또한 그것을 인정하면서 **진정한** 교만과 **오만한** 교만을 서로 구
분한다. 진정한 교만은 인간관계를 고양시킴으로써 장기적으로 그
사람의 사회적 지위를 향상시킨다('서로 잘 지냄'). 반면에 오만한 교
만은 단기적으로 이득을 취하는 데 목적이 있으며 분개심을 불러일
으킨다('서로에게 장애가 됨'). 과도한 자기 존중은 자신을 거만하게
만들고 다른 사람들을 멀리하는 불쾌한 자긍심인 자기도취 혹은 자
기중심주의에 빠지게 한다.

내 남자 친구는 자기 자신에 반해있다. 항상 나, 나, 나이다. 그나마 끊임없이 다른 사람들을 모욕하지나 않으면 좋으련만. 그는 다른 모든 사람들이 우둔하다고 생각하기 때문에 자신의 그런 행위에 대해 전혀 개의치 않아 보인다. 만약 내가 그의 입장에 있으면서 죄의식을 느끼지 못한다면 참으로 쑥스러운 일일 것이다. 내가 얼마나 더 오래 그와 잘 지낼 수 있을지 모르겠다.

죄는 교만과 복잡한 관계를 형성한다. 다른 사람들의 희생을 바탕으로 하는 우월감은 우리를 기분 나쁘게 만든다. 죄의식은 특히 우리와 가까운 사람들을 멸시하거나 경시할 때 더 심각하다. 다른 한편으로 비굴하게 행동할 경우 우리는 굴욕감이나 위신이 추락됨을 느낀다. 바로 그런 죄책감은 그 이유가 무엇이든 상관없이 우리의 교만에 해로울 수 있으며, 어떤 사람들이 죄의식을 인정하거나 혹은 그에 따르기를 주저하는 이유도 여기에 있다.

교만의 종교적/부정적 측면과 심리학적/긍정적 측면을 서로 대비하여 논쟁하는 것보다, 오히려 우리는 교만이 심리학에서도 문제의 소지를 지니고 있으며, 종교적 비난 또한 주로 교만의 **허영심** 부분에 맞추어져 있다는 것을 인식할 필요가 있다.

중세의 교만에 관한 부정적인 관점은 인간은 원죄를 타고났으며 그 이후 죄를 짓도록 운명이 주어졌다는 인간에 관한 개념과 아주 잘 들어맞는다. 이것은 인간을 가치 없는 존재로 만들었다. 종교개혁은 한 발 더 나아가 인간은 오로지 신의 은총을 통해서만 구원받을 수 있으며 그 어떤 자랑스러워할 만한 도덕적 장점도 인간은 갖추고 있지 못하다는 생각을 조성하였다. 그리하여 인간에게 요구되었던 것은 교만한 자기만족이 아니라 비열한 겸손이었다.

르네상스와 계몽주의는 이런 모든 것을 바꿔버렸다. 인간은 이제 합리적인, 자율적인, 자족적인 존재로서 우뚝 서게 되었다. 인간은 자연을 정복하고 그들 자신의 이미지대로 세계를 창조하는 일에 커다란 자부심을 갖는다. 최근에는 자긍심이나 권리의식에 기반을 둔 '낙관적' 성향을 더욱 심화시키는 태도를 보이고 있다. 이런 분위기에서 설정된 자부심이 교만과 자리를 바꾸는 것은 조금도 이상한 일이 아니다.

질투(invidia 인비디아)

질투는 다른 사람의 성공이나 특성 혹은 소유물에 대한 분노감이다. 연옥의 두 번째 권역에서 단테는 다른 사람들을 매우 사랑하는 그런 목소리들을 듣는데, 이는 질투와는 정반대되는 덕에 해당한다. 이런 목소리들은 죄 많은 질투의 영혼들을 혹독하게 채찍질을 하고 있었는데, 그 영혼들의 눈은 다른 사람들을 통해 보았던 아름다운 선행들로 인해 손상을 당하여 감겨 있었다. 육체가 없는 한 영혼의 목소리는 인간과 영원히 고립된 자신의 존재를 무척 슬퍼하고 있었는데 그것은 질투로 아벨을 죽였던 카인의 목소리였다.

질투는 아무리 일반적이라 하더라도 다른 결점을 보충할 만한 특징을 갖고 있지 않다. 어느 누구도 질투에 대해 긍정적인 마음을 지니고 있지 않다. 사람들은 자신이 질투심이 강한 존재라는 것을 인정하기보다는 차라리 탐욕스러운 존재라는 것을 인정하는 편이 오히려 더 낫다고 생각한다. 질투는 자신이 열등하다는 것을 암시하는 것으로, 이는 또한 자신의 자긍심에 손상을 준다.[29]

질투는 아주 오래전에 잊힌 형제간의 경쟁관계에서 비롯된 불공평 의식으로부터 나오는지도 모른다. 우리가 흔히 질투하는 사람들은 우리와 가까운 사람들이다. 그리 멀지 않은 관계에 있는 인물들이다. 그래서 아마도 나는 브룩스 브라더스의 멋진 재킷을 입고 있는 내 친구를 질투할지는 모르지만, 최고의 개별주문 생산 제품인 새빌 로우의 의상을 입고 있는 찰스 왕자에 대해 그러지는 않을 것이다.

질투는 흔히 **시기**와 혼동된다. 어떤 언어들은 실제적으로 그 둘의 의미에 각각 딱 들어맞는 독립된 단어를 갖고 있지 않다. 그러나 그 둘 사이에는 중요한 차이가 있다. 시기는 우리가 갖고 있는 어떤 것을 **잃을까** 두려워하는 것과 관련이 있다(경쟁자의 구애를 받고 있

는 사랑하는 사람과 같은). 반면에, 질투는 다른 어느 누군가에 소속
된 것을 갖고 싶어 하는 것이다. 시기심으로 인해 우리는 죄의식을
느낄 수 있다. 혹은 우리는 다른 사람의 질투의 대상이 됨으로써 죄
의식을 느낄 수도 있다.

나는 주로 동생과의 관계 때문에 내 삶에서 죄의식을 느낀다. 그
주된 이유는 내 동생이 나와 비교하는 데 있다고 생각하는데, 내 동생
은 늘 자기 자신을 나와 비교한 후, 자신이 무슨 일을 하기만 하면 마
치 내가 그보다 더 앞서려고 한다고 느낀다. 지금은 나와 내 동생 둘
다 대학에 다닌다. 부모님은 내가 동생에게 먼저 마음의 문을 열기를
바란다. 그러나 18년의 간극을 메운다는 것이 쉬워보이지는 않는다.
나는 그런 노력을 하고자 하는 내 의지가 부족한 것을 인식하고 더 큰
죄의식을 느낀다.

철학자 존 롤스는 "합리적인 사람은 최소한 자기 자신과 다른 사
람들 간의 차이가 부정의의 결과로 빚어진 것이 아니며 또한 어떤 한
계를 넘지 않는다고 생각한다면 결코 질투하지 않는다."[30]라고 하였
다. 롤스는 가난한 사람이 부자를 질투하는 것과 같은 **일반적 질투**와
직업, 명예 혹은 다른 사람의 애정과 같은 문제에서 어느 누군가가
질 수밖에 없는 그런 개인들 간의 경쟁에서 나오는 **특수한 질투**를 구

분한다. 죄의식은 일반적인 질투보다는 특수한 질투와 더 밀착되어 있는 것으로 보인다. 우리는 또한 질투를 분노와 혼동해서도 안 되는데 분노는 보통 우리의 인생살이에서 나타나는 어떤 차이들이 부정의한 제도나 혹은 타인들의 부당한 행위 탓으로 돌릴 때 일어난다. 그런 분노는 정당화될 수 있다는 점에서 꼭 죄의식을 가질 필요는 없다. 자식들을 양육하기도 어려운 사람들이 부자들의 허랑방탕한 생활을 목격할 경우 분개와 무력감을 느낄 수 있는데, 우리는 그런 감정을 죄로 볼 수는 없을 것이다.

또한 **무해한 질투**도 있는데 이는 우리가 어떤 나쁜 의도가 있어서가 아니라 그저 어느 누군가가 성취한 바를 우리 자신도 그랬으면 하고 바라는 경우와 관련된다. 그래서 대상자는 그것을 적대감의 표현으로서보다는 하나의 찬사로서 받아들일 수 있다. **모방적 질투**는 남들이 성취한 바를 이룰 수 있는 자극제가 될 수도 있다. 위 두 가지의 질투는 죄의식과 결부되지 않는다.

질투의 대상이 되는 사람들은 그의 결과를 두려워할 수도 있다. 문화마다 상징적인 방식에서 그러한 위험을 차단하는 나름의 방식을 갖추고 있다. **악한 눈**(역자 주: 상대를 해치거나 죽일 수 있는 능력을 지닌 것으로 믿어지는 눈초리를 의미하며, 이를 막는 방법으로는 얼굴, 특히 눈 주변을 검게 칠하거나 경전, 부적, 액막이용 장신구, 특정한 몸짓, 의식용 그림이나 물건의 전시 등이 있다)을 막는 방법들도 그런 예라 할 수 있다. 우리는 또한 자신의 특권이나 성취를 낮게 평가함으로써("그것은 순전히 운이었다") 혹은 아낌없이 나누어주거나 자선을 베풀어 자신의 행운을 함께 공유함으로써 질투를 비켜날 수 있다.

분노(ira 이라)

분노는 깊은 진화론적 뿌리를 가진 기본 정서이다. 분노는 모든 정서 가운데 가장 위험하며 해를 야기할 가장 큰 잠재력을 지니고 있다. 예수는 분노를 힐난했지만("자기 형제에게 화를 내는 사람은 누구든지 심판을 받게 될 것이다"), 예수 또한 성전에서 돈을 바꾸는 사람들에게 자신의 의로운 분노를 터뜨렸다. 성 바울은 "화를 내어도 … 해가 지도록 분을 품지 말라"고 경고함으로써, 분노를 표현하는 것을 허락하는 것과 동시에 그의 한계 또한 정하고 있다(마태복음 5:22; 에베소서 4:26).

분노의 감정은 인생의 매우 이른 시기에 등장하는 것으로, 특히 공격적 행동을 수반할 때는 죄를 범할 수 있는 잠재적 원천이 된다. 특히 화를 내는 대상이 우리와 가까운 어떤 사람일 경우에는 더욱 그렇다.

내가 12살 정도였을 때였다. 엄마와 언니 그리고 나는 비행기에서 내렸다. 우리는 짐을 모두 어떤 카트에 실었는데, (낭패스럽게도) 나 혼자서 그것을 밀고가야만 했다. 언니는 엄마에게 알랑거리고 있었다. 엄마 손을 잡고 이리저리 뛰고 있는 모습이 너무나 좋아 보였다. 갑자기 질투, 노여움, 격분이 한꺼번에 나에게 덮쳐오자, 더 이상 어떻게 견딜 수가 없었다. 그래서 나는 아주 고의적으로 카트를 세차게 밀며 언니 뒤로 돌진하였다. 언니는 곧바로 고꾸라졌다. 지금까지 이 일은 내가 그 어느 누구에게 했던 일 중에서도 가장 두렵고 사악한 일이라는 생각이 든다.

분노가 통제를 벗어나게 되면 심각한 문제를 일으킬 수 있다. 격노나 격분으로 표현되는 무절제한 분노는 살인이나 무차별적인 폭력으로 이어질 수 있다.[31] 따라서 분노의 대죄는 **격노**로 표현되는 것이 보다 더 적절하다. 예컨대 아킬레스가 자신의 사랑하는 여인인 브리세이스를 탈취해간 아가멤논에 대해 갖는 감정과 같은 것이다. 만약 아테네가 그를 제지하지 않았더라면 그는 분명히 그를 죽였을 것이다.

… 비통함이 아킬레스를 휩쌌다.
그의 거칠고 억센 가슴 속의 심장은 쿵쾅거리고, 갈기갈기 찢어지고 …

　그는 엉덩이 위에 둘러매져 있는 길고 날이 잘 드는 칼을 **빼야** 하

는가. …

　… 그리고 지금 아가멤논을 죽여야 하는가?

　아니면 자신의 격노한 감정을 저지하고 자신의 격분을 가라앉혀야

하는가?[32]

　아테네는 노련하게 중재한다. 그녀는 아킬레스에게 정면으로 맞

서면 그를 더욱 분노하게 할 것이라는 것을 잘 안다. 그래서 그녀는

부드러운 목소리로 그를 진정시킨다. 아테네는 헤라가 아킬레스와

아가멤논 두 사람 모두를 사랑하는 자기를 보내 두 사람 간의 싸움을

중지시키라 했다고 말한다. 아킬레스는 아가멤논에게 말로 화풀이를

할 수는 있겠지만(“그가 직면할 대가가 엄청날 것이라고 그를 위협하

며 몰아세운다”), 그를 죽이지는 않을 것이다. 어느 날 화려한 은혜

가 그의 격분을 세 배로 보상할 것이다. 여기에서 그 메시지는 분명

하다. 곧, 너희는 분노를 느끼고 표현할 수 있지만, 그에 따라 행동해

서는 안 된다는 것이다.

　단테는 눈을 뜰 수 없을 정도의 매캐한 연기로 가득한 연옥의 세

번째 권역에서 분노(화)가 정신을 좀먹듯 육체를 갉아먹는 격노의 영

혼들을 만났다. 격노의 채찍은 친척, 친구를 향한 그리고 심지어 적

을 향한 온유함의 미덕을 찬양했다.

지옥에서는 격노가 스틱스 강의 수면 위에서 서로 싸우고 있는 다섯 번째 고리에 등장한다. 광폭한 자들의 영혼은 일곱 번째 동심원 고리의 바깥 고리에 위치한 독립 범주 안에 있다. 그들은 자신의 죄에 비례한 수준에 따라 끓는 피로 가득한 강에서 허우적대고 있다. 이 동심원 고리의 중간 고리에는 자살을 기도하였던, 즉 자기 자신을 향해 폭력을 휘둘렀던 자들이 있다. 동심원 고리 안쪽에는 신에 대항하여 폭력을 휘두른 신성 모독자들이 있다. 마지막으로, 자연에 대항하여 폭력을 행사하였던 자들(남색가들)과 질서에 대항하여 폭력을 휘두른 자들(고리대금업자들)이 있다.

도덕 철학자들은 특별히 분노에 관심을 기울여왔다. 조셉 버틀러는 세 가지 형식에 대해 기술하였다. '성급하고 갑작스러운' 분노는 위협에 대한 본능적인 반응으로서 인간과 동물에게서 나타난다. '안정되고 신중한' 분노는 우리를 향한 타인들의 사악한 감정, 의도, 행위를 지각할 때 나오는 반응이다. 이 두 가지 형식의 분노는 가끔씩 발생한다. 세 번째 형식은 보다 고착화된 분노의 성향 혹은 과민성 내지는 막되 먹음으로 표현되는 성격 특질과 관련된다.[33]

처음 두 가지 형식의 분노는 반드시 죄의식의 감정과 연결할 필요는 없다. 왜냐하면 그런 분노는 낼 필요가 있고, 또한 정당화도 가능하기 때문이다. 세 번째 분노의 형식은 그러한 정당화가 부족하고,

꼭 화를 내야 할 필요도 없으며, 정도가 지나치기 때문에 죄의식의 원인이 될 수 있다. 참을성을 잃고 남들에게 울화통을 터뜨리는 사람들은 보통 자신의 그런 행위를 후회하는 경우가 많다. 그렇지만 그들의 죄의식이 다시 그런 행위를 하지 않도록 하는 데는 역부족이다.

심리학자들은 성격 특질로서 자주 분노를 표출하는 것과, 우리 모두가 경험하는 바와 같이 여러 상황에 따라 때때로 일어나는 분노를 서로 구분한다. 후자는 우리의 진실성이 위협받을 경우(우리가 모욕을 당하거나 거짓으로 기소당할 때), 공격당할 경우(우리가 협박받을 때), 불공정한 대우를 받을 경우(우리가 사기를 당할 때), 우리의 목적이 좌절될 경우(우리가 원하는 바를 얻을 수 없을 때) 그리고 더 이상 참을 수 없는 부적합함과 부적당함에 대한 반응으로 일어난다. 결국 우리가 죄의식을 느끼느냐 혹은 그렇지 않느냐는 우리의 분노가 정당화될 수 있는지 그리고 우리의 분노가 분출되는 대상이 누구인가에 따라 크게 좌우될 수 있다. 공평한 마음을 지닌 사람들이라면 자신들이 화를 내는 대상이 설령 자신들에게 어떤 특별한 의미를 지닌 사람들이 아니라 하더라도 기분이 언짢으며 후회할 것이다. 반면에, 우리는 자신이 사랑하는 어느 누군가에게 분노를 표출할 경우 훨씬 더 죄의식을 느끼기 쉽다.

나태(acedia 아체디아)

'나태'란 단어는 중세 영어에서 나온 것으로 게으름이나 무관심을 의미한다. (신대륙의 포유동물인 나무늘보의 이름이 이와 똑같지만, 대죄가 공식화되었던 당시에 유럽에 사는 어느 누구도 그 동물을 본 적이 없다.)

권태와 게으름은 미덕은 아니지만, 그렇다고 대죄 또한 아닐 것이다. 그러나 당신은 게으르고 일하기 싫어하는 놈팡이와 결혼하는 것을 어떻게 생각하는가? 혹은 당신이 나잇값을 하지 않고 자기 자신을 돌보지 않는 다 큰 자식의 부모라면 어떻겠는가? 이런 측면에서 본다면 나태는 나쁘게 보이기 시작한다. 특히 나태한 자들이 자신들의 게으름으로 인해 다른 사람들에게 고통을 줄 수 있다는 것을 모를 때는 더더욱 분통터질 일이다. 실제적으로, 보다 자세히 들여다보면, 다른 사람들에 대한 자신들의 책임을 다하지 못하거나 자기 자신에 대한 책임을 다하지 않은 사람들이 경험하는 죄의식이 꽤 많을 수 있다. 따라서 부모나 배우자의 기대에 부응하지 못하는 것은 풍부한 죄의식의 원천이 되는데, 이는 특히 자립이 높은 가치로 인정받는 미국과 같은 경쟁 문화권에서는 더욱 그렇다.

나태에는 훨씬 더 깊은 의미가 있다. 원래 나태는 정신적 무미건조함을 의미하는 것으로('마음의 건조'), 단테는 이를 신에 대한 무관심이라고 비난하였다. 연옥의 네 번째 동심원 고리에는 나태의 영혼들이 자신들의 인생에서 선한 일을 할 수 있었던 기회를 잃어버린 것에 대해 보상하고자 미친 듯이 배회하고 있다. 그들이 있는 지옥의 위치는 참 곤혹스럽다. 그들은 분노의 아래에 위치한 다섯 번째 동심원 고리에 있는 시틱스 강의 수면 바로 밑에서 목을 꿀꺽거리며 누워 있다.

　나태의 뿌리 깊은 형식은 권태, 즉 무력감이나 절망, 따분함으로 충만한 의식이다. 이것은 사이비 지식인들의 자의식적인 가식적 태도가 아니라 일종의 삶에 대한 쓸모없는 혐오인데, 이는 관심을 갖는 것을 거절하거나 그럴 능력이 없고, 타인들의 고통이나 부정의에 대해서도 무관심 하며, 마주친 현실을 당당히 서서 직시하지 못하는 특징을 보인다.[34]

　나태는 또한 인간성을 말살시키는 재미없는 직업 세계에 대한 반작용일 수도 있다. 안톤 체홉의 『세 자매』에서 이리나는 그에 대해 다음과 같이 표현한 바 있다. "나는 일을 더 이상 할 수 없고, 하지도 않겠어. 나는 그동안 충분히 일을 했어. … 난 24살이야. 내 나이 먹도록 일만 해왔어. 내 머리는 말라 건조해버렸어. … 내 모습도 추해졌어. 나는 지금도 나이를 먹어가고 있는데 도대체 무엇 때문에 그래야 해? 다 필요 없어."[35]

　나태의 무기력감은 또한 우울증의 징후가 될 수 있다. 초기의 저

자들은 이러한 슬픔(tristitia 트리스티티아)의 요소를 잘 인식하고
있었다. 하지만 그들은 그것이 의지를 마비시키고 또한 도덕적 행위
를 손상시킨다는 점에서 여전히 그것을 비난하였다.

탐욕(avaritia 아바리티아)

탐욕은 과욕과 같은 의미로 이득에 대한 과
도한 욕구이다. 만약 과욕이 획득하는 것이라면, 탐욕은 축적하는 것
이다. 그 두 말을 못마땅하게 만들고 또한 죄의식을 갖도록 하는 것
은 우리가 필요 이상으로 축적함으로써 다른 사람들이 정당하게 공
유해야 할 몫을 박탈하기 때문이다. 제한된 자원의 제로섬 세계에서
는 누군가가 더 많이 가지면, 다른 누군가는 그만큼 덜 가질 수밖에
없다.

단테는 인색한 자들과 낭비한 자들의 영혼들로 꽉 들어찬 연옥의
다섯 번째 권역을 만들었다. 탐욕의 채찍은 세상의 모든 부를 능가하
는 행운을 안으며 여물통에서 예수를 탄생시킨 성모 마리아를 찬양
했다. 또 다른 예는 로마의 집정관 파브리키우스 루쉬누스의 영예로
운 청빈인데, 그는 자기 사무실의 부수입이었던 뇌물과 선물을 모두
거절하였으며, 그가 죽자 너무 가난한 나머지 국가가 공금으로 장례

를 치러주어야만 했다. (이교도들도 역시 덕스러울 수 있었다.)

소유물을 축적한 탐욕스럽고 인색한 자들은 지옥의 세 번째 동심원 고리가 끝나는 지점에 있는데, 반대로 소유물들을 흥청망청 낭비한 방탕아들도 또한 그곳에 모인다. 두 폭도들이 거대한 바위를 힘껏 굴려 맞부딪치고는 그것을 다시 굴리며 되돌아갔다가 또다시 부딪치기를 반복하고 있다.

4세기에 밀란의 감독이 되었던 로마제국의 귀족인 성 암브로즈(성 아우구스티누스의 조언자)는 다음과 같이 선언하였다.

오, 부자들이여, 당신들은 도대체 무분별한 탐욕을 어디까지 뻗치려 하는가? 당신들만 지구에 거주하는 유일한 인간이 되고 싶은가? 도대체 왜 당신들은 자연을 함께 공유해야 할 동료들을 쫓아내고 오로지 당신들만 그것을 차지하려 하는가? 지구는 부자와 가난한 자 모두를 위해 창조되었다. 그런데 부자인 당신들은 왜 그것을 당신들의 배타적인 권리인 양 주장하는가?[36]

우리는 탐욕을 부와 동일시하는 데 있어서는 주의해야 한다. 가난한 자도 탐욕스러울 수가 있으며 부자 또한 탐욕을 부리지 않고도 부를 모으는 것이 가능하기 때문이다. 자유롭고 공정한 사회에서는 누구나 정당하게 부를 획득하거나 상속을 받을 자격이 있다. 막스 베버는 근면, 절약, 검소를 **프로테스탄트 윤리**라 불렀으며, 이는 자본주의 정신의 도덕적 지주가 되었다(비록 그것이 프로테스탄트들의 전유물은 아니지만).[37]

탐욕은 특히 인색과 결합하게 되면 더욱 악화된다. 우리는 부자들이 왜 방종에 빠지게 되는가에 대해서는 쉽게 이해할 수 있지만, 인색과 관련하여서는 다음과 같은 의문을 품을 수 있다. 왜 사람들은 누구나 부를 축적하고 나서 그것을 지키려 하는가? 돈을 쌓아놓고 쓰지 않으면 그것을 소유한 것에 대한 죄의식이 완화되는가? 돈은 숭배해야 할 우상인가? 부의 축적은 항문기의 특성(역자 주: 프로이트의 이론에서, 항문기는 대소변의 배설을 참으면서 어느 정도까지 몸속에 저장하였을 때 생성되는 충족감과 인내의 한계를 넘어서서 배설할 때 창출되는 해방감을 느끼는 시기이다. 프로이트는 이 시기에 형성되는 성격 특성을 꼼꼼함, 인색함, 완고함이라 하였다)을 소유하고 있다는 징후인가?

흔히 특권과 관련되는 것으로 관습에 의해 정해진 불공평이라는 죄의식의 특수한 형식이 존재한다. 어떤 부자들은 다른 사람들에게 베풂으로써 자신의 죄의식을 완화시킨다. 그러나 우리는 또한 동정심이나 도덕적 의무감 혹은 사회적 책임감에서 자선행위를 할 수 있다. 더욱이 돈을 버는 것과 돈을 소장하는 것은 차이가 있다. 어마어마한 부자인 자선가 앤드류 카네기는 '부자로 죽는 것은 불명예스러운 일'이라고 생각하였고, 또한 감리교파의 공동 창설자인 요한 웨슬리는 "당신이 벌 수 있는 한 많이 벌어라. 당신이 절약할 수 있는 한 많이 절약하라. 당신이 베풀 수 있는 한 많이 베풀어라."라고 설교하였다. 그러나 어떤 사람들이 다른 사람들을 위해 많이 베푸는 것과는 별개로, 그들이 자신들의 요트나 비행기에 수백만 달러를 지출할 때는 방종해 보이기도 한다. 더 나아가 그들이 어려움에 처해 있는 사람들을 돕는 일에 손가락 하나 까딱하지 않은 채 그런 행동을 보일 때면, 사람들은 피가 끓는다. 그럴 경우에는 그들이 죄의식을 느끼는지 혹은 그렇지 않은지는 별 문제가 되지 않는다.

탐식(gula 굴라)

음식은 삶에서 느낄 수 있는 커다란 기쁨 중의 하나이다. 프랑스 사람들은 세련된 미각을 갖춘 **미식가들**과 **대식가들**을 구분한다. 그러나 먹는 것을 좋아하는 사람들이 또한 많이 먹는 경향이 있기 때문에 그 경계를 분명하게 설정하기는 어려울 것이다.

음식에 대한 지나친 탐닉은 자신의 건강에 해롭다. 그리고 그것은 또한 이기심과 더불어 다른 사람들의 욕구에 무감각하다는 것을 의미하기도 한다. 배고픈 사람들이 많은 세상에서 탐식이 왜 비난의

대상으로 꼽히는가를 이해하기란 어렵지 않다. 탐식에 대한 해독제
는 단식이다. 기독교도들은 사순절 기간 동안, 이슬람교도들은 라마
단 기간 동안 금식한다. 힌두교 수도자들과 불교 승려들은 탁발한다.
심한 공복감은 우리로 하여금 정신적 자기반성을 하도록 해줄 뿐만
아니라 가난한 사람들의 곤경에 공감하도록 해준다. 로마인들은 탐
식을 당당한 지위로 끌어올렸다. 그들은 늘 토하였으며, 그럼으로써
더 먹을 수 있었다. 페트로니우스가 쓴 『사타리콘』에서 트리말키오
의 연회는 탐식에 관한 경탄할 만한 패러디에 속한다.[38]

　단테는 연옥의 여섯 번째 권역에서 탐식의 영혼들을 만났다. 수
척하게 야윈 영혼들은 자신들이 거절했던 과일들이 가득 달린 엄청
나게 큰 나무 주변을 빙빙 돌고 있었다. 그 영혼들은 단테에게 풍요
의 여신인 씨리즈의 마음을 상하게 하였던 에리식톤을 떠올리게 했
다. 씨리즈는 그에게 아무리 먹어도 결코 만족할 수 없는 허기를 불
어넣었다. 그는 자신이 가지고 있는 모든 것을 팔아 먹어치웠고, 자
신의 딸마저 먹을 것을 사기 위해 팔아야 했으며, 마침내는 자기 자
신의 사지를 뜯어먹었다.

　지옥의 탐식가들은 세 번째 동심원 고리로 회부되었다. 그들은
악취 나는 눈과 우박이 쏟아지는 불결한 진창 속에서 살고 있었다.
탐식가들과 호색가들, 다시 말해 음식과 섹스의 남용자들은 자제하
지 못한 죄로 죄의식을 느낀다. 그러나 음식과 섹스는 적절하면 좋은

것이다.

오늘날 서양 문화권, 특히 미국에서 비만은 특별한 도덕적 오명을 얻고 있다. 어떤 사람들은 신진대사로 인해 비만에 쉽게 이를 수 있으며, 일종의 병이 될 수도 있다. 그런데도 일부 비만자들은 아직도 이에 대해 죄의식을 느낀다. 비만이 한때는 높은 사회적 지위의 상징이었지만 지금은 그와 정반대다. 비록 우리가 죄의식을 느끼지 않는다 하더라도, 우리들 가운데 많은 사람들은 과체중인 것에 대해 수치심을 느낀다. 왜냐하면 그런 상태란 인격의 약점이라 할 수 있는 자제력이 부족하다는 것을 암시하기 때문이다. 비만의 망령은 특히 중산층이나 그 이상의 특권층의 젊은 여성들에게 자주 나타난다.

나는 먹는 것에 죄의식을 느낀다. 그것은 매우 절실한 죄의식으로, 모든 나의 생각과 행동을 지배한다. 더군다나 나는 그렇게 생각해서는 안 된다는 것을 잘 알기 때문에 내가 죄의식을 느꼈다는 사실에 흔히 죄의식을 느낀다.

비만에 대한 지나친 집착은 거식증이나 폭식증과 같은 매우 까다로운 형태의 병을 유발할 수 있다. 이러한 섭식장애들은 정서적 문제에 대처하는 일종의 방편들이며, 죄의식은 이러한 상황에서 가장 중요한 역할을 수행한다. 한 중년 여인은 다음과 같이 회상하였다.

대학 1학년 중반 무렵에 죄의식이 나를 엄습해왔다. 나는 응당 고통을 당해야 한다고 생각했다. 그때 음식은 나의 선택의 무기가 되었다. 나는 매 식사 때마다 음식을 조금씩 덜 먹었다. 이윽고 나는 음식을 접시 가장 자리로 밀어내기에 이르렀다. 결국 나는 음식 섭취를 완전히 끊었다. ··· 대학 시절의 마지막 2년 동안 나는 매우 특이한 종류의 병을 얻게 되었다. 나는 배가 너무 팽창하여 침대에서 일어날 수 없을 때까지 엄청난 양의 음식을 게걸스레 먹었다. ··· [지금] 나는 전혀 다른 사람이 되었다. 나는 자존감을 회복하였으며, 나의 심신은 건강하고 강하다.[39]

비만은 '추하다'란 생각은 '비만은 아름답다'라는 반작용을 일으켰다. 그래서 일부 비만자들은 매력에 관한 문화적 고정관념의 수용을 거부하고 자신들의 체중을 그대로 유지하고자 한다.

중학생이었을 때, 살찌게 하는 무언가를 먹고 나면, 나는 늘 죄의식을 느꼈다. 나는 날씬해지고 싶었고, 『세븐틴』 잡지(역자 주: 미국 10대 여성용 월간지)의 소녀들처럼 잘 어울리는 몸매를 갖고 싶었다. 내 입은 초콜릿의 맛을 원했고, 나는 그때마다 목을 타고 넘어가는 죄의 향기를 맛보아야만 했다. 이제 사정은 완전히 달라졌다. 나는 초콜릿을 실제로 먹기 전에 많이 먹고 싶은 나의 욕구로써 죄의식 감정을 억압해버린다. 그래서 한때는 초콜릿 케이크를 죄 많은 영양분인

양 힘겹게 삼켰지만, 이제는 내 자신에 대해 그리고 나의 아름다운, 여성스러운, 완전히 살이 찐 신체에 대해 아무런 죄가 없는 선물로 생각하며 맛있게 먹는다.

탐식의 죄의식은 또한 과도한 음주, 흡연 그리고 마약 복용과도 관련될 수 있다. 우리가 이들 물질로부터 얻는 쾌락은 그것들이 유발하는 죄의식으로 인해, 흔히 억지력으로서 작동하기에 충분하다 할 수는 없지만 많이 감퇴될 수 있다. 비록 우리가 오늘날 알코올 중독을 하나의 병으로 여긴다 하더라도, 그것 역시 여전히 죄의식을 유발한다. 지난 수십 년 동안 흡연 습관에서 주목할 만한 변화는 부분적으로는 적어도 죄의식 때문이었을 것이다. 흡연의 매력을 잘 기억하는 우리 연령대 사람들에게 있어서, 혼자서 몰래 담배를 피우고 있는 사람들의 광경은 매우 좋은 예이다.

음욕(luxuria 룩수리아)

음욕은 대죄 가운데 마지막에 해당하긴 하지만 아주 중요한 것으로, 그에 어울리지 않는 죄의식의 짐을 감당하고 있기도 하다. 음욕 바로 그 자체가 시대에 뒤진 것으로 들릴지도 모른다. 지금 우리는 성적 욕망 혹은 성적 매력에 대해 말하고 있다. 물론 음욕은 오로지 성적 용어만은 아니다. 음욕이란 말은 단순히 무언가에 대한 강렬한 욕망 혹은 동경을 의미한다. 원래 라틴어에서 **색욕**은 호색을 의미하였다.[40]

단테는 연옥의 일곱 번째이자 마지막인 두렁길을 오르면서 색욕자들('육욕자들')을 만났다. 색욕자들의 영혼은 여러 겹의 불꽃(음욕의 '불꽃')으로 덮여 있었다. 색욕자들은 정작 지옥에서는 상대적으로 가벼운 벌을 받았다. 단테는 그들을 두 번째 고리에 위치시켰다. (첫 번째 고리, 곧 **림보**에 있는 보다 형편이 나은 자들은 예수 그리스도 이전에 살아서 미처 기독교도가 될 기회를 갖지 못했던 유덕한 이교도들이다.) 색욕자들의 영혼은 흡사 그들의 열정과 같이 무섭게 휘몰아치는 바람에 휩쓸려 다니는 벌을 받는다. 그들 가운데에는 역사에서 가장 유명한 정부들, 즉 헬레네와 파리스, 파울로와 프란체스카 그리고 디도와 클레오파트라가 포함되어 있었다. (죽음과 바꿀 가치가 있는 위대한 사랑은 이제 글렀네.)[41]

중세의 금욕주의자들이 음욕과 씨름하고 빅토리아 시대부터 현대에 이르는 동안 줄기차게 규탄했음에도 불구하고, 합법적인 통로를 통해 표현되는 음욕은 이제 완전히 원상 복귀된 상태다. 보수적인 복음주의 기독교도들조차도 부부간 성관계의 미덕을 찬양하고, 가톨릭교회는 부부의 거처에서 비로소 서로의 사랑이 완성된다는 것을

시인하고 있다. 1960년대의 성 혁명은 연인들에게 섹스가 주는 기쁨
과 아울러 그에 얽힌 복잡함에 대해 설명해주고, 구체적인 예를 들어
주며, 이를 지지하고 또한 교육시켜주는 서적들이 쇄도하는 길을 터
주었다. 그런 유의 서적, 잡지, 영화는 지금도 봇물처럼 쏟아지고 있
으며 인터넷은 포르노로 넘쳐나고 있다. 성전문가들이나 장차 전문
가가 되려는 사람들뿐만 아니라, 일부 평범한 부부들도 101일 동안
줄곧 섹스를 하거나 1년 동안 하루도 빠뜨리지 않고 섹스를 하는 섹
스 마라톤을 통해 이런 분위기를 고조시키는 데 일조하였다.[42] 서구
사회는 섹스가 마치 그를 뒤집어씌우고 있던 죄의식의 망토를 벗어
던져버린 것 같은, 성적으로 가장 많은 것이 허용된 문화로 진화하였
지만, 완전히 그 올가미로부터 벗어난 것은 아니다. 자기 자신뿐만
아니라 다른 사람들에게 어떤 영향을 미칠 것인가에 대해 전혀 고려
하지 않은 채 자제하지 못하거나 혹은 별 생각 없이 그저 쾌락만을
추구하는 섹스는 심각한 문제를 남길 수 있다.

　　가장 단순한 수준에서의 음욕은 성적 환상의 형식을 취할 수 있
다. 성애의 생각과 감정은 실제적으로는 동시에 혼재하여 통제하기
가 쉽지 않다. 기독교는 전통적으로 오로지 성적 환상(자신의 마음속
에 있는 음욕)에만 도덕 판단을 강제하였던 반면에, 유대교와 이슬람
교는 주로 실제적인 행위에 대해 판단한다. 앞으로 유대교, 기독교
그리고 이슬람교의 죄의식을 논의할 때, 우리는 성 도덕의 문제를 보

다 폭넓게 다룰 것이다. 우리가 여기에서 논의하고자 하는 것은 이미 앞에서 논의했던 간음과 혼전 섹스의 확장이다. 특히 우리는 죄의식의 잠재적 원천이 되어 왔었지만 지금은 더 이상 그렇지 않은, 자위행위와 동성애를 최소한 같은 정도로 간주하고자 한다. 우리는 또한 매우 심각한 문제를 안고 있는 성폭력이나 아동 성 학대와 더불어 그 밖에 일탈로 간주될 수 있는 행위들에 대해서도 고찰할 것이다.

우리는 간통이 사회적 분열을 초래할 수 있다는 점에서 도덕적으로 비난받을 수 있다는 것을 쉽게 이해할 수 있다. 그러나 왜 자위행위가 악으로 간주되었는가? 자위행위는 보통 그 자체로 죄의식을 유발할 수 있는 성적 환상들이 수반되는데, 자위행위를 통해 수반되는 성적인 감정이나 생각 혹은 실제적인 성적 행위 중에서 어떤 요소가 죄의식에 반응하고 있는지 항상 분명한 것은 아니다.

나는 5살 때 처음으로 자위행위를 했던 것으로 생각된다. 그러나 그때에 죄의식을 느꼈던 기억이 별로 없다. 젊은 목사가 성적 죄에 관해서 설교를 한 이후에 비로소 죄의식을 느꼈으며, 하나님이 열어놓으셨다고 생각했던 하나의 성적 출구가 또 다른 가증할 죄로 이어지기 시작했다. 그것은 끔찍했다. 나는 사악한 사람이고, 실패자라는 고통스러운 생각에서 벗어날 수 없었다. 자위행위를 할 때마다 사탄은 내 삶에서 자신의 발판을 점차 확대해나갔다. 나는 내가 저질렀던 죄를 하나님이 몇 회나 사해주실지 두려워 내 자신을 무척 괴롭혔다.

　우리는 빅토리아 시대에 인간의 상상력을 사로잡았던 자위행위에 관한 터무니없는 이론들로부터 오랜 세월이 지난 시대에 살고 있다.[43] 비록 가톨릭교회의 공식적인 입장이 여전히 자위행위를 도덕적으로 비난받을 만한 것으로 판정하고 있긴 하지만(아마도 같은 근거에서 피임도 반대), 자위행위는 이제 많은 사람들로부터 평범한, 해롭지 않은 행위로 받아들여지고 있다. 자신들의 성 경험에 관하여 매우 개방적인 사람들조차 아직까지는 자위행위를 한다는 사실을 숨기고 싶어 한다. 이는 아마도 죄의식보다는 수치심 때문일 것이다. 자위행위는 자신을 미성숙하거나, '실제 섹스'를 할 수 있는 대상에게 발산할 만한 그런 매력이 부족한 사람으로 보이게 할 수 있다.[44]

　사회적 태도에서 극적인 변화가 있었던 또 다른 사례로는 동성애를 들 수 있다. 동성 간의 성적 관계는 오랫동안 심리적인 장애가 있는 것으로 치부되거나, 도덕적으로 바람직하지 않은 것으로 간주되어 왔으며, 또한 법적으로도 허용되지 않았다. 그 결과 동성애에 대한 욕구나 행동은 흔히 죄의식 감정으로 이어졌다. 1970년대 중반에 이르러 이런 부담들은 점차 사라지게 되었다. 미국정신의학회가 정신장애 목록에서 동성애를 삭제하였으며, 더 나아가 몇몇 주에서는 이제는 남성 동성애자들과 여성 동성애자들에 대한 차별을 금지하는 주법도 제정되었다. 그러나 동성애자들은 아직 결혼과 같은 문제에서 이성애자들과 동등한 지위를 획득해야 하는 과제를 안고 있다. 또한 일부 사람들은 여전히 동성애를 죄의식과 연관시킨다.

내 막내아들이 남성 동성애자여서 약간의 죄의식을 느낀다. 물론 나도 유전적 특징이 주요 역할을 한다는 점을 잘 안다. 그러나 막내아들이 어렸을 때 내가 너무 극단적으로 그 아이에게 관심을 집중하여 혹시 동성애자가 되지 않았나 하는 자책감도 든다. 그 아이는 내 삶의 중심이었으며, 우리는 훌륭한 모자 관계를 이뤄왔다. 내 결혼생활이 행복하지 않았던 관계로, 내 막내아들은 비록 육체적인 의미에서는 아니지만, 여러 가지 면에서 내 남편의 빈자리를 메워주었었다.

동성 관계는 여러 요인 가운데서도 이성애자들(마약 중독자들을 제외하고)보다 동성애자들 중에 에이즈의 확산이 더 높다는 점에서 죄의식을 보다 유발하기 쉬울 수 있다. 사람들은 성병을 일종의 처벌(흡연과 폐암의 관계처럼)로 생각하는 경향이 있다. 더 나아가 성관계로 전이된 질병은 추가적인 그리고 특별한 어떤 도덕적 폐해를 수반하는 경향이 있다. 19세기의 매독이 그런 경우였으며, 오늘날에는 에이즈가 그와 같다 할 수 있을 것이다. 만약 성적 질병을 가진 사람이 성관계를 맺은 상대를 감염시킬 경우, 왜 그 사람이 죄의식을 느끼는지는 이해하기 어렵지 않다. 만약 한 사람은 질병을 얻고 다른 상대는 그렇지 않을 경우에는 생존자 죄책감이 유발된다. 물론 그런 생각들이 편견을 가속화시킬 수 있다. 우리는 마땅히 우리 자신의 건강과 더불어 우리의 성적 상대의 건강도 보호해야 할 책임이 있지만, 질병을 처벌로서 간주하는 것은 이해가 안 된다. 예컨대 자녀가 선천성 질병을 갖고 태어난다면, 어떤 잘못으로 처벌을 받는다는 말인가?

그 밖의 다른 형식의 성행위들도 사회적으로 문제가 있다. 흔히 '일탈'과 같은 경멸적인 딱지를 수반하는 경우들은 요즘엔 정신의학에서는 **성적 도착**으로, 그리고 법적으로는 **성폭력**이라 불린다. 성인들 사이에 서로 동의하에 일어나는 가학 피학성 변태 성욕적인 행위와 같은 이런 유의 일부 행위들은 반드시 다른 사람들에게 어떤 피해를 끼치는 것은 아니다. 그러나 관음증이나 노출증과 같은 다른 몇몇 행위들은 다른 사람들의 의지와 상관없이 지나치게 끼어드는 것으로 따라서 분명히 무례한 짓이다. 어쨌든 위와 같은 사회적으로 문제가 있는 행위를 하는 가해자들은 모두 흔히 다른 반사회적인 성격 소유자들과 동일하게 다루어지고 있으며 또한 법에 의해 범죄자로 취급되고 있다.

아동들에 대한 성적 학대뿐만 아니라 강간이나 다른 성폭력 형식들은 늘어나는 피해자들과 더불어 그들에게 가해지는 피해를 감안해 볼 때 특히 심각한 문제를 안고 있다. 이런 행위들 역시 음욕의 타락으로 간주될 수 있겠지만 다른 요소들, 즉 지배와 폭력에 대한 충동 등이 상황을 더욱 복잡하게 만든다.

역설적으로 이런 상황의 경우들에서는 피해자들이 오히려 가해자들보다 더 죄의식을 느낄 수 있다. 또한 여성들은 자신에게 책임이 있다고 생각하는, 일반적으로 정당하다고 인정하기 어려운 그러한 자기 귀인에 빠지는 경향도 있다.

내 친구가 워낙 가고 싶어 해서 파티에 함께 따라 갔다. 일단 우리가 그곳에 도착한 이후에는 각자 알아서 행동했다. 나는 몇 명의 남자아이들과 어울려 술을 마시기 시작했고, 그 가운데 한 남자애가 나를 잡아끌듯이 자기 방으로 데려 가 강제로 성관계를 가졌다. 내가 소파에서 잠자고 있는 것을 발견한 내 친구는 나를 기숙사로 데려다주었다. 다음 날 아침, 나는 화가 났지만 또한 일어난 일에 대해 책임을 느꼈다. 물론 술을 마시지 않았어야 했지만, 내가 술을 마셨다는 사실이 곧 그 남자애가 나에게 했던 바를 정당화시켜주지는 않는다는 것을 나는 잘 안다. 그렇지만 왠지 나는 죄의식을 느꼈으며 이에 관해 함구하기로 마음먹었다.

때로는 성적 각성에 대한 신체적 반응과 정신적 반응이 각기 따로따로 일어날 수가 있다. 이런 현상이 발생하면―피해자는 그렇지

않았더라면 엄청 오싹하고 끔찍한 느낌이 들었을 텐데—성적으로 흥
분될 수도 있다. 그것이 더욱 죄의식으로 이끈다. (성폭행을 당하는
남자들의 성기가 발기하는 것도 이런 이유일 수 있으며, 이는 남자들
은 결코 강간을 당할 수 없다는 관념을 부정하게 만든다.)

결국 가장 중요한 것은 대죄가 오늘날에도 여전히 우리의 삶과
관련이 있는가의 문제이다. 지금까지의 논의는 그렇다고 주장하는
것이다. 그러나 어떤 사람들은 이러한 먼 옛날의 죄들은 오늘날 보다
현대적인 사안들로 대체되었다고 이의를 제기할지 모르겠다. 1973
년에 오스트리아의 위대한 동물행동학자인 콘라드 로렌츠는『문명
화된 인간의 여덟 가지 대죄』라는 책을 내놓았다. 거기에는 앞에서
논의하였던 전통적인 대죄들 중의 어느 것도 포함되어 있지 않다. 대
신에 그 목록에는 인구과잉, 자연환경의 황폐화, 과학기술로 인한 진
정한 인간가치의 상실, 쾌락을 방해하는 모든 것들에 대한 불관용,
사회적 행동 규범들에 대한 무의식적 일탈, 전통 파괴, 이념적 교화
의 확대 그리고 핵무기의 확산 등이 들어 있다.⁴⁵

보다 최근에는 추기경 지안프랑코 지로티가 이와 비슷한 목록의
새로운 대죄를 발표했는데, 거기에는 환경 파괴, 생태실험 남용, 유
전자 조작, 소비지상주의 등이 포함되어 있다.⁴⁶ 그러나 주로 위와
같은 경우들에서는 '대죄'란 말이 사람들에게 보다 현대적인 사안에
관심을 갖도록 하는 수사적 방편으로 사용되고 있다. 실제적으로 이

런 문제들은 전통적인 대죄와 같이 어떤 성향들을 나타낸다기보다는 오히려 십계명과 더 잘 어울리는 것으로 바람직하지 않은 행동들을 가리킨다. 새롭게 제시된 죄들은 오래 전의 도덕적 사안들을 대체하는 것이라기보다는 오히려 새로운 영역으로 확장함으로써 그것들을 보완하는 것으로 보는 것이 바람직할 것이다.

죄의식에 대한 대처

죄의식은 고통스러운 정서이기 때문에 우리는 그것을 잘 다룰 필요가 있다. 우리가 죄의식을 은폐한다고 해서 그것이 결코 사라지지 않는다. 우리는 보통 개인적인 양심에서 죄의식을 다루려고 노력하며, 매우 드물게는 우리가 마음 상하게 했던 당사자에게 다가가 듣기 좋은 말을 전하기도 한다. 가족이나 친구에게 털어놓고 말하거나 혹은 자기치유적 성격의 안내서들을 읽으면 도움이 될 수 있다. 종교를 갖고 있는 사람들은 자신들의 성직자에게 털어놓을 수 있다. 가톨릭교도들은 고백성사를 이용할 가능성이 가장 높다. 우리가 보통 정신병 의사나 심리학자 혹은 다른 전문가의 도움을 청해야 할 경우는 죄의식이 앞에서 말한 그런 수단을 통해 해결될 수 없거나 도저히 견딜 수가 없을 때에 한한다.

내가 처음 이 책을 집필하기 시작하였을 때는 죄의식에 어떻게 대처해야 할 것인가에 관해서 조언할 생각은 없었다. 왜냐하면 이 책의 주제는 누군가로부터 조언을 부탁받은 사안이나 혹은 어떤 개인의 특별한 관심사에 대해 응답하는 것이 아니기 때문이다. 내가 머리말에서 언급한 바와 같이 불필요한 조언은 주제넘은 짓이며 또한 효과도 없다. 두루뭉술한 포괄적인 조언은 스팸메일과 다름 아니다. 조언이 쓸모가 있으려면 맞춤형이 되어야만 한다. 곧, 하나의 사례가 모든 사람에게 다 맞는 것은 아니기 때문이다.

그러나 내가 이 책에 관하여 함께 이야기를 나눴던 거의 모든 사람들은 나에게 죄의식에 어떻게 대처해야 할 것인가에 대해 논의해야 한다고 말했다. 일반 독자를 위해 쓰인 책은 단순히 정보를 제공하는 것 이상으로 뭔가 도움을 주어야 한다는 것이다. 그렇지만 나는 모든 것을 다 설명할 수는 없으며 독자들이 어떤 내용을 자신의 개인적 삶에 적용할 수 있는지 잘 선별하기를 기대할 뿐이라고 했다. 그들은 설령 이 책이 자신을 스스로 치유하도록 안내하는 데 주된 목적이 있는 것이 아니라 하더라도, 여전히 독자들에게 도움이 되어야 할 필요가 있다고 하였다. 나는 마지막 장에서 죄의식에 대해 어떻게 대처할 것인가를 언급하겠다고 했다. 그러자 독자들이 내가 할 말을 듣고자 끝까지 기다리길 원치 않을 것이라는 말을 들었다. 그래서 나는 그 사안을 각 장의 주제와 관련지어 그때그때 다루고자 마음먹었다.

죄의식에 대처하는 다양한 방식들은 긍정적인, 즉 효과적이고, 적응적이며, 건강한 특징을 지닌 것일 수도 있고 혹은 부정적인, 즉 비효과적이고, 부적응적이며, 건강하지 못한 특징을 지닌 것일 수도 있다. 심리학자 로저 브루크는 이 두 가지 방향을 각각 죄의식에 대처하는 **본래적** 방식과 **비본래적** 방식으로 구분하였다.[47] 실존주의 철학으로부터 유래된 이들 용어는 개별 존재의 유일성에 초점을 두고 있다. 본래적이라는 것은 자기 자신에게 진실해지는 것, 어떤 사람이 될 것인가에 대한 개인적인 선택의 책임에 관하여 필연적으로 '잘못된 신념'을 수반하게 되는 인습적 기대로부터 자유로워지는 것을 의미한다. 이와 대조적으로 비본래적이라는 것은 자기 자신에게 진실하지 못하고, 정형화된 역할에 따라 일생을 그저 사는, 그럼으로써 자기 자신의 삶을 정의할 능력마저 잃어버리는 것을 의미한다.[48]

죄의식의 해결에 깔려 있는 핵심 요소는 책임을 수용하는 것이다. 모든 문제는 그로부터 나온다. 죄의식에 대처하는 본래적 방식은 나쁜 행동으로 빚어진 손상된 관계의 불화를 치유하며, 그럼으로써 죄의식이 초래하는 고립감을 없애는 것이다. 비본래적 방식은 그 불화를 영속화하거나 심화시키며 죄의식을 느끼는 사람의 고립과 소외를 더욱 조장한다. 비본래적인 해결의 기본적인 원동력은 책임을 부정하는 것이다. 이런 의식은 우리의 행위에 따른 결과를 공정하고 해결 가능한 방식에서 다루기보다는 오히려 그런 결과에 직면하는 것을 회피하는 다양한 전략들을 구사하게 만든다. 이들 원리에 대해서는 다음 장에서 우리가 개인적 관계의 맥락에서 죄의식에 대처하는 방법에 관하여 고찰할 때 자세히 언급할 것이다.

1   셰익스피어는 『맥베스』를 1606년에 썼으며, 그것은 1623년에 최초로 책으로 출판되었다. 사건은 1040년경의 일이다.

2   Harold Bloom (2004), *Shakespeare's Macbeth*, p. 60 (New York: Riverhead Books).

3   위의 책, p. 65.

4   위의 책, p. 121.

5   위의 책, p. 129.

6   Harold Bloom의 극에 대한 소개를 볼 것. 위의 책, pp. 3-37.

7   Sigmund Freud (1916), "Those Wrecked by Success", James Strachey, ed. and tr. (1953-74), *The Standard Edition of the Complete Psychological Works of Sigmund Freud*, vol. 14, pp. 316-31 (London: Hogarth).

8   십계명의 두 버전, 즉 출애굽기에 나오는 십계명과 신명기에 나오는 십계명은 아주 조금만 다를 뿐, 그 본질에서는 동일하다. 성경 자료에 대해서는 주로 *The New Oxford Annotated Bible* (1973), Herbert G. May and Bruce M. Metzger, eds. (New York: Oxford University Press)를 참고하였다. 구약 성서의 경우에는 히브리 성서나 Tanakh (Philadelphia: Jewish publication Society, 1985), 그리고 소위 모세 5권이라 불리는 Torah의 번역본인 Robert Alter (2004), *Five Books of Moses* (New York: W. W. Norton)를 참고하였다.

9   하느님에게는 성이 없다. 하느님을 남성으로 부르는 것은 문제다. 여성 형태로 바꿔 부른다 해도 여전히 문제는 남는다. 내가 머리말 주해에서 언급하였던 "우리"라는 말을 사용하는 것도 이 경우 별 도움이 되지 않는다. 현재는 전통적인 남성 형태로 부른다.

10 Alter (2004), p. 432.

11 Nathaniel Hawthorne (1850/2004), *The Scalet Letter*, p. 267 (Peterborough, Ont.: Broadview).

12 Simon LeVay and Sharon M. Valente (2002), *Human Sexuality*, p. 288 (Sunderland, MA: Sinauer).

13 위의 책, p. 261.

14 1972년의 약 40%에서 내려갔다. 위의 책, p. 261. 이와 관련한 큰 변화는 1960년대 말과 1970년대 초에 일어났다. 1980년대에 이르러, 대체로 남성들의 90%와 여성 들의 75%가 성적 무경험자(숫처녀, 숫총각)로서 결혼하고 있는 것으로 조사되었 다. Herant Katchadourian (1989), *Fundamentals of Human Sexuality*, 5th ed., p. 270 (Fort Worth: Harcourt Brace).

15 묻지 마 섹스에 관한 비판적 관점은 Laura Sessions Stepp (2007), *Unhooked: How Young Women Pursue Sex, Delay Love, and Lose at Both* (New York: Riverhead Books)를 참고할 것. 그 책의 비평가들은 섹스란 여성이 남성에게 베푸는 선행과 같은 것이라는 것은 "추악한 구시대적 관념"을 부활시키는 것이라 말한다. "A Disconnect on Hooking Up", *New York Times*, Mar. 1. 2007, p. 1.

16 Joel Walkowski (2008), "Let's Not Get to Know Each Other Better", *New York Times*, June 8, p. 6.

17 Robin M. Henig (2006), "Lying", *New York Times Magazine*, Feb. 5, section 6, pp. 47-63.

18 Sissela Bok (1999), *Lying: Moral Choice in Public and Private Life*, 2nd ed., pp. xxvii-xxviii (New York: Random House).

19 위의 책, p. 47.

20 Alter (2004), p. 432, n17.

21 4세기 이집트의 수행자인 폰투스(Pontus)의 에바그리우스(Evagrius), 그리고 서 로마제국의 요한 카시안(John Cassian)은 각기 다른 순서로 죄들을 기재하였다. 그 죄들은 결국 그레고리우스(Gregory the Great) 교황에 의해 대죄로서 범주화 되었다.

22 Andrew M. Greeley (1981), "A note about the Cardinal Sins", *The Cardinal Sins*, 페이지를 매기지 않음 (New York: Warner Bools). 대죄에 대한 권위 있는 문헌자 료는 M. W. Bloomfield (1952), *The Seven Deadly Sins* (East Lansing: Michigan State College Press)이다. 또한 Stanford M. Lyman (1978), *The Seven Deadly Sins: Society and Evil* (New York: St. Martin's); Henry Fairlie (1978), *The Seven Deadly Sins Today* (Washington, D.C.: New Republic Books)를 볼 것. 뉴욕 공공 도서관 (New York Public Library)에서 주관한 강의들은 다음과 같이 몇 개의 단행본으

로 나왔다. *Pride*(교만)는 Michael Eric Dyson, *Envy*(시기)는 Joseph Epstein, *Anger*(분노)는 Robert A. F. Thurman, *Sloth*(나태)는 Wendy Wasserstein, *Greed* (탐욕)는 Phyllis A. Tickle, *Gluttony*(탐식)는 Francine Prose, 그리고 *Lust*(애욕)는 Simone Blackburn (New York: Oxford University Press, 2001). 1993년 6월부터 7월까지 다음과 같은 유명한 작가들이 대죄의 각각에 대해 *New York Times*에 기고하여 기사화되었다. 나태는 Thomas Pynchon, 분노는 Mary Gordon, 시기는 A. S. Byatt, 탐욕은 Richard Howard, 애욕은 John Updjke, 절망은 Joyce Carol Oates 가 썼다.

23 대죄를 중세의 참회고행지침서와 합병한 것은 그의 보급에 커다란 보탬이 되었다. 그것들은 대중들의 마음속에서 **죽어 마땅한 죄**와 혼돈되기에 이르렀다. 그러나 죽어 마땅한 죄는 영혼의 파멸에 이르는 살인이나 변절과 같은 실제적인 위반인 반면에, 대죄는 위반의 배후에 있는 동기이다. 대죄가 자연적 충동을 반영하고 있다는 점에서, 추측컨대, 그것을 예시하는 동물들과 연계시키게 되었다. 그리하여 교만은 사자와 공작, 시기는 개, 뱀, 돼지, 분노는 늑대와 곰, 탐욕은 여우와 낙타, 나태는 나귀, 달팽이(그리고 물론, 포유동물인 나무늘보), 탐식은 돼지와 거위, 애욕은 염소, 수사슴, 말, 원숭이 등과 연계된다. Bloomfield (1952).

24 Dante Alighieri (1308-21/1961), *The Divine Comedy*, tr. John Ciardi (New York: New American Library).

25 Karl Menninger (1973), *Whatever Became of Sin?* (New York: Hawthorn Books).

26 Dante Alighieri (1308-21/1961).

27 이것은 전에 계관시인이었던 랄프 블루멘탈(Ralph Blumenthal)을 따라, 버나드 L. 매도프(Bernard L. Madoff)가 결국 처하게 될 곳이다. *New York Times*, Mar. 15, 2009, Week in Review, p. 2.

28 Lawrence Becker (2001), "Pride", Lawrence C. Becker and Charlotte B. Becker, eds. (2001), *Encyclopedia of Ethics*, 2nd ed., vol. 1, pp. 471-73, Becker and Becker (2001).

29 Lester H. Hunt (2001), "Envy", vol. 1, pp. 471-73, Becker and Becker (2001).

30 John Rawls (1999), *A Theory of Justice*, 2nd ed. (Cambridge, MA: Harvard University Press).

31 분노는 흔히 공격성과 동일시되는데, 그것은 실제적으로 두 가지 의미를 지니고 있다. 하나는 분노가 전혀 개입되지 않은 원기왕성하고 힘이 넘치는 행위이다(공격적인 테니스 게임이나 암에 대한 공격적인 처치와 같은). 또 하나는 해를 끼칠 의도가 있는 적개심으로 부추겨진 공격이다.

32 *Homer: The Iliad* (ca. 8th c. BCE/1990), tr. Robert Fagles, p. 84 (New York: Pocket Books).

33 Paul M. Hughes (2001), "Anger", Becker and Becker (2001), vol. 1, pp. 67-70; Daniel J. Canary and Beth A. Semic (1999), "Anger", David Levinson, James J. Ponzetti Jr., and Peter F. Yorgenson, eds. (1999), *Encyclopedia of Human Emotions*, vol. 1, pp. 42-49 (New York: Macmillan).

34 William Ian Miller (1997), *The Anatomy of Disgust*, pp. 28-31 9Cambridge, MA: Harvard University Press).

35 Lyman (1978), p. 45.

36 Menninger (1973), p. 151.

37 Max Weber (1904-5/1998), *The Protestant Ethic and the Spirit of Capitalism*, tr. Talcott Parsons (Los Angels: Roxbury).

38 Petronius (ca. 1st c. CE/1986), *Satyricon*, tr. J. P. Sullivan (New York: Penguin).

39 Ellyn Mantell (2006), "Consumed by Guilt, I Just Stopped Eating", *Newsweek*, June 12, p. 20.

40 Sandra Metts (1990), "Lust", Levinson, Ponzetti, and Yorgenson (1999), vol. 1., pp. 438-42.

41 Dante Alighieri (1308-21/1982), *The Inferno*, tr. John Ciardi, canto V, p. 57 (New York: New American Library).

42 Charla and Brad Muller and Annie and Douglas Brown 등이 쓴 책에 대한 비평은 Ralph Gardner Jr. (2008), "Yes, Dear. Tonight Again", *New York Times*, June 8.을 볼 것.

43 E. H. Hare (1962), "Masturbatory Insanity: The History of an Idea", *Journal of Mental Science* 452: 2-25.

44 이러한 성적 행위에 관한 개관에 대해서는 Katchadourian (1989) 참고할 것.

45 Konrad Lorenz (1974), *Civilized Man's Eight Deadly Sins*, tr. Marjorie Kerr Wilson (New York: Harcourt Brace Jovanovich).

46 *Newsweek*, Mar. 24, 2008, p. 27.

47 Roger J. Brooke (1985), "What Is Guilt?", *Journal of Phenomenological Psychology* 16: 31-46.

48 Charles B. Guinon (1999), "Heidegger", pp. 370-73, William L. McBride (1999), "Existentialism", pp. 296-98, Robert Au야, ed. (1999), *The Cambridge Dictionary of Philosophy* (Cambridge, UK: Cambridge University Press).

CHAPTER 03

죄의식과 인간관계

죄의식과 인간관계

앤은 보스턴에 있는 유명한 로펌의 공동 경영자 중의 한 사람이다. 그녀는 외과의사와 결혼하여 두 명의 총기 넘치는 20대 자녀를 둔 엄마이기도 하다. 앤은 40대 후반의 나이다. 그녀의 언니인 데비는 5살 더 많은 이혼녀로 슬하에 자녀를 두지 않았으며, 현재는 고교 교사로 미망인 어머니와 함께 생활하고 있다.

두 자매는 중서부에 위치한 작은 도시의 쾌적한 환경에서 성장하였다. 앤은 애머스트로 가서 장학금으로 공부하였으며, 이후 예일대 로스쿨에 입학했다. 그녀는 외과의사와 결혼하여 보스턴에 정착하게 되었다. 데비는 교사가 되었는데 결코 집을 벗어나본 적이 없다. 아버지가 돌아가신 후, 그녀는 동료 교사와 결혼할 때까지 줄곧 집에서 생활하였다. 결혼생활은 오래 지속되지 못하였으며(그 이유는 분명치 않다), 데비는 어머니와 함께 살기 위해 다시 돌아왔다.

두 자매는 서로 잘 지내긴 하였지만 그렇다고 아주 가까웠던 사이는 아니다. 데비는 자신보다 더 영리하고, 야망이 있으며, 더욱 매력적인 동생의 그늘 속에서 살았다. 그녀는 앤의 성취를 자랑스러워하기도 했지만, 또한 그런 동생을 질투하기도 하였다. 앤이 전문가로서의 삶은 물론이거니와 개인적인 삶에서도 그처럼 성공적일 수 있다는 것이 불공정해 보였다. 데비는 그런 자신의 감정에 부끄러움을 느꼈지만, 그로부터 벗어날 수는 없었다. 한편, 앤은 많은 행운이 자신에게 따른다는 것에 막연히 죄의식을 느끼고 있었다. 그녀는 자신이 더 열심히 노력했기 때문에 마땅히 그렇게 누릴 자격이 있다고 스스로 다짐하였다. 그러나 뭔가 공평하지 않다는 생각이 늘 그녀의 마음속에서 끊임없이 맴돌았다.

어느 날 저녁, 앤은 데비로부터 몹시 다급한 목소리의 전화를 받았다. 어머니가 뇌경색으로 쓰러져 병원에 입원하였다는 것이다. 앤은 재판이 진행 중이지만 가능한 한 빨리 가겠다고 했다. 3일이 지난 후, 두 자매는 병원에서 만났다. 의사는 두 자매에게 어머니의 생명은 현재 지장이 없지만 앞으로의 여생에서는 계속적인 보호가 필요하다고 말해주었다.

그날 저녁, 데비와 앤은 이 문제를 의논하기 위해 부엌 테이블에 앉았다. 앤에게는 만약 필요하다면 재정적 지원을 해줄 수는 있지만 그 외엔 별다른 방안이 없었다. 그렇다고 데비한테 직장을 그만두고 집에서 어머니만 보호하라고 제안할 수도 없었다. 앤이 어머니를 요양원으로 보내면 어떻겠느냐고 하자, 데비가 거절했다. 그것은 어머니를 산 채로 매장시키는 것과 다름 아닌 것으로 어머니를 비참하게 만드는 것이라 하였다.

앤은 법률가다운 시각에서 합리적인 해결책을 찾아보지만, 자신의 감정이 판단을 흐리게 하였다. 그녀는 현재 직면하고 있는 상황에 대해서뿐만 아니라 그간의 오랜 세월 동안 어머니와 언니를 위해 해준 것이 없었다는 사실에 죄책감을 느낀 것이다. 집을 방문한 적도 극히 드물었다. 갑자기 그녀는 과거의 덫에 사로잡혀 답답함을 느꼈다. 데비는 앤이 마땅히 자기 자신의 인생을 살아야 한다고 이해하고 있었다. 설사 그녀가 자신의 삶을 충분히 향유하면서 살아오지 못했다 하더라도, 그것이 앤 때문에 그런 것은 분명히 아니었다. 이제는 그나마 그녀가 그동안 누려왔던 자유와 여가마저 더 이상 향유할 수 없을 것으로 보였다. 그녀가 항상 어머니를 보호해왔었기 때문에 그녀는 앞으로도, 물론 이것은 공정해보이지는 않지만, 어머니를 보호해야만 했다.

그다음 날, 앤이 어머니 곁에 머물러 있을 때 데비는 친구 줄리아에게 조언을 구하고자 외출하였다. 줄리아는 데비에게 어머니를 요양원에 보내거나 직장을 그만두고 집에서 어머니를 보호하는 것만이 가능한 유일한 선택은 아니라고 말했다. 어머니를 돌봐줄 사람을 고용하고 앤이 그 비용을 지불할 수도 있다고 하였다. 또한 머지않아 집에서 어머니를 더 이상 돌볼 수 없는 시기가 다가올 것이라고도 하였다. 그때가 오면 어머니도 이해할 것이며, 데비와 앤 또한 어머니를 위해 한 일에 대해 만족할 것이라고 하였다.

데비는 이 모든 이야기를 앤에게 전했으며, 그녀 또한 이를 수용하고 한시름 놓았다. 물론 그녀가 그에 따른 비용을 지불하기로 하였다. 그리고 어머니가 돌아가시게 되면 집과 어머니의 재산은 데비의 소유가 될 것이며, 그러면 그녀는 아마도 퇴직 후에 받게 될 연금 이상을 갖게 될 것이다. 일단 계획대로 실행된다면 이 일은 분명히 해결될 수 있어 보였다. 그런데 왜 그들은 스스로 해결책을 더 찾아보려 하지 않았는가? 어머니를 보호할 최선의 **방법**에 초점을 맞춘다면 아마도 현실의 상황을 중심으로 서로 더 고심했을 것이다. 그런데 **누가** 어머니를 책임져야 할 것인가의 문제에 이르면 그들의 마음은 죄의식을 포함하여 온갖 감정들이 난무하여 혼란스러워졌을 것이다.

앞 장들에서 우리는 개인적 인간관계에서 죄의식이 기능하는 역할보다는 주로 개인적 차원에서 죄의식을 유발하는 행동들에 관심을 기울여왔다. 물론 그 두 가지는 서로 분리될 수 없는 성질의 것이다.

곧, 두 측면은 동전의 양면이라 할 수 있다. 결국 대부분의 우리의 행동은 실제로든 아니면 마음속으로든 다른 사람들과 관련되기 때문이다. 예컨대 우리가 거짓말을 한다면 어느 누군가에게 거짓말을 하는 것이며, 우리가 뭔가를 훔친다면 어느 누군가의 소유물을 훔치는 것이다.

죄의식 놀이를 하려면 최소한 두 사람이 필요하다. 그럼에도 인간관계를 중심으로 한 죄의식 연구들은 상대적으로 낯설다.[1] 이는 부분적으로 심리적 갈등의 문제를 **대인 관계** 측면보다는 **개인의 심리내적** 측면을 강조한 프로이트의 유산 때문이라 할 수 있다.[2]

죄의식은 가족이나 친구와 같이 우리가 늘 관심을 갖고 사는 사람들과의 관계에서만 제한적으로 일어나는가? 우리는 늘 우리가 사랑하는 사람들의 마음을 아프게 하는가? 우리는 우리와 함께 일하는 동료들이나 우리가 봉사하는 고객들에게 어느 정도로 죄의식을 느껴야 하는가? 우리는 우연히 마주치는 낯모르는 사람들이나 지구 정반대편에 살고 있는 사람들에게는 어느 정도 죄의식을 가져야 하는가? 우리는 이런 관계들을 범주화할 어떤 방식이 필요하다. 아래의 모델은 우리가 개인적 인간관계를 이해하는 데 유용한 실마리를 제공해 줄 것이다.[3]

공동 관계와 교환 관계

자명한 일이긴 하지만, 우선 몇 가지 용어들을 명료화하는 일부터 시작해보자. **개인적** 인간관계는 전형적으로 가족 간의 유대나 오랜 기간 유지해온 우정을 기반으로 한다. 거기에는 높은 수준의 정서적 투자가 요구된다.[4] **친밀한** 이성 관계는 한결 더 밀접한 유대를 의미하는 것으로, 낭만적인 사랑이나 성관계를 넌지시 암시한다. **비인격적** 유대는 서비스 제공자들(그들이 의사이든 가정부이든)을 비롯하여 동료나 사업 파트너, 그리고 우리 자신이 봉사하는 고객들과의 직업적인 인간관계에 적용된다. 보다 중요한 비인격적 인간관계는 기간과 강도의 측면에서 개인적 인간관계가 지닌 어떤 특징들을 공유할 수 있다. 그런 인간관계는 훨씬 더 중요해질 수 있다. 예컨대 암으로 고통받고 있는 한 여성 환자와 그녀의 주치의와의 관계 혹은 살인죄로 재판을 받고 있는 한 남성과 그의 변호사와의 관계를 생각해보라. 그런 경우에 우리는 친지들이나 친척들보다 상대적으로 낯선 사람들이지만 그들에게 전적으로 의존할 것이다. 우리는 또한 기껏해야 막연한 동류의식을 공유하고 있을 뿐인 수많은 사람들을 길거리 등에서 우연히 마주친다. 그러나 잠시 지나쳤던 어떤 사람들이 오랜 기간 동안 관계를 맺어왔던 사람들보다 더 강력한 인상을 남길 수도 있다. 당신은 결코 다시 만나지 않을 어떤 사람, 예컨대 비행기에서 당신 옆자리에 앉아 있는 승객과 당신의 인생에 관한 지극히 사적인 내용들을 털어놓고 이야기해본 적이 있는가?

　대인 관계는 사람들 사이에서 있을 수 있는 모든 형식의 관계를 언급하는 용어이다. 이들 관계는 **공동 관계**와 **교환 관계**의 두 부류로 범주화될 수 있다. 이 두 관계는 각기 나름대로 독특한 죄의식의 경험을 유발한다.[5] 공동 관계는 가족들 간의 관계방식이 가장 대표적이다. 가족들은 친밀도의 수준에서 볼 때, 물론 어느 정도는 차이가 있을 수 있겠지만, 적어도 일반적인 소속감은 가족 간에 서로 공유되기 마련이다. 공동 관계를 지배하는 내재적인 규칙은 어떤 보상적인 이익을 기대하지 않으면서도, 곧 이익의 과불급을 따지지 않으면서 서로의 안녕에 관심을 기울인다는 것이다. 이는 물질적 관심뿐만 아니라 정서적 필요에도 적용된다. 공동 관계에 있는 사람들은 서로 친밀하다. 반드시 이뿐이라고는 할 수 없겠지만, 그들의 기본적인 보상은 자신들이 관심을 갖는 사람들을 좋아하는 데서 얻는 만족이다.

　공동 관계는 우리가 흔히 생각하는 긴밀한 인간관계를 필요로 한다. 교환 관계와 비교해볼 때, 정서적 유대가 훨씬 더 강하고 또한 영속성이 있다. 그러한 정서적 유대는 우리가 인간관계에서 경험하게 되는 행복이나 고통의 원천이 되기도 한다.[6] 주어진 시간에 우리가 어떻게 느끼는가는 우리가 관심을 갖는 다른 사람들이 우리에 대해 어떻게 느끼는가에 따라 상당히 영향을 받는다.

교환 관계는 보다 비인격적이고, 그 깊이가 얕으며, 단기적이다. 이 관계는 예컨대 직업상 맺는 상호관계가 그 대표적인 것으로, 일종의 계약을 근거로 하고 있다. 이들 상호작용을 지배하는 원리는 **형평성**과 **신뢰**이다. 우리는 공정한 거래를 원하며, 우리가 지불하는 돈에 대해 충분히 그 값어치에 상응하는 것을 되받기를 기대한다. 우리는 또한 교환 관계에서도 존중과 예의를 기대하긴 하지만, 그렇다고 진정한 친밀감이나 애정까지 바라지는 않는다. (당신이 "나는 우리 집 정원사를 사랑해요"라고 말하는 경우, 그것은 보통 문자 그대로를 의미하지 않는다.)

공동 관계와 교환 관계는 현실적으로 분명히 존재하면서도 그 차이가 그렇다고 뚜렷하게 구별되는 것은 아니다. 공동 관계가 때로는 교환 요소를 지닐 수 있고, 교환 관계 또한 공동 관계의 일부 특징을 내포할 수 있다. 예를 들면, 당신의 의사나 변호사가 당신의 친구일 수 있고, 당신은 그들 가운데 어떤 사람과 사랑에 빠져 결혼할 수도 있다(그 시점에 이르면 당신은 새로운 의사나 변호사를 필요로 할 것이다). 우리는 순수한 관심에서든 아니면 어떤 이득을 얻기 위해서든, 보다 개인적인 인간관계로 나아가고 싶은 바람에서 교환 관계에 있는 상대자를 공동 관계의 방식으로 대우하기도 한다. (과연 어느 누가 직무 관계에 있는 자신의 상사와 친해지기를 원하지 않겠는가?) 이들 간의 경계는 아주 미묘한데, 그런 경계 속에서 인간관계를 잘 맺기 위해서는 사회적 기능이 요구된다.

공동 관계 내에서 일어난 비행은 교환 관계에서 일어난 경우보다 더 자주 죄의식과 연관되는 경향이 있다. 죄의식은 전형적으로 우리가 상대방을 무시하거나, 그들에게 해야 할 우리의 의무를 다하지 않거나 혹은 이기적으로 행동할 때 일어난다. 이런 맥락에서 볼 때 죄의식이 갖는 일차적인 효과는 비행을 막고 손상된 관계를 복원시키는 것이다. 예컨대 교환 관계의 경우, 죄의식으로 인해 상호 간의 필요와 더불어 관련된 모든 이들의 기대가 지속적으로 충족될 수 있을 것이다.[7]

죄의식이 교환 관계에서보다는 공동 관계에서 더 중요한 역할을 할 수밖에 없는 이유는 우리가 이해하기 어렵지 않다. 긴밀한 개인적 인간관계가 손상될 경우 비인격적 관계에서 그럴 경우보다 분명히 더 많은 마음의 상처를 입게 되며, 그럼으로써 결국 우리의 삶에 더 많은 해를 끼치게 된다. 물론 항상 그런 것은 아니다. 예컨대 어떤 사람들은 자신의 일을 더 중요하게 여김으로써 자신의 경력에 누가될 수 있을 것 같으면 차라리 이혼을 선택한다. 그것이 그들에게는 더 마음 편할 수도 있다. (어떤 사람은 회사의 사장이 되자, 자신의 아내가 더 이상 '사회적 의무를 다하지' 못할 것으로 여겨 이혼해버렸다.)

죄의식은 대인 관계에서
어떻게 작용하는가?

죄의식과 빚을 연관시켜 생각해보면 무슨 경제적 모델이 연상되는데, 죄의식은 마치 상호 간에 거래하는 사업에서 환 통화로서의 기능을 하는 것처럼 보인다. 돈처럼 죄의식 또한 유용하게 사용될 수 있지만, 남용되거나 가치가 떨어질 수도 있다. 그것은 정직하게 빚을 갚는 데 사용될 수 있거나, 아니면 위장될 수도 있다. 만약 당신이 관계하는 상대자에게 과거에 저질렀던 위반에 대해 도덕적 의무를 느낀다면, 죄의식은 여신한도나 은행돈처럼 작용할 것이다. 그렇지 않으면 그것은 또한 당신을 협박하거나 통제하는 데 사용될 수도 있다. 죄의식을 유도하는 일은 자기 상대방의 취약성을 이용하여 이득을 얻을 수 있는 효과적인 혹은 적절한 방법인가? 그로부터 얻는 이득과 손해는 무엇인가? 죄의식은 나의 이득이 어느 누군가의 손해로 이어지는 제로섬 체계로 작동하는가? 아니면 우리가 함께 이득을 얻거나 손해를 볼 수 있는 비제로섬게임인가? 죄의식은 가치 있는 관계를 유지하는 데 유용한 투자인가, 위기에 처한 관계를 단순히 유지하는 데 기여하는 정도인가, 아니면 단지 시간이 지나면 자연스럽게 소멸되고 마는 의미 없는 것인가? (어떤 심리학자들은 실패한 관계를 "끝났다"라고 말한다.)

관계를 통해 느끼는 죄의식에는 두 가지의 정서적 원천이 존재한다. 하나는 **공감적 고통**으로, 우리가 다른 사람이 겪는 고통을 함께 나누는 것이다. 그러나 우리가 그 고통을 야기하는 원인을 제공하지 않았다면, 설령 우리가 그 사람이 겪는 고통에 대해 공감한다 하더라도 죄의식을 느낄 가능성은 매우 낮다. 죄의식의 또 다른 원천은 배제 불안과 관련되는 것으로, 이는 우리가 상처를 주었던 관계 대상자로부터 소외당할 수 있다는 의식에서 나온다. 죄의식은 사람들 사이에 드리워진 두꺼운 커튼과 같은 역할을 한다.[8]

죄의식으로 인해 우리가 불편한 감정을 갖는다는 사실은 세 가지의 긍정적인 효과를 달성할 수 있어 오히려 사태를 보다 진전시키는 데 도움이 된다. 즉, 그런 불편한 감정은 관계를 강화시켜주고, 당사자들 간의 힘의 불균형을 시정해주며, 가해자를 더 힘들게 하고 피해자를 더 나아지게 함으로써 정서적 고통을 재분배시켜준다.

관계를 강화시켜주는 측면과 관련해서 볼 때, 죄의식은 우리로 하여금 관계 상대자에게 미리 해를 끼치는 것을 삼가도록 해주는 **전향적 기능**과 비행이 저질러진 이후에 출현하는 **후향적 기능** 등 두 가지 기능을 수행한다. 전자의 경우 죄의식으로 인해 앞으로 관계에 가해질 수 있는 손상을 예방할 수 있다. 그리고 후자의 경우 죄의식으로 인해 그 손상을 회복시킬 수 있다. 그렇다면 우리는 죄의식이 이러한 긍정적인 기능들을 발휘하므로 관계를 강화시키는 하나의 방편으로서 죄의식을 일부러 촉진시켜야 하는가? 그것은 마치 가구를 수리하려고 그것을 부수는 것과 다름 아닐 것이다. 죄의식은 인위적으로 고안된 것이 아니라 자연스럽게 발생하는 치료제이다. 죄의식은 항상 대가를 요구한다. 즉, 외과 수술처럼 죄의식은 정서적 흉터라는 형태로 폐해의 흔적을 남긴다. 상처보다는 차라리 치유과정의 마지막 단계라 할 수 있는 흉터가 더 나을 수 있겠지만, 가장 좋은 것은 그 어떤 흔적도 남기지 않는 것이다.

관계를 이루고 있는 사람들, 특히 그 가운데에서도 커플들은 재산이나 책임에서 균등한 조화를 이루지 못하는 경우가 많아 그러한 권능의 불균형을 시정해야 할 필요성이 자주 대두된다. 재산이나 책임에서 불균등하다는 것은 인간관계에서 상호 간에 동등한 권능을 행사하지 못한다는 것을 의미한다. 물론, 진정한 사랑은 권능에 대한 집착에서 벗어나야 한다. 그러나 불행하게도 사정이 그렇지만은 않다. 따라서 우리는 그것을 부정하려 하기보다는 실제적 현실을 인정하고 이에 대처하는 것이 더 나을 수 있다.

커플들 간에는 교육이나 사회적 계층과 같은 심리적 및 사회적 특징뿐만 아니라 신체적 매력("백조는 백조끼리 날고 오리는 오리끼리 난다") 등에 있어서 보통은 어느 정도 서로 균형을 유지하고 있다. 그러나 이러한 특징들이 서로 대응하여 정확히 균등하게 어울리지는 않는다. 그래서 커플들은 대개 재산과 책임에서 대충 동등한 균형을 이룰 수 있는 그러한 관계를 성립시킨다. 예를 들면 어떤 사람의 높은 수입은 상대자의 출중한 미모와, 지성은 사회적 지위와, 그리고 교육수준은 인격의 온화함 등과 서로 균형을 맞출 수 있다. 비록 감정이 이성을 보완하긴 하지만(때로는 압도할 수도 있다), 우리가 관계를 맺고 싶은 사람의 '값어치'를 확인하고자 할 때는 머리와 가슴 두 가지 모두에 의존하게 된다. 감정은 원래 가치에 대한 숙고로 인해 영향을 받는데, 그 역도 또한 가능하다. 우리가 어떤 사람에 대해 가치가 있다고 생각하면 할수록, 우리는 그 사람을 더 좋아하거나 혹은 사랑하게 된다. 마찬가지로 우리가 어떤 사람을 더 좋아하고 사랑하면 할수록, 그 사람은 우리에게 더 가치 있는 사람으로 여겨지기 시작한다.[9]

죄의식은 관계 내에서 권능의 불균형이 문제가 되기 시작하면 이를 시정해주는 역할을 한다. 상대적으로 권능을 덜 행사하는 사람은 균형을 맞추기 위해 죄의식에 의존한다. 그런 점에서 죄의식은 약자의 무기이다. 여성들은 영향력을 덜 행사하는 정도에 따라 죄의식을 더 자주 유발하는 경향이 있다. 나이는 또 다른 변수로서 양쪽 모두에 작용한다. 예를 들면, 자녀들은 자신들의 부모에 의존하며 그들의 권위에 따른다. 그러나 그 권위란 것이 매우 제한적이다. 자녀가 비행을 저지르면 부모는 그 자녀에게 벌을 주거나 애정을 철회할 수 있겠지만, 그런 조치들은 사실 부모의 입장에서 정서적으로 손실이 크

다. 그래서 비용 면에서 좀 더 효과적인 방법으로는 그 자녀가 죄의
식을 느끼도록 하는 것이다. 32살의 한 남성은 다음과 같은 생각을
떠올렸다.

　어렸을 때 나는 거의 1년 동안 집에서 앓아누워 있던 적이 있었는
데, 그때 나는 많은 시간을 어머니와 함께 보냈다. 어느 날, 갇혀 있
는 게 정말 진절머리가 나서 약 먹는 것을 거부했다. 어머니는 인내심
을 갖고 나를 설득하려 애썼지만, 내가 그저 서글피 울기만 하자 급기
야 어머니도 나지막이 울음소리를 내기 시작하였다. 나는 너무 미안
한 마음이 들었고 어떤 말도 필요 없이 그 저주스러운 약들을 집어삼
켰다. 나는 눈물로 얼룩진 그때 그 어머니의 얼굴을 결코 잊을 수 없
을 것이다.

　마지막으로, 죄의식은 고통의 재분배를 통해 관계 내에서 권능의
불균형을 시정할 수 있다. 우리가 상대방으로부터 가혹한 말을 듣거
나 해로운 행위를 당하면 혹은 상대방으로부터 관심을 받지 못하거
나 무시당하게 되면 우리는 실망을 하고, 마음이 상하고, 분노가 일
며, 슬픔이 밀려온다. 만약 가해자인 상대방이 후회나 자책을 전혀
보이지 않는다면, 우리의 고통은 더더욱 악화된다. 반면에, 진정한
마음에서 우러나 자신의 행위에 대해 사과의 뜻을 표명한다면, 그 상

대방은 마음의 고통을 받겠지만 대신 우리는 기분이 더 좋아질 수 있다. 고통이 균등하게 분배되면 될수록 우리는 그만큼 고통을 참아내기가 쉬워진다.

죄의식의 유도

죄의식을 유도하는 것이 좋은가 나쁜가는 어떤 상황에서 그런 일이 일어나는가에 따라 달라질 수 있다. 어린 자녀들을 데리고 사는 홀어머니가 양육비를 주지 않는 아버지에게 죄의식을 유도하는 것은 불량한 젊은이가 부모로부터 돈을 뜯어내려고 하는 것과는 상황이 다르다. 죄의식을 유도하는 사람은 무관심한 상대방으로부터 공감을 이끌어내기 위해 필사적으로 행동하거나, 상대방의 죄의식을 최대한 이용하고 있는지도 모른다.

누군가가 우리에게 상처를 준다면 우리는 그 사람이 그에 관하여 알도록 할 권리가 있다. 만약 가해자가 뉘우치지 않는다면, 우리는 우리의 감정을 더욱 단호하게 표현할 필요가 있다. 그런 경우들에서는 우리는 단지 죄의식이 제구실을 하도록 할 뿐이다. 그것은 누군가가 영향력을 행사하기 위해 그 방편으로 '죄의식에 사로잡히도록 하는 것'과는 아주 다르다. 그 목적은 아마도 상대방이 좀 더 신경 쓰도

록("내 생일을 어찌 잊을 수 있어요?") 혹은 자신의 소망에 따르도록
("우린 2주 동안 잠자리를 하지 않았어요. 저를 사랑하지 않으세
요?") 혹은 그 밖의 어떤 다른 사안을 추구하도록 유도하는 데 있을
지도 모른다. 죄의식을 유도하기 위한 자극은 하찮은 것이거나 심각
한 것일 수 있고, 실제적이거나 가공된 것일 수 있으며, 정당한 것이
거나 정당성이 없는 것일 수 있다.

죄의식을 유도하는 기법들은 부지불식간에 일어난 것("틀림없이
너무 바빠서 나에게 전화를 하지 못하였을 거야")으로부터 과장된 것
("난 여기서 죽을 거야, 넌 상관 마")에 이르기까지 다양하다. 또한
그 기법들에는 다른 사람들에게 그들의 책무를 일깨워주고("기억해
라, 난 네 친구야"), 자신이 베풀었던 노고를 회상시키며("네가 아팠
을 때 내가 널 돌봐주었다"), 그 사람을 어느 누군가와 비교하는("짐
이라면 내게 돈을 빌려주었을 거야") 방식들에 이르기까지 다양하다.
나이가 지긋한 분들은 앞으로 살아갈 날이 많지 않다는 사실을 강조
한다("내가 죽은 후에야 넌 잘못을 알게 될 거다").

환자, 장애인, 사회적 약자, 불운한 자, 불행한 자 등은 우리의
동정이나 도움을 받을 만하다. 그러나 그들은 또한 자신들이 지닌 약
점을 부각시켜 자신들의 힘으론 어찌할 수 없는 체하는 "부상당한 강
아지" 책략으로 우리에게 호소할지도 모른다. 사람들이 그런 전략을
통해 얻는 '이차적 이득'(역자 주: 어떤 신체적 및 정신장애로부터 야

기될 수 있는 이득 또는 장점을 의미한다)은 보통 오래가지 못한다. 그런 경험을 한 번 했던 사람들은 곧바로 그것을 알아차리고 이내 냉담해진다. 그러나 이런 장면들은 마치 도움을 받고자 하는 행위 당사자와 이를 목격한 사람 간에 도움을 놓고 벌이는 의지의 경쟁 상황으로 이해되기보다는 마땅히 어떤 도움이 필요한 어려운 상황으로 인식되어야 할 것이다. 만약 당신이 고칠 수 없는 질병을 앓고 있는, 장기간에 걸쳐 우울증에 시달리고 있는 혹은 알코올이나 마약 중독과 사투를 벌이고 있는 누군가를 돌본다면, 당신은 그것이 얼마나 고통스러운 일인지, 그에 대해 얼마나 미안한 생각이 드는지, 그리고 그런 생각이 얼마나 오랫동안 지속되는지 알게 된다. 보통은 부모가 자녀들에게 죄의식을 유도하지만, 자녀들 또한 그것을 이용함으로써 매우 심각한 영향을 미칠 수 있다.

8살인 트레이시는 두 명의 입양한 딸 가운데 한 아이다. 우리는 그 아이가 10대 미혼모인 생모와 살았다면 어쩌면 불가능했을지도 모를 모든 혜택을 제공하면서 사랑으로 키웠다. 내 남편과 이혼한 이후, 트레이시는 점차 요구가 많아지고 자주 거짓말을 하는 다루기 힘든 아이로 변하였다.

어느 날 학교에서 돌아온 트레이시는 몹시 흥분한 상태로 강아지를 기르겠다고 아우성을 쳤다. 나는 딸아이에게 엄마가 직장에 다니

면서 너와 언니를 돌보는 일이 너무 힘들고, 또한 우리가 살고 있는
작은 아파트에서 강아지를 키울 수 있는 방법이 없다고 설명해주었
다. 그러나 트레이시는 포기하지 않고 날마다 나를 졸라댔다. … 마침
내 나는 화를 내고 말았고, 딸아이에게 지난번에 했던 말을 다시 상기
시키면서 결코 강아지를 사는 일은 없을 거라고 쏘아붙였다. 딸아이
는 자기 방으로 들어가 버렸다. 잠시 후 눈물로 온통 범벅이 된 얼굴
로 되돌아와 "엄마, 엄마는 내가 이런 말 하는 것을 원치 않겠지만 한
마디 해도 되나요?"하고 나에게 물었다. 난 "그래, 말해봐라. 그게 뭔
데?" 하고 대꾸했다. 그러자 딸아이는 "나를 낳아준 엄마였다면 분명
히 강아지를 사주었을 거예요"라고 말하는 것이 아닌가.

엄마는 아연실색하였으며, 순간 화가 치밀어 올랐다. 과연 자신
이 딸아이에게 엄마로서 인정받고 있는지 의심스러웠고, 처음으로
아이를 입양한 것에 대해 후회하는 마음이 들었다. 그다음에는 이런
모든 감정에 대해 죄의식으로 괴로워했다. 그녀의 입장에서 보면, 딸
아이가 자신에게 복수를 한 셈인데, 과연 그 아이는 무슨 희생을 당
했다고 그런 말과 행동을 할 수 있단 말인가? 나이가 더 들면, 그 딸
은 이 말을 기억하고 회한으로 가득 찰까? 이 같은 가슴이 미어지는
장면들은 죄의식이 어떻게 취약한 곳을 골라 아프게 찌르는지 그 힘
을 잘 보여준다.

죄의식을 유도하는 가장 평범한 수단은 가해자를 직접 비난하는 것이다("당신은 일부러 내 자존심을 상하게 했어"). 그런 대결적인 방법들이 종종 성공하기도 하지만, 그런 방법들로 유도된 죄의식은 오래 지속되지 못하는 경향이 있다. 그런 방법들은 가해자가 사태를 해결하기 위해 진심에서 우러나오든 아니면 형식적으로 마지못해 하던 사과를 하지 않을 수 없게 한다("그래, 미안해!"). 그렇지 않으면 가해자는 자신의 혐의를 오히려 방어하거나 부인할 수 있으며("난 결코 그 따위 말을 한 적이 없어") 혹은 되레 화를 낼 지도 모른다("난 너의 침소봉대에 아주 넌더리가 난다").

하나의 대안적인 방법은 가해한 상대자를 간접적으로 자극하는 것이다. 우리는 비언어적인 자극을 통해(화가 난 모습과 같은) 혹은 가해자가 전해 들을 수 있는 범위에 있는 제삼자에게 불평을 함으로써("그가 나를 그처럼 난처하게 할 줄은 정말 몰랐다") 이런 효과를 얻을 수 있다. 이런 자극은 가해자가 방어적으로 나서기 전에 그 사안에 대해 해명하거나 혹은 사과를 할 수 있는 기회를 제공해준다. 그러나 가해자는 말을 전해 듣고도 전혀 못 들은 척함으로써 그 이슈를 피해갈 수도 있다.

세 번째 접근은 가해자의 입장을 수용하는 것이다. 피해자 측에서 오히려 위반의 심각성을 최소화할 수 있고("괜찮아, 걱정하지마"), 그에 대해 책임을 질 수 있으며("나는 너에게 그런 말을 들어도 싸"), 가해자에게 변명의 여지를 줄 수도 있다("나 때문에 많이 속상했을 것 같다"). 이런 전략은 겉으로는 부인하는 척하지만 가해자의 죄의식을 일깨우는 데는 매우 효과적이다. 다른 쪽 뺨을 대주거나 그 행위를 긍정적으로 재해석하는 것은 피해자를 오히려 상대방보다 더 도덕적으로 우월하게 해준다. 가해자를 적어도 표면상 용서하는 일은 그 사람을 더 깊은 죄의식의 수렁 속에 갇히도록 한다. 그러나 이 전략은 또한 자칫 가해자가 진정으로 용서를 받은 것으로 실제로 믿거나 혹은 믿는 척함으로써 곤경에서 벗어나게 해줄 수도 있다.[10]

마지막으로, 종결을 선언해버리는 것이다. 당신이 이성적으로 기대될 수 있는 바를 모두 말했고 또한 행동으로 보여줬다면, 당신은 죄의식의 짐으로부터 자유로워져도 괜찮다. 이는 보통 용서 그리고 더 바란다면 화해(우리가 나중에 이에 대해 더 논의할 것이지만, 비록 두 사람이 항상 잘 지내는 것은 아니라 하더라도)의 수단을 요구한다.

우리가 어떤 사람에게 집착하면 할수록 우리는 죄의식에 더 자주 휩쓸리는 경향이 있다. 사랑하는 사람들 사이에서 제기되는 가장 흔한 비난은 당신도 어쩌면 경험했을지 모르지만 "당신이 날 사랑했다면"이란 말로 시작한다. 그 비난은 정당한 것일 수도 있고 아니면 조작된 전략일 수도 있다.

내가 진지하게 접근했던 낭만적 관계의 끝 무렵에, 사악하고 위선적인 남자 친구는 내가 결별을 선언하려 할 때마다 항상 나로 하여금 죄의식을 느끼게 만들었다. 그는 내가 그동안 자기를 얼마나 자주 실망시켰고, 자신이 신뢰할 수 있는 세계에서 유일한 사람이 바로 나인데, 지금 내가 자기에게 상처를 주고 있을 뿐만 아니라 낭만적 관계를 지키려 노력조차 하지 않고 있는 것으로 보아, 내가 자기를 사랑하지 않고 자기를 그저 이용만 하고 있다는 것이 명백하다고 윽박지르곤 했다. 그는 내가 이미 잘못했다고 인정했고 앞으로는 좀 더 신중하고자 최선을 다하고 있다고 말했음에도 불구하고, 나의 지난 잘못을 계속 붙들고 늘어지며 나를 괴롭혔다. 내가 비록 항상 그를 다시 받아들이곤 했지만, 내가 진작 결별을 선언했더라면 오히려 그것이 우리 두 사람 모두에게 더 최선이었을 것이라고 믿는다. 그러나 그는 내가 죄의식을 느끼게 하는 방법을 알고 있었고, 그리고 그는 그것을 최대한 이용하여 나를 통제해왔다.

자기를 향한 다른 사람의 짝사랑에 대처하는 일은 자신이 직면할 수 있는 가장 어려운 상황 가운데 하나이다. 때로는 자기 자신의 사랑이 상대방으로부터 거부당하는 것보다 다른 누군가의 사랑을 자신이 거부하는 것이 훨씬 더 심적으로 쉬울 수 있다. 자기 자신이 상대방으로 하여금 헌신하도록 조장하지도 않았고 또한 어떤 약속도 하지 않았던 경우라 하더라도, 상대방이 자신에게 보여주었던 헌신적인 사랑을 거부하는 것에 대해 상당한 죄의식을 느낄 수 있다. 누군가의 마음을 해친다는 것은 아무리 심지가 굳은 사람이라도 힘든 일이다. 더욱이 우리가 느끼는 죄의식은 자칭 연인이라는 자에 의해 쉽게 이용당할 수 있다.[11]

『돈키호테』에서 짝사랑으로 죽음에 이른 한 젊은 청년은 자신의 사랑을 거부한 아름다운 마르셀라에게 3페이지에 걸친 시로 독설을 퍼붓는다. 마르셀라는 그의 장례식에서 다음과 같은 말로 자신을 방어한다.

> 제가 지금까지 들어 알기로는, 진실한 사랑은 절대 둘로 나뉘지 않으며, 또한 자신의 자유 의사여서 남이 강요할 수 있는 것도 아닙니다. 만약 제가 믿고 있는 이 생각이 옳다면 … 왜 당신은 일방적으로 저를 사랑한다고 말할 뿐 그 밖엔 아무 인연도 없는 제 의지를 꺾으려고 생각하십니까? ……
>
> 만약 제가 그의 마음을 현혹시켰다면, 저는 자신을 속인 것이겠지요. 또한 제가 그 사람을 기쁘게 했다면, 그건 저의 최선의 의도나 목적과는 반하는 것이었을 겁니다. 그는 제가 분명히 거절했는데도 끝까지 단념하려 하지 않았어요. 제가 그 사람을 경멸한 것도 아닌데 그 사람이 절망했어요. 그 사람의 슬픔을 제 탓이라고 하는 것이 합당한지 이제 저에게 말해보세요.[12]

레일라는 22살의 지적이고 재능 있고 인정 많은 사랑스러운 젊은 여성으로, 소아마비로 인해 양 다리를 쓸 수 없는 한 청년의 강박적 사랑의 대상이 되었다. 그녀는 그의 열정적인 사랑을 되돌려놓을 수 없었을 뿐 아니라, 그를 내심으론 좋아해서 그와의 관계를 딱히 단절하고 싶은 마음도 없었다. 그는 그녀에게 끊임없이 만나자고 요청하였다. 그러나 그녀는 결국 죄의식으로 인해 그와의 만남을 그만두라는 부모의 간청을 더 이상 어쩔 수 없이 받아들이기로 하였다. 그녀는 자신이 할 수 있는 한 최대한 친절하게 더 이상 그를 볼 수 없을 것 같다는 편지를 썼다. 얼마 후, 그 청년은 그녀의 집에 나타나 마지막으로 한 번만 레일라를 만나기를 원한다고 하였다. 그녀는 도저히 거절할 수가 없었다. 청년은 휠체어를 타고 방으로 들어가 권총을 꺼내 그녀를 쏘고 자신도 자살했다. 이 일은 사전에 적절한 조치를 취했더라면 상황이 그렇게까지 진행되지 않을 수도 있었던 이중의 비극이다. 물론 어쩌면 어떤 다른 탈출구가 없었는지도 모른다. 모든 문제들이 다 잘 해결되는 것은 아니지 않은가.

죄의식을 유도하면 어떤 이득이 생길 수 있겠지만, 그러나 그것은 결코 공짜가 아니다. 그것은 애정 철회나 소외로 이어지는 분노의 원인이 될 수 있다. 결국 그것은 그 자신에게도 해가 된다. 또 다른 결과는 **메타 죄의식**으로 죄의식을 유도한 사실에 대해 죄의식을 느끼는 것이다. 이것은 죄의식 유도자와 희생자를 악순환의 함정에 빠지게 한다. 예를 들면, 존과 짐은 서로 충실한 관계를 유지하고 있는 남성 동성애자들이다. 존은 성공한 은행 매니저이고, 짐은 존보다 꽤 나이가 어리며 자신의 '목소리'를 아직까지 발견하지 못하고 있는 작가이다. 존은 다음과 같이 말한다.

> 나는 직장에서 오랜 시간 일하고, 집안일 또한 거의 다 내가 한다. 짐은 집안일에 기여하는 바가 거의 없다. 그런데도 그는 자기 자신이 집 안에서 기여하고자 하는 역할이 무엇인지에 대해 내가 한 번도 묻거나 진지하게 고려해보지도 않고 그저 자기를 '아내'처럼 다룬다고 불평을 쏟아낸다. 때로는 화가 나서 제발 좀 먼저 움직이고 알아서 내게 이런저런 도움을 달라고 하면, 그는 나 때문에 속이 상하고 기분이 너무 나쁘다고 말한다. [그러고 나면] 나 또한 기분이 별로가 되어 그에게 대범하게 사과한다.

죄의식을 유도할 때도 그 비판이 행위를 한 행위자보다 행위 그 자체에 초점을 둘 때 더 효과적이다. 예컨대 "너는 약속을 잘 지키지 않는 사람이다"보다는 "너는 약속한 것과 달리 저녁 식사 후 접시를 닦지 않았다"라고 말하는 편이 낫다. 광범위하고 무계획적으로 죄의식이 유도되면, 고작 해봐야 아무런 실체적 이득도 없이 상대방만 기분 나쁘게 만든다. 만약 가해 상대자가 어떤 탈출구를 찾도록 우리가 허용해주지 않으면, 죄의식도 어찌할 방도가 없다. 그런 상황은 당사자를 이러지도 못하고 저러지도 못하는 '이중으로 구속받는' 그런 딜레마의 궁지로 몰고 간다. 즉, 당신은 죄의식을 유도해도 매도당하고 유도하지 않아도 역시 매도를 당하게 된다.

30대 후반의 한 쌍의 남녀를 생각해보자. 에릭은 의사이고 에밀리는 간호사이다. 그들은 에릭이 레지던트 과정 중이었을 때 같은 병원에서 간호사로 근무하고 있던 에밀리와 결혼했던 것이다. 만약 그녀가 임신을 하지 않았더라도 그들이 그렇게 결혼을 했을지는 분명치 않다. 에밀리는 혹시 에릭이 사랑보다는 의무감에서 자신과 결혼한 것이 아닌가 하는 초조감을 감출수가 없었다. 그래서 에릭이 비록 짧은 기간이었지만 동료 레지던트와 열애를 했을 때, 에밀리의 불안은 극도에 달했으며, 그녀는 그런 외도 사실이 그가 자신을 사랑하지 않는다는 증거(그것은 점차 사실이 되었다)라고 해석하였다. 그래서 그녀는 자신이 할 수 있는 모든 수단을 동원하여 그가 죄의식을 느끼도록 하였다. 에릭은 다음과 같이 말한다.

왜 에밀리는 계속 내가 자신을 사랑하지 않는다고 추궁하면서 나의 죄의식을 부추기는지 모르겠다. 그녀는 나를 사랑한다고 말을 하지만, 난 그녀가 진정으로 나를 사랑하는지 모르겠다. 그녀가 하는 일이란 고작 내가 자신을 별로 사랑해주지 않는다는 불평뿐이다. 그

녀는 내가 자신을 사랑하지 않는다는 증거로 자신이 '뜻깊은 날'이라
고 정해놓은 날을 내가 자주 잊어버린다는 점을 들었다. 그런데 그 뜻
깊은 날이란 것이 생일이나 결혼기념일이 아니다. 전혀 그런 것과는
다르다. 내가 최초로 자기에게 키스를 했던 날 혹은 바닷가에 소풍갔
던 날과 같은 그런 기념일들이었다. 도대체 그 모든 것을 내가 어떻게
기억해야 한다는 것인지 알 수가 없다. 그러나 그녀는 기억을 하고 난
기억을 하지 못하니, 그녀는 나를 사랑하고 나는 그녀를 사랑하지 않
는 것으로 비친다. 그것은 마치 연중 어느 날의 성도축일들을 꼬박꼬
박 챙겨 지키는 것과 다름 아닌 일이다. 그건 정말 어리석은 짓이다.
그럼에도 나는 아직까지 그에 대해 죄의식을 느끼고 있다.

　에릭에게는 에밀리를 만족시켜줄 적당한 방법이 없다. 만약 그녀
가 요구하는 것을 거절하면, 그는 그녀를 사랑하지 않는다는 그녀의
비난을 확인시켜주는 꼴이 된다. 만약 그녀가 말하는 모든 '뜻깊은
날'을 기억하겠다고 하면, 그는 에밀리가 그런 날들을 새롭게 줄줄이
만들어 내놓을 것이기 때문에 반드시 실패한다. 에릭은 관계를 단절
하는 것 이외는 이 곤경을 벗어날 길이 없다. 그가 짧은 기간이었지
만 열애를 나눈 것도 결국 바로 그런 일환이었다. (우리는 이에 관해
에밀리의 입장을 들어보지 못했다.)

　다음의 사례에서는 그 역할이 역전된다. 알렉산드라는 결혼 후

세 명의 자녀들을 두었고, 그들이 어렸을 때 집에서 가사 일을 했던 변호사이다. 이후 그녀는 남편 아더의 격려에 힘입어 일에 복귀했지만, 그것은 남편의 진심어린 마음이 아니었다.

결혼 이후 줄곧 그렇게 해왔지만 집에서 자녀들과 온전히 함께 지내기 위해 내 일을 포기하였다. 아더는 전업주부가 되고자 한 나의 뜻에 고마워했지만, 마음속으로는 나의 그런 결정을 매우 '자연스러운' 일로 아주 당연시 여겼다. 막내가 마침내 학교에 입학했을 때, 나는 일에 복귀하기로 결정하였다. 아더는 나의 결정에 동의하였지만, 전적으로 열광한 것은 아니었다. 그는 또 하나의 수입을 환영했는데, 특히 내가 벌어들이는 수입은 그의 것보다 더 많았다. 그러면서도 그는 또한 내심 내가 예전에 했던 것처럼 계속해서 집안일을 건사하기를 기대했다.

정말로 날 속상하게 한 것은 아더가 자기 자신도 집안일로부터 자유로울 수 없다는 것을 잘 알고 있기 때문에 집안일과 관련하여서는 결코 공개적으로 어떤 불평불만을 늘어놓지 않는다는 점이다. 대신에 그는 틈만 나면 엄마들이 자녀를 온종일 돌봐준다면 아이들이 한결 더 좋은 환경에서 성장할 수 있을 거라고 말하곤 한다. 그는 내가 무슨 일로 죄의식을 느낄 것인가를 잘 알고 있다. 우습게 들릴지 모르지만, 사실이 또한 그렇다.

죄의식의 상황적 요인과 성격적 요인

대인 관계에서 느끼는 죄의식은 결코 상황적 요인이나 성격적 요인과 무관하게 발생하지 않는다. 상황적 요인들은 어떤 맥락이나 환경하에서 상호작용이 일어나느냐와 관련된다. 성격적 요인들은 당신이 어떤 사람인가와 관련된다. 관계 맥락의 문제는 똑같은 행위지만 우리가 어떤 관계 맥락에서는 죄의식을 느끼면서도 또 어떤 관계 맥락에서는 그렇지 않는다는 사실에서 잘 드러난다. 예컨대 당신은 당신의 자녀나 배우자에게 거짓말을 하면 죄의식을 느끼면서도 당신의 고용주나 고객에 대해서는 그렇지 않을 수 있다. 더욱이 죄의식을 느낄 수 있는 일반적인 전제조건은 두 관계 당사자들이 어떤 특정한 행동을 받아들일 수 있는가에 대해 동일한 관점을 지니고 있어야 한다는 것이다. 죄의식이 뒤따르는 경우는 공통의 이해가 붕괴될 때이다. 결국 우리는 뭔가 옳지 않은 일을 했다고 생각할 때, 어떤 다른 사람들이 아닌, 오로지 우리만이 죄의식을 느끼는 것이다.

우리가 죄의식을 느끼게 되는 몇 가지 이유는 관계적인 사항들과는 무관하다. 예컨대 나의 배우자는 내가 고객에게 거짓말을 하더라도 개의치 않을지 모르지만, 내가 평소에 거짓말은 도덕적으로 나쁘다고 믿고 있는 사람이라면 고객에게 거짓말을 하는 경우 죄의식을 느낄 것이다. 그 반대로 비록 내가 한 행위가 도덕적으로 정당하다고 생각하더라도, 그 행위가 나의 상대방에게 부정적인 영향을 미쳤다면, 나는 또한 오로지 그 때문에 죄의식을 느낄 수 있을 것이다. 물론 이 경우는 내가 그 사람을 좋아한다는 조건이 충족되어 있어야 할 것이다. 우리는 모든 사람과 관계를 잘 영위해갈 필요는 없다. 우리와 관련이 있는 사람들과 잘 지내는 것이 중요하다. 나쁜 사람들로부터 좋은 사람으로 칭송받는 것은 바람직한 일은 아니다.[13]

어떤 행위가 나쁜 것으로 간주되느냐 혹은 그렇지 않느냐, 우리가 어떤 행위로 인해 죄의식을 느끼느냐 혹은 그렇지 않느냐는 몇 가지 고려 사항들에 따라 달라질 수 있다. 첫 번째 고려사항은 **의도성**이다. 이는 관계적 맥락뿐만 아니라 보다 넓은 윤리적 혹은 법적 맥락에서도 중요하다. 만약 우리가 어느 누군가를 해칠 의도가 없었다면, 우리가 나쁜 행동을 했다고 생각하거나 깊은 죄의식을 느낄 가능성은 훨씬 낮아진다. **통제가능성** 역시 당연히 고려되어야 할 사항이다. 이는 일어난 일이 우리가 막을 수 있었는가 아니면 우리의 통제력 밖에 있었는가와 관련된다. 만약 내가 렌트한 자동차의 브레이크가 고장 나서 사고를 당했다면, 그것은 내가 무모하게 운전하여 그런 것과는 다를 것이다. 마지막으로, 죄의식의 수준은 우리가 한 행위의 **결과**에 따라 영향을 받을 것이다. 만약 우리의 행위가 다른 사람의 안녕을 심각하게 침해하지 않았다면, 우리는 그에 관해 별로 미안해하지 않을 것이다. (범죄 행위에서는 이 세 가지 고려사항들이 중요한 법적 효력을 지닌다. 이에 대해서는 마지막 장에서 논의할 것이다.)

대인 관계에서 느낄 수 있는 죄의식에 초점을 맞추고자 할 때, 우리는 또한 성격적 요인들을 결코 놓쳐서는 안 된다. 나무의 가지들이 바람에 움직이느냐 그렇지 않느냐는 바람의 강도와 더불어 그 가지들이 얼마나 튼튼한가에 따라 좌우된다. 어떤 관계는 다른 관계에 비해 죄의식을 더 잘 유발하듯이, 어떤 사람들은 다른 사람들에 비해 죄의식을 더 잘 느낀다. 어떤 사람들은 상대방이 악마 그 자체여도 죄의식을 느낀다. 또 어떤 사람들은 세상에서 가장 상냥하고 관대한 천사를 마음 상하게 해놓고서도 죄의식을 느끼지 않을 수 있다. 일반적으로 성격적 특징들과 관계적 특징들은 상호작용하면서 서로를 더욱 강화시킨다. 최악의 경우 예컨대 죄의식을 잘 느끼는 사람과 죄의식을 유도하는 사람이 서로 만나게 되면, 그 관계는 죄의식으로 흠뻑 젖게 된다.

죄의식을 느끼는 핵심적인 성격 요건은 **공감** 능력이다.[14] 공감('그 입장에서 느끼기')은 자신을 다른 사람의 입장에 놓아보는 것, 즉 다른 사람의 입장에 서서 생각해보는 것을 의미한다. 이는 필연적으로 다른 사람의 감정을 이해하고 이를 함께 공유함을 의미하게 된다. **동정**('같은 감정 갖기')은 다른 사람(혹은 생각)과의 친밀감이다. 그것은 반드시 다른 사람의 기쁨이나 슬픔을 이해할 것을 요구하는 것이 아니라 오히려 그것을 함께 공유하는 데 더 의미가 있다.

죄의식을 느끼는 성향은 앞 장들에서 이미 우리가 다루었던 주제인 부끄러움, 외로움, 그리고 분개와 관련된다. 이것은 죄의식을 잘 느끼는 경향을 가진 사람들이 별로 만족스럽지 못한 개인적 관계를 맺기 쉽다는 것을 암시한다. 이와 비슷하게 낮은 자긍심을 가진 사람들이 스스로를 책망하는 경향이 높다. 그들은 사회적으로 약점이 더 많다고 느끼기 때문에 다른 사람들의 판단에 더욱 예민해지게 된다. 그들은 스스로를 별로 가치가 없는 사람으로 여기며, 그럼으로써 또한 상대에게 마음에 상처를 주지 않으려 특히 주의한다. 정반대로 죄의식을 잘 느끼는 경향성 그 자체는 그와 관련된 모든 부수적인 문제에서 낮은 자부심의 원인이 될 수 있다. 엄격한 종교적 및 윤리적 규범을 갖춘 어떤 집단에 소속하여 성장해온 사람들은 죄의식을 느끼는 경향이 더 강할 수 있다. 물론 그 집단 내에서도 개인의 성격이나 관계적 요건들에 따라 어떤 사람들은 죄의식을 더 느끼는가 하면 또 어떤 사람들은 덜 느낄 수 있다.

인간의 어떤 성격적 요인들이 다른 사람들에게서 죄의식을 **유도**하게 하는 경향이 있는가? 죄의식을 잘 유도하는 사람들 역시 일반적으로 수줍음을 많이 타며 자기주장이 강하지 않다. 그들은 자극에 민감하고, 의심이 많으며, 화를 잘 내는 사람이란 인상을 준다. 죄의식을 잘 유도하는 사람들은 죄의식을 쉽게 느끼는 사람들과 많은 점에서 아주 유사한 것으로 밝혀지고 있다.[15]

죄책감의 결과

죄의식은 고통스러운 감정이기 때문에 사람들은 일반적으로 그에 관해 부정적인 생각을 지니고 있다. 어느 누구도 죄의식을 느끼고 **싶어** 하지 않는다. 그러나 그것은 우리가 죄의식을 느껴야 **하느냐** 혹은 그럴 필요가 없느냐 와는 별개의 문제다. 대부분의 종교는 하나의 도덕적 예방책으로서 죄의식을 느낄 필요성을 조장한다. 프로이트는 정당한 이유가 있을 때는 그 감정의 필요성을 인정했지만, 억압된 갈등으로부터 나오는 신경과민적인 죄의식이 미치는 해로운 결과 또한 강조하였다. 심리학자들은 요즈음 죄의식을 **친사회적** 효과를 촉진시키는 정서로서 이해한다. 죄의식은 사람들이 자신의 비행에 대해 책임을 인정하고, 손상된 관계를 개선하고 회복시키도록 해준다. 그러나 아무리 유용하다 할지라도, 죄의식은 여전히 심각한 병적 잠재력을 내포하고 있다.

죄의식을 표현하는 것은 뒤이어 필연적으로 수반될 보다 구체적인 단계들의 시작 혹은 단서에 불과할 뿐이다. 비행을 저지른 자는 죄의식으로 인해 고백을 하고 또한 피해자의 감정을 완화시킨다. 어떤 경우는 단순히 자신이 잘못했다는 것을 인정하고 사과하는 것만으로도 문제를 진정시키기에 충분하다. 이에 반해 고백은 가해자들이 자신의 죄를 인정했기 때문에 더 이상 자신들이 해야 할 다른 일이 없다고 느끼게 할 수 있다("난 내가 잘못했다고 이미 인정했어. 내가 그 이상 또 할 일이 있는가?"). 게다가 그것은 말썽의 소지가 많은 상황에서 죄인 측이 보복을 당할 위험에 처하게 할 수 있다. (법정에서 피고인들에게 자신들에게 불리한 증언을 하도록 요구하지 않는 것도 바로 그런 이유 때문이다.)

　죄의식은 가해자들로 하여금 자신들로 인해 피해를 본 피해자들뿐만 아니라 더 나아가 다른 사람들에게 좀 더 도움이 되고 유순해지도록 유도한다.[16] 형제의 장난감을 망가뜨린 아동은 몹시 걱정스러워 한다. 어떤 사람은 자신이 속상하게 했던 배우자에게 값비싼 선물을 사준다. 그런 이타적 행위는 피해자를 초월하여 확장할 수 있다. 예컨대 어떤 경영자는 고용인을 해고한 후 거리에서 마주친 첫 번째 거지에게 돈을 줄지도 모른다. 물론 모든 형태의 이타주의 행위가 죄의식 때문은 아니다. 우리는 연민으로 인해서, 피해자와 동일하다고 간주함으로써 혹은 종교적, 윤리적, 사회적 책임감 때문에 이타적 행위를 할 수 있다.

　죄의식 또한 부정적이고 반사회적인 결과를 초래하기도 한다. 우리는 우리에게 피해를 입혔던 그 사람을 피하기도 하지만, 오히려 우리가 상해를 가했던 그 사람을 우리가 피하고 싶어 한다. 같이 있으면 어색하다. 이는 교환 관계에서는 별 문제가 되지 않는다(만약 어떤 가게와 관련해 문제가 있다면, 당신은 그 가게에 다시 가지 않으

면 된다). 그러나 공동 관계의 경우 그로인해 생긴 소외는 인간관계
에 큰 부담을 준다. 당신이 저녁 식사 때 속을 뒤집어놓았던 사람과
아침을 함께 먹는다는 것은 참 어색한 일이다.

지나친 죄의식은 우리의 심리적 여력을 고갈시키는 근원이며 우
리의 관계 대상자들에게는 짐이 된다. 죄의식으로 시달리는 사람과
함께 사는 것은 오랜 세월 동안 우울증을 앓고 있는 사람과 함께 사
는 것처럼 매우 힘들다. 죄의식은 잘못하면 목숨을 잃게 할 만큼 심
각한 피해를 줄 수 있는데, 그것을 약화시키고자 하는 심리적 방어기
제가 존재하는 것도 바로 그런 이유에서이다. 신체가 항상적인 균형
상태를 유지하기 위해 생리적 기제를 갖추고 있듯이, 인간의 감정도
이와 비슷하게 죄의식으로 인해 그 균형이 무너지면 다시 평형상태
로 되돌려 정신적 안정을 되찾을 수 있는 심리적 기제가 필요하다.

죄의식에서 비롯된 **처벌**은 우리의 도덕적 및 법적 체계의 토대이
다. 죄의식을 느끼는 사람들은 자신의 죄의식을 완화시키기 위해 처
벌을 원한다는 것이 임상의들의 공통적인 생각이다. 예컨대 범죄자
들은 체포로 이어질 수도 있는 방식으로 행동하기도 한다(범행 현장
을 다시 찾는 행위와 같은). 경찰 심문자들은 피의자가 자백하도록
죄의식을 유도하기 위한 다양한 기법들을 활용한다. 그러나 여러 가
지 경험연구들은 죄의식과 처벌을 바라는 이러한 마음 간의 어떤 상
관성을 확인하는 데 실패하였다. 이런 상황에서 지배적인 감정은 속

죄하고자 하는 마음과 더불어 처벌에 대한 두려움이 서로 혼란스럽게 뒤섞여 있는 상태일지도 모른다. 두려움이 사라지면, 그 사람은 더 이상 죄의식을 느끼지 않는다. 다른 경우지만 자신들이 처벌 받을 줄 아는 사람들은 가능한 한 일찍 처벌을 받기를 원할 수 있다.

가상의 죄의식

인터넷은 사람들이 자신들의 가장 내면적인 생각이나 감정을 서로 혹은 익명으로 공유할 수 있는 전례 없는 기회를 제공하고 있다. 채팅 방에서 우리는 직접적으로 대면하는 관계에서는 도무지 상상할 수 없었던 그런 신뢰를 낯선 사람들과 공유하기도 한다. 그러한 **가상 관계**는 죄의식과 흥미로운 관계가 있다.

세컨드 라이프라 불리는 인터넷을 기반으로 한 가상 세계에서 참여자들("거주민"이라 불린다)은 가공의 신원('아바타')을 가정한다. 예컨대 작고 연약한 사람이 날개가 달린 근육질의 거인인 아바타가 될 수 있다. 거주민들은 개인적으로 활동하기도 하고 집단에 소속되어 상호 교류를 하기도 한다. 그들은 '린덴 달러'(**세컨드 라이프**의 창시자인 린덴 랩의 이름을 딴 것임)로 재산과 서비스를 사고파는 일과 같은 비즈니스를 수행할 수 있다. 린덴 달러는 실질 통화로 전환이

가능하기 때문에, **세컨드 라이프**는 현실 세계와 연계되어 있는 셈이다. 수백만 명의 사람들이 **세컨드 라이프**에 등록하였으며 매일 수천 명이 접속하고 있다.[17]

아바타들은 성적 상호작용을 포함한 광범위한 활동에 참여한다. 비록 할 수 있는 일에 제한이 있긴 하지만(예컨대 소아성애는 제외된다), 현실 세계에서 죄의식을 유발할 수 있는 행위들과 유사한 그런 활동들을 담고 있는 프로그램들이 많이 운영되고 있다. 성애의 범위를 초월하여 친교와 개방된 의사소통을 자유롭게 할 수 있다는 것은 이에 참여하고자 하는 강력한 유인 요소가 되는데, 이는 어느 한 여성의 다음과 같은 증언으로 뒷받침된다. "당신은 당신의 하루일상에 대해, 당신의 꿈에 대해, 그리고 기타 등등에 대해 무엇이든 이야기할 수 있다. 이것은 내가 현실의 남자 친구로부터는 결코 얻을 수 없는 것이었다."[18]

어떤 여성은 정서적으로 너무 애착을 갖게 되어 현실 세계의 결혼생활을 파경에 이르게 했던 아바타(아마도 남성일 것으로 추정되지만, 우리는 이를 확인할 수는 없다)와 온라인상에서 하루에 8시간을 함께 보내고 있었다. 또 다른 경우를 보자. 현실의 삶과 가상의 삶에서 한 남자와 결혼했던 여자가 그 남자와 이혼했는데, 그 이유는 자신의 남편이 가상공간에서 '외도'를 함으로써 자신에게 신의를 저버렸다는 것이다. 그러나 실제 세계의 결혼생활에서 그 남편은 자신의 아내에게 매우 충직한 사람이었다. 이는 결국 현실 세계와 상상 세계 간의 구분이 흐려짐으로써 나타난 결과이다.

세컨드 라이프를 가능하게 한 기술은 최근의 것이다. 그러나 그와 관련한 심리는 그렇지 않다. 공상은 늘 인간의 내면생활에서 주요 부분을 차지하여 왔다. 그리고 그런 내면의 생활들이 비록 '비현실적'인 것이긴 하지만, 그런 생활을 실행에 옮길 때면 죄의식을 유발할 수 있다. 가상 공간상의 공상 세계가 그러므로 완전히 죄의식으로부터 자유로운 것은 아니다. 어떤 사람들은 현실 세계의 관계를 희생하면서 아바타와 많은 시간을 보낸 것에 대해 죄의식을 느끼는가 하면, 또 어떤 사람들은 자신들의 아바타에게 소홀한 것에 대해 죄의식을 느낀다. 만약 어떤 사람이 가상의 공상 세계에서 한 행위가 탈선적인 성행위, 즉 배반과 파탄으로 이어지는 그런 가상의 비행과 연루된다면, 그런 행위는 현실 세계에서와 마찬가지로 죄의식을 유발할 수 있다. 가상 세계와 실제 세계는 완벽하게 서로 분리되어 있는 것이 아니다. 모든 아바타 뒤에는 실제 인간이 존재한다.

그러나 지금 우리가 죄의식에서 벗어나 정서적 해방이나 기쁨을 누릴 수 있는 기회로만 한정한다면, 이런 가상 세계가 왜 그렇게 인기가 있는지를 설명해주는 단서가 될지도 모른다. 이러한 새로운 환경에 대한 장기적인 전망이나 결과를 예견하는 것은 사실 너무 이르다. 과연 이런 활동들은 단순히 정교한 비디오 게임에 불과한 것인

가, 아니면 정서적 표현, 기쁨, 성장에 관한 새로운 기회를 열어주는
가? 그런 활동들은 인간관계의 새로운 형태를 그 나름대로 추구하고
있는 것인가, 아니면 현실세계를 기쁨과 슬픔이 고안되고 가장된 가
상세계로 대체하고자 하는 감상적인 시도에 불과한 것인가?

대인 관계에서의 죄의식에 대한 대처

　　　　　　　앞장에서 우리는 죄의식에 대처하는 본래적
인 방식과 비본래적인 방식 간의 차이를 논의했다. 이 두 양식은 대
인 관계에서 죄의식에 어떻게 적용될 수 있는가?

　죄의식에 관한 **비본래적인 해결** 방식은 일반적으로 죄의식을 부
정하는 것으로부터 출발하지만 정확히 꼭 그런 것은 아니다. 부정은
죄책감을 전체적으로 짧은 시간동안만 유지되도록 한다. 죄의식을
비본래적으로 해결하는 경우, 그 사람은 죄의식을 느끼지만 그것을
그대로 받아들이기보다는 그것으로부터 벗어남으로써 문제를 해결
하려고 한다.

　보다 넓은 의미에서 보면, 부정은 우리의 일상 삶의 일부분으로
사실 반드시 필요한 일이기도 하다. 이것은 하찮은 우연한 문제와 관
련될 수도 있고, 알코올중독자가 되는 것과 같은 보다 심각한 문제에

대해 '부정'할 수도 있다("알았어, 그래서 조금 마셨어, 그렇지만 언제든 내가 원하면 끊을 수 있어"). 부정은 예컨대 말기 암과 같이 받아들이기 힘든 현실에 대한 보호 방어일 수도 있다. 우리는 대인 관계에서 어떤 일에 대해 부정하는 경우가 있는데, 이는 대개 어떤 위반을 인정하고 받아들이는 데 따른 고통이 그것을 부정하는 데 따른 괴로움보다 더 견디기 힘들기 때문이다.

부정은 그의 심각성이 어느 정도이냐에 따라 여러 가지 형태로 나타난다. 비교적 가벼운 형태는 그것을 잊어버림으로써 우리가 아주 작은 실수로부터 벗어나는 **무관심**이다("네게 책을 돌려주려했는데, 깜박 잊어버렸다"). 다음 단계는 **소극적 인정**으로, 우리가 문제를 인정하긴 하지만 그것을 가볍게 여길 뿐만 아니라 시정하고자 하는 어떤 행동도 취하지 않는다("농담이야, 어떤 해를 끼칠 의도는 전혀 없어"). 어떤 심각한 위반이 벌어지면, 그 위반은 실수로 치부되어 **재구성**된다("그래, 내가 거짓말을 했어. 하지만 그때 난 너무 당황해서 말을 잘못한 거야"). 가장 심각한 부정의 형태는 **의도적 외면**으로, 이는 우리가 잘못을 인정하지 않을 뿐만 아니라 심지어 이야기하는 것조차 거부한다.[19]

부정은 또한 몇 가지 의식 수준에서 작동할 수 있다. 정신분석학자들이 죄의식의 **무의식적 부정**이라 부르는 것은 우리가 죄책감을 알아채지도 못하는 것을 의미한다. 부정은 스스로 증식한다. 다시 말해 우리는 우리가 그것을 부정하고 있다는 것을 부정한다. 그리하여 결국 우리는 그것을 우리 스스로 다룰 수가 없게 된다. 따라서 우리는 무의식적 죄의식을 이해하고 있는, 그리고 우리가 그것에 어떻게 대처해야 하는지 그 방법을 알고 있는 치료사의 도움을 받을 필요가 있다.

죄의식이 무의식적이라면 우리는 언제 그것을 알고 도와달라고 부탁할 수 있는가? 한 가지 방법은 그와 연루된 상태를 알아채는 것이다. 즉, 만약 우리가 어떤 분명한 이유도 없이 괜히 불안하고 우울하고 혹은 괴로우면, 그것은 아마도 억압된 죄책감 때문일 수 있다 (그러나 또한 다른 이유로 그럴 수도 있다). 그런 감정들은 우리가 다른 사람들을 향해 성적 충동이나 공격적 충동을 느끼지만 그것을 우리 스스로 받아들일 수가 없기 때문에 억압함으로써 일어날 수 있으며, 또한 오랫동안 잊힌 어린 시절의 경험을 상기시킬지도 모른다. 만약 당신이 다른 사람들에게 당신의 시시콜콜한 인생사를 아무 까닭 없이 늘어놓고 있다면, 당신은 그런 대안적인 형태를 통해 자백하고 있는지도 모른다. 그 사람이 처벌을 바라는 것 같은 행동을 하는 것도 같은 맥락에서이다. 그 밖의 다른 단서들은 우리의 개인적 인간 관계에서 어떤 합리적 정당화가 어려운 갈등들로부터 나올 수 있다.

의식적 죄의식은 훨씬 더 우리의 통제 범위 내에 있다. 이 경우에는 우리가 잘못했다는 것을 알고 그에 관해 죄의식을 느끼지만, 그것

을 인정하길 거부하는 것이다. 우리는 거짓말을 하면서("난 어떤 잘
못도 하지 않았어") 그로부터 빠져나갈 수 있다. 기만을 이용할 수도
있겠지만, 그것은 나중에 살면서 그 대가를 치를지도 모른다. 특히
우리가 우리 자신에게 거짓말을 할 경우는 더더욱 그렇다.

　죄의식에 대한 부정이 항상 전면적인 것은 아니다. 우리는 과실
이 있다는 것을 인정하고 그에 대해 회한을 품기도 한다. 그러나 그
때 우리는 우리의 행위를 있는 그대로가 아닌 다른 어떤 것으로 변모
시킴으로써 그에 따른 충격을 완화시키고자 한다. 그래서 우리는 다
음과 같이 말할지도 모른다. "내가 내 자식을 때렸지만 별거 아니야,
처음 있는 일이야(아마도 두 번째)", "내가 화가 났었다. 내가 흥분해
서 도대체 내가 무슨 일을 했는지 모르겠다. 그러나 어쨌든 그건 자
식의 버릇을 고치려고 했던 것이다." 달리 말하면 우리는 일어난 일
을, 그것이 어떻게 일어났는지를, 그것이 왜 일어났는지를, 그리고
그것이 얼마나 자주 일어나는지를 원래와 다르게 바꿔버린다. 우리
는 '결국 엄밀하게 따지면' 과실을 인정하긴 하지만 '정말 진정으로'
죄의식을 느끼지는 않는다. 즉, 우리는 사실을 인정하면서도 그에 따
른 도덕적 책임에 대해서는 거부한다.

　좀 더 악의 있는 전략은 피해자의 품위를 떨어뜨리고 그를 모욕
하는 것이다. 상처를 입은 사람에 대해 어떤 배려를 할 만한 가치가
없다고 생각한다. 예컨대 사기를 당한 것을 보니 그 남자는 우둔하

다, 그 여자가 강간을 당한 것으로 보아 품행이 단정치 못하다, 그 사람의 정숙치 못한 태도를 보면 그의 배우자는 그저 가련한 정부에 불과하다는 식으로 치부해버린다. 보다 극단적인 사례를 들면, 고문해서 죽이기 전에 먼저 피해자들의 인간성을 말살시켜버리는 것이다. 예컨대 그들을 몰살되어야 할 인간쓰레기로 전락시키는 것이다.

죄의식이 자신의 행위에 대한 의도성과 결과를 기반으로 하고 있다는 점에서, 죄의식에 대한 비본래적인 해결방식은 그 둘을 무력화시키는 데 목적이 있다. 예컨대 잘못을 한 것에 대해서는 인정하지만 해를 끼칠 **의도**는 없었다 혹은 손상이 발생했다는 것을 인정하지만, 규모가 대단한 것이 아니고, 오래 갈 것도 아니며 혹은 심각한 것이 아니라고 주장한다. 우리는 처음에는 본래적인 방식에서 죄의식에 대처하지만 이내 끝까지 그러지 못하고 마는 경우가 많다(예컨대 고백을 하지만 보상까지는 하지 않는다). 혹은 본래적인 방식으로 밀고 나가기에 곤란한 점이 너무 많을 경우, 도중에 비본래적인 방식으로 전환하기도 한다.

비본래적인 전략은 결과적으로 손상된 관계를 회복시켜주지 못한다. 오히려 그 관계를 더욱 악화시킨다. 우리가 억압하는 죄의식은 사라지는 것이 아니라 우리가 맺고 있는 관계의 다른 측면들을 곪게 하거나 부식시킨다. 만약 죄의식이 자물쇠로 채워 갇혀지게 되면, 죄의식은 점차 우리의 심리적 자원을 고갈시키며 우리 자신의 내부에 있는 폐쇄된 공간 안으로 우리를 집어넣는다.

본래적인 해결 방식은 그 반대의 결과를 초래한다. 그것은 손상된 관계의 단절을 치유하고 죄의식으로 생기는 소외감을 제거해준다. 본래적인 방식의 첫 번째 단계는 **고백**을 하는 것이다. 그것은 내가 잘못했으며 따라서 그에 대한 책임을 내가 지겠다는 것을 스스로 인정하는 것으로부터 출발한다. 완벽한 죄의식은 당신의 머리로 그것을 알고, 당신의 가슴으로 그것을 느껴야 한다. 곧, 진정한 죄의식이란 어떤 추상적인 생각이나 막연한 느낌과는 다르다. 그것은 진실로 우리 자신의 자아로부터 나와야 한다. 어느 누군가가 우리가 죄의식을 느끼기를 바라서가 아니라, 우리 자신의 생각에 따라 스스로 죄의식을 느끼는 것이다.

우리가 먼저 개인적으로 우리 내부에서 잘못을 인정한 후, 다음 단계로 잘못을 했던 사람에게 다가가 자신의 잘못을 인정하는 것이다. 우리는 이를 한 점 의혹이나 조건 혹은 자기 합리화 없이, 그리고 무시하는 몸짓으로 그것을 가볍게 여기지 않고, 진실한 마음에서, 솔직하게 해야 할 필요가 있다. "내가 잘못을 인정해"라고 말하는 것만으로는 불충분하다. "그 일에 대해 참 미안하다"라고 말해야 한다. 정말 그래야 한다. 자백이 효과적이기 위해서는 자유롭고, 정직하게, 그리고 그 위반에 상응하는 수준에서 이루어져야 한다. 그것을 가볍게 여기는 것은 그것을 하찮게 보이게 한다. 또한 비굴하게 구는 것은 그 경험을 천하게 만든다.

고백은 두 가지 기능을 수행한다. 고백은 잘못을 저지른 사람의 가슴에서 마음의 부담을 덜어주고 아울러 피해자의 마음을 잡아 끌어온다. 빚에 대한 이러한 '보증금'은 완전한 회복을 위해서는 꼭 필요한 필수적인 첫 단계이다. 기독교에서 고백성사는 일차적으로 영적 목적을 위한 것이지만, 그것은 또한 중요한 심리적 기능을 수행한다. 내면의 비밀을 예컨대 신부와 같이 여러 사람들로부터 신임을 받고 온정을 베푸는 사람과 공유하는 일은 양심을 무겁게 짓누르는 죄의식의 압박으로부터 해방되는 엄청난 결과를 초래한다. 세속에서 고백성사와 같은 역할을 하는 경우는 아주 가까운 친구나 신뢰할 만한 치료 전문가에게 털어놓고 이야기하는 것이다. 가족이나 동료에게 고백하는 경우는 평소에 친밀한 관계가 형성되어 있어야지 만약 그렇지 않다면 속에 있는 말을 나누기가 어려울 것이다. 기독교 영성에서는 반드시 자신에 관하여 모든 것을 아는 어떤 한 사람을 두어야 한다.[20] 억압된 정서는 해방될 필요가 있다. 고대 그리스인들은 그것을 **카타르시스**('정화' 혹은 순수하게 하다)라 불렀다. 담아둔 죄책감은 고름처럼 종기가 절개되지 않으면 곪는다.

고백도 물론 위험에서 자유로운 것만은 아니다. 오히려 해결의 과정을 방해할 수 있다. 고백을 했기에 내가 진 빚을 다 갚았으며, 따라서 더 이상 나아갈 필요가 없다고 마음먹을 수 있다. 우리 자신들에게도 또한 위험이 있다. 고백은 우리를 비난이나 보복에 쉽게 노출될 수 있는 불리한 위치에 놓이게 한다. 따라서 우리는 가슴을 열기 전에 신중할 필요가 있다. 보다 비인격적이며 논쟁적인 상황들에서는 그렇지 않지만, 신뢰와 애정을 기반으로 하는 관계에서는 솔직한 것이 보다 더 안전할 수 있다. 그런 경우에는 과오를 완전히 인정하는 것보다는("모두 내 잘못이야") 유감의 뜻을 정중하게 표현하는 것이 예의이다("정말 유감입니다").

고백을 다루는 전문가들은 주의를 촉구한다. 예를 들어, 과거에 저질렀던 해로운 행동을 자백하는 일은 익명알코올중독자모임(Alcoholics Anonymous)에서 회복 과정에 하는 하나의 절차이다. 그러나 고백했을 때의 부정적 결과가 솔직하게 말해야 할 필요성보다 더 클 경우, 상담자들은 털어놓지 말라고 충고한다.[21] 법 또한 자기에게 불리한 증언을 하도록 요구하지 않는다. 만약 우리가 어떤 범죄에 대해 책임이 있다면, 비록 자백이 그 경우를 해결하는 데 커다란 도움이 될 수 있다 하더라도 우리는 그럴 법적 의무가 전혀 없다.

친밀한 관계에서조차도 항상 모든 당사자들이 완전한 고백에 큰 관심을 갖는 것은 아니다. 진실이 오히려 마음에 상처를 주거나 화해를 더욱 어렵게 만들 수도 있다. 그러므로 우리가 숨겨져 있던 것을 밝히는 경우는 그에 대해 꼭 알 필요가 있을 때만 해야 할 것이다. 예를 들면 만약 내가 관계를 맺고 있는 상대방에게 충실하지 못했다면,

정직하게 그에 대해 자세히 설명해줄 필요가 있다. 그러나 과거에 있었던 일에 대해서까지 노골적으로 설명할 필요는 없다. (비록 상대방이 알아야 한다고 계속 주장하더라도.) 1960년대에 '솔직하게 모든 걸 털어놓는다'는 생각은 사람들에게 상당한 인기를 끌었지만, 그에 대해 찬성했던 많은 사람들이 나중에 이를 후회하였다.

우리는 또한 우리가 저질렀던 비행과 연관된 다른 상대편들의 사생활을 보호해줄 필요가 있다. 우리가 그 상황에서 벗어나고자 다른 사람들을 끌어들이는 것은 부적절한 짓일 수 있다. 물론, 다른 사람들이 어떤 역할을 했느냐에 따라 많이 달라질 수는 있다. 예컨대 다른 사람들이 당신의 행위를 돕거나 선동한 공모자라면, 그들은 그 결과에 대해 당신과 책임을 공유해야 한다. 그러나 만약 다른 사람들이 벌어진 일을 단순히 목격하였을 뿐이라면, 그들을 진흙탕 속으로 끌어들일 이유가 뭐 있겠는가?

진실을 밝힐 때, 우리는 터놓고 얘기하면서도 언행에 신중을 기할 필요가 있다. 즉, 발가벗지 않고도 솔직할 수 있다. 모든 책임을 지고자 하는 욕구가 곧 무조건적인 항복을 의미하는 것은 아니다. 우리 자신을 방어할 때, 우리는 확고하면서도 그러나 도전적으로 들리지 않게 접근할 수 있다. 당신이 말을 어떻게 하느냐는 당신이 무슨 말을 하느냐 만큼 중요하다.

고백에 뒤이은 단계는 그것이 물질적이든 정서적이든 **손해를 배**

상해주는 일이다. 여기서 또한 우리는 손해배상의 수준이 손상의 정도와 적절한 균형을 유지하는지 유의해야 한다. 우리는 죄의식의 독침이 우리를 지나치게 찌르지 않도록 해야 할 것이다. 배상은 반드시 필요하지만, 그렇다고 완전한 배상이란 불가능할지 모른다. 만약 당신이 어느 누군가가 소중히 아끼는 물건을 깨뜨렸다면, 당신은 그것을 온전하게 다시 만들 수는 없을 것이다. 즉, 얼마간의 빚은 남기 마련이다. 당신은 그로부터 인질이 되지 않도록 해야 한다. 그렇지 않으면, 당신은 죄책감을 해결하는 정상적인 과정에서 이탈하게 된다.

지금까지 논의를 쭉 보았을 때, 이 단계들을 모두 거치고 나면 우리는 더 이상 처벌을 받아야 할 책임이 없다고 생각할 수 있다. 그러나 그것은 사실이 아니다. 용서받지 않는 한, 우리는 책임의 일부로서 처벌을 기꺼이 수용해야 한다. 다소 지나치게 들릴지 모르지만, 처벌은 우리가 어떤 개인이나 사회에 진 빚을 갚을 때 반드시 필요한 요소이다. 교황 요한 바오로는 자신을 저격하려했던 메미트 알리 아그카를 공식적으로 용서했지만, 그 저격수는 아직 교도소에 있다.

마지막 단계는 다시는 위반하지 않겠다고 서약하는 것이다. 이는 진심어린 마음의 변화를 요구하는데, 그렇게 쉬운 일은 아니다. 우리는 하룻밤 만에 우리 자신을 바꿀 수는 없다. 손상된 관계가 회복되기 위해서는 임시방편의 땜질 그 이상이 요구된다. 그것을 재구성하거나 아니면 끝내야 할 것이다. 부부간의 모든 갈등이 화해로 해결되는 것만은 아니다. 일단 한 번 "접시가 깨지면"(터키 사람들이 즐겨하는 말처럼), 그것을 수선한다는 것은 불가능할 수 있다.

이상적으로는, 이런 해결 과정의 최종적인 결과는 바로 **용서와 화해**이다. 이것은 당신이 손상을 가했던 사람으로부터 용서를 받고, 당신은 그 사람의 용서를 받아들이며, 그리고 당신은 당신 자신을 용서하는 것을 의미한다. 용서가 보통은 화해로 이어지지만, 우리가 간략히 논의하겠지만, 그 둘이 반드시 합류되는 것은 아니다.

죄의식에 대처하는 본래적인 방식과 비본래적인 방식을 뚜렷하게 서로 구분한다는 것은 매우 어려운 일이다. 모든 인간 만사가 다 그렇듯 이 역시 절대적인 것은 아니다. 우리가 죄의식을 본래적인 방식에서 다룬다 하더라도 그것만으로는 충분치 않을 수 있다. 또한 우리가 비본래적인 전략만으로 충분히 문제를 해결하기 어렵다는 인식이 든다면, 본래적인 방식으로 전환할 수도 있을 것이다. 결국 우리의 도덕적 인격을 특징짓는 것은 개별적인 사안에서 우리가 어떻게 행동하느냐가 아니라 우리가 얼마만큼 일반적인 방식에서 행동하느냐이다. 우리를 도덕적 존재로서 특징짓는 것은 어느 날 오후에 우리가 어떤 행동을 하느냐가 아니라 우리의 행동 전반에 흐르는 정형화된 양식과 일관성이다.

해결의 과정이 어떤 융통성도 없이 오로지 표준만을 따를 필요는 없다. 우리는 전체 각본을 각각 그리고 항상 철저히 이행할 필요는 없다. 때로는 우리가 잘못했다는 것을 단순히 인지하는 것만으로도 충분하다. 만약 누군가가 비판적 소견을 제시한다면, "감정을 상하게 했다면 미안해요"라고 말할 수 있으며, 품위 있게 표현한다면 "저는 이해하니, 그 걱정은 하지 않으셔도 됩니다"(이것이 자주 일어나는 일이 아닌 한)라고 할 수 있다. 그러나 보다 심각한 상황이라면 우리는 그 과정을 조기에 종료하려해서도 안되지만 또한 질질 끌어서도 안 된다.

우리는 초기 단계, 예컨대 사과가 이루어진 바로 직후에 가해자의 죄를 용서함으로써 갈등을 조기에 마무리 짓고 싶어 하는 유혹에 직면할 수 있다. 당신은 다른 사람에게 뭔가 신세를 지고 있다는 생각 때문에 마음이 불편해 그렇게 할지도 모른다. 만약 당신이 낮은 자존감을 지닌 사람이라면, 당신은 더 이상 어떤 보상을 받을 자격이 없다고 느낄 수도 있다. 남의 의지 여하에 따라 결정되는 관계라면 (특히 만약 당신이 어떤 도움을 받는 입장에 있는 당사자라면), 당신은 당신이 의존하고 있는 가해자와 관계가 소원해지는 것을 두려워할 수 있다. 그렇지 않다면, 당신은 용서란 관대한 마음을 나타내는 것이라고 생각할 수 있다. 그건 맞는 말일 것이다. 그러나 너무 가벼운 용서는 또한 '값싼 은총'과 연결된다. 덜 성숙된 채 사안을 종결하는 것은 양측 모두에게 부담이 될 수 있다. 피해자들은 자신들의 당연한 권리를 온전하게 누리지 못하며 가해자들은 사안이 종료되었다는 후련함을 만끽하지 못한다. 정의가 충족되지 않은 것이다.

　죄의식을 유도할 가능성이 보일 때 우리는 이에 어떻게 대처해야 하는가? 앞에서 언급한 바와 같이, 죄의식을 유도하는 것은 영향력을 발휘할 수 있는 효과적인 전략이긴 하지만, 그에 따른 대가를 치른다. 당신이 그 전략에 호소하는 것이 좋은지 혹은 그렇지 않은 것이 좋은지는 여러 가지 요인들에 따라 달라진다. 만약 가해자가 자신의 책임을 통감하고 본래적인 방식에서 그에 따른 죄의식을 해결하고자 한다면, 당신은 그 과정이 자연스럽게 진행되어 완결되도록 놓아둘 필요가 있다. 괜히 불을 붙일 필요가 없다.

　그러나 가해자가 아무런 양심의 가책을 보이지 않는다면, 당신은 여러 가지 선택권을 갖게 된다. 첫째는 아무런 조치도 취하지 않는 것이다. 우리의 인생은 모든 자극에 대해 일일이 투쟁할 수 있을 만큼 그리 길지 않다. 어떤 사람들은 원칙을 고수하고자 그 어떤 비행도 좌시하지 않을 것이다. ("난 돈에 관심이 없다. 내가 참을 수 없는 것은 바가지를 쓰고 있다는 생각이다"). 그러나 그 원칙이란 것이 정확히 무엇인가? 지나치게 과민하고 논쟁하기를 좋아하는 사람들은 정말이지 참고 견디기 어렵다. 그래서 우리는 참회하지 않는 가해자와 분쟁에 휘말릴 경우에 대한 비용편익비율을 평가해볼 필요가 있다.

　만약 당신이 불만을 토로하고자 한다면, 제일 먼저 당신은 가해자에게 조용하면서도 분명하게 전해야 한다. 무심코 감정을 상하게 할 수도 있기 때문에 그 사람의 말을 잘 들어주라. 만약 당신이 만족하지 못한다면, 그 사실들을 다시 한 번 말해주고 당신의 감정을 보다 강조해서 표현하라 ("내가 너에게 한 말을 누설하지 않기로 했던 약속을 네가 어겨서 '나'는 무척 속상하다"). 그런 후 어떤 응답을 하는지 기다려라. 만약 그 사람이 계속해서 책임을 부인한다면 혹은 계속 자신을 방어하면서 도전적으로 나온다면, 당신은 당신 자신의 입장을 고수하면서 그 이슈를 확대시킬 것인지, 아니면 일시적으로 혹은 영원히 그 사람과 일정한 거리를 두고 생활할 것인지를 결정해야 한다.

만약 가해자가 자신의 잘못을 받아들인다면, 당신은 그 문제가 어떻게 해결되길 바라는지를 말하라. 무엇을 말해야 하는지 그리고 어떻게 말해야 하는지의 많은 부분은 상황이나 그 사람과 맺고 있는 관계의 성격에 따라 달라질 수 있다. 어떤 하나의 사례가 모든 경우를 포괄하기는 어려울 것이다. 다만, 두 가지의 사항에 대해서는 강조할 필요가 있다. 첫째, 당신의 불만을 그 행위자의 인격이 아닌, 행동이나 말에 국한하라. "넌 나에게 거짓말을 했어"라고 하는 것이 "넌 거짓말쟁이야"라고 하는 것보다 더 적절한 반응을 이끌어내기 쉽다. 왜냐하면 후자처럼 말하면 오히려 방어적인 반응을 유도할 수 있기 때문이다 (특히 그 사람이 거짓말쟁이라면 더욱 그렇다). 둘째, 그들이 합리적인 해결책을 내놓을 수 있는 방향으로 당신의 요구를 제시하라. 가해자가 해법을 찾도록 놓아두고, 건설적인 해결방안이 나오도록 분위기를 조성한다.

당신은 비합리적인 방식으로 상대방의 죄의식을 유도하고 싶은 유혹에 직면할 수 있다. 만약 당신이 이러한 유혹을 받아들이고자 한다면, 왜 그런지를 자문해보라. 당신은 복수를 하고 싶어서, 고통을 가하고 싶은 바람에서 그러는가? 만약 그렇다면, "원수 갚는 일은 내게 속하니 … 주께서 말씀하셨다"(신명기 32:35)라는 구절을 기억하라. 복수는 자기 자신 또한 파멸로 이끌 수 있다. "만약 당신이 복수의 여정에 오르고자 한다면, 먼저 두 개의 무덤을 파두라"라는 말씀은 흔히 공자가 했다고 하지만, 그건 분명치 않다. 그럼에도 불구하고, 그 말은 우리가 주목할 만한 은유임은 분명하다.22

당신 자신에게 자문해보아야 할 두 번째 질문은 당신에게 빚을 지고 있어 불리한 위치에 있는 사람으로부터 혹시 이득을 취하고 있는 것은 아닌 지이다. 당신이 응당 받아야 할 정도만큼만 복구하는 것이 아니라, 자칫 가능한 한 최대로 착취하려 할 수 있다. 예컨대 "네가 생각하고 있는/인정하고자 하는 정도 그 이상으로 나에게 피해를 입혔다", "너는 고의적으로 나를 해치고자 그렇게 행동했다", "네가 이렇게 한 것이 한두 번이 아니다", "그동안 어느 누구도 나를 이처럼 대우하지 않았다" 등 당신이 당한 피해를 과장하거나 그 사람의 불성실 탓으로 돌림으로써 그런 결과를 빚을 수 있다. 그런 주장들은 그 사람이 저지른 위반을 아주 유별나게, 그리고 보다 고의적이고,

반복적이며, 용서받을 수 없는 것으로 만듦으로써 문제를 확대시킨다.

가해자가 사태를 마무리 짓고자함에도 불구하고, 만족하지 않고 이를 거부하면서 그 과정을 질질 끌거나 최대한으로 이용하는 것은 결국 그 가해자로 하여금 끊임없이 용서를 빌도록 강요하는 것이다. 어떤 사람들은 이를 받아들여 인질 상태로 남을 것이고, 또 어떤 사람들은 이를 거부하고 사태를 종결할 것이다.

가해자가 이에 대해 자구책을 강구하게 되면, 가해자에게 남아 있던 일말의 양심마저 무뎌지게 될 수 있다. 그럼으로써 가해자의 죄의식은 분노와 소외감으로 대체될 것이며, 그것은 결국 그로 하여금 마음을 닫고 떠나가게 할 것이다. 당신은 그렇게 필사적으로 당신의 삶과 함께하고자 노력하던 바로 그 사람을 결국엔 떠나보내게 된다. 더욱이 사태를 종결시키기를 꺼리는 것은 당신을 영구적인 피해자의 역할에서 옴짝달싹 못하게 할 것이다(이는 오로지 매조키스트, 즉 피학대 성애자만이 즐기는 일이다). 이 외에 계속 반복적으로 죄를 비난하는 것은 그 효용성을 떨어뜨린다. 중독성이 있는 약처럼 당신이 똑같은 효과를 얻기 위해서는 점차 더 많은 죄의식을 유도해야 할 것이다. 그러므로 순종을 이끌어내기 위한 전략으로서의 죄의식은 다른 영향력 있는 전략들보다 더욱 위험하고 또한 희생이 클 수 있다.[23]

어떻게 하면 우리는 '책임져야 할' 상황에 놓이지 않을 수 있을까? 만약 당신이 과실을 범하지 않았다면 단호한 태도를 보이고, 또한 욥처럼 인정하지 말거나 혹은 자책감을 거부하라. 그러면 당신은 결국에는 정당함을 입증할 수 있을 것이다. 관계를 맺고 있는 상대방이 고통을 받는다고 하여 당신이 그에 대해 반드시 책임을 져야 할 필요는 없다. 우리가 그 사람을 진정시키고 화평을 유지하기 위해 약간의 책임을 떠안아야 할 경우들이 있을 수 있지만, 우리는 이를 매우 신중하게 생각해야 하며 그에 무작정 끌려가서는 안 된다.

누군가가 당신을 죄책감으로 유도하거나 강요할 때, 당신은 완강하게 반항하는 가해자에 대처하는 원칙들을 또한 이에 적용할 수 있다. 다시 한 번 사실을 분명하게 언급하는 것으로부터 시작하라. "그래, 지난번에 내가 말했는데, 다시 말하면 그 일이 일어난 원인과 과정은 이렇다." 당신 자신에게 정직하고 다른 사람에게 공정하라. 열린 마음으로, 당신을 공격하는 비난들에 대해 귀 기울여 듣고 그 사람이 하는 말을 성실하게 끝까지 들어라. 그러나 당신이 져야 할 책임의 한계를 정하는 것은 당신 자신이지 그 어떤 사람도 아니다("네 부모님의 집에서 저녁식사를 할 때 내가 말이 없었던 것은 사실이다. 그러나 내가 피곤해서 그랬던 것이지 무례를 보일 의도로 그랬던 것은 결코 아니다"). 만약 그 경계가 불분명하다면 다시 경계를 정하라. 그리고 만약 그 지분이 너무 크면 관계의 조건을 재조정하라. 혹은 다른 모든 방법으로도 안 되면 모든 것을 끝내라.

당신의 행위가 지닌 상징적 중요성보다는 그의 객관적 현실에 초점을 맞추어라. 상징은 우리의 동기를 이해하는 데 있어서 매우 중요하지만, 갈등이 내재되어 있는 상황에서는 그에 대한 해석이 너무 주관적이어서 공통적인 이해를 갖기가 어렵다. 예컨대 만약 당신이 당신의 배우자를 뒤집어놓는 어떤 말을 했다면, 그 행위에 초점을 맞추어야지 당신의 애정에 관해 배우자가 추정한 결론에 초점을 두어서는 안 된다. 당신이 당신의 배우자를 사랑하느냐 혹은 그렇지 않느냐 또한 중요하지만, 그 문제는 죄책감의 맥락을 넘어서 따로 별개의 독립적인 사안으로 다루어져야 한다. (무의식적 동기를 해석하는 것은 치료 전문가에게 맡겨라.)

현재, 이곳에 그리고 지금 존재하는 문제에 충실하는 것이 최선이다. 이것은 어려울지도 모른다. 단 한 번의 행동으로 사람을 판단해서는 안 된다. 당신이 처음 저지른 과오에 대처하는 방식과 보다 넓은 일반적인 경향성에 대처하는 방식에는 명백한 차이가 존재한다. 한편, 당신은 위반할 때마다 한 번도 빠짐없이 당신의 모든 과실을 철저히 검토하는 기회가 되도록 할 수는 없다. 여기에 두 가지의 잠재적인 덫이 존재한다. 하나는 일시적으로 일어난 사소한 일이라고 함으로써 죄의식을 최소화하는 것이다("나는 처음 한 번 했을 뿐이다"). 또 하나는 지나치게 일반화함으로써 죄의식을 최대화하는 것이다("넌 항상 그래"). 현재에 초점을 맞추게 되면 문제가 되고 있는 것이 당신의 **사람됨**이 아니라 **행동**이라는 점이 보다 분명해진다.

심판대에 회부되는 것은 당신이 아니라 당신의 비행이다. 그것이 당
신의 전체 자아, 곧 하나의 인격체로서의 인간을 온통 삼켜버리지 않
도록 해야 한다.

당신이 속상하게 했을지 모를 사람들에게 너무 지나치게 민감한
반응을 보이지 말라. 이 말은 고통에 무감각하라는 것이 아니다. 특
히 만약 당신이 그 고통의 원인을 제공했다면 더더욱 그에 냉담해서
는 안 될 것이다. 당신이 원인을 제공했던 상처에 대해서는 책임을
지고 그에 합당한 어떤 일을 하라. 그러나 당신으로부터 상처를 받은
피해자들이 그들 자신의 이유로 인해 겪고 있는 고통에 대해서는 책
임을 느낄 필요가 없다. 연민, 그것은 물론 좋다. 그러나 다른 사람들
의 감정에 노예가 되는 것은 다른 문제다. 도덕적 책임, 물론 그것은
좋다. 그러나 도덕적 완벽주의는 또한 다른 문제다.

용서와 화해

용서는 당신에게 손상을 가했던 사람을 향
한 분노의 감정을 극복하는 것이다. 그것은 빚을 말소하는 것을 의미
한다. 화해는 그동안 소원해졌던 어느 누군가와 우호적인 관계를 다
시 복원하는 것을 의미한다. 우리는 용서를 화해를 위한 전제조건으

로 혹은 화해를 용서의 자연스러운 결과로 생각할 수 있다. 그러나 그 두 가지를 성취하는 일이 어쩌면 불가능하거나 그저 바람직한 일 일뿐일 수 있다. 당신은 배우자를 용서하긴 하지만 화해를 하지 않고 결혼생활을 지속할 수 있다. 혹은 그 사람을 용서하지 않은 채 결혼 생활을 지속하기로 결정할 수 있다. 이는 다른 사람들에게 미치는 영향이나(예컨대 자녀들) 혹은 당신의 삶의 환경 때문일 것이다(당신이 갈 수 있는 곳이 아무데도 없을 수 있다). 따라서 계산된 합리적 결정으로서의 **인위적인** 용서와 내면 깊은 곳으로부터 진심으로 수용하는 **정서적인** 용서 사이에는 차이가 있다.[24]

용서를 즉각 해야 할 필요는 없다. 당신은 누군가를 용서하기 전에 혹은 용서받기 전에 다소 시간을 가질 필요가 있다. 상황을 마무리 짓고 싶어 하는 것은 자연스러운 일이지만, 그 과정을 성급하게 서두를 필요는 없다. 그러나 만약 적당한 시간이 흘렀음에도 불구하고 피해를 당한 사람이 계속 당신을 용서하길 거부한다면, 당신이 할 수 있는 일이란 지난 일을 잊어버리고 당신 자신의 삶으로 되돌아가는 일 외에 더 이상 아무것도 있을 수 없다. 당신이 용서를 받고자 하는 욕구에 지나치게 사로잡히면, 당신은 결국 그 소망의 볼모가 될 수 있다. 화해도 마찬가지다. 그 위반이 **잊히도록** 하는 것 또한 좋은 일이겠지만, 그것을 요구하기에는 무리일 수 있다. 피해를 당한 측이 당신이 가했던 위반을 지속적으로 당신에게 되갚지 않는 한 그럴 필요는 없다.

상황을 종료하지 못하는 경우는 또한 그 문제를 해결하려 노력하기보다 그냥 자신의 과오를 안고 살아가고자 하는 결정의 결과일 수도 있다. 이에 대해서는 많은 이유가 있을 수 있으며, 그 모든 것이 다른 사람들과 관련이 있는 것은 아니다. 해로운 행동을 중지하는 데 요구되는 심리적 비용이 죄의식의 짐보다 더 클 수 있다. 예컨대 담배나 술을 지나치게 하거나 혹은 약물을 남용하는 것으로 인해 죄의식을 느끼는 사람들은 그런 것에 대한 중독을 포기하기보다는 죄의식을 견디며 살아갈지 모른다("아무튼 난 죄의식을 느끼며 살아갈 수는 있지만, 담배 없이는 결코 살 수가 없다").

어떤 사람들은 죄의식과 타협을 할 수 없기 때문에 그것을 안고 삶을 살아가기도 한다. 한 노인은 이를 다음과 같이 표현하고 있다. "죄의식은 피할 수 없는 인생의 현실이다. 당신이 이미 행한 일을 원상태로 되돌릴 수 있는 방법이란 없다. 난 40년 전에 했던 일을 생각하면 지금도 떨린다. 아무래도 나의 무덤까지 죄의식이 함께 갈 것 같다."[25]

어떤 경우에는 우리가 죄의식에 예속되거나, 늘 죄의식에 젖는 악습에 빠지게 된다. 죄책감으로 이어지게 한 여러 가지 사건들에 대한 기억들이 우리의 정체성의 일부가 되기도 한다. 내가 몇 년 전에 치료했던 한 젊은이가 죄의식에 너무 깊이 빠져 있어서, 난 그를 그 상태로부터 빠져나오도록 해줘야겠다고 생각한 적이 있었다. 그에게 아무것도 남아나지 않을 것 같았기 때문이다.

용서를 하겠다는 제의는 다음의 사례에서처럼 실질적으로는 어떤 혐의의 형태가 될 수도 있다.

나는 패트리샤와 40여 년 전에 이혼한 이후, 그녀를 만난 적이 거의 없었다. 우리 둘 모두 차츰 나이가 들어 늙어가고 있을 때, 나는 그녀로부터 한 통의 편지를 받았다. 그 편지에서 그녀는 이제 우리가 인생의 황혼기에 접어들고 있는데, 자신이 이미 나를 용서했다는 것을 날 만나 확인해보고 싶다고 하였다. 난 처음에는 그토록 많은 세월이 흐른 뒤에 이런 말을 듣는다는 것이 너무나 반갑고 고마운 마음이 들었다. 그런데 곧 나는 그 말이 우리의 결혼생활을 파경으로 몰고간 것에 대해 용서를 받아야 할 사람이 바로 나였다 라는 것을 함축하고 있음을 깨달았다.

그녀가 내가 이미 그녀 자신을 용서했기를 바란다고 말하기를 기대하는 것은 너무 무리였을지도 모른다. 그러나 최소한 그녀는 우리 **두 사람 모두** 각자 서로를 용서했다는 것을 확인할 필요가 있다고 말했어야 했다. 그녀가 노린 것은 용서가 아니었다. 그녀가 바로 원했던 것은 나를 향해 또 한 번 주먹을 날리는 것이었다. 수많은 세월이 흘렀지만, 그녀는 결코 변하지 않았다.

도덕적 위반이나 법적 위반은 의도적으로 저지른 비행과 관련되기 때문에, 그것은 비행의 사실을 면해주는 **정당화**와 나쁜 짓을 한 사람에게서 그에 대한 책임을 면해주는 **해명**과는 구분되어야 한다. 용서는 또한 **자비**와도 다르다. 자비는 위반자가 혐의를 지니고 있음에도 불구하고 그에 대한 처벌을 거두거나 줄여주는 것이다. 예컨대 어떤 위반을 저지른 여성에 대해 그녀가 자녀들과 떨어져 지내지 않도록 방면해줄 수 있다. 용서란 고통받는 사람만이 지닐 수 있는 개인적인 특권이다. 그 피해자와 가까운 사람들이 자신들 또한 그런 특권을 지니고 있다고 느낄지 모르겠지만, 엄격히 말하면 우리는 어느 누군가를 대신하여 한 인간을 용서할 수는 없다.

용서는 모든 종교적 전통의 근간을 이룬다. 그것은 또한 건강 증진에 초점을 두는 심리학이나 자기치유적 성격의 안내서에서 많은 관심을 끌고 있다.[26] 그것들의 기본적인 메시지는 원한을 간직하고 있는 것은 좋은 일보다는 훨씬 해가 더 많으며, 타오르는 분노는 우리의 건강에 매우 위험한 파괴적이며 자기 파멸적인 정서라는 것이다.

용서는 필연적으로 원한에 수반되는 화, 쓰라림, 분노, 그리고 증오의 스트레스를 감소시켜준다. 이들 감정은 심장혈관 질환의 위험을 증가시키고 면역 체계를 억제하는 생리적 결과(고혈압과 같은)를 초래함으로써 우리를 다양한 질환에 노출시킨다. 관용의 정신은 가족, 친구, 이웃과의 긴밀한 유대를 유지하는 데 도움이 된다. 그러한 강력한 사회적 그물망을 가진 사람들이 더 건강한 경향이 있다. 이런 맥락에서 보면 용서는 특정한 상처에 대한 생각 그 자체를 없애는 문제일 뿐만 아니라, 용서를 자신의 삶의 방식 속으로 통합하는 문제이기도 하다.[27]

용서에 관한 대부분의 책들은 그의 장점에 대해 기술하고 있는 반면, 그의 한계에 대해 지적하고 있는 책은 그리 많지 않다. 『공평한 복수』와 같은 책들은 성급한 그리고 비판력이 없는 용서는 오히려 잠재적으로 자존심에 손상을 가할 수 있으며, 자신의 이익에 해로우며, 그리고 도덕적 질서에 대한 존중을 해친다고 주장한다. 그러나 그들의 호전적인 제목에도 불구하고 이런 책들은 복수의 정신에 대해 기술하지 않고 오히려 용서의 미덕 그 자체를 사소하게 만드는 '값싼 은총'을 삼가야 한다는 내용을 다루고 있다.[28]

지금까지 세 개의 장에서 우리는 대인 관계에서의 도덕적 위반과 갈등으로부터 나오는 죄의식의 경험에 초점을 맞추어왔다. 다음 장에서는 죄의식의 다른 차원에 주목한다. 즉, 인격적 위반이 존재하지 않는 곳에서 발생하는 죄의식, 달리 말하면, 우리가 전혀 어떤 나쁜 행동을 하지 않았음에도 불구하고 경험하는 죄의식에 대해 논의하고자 한다. 이는 대재앙이나 비극에서 다른 사람들은 죽었는데도 살아남은 생존자들의 죄의식과 관련된다. 또한 같은 집단에 소속한 사람들이 저지른 행위에 대한 회환이나 특권적인 위치에 있음으로써 일어나는 죄책감 등이 이에 속한다.

1   Roy F. Baumeister, Harry T. Reis, and Phillipe A. E. G. Delespaul (1995), "Subjective and Experiential Correlates of Guilt in Daily Life", *Personality and Social Psychology Bulletin* 21(12): 1256-68.

2   정신의학에서 이 관점을 벗어난 최초의 주요 출발점은 정신병에 관한 대인 관계 이론을 정립한 Harry Stack Sullivan에 의해 비롯되었다. Patrick Mullahy (1975), "Harry Stack Sullivan", Alfred M. Freeman, Harold I. Kaplan, and Benjamin Sadock, eds., *Comprehensive Textbook of Psychiatry*, 2nd ed., vol. 1, pp. 598-613 (New York: Williams and Wilkins)을 참조할 것.

3   Warren Jones, Karen Kugler, and Patricia Adams (1995), "You Always Hurt the One You Love: Guilt and Transgressions against Relationship Partners", June P. Tangney and Kurt W. Fischer, eds. (1995), *Self-Conscious Emotions: The Psychology of Shame, Guilt, Embarrassment, and Pride*, pp. 114-39 (New York: Guilford).

4   Lawrence Blum (2001), "Personal Relationships", Lawrence C. Becker and Charlotte B. Becker, eds. (2001), *Encyclopedia of Ethics*, 2nd ed., vol. 3, pp. 1299-1303 (New York: Routledge).

5   Margaret S. Clark and Judson Mills (1979), "Interpersonal Attraction in Exchange and Communal Relationship", *Journal of Personality and Social Psychology* 37: 12-24.

6   Sandra Metts and William R. Cupach (1999), "Relationship", David Levinson, James J. Ponzetti Jr., and Peter F. Jorgenson, eds. (1999), *Encyclopedia of Human Emotions*, vol. 2, pp. 567-73 (New York: Macmillan).

7   Roy F. Baumeister, Arlene M. Stillwell, and Todd F. Heatherton (1995), "Personal Narratives about Guilt: Role in Action Control and Interpersonal Relationships", *Basic and Applied Social Psychology* 17(1-2): 173-98.

8   죄의식의 대인 관계 측면에 관한 개관은 Roy F. Baumeister, Arlene M. Stillwell, and Todd F. Heatherton (1994), "Guilt: An Interpersonal Approach", *Psychological Bulletin* 115(2): 243-67을 볼 것. 또한 같은 저자들이 쓴 "Aspects of Guilt: Evidence from Narrative Studies", pp. 255-73, Tangney and Fischer (1995)를 볼 것. 이 장은

특히 Baumeister와 그의 동료들의 연구를 많이 참고하였다.

9 이러한 역동성이 친구 선택에서 어떻게 작용하는지에 관한 보다 상세한 논의는 Herant Katchadourian (1989), *Fundamentals of Human Sexuality*, 5th ed., pp. 480-82 (Fort Worth: Harcourt Brace)를 참조할 것.

10 Tamara J. Ferguson (1999), "Guilt", Levinson, Ponzetti, and Jorgenson (1999), vol. 1, pp. 307-15.

11 Roy F. Baumeister and S. R. Wotman (1992), *Breaking Hearts: The Two Sides of Unrequited Love* (New York: Guilford).

12 Miguel de Cervantes (1605-15/2003), *Don Quixote*, tr. Edith Grossman, p. 100 (New York: Harper Collins).

13 Baumeister, Stillwell, and Healtherton (1994), 또한 June P. Tangney (1992), "Situational Determinants of Shame and Guilt in Young Adulthood", *Personality and Social Psychology Bulletin* 18: 199-206을 참조할 것.

14 죄의식, 수치심과 공감과의 관계에 관한 비교는 June P. Tangney (1995), "Shame and Guilt in Interpersonal Relationships", pp. 114-39, Tangney and Fischer (1995) 참조할 것.

15 A. L. Vangelisti, J. A. Daly, and J. R. Rudnick (1991), "Making People Feel Guilty in Conversations: Techniques and Correlates", *Human Communication Research* 18: 3-39.

16 Baumeister, Stillwell, and Heatherton (1994), pp. 249-50에 자세히 논의되어 있음.

17 http://en.wikipedia.org/wiki/Second_Life#Residents

18 http://today.msnbc.msn.com/id18139090/page/2/.

19 Benedict Carey (2007), "Denial Makes the World Go Around", *New York Times*, Nov. 30, p. D1.

20 Hutson Smith와 개인적으로 정보 교환함.

21 이 이슈는 Ruby Rippey-Tourk가 샌프란시스코 시장 Gavin Newsom과의 불륜관계를 고백하면서 대중의 관심을 샀다. *San Francisco Chronicle*, Feb.2, 2007, p. A17.

22 *Newsweek*, Sept. 27, 2004, p. 52.

23 Baumeister, Stillwell, and Heatherton (1994).

24 Everett Worthington, *Newsweek*, Sept. 27, 2004, p. 52에서 인용함.

25 Richard H. Willis (1998), *Human Instincts, Everyday Life, and the Brain*, vol. 1, p. 396 (Charlottetown, Prince Edward Island: Book Emporium).

26 예컨대 Fred Luskin의 책 *Forgive For Good*의 부제는 *A Proven Prescription for Health and Happiness*이다. Fred Luskin (2002), *Forgive For Good* (San Francisco: Harper). 이 책은 화를 극복하고 용서에 이르는 특수한 단계들을 제시하고 있다.

27 Jordana Lewis and Jerry Adler (2004), "Forgive and Let Live", *Newsweek*, Sept. 27, p. 52.

28 Jeffrie G. Murphy (2003), *Getting Even: Forgiveness and Its Limits* (New York: Oxford University Press).

CHAPTER 04

무슨 잘못을 하지 않고 느끼는 죄의식

무슨 잘못을 하지 않고 느끼는 죄의식

내가 아우슈비츠에 도착했을 때, 내 여동생은 내 곁에 있었다. 그녀는 겨우 14살이었다. …

말할 필요도 없이, 내 머릿속에서는 여동생의 죽음이 내 탓이 아니란 것을 알지만 … 하지만 마음속에서는 여동생이 죽게 된 데에는 내 탓이 크다고 믿고 있다 … [왜냐하면] 우리가 서로 헤어졌기 때문이다.

나는 어쩌면 급히 뒤돌아 가 여동생을 어떻게든 데려오거나 혹은 여동생과 함께 머물러 있었어야 했던 것은 아닌지에 대한 생각으로 오랜 세월 동안 죄의식을 느꼈다. 혹여나 내가 여동생과 함께 머물러

나는 이 장에 대해 다양한 측면에서 비평과 도움을 준 에스더 휴렛(Esther Hewlett), 데이비드 햄버그(David Hamburg), 올라 모리스(Ulla Morris)에게 감사한다.

있고자 애써 노력하지 않았던 것은 아닌지. 혹여나 내 자신의 안위만을 너무 생각했었던 것은 아닌지. 당신은 만약 내가 그때 되돌아갔다면 나의 운명도 역시 여동생처럼 되었을 것이라고 에둘러 말할 지도 모른다. 내 감정은 도무지 논리가 서질 않는다.

. . .

나는 내 자신을 결코 용서할 수 없었다. … 나에게는 아우슈비츠에서 손을 쓸 수 있는 좋은 연줄이 있었는데 … 그러나 난 내 남동생을 구하기 위해 충분히 애쓰지 않았다. 일이 벌어졌을 때부터 나는 그에게 연락할 수 있었는데, 내가 좋은 연줄을 갖고 있었음에도 [불구하고], 난 그를 구하질 못했다. 그를 생각하면 너무나 괴로워 나는 수많은 불면의 밤을 지새웠다. 그에 대한 생각이 오랜 세월 동안 떠나지 않고 나를 짓누르고 있었다. … 우리 남매들 가운데, 그가 가장 이상주의적이었으며, 우리 가운데 제일 나았었는데.

. . .

나는 평생 죄책감에 갇혀 살고 있다. 아빠, 엄마, 동생을 구하지 못했던 것에 대해 나는 죄의식을 느끼고 있다. 그들을 위해 에이리언 페이퍼스(역자 주: 한 유대인 여성의 파란만장한 삶을 그린 홀로코스트 드라마)를 제작할 수 있었는데 그러지 못한 것에 죄책감이 든다. 그들보고 러시아로 가라고 말하고자 시도했지만 그들이 들으려 하지 않았던 것에 대해 죄책감을 느낀다. 나는 죄의식이 있어, 아버지보다 더 부자가 되는 걸 원치 않는다. 나는 백만장자가 될 수 있는 기회도 가졌었다. 나는 항상 죄책감을 느낀다. 왜 내가 부모보다 더 많이 가져야 하는가? 아마 내가 잘못일 것이다. 나는 죄의식을 느낀다. 나는 평생 죄의식을 느낀다.

. . .

당신은 좋은 가계혈통을 타고났고 또한 당신이 알다시피 당신은 대가족 출신이었다. 나는 그것을 당신에게 어떻게 설명해야 할지 모르겠다. 당신은 '하필이면 왜 나일까? 왜 내가 살아남았을까?' 하고 생각한다. 나는 자주 그에 대해 딱한 생각이 들었다. 당신은 그것을 또한 수학적 측면에서 설명할 수도 있을 것이다. 독일인들은 일정 수의 유대인들을 죽여야만 했다. 당신이 살아남았다면, 그건 다른 사람들 덕분이었다. 우리는 행운아였다. 그러나 어떤 사람들은 그것을 그렇게 행운으로 받아들이려 하지 않았다.[1]

이 이야기들은 유대인 대학살이 자행되던 시기에 집단 수용소에 함께 수감되었던 사람들로부터 들은 것인데, 이는 **생존자 죄의식**을 의미한다. 이 용어는 사람들을 죽음으로 몰아넣는 조건에서 살아남은 사람들 가운데 나타나는 죄책감을 기술하는 데 자주 사용되고 있다. 일반적으로 우리는 뭔가 비행을 저질렀을 때 죄의식을 느낀다. 그러나 우리가 그 어떠한 비행을 저지르지 않았음에도 죄의식을 느끼는 경우가 있다. 생존자 죄의식은 그러한 하나의 예이다. 그것은 우리가 이 장에서 논의할 어떤 잘못을 저지르지 않고도 느끼는 세 가지 형태의 죄의식 가운데 그 첫 번째에 해당한다.

그런 죄의식의 두 번째 형태는 자신의 집단 구성원들이 저지른 비행에 대해 개인적 책임감으로부터 비롯되는 것으로 **집단 죄의식**이라 불린다. 마지막으로 **실존적 죄의식**이란 것이 있다. 이는 자신의 풍족한 형편과 타인들의 그렇지 못한 형편 사이의 간극에서 오는 인식으로부터 그저 단순히 불완전한 인간이라는 데에서 오는 인식에 이르기까지 여러 불확실한 이유들로부터 오는 죄의식의 감정을 말한다.

이들 죄의식의 형태는 어떤 도덕적 혹은 법적 책임을 수반하지 않는다. 그런 책임을 발생시키는 경우들과는 매우 다르다. 우리가 그런 죄의식 경험에 주목하게 된 것은 아주 최근의 일로 제2차 세계대전의 여파라 할 수 있다. 결론적으로 우리가 자료를 얻을 만한 어떤 역사 종교적, 철학적 혹은 문학적 기록이 존재하지 않는다. 그러나 그런 죄의식들이 오늘날 우리 의식의 많은 부분을 차지하고 있다.

생존자 죄의식

생존자 죄의식의 개념은 주로 유대인 대학살 생존자들의 경험에서 등장하였다. 이후 이 개념은 확장되어 비슷한 결과를 지닌 다른 비극적 상황들까지 포함하게 되었다. 예컨대 가정집 부엌에서 가스가 새는 오븐이 폭발하여 엄마와 두 자녀가 화염에 휩싸였다고 가정해보자. 아빠가 그들을 구하려고 애를 썼지만 불길이 잡혔을 때 그의 아내와 자녀들이 불에 타 숨졌다고 해보자. 그는 슬픔과 더불어 압도하는 죄의식으로 피폐해진다. 슬픔은 이해할 만한데 죄의식은 왜 느낄까? 그 사람은 화재발생이나 혹은 자신의 가족의 죽음에 대해 어떤 책임이 없다. 그는 그 당시에 어쩔 수 없었으며, 그 또한 그것을 잘 알고 있다. 그러나 자신이 사랑한 사람들은 숨졌는데 자신만 살아 있다는 생각으로 고통받는다.

이와 같은 비극적 경험들은 여러 가지 형태를 취한다. 불행은 홍수나 지진처럼 자연적 원인으로부터 발생할 수도 있고, 비행기 추락처럼 인간의 실수로 일어날 수도 있다. 사람들은 전쟁에서 희생당할 수 있고, 대량학살이나 민족말살과 같이 박해를 통해 희생당할 수도 있다. 이런 불행이 어떤 상황에서 발생하는가, 즉 불행의 원인이 무엇이며 또한 그것이 어떻게 다루어졌는가는 생존자 반응에 영향을 미칠 수 있다. 그렇지만 기본적으로 생존자 죄의식의 반응은 똑같다.

강제 수용소 생존자들의 죄의식

제2차 세계대전 동안 나치 강제 수용소의 유대인 대학살에서 살아남은 생존자들의 경험은 그동안 널리 연구되어 왔다.[2] 강제 수용소 내의 잔혹한 행위는 부주의로 인한 인간의 과실이 아니라 고의적인 범죄 행위에서 기인한다.[3] 자연재해와는 달리 잔혹 행위는 오랜 기간 동안에 걸쳐 이루어졌다. 결과적으로 수용소 수감자들 또한 홍수나 토네이도의 희생자들처럼 자신들의 운명을 어떻게 해볼 수 없었다는 점에서는 유사하지만, 그들은 보다 광범위한 경험을 하였다. 생활조건이 너무나 열악하여 그들의 생존 욕구는 그 밖의 다른 어떤 고려보다 월등히 우월하였다. 수감자들은 오로지 생존 그 자체만을 생각하는 지경에까지 이르렀다.[4]

일부 피해자들은 자신들이 살아남고자 동료 수감자들을 감시하는 감시자가 되는 등 잔인한 이적 행위를 하였다(그래서 그들에게는 죄의식을 느낄 만한 충분한 이유가 있다). 또 어떤 이들은 오직 살아남고자 동료 피해자들을 이용하기도 하였다. 그 상황에서 어떻게 행동해야 하는지 혹은 행동할 수 있는지 등에 대해 도덕적 관점에서 어떻게 분명하게 말하기 어려움에도 불구하고, 생존자들은 자신들의 행위에 대한 기억으로 인해 고통을 받고 있다. 게다가 일부 사람들은 자신들과 타협하지 않고 죽음을 선택하기도 하였다.

죄의식을 느끼는 또 다른 원천은 당시에 탈출이 가능했음에도 불구하고 임박한 재앙으로부터 대피하지 않았던 것에 대한 후회와 관련되어 있다. 그런 기회가 실질적으로 전혀 없었던 일부 사람들은 그에 대항해서 싸우지 못했던 것에 대해 또한 죄의식을 느꼈다. 이탈리아의 화학자이자 작가이며, 유대인 대학살의 또렷한 목격자인 프리모 레비는 이를 다음과 같이 회상하였다. "모든 것이 끝났을 때, 우리가 깊은 수렁에 빠져들었던 체제에 대항해 아무것도 한 일이 없었고, 혹여 있었다 해도 충분치 않았다는 인식이 몰려왔다. … 의식적이든 아니든 그[생존자]는 기소되어 재판을 받고 자신에 대한 정당화와 방어를 강요당하고 있다고 느낀다."⁵

가장 순수한 생존자 죄의식은 다른 사람들은 죽었는데 자기만 살아남았다는 것에 대한 부담에서 나온다.

그것은, 즉 우리 각자는 자기 형제를 죽인 카인이라는 것, 우리 각자는 … 그의 이웃의 거처를 차지하고 그를 대신하여 살고 있다는 것은 단지 상상, 사실은 의혹의 그림자에 불과하다. 그것은 상상에 지나지 않지만 계속 우리를 괴롭힌다. 그것은 나무좀처럼 깊숙이 자리잡고 있다. 비록 겉으로는 드러나지 않지만 그것은 우리를 계속 괴롭히고 초조하게 만든다.⁶

가장 괴로운 사람은 자기 가족을 구하는 데 아무런 힘도 쓰지 못했다고 생각하는 부모였다. 윌리엄 스타이런의 소설 『소피의 선택』에는 가슴이 찢어지는 사례가 등장하는데, 어머니는 어린 딸과 아들 가운데 한 명만을 구할 수 있는 선택을 강요당한다.7 자녀들은 아무래도 부모에 비해 더 무력하였기 때문에 부모보다 상대적으로 그리 큰 책임을 느끼지 않았다. 죄의식은 가족 가운데 유일하게 살아남은 생존자에게 특히 심각하게 작용하였다. 다른 생존자들이 있는 경우에는 그 슬픔이 훨씬 더 쉽게 분담될 수 있었다. '할당된 인원수'가 날마다 죽어야 하는 상황에서 만약 어느 한 사람이 살아남았다면, 그는 어느 누군가의 희생 때문에 대신 자기가 살아남았다는 느낌을 강하게 가졌다.

물론 유대인 대학살 생존자들이 모두 죄의식을 느끼는 것은 아니었다. 레지스탕스와 함께 싸웠던 사람들은 면책 의식을 지니고 있었다. 어떤 사람들은 자신들의 생존을 자신들이 결코 어떻게 통제할 수 없는 행운 탓으로 돌리고, 또 어떤 사람들은 자신들의 불굴의 정신력 때문에 살아남았다고 믿고 있었다. 그러나 일반적으로 생존자들은 자신들이 죽은 자들보다 더 뛰어나거나 훌륭해서 그런 것은 아니라는 생각을 갖고 있었다.

생존자에게 죄의식을 유도하는 요인들은 아울러 깊은 수치심 또한 유발한다. 강제 수용소는 수감자들에게서 인간의 존엄성과 더불어 가장 기본적인 자아 존중의 요소마저 제거해버렸다. 우리가 절대적으로 어떤 통제력을 발휘할 수 없는 사건에 노출되게 되면, 우리는 의지를 지닌 한 인간으로서 의식과 인격을 여지없이 조롱당하게 된다. 이런 경험들이 정말 우리를 어렵게 만드는 것은 죄의식과 더불어 인간으로서 견디기 힘든 이런 수치심이 함께 작용하기 때문이다.

대부분의 생존자들은 거대한 정신적 외상을 극복하는 데 어마어마한 각고의 시간을 보내야 했다. 어떤 사람들은 자살을 시도하기도 하였다. 수용소의 수감자들에게는 똑같은 비인간적인 환경이 제공되긴 하였지만, 수감자들은 각자 자신의 개인 방에서 생활하였다. 프리모 레비는 이에 대해 다음과 같이 쓰고 있다. "내 생각으로는 자유를 다시 얻음과 동시에 느끼게 된 죄의식과 수치감이 매우 복합적이라는 것이다. 즉, 그것은 다양한 요소들을 내포하고 있으며, 각자 개인마다 다양한 비율로 혼합되어 있다. 우리 각자는 객관적으로뿐만 아니라 주관적으로, 자기 자신의 방식에서 나치절멸수용소[Lager 강제 수용소] 생활을 했다는 것을 잊어서는 안 된다."8

그들에게 일어났던 참화에 대해 합리적인 설명을 찾기가 어려웠지만, 생존자들은 자신들의 고통에서 의미와 목적을 발견하고자 노력하였다. 어떤 사람들은 참화를 하느님의 의지로 받아들였고, 또 어떤 사람들은 참화를 자신들의 죄에 대한 하느님의 처벌로 이해하였다. 그러나 또 한편으로 어떤 사람들은 하느님을 원망하거나 아예 신앙을 버리기도 하였다. 또한 증오가 줄어들까 봐 일어났던 일에 대해 설명하길 거부한 사람들도 있었다. 아무튼 대부분의 생존자들은 최선을 다해 자신들의 삶을 재구성하면서 살고 있었다.

자연재해의 생존자들로부터 나타나는 죄의식

1972년 2월 대홍수가 웨스트버지니아 버팔로 크리크의 작은 광산촌을 덮쳤다. 호우로 비롯되었던 대홍수로 인해 광산 회사가 상류에 쌓아놓았던 석탄 폐기물들로 만들어진 인공댐이 붕괴되었다. 많은 사상자들이 발생하였음에도 불구하고, 또한 수백 명이 그 재해로부터 살아남았다.[9]

자연재해와 연관된 생존자 죄의식의 기본적 요소들이 강제 수용소 수감자들이 경험했던 것과 유사하였지만, 서로 다른 특별한 특징이 있었다. 참화의 장면들은 버팔로 크리크의 생존자들에게 결코 지워지지 않을 죽음의 이미지를 뇌리 속에 새겨놓았다. 호우와 같은 사건들에 의해 촉발된 심각한 이러한 **죽음에 대한 인상**은 심리적 불안을 동반하였다. 죽음과 파괴에 관한 소름 끼치는 꿈들이 수년 간 그들을 괴롭혔다.

강제 수용소의 피해자들처럼 버팔로 크리크 재앙의 생존자들 또한 **죽음에서 비롯된 죄의식**, 곧 다른 사람들, 특히 가족들은 모두 죽었는데 자신만 살아남은 것에 대한 생존자의 고통스러운 후회와 회한을 경험하였다. 그들은 비록 자신들이 어떻게 해볼 도리가 없었다 하더라도 사라져버린 사람들을 구했어야 했다는 생각으로 괴로워했다. 필사적인 노력에도 불구하고 결국 자신의 아내를 익사로부터 구하지 못했던 어떤 남성은 자기 자신이 아내를 죽였다고 자책하였다. 생생하게 반복되는 꿈속에서 죽은 자는 살아 있는 자를 끊임없이 괴롭혔다. 어떤 남자는 "꿈을 꿀 때, 난 결코 물에 빠져 있지 않았다. 고통스럽게 하는 것은 사람들이 나더러 와서 그들을 도우라고 하지만 내가 할 수 없다는 것"[10]이라고 말했다.

흔히 나타나는 또 다른 반응은 **정신적 마비**이다. 마비 반응이 먼저 오면서 이어 무관심을 동반한다. 이는 밀려드는 슬픔과 당황에 압도당하지 않으려는 일종의 방어적 반응이다("죽을 것 같다", "기운이 없다", "난 아무것도 느끼지 못해"). 성적 관심의 상실을 포함한 이러한 감정의 상실은 주로 자신과 가까운 사람들을 잃어버리고 자기만 살아남은 생존자들에게 특히 영향을 미쳤다. 그렇지만 또한 그것은 당시에 그들을 돕고자 그곳에 있었던 사람들에게까지 확장되는 전염성을 지녔다. 냉담은 언제 어떻게 폭발할지 예상하기 힘든 마음에 쌓인 분노를 그럴싸하게 덮어주었다. 광산 회사가 궁극적으로 그 참사에 대해 책임이 있었기 때문에, 그 회사는 피해자들에게 명백한

표적이 될 수밖에 없었다. 그럼에도 피해자들의 분노는 그곳으로 집
중되지 않은 채 쏟아져나왔다. 소외감이 도움이나 지원을 받고 있는
것에 대한 감정과 갈등하며 복잡하게 얽히게 된 것이다. 생존자들은
도움을 간절히 청하면서도, 선의에 찬 그들의 후원자들에게 의구심
을 품으며 그들이 표현하는 동정심 또한 위선이나 허위로 간주하
였다.

　생존자 죄의식은 내심으로는 의미와 중요성, 곧 이런 일이 왜 일
어났는가? 사람들이 왜 죽었는가? 난 왜 살아남았는가? 등에 대한
응답을 간절히 바라고 있다. 강제 수용소의 희생자들처럼 버팔로 크
리크의 참사로부터 살아남은 일부 생존자들은 그 재앙을 하느님의
의지로 혹은 자신들의 죄에 대한 처벌로 받아들이며 위안을 삼았다.
또 어떤 이들은 그 재앙을 어떤 도덕적 의미가 내포되지 않은 단순한
자연 현상의 결과로 간주하였다. 재앙에 대해 나름의 어떤 의미를 부
여하는 능력은 생존자들이 그것과 맞붙어 싸우며 자신들의 삶을 추
스르는 데 이런저런 도움을 주었다. 죄책감이 결국에는 완화되었지
만, 그에 대한 기억은 여전히 남아 있었다.[11]

전투 경험에서 오는 죄의식

군인들은 죄의식을 극복할 필요가 있다. 만약 그렇지 않으면 그들이 적을 죽이는 데 방해가 될 수 있다. 비전투원들의 죽음과 잔학한 행위에서 죄의식의 문제는 특히 심각하게 나타난다. 그러나 여기에서 우리가 관심을 갖는 것은 군인들이 비행을 저질렀을 때 경험하는 죄의식이 아니라, 동료들은 죽었거나 부상을 당했지만 자신은 아무런 해를 입지 않고 살아남은 군인들의 죄의식이다. 자신의 무능이나 겁 혹은 태만으로 인해 동료 군인들이 죽게 되면 죄의식은 더욱 가중된다.

전투 경험으로부터 비롯되는 심리적 문제들은 **외상 후 스트레스 장애**(PTSD: 제1차 세계대전에서는 **포탄 충격**, 제2차 세계대전에서는 **전투 신경증**이라 불렸다)의 개념으로 확립되었다. 이와 유사한 반응이 오늘날 이라크 전쟁에서 보고되고 있다. 이라크에서 임상 심리사로 복무 중이던 32살의 리사 블랙맨 대위는 자신의 부모와 친구들에게 다음과 같은 이메일을 보냈다.

죄의식에 관해 즉석에서 하는 말. 어느 누구도 자신들이 최선을 다하고 있다고 생각하지 않았다. 만약 네가 안전한 곳에 있다면, 네 친구들은 총알을 맞고 있는데 넌 그렇지 않아 죄의식을 느낄 것이다. 만약 네가 총알을 맞는다면, 네 친구들은 총을 쏘고 있는데 넌 총을 쏠 수가 없어 또한 죄의식을 느낄 것이다. 만약 네가 총알을 맞았지만 죽지 않는다면, 네가 살아 있다는 것으로 죄의식을 느낄 것이며 만약 네가 집으로 후송되는데 친구들은 뒤에 남는다면 죄의식은 더욱 커질 것이다. 나는 이곳에서 환자 등록 서류에 '죄의식 증대'라고 기재되지 않은 사람을 아직 본 적이 없다. … 나는 이 사람들이 앞으로 결코 다시는 가질 수 없을 소중한 뭔가를 잃어버리고 있다는 생각을 떨쳐버릴 수가 없다. 그것은 천진난만(그리고 죄의식으로부터 자유로운 삶)이다. 그들을 생각하면 내 가슴이 아프다.[12]

전투에서 살아남은 재향 군인들은 여분의 인생을 살고 있다고 생각한다. 예컨대 비행기 추락으로 고통을 겪었던 폭격기 비행 승무원 가운데 한 사람은 성공적인 직장생활과 행복한 결혼으로 시민으로서의 삶에 잘 적응하고 있는 것으로 보였다. 그러나 그는 끊임없이 그때 다른 승무원들과 함께 죽었어야 했다는 생각으로 고통을 받고 있었으며, 아침에 깨어나지 않았으면 좋겠다는 마음으로 잠자리에 들고 있었다.[13] 전투 이후에 뒤따르는 심리적 결과로서의 죄의식은 신체적 상해와 마찬가지로 사람들을 정말 쇠약하게 만들 수 있다.[14]

개인적인 정신적 외상의 생존자들로부터 나타나는 죄의식

자연재해의 희생자들에게서 나타나는 생존자 죄의식은 다른 사람들이 겪는 곤경에 가려 두드러지지 않는다. 개인적인 비극으로부터 살아남은 자들에게 나타나는 죄의식은 훨씬 더 사적이다. 우리는 이미 화재로 자신의 가족을 잃은 한 남자의 사례를 인용한 적이 있다. 더 흔한 일로 자동차 사고의 생존자들도 죄의식을 느끼는데, 특히 자동차를 운전하고 있던 사람들이 죄의식을 더 많이 느낀다. 부부 중에 어느 한 사람이 에이즈에 걸리면, 감염되지 않은 사람은 죄의식을 느낀다. 모두 똑같은 위험에 직면했는데 그 결과가 똑같지 않을 경우 그들은 불공정하게 느낀다. 그런 경우, "왜 나는 아닌가?"라는 질문에 대한 만족할 만한 답변은 사실 없다.

생존자 죄의식은 또한 우리들과 가까운 어떤 사람이 병이나 고령과 같은 자연적인 원인으로 사망할 때 느끼는 보다 넓은 죄책감의 일부일 수 있다. 프로이트는 이를 "죽음이 반드시 생존자들에게 남기는 자격지심의 경향성"[15]으로 표현하였다.

우리가 사랑하는 사람을 잃으면 슬퍼지는 것은 자연스러운 일이지만, 우리가 그에 대해 죄의식을 느껴야 하는 까닭은 무엇인가? 그 대답은 우리가 사랑하는 사람들에 대해 느끼는 반대 감정의 병존 속에 들어있는지도 모른다. 우리가 그 사람을 얼마나 사랑하느냐와 상관없이, 우리가 그 사람에 대한 화나 실망의 감정을 가슴속에 전혀 품고 있지 않다는 것은 불가능한 일이다. 이런 감정들이 억압되어 있다가 죽음의 종국과 더불어 밖으로 표출될 수 있는 것이다. 그렇다고 우리가 이런 문제를 해결하거나 바로잡기 위해 할 수 있는 일이 특별히 없다. 그 사람은 현재 죽었고, 우리와의 관계에서 원만하지 못했던 일에 대해 책임감을 느끼고 있는 것이다. 혹시 숙환으로 시한부 인생을 사는 경우라면 이런 문제를 해결할 절호의 기회를 가질 수 있겠지만, 죽음이 갑자기 닥쳐온다면 우리로서는 어쩔 수가 없다.

마지막으로, 죄의식은 명백한 불공평으로부터 나타날 수 있다. 예컨대 같이 입사했던 다른 취업자들은 해고되는데 자기는 그렇지 않는 경우 등이다. 그런 경우에 친구들과 운명을 같이 공유하지 않는다면, 서로 서먹서먹해질 수 있다. 성폭력이나 강간에 뒤따를 수 있는 죄의식은 생존자 죄의식의 모델과는 아주 다르다(왜냐하면 동시에 영향을 받는 사람이 아무도 없기 때문이다). 그러나 만약 범죄의 피해자들이 자신들의 과실로 인해 사건이 발생했다고 생각한다면, 그들이 그 사건으로부터 살아남았다는 사실이 죄의식을 가중시킬 수 있다.

만약 생존자 죄의식이 어떤 합리적인 정당성을 확보하고 있지 못한다면, 그럼에도 우리는 그런 죄의식을 느껴야 하는가? 그것은 어떤 기능의 발휘에 기여할 수 있는가? 언뜻 보기에도 생존자 죄의식이 불필요한 마음의 짐처럼 보인다. 우리가 우리의 의지로 통제할 수 있는 것들에 대해서만 책임을 느끼도록 한정하는 것이 보다 유용하지 않을까?

실제적으로, 생존자 죄의식이 죽음으로 우리 곁을 떠난 사람들에 대해 우리가 정서적으로 관심을 갖는 데 도움이 된다면, 그것은 적절한 가치를 지닌다고 할 수 있을 것이다. 그것은 불가항력적이며 자신의 의지와 상관없는 것 같은 사건들에 대한 통제력 비슷한 것을 제공해준다. 즉, 만약 우리가 아무 일도 할 수 없다면, 우리는 최소한 안타까워할 수는 있을 것이다. 생존자 죄의식은 또한 우리가 힘들어하는 사람들과 유대감을 유지하는 데 도움을 줄 수 있다. 아마도 고통스럽겠지만 일부 사람들은 그러한 죄의식이 사라지는 것을 원치 않는다. 아르헨티나의 공민권 유린에 관하여 글을 썼던 저널리스트 야고보 티머만은 교도소에 갇혀 동료들과 심한 고문을 당하였지만, 그는 자신의 동료들과 달리 살아남았다. 그는 저널리스트 빌 모이어스와의 인터뷰에서, 자신이 생존자 죄의식을 간직하고 있는 이유에 대해 다음과 같이 언급한 바 있다.

내가 정신과 의사에게 치료를 받는다면, 교도소에서 죽어나갔던 동료들을 보면서 내 마음속에 소중하게 남았던 그 모든 고통의 세계를 잃을 것이라는 것을 난 알고 있다. 난 내가 존재했던 이런 세계와의 관계가 단절되는 것을 원하지 않는다. … 나는 그 사람들에 대한, 죽임을 당했던 그 사람들에 대한 일종의 충절을 느끼고 있다. … 나는 [나의 죄의식을 버리고 그리고 그것을 내팽개쳐버리는 것은] 불충직한 일이라고 생각한다. 나는 그 세계에 소속해 있고, 나는 그 세계에 소속하기를 원하며, 나는 그 밖의 다른 어떤 세계에 소속되는 것을 원치 않는다.[16]

생존자 죄의식에 대한 대처

티머만처럼 비인간적인 대우를 받은 피해자들은 자신들의 고통이 어떤 하나의 병적 모델로 치부되는 것에 분노할 수 있다. 그들은 자신들의 곁을 떠난 사람들을 기리는 것을 신성한 의무로 생각하는 그런 죄의식이 '치유되는 것'을 원치 않는다. 그렇기는 하지만 생존자 죄의식으로 고통을 받는 대부분의 사람들은 비록 그동안 그들의 삶을 관통해온 공포의 기억을 결코 완벽하게 지울 수는 없다 하더라도, 정상적인 삶을 유지할 수 있는 어떤 도움을 바란다.

오늘날 생존자 죄의식은 다음과 같은 형식에 따라 일종의 외상 후 스트레스 장애로 다루어지고 있다. 외상 후 스트레스 장애로 어려움을 겪는 사람이 자유롭게 이런저런 이야기를 할 수 있도록 해주며, 그리고 마침내는 잊을 수 없을 만큼 정신적 충격이 컸던 경험과 그에 따른 여파에 대해서 이야기할 수 있도록 격려해준다(흔히 똑같은 설명을 몇 번이고 반복하면서). 이는 그 사람이 가슴 저 밑바닥에 있는 고통스러운 감정으로부터 소생하고 힘든 마음의 짐을 내려놓는 데 도움이 된다. 그렇게 이야기를 늘어놓음으로써 또한 소외감이나 고립감, 그리고 무기력감을 극복해나갈 수 있다. 죄책감은 자연적이며 필연적인 것으로 받아들여져야 하지만, 또한 어느 선을 넘으면 비합리적이거나 불필요한 것이 된다는 것도 인정해야 한다. 고통에 시달리고 있는 사람은 자신에게 어떤 과실이 있거나, 자신이 잘못을 저지른 것이 아니며, 따라서 다른 사람들의 죽음이나 고통에 대해 책임이 있는 것이 아니라는 사실을 받아들일 필요가 있다. 우리는 어떤 사람들에게 닥친 불행에 대해 무슨 책임을 지지 않고도 얼마든지 슬퍼할 수 있다. 정상적으로 일상의 일을 재개하고 가족과 이전처럼 관계를 맺으며 생활해나간다면 그런 고통은 시간과 더불어 점차 치유된다.

여러 가지 치료 접근들이 이런 목적을 달성코자 활용되고 있다. 예컨대 **인지적 행동치료**의 경우, 그 사람으로 하여금 어떤 생각이 어떻게 고통스러운 감정을 유발하는지를 이해하도록 하고, 이를 보다 현실에 입각하여 고통이 덜한 생각으로 대체할 수 있도록 하는 데 초점이 있다. 고통스러운 기억들을 자주 접하게 되면 그런 기억들이

'둔감화'의 과정을 거치게 되어 우리가 이를 통제하거나 중립화하는
데 도움이 된다.

정신치료는 과거의 경험들에 대해 그리고 그런 경험들이 견디기
힘든 정신적 경험으로부터 오는 불안이나 고통을 유발하는 데 어떻
게 작용하는지에 대해 보다 깊은 정서적 통찰력을 갖도록 하는 데 그
목적이 있다. 그것은 또한 비슷한 증상으로 고통받는 사람들을 함께
모아 자신들의 정서적 경험을 서로 함께 공유함과 아울러 서로 격려
하도록 하는 **집단치료**를 통해 보완될 수 있다. **가족치료**는 흔히 스트
레스를 많이 경험하고 있는 자신의 가족 구성원들과의 관계를 통해
비슷한 목적을 달성한다. 마지막으로 항우울제와 기타 약물들을 활
용하여 외상 후 스트레스 장애와 관련된 우울과 불안 증세를 완화시
키고 치료할 수 있다.[17]

집단 죄의식

집단 죄의식은 자신과 관계된 집단에 의해
저질러진 불공정한 혹은 범죄적 행위들에 대한 죄책감에서 비롯된
다. 공동의 유대는 국적, 인종 혹은 기타 다른 사회적 유대가 그 바탕
이 될 수 있다. 집단 죄의식은 특정한 개인들의 죄의식을 훨씬 초월

하여 어떤 집단 혹은 어떤 정부가 집단 학살과 같은 그런 범죄 행위를 저지른 것에 대해 책임이 주어질 수 있다는 개념을 구체화한 것이다. 생존자 죄의식에서는 당신이 어떤 좋지 않은 일이 일어난 집단의 한 구성원인 반면, 집단 죄의식에서 당신은 어떤 잘못을 저지른 집단의 한 구성원이다.

오늘날 생존자 죄의식의 개념이 주로 유대인 대학살의 피해자들이 겪었던 경험에서 나왔듯이, 이후 그에 대해 독일인들이 보였던 반응 또한 집단 책임을 인정하는 핵심 사례라 할 수 있다. 고위 계획수립자들부터 수용소를 운영했던 하부 감시인들까지 강제 수용소를 구상하고 운영한 책임은 분명히 나치 독일에 있는데, 나치가 권력을 장악하는 데 도움을 주었거나 그들의 행위를 묵인했던 사람들은 어찌되는가? 그들은 아무런 죄가 없는 단순한 방관자들인가, 아니면 "자발적으로 나치 권력에 참여했던 히틀러의 집행자들인가?"[18] 그들이 강제 수용소의 존재를 인지했는지의 여부가 중요한가? 이런 비극적 사건이 일어난 후에 태어난 독일인들은 어찌되는가? 그들 또한 단순히 독일인이라는 이유 때문에 죄의식을 느껴야 하는가?

사회학자인 아미타이 에치오니는 이 어려운 문제와 관련하여 집단 죄의식을 몇 가지 유형으로 구분하여 접근하고 있다. **형사적 죄의식**은 법정에서 유대인 대학살의 범죄자로 판결을 받은 자들과 관련되고, **정치적 죄의식**은 나치 독일의 지도자들이나 권력에 대해 책임

을 공유하는 시민들과 관련되며, **도덕적 죄의식**은 자기 자신의 행위
에 대해 책임을 져야 하는 개인들과 관련된다(그들이 명령을 따랐다
고 주장한다고 하여 그들이 면죄부를 받는 것은 아니다).

　에치오니는 그 사건이 일어났던 기간에 태어나지 않은(혹은 너무
어렸던) 독일인 세대들에 대해서는 어떤 고려도 하지 않는다. 그는
집단 죄의식을 **세습** 죄의식과 구분하고 있다. 전자는 어떤 수준에서
든 이 사건에 연루되었던 세대에 적용된다. 그러나 우리는 단순히 독
일인이라는 이유만으로 후속 세대들에게 세습 죄의식을 귀속시킬 수
는 없다. 그럼에도 불구하고 이들 새로운 세대들은 여전히 그들이 태
어난 공동체의 공유 유산에 근거하여 **공동 책임**을 느끼고 있다.[19]

　리하르트 폰 바이츠제커 독일 대통령은 1985년 5월 8일 독일연
방 하원의회 연설(제2차 세계대전 종식 40주년 기념식)에서 독일인
의 입장을 다음과 같이 밝혔다.

　이 세상에 전 국민이 책임을 져야 하거나 혹은 결백한 그런 일은
없다. 결백과 마찬가지로, 책임 또한 집단이 질 일이 아니라 개인이
져야 한다. 사람들이 선언하여 이미 알려진 개인적인 책임이 있는가
하면, 이를 부정하여 숨겨진 개인적인 책임도 있다. 그 시대를 직접
적으로 혹은 의식하여 경험했던 사람이라면 누구나 그 끔직한 사건에
개입했는지에 대해 이제 스스로 자문해보아야 한다.

오늘날 독일인의 대부분은 그 당시에 어린아이였거나 혹은 태어나
지도 않았던 사람들이다. 그들은 자신들이 저지르지도 않았던 범죄
에 대해 어떤 책임을 고백할 수 없다. 양식 있는 사람이라면, 단지 독
일인이라는 이유만으로 그들이 고통을 견디기를 기대할 수는 없다.
그러나 선조들은 그들에게 엄청난 유산을 물려주었다. 우리 모두는
죄에 대한 책임이 있건 없건 혹은 나이가 들었건 젊었건 과거를 받아
들여야만 한다. 우리는 모두 그 결과에 영향을 받으며 또한 그에 대해
책임이 있다. …

같은 인간으로서 우리는 화해를 추구한다. 정확히 바로 그 이유 때
문에, 우리는 기억 없이 화해란 있을 수 없다는 것을 분명히 이해해야
한다. … 기억은 역사에서 하느님을 체험하는 것이다. 기억은 구원에
대한 신뢰의 원천이다.[20]

집단 죄의식에 대한 정당화는 자녀들이 수 세대에 걸쳐 자기들의
조상이 저지른 죗값을 치를 것이라는 성서의 명령으로 거슬러 올라
간다. 그렇더라도 집단 죄의식은 행위와 개인적 책임이라는 둘 간의
결정적인 연계를 무너뜨리며, 그럼으로써 정의의 기본적인 바탕을
훼손한다는 점에서 이의 개념에는 근본적인 문제가 있다.[21]

집단 죄의식이 죄 없는 사람을 어떻게 희생시키는지에 대한 한
가지 사례는 악명 높은 **트로코시** 관습일 것이다. 아프리카 가나의 일

부 전통 공동체에서는 어떤 사람이 중대 범죄를 저지르면, 그 가족은 어린 소녀를 사제에게 '신들의 노예'로 바쳐야 한다. 그 소녀는 사제의 노예로 봉사해야 하며 그가 원한다면 그의 첩 노릇도 해야 한다. 그 소녀는 다른 소녀로 대체될 때에만 자유의 몸이 될 수 있다. 가해자의 가족은 그렇지 않으면 자기들에게 그 범죄에 따른 처벌로 재난이 들이닥치기 때문에 이를 피하기 위해 어쩔 수 없이 트로코시 관습을 따라야 한다고 생각한다.[22]

집단 죄의식과 관련된 몇 가지 문제는 대량학살과 같은 범죄에 대해 책임을 입증하는 데 어려움이 있다는 것이다. 이런 범죄들은 보통 전쟁이나 혹은 정치적 혼란기에 발생하기 때문에, 누가 누구에게 어떤 짓을 했는지를 입증하기가 어려울 수 있다. 더 나아가 그런 책임이 있는 사람들은 이런 문제를 이용하여 자신들은 아무런 죄가 없다고 항변하기도 한다. 어제의 피해자들이 오늘의 가해자가 될 때는 특히 실망스럽다. 사람들은 과거에 자신들에게 행해졌던 일과 그들이 지금 다른 사람들에게 하고 있는 일은 똑같지 않다고 주장할 것이다. 그들이 취했던 행위가 부당했음에도, 자신들의 행위는 그렇게 하지 않을 수 없었기 때문이라고 생각한다. '도덕적 등가성'은 우리가 예컨대 경찰관에게 총을 쏘는 범죄자와 자기 방어 차원에서 범죄자에게 총을 쏘는 경찰관을 비교해보면 그 차이가 분명해진다. 그럼에도 불구하고 대체로 도덕적 등가성은 너무나 자주 자기 본위적인 이기적 도구로 활용되고 있다.

집단 책임

집단 **죄의식**과 집단 **책임**을 구분하는 것은 매우 중요하다. 모든 집단 죄의식의 경우에는 그 밑바닥에 집단 책임이 존재하지만, 그 반대의 경우에는 반드시 그렇지는 않다. 즉, 어떤 의도가 없이 위해가 가해지는 경우에는 집단 죄의식 없이도 집단 책임이 존재할 수 있다.

집단 책임은 흔히 관리직에 있는 사람들이 회사가 입은 손실에 대해 개인적으로 책임을 지지 않고 회사가 그 책임을 지는 **공동 책임**의 형식을 취한다. 예컨대 1989년 3월 24일 자정이 조금 지난 시간에 유조선 엑손 발데즈가 알라스카 프린스 윌리엄 사운드 빙하의 암초를 들이받았다. 이 사고로 원유 1천 만 갤런 이상이 바다로 유입되었고, 그 지역의 수산업을 지탱하는 민감한 먹이사슬이 파괴되었으며, 여러 종의 동물들이 위험에 빠지게 되었다.[23] 그 사고가 일어났을 때, 유조선의 선장은 선실에서 술에 취해 잠들어 있었다. 만약 유조선의 레이더가 제대로 기능을 발휘했더라면 함교 위의 항해사가 아마도 충돌은 피하게 했을 것이다. 선장은 자신의 의무를 태만히 한 것에 대해 명백히 선장으로서 책임이 있었지만, 그를 처벌하는 것이 문제를 해결하는 데 별반 도움이 되지 않았을 것이다. 오염된 바다를 깨끗하게 처리해야 하는 그 엄청난 일에 대해 집단 책임을 져야 했던 것은 그 유조선을 소유하고 있던 7개 회사들이었다.

다른 사례들의 경우에서 보면 집단 책임을 부과하는 일은 죄를 저지르지 않은 사람들을 처벌하지 않고 그것을 정당화하기가 정말 쉽지 않다. 1914년 오스트리아는 세르비아 정부와는 아무런 관련이 없던 한 시민이 황태자 대공 페르디난트를 암살하자 세르비아가 이에 대해 집단적으로 책임을 져야 한다고 주장하였다. 그리고 이 사건은 제1차 세계대전의 원인이 되었다.

회사가 책임을 질 수는 있겠지만 그렇다고 우리가 그 책임을 회사 탓으로 돌릴 수 있는가? 영국 대법관이 언급한 바와 같이 당신은 저주를 받을 영혼도 없고 발길질을 당할 신체도 없는 회사가 도대체 양심을 갖기를 기대할 수 있는가? 더욱이 회사는 많은 다른 독립체들과 상호 연결되고 또한 많은 사람들과 관련되기 때문에 어떤 윤리적 한계를 설정하는 일도 쉽지가 않다. 예컨대 담배 회사가 담배로 인해 야기된 어떤 손실에 대해 책임이 있다고 가정해보자. 그러면 수천 명에 이르는 공급자들과 보급자들은 어떤가? 담배가 가득 담긴 상자들을 운반하는 트럭 기사들은? 결국 그들이 배달하지 않는다면 담배는 가게 안에 결코 진열될 수 없다. 우리는 그 경계선을 어디로 그을 것인가? 그럼에도 그런 문제와 관련하여, 바람직하지 않은 상품을 공급하는 사람들을 가려내는, '사회적으로 책임을 지는' 뮤추얼펀드(역자 주: 유가증권 투자를 목적으로 설립된 법인회사로 주식발행을 통해 투자자를 모집하고 모집된 투자자산을 전문적인 운용회사에 맡겨 그 운용 수익을 투자자에게 배당금의 형태로 되돌려 주는 투자회사)들이 있어서 그의 주주들을 집단 죄책감으로부터 보호한다. 그런 대책들은 단순히 우리를 기분 좋게 하는 것 그 이상의 어떤 효과가 있는가? 남아프리카에서 사업을 하고 있는 회사들에 대한 거부운동은 인종차별정책의 종식을 불러오는 데 도움이 되었다. 그러나, 비록 최소한 원칙을 유지하기 위해서는 우리가 할 수 있는 바를 반드시 해야 한다 하더라도, 대부분의 다른 경우들에서는 그런 가시적인효과를 보기가 쉽지 않다.

공직자들의 집단 책임은 또 다른 복잡한 문제를 안고 있다. 주권면제주의(역자 주: 주권면제란 주권을 가진 조직이 누리는 특권을 말한다. 이는 이런 조직은 주권을 가지고 서로 평등하다고 보기 때문이다. 예컨대 미국의 주정부와 연방정부는 주권을 가진 조직으로 주권면제혜택을 누린다)는 정부와 공무원들을 개인적 책임으로부터 보호하며 여기엔 직무유기가 존재하지 않는다. 집단적인 도덕적 책임의문제는 정부의 권력이 점차 커지고 또한 회사들이 우리의 삶에 미치는 영향이 증대하면서 더더욱 중요해지고 있다.[24]

　전 국방장관 로버트 맥나마라는 베트남 전쟁의 비극에 개입하게
된 것에 대해 "우리가 잘못이었다. 정말 끔직한 실수였다. 우리는 다
음 세대들에게 그 이유를 설명해야 할 빚을 지고 있다"[25]라고 말한
다. 이는 고위 공직자가 책임을 인정하는 것으로 전례가 없는 일이며
또한 흔히 자신들의 행위를 정당화하는 공직자들의 자기중심적인 회
고록과는 전혀 딴판이다.

　만약 로버트 맥나마라가 자신의 감독하에 일어났던 행위들에 대
해 개인적으로 죄의식을 느꼈다면 그렇게 말하지 않을 것이다. 그가
한 말은 개인적인 카타르시스(역자 주: 정신분석에서 마음속에 억압
된 감정의 응어리를 언어나 행동을 통하여 외부에 표출함으로써 정
신의 안정을 찾는 일)로서보다는 기록을 바로잡고자, 그리고 국가와
지도자들이 그 경험으로부터 배우도록 하고자 하는 데 의도가 있다.
맥나마라가 속죄하는 것은 그의 개인적인 삶에서의 실수가 아니라
자신의 의무의 수행과 관련한 실수인 것이다. 그의 동기는 문제가 되
지 않는다. 즉, 공직자로서의 그의 행위들은 최선의 의도에서 실행되
었을 것이다. 그럼에도 불구하고 그 전쟁은 58,000여 명의 미군 사
상자, 그리고 많은 시민들을 포함하여 그보다 더 많은 적군 사상자들
이 발생하였다. 그 전쟁은 베트남을 황폐화시켰고 미국은 심각하게
분열되었다. 만약 맥나마라가 자신의 손으로 피를 흘리게 한 것에 대
해 죄의식을 느꼈다면, 그것은 자기 자신이 누군가를 죽인 것에 대해

죄의식을 느꼈다는 것이 아니다. 미국은 지금 이라크에서 또 다른 비참한 전쟁에 휩싸여 있다. 그러나 지금까지 개인적으로나 집단적으로 어떤 책임을 인정하는 사람은 나타나지 않고 있다(어떤 사람들은 심지어 공격해야 할 생각을 찾을지도 모른다).

집단 책임은 또한 어떤 특정 집단들이 행동하는 동기를 부여한다. 동물보호 운동가들이 동물성 식품의 사용을 거부하고 채식주의자가 되며, 다른 사람들에게 죄의식을 유도하여 똑같은 일을 하도록 노력하는 경우가 그런 하나의 예이다. 더 넓은 수준에서 보면 집단 책임과 죄의식은 오늘날 빈곤, 인구과잉, 그리고 환경 파괴와 같은 전 지구촌적인 이슈들과 연관된다. 우리가 상호의존적임을 점차 인식하게 되면서 세계를 하나의 지구촌으로 보는 생각이 자리 잡게 되었으며, 그럼으로써 세계는 모든 사람의 책임의 대상이 되고 있다.

만연한 빈곤과 같은 문제들은 대개 개발 도상국가들에 영향을 미치지만 많은 사람들에게는 아주 멀리 떨어져 있는 아무런 상관이 없는 문제로 느껴진다. 어쩌면 우리가 그들이 처한 곤경에 대해 느낄지도 모를 죄의식은 집단 책임보다는 오히려 동정 때문일 가능성이 높다. 그것은 환경 파괴의 경우와는 다르다. 그 결과가 모든 사람에게 영향을 미칠 수 있다는 자각은 지구의 제한된 자원의 과용이나 남용에 대해 훨씬 더 큰 집단 책임감과 죄의식을 낳게 한다. 미국인들이 세계 인구의 15%를 차지하면서도 세계 자연 자원의 85%를 사용한다는 사실은, 거대한 원유 유출사건만큼이나 그렇게 극적으로 들리지 않을지도 모르지만, 사실 그 영향은 훨씬 더 광범위하게 미친다. 역시 정부와 회사들이 보다 큰 집단 책임감을 갖고 강력하고 과감한 수단을 동원하지 않는다면, 환경 문제는 더욱 악화될 것이다.

직업윤리 분야는 오늘날 의료, 법률, 그리고 그 밖의 다른 기관들에 소속한 구성원들이 확고한 집단 책임 의식하에서 행위 해야 한다는 점을 상기시키고 있다. 직업상의 행위 규범에 대한 개념은 고대 그리스의 히포크라테스 선서로 거슬러 올라가는데, 그것은 성적 학대나 비밀의 폭로 등을 포함하여 의사들이 환자들에 대해 가져야 할 윤리적 책임을 구체화하고 있다. 환자들의 생사를 결정할 수 있다는 점을 감안하면 의사들은 죄의식을 느낄 기회가 그만큼 더 많아질 수 있다. 오진을 하고, 수술을 엉망으로 하며, 도와달라는 호소에 대해 적절하게 대응하지 못하는 행위 등은 자신의 무능, 부주의, 그리고 그릇된 판단에 대한 죄의식과 더불어 수치심을 불러일으킨다. 의사들은 인간이기에 실수를 할 수 있다는 점을 인정하면서도, 뭔가 일이 잘못되면 여전히 그들의 양심과 직업적 긍지로 인해 굉장히 괴로워한다. 이런 상황은 법률, 상업, 그리고 그 수가 점차 늘어나고 있는 다른 서비스 직종에 있어서도 비슷하게 적용될 수 있다.[26]

집단 죄의식에 대한 대처

집단 죄의식에 대처하는(혹은 대처하지 않는) 과정 또한 우리가 개인적 죄의식과 관련하여 사용하는 기본적인 과정을 그대로 따른다. 즉, 먼저 인정하고 이후 가능하다면 화해와 함께 보상으로 마무리한다. 개인이 자신의 자존심을 억누르고 자신의 비행을 인정하는 것도 쉬운 일은 아니지만, 국가가 그렇게 하는 것은 그보다 훨씬 더 어렵다. 집단 학살에 대한 책임은 특히 감내하기가 더욱 어려운 일이다. 그것은 또한 특정 종족에 속하는 사람들을 절멸시키고자 하는(예컨대 '인종 청소'에서와 같은) 간악한 의도에서 비롯되는 경우가 많기 때문에 다른 잔혹한 행위들에 비해 그런 과정을 거치기가 더욱 어렵다. 보상과 관련한 문제는 집단 책임을 인정하는 데 한층 더 어려운 장애물로 작용한다.

독일의 경우가 주목받는 것은 바로 이런 이유 때문이다. 나치의 패배 이후 뒤이은 독일 정부들은 그들의 선조들이 저지른 행위에 대해 책임을 수용하였다. 특히 그들은 유대인 대학살에 대한 책임을 인정하고 이스라엘과 전 세계 유대인들에게 유례가 없는 규모의 재정적 보상을 포함한 일련의 조치를 취하였다. 그런 대규모의 지원이 일찍 취해짐으로써 이스라엘은 국가의 기반시설을 구축하는 데 많은 도움을 받을 수 있었다.[27] 빌리 브란트 독일 총리가 1970년에 바르샤

바 게토에서 거행된 기념식에서 무릎을 꿇은 것은 독일인들이 과거의 그런 행위에 대해 뉘우치고 있다는 것을 상징적으로 보여준 것이었다. 유대인 대학살 이후에 태어난 사람들을 포함한 많은 독일인들은 지금도 여전히 지워지지 않는 집단 죄책감에서 벗어나지 못하고 있다.

정부가 흔히 보이는 반응은 집단 죄의식을 부정하는 것이다. 가해자들은 주장자들이 말하는 범죄가 발생하지 않았다고 하거나, 범죄가 단지 소수의 권력자들에 의해 이루어졌다고 주장함으로써 혹은 주장자들이 말하는 범죄가 서로 관련이 없는 사건들이라거나, 범죄가 단지 소수의 사람들에게만 고통을 안겼을 뿐이라거나, 피해를 당한 사람들이 그렇게 큰 고통을 겪지 않았다거나, 범죄가 사전에 의논되거나 치밀하게 계획된 것이 아니라거나, 범죄가 불가피하고 다른 선택의 여지가 없었다고 주장함으로써 그들의 행위로 인해 빚어진 결과를 부인하거나 최소화시키려 한다. 정부의 입장에서는 피해자들이 피해를 당한 사람들의 숫자를 부풀리고, 책임의 범위를 확장하고("모든 사람이 그에 관여하였다."), 그리고 범죄자들을 볼모로 잡고 그들로부터 받아낼 수 있는 모든 보상을 이끌어내고자 서로 관련이 없는 사건들을 핍박의 형태로 변질시켜 책임을 과장한다고 볼 수 있다.

집단 죄의식을 부정하는 하나의 예는 터키 정부가 오스만 제국 때 아르메니아 사람들을 살해와 추방을 통해 사실상 절멸시켰던

1915년의 아르메니아인 민족말살을 계속 인정하길 거부하는 경우이다.[28] 터키는 다수의 아르메니아인들이 제1차 세계대전 기간 중 비극적으로 숨졌다는 것을 인정하지만, 이것은 어디까지나 전쟁으로 인한 대혼란과 파괴행위, 그리고 반항적인 아르메니아인들에 의해 선동된 싸움 때문이라고 주장한다.

1985년에 미국 주재 터키 대사인 쉬크리 엘렉다지 박사는 아르메니아인들에 대한 민족말살을 인정하는 결의안의 처리를 고려하고 있던 미국 하원 의원들에게 보낸 서한에서 이 입장을 고수하였다.

1915년의 사건과 관련한 아르메니아인들의 주장은 공정한 입장에 있는 학자들에 의해 거부되었고 또한 지지받을 수 없는 것으로 드러났다. 그 사건들은 명백히 아르메니아인들과는 관련이 없던 동(東)아나톨리아 지역에 오스만 제국의 시민들이었던 다수의 아르메니아인들이 배타적인 아르메니아 국가를 건설하고자 무장 봉기를 일으킨 데에서 비롯되었다.[29]

지금 국제적인 여론은 아르메니아인들의 주장을 광범위하게 지지하고 있으며, 터키에서는 이 문제에 관한 논의가 허용되어야 한다는 목소리가 높아지고 있다. 2008년 12월이 시작되면서 27,000여 명의 터키인들은 "나의 양심은 우리가 오스만 제국의 아르메니아인들이 1915년에 당했던 대재앙에 대해 무관심하고, 그럼으로써 우리가 그것을 부정하는 것으로 인식되는 것에 대해 받아들일 수 없다. 나는 이러한 불의를 거부하며, 적어도 나는 나의 아르메니아 형제자매들의 감정과 슬픔을 공유하며 또한 그들의 용서를 구한다."[30]라는 성명서에 서명하였다. 그럼에도 불구하고 터키의 법률은 여전히 이와 관련하여 **민족말살**이란 용어를 사용하는 것조차 금지하고 있다(**뉴욕 타임즈**는 사설에서 "아르메니아인들에 대한 민족말살을 부정하는 터키의 자멸적인 강박관념은 끝이 없어 보인다."라고 꼬집고 있다).[31]

개인적인 범죄자들의 범죄를 다루는 일도 어렵지만, "국가들의 범죄"[32]를 다루는 일과 비교해보면 그건 별거 아니다. 온 세계 도처에서 불운한 집단들에 대해 일어난 국가적 범죄는 그 수가 끝도 없어 보인다. 최근에 르완다, 보스니아, 시에라리온, 그리고 현재는 다르푸르와 같은 곳에서 벌어진 수많은 사람들에 대한 살인, 고문, 그리고 말살은 아직 가해자들의 편에서 그 어떠한 의미 있는 명백한 집단 죄의식이나 책임도 이끌어내지 못하고 있다. 그렇게 많은 잔혹한 범죄 행위들이 나이 어린 군인들을 포함한 '보통' 사람들일 때는 누가 그 책임을 져야 하는가를 규명하는 일조차 어렵다.

미국에서는 노예제도의 유산과 아메리카 원주민들에 대한 학대, 그리고 다른 역사적 사건들 가운데에서도 제2차 세계대전 기간 중 일본계 미국인들에 대해 취했던 억류는 국가적 양심에 무거운 짐을 지우고 있다. 그러한 잘못을 바로잡는 데 있어서, 국가는 어디까지 거슬러 올라가야 하는가? 어떠한 한계가 설정될 필요가 있는가? 우리는 재정적 및 그 밖의 다른 청산과 관련하여 그 범위를 어떻게 설정해야 하는가?

국가와 그 동맹국들의 주권을 가정하면, 다른 나라에 국제적 압력을 행사한다는 것은 더더욱 어렵다. 게다가 많은 국가들이 그와 관련한 일로부터 결코 자유롭지 못하기 때문에, 실행에 옮길 도덕적 권위를 지니지 못하고 있다. 결과적으로 정의는 가해 국가가 군사적으로 짓밟혀질 때만 이루어지는 것으로 보인다. 히틀러의 심복들을 재판으로 처벌하는 것은 어렵지 않지만, 누가 수백만 명의 죽음을 앗아갔던 스탈린의 흉악한 국가 기관을 건드릴 수 있었는가? 권력 기반을 구축한 지도자를 전쟁 범죄로 고발하고 기소하고자 하는 시도는 그 자체로 문제를 낳기 때문에 일이 더욱 복잡해진다. 예컨대 수단의 대통령은 다르푸르에서의 전쟁 범죄로 국제형사법정으로부터 구속영장이 발부되었다. 설령 그가 법정에 불려나올 수 있다 하더라도-그것은 아주 있을 법하지도 않지만, 그것은 더욱 큰 혼란과 고통으로 나아갈 수 있다는 염려가 있다. 따라서 이상주의와 실용주의가 서로 상충하게 된다.[33]

개인적인 수준에서 우리는 우리를 대표하는 사람들에 의해 혹은 우리와 사회적 유대를 공유하는 사람들에 의해 이루어진 행위들에

대해, 집단 책임을 수용할 것인가 혹은 거부할 것인가를 어떻게 결정
해야 하는가? 우리는 개인이 어떤 영향을 미칠 수 있는지, 그리고 연
대의 대가가 무엇이었는지에 대해 알고 싶어 할 것이다. 그러나 범죄
가 우리의 이름으로 행해지거나 혹은 행해져왔음에도 수동적으로 가
만히 있다는 것은 우리의 도덕적 책임을 회피한다는 것을 의미한다.
특히 민주 정부는 국민들의 뜻을 따를 수밖에 없다는 점에서, 어떤
구실로 시민들을 침묵하도록 하겠는가?

국가적 차원의 화해를 이루는 데 있어서 용서가 내포한 복합적인
가능성은 또 다른 중대한 이슈가 된다. 이 점에 있어서 남아프리카는
인종 차별에 대항한 수십 년 간의 투쟁 이후에 진실과 화해 위원회의
노력을 통해 의미 있는 성과를 이루어냈다. 넬슨 만델라 대통령은
1995년 7월 19일 권고 법안에 서명하였다. 그 나라 역사의 고통스러
운 시대를 이렇게 성공적으로 종결짓는 일은 도저히 결의에 이르기
어려울 정도의 증오와 투쟁을 결코 잊지 않으면서도 이를 극복하는
하나의 모델로서 공헌할 수 있다. 그것은 우리가 결코 잊어서는 안
된다, 그러나 우리는 용서할 수 있다는 것을 재확인시켜준다.[34]

생존자 죄의식에서는 애도 받아야 할 피해자들이 존재한다. 집단
죄의식에서는 보상 받아야 할 피해자들이 존재한다. 다음의 몇 가지
죄의식 유형에서는 어떠한 형태의 피해자들도 존재하지 않는다. 이
런 종류의 죄의식은 우리가 어떤 행동을 하는가보다는 우리가 누구

인가에 기초하고 있다. 즉, 그것은 존재의 문제이지 행위의 문제가 아니다(비록 이 둘은 서로 분리되기 어렵기는 하지만).

법령(관습)에 의해 정해진 불공평과 부(富)의 짐

불공평은 정의롭지도 않고 공정하지도 않는 불균형이다. 그것은 우리가 삶에서 원하는 건강, 부, 다른 물질적 및 사회적 이익 등, 곧 특권적인 삶과 연결되는 좋은 것들을 많이 갖고 있다는 의식으로부터 발생한다는 점에서 '적극적'이다. 이것은 어느 누구나 바라는 것인데, 왜 그에 대해 죄의식을 가져야 하는가? 다른 사람들이 소유하지 못한 것을 우리가 소유하기 때문인가 혹은 다른 사람들만큼 우리가 그것을 소유할 자격이 없기 때문인가? 여기에 전형적인 하나의 사례가 있다.

나는 나의 삶에서 내가 그럴 만한 자격이 없다고 느끼는 특권들에 대해 묘한 죄의식을 느끼기 시작하였다. 나는 아직까지 행복한 결혼 생활을 이어오는 부모님과 함께 가족들과 친밀하게 우애를 나누는 행운을 누리고 있다. 나의 부모님은 커다란 집을 장만했을 만큼 여유가 있고, 여러 차례 세계를 두루 여행하며, 우리 모두에게 많은 물질적 자산을 물려주는 행운을 누리고 있다. 나는 기본적인 생존이나 부모님의 부양에 관해 결코 걱정해본 적이 없으며, 또한 미래에 대해 정말이지 항상 자신만만하다.

우리가 소유한 것의 가치는 다른 사람들이 소유한 것과 상대적이기 때문에, 법령(관습)에 의해 정해진 불공평에 대한 죄의식은 절대적인 관계가 아니라 상대적인 관계에서 나오게 된다. 그것은 너무 많이 소유하거나 너무 적게 소유한 것의 문제가 아니라, 우리가 다른 사람들과 비교하여 더 많이 소유하거나 혹은 더 적게 소유한 것과 관련된 문제이다. 그렇지만 일부 사람들은 이를 지나치게 의식함으로써 괴로워한다. 두 개의 방이 있는 집에 사는 사람들은 다른 사람들이 단지 하나의 방밖에 없는 집에서 산다고 하여 특별히 이와 관련하여 법령(관습)에 의해 정해진 불공평을 느끼는 것 같지 않다. 그와 관련하여 일반적으로 괴로워하는 사람들은 대저택에 사는 사람들이다 (혹은 어떤 사람들은 마땅히 그래야 한다고 말할지도 모른다).

이 문제를 긍정적으로 생각해보면 법령(관습)에 의해 정해진 불공평으로부터 오는 고통은 정확히 말하면 아주 일반화된 도덕적 이슈는 아니다. 전보다 더 잘 지내는 사람들의 대부분은 그것으로 인해 어떤 괴로움을 거의 받지 않는다. 오히려 그들은 더 많이 갖고자 바랄 것이며, 그들보다 더 많이 갖고 있는 사람들을 부러워할 것이다.

사람들은 더 많이 소유하면 할수록 사회적 가치 및 자부심은 더 높아
진다. 그럼에도 불구하고 온당한 생각을 가진 사람들은 삶에서 취하
는 자신들의 몫이 다른 사람들과 비교하여 공평한 조화를 이루기를
바란다. 우리는 산출(우리가 소유한 것)과 투입(우리가 공헌한 것)이
비례하기를, 즉 삶에서 주고받음이 공정하게 되기를 바란다. 만약 우
리가 받아야 할 정당한 몫을 받지 못한다면, 우리는 분노를 느낀다.
만약 우리가 정당한 몫보다 더 많이 얻는다면, 우리는 죄의식을 느낀
다.[35] 그러나 또 한편으로 복권에 당첨되는 경우는 그런 행운을 좌우
하는 책임이 우리에게 있다고 느끼지 않기 때문에 우리는 양심의 가
책을 일으키지 않는다.

　몇 가지 부가적인 사항들 또한 중요하다. 하나는 마땅하다는 의
식이다. 자신들의 재능과 노력을 통해 부를 획득한 사람, 그리고
그것을 다른 사람들과 함께 공유하는 것에 관대한 사람들은 많은 사
람들로부터 칭송을 들으며 그럼으로써 또한 죄의식을 느낄 이유가
거의 없을 것이다(비록 어떤 사람들은 어쨌든 죄의식을 느끼지만).
구두쇠들, 그리고 자신들의 부를 정당하게 획득하지 못한 사람들은
사람들로부터 멸시를 당한다. 역설적으로 그들 또한 죄의식을 거의
느끼지 않을지 모른다.

　상속된 부는 그 자체로 부담과 아울러 자기모순을 지니고 있다.
부자의 자녀들은 스스로 부를 물려받을 자격이 없다고 생각할지도

모르며 또한 다른 사람들로부터 경멸과 시기가 혼합된 따가운 시선을 받을 수 있다. 그래서 그들은 더욱더 법령(관습)에 의해 정해진 불공평으로부터 비롯된 죄의식에 괴로워할 수도 있다. 다른 한편으로 상속된 부는 그와 함께 더 큰 명성("조상 대대로 재산이 많은 큰 부자")을 수반하며 또한 오랜 전통의 가문을 이어오고 있는 사람들은 굉장한 권리 의식을 지니고 있고 그들의 지위가 현재 사회 질서의 한 부분이 되어 있다는 점에서 죄의식을 느낄 소지가 상당히 적다.

대부분의 사람들을 괴롭히는 것은 가족들과 친구들 간의 불평등이다. 즉, 사람들은 잘 모르는 다른 사람들에 대해서는 별 관심을 갖지 않는다. 돈이 항상 문제가 되는 것은 아니다. 주식 시장에서 재미를 보는 것보다 부모의 총애를 받는 자식이 되는 것이 법령(관습)에 의해 정해진 불공평을 유도하는 더 강력한 요인이 될 수 있다. 무엇보다 우리가 경험하는 최초의 시기 질투는 다음과 같은 형제간의 경쟁이다.

내가 직면했던 가장 고달프고 또한 감정을 수반하는 도전들 가운데 하나는 나의 언니와 관련된 것이었다. 2년 전, 언니는 더 이상 학교에서 활동을 할 수 없어 집으로 돌아와야만 할 정도로 심각한 우울증 진단을 받았다. 언니의 삶은 활력을 잃은 반면에 나의 삶은 제자리를 찾은 것으로 보였다. 나는 내가 좋아했던 여름철 아르바이트를 구했고, 친구들과 자주 어울렸으며, 대학에 진학하기 위해 준비를 하고 있었다. 나는 언니가 겪고 있는 어려움들을 돌봐줄 시간적 여유가 없었는데, 솔직히 말하면, 점점 회피하고 있었다. 현격하게 대조되는 생활은 비참할 정도였다. 나는 나의 흥분상태를 억제하려고 노력하였다. 그 상황은 불공정하였다. 곧, 내 언니는 자신의 몫을 손해보고 있는 반면에 나는 과도하게 얻고 있었다. 죄책감이 지난 2년 동안 점차 흐릿해졌지만, 오늘 다시 밀려온다.

나는 학생들을 대상으로 한 설문조사에서 그들이 죄의식을 느끼는 원인으로 가장 많이 인용한 것이 "스탠퍼드에서의 생활"이라는 것을 알고는 매우 놀랐다. 나는 젊은이들이 좋은 대학에 들어가는 데 실패하면 그에 대해 죄의식을 느낄 것으로 추정했다. 그러나 이제 그것은 이래도 문제, 저래도 문제인 것처럼 보인다. 중산층 가정 출신의 학생들은 자신들의 가족들에게 재정적 부담을 안기는 것에 대해 죄의식을 느낀다(부유한 사람들은 그것을 감당할 수 있으며 가난한 사람들은 재정적 도움을 받을 수 있다). 많은 사람들이 자신들에게 주어진 교육 기회 균등이 공형한 것인지에 대해 궁금해한다. 어떤 사람들은 다른 사람들─고등학교 친구들과 같은─이 그러한 자격을 충분히 갖추고 있음에도 불구하고 그렇지 못한 반면, 자신들은 모든 사람들이 부러워하는 위치에 이르렀다는 사실에 괴로워한다. 어떤 사람들은 스스로를 마치 사기꾼인 양 느낀다("사기꾼 증후군"). 왜냐하면 그들은 자신들이 현재 처해 있는 위치에 걸맞은 지능이나 근면성, 재능 등이 부족하다고 생각하므로 자신들이 소속해야 할 곳에 있지 않다고 느끼기 때문이다.

나는 좋은 대학에 들어왔지만 이곳에 오는 데 필요한 재정적 도움을 충분히 받지 못했던 어느 여학생을 만났다. 비록 내가 그런 상황을 통제할 수 있는 능력은 없지만, 나는 죄의식을 느꼈다. 왜냐하면 나는 비싼 등록금을 내야 하는 대학에 다닐 수 있는 재정적 능력이 있었기 때문이다. 나는 단순히 사회경제적 이유만으로 어느 누군가는 가질 수 없었던 그런 기회들을 누려왔던 것에 대해 죄의식을 느꼈다.

1960년대의 정치적 혼란기에 사회 정의를 위해 일어선 젊은 대학생 운동가들은 일반적으로 가난한 혹은 약자 집안의 자녀들이 아니라 좋은 경제적 여건을 가진 가정 출신들이었다. 한편에서는 그들의 특권적 지위에 대한 죄의식(그리고 징병 면제에 대한 죄의식)이 베트남 전쟁에 대한 그들의 반대 운동에 기름을 끼얹었다는 주장도 제기되었다. 결과적으로, 그들은 매우 놀랍고도 곤혹스럽게 유복한 부모에게 반항하였고, 또한 자신들에게 미래의 풍요로운 삶을 준비시키는 대학 캠퍼스를 황폐화시켰다.[36] 부작위의 행위들(가난한 사람들과 사회적 약자들을 돕지 않는)에 대한 죄의식으로 출발하였던 것이 작위의 행위들(가난한 사람들과 제3세계의 사람들의 삶을 비참하게 만든 것에 대한 책임)에 대한 죄의식으로 진화하였다.[37] 다른 한편으로는, 그들을 베트남 전쟁을 바라보는 데 있어서 그들의 부모나 연장자들보다 훨씬 더 앞서는 정치적 통찰력과 도덕적 민감성을 갖춘 젊은이들로 이해하지 않고, 이러한 이상주의적인 청년들의 행위를 심리적 이유로 둘러대는 것은 잘못되고 불공정해 보인다.

법령(관습)에 의해 정해진 불공평은 부당 이익으로부터 야기된 죄의식과는 다르다. 다른 사람들을 사기 치거나 착취해온 사람들 혹은 무자비하게 경쟁하며 자기 잇속만 차려온 사람들은 죄의식을 느낄 타당한 이유를 지니고 있다. 그러나 그것은 여기에서 문제 삼고자 하는 이슈가 아니다. 여기에서 문제 삼고자 하는 것은 우리가 탐욕과 시기와 관련하여 이전에 검토했던 이슈인 부 그 자체에 과연 도덕적 책임이 존재하는가의 여부이다.

부에 대한 서양 사람들의 태도는 양면성을 지니고 있다. 부자들은 선망의 대상이 되기도 하고 분개의 대상이 되기도 하는데, 후자의 경우는 특히 그들이 다른 사람들을 착취하거나 탐욕을 통해 부를 축적해왔다면 더욱 그러하다.[38] 예수는 낙타가 바늘귀로 들어가는 것이 부자가 천국에 들어가는 것보다 더 쉽다고 말했다(마태복음 19:24). 말 그대로 받아들인다면, 이것은 부자들이 더 불행할 수 있는 운명이라는 것을 의미한다. 비유적으로 받아들인다면, 이것은 부자들이 영생을 물려받기가 어렵지만, 아직은 가능하다는 것을 의미한다. 이미 그 율법을 알고 있던 젊은 부자가 예수에게 자신이 천국에 들어가려면 어떻게 해야 하는지를 묻자, 예수는 가지고 있는 소유물을 나누어주고 자기를 따르라고 하였다. 그러나 젊은이는 소유하고 있던 것이 너무 많았기 때문에 이에 낙담하고 떠나버렸다. 하지만 예수는 부자들과 가까이 지내는 것을 피하지 않았다. 한 여성이 값비싼 향유를 그의 머리에 바르자, 몇몇 제자들이 그 향유를 팔아서 가난한 사람들에게 나누어줄 수 있었다고 분개하며 책망했다. 그러나 예수는 그 제자들에게 "그녀는 내게 좋은 일을 하였다. 가난한 자들은 항상 너희와 함께 있으니 너희가 원할 때마다 너희는 그들을 도울 수 있다. 그러나 너희들은 항상 나와 함께 있지 않을 것이다."(마가복음 14:3-10)라고 하였다.

기독교 수도회는 가난의 서약을 선포하였지만, 르네상스 시대에 교회의 추기경들은 사치스럽게 생활하였다. 이미 지적한 바와 같이 청교도 윤리는 부란 다름 아닌 신의 은총의 표시라는 개념을 정립하였다. 이 개념은 특히 미국에서 비옥한 토지를 만나 미국식 성공의 복음으로 발전하게 되었다. 19세기 후반에 침례교 목사인 러셀 콘웰은 "다이아몬드의 땅"이라는 설교를 6,000회 이상 행하였다.

부자가 되고, 큰 부를 성취할 수 있는 기회는 오늘 저녁, 지금 이 순간, 내가 하는 말을 듣는 모든 사람들에게 주어집니다! … 여러분은 부자가 되어야 하고, 또한 그것은 여러분의 의무이기도 합니다. 돈은 힘입니다. … 그리고 여러분은 돈이 없을 때보다는 돈을 갖고 있을 때 더 좋은 일들을 할 수 있습니다.[39]

일부 청교도 교회는 오늘날에도 뻔뻔하게 계속하여 부를 충성된 자들에게 하나님이 수여한 축복으로 찬양하는 '번영 복음'을 전파하고 있다.[40] 미국인들이 경기 침체를 겪으면서 이러한 이념으로부터 멀어졌다고 하지만, 철저한 상업적 낙관주의의 미국정신이 승리하게 되면 결국 언제든 다시 돌아올 것이다.

번영은 또한 사회학자 소스타인 베블런이 **유한계급의 과시적 소비**라 칭했던 바와 연관된다. 과시적 소비라는 것은 어쩌면 부 그 자체보다는 오히려 부유한 사람들의 문제와 관련되는지도 모른다. 그렇더라도 불공평은 전 세계적으로 견고하게 자리 잡아 심지어 평등주의 국가들에서조차 존재한다. 예를 들면, 미국인들의 상위 1%에 해당하는 사람들이 국가 부의 33%를 소유하는 반면, 아래 절반 사람들은 겨우 3%만을 소유할 뿐이다. 어떤 사람들은 수십억 달러를 갖고 있는 반면에, 세계적으로 10억 명 이상의 사람들은 하루에 1달러 미만으로 근근이 살아간다.[41]

부자들이 법령(관습)에 의해 정해진 불공평에 대처하는 방법들 가운데 하나는 자선활동을 하는 것이다. 20세기의 전환기에 앤드류 카네기와 존 록펠러는 미국 민간자선단체의 하나의 모델을 정립하였다(현재는 3만여 단체가 넘는다). 가장 최근에는 빌 게이츠와 워렌 버핏이 게이트 재단에 700만 달러를 공동으로 기부함으로써 기대치를 높였다. 미국보다 더 광범위한 자선활동의 전통을 가진 나라는 이 세상 어디에도 없다(이와 관련한 세법도 이에 도움을 주었다). 2006년에 미국인들은 2,950억 달러를 자선단체에 기부하였다(그 가운데 거의 1천억 달러는 종교단체로 들어갔다). 어림잡아 다음 50여 년 동안 미국인들은 경이적인 21조 달러를 자선단체에 기부할 것으로 추산된다.[42]

부자들이 자신들의 양심을 달래기 위해 돈을 기부한다는 인식이 있다. 실제적으로 대단한 마음 씀씀이를 보이는 사람들도 없진 않지만, 대부분의 미국 부자들(그들 가운데 최고 부자에 속하는 60여 명은 6,300억 달러에 달하는 자산가들이다)은 그들의 자산을 기부하지 않는다. 이것은 이해하기 어려운 일이다. 다시 말하면 그들이 돈을 기부하지도 않고, 축적한 돈의 일부만 쓴다면 혹은 그들의 자녀들에게 일부만 양도하려 한다면, 돈은 두었다가 어디에 쓸 것인가? 돈을 벌거나 소유하는 그 자체가 곧 목적인가?[43]

우리는 죄의식의 발달을 논의할 때 사람들로 하여금 그들의 부를 서로 공유하도록 하는 연대감이나 호혜의 전망에 기초한 이타주의의 근원을 고려하고자 한다. 다른 이유들로는 자신의 명성에 대한 선양 (혹은 경우에 따라서는 명예의 회복)이나 명망에 대한 욕망(공공건물에 자신의 이름을 지어 붙이는 것과 같은) 등이 포함된다. 그러한 행위들은 사람들이 사회적 엘리트에 편입하는 가장 확실한 방법들이다.

사람들은 또한 물질적 보상보다는 심리적 보상 때문에 돈을 쓸 수도 있다. 그들은 심리적 보상이 자신들을 살맛나게 해주거나('따뜻한 마음' 이론)(역자 주: 남을 도움으로써 마음에 기쁨의 감정을 얻는다) 혹은 자부심을 고양시켜주기 때문에 돈을 쓴다. 이런 관점에서 보면 예컨대 사람들은 단순히 고래를 지키고 보호하기 위해 돈을 주지 않는다. 그들은 고래를 지키는 돈을 주는 친절한 사람이 되고자 그런 행위를 하는 것이다.[44]

사람들이 그러한 방식으로 자신들의 이익을 추구하지 않고 순수하게 이타적이 될 수는 없는가? 예전에 재단 경영자로서 일할 때, 나는 일부 부자들이 어떤 숨은 동기 없이 자선활동을 자신들의 삶의 중심에 두고 있는 것을 보고 깊은 인상을 받았다. 죄의식이 자선활동으로 나아가는 진입점이 될 수 있을지 모르지만, 진정한 이타주의 정신 없이는 그런 활동을 지속하기가 어렵다. 자선활동은 단순히 돈 문제만은 아니다. 어떤 자선활동가가 말했듯이, "우리는 우리의 재능, 시간, 그리고 부를 기부할 수 있다."[45] 더욱이 공익사업은 전적으로 돈에 의존하는 것도 아니다. 수백만 명의 사람들은 그들의 삶을 타인들을 위한 봉사에 헌신하거나 혹은 그런 활동을 그들의 삶과 일에서 아주 중요한 부분으로 여긴다. 그들이 단순하게 죄의식에 의해 혹은 어떤 다른 자기 잇속만 차리는 동기에 의해 활동한다고 말하는 것은 어쩐지 너무 단순하고 지나치게 냉소적인 것 같다는 생각이 든다.

실존적 죄의식

죄 없는 죄의식의 마지막 유형은 가장 불가사의하다. **실존적 죄의식**은 모호한 실재로써 인간 실존의 맥락에서 죄의식을 바라보는 방식과 관련된다. 그것은 또한 **존재론적 죄의식**(존재론은 존재의 본질을 다루는 철학의 한 분야임)이라고 불리기도 한다.

존재론적 죄의식의 개념은 제2차 세계대전 이후에 유럽에서 명성을 얻었던 철학 및 문학 운동인 실존주의와 연관이 있다. 실존주의는 일반적으로 장 폴 사르트르, 시몬 드 보부아르, 그리고 알베르 카뮈와 같은 프랑스 지성인들과 결부되어 있다. 실존주의 언어는 매우 복잡하여 그 개념들을 간단한 용어들로 말하기가 어렵다. 결론적으로 실존주의는 죽음이 인간 실존에 있어서 가장 중요한 사실이라는 개인의 유일성에 초점을 맞춘다. 따라서 우리는 자기 자신에 진실하고 인간 본성에 대한 관습적인 기대로부터 자유로운 **진정성**에서 행동해야 하며, 또한 개인적 책임을 수용해야 한다. 진정성은 배반(불성실과 이중성)이나 자기기만과 함께 현실을 직시하지 못하며 단지 관습에 매몰되어 선택하는 것을 거부한다. 궁극적으로 우리가 직면하는 선택은 '무'로 빠져들거나 아니면 '존재에로의 용기'를 갖는 것이다.

실존주의 주제를 다루는 문학 작품들은 이런 개념들을 다소 쉽게 이해하도록 해준다. 하나의 중요한 예는 프란츠 카프카가 한 평범한 사람의 삶에서 일어나는 일상의, 합리적 방식으로는 이해할 수 없는 기이한 사건들에 관하여 기술한 소설 『심판』이다.[46]

소설의 주인공인 요제프 K.는 중부 유럽 도시(짐작건대 프라하)에 위치한 한 은행에서 열심히 일하는 대리이다. 그는 평범하다 못해, 오히려 외롭게 삶을 살아가는 독신 젊은 남자다. 서른 번째 생일날 아침에 요제프 K.는 두 명의 기이한 수사관들에 의해 특별한 이유도 없이 체포된다. 그는 죄를 짓지 않았고, 기소되지도 않는다. 그러나 그는 법 체제 밖에 존재하는 환상의 법원이 발부한 혼란스러운 덫에 걸려든다.

그 사건은 결코 공판에 회부되지 않는다. K.가 겪는 것은 정식재판이라기보다는 오히려 수사와 같은 것이다. 그러나 그의 추정된 죄

는 그를 집요하게 옥죈다. 그는 자신의 결백을 강변하지만, 바로 그
러한 부인이 오히려 그의 죄에 대한 증거로 발전한다. 요제프 K.의
삶은 헝클어지기 시작한다. 이상하게 시작된 사건들은 기묘하게 변
한다. 마지막 만남은 K.가 결코 모습을 드러내지 않는 의뢰인을 만
나기 위해 간 대성당에서 이루어진다. 그 사제는 그의 사건을 모두
알고 있는 교도소 사제임이 밝혀진다. 그는 K.에게 "모든 것을 사실
로 받아들일 필요는 없지만, 우리는 그것을 단지 불가피한 것으로 받
아들여야 한다."라고 말한다. 요제프 K.는 '거짓말이 보편적 원리로
변하는' '서글픈 결론'을 알게 된다. 얼마 후 그는 채석장으로 끌려 나
가 '마치 개처럼' 죽임을 당했다.[47]

 K.가 거주하는 카프카적인 세계는 억압적이고, 소외감을 느끼
고, 판단을 할 수가 없으며, 그리고 아주 끔찍한 곳이다. 카프카가 명
쾌한 언어로 표현한 소설 속의 각각의 문장들은 완전하게 이해할 수
있지만, 그 문장들을 함께 모아놓으면 그 누적효과로 인해 불가사의
하고 음울하다. 실제 보이는 대로 받아들인다면, 『심판』은 억압적이
고 비도덕적인 독재 사회에서 개인들을 취급하는 독단적이며 잔인한
방식을 상징한다. 소설의 보다 깊은 의미는 죄에 관한 관습적인 경험
을 초월한다.

 『심판』과 더불어 보다 전체적으로 카프카의 작품들에 관한 여러
해석들이 있어왔다. 『심판』이 비록 자전적 소설은 아니지만 카프카

의 개인적 삶과 그의 작품을 연결하는 몇 가지 힌트들을 담고 있다. 요제프 K. 뿐만 아니라 카프카의 다른 문학 작품의 인물들은 모두 피할 수 없는 죄의식으로부터 고통을 당하는데, 카프카 자신도 죄책감의 부담을 지고 있었다. 그의 죄책감은 아버지와의 관계, 무의식적인 갈등, 문화적으로 유발된 자기혐오, 이질적인 사회 속에서의 유대인, 서구 사회의 가치들 혹은 심지어 단순히 인간이라는 것으로부터 기원하였다. 결국 요제프 K. 의 죄의식에 관한 이해할 수 없는 상황은 어쩌면 카프카의 죄의식과 마찬가지로 실존적 죄의식의 개념을 전형적으로 보여준다. 그것은 곧 의미없는 세계에서 자신들의 정신적 지주를 잃어버린 인간 존재의 근본적 죄의식을 의미한다.[48]

실존적 죄의식은 우리가 이 세상에서 결국은 혼자이며 우리 자신의 행위에 대해 책임을 져야 하는 존재라는 인식에서 나오는 **두려움** 혹은 심각한 불안(독일말로는 **Angst** 앙스트)과 연관된 **존재론적 불안**에 근원을 두고 있다. 그러한 불안은 죽음에 대한 두려움 혹은 억압된 무의식적 갈등에 의해 야기된 신경증적 불안과 같은 그런 일상적인 불안과 혼동되어서는 안 된다. 실존적 불안은 모호하지만, 역시 고통스럽다. 그것은 세상에 알몸으로 내던져져 마음이 불안한 느낌이다. 그와 연관된 죄의식은 우리가 삶에 직면하여 이를 회피하지 않고 용기있게 도전하고 그에 책임을 지는 사람이 되는 데 도움이 될 수도 있다. 그러나 그것은 또한 괴로움의 원천이기도 하다.[49]

우리는 과거를 되돌릴 수 없기 때문에 의도적으로 진지하게 선택을 하지 못했던 것에 대해 **존재론적 후회**를 하게 된다. 우리를 실존적 죄의식으로 충만하게 하는 것은 이러한 자기 배반감과 비진정성이다. 우리가 죄의식을 느끼는 것은 도덕의 경계(임시적인)를 침범하고, 신(존재하지 않은)을 거역하거나 혹은 사회규범(별로 중요하지 않은)에 따르지 않았기 때문이 아니라, 우리가 인간으로서 부족하였기 때문이다. 곧, 우리가 진정한 삶을 사는 데 실패하였기 때문이다. 우리가 이런 감정을 회피하기 위해 할 수 있는 일이라곤 아무것도 없기 때문에, 자유로운 존재로 운명 지어진 우리는 실존적 불안과 죄의식을 느끼지 않을 수 없다. "결국 인간의 존재론적 죄의식은 인간이란 어떤 존재인가와 인간은 어떤 존재가 되고자 하는가의 사이에서 비롯되는, 인간은 어떤 존재가 되고자 하는가와 인간은 결코 어떤 존재가 될 수 없는가의 사이에서 비롯되는 해결할 수 없는 긴장에 깃들어 있다."[50]

보다 널리 알려진 설명에 의하면, 실존적 죄의식은 또한 인간으로서 우리의 잠재력을 충분히 개발하지 못한 것으로부터 일어난다고 할 수 있다. 그것은 우리를 다른 사람들과 구별하는 우리의 분리성에서, 그리고 자연으로부터의 우리의 소외감에서 비롯된다. 그런데 인간이 수많은 잠재력을 지니고 태어난다고 가정해볼 때, 우리는 어떻게 그런 잠재력을 완전하게—특히 어떤 잠재력을 개발하면 그것은 다른 잠재력에 대한 개발을 어렵게 만들곤 하는데-모두 개발할 수 있는가? 우리는 다른 사람들과 가까워지기를 열망하지만, 또한 독립하기를 바란다. 자연의 일부가 된다는 것은 아주 멋진 일이지만, 자연으로부터의 분리는 우리가 도시 생활을 위해 감당해야 하는 몫이다. 가장 그럴듯한 것은, 우리를 다른 사람들과 구별시키는 어떤 규범으로부터의 일탈이 존재하지 않는다면 우리는 어떻게 유죄가 될 수 있으며 또한 죄의식을 느끼는가? 만약 모든 사람이 인간이기 때문에 죄가 있다면, 누가 말 그대로 진정한 의미에서 죄가 있을 수 있는가?[51]

그렇다 하더라도 실존적 죄의식의 개념들은 심리적 측면에서 우리의 일상적인 죄의식보다 더 깊기 때문에 흥미가 있다. 마틴 부버는 이를 다음과 같이 말하고 있다.

실존적 죄의식, 즉 인간이 인간으로서 그리고 개인적인 상황에서 자기 자신에 대해 갖는 죄의식은 '억압'과 같은 그런 범주로는 이해될 수 없다. … 실존적 죄의식은 어떤 사람이 자기 자신이 존재하는 그리고 모든 사람들이 존재하는 그러한 토대로 알고 인정하는 인간 세계의 질서에서 벗어날 때 일어난다. …

심리치료자는 이제 더 이상 단순히 그의 죄책감을 제거해줌으로써 죄의식에 시달리는 사람들을 다루는 자신의 과업을 자기 자신이 올바로 수행할 수 있다고 인정하지 않을 수 있다. … 심리치료자는 영혼의 목사가 아니며 또한 그의 대리자도 아니다. 구원을 이뤄내는 것은 결코 그의 과업이 아니다. 그의 과업은 오로지 항상 치유에 더 다가서는 것이다.[52]

부버는 실존적 죄의식을 심리적 문제로 전환시킴으로써 우리가 그것을 다루지 **않는** 방법을 일러준다. 그것을 보다 광범위한 철학적 의미에서 어떻게 다룰 것인가는 우리가 이성의 관점에서 본 죄의식에 관한 논의를 할 때 이슈가 된다.

이것들이 우리에게 암시하는 바는 무엇인가? 이 장에서 논의되었던 내용들은 대인 관계 맥락에서 유발된 주관적인 경험으로서의 죄의식에 관한 일반적인 심리적 개념화와는 일정한 거리를 두게 한다. 여기에서 논의된 죄의식의 형식들이 이해하기에는 다소 어려움이 있긴 하지만, 죄의식이란 무엇인가에 관한 보다 미묘한 차이가 있고 또한 감지하기 힘든 견해를 추가해준다. 다음 장부터는 죄의식을 종교적 및 철학적 관점에서 고찰할 예정인데, 그때 우리는 죄의식에 대한 이런 인간주의적 접근에 관하여 할 말이 있을 것이다. 그러나 우리는 아직 다음 장으로 넘어가지 않았다. 다음 장에서는 임상적인 맥락에서 무엇이 건강한 혹은 건강하지 못한 죄의식의 유형을 결정하는지 고찰할 것이다. 무엇이 죄의식을 병적으로 만드는가, 즉 죄의식이 어떻게 우리를 병들게 하는가를 살펴보고자 한다.

1　Aaron Hass, "Survivor Guilt in Holocaust Survivors and Their Children", www. holocaust-trc.org/glbsurv.htm, pp. 1, 4, 5, 7. 이에 관한 원자료는 J. Lemberger, ed. (1995), *A Global Perspective on Working with Holocaust Survivors and the Second Generation*, pp. 163-83 (Jerusalem: AMCHA/Brookdale).

2　www.judymeschel.com/coshpsych.htm.에는 유대인 대학살 생존자들에 관한 광범위한 관련 서적의 목록이 들어있다. 많은 사람들의 개인적인 이야기들 가운데서, Primo Levi와 Elie Wiesel의 이야기는 특히 우리의 주목을 끈다.

3　나치는 600만 명이 넘는 유대인들과 더불어 많은 수의 집시들과 소비에트 전쟁 포로들, 그리고 약 20만 명의 정신병이 있거나 장애를 가진 독일인들을 처형했다. Richard J. Evans (2007), *New York Times Book Review*, June 24, p. 17.

4　Lawrence Langer (1991), *Holocaust Testimonies* (New Haven, CT: Yale University Press).

5　Primo Levi (1988), *The Drowned and the Saved,* p. 57 (London: Michael Joseph). 또한 Elie Wiesel (2006), *Night*, tr. Marion Wiesel (New York: Hill and Wang)을 볼 것.

6　위의 책.

7　William Styron (1999), *Sophie's Choice* (New York: Modern Library).

8　Levi (1988), p. 56.

9　Robert J. Lifton (1967), *Death in Life* (New York: Simon and Schuster); Robert J. Lifton and E. Olson (1986), "The Human Meaning of Total Disaster", R. H. Moos, ed. (1986), *Coping With Life Crises* (New York: Plenum).

10　Lifton (1967), p. 314.

11　2005년 8월 23일 불어닥쳤던 카트리나 허리케인은 미국 역사상 가장 많은 재산과 인명 피해를 안겨주었던 허리케인 중의 하나였다. 그 재앙에 관해 많은 사항들이 언급되었지만, 생존자 죄의식에 관한 체계적인 설명과 분석은 내가 알기로는 아직 제시되지 않고 있다.

12　*New Yoker*, June 12, 2006, pp. 127-28.

13　Sanford Gifford, 개인적 교신.

14 R. E. Opp and A. Y. Samson (1989), "Taxonomy of Guilt for Combat Veterans", *Professional Psychology: Research and Practice* 20: 159-65.

15 Ernst Freud (1960), *The Letters of Sigmund Freud*, p. 111 (New York: Basic Books).

16 J. Limdsay-Hartz, J. De Rivera, and M. F. Mascolo (1995), "Differentiating Guilt and Shame and Their Effects on Motivation", June P. Tangney and Kurt W. Fischer, eds. (1995), *Self-Conscious Emotions: The Psychology of Shame, Guilt, Embarrassment, and Pride*, p. 294 (New York: Guilford)에서 인용함.

17 생존자 및 집단 죄의식에 관해 논평을 해주고, 이 책을 집필하는 동안 우정과 지원을 아끼지 않았던 David Hamburg에게 감사한다.

18 Daniel J. Goldhagen (1996), *Hitler's Willing Executioners: Ordinary Germans and the Holocaust* (New York: Lnopf); Saul Friedlander (2007), *The Years of Extermination: Nazi Germany and the Jews, 1939-1945* (San Francisco: HarperCollins).

19 Amitai Etzioni, *Notes: Personal and Communitarian Reflections*, Blog, aeblog@gwu.edu, 영어번역 논문의 원전은 *Suddeutsche Zeitung*, Jan. 24, 2005.

20 Richard von Weizsäcker (1986), "Forty Years after the War", Geoffrey Hartman, ed. (1986), *Bitburg in Moral and Political Perspective* (Bloomington: Indiana University Press). 나는 이 자료에 관심을 갖도록 해준 Ulla Morris Carter에게 감사한다.

21 Harlan J. Wechsler (1990), "Collective Guilt and Collective Repentance", *What's So Bad about Guilt? Learning to Live With It Since We Cant't Live Without It*, p. 184 (New York: Simon and Schuster).

22 Howard W. French (1997), "The Ritual Slaves of Ghana: Young and Female", *New York Times*, Jan. 27.

23 www.eoearth.org/article/Exxon-Vandez-oil-spill.

24 집단 죄의식에 관한 추가적인 관점들에 대해서는 Nyla R. Branscombe and Bertjan Doosje (2005), *Collective Guilt: International Perspectives* (Cambridge, UK: Cambridge University Press)를 볼 것.

25 Robert S. McNamara and Brian Van DeMark (1996), *In Retrospect: The Tragedy

and Lessons of Vietman, p. xx (New York: Vintage Books).

26   Jacques P. Thiroux (2004), *Ethics: Theory and Practice*, 8th ed., ch. 13-15 (Upper Saddle River, NJ: Prentice Hall). 또한 Robert Audi (2008), *Business Ethics and Ethical Business* (New York: Oxford University Press)를 볼 것.

27   Fred Skolnick, ed. (2007), "Reparations, German", *Encyclopedia Judaica*, 2nd ed., vol. 17, pp. 220-21 (Detroit: Thomson/Gale). 이런 보상에 이른 협상들과 규모, 그리고 그 중요성에 관해서는 Nahum Goldmann (1969), *The Autobiography of Nahum Goldman: Sixty Years of Jewish Life* (New York: Holt, Rinehart and Winston)을 참고할 것.

28   내가 아르메니아인 출신 배경을 가진 사람이라는 점에서 이것은 나에게 중립적인 주제가 아니다. 아르메니아인들과 대부분의 서양 역사가들은 1915년 아나톨리아에서 백만 명이 넘는 아르메니아인들을 추방하고 몰살시킨 사건을 20세기의 첫 번째 민족 말살로 본다. 영국의 역사가인 아놀드 토인비는 이를 "민족 학살"이라 하였다. 이에 대한 좀 더 자세한 내용은 Vahakn N. Dadrian(1995), *The History of the Armenian Genocide: Ethnic Conflict from the Balkans to Anatolia to the Caucasus* (Providence, RI: Berghahn) 참조할 것. 이와 다른 관점에 대해서는 Stanford Shaw and Ezel Kural Shaw (1977), *History of the Ottoman Empire and Modern Turkey* (Cambridge, UK: Cambridge University Press)를 참조할 것. 아르메니아인들에 대한 민족말살과 홀로코스트 간의 대비는 Robert F. Melson (1992), *Revolution and Genocide* (Chicago: University of Chicago Press)를 참조할 것. 집단 책임을 인정하는 것은 민족말살을 방지하는 데 있어서 중요한 요소가 된다. 이에 대해서는 David A. Hamburg (2008), *Preventing Genocide* (Boulder, CO: Paradigm)를 볼 것. 아르메니아인들에 대한 경우는 제3장에서 논의되었다.

29   *Armenian Mirror-Spectator*, Jan. 26, 1985, pp. 2, 15.

30   Nügte V. Ortaq (2009), *L'Express*, Jan. 22, p. 33. 나는 이 책의 프랑스어 번역에 도움을 둔 Marc Bertrand에게 감사한다.

31   *New York Times*, May 16, 2006, p. A26. 그럼에도 불구하고 터키와 아르메니아공화국은 두 국가 간의 유대를 정상화하는 것과 관련한 광범위한 협정을 체결하였다. 민족말살을 인정하는 문제는 아마도 십중팔구 협상의 주제가 될 것이다.

Mary Beth Sheridan (2009), "Turkey, Armenia in Broad Accord", *Washington Post*, Apr. 23.

32 Elazar Barkan (2000), *The Guilt of Nations: Restitution and Negotiating Historical Injustices* (New York: W. W. Norton).

33 *Time*, Jury 28, 2008, p. 7.

34 Lyn S. Graybill (2002), *Truth and Reconciliatiom in South Africa: Miracle or Model?* (Boulder, CO: Lynne Rienner).

35 Elaine Walster, G. William Walster, and Ellen Berscheid (1978), *Equity Theory and Research* (Boston: Allyn and Bacon).

36 Kenneth Keniston (1968), *Radical Youth* (New York: Harcourt).

37 Martin Hoffman (1982), "Development of Prosocial Motivation: Empathy and Guilt", in Nancy Eisenberg, ed. (1982), *The Development of Prosocial Behavior*, pp. 302-3 (New York: Academic Press).

38 금융위기 시기의 부를 향한 부정적 태도에 대해서는 "The Rich Under Attack", *The Economist*, April 4-10, 2009, p. 15를 볼 것.

39 David Brooks (2009), "The Commercial Republic", *New York Times*, Mar. 17, p. A 23.

40 *Time*, Sept. 18, 2006; Joel Osteen (2007), *Become a Better You* (New York: Free Press).

41 Arthur B. Kennickel (2003), *A Rolling Tide: Changes in the Distribution of Wealth in the U.S., 1989-2001*, Nov., 표 10 (New York: Levy Economics Institute).

42 *New York Times Magazine*, March 9, 2008, 이들 수치는 이 잡지로부터 나온 것이며, 이번 호에서는 오직 자선활동에만 집중하였다.

43 Austin Goolsbee (2007), "Why Do the Richest People Rarely Intend to Give It All Away?" *New York Times*, Mar. 1, p. C3. 철학자 피터 싱어는 갑부들, 그리고 나머지 우리가 개발도상국들의 어려움을 충족시키기 위해 얼마를 기부해야 하는지에 관한 공식을 내놓았다. Peter Singer (2006), "On Giving", *New York Times Magazine*, Dec. 17, pp. 55-80ff.

44 *New York Times Magazine*, Mar. 9. 2008, p. 47.

45 Esther Hewlett, 개인적 교신.

46 Franz Kafka (1925/1992), *The Trial*, tr. Willa and Edwin Muir, p. 220 (New York: Schocken Books).

47 Ibid., p. 220.

48 Donald V. Morano (1973), *Existential Guilt: A Phenomenological Study* (Assen, Netherlands: Koninklijke Van Gorum). 또한 A. E. Dyson (1987), "Trial by Enigma: Kafka's *The Trial*", in Harold Bloom, ed. (1987), *Franz Kafka's "The Tiral"*, pp. 57-72(New York: Chelsea House); Walter Sokel (1995), "Franz Kafka: Der Prosess", in W. J. Dodd, ed. (1955), *Kafka: The Metamorphosis, The Trial, and The Castle* (New York: longman); Henry Sussman (1993), *"The Trial": Kafka's Unholy Trinity* (New York: Macmillan)를 볼 것.

49 Charles B. Guinon (1999), "Heidegger", pp. 370-73, 그리고 William L. McBride (1999), "Existentialism", pp. 296-98, in Robert Audi, ed. (1999), *The Cambridge Dictionary of Philosophy* (Cambridge, UK: Cambridge University Press). 또한 www. existentialpyschotherapy.net/#guilt를 볼 것.

50 Morano (1973), p. 41.

51 실존주의 죄의식에 관한 이런 개념들은 Rollo May가 제안한 것이다. 이에 관해서는 Carrll E. Izard (1991), *The Psychology of Emotions* (New York: Plenum)에 논의되고 분석되어 있다.

52 Martin Buber (1957/1965), "Guilt and Guilt Feelings", in *The Knowledge of Man: A Philosophy of the Interhuman*, tr. Maurice Friedman, pp. 126, 127, 131 (New York: Harper and Row).

CHAPTER 05

죄의식의 병적 측면

죄의식의 병적 측면

제대로 기능을 하는 양심은 그렇지 않은 양심과 어떻게 다른가? 죄의식은 왜 그리고 어떻게 과도하게 되는가? 죄의식은 언제 우리를 병들게 하는가? 죄의식은 단지 과도할 때만 문제가 되는가, 아니면 죄의식이 결핍될 때도 똑같이 심각한 문제를 야기하는가? 우리가 너무 죄의식을 느끼지 않거나 양심이 부족하면 어떤 결과가 일어나는가? 이런 문제들이 우리가 이 장에서 언급하고자 하는 것들이다.

엠마 L.은 19살의 총명하고, 사려 깊고, 매력적이며, 자신감 있

나는 이 장에 대해 비평해준 샌퍼드 기퍼드(Sanford Gifford)와 존 레이시(John Racy)에게 감사한다.

는 대학생이다. 그녀의 이야기는 계속적으로 반복된 우울증으로 인해 야기된 죄의식이 어떻게 종교적 신념으로 나타나는지를 잘 보여준다. 엠마의 종교적 신념은 그녀의 죄의식을 낳은 우울증의 원인이 아니다. 그런고로, 그녀의 이야기는 한 기독교인이 경험한 전형적인 죄의식과는 거리가 있으며, 또한 죄의식을 유도하는 종교로서의 기독교가 지닌 병폐와도 관련이 없다. 오히려 이 이야기는 죄의식의 경험과 표현을 포함하여 개인의 도덕적 민감성을 형성하는 심리적, 병리적 그리고 종교적 요소들이 복잡하게 얽힌 상태를 보여준다.

나는 내 스스로 선택한 근본주의 기독교인이었다. 결코 부모님의 강요에 의한 것이 아니었다. 내 어머니는 매우 절충적인 신념의 소유자이며 나의 아버지는 교회에서보다는 잔디에 물을 줄 때 하나님을 더 자주 영접한다고 말하는 분이다. 내가 교회에 관여했을 당시에는 죄의식이 나에게 일어나지 않았다. 돌이켜 생각해보면, 내가 기독교인이 되고자 결심했던 주요 이유가 나의 임상 우울증의 전력과 관련이 있었다고 생각한다. 나는 지금 19살인데, 다섯 번째의 우울증 유발을 예방하고자 약물 치료를 받고 있다. 내가 첫 번째 우울증을 앓았던 것은 9살 때였다.

나의 첫 고교 2년간은 내 인생에서 좋은 시기였다. 나는 새로운 친구들을 사귀었고, 새로운 학교에서 새 출발을 하였으며, 밴드와 드라마 활동에도 열심히 참여하고 있었다. 나의 미래는 그 가능성이 무한해 보였으며, 하나님에 대한 나의 믿음은 누군가가 내 기도를 들어주고 나를 보살펴주고 있다고 느끼게 해주었다. 그러나 나의 믿음에는 또 다른 면이 있었다. 즉, 기독교인으로서 가장 행복한 나날임에도 불구하고 나는 죄의식으로 괴로워했다. 그 죄의식은 주로 내가 하나님을 향해 가졌던 부채의식으로부터, 나는 선천적으로 죄가 있으며 사악하다는 신념으로부터 그리고 마지막으로, 나는 나의 죄의식을 좋은 것, 곧 내가 하나님의 길에서 너무 멀리 벗어나 잘못된 길로 가지 않도록 해주는 완충제로 공헌한다고 믿었던 것으로부터 일어났다. 왜 하나님이 나를 구원해주려고 하는지 혹은 심지어는 왜 하나님이 처음에 나를 창조하고자 결정했는지 모르지만, 나는 내 삶의 나머지를 그 빚을 갚는 데 보내기로 결정하였다. 내가 하나님의 계율을 어기거나 믿음이 부족하여 하나님을 실망시켰다고 느낄 때마다 경험하기 시작했던 죄의식의 바탕을 이룬 것은 바로 이러한 부채의식이었다.

나는 내 영혼의 모든 순수성은 하나님의 것이라고 여기는 반면, 내 존재의 본질에 대해서는 사악한 것으로 보게 되었다. 나는 도덕적 일탈에 대해 죄의식을 느꼈을 뿐만 아니라, 나의 타고난 본성에 관해서도 부끄러워했다. 나는 죄로부터 나를 구원하기 위해 예수가 나의 삶으로 들어오셨다는 것을 항상 내 자신에게 상기시키며, 이에 감사하였다. 나는 거의 끊임없이 죄의식을 느꼈지만, 그것이 힘들다는 생각은 들지 않았다. 오히려 그 반대로, 나는 죄의식을 감사하게 받아들였다. 비록 기독교인으로서 내가 경험했던 '일반적인' 죄의식을 건강한 것으로 생각하지는 않지만, 우울증이 나를 세 번째로 강타하였던 내 나이 16살, 고등학교 3학년 때 경험하였던 죄의식과 비교해보면, 그것은 별거 아니었다.

나는 '기독교인의 경험'을 애써 일반화시키고자 하는 것이 아니다. 오히려 나는 내 삶에서 나를 분열로 이끌었던 것이 기독교라고 확신한다. 내가 생각할 때, 나는 세상을 항상 흑백 혹은 전부냐 전무냐의 관점에서 보는 경향이 있었는데, 나의 종교적 신념이 이러한 경향성을 더욱 강화시켰다. 그것은 특히 욕정에서부터 이기심, 교만에 이르기까지 내가 사악한 것으로 규정했던 내 자신의 부분들을 도려내는 데 강력한 힘을 발휘하였다. 나는 내가 생각하는 옳음의 구조에 적절치 않았던 내 자신의 부분들을 매장시키고자 노력했다. 내 자신에게서 '사악한' 면을 발견할 때면, 사탄이 내 영혼을 통제하고 있지나 않나 하고 엄청 두려워했다.

"하나님, 제발 저를 떠나지 말아주세요. 하나님 없는 저는 아무것도 아닙니다." 나는 일기장에 자주색 잉크로 이렇게 썼다. 나는 그날 밤 다시 하나님을 사랑하리라고 마음을 단단히 먹었다. 나는 늘 그날 밤을 우울증으로부터 회복하는 시작으로 회상하였으며, 그리고 적어도 상징적으로는 그랬다. 그러나 그것엔 그날 하루 밤 회개의 경험 그 이상의 것이 있었다. 나는 치료 전문가를 만나 내 자신을 돌보는 법을 배우기 시작했다. 나는 몇몇 불건전한 교우관계에 거리를 두었고, 그리고 아마도 가장 중요한 것으로는 나의 우울증이 6주간 지속되었다는 것이다.

하나님에 대한 나의 새로운 이미지의 기반이 된 하나의 문장이 있었다. 그것은 "나를 가장 그리고 그 어떤 무엇보다 사랑하라, 그러면 모든 다른 사랑들이 그 뒤를 따를 것이다."였다. 그러나 내가 내 마음 속에 간직하고 있던 하나님은 나의 충성과 나의 몸을 얻기 위해 내 남자 친구들과 경쟁했던 질투심 많은 연인이었다. 내가 16살이었다는 그리고 성적 결정에 직면하기 시작했다는 사실은 나의 성생활을 죄의식의 논리적 대상으로 만들었다. 나는 하나님과의 관계 대신에 성욕 혹은 남자 친구들을 선택했다고 느낄 때마다 죄의식으로 갈가리 찢겨 나갔다. 나는 정말 진정한 나의 첫 번째 남자 친구와 '너무 멀리 나갔다'고 느낀 죄의식에 사로잡혀 교회 근처의 묘지에서 흐느껴 울며 보냈던 어느 일요일 오후에 대한 기억을 영원히 잊을 수 없을 것이다.

종합적으로 보면, 기독교는 그 이후에 내 건강에 큰 도움이 되었다. 내가 정서적으로 더욱 강하게 성장함에 따라, 하나님의 선하심을 믿기가 더 쉬워졌다. 내가 내 자신을 받아들임에 따라, 나는 하나님이 나를 역시 사랑했다는 것을 믿기 시작할 수 있었다. 그렇다하더라도, 내가 내 자신을 위하여 창조했던 기독교를 싫어하지 않을 사람은 매우 드물 것이다.[1]

우리는 엠마가 죄의식으로 고심하는 것을 어떻게 이해해야 하는가? 한 가지 방식은 그것을 임상적 관점에서 바라보는 것이다. 엠마는 죄의식을 수반한 우울증 질환으로 고통을 받았는데, 그 질환의 핵심 징후들 가운데 하나는 본인이 스스로 그것을 어떻게 통제할 수 없다는 것이다. 이런 경우, 그녀의 종교관은 그것이 얼마나 중요하든 상관없이 부차적인 것이 된다. 다시 말하면, 그녀의 죄의식을 부채질했던 것은 우리가 보통 말하는 그런 기독교가 아니라 그녀가 우울증의 극심한 고통 속에서 자신을 위해 창조했던 기독교였다. 그녀가 어떤 다른 종교에 소속하였든 혹은 전혀 어떤 종교에 소속하지 않았든 그것은 거의 문제가 되지 않았을 것이다. 즉, 그녀의 죄의식은 스스로 그 자체를 표현할 어떤 다른 수단을 찾았을 것이다. 이 경우에 죄의식은 질환의 산물이었고, 종교는 그의 원인이 아니라, 그의 표현 수단이었다.

이에 대한 하나의 대안적인 관점은 엠마의 종교적 신념은 그녀가 느낀 죄의식의 필수 요소로서 그것이 더 큰 역할을 하였다는 것이다. 그녀의 죄의식은 기독교의 특별한 방식으로 규정된 죄에 어울리는 그러한 영적 반응의 한 부분이었을 것이다. 달리 말하면, 예컨대 엠마가 불교도였다면, 우울증으로 인해 야기된 그녀의 죄의식은 그 성격이 분명히 달랐을 것이며, 아마도 그 강도가 훨씬 덜 했을지도 모른다(비록 불교도들 또한 우울증에 걸리지만). 그래서 이 관점에서 본다면, 특정한 형태의 기독교 신념들이 그녀의 죄의식을 방조함으로써 그녀가 그로부터 고통받는 데 직접적으로 기여하였다.

우리가 대립하는 이 두 가지 설명 가운데 어느 하나를 선택하든 혹은 그 둘을 적절히 조화시키든, 분명한 것은 엠마가 죄의식을 과도하게 경험했다는 것이다. 죄의식은 그녀에게 극심한 진통과 고통을 불러 일으켰으며 그녀의 어린 시절을 굴곡지게 하였다. 그녀가 어린 아이였다는 점에서 그렇게 죄의식을 느껴야만 할 어떤 현실적인 도덕적 이유가 없었다. 그녀는 어떤 잘못을 저지르지도 않았었다(엠마는 현재 결혼해서 두 자녀를 두고 있으며 심리치료전문가로 일하면서 행복한 삶을 보내고 있다. 그녀가 어린 시절에 겪었던 죄의식의 고통은 이제 아주 먼 옛날의 악몽처럼 느껴진다).

죄의식의 문화적 기준점

병리적 죄의식은 정신과 의사들과 그 밖의 다른 관련 임상의들의 영역이다. 그러나 죄의식의 심리를 문화적 맥락을 배제한 채 이해한다는 것은 불가능한 일이다. 죄의식에 관한 적절한 기준, 즉 사람들이 어떻게, 언제 그리고 어느 정도 죄의식을 느껴야 하는가는 수 세기를 거치며 변화해온 우리의 사회적 관습의 일부이다. 예컨대 여태까지 사람들은 죄의식을 주로 도덕적 관점에서 생각해왔다. 중세의 경우에 대중들의 정서-물론 항상 그런 것은 아니지만-주로 교회의 교리에 의해 영향을 받았으며, 죄의식을 느끼는 것은 좋은 일이라는 생각을 발전시켰다. 왜냐하면 죄의식은 건강한 양심을 반영한 것으로 여겼기 때문이다. 그래서 우리가 죄의식을 더 느끼면 느낄수록, 우리는 죄를 저지르고자 하는 유혹에 더 잘 저항할 수 있다는 것이다. 과도한 죄의식으로 이끌었던 이러한 이념이 중세 기독교와 연합하게 되었다. 그것은 대부분의 수도사와 수녀들이 육욕을 억제하여 자신들의 영혼을 구제하길 바라도록 하는 데 영향을 미쳤다. 보통의 일반 사람들은 그런 입장을 어느 정도 따라야 하는지 알기 어렵다. 이런 믿음에서 감정을 억제하는 사람들은 헤어 셔츠(역자 주: 과거 종교적인 고행을 하던 사람들이 입던, 털이 섞인 거친 천으로 만든 셔츠)를 걸치고 목욕을 거부하는 것과 같은 금욕의 실천에 매달렸다. 그리고 다음과 같이 일부 사람들은 훨씬 더 치열하게 육욕을 억제하였다. "성녀 마르가리타 마리아 알라코크는 썩은 과일과 먼지가 가득한 빵을 찾아 먹었으며 … 그리고 세탁기에서 빨래를 다 하고 난 물을 마셨다. … 그녀는 예수의 이름을 가슴에 칼로 새겼으며, 그 자국들이 오래 보존되지 않자, 촛불로 그 자국들을 태워 흔적을 남겼다."[2] 환자의 상처에서 나오는 고름을 마시고 씻기는 것을 생각하면 혐오스럽지만, 그런 행위들은 환자를 간호하면서 느끼는 혐오감을 극복하기 위한 것이었다.[3] 전염병이 확산되면, 환자들은 그 재앙을 초래한 원인을 제공한 것 같은 죄의식을 느껴 이를 속죄하고자 스스로를 채찍질 했다. 초기 교회의 유명한 신부였던 테르툴리아누스는 욕정을 극복하고자 스스로 거세하였다.

교회는 적어도 공식적으로는 이런 행위들이 장애적인 성격을 지니고 있다는 것을 인정하여 탐탁잖아 했지만, 이를 실천한 사람들을 성인으로 공표하였다. 종교 서약을 한 많은 사람들이 헌신과 봉사의 삶을 추구하였지만, 중세의 수녀원들은 특히 정신적으로 병든 사람들을 포함하여 사회적으로 따돌림받아 갈 곳이 없는 부랑아들에게 거처를 제공하였다. (성 베르나르디네는 그들을 "이 세상의 인간쓰레기이자 토사물"이라고 불렀다.)⁴ 결과적으로 그런 믿음과 실천들은 흔히 순수한 신앙심이라기보다는 정신적 질환의 결과였다. 그것들은 그 원인뿐만 아니라 그 과도함의 측면에서 병적이었다.

중세의 종말을 초래한 르네상스 시대에 가속화되었던 세속화는 인간을 자율적인 존재이자 자신의 운명에 대한 주인으로 바라보는 새로운 관념을 정립하는 데 기여하였다(빅토리아 시대의 시인인 윌리엄 어니스트 헨리는 다음과 같은 유명한 시를 읊었다. "그것은 중요치 않다. …/아무리 많은 형벌이 나를 기다릴지라도, /나는 내 운명의 주인이요, /나는 내 영혼의 선장일지니"). 이러한 세속적 정신 구조는 새로운 윤리, 새로운 양심 그리고 새로운 죄의식의 기준점을 낳았다. 영생이 아닌, 최고선, 세속적인 행복을 추구하는 것이 윤리의 핵심이 되었다. 쾌락과 행복의 추구에 대해 가졌던 죄의식이 점차적으로 행복을 얻으려고 하는 노력으로 대체되었다.

개인적 자율성에 대한 강조는 20세기에 이르러 죄의식에 대한 새로운 태도로 이어졌다. J. A. 아마토가 지적했던 바와 같이, 그의 첫 번째 형식은 죄의식의 결핍이었다. **죄책 없는 남자/여자**는 결핍된 죄의식을 가지고 있으며 공감, 자비 그리고 동정이 결여되어 있다.[5] 그와 같은 사람들은 지시에 따라, 설령 그런 지시가 수천 명의 죽음을 앗아간다 하더라도, 의무를 이행하고 있다고 표방함으로써 자신들에게는 아무런 책임이 없다고 항변한다. 이들 평범한, 미미한 개인들은 엄청난 피해를 불러일으킬지도 모를 '악의 평범성'을 구현한다(마치 아돌프 아이히만의 경우처럼).[6] 우리는 조직 폭력단이나 갱 집단에서 이런 태도를 볼 수 있는데, 그들은 다른 사람들의 고통에 냉담하게 무관심하다. 이런 사람들은 현대 사회의 '유독성 폐기물'로 치부될 수도 있다. 그러나 전략적으로 중요하지 않은 도시들을 '양심에 아무런 거리낌 없이' 폭격을 가하는, 특히 그런 일이 자기 나라에 의해 이루어졌을 때, 그러한 대대적인 파괴를 다루는 일은 훨씬 더 난감하다. 제2차 세계대전 기간 중에 연합군이 드레스덴과 같은 독일 도시들에 가한 최악이자 최대 규모의 융단폭격은 전쟁 종료가 이미 임박한 시점에 이루어졌으며 어떠한 전략적 목적에 기여한 바도 없었다는 것이 문서로 입증되고 있다.[7] 히로시마와 나가사키에 대한 대규모의 파괴는, 비록 그 일이 전쟁을 빨리 종식시키고 많은 생명을 구했다는 주장도 있지만, 비슷한 관심을 불러일으킨다.

아무런 죄책이 없는 사람과 정반대되는 인물은 지나친 죄의식으로 고통을 받는 **죄진 남자/여자**이다. 이런 사람은 모든 일을 양심의 문제로 환원시켜 지나치게 고뇌하며, 그럼으로써 그들은 도덕적으로 무방비 상태가 되고 무력하게 된다. 아마토는 이에 대해 다음과 같이 말하고 있다. "죄진 사람의 세상은 '도덕적 지뢰밭'이다. 그는 끊임없이 자기 자신으로 귀인시킨다. 마치 그의 존재 전체가 그의 불안해하는 양심에 얽매어 있는 것 같다. ⋯ 그의 마음은 그가 항상 피고의 신분으로 서 있는 법정이다. ⋯ 그가 법정에서 하는 답변은 차이가 없다. 그의 재판은 계속되지만 선고는 결코 내려지지 않는다."[8]

이러한 만연한 죄의식은 인류 전체에 피해를 입혔던 전쟁, 혁명, 집단 학살, 숙청, 경제위기 등의 결과로 20세기에 유행하게 된 그리고 우리의 현대적 생활양식의 두드러진 특색이 된 '문화 신경증'을 야기하였다.

이런 상황들은 **죄진 남자/여자**가 전형적으로 보여준 바와 같이, 세상의 고통에 대해 한층 고양된 민감성을 지닌 '사회적 양심 쌓기'의 과정으로 나아갔다. 이런 유형의 사람들은 자신들이 행하는 잘못뿐만 아니라 그들이 행하지 못하는 모든 선에 대해서도 도덕적으로 괴로움을 느끼는 윤리적인 존재들이다. 이전의 종교적 죄의식은 신에 의존하였다. 세속적 죄의식은 자신의 행위에 대해 전적으로 책임을 지는 자율적 존재가 마땅히 감당해야 할 몫이다. 이러한 이상화된 양심은 세상의 상호의존성이 점차 증가하면서 나타나게 된 윤리적 반응이다. "우리는 각자 모든 사람들과 모든 것에 책임이 있다."[9]라는 것은 곧 도스토옙스키의 『카라마조프의 형제들』에서 조시마 신부가 보여준 의식이다.

따라서 우리는 개인적인 과도한 죄의식의 경험을 우리가 사는 역사적 및 문화적 맥락에서 이해할 필요가 있다. 우리 자신의 심리에 의해 야기된 죄의식과 문화적 요소들에 의해 강제된 과도한 죄의식을 구분하는 것은 매우 중요하다. 우리가 사회적으로 지장을 주는 행동들을 억제해야 할 필요성은 사회가 우리의 개인적 자유를 제한하는 정도와 필연적으로 맞물려 있다. 사회적 제약이 너무 느슨하면, 우리는 혼돈에 휩싸일 위험이 있으며, 사회적 제약이 너무 엄격하면, 우리는 사는 재미를 빼앗길 수 있다.

19세기 말엽 빅토리아 시대에 도덕이 요구했던 과도한 제약은 니체나 프로이트와 같은 사람들이 불필요한 죄의식을 유발했던 당시의 지배적인 사회적 관습에 저항하는 계기가 되었다. 『문명과 불만』에서 프로이트가 제기했던 기본적인 논제는 인간의 자연적 욕망들('본능들')과 문명의 제약 사이에는 타협할 수 없는 갈등이 존재한다는 것이다. 사회가 발전함에 따라, 사회는 질서를 유지하기 위해 인간의 욕구, 특히 성욕과 공격성을 더욱 제약한다. 그러나 인간의 자유를 축소시키고자 하는 필요가 커지면 커질수록, 신경증적 고통으로 지출하는 비용은 그만큼 더 늘어난다.[10] 프로이트는 이를 한 농부가 자신의 말이 굶어 죽을 때까지 매일 조금씩 건초를 줄여가는 이야기로 설명했다. 마찬가지로, 우리 인간은 인생이란 게임이 더 이상 애쓸 보람이 없다는 생각에 이를 때까지 문명에 의해 우리의 본능적인 만족이 부정당할 수 있다. 프로이트의 암울한 결론은 인간은 문명 없이는 존재할 수 없지만 인간은 문명으로 인해 결코 행복해질 수도 없다는 것이다.[11]

죄의식에 대한 심리적 평가

죄의식은 언제 정상이고 언제 비정상이 되는가? 정상성은 우선 무엇보다 대다수의 일반인들에게 적용되는 바를 상징하는 통계적 개념이다. 그 말은 '평균'을 나타내는 것이기 때문에, 정상적인 것이라면 무엇이든 병적이라 할 수 없다. 만약 대다수 사람들의 코가 삐뚤어져 있다면, 삐뚤어진 코는 정상적인 사람 얼굴의 일부가 될 것이다. 사람을 잡아먹는 사회에서는 인육을 먹는 것이 우리가 소고기를 먹는 것과 별반 다르지 않다.

그러나 통계적 기준이 정상성을 결정하는 유일한 요인은 아니다. 도덕 판단은 사람들의 숫자와 무관할 수 있다. 그래서 거짓말은 비록 어떤 한 사람이 거짓말을 하더라도 나쁜 것으로 여겨진다. 그러나 실제적인 문제로서 도덕적 및 법적 기준은 보통 대다수 사람들의 공통적인 윤리적 가정을 대표한다. 우리는 누가 무슨 짓을 했다 해서 그들 모두를 교도소나 지옥에 보낼 수는 없다.

사람들은 매우 다양한 행동을 하는데도 불구하고 우리는 어떤 사람들을 나쁜 사람, 비도덕적인 사람 혹은 범죄자로 구분한다. 우리가 그들을 어떤 나름의 규칙에 근거하여 건강한 사람, 도덕적인 사람, 법을 준수하는 사람들과 구분하긴 하지만 그것은 결국은 자의적일 수밖에 없다. 죄의식에 대한 경험도 이와 다르지 않다. 일반적으로 일상의 일탈에 대한 적절한 반응은 죄책감을 느끼는 것이다. 그런데 어떤 사람들은 극단에 치우쳐 그들이 하는 모든 일에 대해 죄의식을 느끼거나, 그들이 하는 모든 일에 죄의식을 느끼지 못한다. 우리의 상당수는 그 두 극단의 어딘가에 속한다. 다음의 예를 보고 이 사람이 이런 상황에서 죄의식을 느껴야 하는지 혹은 그래서는 안 되는지를 결정해보라.

어느 누군가가 나에게 도움을 요청할 때마다 나는 "예" 하고 대답할 압박감을 느낀다. 우리 두 사람 간의 친소 관계가 어떻든, 그리고 그 요청을 해결하는 데 얼마나 많은 시간이 걸릴지 혹은 그 요구가 얼마나 곤란할지 상관없이, 나는 보통 그냥 따르고자 한다. 거부하고자 할 때마다 나는 마치 내가 그 사람의 기대를 저버린 것 같은 죄의식으로 휩싸인다. 이런 느낌이 너무 괴로워 차라리 그 사람의 도움을 받아들이는 편이 훨씬 더 나를 편안하게 한다는 것을 안다. 이런 죄의식에 대해서는 어떤 논리적인 이유가 없다. 그러나 나의 사회적 책임감은 그러한 요청을 거부하면 그날 이후 쭉 내 마음이 불편하고 아플 정도로 발달되어 있다. 나는 마치 덫에 걸린 느낌이고, 그로부터 해방될 수 없을 것 같다.

이 사람이 기꺼이 도와주고자 하는 마음은 그를 좋은 사람으로 만드는가 아니면 바보로 만드는가? 그런 태도가 그 자신과 다른 사람들에게 어떤 영향을 미치는가에 관한 보다 많은 정보가 없다면, 답하기가 쉽지 않다. 다음은 그와 정반대되는 경우이다.

아마 나는 죄의식을 느끼기에는 너무 자존심이 강한 사람인 것 같다. 나는 살면서 죄의식을 거의 느끼지 못했다. 그동안 살아오면서 분명히 어떤 도덕규범들을 어겼을 텐데, 그런 일들은 나에게서 어떠한 죄의식도 불러일으키지 않았던 것 같다. 예를 들면, 중학교 때 가게 물건을 훔치다 잡혔는데, 나는 몰래 잘 빠져나가지 못했던 것에 대해 무척 화가 났다. 연애나 대인 관계와 관련해서는 나는 '죄책감'보다 '미안하다'는 단어를 더 잘 사용하곤 한다. 나는 보통 관계를 끝내는 사람이기 때문에, 내적인 고통이나 뉘우침 같은 것은 거의 없다. 나는 항상 스스로 내 자신을 정당화할 수 있기 때문에, 내 자신을 힐난하는 일은 불합리한 일이 된다. 아마 나는 죄의식을 경험하기에는 너무 자존심이 강한 것 같다.

이 사람을 사이코패스라 부르는 것이 너무 가혹할는지 모르지만, 냉혹한 성향이 흐르는 그의 태도에는 냉담한 기운이 서려 있다. 다른 한편으로 보면, 그는 다른 사람들에게 어떠한 심각한 해를 끼쳤다고 생각하지 않는 것으로 보인다. 그는 그저 가볍게 "미안하다."라고 말한다. 마지막으로 다음과 같이 자신이 죄의식을 느껴야 하는지 혹은 그래서는 안 되는지를 결정하지 못하는 사람들이 있다.

내가 죄의식을 느껴야 하는지 그리고 언제 그래야 하는지를 정확히 집어내기가 쉽지 않다. 나는 신앙심이 깊은 사람도 아니고(전통적인 의미에서) 내 자신이나 다른 사람들에 대해 옳으니 그르니 하며 비판을 잘 하는 사람도 아니다. 나는 옳고 그름에 관한 원칙들을 믿지 않는다. 대신에 사람은 자기 자신의 원칙에 따라 생활해야 한다고 본다. 그리고 그런 생활이 다른 사람들에게 영향을 미치지 않는다면, 그에 관해 미안해 할 필요도 없다. 그러나 때로는 그런 생각을 가지고 있는 것에 대해 약간의 죄의식을 느낀다. 즉, 그런 원칙들이 진정한 나의 이상인지 아니면 내 행동을 무의식적으로 정당화하는 방식인지 말하기가 참 곤란하다. 누군가는 내가 죄의식을 느끼지 않는 것에 대해 죄의식을 느낀다고 말할지도 모르겠다.

이 평가들에서 고려해야 할 점은 독립된 하나하나의 일들이 아니라 일반적인 행동 패턴들, 즉 그런 일들의 일관성, 중대성, 그런 일들이 발생하는 상황들이라는 것이다. 무엇이 우리로 하여금 **습관적으로** 죄의식을 느끼게 하는가? 어떤 조건들하에서 죄의식의 감정이 일어나는가? 죄의식이 우리 자신이나 다른 사람들의 삶에 끼치는 지장 가운데 가장 중요한 것은 무엇인가? 만약 삐뚤어진 코가 내가 호흡하는 데 아무런 지장을 주지 않는다면(혹은 추하게 느껴지지 않는다면), 그것은 실제로 건강한 코이다. 우리가 어떤 사람을 이상하다고 말하려면, **기능장애**의 요소가 기본적으로 존재해야 한다.

의식적 죄의식과 무의식적 죄의식

우리는 일반적으로 죄의식을 의식적인 정서, 곧 우리가 너무나 가슴 아프게 인식하고 있는 감정으로 여긴다. 대부분의 심리학자들이 관심을 갖는 것도 이런 죄의식이다. 그러나 정신분석학자들은 의식적인 죄의식과 무의식적인 죄의식을 구분한다.

무의식적 죄의식에 관한 개념은 프로이트의 정신론에서 중심을 이루고 있었다. 프로이트는 우리가 충분히 인식하는 의식적인 죄의식과 우리의 의식으로는 접근할 수 없는 무의식적인 죄의식을 엄밀하게 구분하였다(비록 그것이 우리가 꿈을 꿀 때 새어 나오거나 말실수를 통해 드러나기도 하지만). 의식적인 죄의식은 비행을 저지르는 행위와 연관된 생활 사건들에 대한 반응이다. 그런 의미에서, 그런 죄의식은 '실제적인 죄의식'으로 여겨진다(예컨대 우리가 거짓말을 하면 죄의식을 느낀다). 무의식적인 죄의식은 우리가 인식하지는 못하지만 그럼에도 불구하고 우리의 사고, 감정 그리고 행위에 영향을 미치는 억압된 감정과 사고로부터 나온다. 예컨대 만약 내가 어떤 연장자에게 소리를 지른다면, 나는 사실은 내 아버지에 대한 무의식적인 분노감을 표출하고 있을 수 있다는 점에서 죄의식을 느낀다.

프로이트는 의식적인 죄의식을 '회환'이라 불렀다. 그는 비록 말년에 서양 문화에서 죄의식이 어떻게 사람들의 삶에 지장을 주었는지를 아주 광범위하게 기술하긴 했지만, 특별히 이에 관심을 기울이지는 않았다. 프로이트가 관심을 가졌던 죄의식은 무의식적 죄의식으로 처벌욕구를 유발하는 비합리적이고 끔찍한 도덕적 비난의 감정이었다. 이것은 신경증적 갈등의 저변에 깔려 있는 죄의식이다('신경증적'이란 말은 모든 형태의 정서적 및 정신적 문제와 관련되었다).[12]

프로이트는 애초에 자신의 환자들을 치료하며 이런 개념들을 발달시켰지만, 이를 일반 사람들에게까지 확장하였다. 일반인들의 무의식적 죄의식은 문명화된 사회에서 도덕적인 삶을 살고자 노력하면서 팽배하진 불만으로 인해 나타나게 되었다. 죄의식은 또한 종교적 경건함, 금욕주의 혹은 죽음에 관한 비합리적 공포에서도 나타날 수 있는데, 그것은 심지어 다양한 범죄를 일으키는 동기로 작용할 수도 있었다. 프로이트는 이러한 죄의식을 자아(우리의 심리적 자아의 집행요소)와 초자아(대략 우리의 양심과 부합하는) 간의 갈등으로 묘사하였다.

우리는 의식적 죄의식에 대해서는 공포나 분노와 같은 다른 정서에 대처하는 것과 같이 접근할 수 있다. 그러나 무의식적 죄의식에 대해서는 같은 방식으로 대처할 수 없다. 왜냐하면 우리가 그것을 지각하지 못하기 때문이다. 바로 이 점이 무의식적 죄의식을 특히 어렵게 만드는 것이다. 억압된 감정과 사고는 헝클어진 매듭처럼 풀기가 쉽지 않은 '콤플렉스'를 형성한다. 그것들을 의식과 관련시키지 않기 위해서는 심리적 에너지를 소비해야 한다. 죄수들을 교도소에 가두고 있으면 비용이 지출되는 것과 같다. 더욱이, 그러한 죄의식은 우리가 알지도 모르게 다른 사람들과의 관계를 왜곡시킨다. 예를 들면, 우리의 억압된 적대적 감정을 인정하지 않고, 대신에, 우리는 적대적 감정을 그의 원인과는 아무런 관련이 없는 다른 사람들에게 투사하며 그들이 우리를 힘들게 한다고 비난한다. 이것은 우리의 행동을 이 상하고 엉뚱하게 보이게 만든다.

대부분의 행동주의 심리학자들은 현재 이러한 무의식적 죄의식 의 개념을 받아들이지 않는다. 정신분석이론의 그 밖의 다른 것들과 마찬가지로, 무의식적 죄의식은 경험적인 혹은 실험적인 연구들로는 입증될 수가 없다. 그러나 보다 최근에 신경과학자들은 뇌에서 무의 식적 사고와 감정의 존재를 확인하였다. 그러나 그들은 그것들을 '무 의식적'이라는 말보다는 '피질 하부의'라는 말로 부른다.

죄의식과 우울증

우리는 누구나 인생의 부침에 따라 가끔 슬 픔을 느낀다. 그럴 때, 우리는 우리의 기분을 우울한, 가라앉은, 낙 담한, 침울한, 불행한, 슬픈 등의 단어로 묘사한다. 슬픔은 심지어 동경하는 특성을 지닐 수도 있다('달콤한 슬픔'). **우울증**은 훨씬 더 심각한 슬픔의 유형이다(낙심의 느낌을 전달해주는). 과거의 용어인 **멜랑콜리**는 흑담즙(**멜라닌 담즙**)의 과다로 인해 심각한 슬픔이 발생 한다는 고대의 생각에서 비롯되었다.

그의 발병률을 고려해볼 때, 우울증은 정신의학에서 소위 말하는 감기에 해당한다.[13] 그것은 다양한 정신의학 상태의 일부로, 특히 '기분 장애'[14]의 한 부분에 속한다. 정상적으로는 우리가 가치 있는 대상이나 사람을 잃었을 때 슬픔을 느끼며, 사랑하는 사람이 죽었을 때 가장 통렬한 아픔을 느낀다. 의학 문헌에 따르면 실제적이든 혹은 상상적이든 간에 상실은 우울증의 모든 경험들 가운데 가장 중심이 되는 요소로, 때로는 왕년의, 어린 시절에 겪었던 상실의 기억을 촉발시키기도 한다. 어린 시기에 겪었던 우울증에는 자신이 버려졌다는 혹은 자기 자신의 일부를 상실했다는 느낌이 있을 수 있다. 그러나 심각한 우울증은 심리적 증상으로 나타나긴 하지만 중요한 생물학적 결정인자들(호르몬과 신경전달물질들에서의 장애를 포함하는)을 지니고 있어 항우울제를 통해 효과적으로 치료될 수 있다.

우울증의 심리적 증상에는 비관적인 생각, 쓸모없다는 느낌 그리고 죄의식이 있다.[15] 그런 감정들은 보통 어떤 심각한 실생활의 일탈 때문에 일어나는 것이 아니다. 심각하게 우울증을 앓는 사람들은 죄의식을 어떻게 느끼던 간에 사실 심각한 잘못을 저지르는 않았다. 그들은 사소한 부정직한 행위와 같은 별로 중요하지 않은 과거의 잘못된 행위들을 심각하게 생각하는 것이다. 오래 전에 잊힌 사건들이 다시 마음속으로 밀려들어온다. 우울증을 앓는 사람은 그런 사건들이 마치 자신의 결점인 양 오해하거나 혹은 자신들이 결코 어떻게 할 수 없었던 불행에 대해 책임을 느낀다. 심지어 자연재해와 같은 대재앙에 대해서는 책임을 져야 한다는 망상에 사로잡히거나 악마의 대리자로서 지옥행을 명해야 한다고 생각할지도 모른다.

프로이트는 비통(상실에 대한 정상적인 반응)과 우울(상실에 대한 병리적 반응)을 비교하면서 죄의식으로 번지는 자신에 대한 평가절하 혹은 도덕적 열등의식에 관해 다음과 같은 설득력 있는 설명을 제시한다.

우울은 훨씬 더 대단한 것, 곧 자기 자존감의 엄청난 하락을 드러낸다. 애도에는 그런 것이 결핍되어 있다. … 애도의 세계는 빈곤하고 공허하다. 우울의 세계는 자아 그 자체이다. 환자는 자기 자신의 자아를 무가치한, 어떠한 성취도 이루어낼 수 없는, 도덕적으로 비열한 존재로 상정한다. 그는 자기 자신을 비난하고, 자기 자신을 헐뜯으며, 내쫓겨져 처벌받기를 기대한다. 그는 모든 사람 앞에서 자신을 비하하며 또한 그렇게 무가치한 사람과 관계를 맺고 있다는 것에 대해 자기 주변 사람들을 동정한다.[16]

정신분석가들은 또한 강렬한 죄의식을 억압된 공격성의 탓으로 돌린다. 우울증을 앓는 사람들이 자기 자신을 겨냥하고 있는 비난은 무의식적으로 다른 사람들을 향할 수 있다. 더욱이 그들의 적의가 내부로 돌려져 그들 자신을 향하게 되면, 가장 극단적인 경우에 자살로 이어진다.

우울증은 또한 성격 특성으로도 나타날 수 있다. 그로부터 고통을 겪는 사람들은 침울한, 암담한 인생관을 지니게 된다. 그들은 지나치게 진지하여 즐겁게 지낼 수가 없으며, 유머 감각도 부족하다. 그들은 수심에 잠기고, 걱정하고, 최악을 상정하며, 또한 특별히 자기 자신의 이모저모에 관하여 가혹하게 판단한다. 그들의 낮은 자존감은 자신들의 결점을 과장하며 이를 죄의식과 연결하는 경향이 있다. 죄의식을 느끼는 성향의 경향성이 일정하지는 않다. 즉, 어떤 사람들은 매우 다양한 상황하에서 죄의식을 느끼는 경향이 있는 반면, 또 어떤 사람들은 단지 어떤 특정한 조건들 하(성적 상호작용과 같은)에서만 죄의식을 느낀다.

죄의식에 말려들게 하는 또 다른 성격 유형은 **자학적 성격**이다. 자기학대는 전형적으로 고통과 굴욕을 통해서 성적 쾌락을 얻는 것과 관련이 있다. 그러나 그것은 또한 성적 요소 없이도 존재할 수 있다(**도덕적 자기학대**). 자학적 성격을 지닌 사람들은 적개심과 처벌을 통해 자신들의 엄격한 양심을 완화시키고자 노력하는 죄책감으로 나아간다(그들이 '그것을 바라고 있는 것'으로 보이는 것도 그 때문이다).[17] 예컨대 학대하는 배우자와 결혼한 자학적 성격을 지닌 사람은 이혼이나 사망에 의해 비로소 해방되기 전까지 수년 동안 고통을 당하지만, 결과적으로 그 사람은 똑같은 부류의 또 다른 학대하는 사

람과 결혼하게 되고 그런 고통을 다시 시작하게 될 것이다. 적개심의
요소는 자기학대 속에 감춰질 수 있을지 모르지만, 그것은 결코 사라
지지 않는다. 자학적 성격을 지닌 사람이 "내가 얼마나 비참한지 보
라"라고 말할 때, 그 말이 시사하고 있는 숨겨진 고발은 "당신이 나를
얼마나 비참하게 만드는지를 보라."라는 것이다.[18]

죄의식과 강박장애

　　　　　　죄의식과 강박적 조건들 사이의 연관성은
우울증의 경우에서보다는 덜 분명하지만 그렇다고 결코 의미가 없는
것은 아니다. 이 조건들은 몇 가지 형태를 취한다. 그것들이 그 외의
다른 정상적인 사람들에게서는 서로 연관이 없는 특질들일 수 있고,
그것들이 보다 포괄적인 인격 장애로 드러날 수도 있으며 혹은 그것
들이 신경증장애를 유발할 수도 있다. 이들 조건들 간의 경계가 항상
분명하지는 않지만 일반적으로는 어느 정도 구분이 된다.

　어떤 사람들은 완벽주의의 기준을 즐기는 반면에 또 다른 사람들
은 그로 인해 짜증을 느낀다. 질서정연하고 작은 세부적인 사항들에
까지 주의를 기울이는 능력은 우리가 꼼꼼한 사람이 되는 데 도움이
되지만, 그것들이 지나치게 되면 유연성과 효율성에 지장을 준다. 집

요한 완벽주의와 사소한 것들에 대해서까지 문제 삼는 태도는 일을 처리하는 데 오히려 방해가 된다. 즉, 비현실적으로 높은 기준은 좌절과 연결된다. 그런 사람들에게 있어서는 어떤 것도 결코 만족스럽지 않으며 차선은 최선의 적이 된다. 책임을 위임하는 것이 꺼려지게 되면 일하는 데 필요 이상의 헌신을 하게 됨으로써 문제가 더 악화된다. 그들에게 있어서 여가와 즐거움은 시간 낭비로 여겨진다. 그들은 칭찬뿐만 아니라 돈에 인색해진다. 그들은 애정을 표현하는 데 어려움을 느끼거나 혹은 표현하더라도 부자연스러운 방식으로 표현한다. 그들의 삶에서는 이성이 감정을 지배한다.[19]

예를 들면 48살의 수학 교수인 앤서니 M.은 10대 때 완벽주의의 경향이 생겨 그에 의해 자신의 생활이 온통 지배당했다. 그는 자기 학급에서 수석을 차지하고 있었지만, 시험을 치르면서 저지른 모든 작은 실수에 대해서 끊임없이 화를 냈다. 모든 것을 완벽하게 처리하지 못하면 죄의식을 느꼈다. 그의 완벽주의와 죄의식은 서로 간에 영향을 미쳤다. 그는 자신과 관련이 없는 문제들로부터도 불필요한 고통을 느꼈다. 그는 신문에 실린 모든 사망기사들에 대해 '애통'해하지 않고서는 신문을 읽을 수가 없었다. 아틀라스(역자 주: 그리스 신화에 등장하는 어깨에 지구를 짊어지고 있는 거인)처럼, 그는 자신의 어깨 위에 이 세상의 모든 짐을 짊어지고 있다. 앤서니가 대학을 졸업할 무렵에는 다행히 증상이 완화되어 그리 심각한 문제가 되지는 않았다. 나이가 점차 들어가면서 그의 완벽주의는 비록 자신의 개인적인 생활에서는 여전히 장애가 되는 면도 있었지만 사실 그가 보다 꼼꼼하고 성공적으로 일을 수행하도록 하는 데 도움이 되었다.

왜 그런 사람들이 쉽게 죄의식에 빠져드는지는 빤히 내다보인다. 그들은 윤리적 행위의 문제들에 관해 지나치게 양심적이며 융통성이 없다. 그래서 그들은 잘못을 저지르지 않을까 끊임없이 두려워한다. 규칙에 지나치게 집착함으로써, 그들은 자기 자신들과 다른 사람들에 대해 무자비할 정도로 엄격하다. 그들은 규칙을 너무 지나치게 준수하려들고 권위에 대해서는 무조건적으로 복종함으로써 도덕을 엄격하고 재미없는 고통스러운 시련이 되게 하며, 형식적 절차의례들을 통해 자신들의 욕구를 통제함으로써 자신들이 어디에 있는지를 잃어버리게 하는 복잡한 미로의 덫에 갇혀버린다. 옳은 일을 행함으로써 얻는 기쁨은 혹시 부족하지는 않았나, 올바른 방법으로 혹은 적시에 제대로 못한 것은 아닌가하는 의구심으로 인해 훼손되고 만다. 즉, 뭔가가 항상 부족하다.

그런 성격특성과 증상들은 특히 **강박장애**(OCD)에서 두드러진다.[20] 집착은 전형적으로 오염의 두려움(그런 이유로 세균에 대해 집착), 끊임없이 지속되는 의심('내가 문을 잘 잠갔나?') 혹은 금지된 충동들(흔히 성적인 혹은 일탈적인)을 포함하는 심상 등을 중심으로 끊임없이 지속되는 반갑지 않은 취향이다. 강박은 반복적인 행동(손을 씻는 것과 같은) 혹은 정신적 행위(어떤 단어들을 계속 반복해서 말하는)이다. 그 사람은 집착을 수반하는 고통을 줄이기 위해서는 혹은 어떤 두려운 가능성을 멋지게 방지하기 위해서는 이런 의례적인 일들을 수행해야 한다는 압박감을 느낀다. 한 자서전으로부터 발췌한 다음의 인용문은 이를 잘 보여준다.

> 내 어머니는 몸이 안 좋아지셨다. … 나는 낮에도 그리고 밤에도 휴식을 취할 수 없었다. … 갑자기, 불현듯 혼자된 것 같은 생각이 떠오르면서, 나는 어떤 행동을 하고 있는 내 자신을 발견하였다. 즉, 내 주변에 있던 특정한 물건들을 만지고 있는 내 자신을 발견하였는데, 내 손가락들은 저항할 수 없는 어떤 충동에 이끌리는 것 같았다. 조금 아까 내가 어쩔 수 없이 만졌던 것은 책상과 의자였다. … 이제 문고리를 만져야 했다. 다음에 나는 벽을 만지고자 했다. … 나는 날마다 그런 행동을 계속 반복했다. 나는 이런 충동에 자주 저항해보고자 했지만, 매번 헛수고였다. … 나로 하여금 이런 행위들을 하도록 압박했던 것은 내 어머니의 죽음을 어떻게든 막아보고자 한 욕구였다.[21]

죄의식과 강박장애는 두 부분에서 서로 연관된다. 자신의 통제 범위를 넘어서는 문제에 대해서조차 느끼는 그런 과도한 책임감은 그 사람으로 하여금 죄의식을 느끼게 만드는 경향이 있다. 그리고 일단 죄의식이 형성되면, 그것을 제거하기가 어렵게 된다. 쳇바퀴 위의 다람쥐처럼, 그 사람은 그 고리에서 벗어날 수가 없다. 그 이유는 집착을 제거하기가 매우 어렵고 죄의식은 또 하나의 강박이 되기 때문이다.22

임상의들이 강박장애를 확인하기 훨씬 이전에 가톨릭교회는 그런 행동들을 **다의**(Scrupulosity),23 곧 의심 많음으로 특징지었다. 의심 많은 양심을 지닌 사람은 아무도 경험한 적이 없는 죄를 혼자 겪으며 또한 그 반대를 보여주는 논증에도 불구하고 그것을 정당화하지 못하는 상황에 대해 죄의식을 느낀다. 그 사람은 고해성사 때 실제상의 혹은 가정된 죄받을 짓을 아주 괴로울 정도로 자세히 그리고 그것이 신부에게 올바르게 전달되었는지 의심스러워 이를 계속 반복하여 말할지도 모른다. 신부가 그를 사면해도 아무런 도움이 되지 않을 것이다. 그리고 신부가 마무리하면, 그 사람은 또 다른 고해 신부를 찾아가 이 의식을 다시 시작하기 쉽다. 가톨릭교회는 이것을 예민한 양심으로보다는 일종의 정신장애의 전조로 인정하였으며, 또한 이런 사람들이 반복적으로 고해성사를 하지 않도록 고해 신부들이 이들을 친절하면서도 확고하게 대하도록 지시하였다.

랍비들 또한 종교교재나 의식에 대한 헌신의 형식이 너무 지나치다보니 그것이 오히려 자신의 삶을 지배하는 이런 문제에 직면하여 왔다. 유대교는 이것을 교재가 하느님을 대체하고 선행의 수행을 대체하는 우상 숭배의 한 형식으로 여긴다.

일부 기독교 핵심 인물들은 그런 다의를 놓고 고심했다. 베네딕트회의 수사였던 마틴 루터는 자신이 고해성사를 반복하며 추구하였던 신으로부터의 용서를 자신이 진정으로 받았는지 그 여부에 대한 의심으로 시달려왔다. 마침내, 믿음에 바탕을 둔 구원에 관한 그의 위대한 교의 개혁은 비로소 그를 자유롭게 하였다. 그의 구원은 그가 무엇을 했는가에 더 이상 의존하지 않고 오로지 하나님의 은총에 달려 있었다. 루터는 기독교인들은 중간 매개자 없이 하나님과 직접 교류할 수 있다고 믿어 신교의 의식에서 참회의 제도를 추방하였다. 또 다른 예는 제수이트회(예수회)의 창설자인 성 이그나티우스 로욜라이다. 로욜라는 전쟁에서 입었던 심각한 상처를 회복하면서 깊은 참회를 경험했던 스페인의 귀족이었다. 그가 새롭게 구축한 믿음은 자신이 과거에 저질렀던 죄들이 과연 용서를 받았을 것인가에 관한 끊임없는 의심들로 늘 손상을 당했다. 그는 자신의 의심이 비합리적인데, 그럼에도 아직 그런 의심이 자신을 절망으로 몰아넣고 있음을 깨달았다. 그는 다음과 같이 기도하였다. "하나님, 제가 어디에서 구원을 얻을 수 있는지 가르쳐주십시오. 그리고 만약 내가 필요로 하는 구원을 얻기 위해서는 강아지를 따라가야 한다면, 나는 기꺼이 그렇게 할 준비가 되어 있습니다."[24]

17세기의 훌륭한 종교인이자 문학가인 인물들 가운데 한 사람인 존 버니언(『천로역정』의 저자이기도 한)은『죄인의 두목에게 내려진 충만한 은총』에서 다의로 인해 겪었던 자신의 어려움을 다음과 같이 통렬하게 토로하였다.

　… 악마는 이전보다 더 극악하고 소름끼치는 유혹으로 다시 나에게 다가왔다.

　그리고 그것은 '이처럼 가장 은혜로운 그리스도를 팔고 관계를 끊는 것이며, 그를 이승의 삶을 위한 모든 것들과 교환하는 것이다.' 그 유혹은 1년 동안 나를 짓누르고 있었는데, 끊임없이 나를 따라다녀서 한 달에 단 하루라도 그 유혹으로부터 벗어날 수가 없었다. 내가 잠들지 않으면, 몇 날 며칠 가운데 단 한 시간이라도 그럴 수가 없었다.

　… 나는 음식을 먹을 수도, 핀을 주우려 몸을 구부릴 수도, 젓가락질을 할 수도 혹은 이것저것 구경하러 눈길을 줄 수도 없었다. 그럼에도 그 유혹은 내게 다가와 '이것을 위해 그리스도를 팔아라, 저것을 위해 그리스도를 팔아라, 그를 팔아라, 그를 팔아라.'라고 끊임없이 외쳐댔다.[25]

부적절한 죄의식

　　　　　　過도한 죄의식은 개인적인 수준에서 문제이다. 그러나 부적절한 죄의식은 사회적 측면에서 심각한 문제가 된다. 전자의 경우에는 그 고통이 대부분 거의 개인적이지만, 후자의 경우에는 반사회적인 행동을 통해 다른 사람들을 고통스럽게 만든다. 우리는 과도한 죄의식을 가진 사람들에 대해 당혹스러운 반응을 보이거나 심지어는 동정심을 갖고 대한다. 반면에 부적절한 죄의식을 가진 사람들은 우리를 실망시키고 분노하게 한다.

　　우리는 반사회적 행동을 범죄자들과 연관시킬 뿐만 아니라 또한 그걸 당연시 여긴다. 그러나 우리는 때로는 선한 양심에서 어떤 반사회적 행위에 관여하기도 하지 않는가? 우리는 참작할 수 있는 정상들을 언급함으로써 그것을 정당화한다. 예컨대 보다 더 높은 명분에 기여하고자 하는 소망에서 혹은 낯모르는 사람들에게 고통을 주지만 가족과 친구들에게는 그렇지 않아서 그런 행위에 관여한다는 것이다. 그것은 인간의 연약함에서 나오는 것으로, 에릭 에릭슨은 때로는 뭔가 잘못을 저지르고도 자기 자신을 처벌하지 않고 그냥 넘어가는 것도 건강한 자아의 징후로 간주한다.

　　사회적으로 책임이 있는 사람들이 특정한 상황들하에서 반사회적 행동을 하는 경우도 있다. 예컨대 제복을 입은 군인들은 만약 그들이 일반 시민이었다면 하지 않았을 일들을 할 수 있다. 또한 우리는 휴가차 집을 떠나 있을 때나 혹은 집단의 일원으로 생활할 때는 평소와 다르게 행동할지 모른다. 술은 자제력을 약화시키는 데 있어서 강력한 촉매 역할을 한다. (흔히 양심은 술에 용해되는 뇌의 일부라고들 한다.) 우리는 가끔 '양심'에 따르지 않고 '술에 취해' 행동하기도 한다. 그러한 선택의 실수들은 우리의 양심에 나 있는 구멍들과 같은 것으로 **초자아 결함**이라 불린다. 결과적으로 '스위스 치즈 양심'(역자 주: 연한 노란 빛의 딱딱한 스위스 치즈에는 구멍이 나 있다)을 낳게 된다. 그러한 반사회적 행동은 어린 시기에 내면화된 부모의 일관성 없는 도덕적 기대와 모순적인 행동들의 탓일 수 있다("내가 하는 대로가 아니라, 내가 말한 대로 해라.").[26]

일반 사람들이 복종의 이름으로 기꺼이 행하는 해악은 반사회적 행동의 특이한 측면이다. 고전적인 일련의 실험 가운데, 스탠리 밀그램은 자원봉사자들을 설득하여 점차 고통의 강도를 높이는 전기 쇼크를 이에 항의하는 피험자(실제적으로는 연구자들의 동료임)에게 가하도록 하였다. 이 실험에서 여성 참여자들은 남성 참여자들보다 죄책감을 더 느끼긴 하였지만, 역시 남성 참여자들과 똑같이 실험에 복종적으로 참여하였다.

필립 짐바르도에 의해 수행된 또 다른 연구를 보자. 이 연구에서 행한 가상 교도소 실험에서 대학생들은 감시요원의 임무를 맡았다.

일주일도 지나지 않았는데 이들 '감시요원들'은 그들의 동료 학생들 ('죄수들')을 가혹하게, 때로는 가학적이라 할 정도로 다루었다. 왜냐 하면 그들은 실험자의 지시대로 질서를 유지하기 위해서는 그렇게 해야 할 필요가 있다고 생각했기 때문이다.[27]

심리학 실험실 밖에서도 사람들을 이상한 일을 하도록 설득하는 것이 가능하다. 경찰로 가장한 한 장난꾸러기가 전화로 맥도날드 매 장의 부지배인에게 미리 사전에 절도를 저지르기로 약속했던 십대 종업원의 알몸을 수색하도록 지시하였다. 하루 일과가 끝날 무렵, 그 종업원은 부지배인의 약혼자에게 오랄 섹스를 하라는 지시를 받았 다. 약 70여 명의 다른 실험자들도 속아서 이와 유사한 위법 행위에 참여하였다.[28] 『파리 대왕』에서 윌리엄 골딩은 미개지에 발이 묶인 소년들의 집단이 어떻게 야만인처럼 행동하는 존재로 퇴보하는지를 보여준다.[29]

전쟁에서 잔혹한 행위를 저지르는 일반 사람들의 범죄 행위는 그 렇게 고안된 상황들에서 이루어지는 행위와 별반 차이가 없다. 우리 는 아부 그라이브(역자 주: 미국의 이라크 공격 중 이라크 포로들을 수용했던 아부 그라이브 시에 있던 수용소)와 마이 라이(역자 주: 베 트남 전쟁 당시 미군이 베트남 포로들을 수용했던 마이 라이 부락에 위치한 수용소) 같은 수용소의 주모자들이 사이코패스였으며, 범죄 행위는 소수의 '암적인 존재들'만이 저지르는 것으로 돌리며 마음의

위안을 얻는다. 그러나 비슷한 방식에서 행위 하는 '평범한 사람들'
이 수적으로 훨씬 더 많아 보인다. 이 군인들은 집으로 돌아갈 엄두
도 못내는 해외에서 어쩔 수 없이 그렇게 행위 할 수밖에 없는 상황
의 희생자들인가? 전쟁이 그들을 야수처럼 만드는가? 어떤 재향군
인은 다음과 같이 단언하고 있다. "나는 사람들에 대한 연민이 이정
도로 엄청나게 줄어들었나 하는 느낌이 들었다. … 결국 중요한 것은
내 자신과 나와 같이 있었던 녀석들이다. 그리고 그 밖의 다른 모든
사람들은 무시된다."[30]

　　좀 더 너그러운 관점은 이들 군인들이 순간적으로 도덕 판단의
착오를 겪지만 집으로 돌아가면 결국 이전의 도덕적인 자아로 되돌
아갈 것이라는 것이다. 좀 더 어두운 관점은 그들이 어떤 기회가 주
어지면 언제든 야만적인 충동을 발산할 수 있는 결손양심을 지닌 숨
은 사이코패스가 된다는 것이다. 이런 설명들이 어느 누구에게도 적
용되지 않을 수 있다. 도덕적 붕괴가 초래되기 위해서는 아마도 다양
한 요소들이 융합되어야 할 것이다.

반사회적 성격과 사이코패스

반사회적 행동은 어느 시점에 비교적 유순하고 산발적인 행위에서 벗어나 습관적인 생활방식의 일부가 되는 범죄 행동으로 변한다. 반사회적인 사람들은 우리에게 실망과 당혹의 원천이 된다. 즉, 우리는 그들을 이해할 수 없을 뿐만 아니라 도대체 그들과 어떻게 지내야 하는지를 알 수가 없다.

전통적으로 반사회적인 인물들은 **악**으로 여겨졌기에(그리고 아직도 일부 사람들은 그렇게 생각한다), 그 문제는, 악마의 경우와 같이, 비도덕적인 외적 영향 탓으로 돌려져 왔다. 처음에는 이처럼 반사회적 행동의 문제가 종교적 관점에서 이해되었지만, 19세기 전환기에 이르러서는 반사회적 행동들이 일종의 정신질환(**도덕적 정신이상**)으로 간주되는 보다 세속적인 관점으로 전환되었다. **사이코패스**('고통의 영혼')라는 용어는 1880년대에 독일에서 만들어졌다. 개인의 내부에 초점을 두었던 이러한 관점은 사회적 일탈의 책임을 빈곤과 같은 외부적 요인들에 둔 보다 진보주의적인 이념들과 갈등을 빚게 되었으며, 그러면서 **소시오패스**(sociopath)라는 용어가 1930년대에 유행하게 되었다.[31]

오늘날 정신분류에서 사용되는 공식적인 진단 용어는 이들 질환을 **반사회적 인격 장애**로 표현한다.[32] 그것은 소위 말하는 사이코패

스를 포함하는데, 일부 연구자들은 사이코패스를 반사회적 장애에
포함시키는 것은 폐렴을 감기와 혼동하는 것과 흡사하다는 점에서
반대한다. 두 질환이 몇 가지의 공통적인 특징을 공유하지만, 사이코
패스가 훨씬 더 심각하고 그 자체로 독특한 원인을 지니고 있을 수
있다는 것이다. 그럼에도 불구하고 여기에서는 우리의 목적상, 사이
코패스를 하나의 독립된 실체로서보다는 반사회적 장애들 가운데 보
다 심각한 형태로 다루고자 한다.

사이코패스는 정신의학에서 공인된 최초의 인격 장애였으며 이후
임상의들과 사회과학자들의 광범위한 연구와 고찰의 주제가 되어 왔
다.[33] 비록 그의 근본적인 원인들은 여전히 많은 부분에서 불분명한
채로 남아 있지만, 우리는 그의 행동 징후들에 대한 좋은 안이 있다.

대인 관계와 관련한 관점에서 보면 사이코패스들은 거드름 피우
고, 오만하고, 냉담하고, 주도적이고, 피상적이며, 교묘하게 사람을
조종한다. 정서적으로 보면 그들은 급한 성미이고, 다른 사람들과 강
력한 정서적 유대를 형성하지 못하며, 공감, 죄의식 혹은 회한 등이
결핍되어 있다. 이런 대인 관계와 관련한 그리고 정서적인 특질들은
무책임하고 충동적인 행동을 포함한 사회적으로 일탈적인(반드시 범
죄와 관련할 필요는 없다) 생활방식과 사회적 관습 및 풍습을 무시하
거나 파괴하는 경향성과 관련된다.[34]

이런 모든 조건 가운데 가장 핵심적인 특징은, 임상의들과 경찰관들에 의해 오랫동안 잘 알려진 것으로, 죄의식을 경험할 만한 능력이 전적으로 부족하다는 것이다. 이는 공감과 회한의 결핍으로 이끄는 중증형의 **감정의 분리**가 원인이다. 이런 사람들은 그들이 다른 사람들에게 한 행동의 결과에 대해 그냥 책임을 지려고 하지 않으려 한다. 임상 경험과 실험 연구들은 죄책감을 잘 느끼는 경향성이 사람을 공격적이거나 범죄 행동에 덜 개입하도록 실질적으로 영향을 미친다는 것을 보여준다. 역으로, 죄책감을 느끼는 능력의 결핍은 그와 정반대의 효과를 보인다. 그런 점에서 죄책감은 유효하게 작용한다.

아동들에 대한 성적 학대와 성폭력은 반사회적 인물들에 의해 이루어진 가장 일반적이고 심각한 범죄에 속한다. 대부분의 성폭행의 경우 피해자들이 주로 여성이지만, 남성들 또한 강간을 당하며(보통은 교도소에서), 여성들이 하는 방식과 아주 유사하게 그에 반응한다. 비록 강간범이나 아동 학대자가 결코 그 어떤 죄의식도 느끼지 않는다고 주장하기는 어렵지만, 얄궂게도 결국 죄책감을 느끼는 사람은 흔히 그 피해자들이다. 그들은 폭행이 발생하게 된 책임을 주의를 게을리했고, 술에 취했거나 혹은 더 강력하게 저항하지 못했던 스스로에게 덮어씌움으로써 죄의식을 느낀다.[35]

사이코패스들은 의료업과 같은 전문직에 종사하는 경우 특히 위험하다. 그곳에 있는 환자들은 전적으로 그들에게 의존하며 취약한 처지에 놓여 있다. 나는 그러한 직업윤리에 위배되는 행위의 가장 악명 높은 사례 하나를, 이는 오로지 사이코패스만이 저지를 수 있었던 것으로, 보수적인 외국 국가에서 한 젊은 여성을 통해 들었다. 레일라 M.은 한 젊은 변호사가 그녀에게 관심을 갖기 시작한 어느 법률 사무소에서 비서로 일하고 있었다. 그녀는 그로부터 프러포즈를 받았을 때 너무 기분이 좋아 어쩔 줄 몰랐다. 그가 계속 그녀를 사랑하고 또한 그녀와 결혼하기를 바란다고 말하자 그녀는 그의 프러포즈를 승낙했다. 그는 자신이 원했던 것을 얻자 그녀에 대한 관심을 거두기 시작하였다. 그녀는 가슴이 무너졌고, 또한 임신했다는 사실을 인지하고 나서는 몸서리를 쳤다. 그녀는 스스로 너무 치욕스러워서 부모에게 사실을 말할 수도 없었고, 또한 낙태가 그 나라에서는 금지되어 있었기 때문에 의사를 찾아갈 수도 없었다. 그녀가 고민을 털어놓았던 예전의 반 친구가 그녀에게 평상 업무 이외에 은밀하게 낙태 수술을 해주는 부인과 의사가 있다는 말을 듣기 전까지 그녀는 어찌할 바를 몰랐다.

레일라는 전화를 해서 일요일 오후로 약속을 정했다. 왜냐하면 그 시간에는 그 빌딩이 문을 닫기 때문에 오고 가며 그녀를 볼 수 있는 사람이 아무도 없기 때문이었다. 그녀는 두려움과 쑥스러움을 잔뜩 안고 약속한 시간에 그곳으로 갔다. 그녀를 진료소로 데려간 남자는 40대의 평범하게 보이는 사람이었는데, 그의 미소가 왠지 그녀를

불편하게 만들었다. 그녀가 수술비를 지불하자 그는 몇 가지 질문을
한 후 그녀에게 옷을 벗으라고 하였다. 그녀가 수술을 받고자 드러눕
자 부인과 의사는 그녀의 팔을 테이블에 묶고 그녀의 다리를 등자 안
으로 들어올렸다. 그의 진찰 방식에 그녀는 긴장하기 시작하였으며,
그가 그녀의 성욕을 자극하려고 한다는 사실을 깨달았을 때 그녀는
온몸에 소름이 끼쳐왔다. 그녀는 저항하며 소리를 지르기 시작했지
만, 그녀의 소리를 들을 수 있는 사람은 아무도 없었다. 그는 그렇게
그녀를 강간했다. 그런 후에 조용히 낙태 시술을 하고 그녀를 내보
냈다.

　자신의 차에 돌아와 앉았을 때, 레일라는 아무런 감각이 없었다.
그녀는 자신에게 방금 일어났던 일을 믿을 수가 없었다. 그러고는 분
노의 파도가 그녀를 덮쳐왔다. 그녀는 되돌아가 그 남자를 찔러 죽이
고 싶었다. 경찰한테 가고 싶었다. 집으로 달려가 그녀의 부모님께
용서를 빌고 싶었다. 무엇보다도 그녀는 지독하게 죄의식을 느꼈다.
섹스를 하지 않았더라면 임신을 하지 않았을 것이며, 따라서 그녀는
낙태를 할 필요도 없었을 것이고, 또한 강간을 당하지도 않았을 것이
다. 그녀가 낙태를 해서 안도감을 느꼈다는 사실이 그녀를 또한 더욱
힘들게 만들었다. 그녀는 자신이 할 수 있는 유일한 일이란 아무 말
도 하지 않고 어떤 일도 하지 않는 것이라는 결론을 내렸다. 무언가
를 한다면 그 비용이 엄두를 낼 수 없을 정도로 커 보였다. 그것이 그

녀를 수치스럽게 만들고 또한 사람들을 외면하게 했는지도 모른다. 그녀를 강간했던 그 남자의 정체를 밝히고 처벌을 받도록 하는 것조차도 그럴 만한 가치가 없었을지 모른다. 수년에 걸쳐 그녀는 비록 그 일을 결코 잊을 수는 없지만, 이 모든 것을 감수하며 사는 법을 배웠다.

반사회적 인물들에게서 다른 사람들의 권리를 무시하고 침해하는 전반적인 양식은 이른 시기에 나타난다. 그들은 처음에는 동물들을 잔혹하게 대하는 방식으로 시작하지만 차츰 큰 피해를 가하는 성인으로 성장한다. 그들은 난폭하고, 타인들의 안전을 무시하며, 악의적인 나쁜 짓과 방화로 재산을 훼손한다. 그런 사람들은 기만적이고, 거짓말을 하며, 습관적으로 훔치고, 빚을 갚지 않으며, 아동을 보호하지 않거나 부양가족들을 돌보지 않는다. 최악의 경우 그들은 강간범이나 살인자가 된다. 그런 행위는 그들로 하여금 사회적으로 책임 있는 사람으로 변화시키는 데 거의 영향을 미치지 못하는 교도소를 차지하게 한다.

도덕적 결손을 초래하는 원인은 무엇인가? 예수는 십자가에서 "아버지, 저들을 용서하십시오, 저들은 자신들이 한 일을 알지 못하기 때문입니다."라고 기도하였다(누가복음 23:34). 소크라테스 또한 부당한 행동을 무지의 탓으로 돌렸다. 그것은 결국 모두 잘 알지 못한 것이 문제라는 것인가? 아마도 일반 사람들이 잘못을 저지를 때 어느 정도 맞는 말일 것이다. 그러나 사이코패스들의 경우에는 도덕적 지식의 결핍 때문만은 아닌 것으로 보인다. 그들은 규칙을 알고 또한 그들의 행위가 가져올 해로운 결과를 인지한다. 그럼에도 그들은 이에 개의치 않는다. 왜냐하면 그들의 **감정**이 개입되지 않기 때문이다. 그들의 도덕적 사고와 감정은 서로 분리되어 있다. 그들의 양심은 공감의 결여로 인해 기능을 제대로 발휘하지 못한다.

사이코패스들은 자신들의 행위에 대해 책임을 지는 것을 거부하고 회한이나 후회(붙잡히는 것을 제외하고)를 표현하지 않는다. 실제로 죄의식의 결핍은 너무나 근본적이어서 사이코패스들이 죄의식을 갖고 있지 않다고 말하는 것은 모순어법일 수 있다(몇몇 다른 유형의 반사회적 인물들은 죄의식을 느낄 수 있다는 사실에서 보면). 사이코패스들은 자기 자신을 제외한 모든 다른 사람들을 책망한다. 즉, 그들은 사회를 책망하고('부패한 것'으로), 그들의 피해자들에게 책임을 돌리고('인과응보'라고), 합리화의 뒤에 숨거나('인생은 불공정하다') 혹은 단순히 관심을 갖지 않는다. 요컨대 그들은 자신들에는 아무런 도덕적 책임이 없다고 하는 데에 특별한 재능을 지니고 있다. 몇 년 전 나는 교도소 재소자에게 만약 적국이 핵무기를 소유하게 된다면 미국 도시에 떨어뜨릴 것임을 알면서도 그 나라에 핵무기를 판매할 것인지를 물었다. 그는 즉각 그렇게 할 것이라고 말했다. 그렇다면 그는 수백만 명의 무고한 사람의 죽음을 초래하는 것에 대해서는 어떻게 생각하였을까? 그는 이에 대해 신경 쓰지 않는다고 하였다. 왜냐하면 자기 자신이 폭탄을 떨어뜨리지 않을 것이며, 그런 고로 다른 사람들의 죽음에 대해 '개인적으로' 책임질 일이 없다는 것이다.[36]

사이코패스들 가운데 남성들이 여성들보다 훨씬 더 수적으로 많다는 사실은 생물학적 요소들(그러나 사회적 요소들을 배제하지는 않는다)이 도덕 판단에서 차이를 발생시킬 수 있다는 가능성을 제기한다. 특히, 사이코패스들의 성관계는 천박하고, 난잡하며, 착취적이다(어떤 여성들은 그들의 그럴듯한 말솜씨와 허울뿐인 매력에 빠져 넘어간다). 약물 및 알코올 남용과 더불어, 그들의 무책임과 즉각적 만족에 대한 욕구는 그들이 직업을 갖고 꾸준히 일하는 것을 어렵게 만든다. 그러나 무엇보다 가장 두드러지는 것은 그들이 공감과 회한에 대한 능력이 결핍되어 있다는 것이다.

사이코패스들은 미국인의 단지 1%에 해당되는 것으로 추산되지만 교도소에 수감되어 있는 사람들의 4분의 1을 차지하고 있다. 정신병질과 범죄 관련성이 항상 일치하는 것은 아니다. 어떤 범죄자들(예컨대 질투한 나머지 살인을 하는 사람들)은 사이코패스가 아니다. 폭력적인 반사회적 행동은 또한 부적절한 죄의식보다는 분노를 통제할 수 없어서 일어난 결과일 수 있다. 마찬가지로 어떤 사이코패스들은 범죄로 여겨지지 않는 반사회적 행동에 관여하기도 한다(습관적으로 외도를 하는 것과 같은).

정신병질의 범죄자들은 사디즘의 기미가 강하게 보이며 다른 범죄자들보다 더 냉혈한 살인마가 되거나, 야만적인 성폭행, 아무 이유 없는 그리고 자학적인 폭력을 저지르기 쉽다. 사이코패스들이 범죄를 저지를 때, 그들은 어떤 이득을 챙길 수 있다는 생각에서 동기화되기보다는(절도를 저지르는 경우에서와 같은) 주로 죄의식에 의해 억제되지 않은 심리적 충동에 따라 반응하는 경우가 훨씬 더 많다.

그런 행동이 얼마나 폭력적이 될 수 있는가는 이 분야의 유명한 연구자인 켄트 키엘의 다음과 같은 설명이 잘 보여준다. 그것은 교도소에서 나온 후 자기 어머니와 언쟁을 벌였던 한 남자에 관한 것이다. 그녀가 경찰을 부르고자 했을 때, 그는 격분하였다("아니, 당신은 그 여자가 그렇게 간 큰 짓을 했다는 것이 믿어집니까?")(역자 주: 사이코패스 범인이 교도소에서 이 사건을 연구한 키엘과 대화를 나누다 그에게 상황설명을 하며 한 말로, 자기 어머니가 경찰에게 전화를 했을 때 자기가 얼마나 화가 났었는지를 이야기한 것임). 그래서 그는 전화기 선으로 자기 어머니의 목을 감아 그녀를 목 졸라 죽였다. 그는 "그러고 나서 나는 어머니를 지하 계단으로 들어 던졌다. 그러나 나는 어머니가 확실히 죽은지 몰라 부엌칼로 어머니를 찔렀다. 그러자 어머니 몸에서 기이한 소리가 났는데, 나는 그것이 장 내의 가스가 새어나오는 걸로 생각했다. 어머니가 죽었다는 확신이 아직

들지 않아서 커다란 프로판 통을 움켜잡고 어머니 머리를 세차게 내
려쳤다." 그리고 나서 그는 밖으로 나가 3일 동안 파티를 한 후 시체
를 처리하였다.[37]

　우리는 흔히 사이코패스들과 폭력 범죄자들을 똑같이 취급하지
만, 피 한 방울 흘리지 않고 피해자들에게 엄청난 해악을 끼치는 사
람들도 있다. 엔론(역자 주: 2001년 파산한 미국의 에너지회사)에서
일어난 일과 같은 그런 공동 스캔들은 경영진의 탐욕과 불법행위가
다른 사람들의 삶을 얼마나 아수라장으로 만드는지를 잘 보여주었
다. 보다 최근에는 결국 수많은 개인들과 자선재단을 포함한 여러 기
관들을 상대로 다단계 사기수법으로 650억 달러를 사취했다고 자백
한 버나드 L. 매도프의 사례는 훨씬 더 가관이다. (엘리 비젤 재단은
1,520만 달러의 손실을 당했지만, 비젤과 그의 아내는 그들의 평생
노후대비자금을 잃어버렸다.)[38]

　버나드 L. 매도프는 범죄자 이미지와는 정반대로 보였다. 그는
세련되고, 매력적이며, 아주 성공적인 금융업자였다. 즉, 그는 자신
의 직원들을 가족처럼 대우했던 인정 많던 사람이었고, 지역사회의
자선가이자 중추적 역할을 하는 사람이었으며, 유명인들과 교양인들
로부터 대단히 존경을 받고 환심을 샀던 인물이다. 그러나 진실이 알
려졌을 때, 그는 사이코패스의 교과서적인 사례의 인물처럼 보였다.
그의 행위들이 분통터지게 만드는 것은 그가 희생양으로 삼았던 대

부분의 사람들과 그가 손실을 입혔던 기관들이 바로 모두 그가 몸담고 있던 지역사회에 속해 있었다는 것이다. 그런데 그는 이에 대해 회환을 거의 보이지 않았다. 그가 광범위하게 돌렸던 사진을 보면 그는 희미한, 알쏭달쏭한 그리고 냉정한 미소를 머금고 있었다. 그가 이전에 표명했던 유일한 회한은 자기 빌딩에 입주하고 있던 다른 세입자들에게 언론매체로 인해 불편을 끼친 것에 대한 것이었다.[39] 나중에 그는 법정에서 자신의 죄를 시인했지만, 감정을 전혀 드러내지 않았다.

버나드 L. 매도프와 같은 사람을 사이코패스라 부르는 것은 그나마 우리에게 위안이 된다. 곧, 그런 꼬리표들은 사건의 진상을 설명해주며 또한 우리에게 아주 황당한 상황들에 대한 규제조치를 준비하도록 해줌으로써 기분을 한결 나아지게 해준다. 그러나 그것들은 또한 매도프같은 사람들을 충동하는 치밀함과 복합성을 흐릿하게 만든다. 이런 사례들에서 금전적 소득은 핵심 동기이긴 하지만 그것만으로는 설명이 불충분하다. 즉, 매도프와 같은 사람의 능력으로는 다른 방식으로도 얼마든지 돈을 벌 수 있었을 것이며, 자신의 책략을 돌이킬 수 없는 국면으로까지 몰고 가지 않을 수 있었을 것이다. 그를 충동했던 것은 단속 기관들을 포함해서 재정에 밝은 사람들을 자신이 조종할 수 있다는 우월감이었을 수도 있다. 즐긴다는 것은 어떤 의미에서는 설득불능의, 법을 초월해 있다는 표징이다. 그의 시민적인 그리고 박애주의적인 행위들은 단순히 전략적인 위장이 아니라 보상을 함으로써 자신의 죄책감을 누그러뜨리는 하나의 방편이었을 수 있다. 그렇지 않다면 아마도 미덕과 악덕이 서로 공존하는 지킬과 하이드의 이중성이 그의 인격에 존재했을지도 모른다. 사실 매도프에게 그런 악명을 가져다준 것은 단지 그가 저지른 비행의 성격이 아니라 그의 범위와 규모였다. 지금까지 폰지 사기(피라미드식)(폰지가 처음 시작함)를 저질렀던 사람들이 많아서 또 그런 사기꾼들이 있을 것이라고는 의심을 하지 않았다. 게다가 그런 사기꾼들이 성공했던 이유는 피해를 당했던 사람들이 상대를 선뜻 신뢰했고, 잘 속았으며, 탐욕을 보였기 때문인데 어떤 점에서는 피해자들의 그런 행태가 그들이 사기를 칠 수 있도록 도와준 것이다.[40]

반사회적 인격을 지닌 사람들은 죄의식이 전혀 없는 것도 아니고, 또한 불안이나 우울증이 없는 것도 아니다(그런 사람들은 알코올이나 약물과 힘겨운 싸움을 벌일지도 모른다). 결국 반사회적 인격자들과 사이코패스들을 구분 짓는 것은 위법행위의 성격보다는 죄의식의 존재 여부다. 나는 캘리포니아 주 청소년 기관에서 컨설턴트로 일할 때 이와 관련한 극적인 사례를 접한 바가 있다. '짐'은 3살 난 여자아이를 죽인 죄로 교도소에 수감된 18살 남성이었다. 그 여자아이는 그를 위해 일했던 10대 매춘부의 딸이었다. 엄마가 밖에 나간 어느 날 밤, 그 아이가 계속 울자 그는 이성을 잃고 아이의 복부를 강타하였다. 그가 아이를 병원으로 데리고 갔을 때, 그 여자아이는 이미 비장 파열로 숨져 있었다.

이 사건이 수년 전에 일어났었지만, 내가 그의 죄의식의 부담을 좀 완화시켜주어야겠다고 느낄 만큼 짐은 여전히 그 일로 인해 대단한 고통을 겪고 있었다. 나는 짐에게 그런 느낌은 마치 뜨겁게 타오르는 불꽃도 재가 쌓여가며 점차 사그라지게 되는 것과 같은 것이라고, 달리 말하면 시간이 치유해줄 것이라고 일러주었다. 짐은 내 말의 취지를 알아듣고 고개를 흔들며 "그것은 별반 효과가 없을 것"이라고 말했다. 나는 왜 그런지를 물었다. 그는 눈가에 눈물을 보이며 "저의 불은 케네디의 불−대통령 묘지에 있는 재를 만들지 않는 영원한 불꽃−과 같기 때문입니다."라고 대답했다. 만약 내가 당시에 짐이 저질렀던 범죄에 관한 신문 기사를 읽었더라면(특히 당시에 내 딸도 3살 무렵이었기 때문에), 나는 그가 양심을 가지고 있지 않은 사람이라고 결론지었을 것이다. 그러나 그의 이야기를 들은 후, 나는 그렇게 생각하지 않게 되었다.

반사회적 및 정신병질 인격자들의 양심이 제대로 작동하지 않는 원인을 설명하기 위해 다양한 생물학적, 심리적, 사회적 근거들이 제시되어 왔다. 생물학적 원인들은 우리의 진화론적 유산(동물들 또한 '부끄럼 없이' 속인다)으로부터 유전 및 호르몬 요소들에 이르기까지 폭넓게 걸쳐 있다. 다른 설명들은 범죄를 불러오는 것으로 여겨지는 빈곤과 부정의와 같은 사회경제적 조건들을 근거로 하고 있다(설사, 많은 범죄자들이 가난한 반면 가난한 자들의 대부분은 범죄자들이 아니라고 할지라도).

이들 설명의 그 어느 것도 결코 결정적이지 않다. 어떤 경우에는 생물학적 요소들이 사이코패스와 연관되지만, 그것은 어디까지나 특수한 사례들이다. 많은 사이코패스들은 제대로 기능이 발휘되지 않는 가정 출신이었으며 또한 어렸을 때 학대를 받았던 경험이 있던 자들이었다. 그들의 삶은 어릴 적의 박탈이나 부모의 별거, 거절, 일탈 등으로 특징지어져 왔다. 그러나 비슷한 배경에서 성장했지만 반사회적 인물로 나아가지 않은 사람들도 헤아릴 수 없이 많다.

심각한 반사회적 행동들은 특히 그것들이 어린 아동들에게서 발생할 때 충격적이다. 우리는 10대 갱들에 의해 자행된 범죄에는 익숙해져 있지만, 미국에서 해마다 20여 건의 살인 사건들이 10대 이하의 어린 아동들에 의해 저질러진다는 것을 알게 되면 놀라지 않을 수 없다. 시카고에서는 10살 아동과 그의 친구 11살 아동이 5살 난 아이를 창문 밖으로 내던졌다. 영국의 리버풀에서는 두 명의 10살 소년들이 2살 난 아동의 머리에 벽돌 20여 개 이상을 던졌으며, 그러고는 그 살인 사건이 우연한 사고인 것처럼 보이기 위해 "그 아이를 발로 차고, 아랫입술을 찢고, 옷을 벗기고 가능한 대로 최대한 성추행을 했다. … 그리고 누더기가 된 시체를 기차선로 위에 놓아두었다."[41]

이와 같은 아동들은 죄의식에 대한 선천적 무능력으로 어려움을 겪고 있는가? 그들은 폭력으로 가득한 텔레비전과 비디오 게임 등으로부터 그런 행동을 배운 것인가? 우리는 다음 장에서 도덕 판단의 발달과 죄의식에 대한 능력을 논의할 때 이런 문제들을 다시 다룰 것이다.

마지막으로, 분명히 반사회적 요소들을 범죄자들과 공유하고는 있지만 결코 범죄자들이 아닌 사람들이 있다. 예컨대 **자기애 인격**을 가진 사람들은 자기중심적이고, 공감이 부족하며, 그들 자신의 목적을 위해 타인들을 이용하고 착취한다. 이와 유사하게 **히스테리성 인격자들**은 사람들을 조종하는 데 능하며 끊임없이 관심의 대상이 되도록 애쓴다. 연예계에서 낭만적이며 흥분을 불러일으키는 존재로 우상화된 인기 있는 몇몇 인물들은 두 성격 유형의 좋은 사례가 될 수 있을 것이다.

최근의 몇몇 흥미로운 연구들은 뇌기능장애와 사이코패스 행동 간의 연관성에 초점을 두고 있다. 이에 관한 이전의 인상적인 설명은 피니스 게이지의 유명한 사례와 관련된 것이었다. 게이지는 1848년 당시 능력과 훌륭한 인품으로 높이 평가받고 있던 25살의 공사현장 인부로, 작업 도중 끔찍한 뇌 사고를 당했다. 바위를 폭파할 때 잘못하여 철봉이 게이지의 머리를 관통함으로써 그의 뇌의 중요한 부위가 손상되었다. 그는 점차 불손해지고, 아주 무례한 욕을 해댔고, 다른 사람들을 존중하는 태도를 거의 보이지 않았고, 변덕스럽게 행동하였으며, 책임감과 미래를 대비한 어떤 계획을 세울 능력을 상실해버렸다. 이런 새로운 특징들은 그의 이전의 성격과는 뚜렷하게 대조되어 그가 마치 새로운 사람이 된 것 같았다("게이지는 더 이상 게이지가 아니었다."). 그는 비록 나머지 지적 기능들은 손상되지 않고 남아 있었지만 자신의 사회적 책임에 대한 감각은 잃어버렸다. 그의 사례는 윤리적으로나 사회적으로 책임 있는 행동을 하려면 온전한 뇌가 필요하다는 원리를 확립시켰다.[42] 그 이후로 정신적 외상, 종양, 수술 등으로 인한 뇌손상을 포함한 수많은 다른 사례들이 뇌손상과 사회적 기능의 결핍 사이의 관련성을 재확인시켜주었다. 그러한 기능장애는 쑥스러움, 수치심, 죄의식과 같은 의식적인 정서들에 대한 복잡한 평가 등 사회적 행동을 규제하는 뇌의 전두엽, 특히 안와전두 부위에서의 병변과 관련된다.[43] 다른 연구자들은 그 문제를 편도체와 같은 뇌의 다른 부위에 무게를 두며, 사이코패스를 뚜렷한 주의력 결핍(그것은 도덕 판단의 실행을 손상시킨다)이나 혹은 반사회적 행동에 따른 사회적 결과에 대한 두려움의 결핍과 연관시킨다.

  신경과학자인 안토니오 다마지오는 이런 조건들을 **후천적 반사회적 태도**라 부른다. 그런 태도는 예전에 정상적이었던 사람들 가운데에서 나타나는 것으로, 높은 수준의 공격성과 욕구불만에 대한 낮은 인내심을 포함하는 일탈적인 행동으로 특징지어진다. 이들은 타인들의 감정을 완전히 무시하며 아예 그에 무감각함을 보여준다. 그들의 사회적 규칙에 대한 무시와 타인들에 대한 공감 결핍은 흔히 사이코패스들에게서 나타나는 일종의 반사회적 행동으로 이어진다.[44]

그러나 이처럼 제한된 수의 특수한 사례들에 기초한 연구들은 매우 유익하긴 하지만, 우리가 이를 일반화시킬 수는 없다. 게다가 그것들은 어려운 문제들을 불러일으키고 있다. 만약 그들의 발견이 인간의 양심이 뇌의 특정한 위치에 자리하고 있다는 것을 의미한다면, 윤리적 행동이란 단순히 그 '**윤리 센터**'의 기능 작동에 불과하단 말인가? 그러한 환원주의적 관점은 다음과 같이 다마지오에 의해 거부되었다.

나는 사회적 현상을 생물학적 현상으로 환원시키려는 시도를 하지 않는다. 오히려 나는 그 둘 간의 강력한 관련성을 논의하고자 한다. … 인간 사회에는 생명 작용이 이미 제공한 것에 덧붙여 사회적 인습과 윤리적 규칙들이 존재한다. … 이것은 사랑, 너그러움, 친절, 연민, 정직 그리고 다른 추천할 만한 인간 특질들이 그저 이기적인, 오로지 생존만을 위한 신경생물학적 규제에 지나지 않는다는 것을 의미하는가? … 그것은 분명히 **그렇지 않다**.[45]

도덕 원리들과 관습을 신경 기능들과 어떻게 통합할 것인가에 관한 계속되는 의문들이 남아 있다. 대부분의 반사회적 인물들은 입증할 수 있는 어떠한 뇌 기능장애를 갖고 있지 않다. 그래서 우리는 둘 간의 일관된 인과관계를 주장하기가 어렵다. 뇌는 단순히 영혼 없는 컴퓨터처럼 도덕 감정용 신경회로를 제공하는가? 그런 의문들에 대한 대답이 무엇이던 간에, 한 가지 분명한 것이 있다. 우리가 건전한 도덕 판단을 필요로 하던 혹은 그렇지 않던 간에, 우리는 손상되지 않은 완전한 뇌를 필요로 한다는 점이다. 물론 그렇다하여 완전한 뇌가 건강한 죄의식의 능력을 위해 충분한 것은 아니지만 말이다.

어느 것이 더 피해를 주는가: 죄의식인가 아니면 수치심인가?

서양에서는 수치심보다는 죄의식이 도덕적 이슈로 더 많은 관심을 받아왔다. 그의 문학적 유산뿐만 아니라 종교적, 철학적 유산이 이를 입증해준다. 게다가 지난 100여 년 이상 정신과 의사들은 수치심보다는 죄의식을 병으로 발전될 가능성이 훨씬 더 높은, 특히 우울증과 같은 보다 광범한 임상적 실체의 일부로서 발생할 때 문제가 많은 정서로 간주해왔다. 수치심은 이런 점에서 훨씬 덜 관심을 받아왔다.[46]

우리가 1장에서 논의했던 바와 같이, 이런 관점은 최근에 이르러 심리학자들에 의해 도전을 받고 있는데, 그들의 주장에 의하면 수치심이 죄의식보다 피해를 더 주는 정서라는 것이다. 그들의 중심적인 논증은 죄의식이 특정한 일탈에 대한 반응으로 일어나는 반면에 수치심은 자아 전체를 사로잡는다는 것이다. 수치심은 우리로 하여금 수치심을 유발하는 상황을 부정하고, 감추며, 그로부터 도망가게 만든다. 죄의식은 우리로 하여금 피해를 원상 복구시키는 보상적 행위를 하도록 동기화시킨다. 죄의식은 다른 사람들에 대한 공감을 진작시키지만, 수치심은 그것을 방해한다. 수치심은 다른 사람들에 대한 분노, 적대감, 책망으로 나아가기 쉽다. 죄의식은 분노에 대해 건설적인 반응으로 이끈다. 수치심을 잘 타는 성향은 아주 다양한 심리적 증후들(낮은 자존감, 우울증, 불안 등을 포함하는) 및 식이장애와 심적 외상 후 스트레스 장애와 같은 질환들과 관련이 있다. 다른 한편, 사람들을 외설적이고, 불법적이며, 비도덕적인 행동에 개입하는 것을 규제하는 것과 관련해서는 죄의식이 수치심보다 더 효과적이다. 따라서 죄의식이 수치심보다 더 '도덕적인' 정서이다.[47] 준 탱니와 론다 디어링은 다음과 같이 말하였다.

요약하면 수치심은 대인 관계 행동에 부정적인 영향을 발휘하는 극도로 고통스럽고 악질적인 감정이다. 수치심을 잘 타는 사람들은 비교적 불행관련 사건들에 대해 다른 사람들(자기 자신들뿐만 아니라)을 더 잘 책망하고, 쉽게 격렬하고, 매서우며, 억울해하는 분노와 적개심을 드러내고, 일반적으로 다른 사람들을 공감하는 능력이 떨어지는 것으로 나타난다. 반면에, 죄의식은 어쨌든 그렇게 나쁘지는 않을 것이다. 죄의식에 쉽게 젖어드는 사람들은 다른 사람들에 대해 공감하고 또한 부정적인 대인 관계 사안들에 대해 책임을 수용하는 능력이 더 있어 보인다. 그들은 쉽게 수치심을 타는 사람들에 비해 상대적으로 분노에 자주 휩싸이지 않는다. 그러나 그들이 화를 낼 때는 정말 훨씬 단도직입적인(그리고 사람들은 보다 건설적인 것으로 추측할지도 모른다) 방식으로 분노를 표현하는 것 같다.[48]

수치심이 지닌 피해 잠재력을 이렇게 강조한 것은 매우 의미가 있다. 임상의들은 해악에 대한 수치심의 이런 잠재력을 축소해서 말하는 경향이 있어왔다. 이는 부분적으로는 수치심보다 신경증적 죄의식에 훨씬 더 많은 중요성을 부여했던 프로이트의 영향 때문이다. 따라서 수치심이 내포하고 있는 해악 잠재력에 대한 인식은 이미 벌써 오래 전에 수정이 이루어졌어야 한다. 임상의들이 죄의식을 관조해왔던 아주 부정적인 방식도 똑같은 차원에서 완화될 필요가 있는 것 또한 사실이다. 그런고로, 죄의식을 심리적으로 보다 긍정적인 측면에서 바라보고자 하는 것은 아주 바람직한 관점상의 수정이라 할 수 있다.

자의식적인 정서들이 내포하고 있는 병적 잠재력을 새롭고 인식하고 접근하는 이러한 심리적 패러다임은 그동안 정신의학에서 오랫동안 자리잡아왔던 일부 관점들과도 분명히 모순된다. 또한 그것은 종교적 관습이나 전통적인 철학적 사고방식의 가정들과는 역행한다. 여기에서는 심리학에서 죄의식과 수치심을 연구하는 경험적 및 실험적 방법들이 임상적인 방법이나 다른 접근들보다 더 유용한지의 여부를 논의할 필요는 없을 것 같다. 왜냐하면 그것들은 서로 다른 개념 구조와 증거 법칙들에 의존하고 있기 때문이다. 게다가 그들의 유용성은 그 연구결과가 가치를 부여하는 목적에 따라 달라진다. 그런 의미에서, 그것들은 서로 상호보완적이다.

그러나 심리학 자체 내에서 방법론적 및 개념적 근거에 기초하여 이에 반대하는 목소리들 또한 존재하고 있다.[49] 예컨대 자의식적 정서 검사(TOSCA)의 어휘에서 "거의 모든 부정적 자기 평가는 수치심으로 간주하고, 죄의식은 자기 판단과 관련이 없는 특수한 행위들로 제한하는" 경향이 있다는 지적이 제기되어 왔다.[50] 더 나아가 죄의식과 수치심의 경험과 관련된 사고 및 행위에 관한 자의식적 정서 검사의 서술들이 비교적 중요하지 않거나 단발적인 작은 사건들과 관련되어 있다는 것이다.[51] 그런 도구들을 사용하는 연구에서는 죄의식이 보다 잘 적응할 수 있는 긍정적인 정서로 자연스럽게 부각되게 된다. 왜냐하면 이런 연구들은 피험자들이 정상적으로 죄의식을 느낄 수 있는 명백한 도덕적 위반에 의존하는 방법을 사용하기 때문이다. 더 나아가 그런 죄의식이 원인이 되어 야기되는 피해는 쉽게 복구될 수 있다. 달리 말하면 보다 '건강한' 죄의식의 형식과 '건강치 못한' 수치심의 형식이 서로 비교되는 것으로 보인다.

새로운 관점을 지지하는 자들은 어떤 죄의식 유형들은 심각한 병적 잠재력을 수반한다는 데 동의한다. 그러나 그들은 이를 주로 죄의식이 수치심에 '오염'되었기 때문인 것으로 인식한다. 그렇지 않으면 그들은 '수치심 없는 죄의식'은 대체적으로 심리적 기능장애와 관련이 없는 것으로 여긴다. 그러나 수치심 없는 죄의식이 니코틴 없는 담배나 알코올을 함유하지 않은 와인처럼 들릴 수도 있다. 니코틴 없는 담배는 담배가 아니며, 알코올 성분이 없는 와인은 술이 아니라 포도 주스일 뿐이다. 수치심과 죄의식 사이에 불가피하게 중복이 있을 수밖에 없다는 것을 가정한다면, 그들의 '순수한' 형식을 찾는 것은 그 자체가 헛된 일일 수 있다. 그리고 설령 수치심 없는 죄의식과 같은 그런 자의식적 정서가 존재한다 하더라도, 그것은 너무 '무기력한' 정서여서 어떠한 의미 있는 사회적 혹은 도덕적 기능을 발휘할 수 없을 것이다.[52]

죄의식과 수치심을 구별하는 주요한-비록 유일한 것은 아니라 하더라도-준거로 자아의 총체적 관련 문제는 한층 중요한 하나의 관심으로 부각되고 있다. 정서가 우리에게 얼마나 악영향을 줄 수 있는 지를 결정하는 데 있어서 자아의 총체적 관련 여부는 별반 문제가 되지 않는다. 왜냐하면 그것은 아주 자명해 보이기 때문이다. 그보다는 오히려 자아가 단지 수치심에서만 총체적으로 관련되고 죄의식에서는 그렇지 않은지의 여부이다. 만약 우리가 수치심을 총체적 자아를 포함하는 전제 위에서 정의하고 시작한다면, 수치심이 훨씬 더 피해를 끼치는 정서라는 결론은 너무나 자명한 이치이다. 그러나 만약 우리가 자아의 관련성을 수치심이나 죄의식이 미칠 수 있는 피해를 가늠하는 준거로 삼는다면, 우리는 보다 공평한 결론에 도달할 수 있을 것이다.

결론적으로, 죄의식을 아무것도 섞이지 않은 순수한 형태의 좋은 것으로 간주하고 수치심을 '추한 감정'으로 부를 만한 증거는 없다. 우리가 두려움이나 분노와 같은 다른 정서들에 대해 생각하는 것처럼 죄의식과 수치심을 바라보는 것이 이들 정서를 이해하는 데 더 도움이 될 것이다. 그것들은 본질상 선하지도 악하지도 않다. 단지 우리 본성의 일부일 뿐이다. 그것들은 어떻게 사용되는가에 따라 우리에게 축복이 될 수도 있고 저주가 될 수도 있다. 이런 견지에서 보면 수치심과 죄의식을 바라보는 새로운 관점들은 죄의식의 유용한 효과를 지적하되 그에 내포된 악영향의 잠재력 또한 경시하지 않고 올바로 지적하는 것이 온당할 것이다. 역으로, 수치심이 주는 악영향과 더불어 그의 유용한 효과를 경시하지 않는 것 또한 온당한 일이다. 이는 우리가 사회적 통제의 일차적인 도덕 감정으로 죄의식보다는 수치심에 상대적으로 더 의존하는 아시아의 종교와 문화를 논의해보면 더욱 분명해질 것이다.[53]

병적 죄의식에 대한 대처

만약 죄의식이 그의 본래적인 성질이나 그의 강도에 있어서 병적인 수준에까지 이르렀다면, 우리가 죄의식에 대처하기 위해서는 부득이 전문적인 도움이 필요하다. 여기에서는 죄의식의 경험이 우울증과 같은 광범위한 정신질환의 일부인지, 아니면 그와 무관한 것인지를 중점적으로 고려하고자 한다. 만약 죄의식이 보다 광범한 실체의 일부라면, 죄의식 그 자체보다는 보다 광범한 실체의 증후군 가운데 하나의 질환으로서 다루고자 한다.

우리가 심적 외상 후 스트레스 장애와 관련하여 논의했던 바와 같이, 약물의 사용에서 정신요법과 인지적 행동치료에 이르기까지 정신의학적 방법과 심리학적 방법들을 혼용하는 것이 그런 질환들을 처치하는데 유용할 수 있다. 즉, 다양한 방법들을 혼합하여 사용하는 것이 가장 효과적이다. 약물에 의한 우울증의 치료는 일반적으로 몇 가지의 무리로 나뉘는 항우울제에 의존하고 있다. 이 가운데 선택적 세로토닌 재흡수억제제가 가장 널리 사용되고 있다. 그것은 미국에서 가장 많이 처방되는 약물들 가운데 프로잭과 졸로프트와 같은 약물을 포함하고 있다. 항우울제는 뇌에서 기분에 영향을 미치는 화학적 불균형을 통제하는 작용을 한다. 이들 약물이 효과를 보이려면 어느 정도의 시간이 걸리겠지만, 기능이 괜찮으며 또한 일반적으로 안전하다. 약물에 의한 강박장애 치료 역시 대개는 선택적 세로토닌 재흡수억제제를 통해 이루어지는데, 그것은 신경전달물질 세로토닌의 수준을 증가시키는 것으로 알려져 있다.

심각한 죄의식이 죄의식의 본래적 특성으로부터 기인한 경우에는 정신치료와 인지적 행동치료가 환자에게 도움이 될 수 있을 것이다. 이 접근법들은 각기 서로 다양한 기법들을 포괄하고 있다. 예컨대 통찰지향정신치료는 환자가 그 문제의 심리적 근원을 이해하도록 돕는 것을 목표로 삼는다. 또한 여러 가지 변형된 형태가 있는 인지적 행동치료는 예컨대 환자가 사람들이나 상황 혹은 사건들이 우리가 어떻게 느끼는가를 결정한다기보다는 우리의 생각이 그렇게 결정한다는 것을 이해하도록 하는 데 도움을 줄 수 있을 것이다. 따라서 우리가 생각하는 방식을 바꾼다는 것은 뒤이어 우리가 느끼는 방식을 바꾸는 것일 것이다. 역설적으로 누군가가 심리적 문제를 갖고 있다거나 혹은 정신치료를 받고 있다는 바로 그 사실 자체가 수치심과 죄의식을 야기하는 원인이 될 수 있다. 게다가 직면하고 있는 문제가 갈등을 억누르기는 고사하고 아픔을 수반하기 때문에, 치료를 받고 있는 사람들은 흔히 그들의 문제에 깔려 있는 근원을 이해하도록 도움을 주고자 하는 치료전문가의 노력에 저항한다.

　과도한 죄의식에 대처하는 일은 비록 어렵기는 하지만 부적절한 죄의식에 대처하는 일과 비교해보면 그리 심각하지 않다. 현재 우리에게 사이코패스들의 삶을 다루거나 관리하는 결정적인 방법은 없다. 약물, 정신치료, 집단치료, 행동치료로부터 성폭행범의 거세에 이르기까지 모든 방법이 시도되어 왔다. (현재 테스토스테론 길항제의 약물 처치는 거세와 똑같은 효과를 얻고 있다.) 이것은 아동성추행범이 자신의(대부분이 사실은 남성들이다) 성적 취향을 변화시키도록 하지는 못하지만 자신의 성적 충동을 분출하고자 하는 욕구를 감퇴시킬 수는 있다. 이들 각각의 방법은 여러 사이코패스들을 돕는 데 기여할 수 있겠지만, 그 결과는 일반적으로 일관적이지 못하였고 실망스럽기까지 하였다. 사이코패스와 관련된 뇌 구조에 관한 이해가 개선될수록 보다 효과적인 화학적 처치가 나올 수 있을 것이다.

　지금까지 우리는 죄의식을 우리의 현재적 삶에 존재하는 것으로 다루어왔다. 그러나 모든 문제는 우리가 그의 기원과 발달을 제대로 알 때 진정한 이해가 가능할 것이다. 그런 점에서 우리는 도덕 판단과 죄의식 능력이 한 개인 내에서 특히 아동기에, 어떻게 발달하는지를 알 필요가 있다. 우리가 다음 장에서 다룰 주제가 바로 이와 관련한 것이다. 그런 후 제7장에서 우리는 죄의식 능력이 진화를 통해 인간 종 내에서 어떻게 발달해왔는가를 고찰할 것이다. 우리는 이 두 장을 통해 우선 개인심리학의 관점에서 바라본 죄의식에 관한 우리의 고찰을 마무리할 것이다.

1 "Mirrors: A Case Study of the Interplay of Guilt, Depression, and Christianity" (1995), 미발간 원고, 저자 이름은 보류함.

2 G. Rattray Taylor (1954), *Sex in History*, p. 44 (New York: Harper and Row). 이 책은 이런 문제들에 대해 증오까지는 아니라 하더라도 매우 비판적으로 기술하고 있다. 13세기부터 18세기까지의 서양의 죄의식의 등장에 관한 보다 광범위하고 학문적인 논의는 Jean Delumeau (1990), *Sin and Fear,* tr. Eric Nicholson (New York: St. Martin's)을 볼 것.

3 William Ian Miller (1997), *The Anatomy of Disgust*, pp. 158-62 (Cambridge, MA: Harvard University Press).

4 Mortimer Chambers et al. (1979), *The Western Experience*, p. 340 (New York: Knopf). 이 주제들에 관한 더 깊은 논의는 Herant Katchadourian (1989), *Fundamentals of Human Sexuality*, 5th ed., ch. 20 (Fort Worth: Harcourt Brace)을 볼 것.

5 J. A. Amato (1982), "A New Guilt", in *Guilt and Gratitude: A Study of the Origins of Contemporary Conscience* (London: Greenwood).

6 Hannah Arendt (1963), *Eichmann in Jerusalem: A Report on The Banality of Evil* (New York: Viking).

7 A. C. Grayling (2006), *Among the Dead Cities* (London: Bloomsbury). 내가 이 문제에 대해 관심 갖도록 해준 Sanford Gifford에게 감사드린다.

8 Amato (1982), p. 6.

9 Ibid., p. 13.

10 Sigmund Freud (1929), *Civilization and Discontents*, in James Strachey, ed. and tr. (1953-74), *The Standard Edition of the Complete Psychological Works of Sigmund Freud*, vol. 21, pp. 59-145 (London: Hogarth). 프로이트는 그 책의 제목을 "Unhappiness in Culture"로 하길 원했지만, 보다 신비스러운 "discontents"에 만족하여 이를 선택하였다. 이 말은 문명화된 사회에서의 삶을 특징짓는 불안감과 관련이 있다.

11 Peter Gay (1988), *Freud: A Life for Our Time* (New York: W. W. Norton).

12 Roger Brooke (1985), "What is Guilt?", *Journal of Phenomenological Psychology* 16(2): 31-46.

13 Theodore Millon, Paul H. Blaney, and Rogers D. Davis, eds. (1999), *Oxford Textbook of Psychology*, p. 203 (Oxford: Oxford University Press).

14 *Diagnostic and Statistical Manual of Mental Disorders* (DSM-IV-TR) (2000) 4th ed., text revision, pp. 345-428 (Washington, D.C.: American Psychiatric Association).

15 기분 장애들은 정신의학 교과서들과 보다 전문화된 자료들에서 광범위하게 다루어지고 있다. 다음을 보라. Benjamin J. Sadock and Virginia A. Sadock, eds. (2005), *Kaplan and Sadock's Comprehensive Textbook of Psychiatry*, 8th ed., vol. 1, pp. 1559-1707 (Philadelphia: Lippincott Williams & Wilkins); Robert E. Hales and Stuart C. Yudofsky (2003), *Textbook of Clinical Psychiatry*, 4th ed. (Washington, D.C.: American Psychiatric Publishing). 우울증에 관한 광범위한 정신의학 문헌으로는 프로이트가 1917년에 발표하였던 고전적인 논문 "Mourning and Melancholia"가 있다. Sigmund Freud (1917), in Strachey(1953-74), vol. 14, pp. 237-60. Melanie Klein의 저서 또한 우울증에 관한 정신의학적 연구에서 매우 유명하다.

16 Freud (1917), p. 246.

17 Gerhart Piers and Milton B. Singer (1971), *Shame and Guilt*, pp. 40-43 (New York: W. W. Norton).

18 Ottto Fenichel (1945), *The Psychoanalytic Theory of Neurosis*, p. 363 (New York: W. W. Norton).

19 "Obsessive-Compulsive Personality Disorders", DSM-IV-TR (2000), pp. 725-29; "Personality Disorders", in Sadock and Sadock (2005), vol. 2, pp. 2063-2104.

20 강박장애(Obsessive-compulsive disorders)는 오늘날 '불안장애(Anxiety Disorders)'의 일부로 분류된다. 다음의 DSM-IV-TR (2000), pp. 725-29; Sadock and Sadock (2005), vol. 1, pp. 1768-79를 볼 것.

21 George Borrow (1975), *Lavengro*, quoted by John Nemich, in Alfred M. Freedman, Harold I. Kaplan, and Benjamin J. Sadock (1975), *Comprehensive Textbook of Psychiatry*, 2nd ed., vol. 1, p. 1242 (Baltimore: Williams and Wilkins).

22 프로이트는 Strachey (1953-74), vol. 10, pp. 153-342, "Notes upon a Case of Obsessional Neurosis"에서 "Rat Man"에 관한 사례연구를 포함하여 이들 조건에 관하여 광범위하게 기술하였다.

23 Joseph W. Ciarrocchi (1995), *The Doubting Disease: Help for Scrupulosity and Religious Compulsions* (Mahwah, NJ: Paulist Press).

24 Ibid., p. 40.

25 John Bunyan (1966), *Grace Abounding to the Chief of Sinners*, pp. 40-41, in *The Choice Works of John Bunyan* (1811) (Halifax: William Milner), http://books.google.com/books?id=wzkoAAAAYAAJ.

26 J. A. Knight (1968), "Fault and Failures of Conscience", in *Conscience and Guilt*, pp. 126-45 (New York: Appleton-Century-Crofts).

27 Stanley Milgram (1974), *Obedience to Authority: An Experimental View* (New York: Harper and Row); Craig Haney and Philip G. Zimbardo (1977), "The Socialization into Criminality: On Becoming a Criminal and a Guard", in June Louin Tapp and Felice L. Levine, eds. (1977), *Law, Justice and the Individual in Society: Psychological and Legal Issues*, pp. 198-223 (New York: Holt, Rinehart and Winston).

28 "The Human Behavior Experiments", *New York Times*, June 6, 2006.

29 William Gilding (1999), *Lord of the Flies* (Philadelphia: Chelsea House).

30 Chris Hedges and Laila Al-Arian (2007), "The Other War: Iraq Vets Bear Witness", *The Nation*, July 30.

31 이들 개념에 관한 개관은 John Seabrook (2008), "Suffering Souls: The Search for the Roots of Psychopathy", *New Yorker*, Nov. 10, pp. 64-73을 볼 것.

32 "Antisocial Personality Disorder", DSM-IV-TR (2000), pp. 701-6.

33 Robert H. Hare (2006), "Psychopathy: A Clinical and Forensic Overview", *Psychiatric Clinics of North America* 29: 709-24. 로버트 헤어는 이 질환의 핵심 특징들을 표준화하는 데 도움을 주었던 사이코패스 체크리스트를 개발하였으며, 이는 광범위하게 사용되었다. Robert Hare (1993), *Without Conscience: The Disturbing*

World of the Psychopaths among Us (New York: Guilford).

34 Hare (2006), p. 709.

35 강간 경험에 관한 기술은 흔히 죄의식의 요소에 초점을 맞춘다. 이와 관련한 것은 Nancy V. Raine (1998), *After Silence: Rape and My Journey Back* (Chicago: American Library Association)을 볼 것.

36 사이코패스들의 추론이 도덕적 감정과 분리되어 있다는 사례들에 대해서는 Hervey Cleckley (1995), *The Mask of Sanity*(St. Louis: C. V. Mosby)를 볼 것.

37 Seabrook (2008), p.70.

38 Stephanie Strom (2009), "Elie Wiesel Levels Scorn at Madoff," *New York Times*, Feb. 27, p. B1.

39 Julie Creswell and London Thomas Jr. (2009), "The Talented Mr. Madoff", *New York Times*, Jan. 25, pp. B1, B8.

40 Ron Chernow (2009), "Madofff and His Models", *New Yorker*, Mar. 23, pp. 28-33.

41 *Time*, Aug. 24, 1998.

42 Antonio R. Damasio (1994), *Descartes' Error: Emotion, Reason, and the Human Brain* (New York : Harper Collins).

43 Jennifer S. Beer, et al. (2003), "The Regulatory Function of Self-Conscious Emotion: Insights from Patients with Orbitofrontal Damage", *Journal of Personality and Social Psychology* 85(4) : 594-604.

44 R. J. R. Blair and L. Cipolotti (2000), "Impaired Social Response Reversal", *Brain* 123:1122-41.

45 Damasio (1994), pp. 124-25, 원본에서 강조.

46 Sadock and Sadock (2005), vol. 1, p. 853.

47 June P. Tangney, Jeffrey Stuewig, and Debra J. Mashek (2007), "What's Moral about the Self-Conscious Emotions?" in Tracy, Robins, and Tangney (2007), pp. 26-28. 또한 다음 책을 볼 것. June Price Tangney, Jeff Stuewig, and Debra J. Mashek (2007), "Moral Emotions and Moral Behavior", *Annual Review of Psychology* 58 :

345-72.

48 June P. Tangney and Rhonda L. Dearing (2002), *Shame and Guilt,* p.3 (New York:
Guilford).

49 자의식적 정서를 연구하는 데 사용된 도구들은 전형적으로 질문지법인데, 아마
도 가장 널리 알려진 것으로는 자의식적 정서 검사(Test of Self-Conscious Affect)
(TOSCA)일 것이다. 그 질문지 검사법은 피험자들이 선택할 응답과 더불어 일련
의 수치심과 죄의식 관련 시나리오를 제시한다. 질문이 어떻게 기술되는가는 이
에 어떻게 응답할 것인가에 중요한 영향을 미친다.

50 David W. Harder (1995), "Shame and Guilt Assessment, and Relationships of
Shame and Guilt-proneness to Psychopathology", in June P. Tangney and Kurt W.
Fischer, eds. (1995), *Self-Conscious Emotions: The Psychology of Shame, Guilt,
Embarrassment, and Pride,* p. 385 (New York : Guilford).

51 Tamara J. Ferguson, et al. (2007), "Shame and Guilt as Morally Warranted
Experiences", in Tracy, Robins, abd Tangney (2007), p. 332. 또한 다음의 책을 볼
것. Tamara J. Ferguson and Hedy Stegge (1998), "Measuring Guilt in Children: A
Rose by Any Other Name Still Had Thorns", in Jane Bybee, ed. (1998), *Guilt and
Children* (San Diego, CA: Academic Press).

52 John Sabini and Maury Silver (1997), "In Defense of Shame: Shame in the Context
of Guilt and Embarrassment", *Journal for the Theory of Social Behavior* 27(1): 2-15.

53 헬렌 린드는 연구결과에 지나치게 욕심을 부려 도를 넘는 일을 피하기 위해서는
우리가 다음을 잘 인식할 필요가 있다고 환기시키고 있다. 즉, "이해는 복잡한 현
상을 가장 단순한 요소들로 혹은 설명의 단일한 기본 원리로 환원한 결과로부터
나온다고 생각하는 경향"과 "나머지 의미"를 제거해버리고 자료를 단지 어떤 공
인된 경험적 관찰에 "불과한 것"으로 축소하는 경향을 조심해야 한다는 것이다.
그녀는 "그런 설명들은 어떤 유형들의 현상을 이해하기 위해서는… 불가피한 일
이다. 그것들은 수치심이나 정체성과 같은 그러한 현상을 놓칠 수도 있으며, 그럼
으로써 그것들은 다른 것이 용납되지 않는 유일한, 비개방적인 설명으로서는 불
충분하다."라고 덧붙인다. Helen M. Lynd(1958), *On Shame and the Search for
Identity,* pp. 114-15 (New York : Harcourt Brace).

CHAPTER 06

도덕 판단의 발달

06

도덕 판단의 발달

우리는 지금까지 죄의식에 관한 다양한 경험들과 죄의식이 언제 건강하고 언제 그렇지 않은지를 설명하는 데 관심을 기울여왔다. 이제 우리는 그 이면으로 들어가볼 필요가 있다. 말하자면 죄의식의 경험 아래에 깔려 있는 도덕 판단의 능력이 개인의 생애에서 어떻게 발달하는가를 검토해볼 필요가 있다. 나는 당신에게 이 장의 일부는 인간 행동에 관한 기술이라기보다 개념과 관념을 다룬다는 점에서 매우 이론적이라는 것을 미리 말해둔다. 그렇다고 그것이 곧 오로지 순수

나는 이 장에 대한 비평과 더불어 도움을 준 앤 퍼놀드(Anne Fernald), 제임스 그로스(James Gross), 첸드리 허처슨(Cendri Hutcherson)에게 감사한다.

학문적 관심에만 쏠려 있다는 것을 의미하는 것은 아니다. 이론은 죄의식을 이해하기 위한 지적 구조를 제공하는 데 있어서 필수적이다.

인간은 도덕 판단을 할 수 있는 능력을 타고 났다는 널리 공유되고 있는 신념, 곧 거의 직관적인 이해가 존재한다. 이것은 우리 인간을 동물들과 구분 짓는 본질적인 요소이다. 이러한 능력은 신에 의해, 우리의 유전적 유산의 일부로, 아동기 때의 사회화의 산물로 혹은 그런 요소들의 연합에 의해 주어진 것으로 여겨질 수 있다. 도덕적 책임은 또 다른 전형적인 인간의 특징인 **자유의지**의 관념과 밀접하게 연관되어 있는데, 그것이 있어 우리는 도덕적 선택을 하고 사람들이 자신의 행위에 대해 책임을 져야 한다는 정당화를 확립할 수 있게 된다.

우리로 하여금 도덕 판단을 내리도록 하는 작인은 무엇이 옳고 그른지를 지적하는 윤리 기준인 우리의 **양심**이다. 양심은 어떻게 발달하는가? 다양한 이론들이 존재하지만, 그것이 주로 아동기에 발달한다는 점은 분명하다. 프로이트는 **초자아** 개념을 제시했는데, 그것은 거의 1세기 동안 임상 진료를 지배해왔다. 비록 더 이상 널리 받아들여지고 있지는 않지만, 그것은 여전히 역사적 중요성을 간직하고 있고 또한 도덕적 능력이 어떻게 작동하는가에 관한 우리의 이해에서 중심적인 부분을 차지하고 있다. 따라서 우리는 프로이트의 유명한 이야기 사례들 중에서 양심의 발달과 직접적으로 관련된 하나의 사례로부터 논의를 시작한다.

'꼬마 한스'는 빈에 살던 한 부부의 5살 난 아들이었는데(그의 어머니는 프로이트의 환자였었다), 그들 부부는 프로이트를 지지하고 있었다. 한스는 자유방임적인 방식에서 양육된 조숙한 아동이었다. 그는 성적 문제에 솔직하게 관심을 나타냈으며 그런 문제들에 관하여 자유롭게 이야기하였다. 한스는 흰 말이 자기를 물을 것 같은 두려움을 느끼기 시작하였다. 그는 집을 나서기가 두려워졌으며 말에 대한 공포증이 심각한 문제로 대두되기 시작했다. 한스의 아버지는 이 문제를 프로이트와 상의했으며, 프로이트의 지시하에서 한스 아버지는 한스의 '정신분석'에 착수하였다. 프로이트가 나중에 책으로 발간했던 이 사례는 주로 한스 아버지의 보고를 기초로 하였다. 프로이트는 그 소년과 단지 한차례 이야기했을 뿐이다.[1]

한스의 아버지는 아들의 불안을 어머니의 과도한 애정 탓으로 돌렸다. 그는 한스가 자기 자신의 성기(그는 그것을 'widdler 위들러'라 불렀다)에 집착하고 자기 자신을 성적으로 자극하는 것에 대해 격정하였다. 한스는 처음에 아버지로부터 자신의 그런 증상들이 무엇 때문에 일어나는지 빨리 생각해보라고 재촉을 받았는데, 차츰 그는 아이다운 순진한 방식에서 그런 증상들을 해석하는 데 능숙해져갔다(그것은 프로이트가 그에게 엄청난 환심을 갖도록 해주었다).

이후 이어지는 이야기는 다음과 같다. 한스는 성장해가면서 차츰 자신의 페니스를 자극함으로써 얻을 수 있는 만족할 만한 효과를 인

식하게 되었으며, 자신의 놀이 친구들을 향한 성적 감정 또한 발달시
켰다. 그러나 그의 애정과 성적 갈망의 일차적인 대상은 자기를 애지
중지하던 자신의 어머니였다. 한스는 특히 침대에서 어머니와 껴안
는 것을 좋아했는데, 그의 아버지는 이를 탐탁잖아 했다. 비록 한스
가 아버지를 매우 좋아했고 또한 그와 밀접한 관계를 유지했지만, 그
는 아버지를 자기 어머니에 대한 애정 경쟁자로 인식하기 시작했으
며, 자신과 어머니와의 관계에 자기 아버지가 끼어드는 것을 분하게
여겼다. 그는 아버지가 더 자주 여행을 다녀오길 기대하기 시작했고,
결국은 아버지가 완전히 떠나버리길 바랐다. 프로이트는 자기 어머
니를 향한 한스의 감정을 다음과 같이 기술하였다.

> 그가 자기 어머니를 소유할 수 있는 수단으로 어머니와 성관계를
> 하는 것이 어떨지 등 여러 갈래의 막연한 생각이 아이의 마음속에서
> 갈등하고 있었다. … 그는 마치 "나는 어머니와 금지된 그 무엇을 하
> 고 싶다. 나는 그것이 무엇인지 모르지만, [아버지]는 그것을 하고 있
> 다는 것을 안다."라고 말하고 있는 것 같다.[2]

한스의 어머니가 임신을 하여 그의 누이동생을 낳았을 때, 그는
성 문제에 관하여 더 잘 알게 되었다. 그는 자신의 아버지가 어머니
의 임신과 뭔가 관계가 있다고 의심했다(황새의 이야기가 난센스라

는 것을 알아 차렸다)(역자 주: 이 새가 사람들에게 아기를 데려다 준다는 전설이 있음). 그러면서 그는 자기 어머니에게서 자신의 아기를 갖고 싶어 하는 소망을 키웠다. 한스는 목욕을 하고 있는 자기 어린 누이동생을 바라보면서 동생 역시 페니스를 가지고 있는지 궁금해하였다. 그는 자기 아버지가 자기보다 더 큰 페니스를 지니고 있다는 사실에 집착하였다. 이것은 그러더니 그의 마음속에서 큰 페니스를 지니고 있는 말들과 연관되기 시작하였다.

프로이트는 한스 아버지에게 소년들과 남자들만 오로지 페니스를 지니고 있다고 그에게 말해주라고 일렀다. 이것은 한스에게서 그의 아버지가 자기 페니스를 잘라버리면 자기도 누이동생처럼 될 수 있다는 무서운 예상을 불러일으켰다. 그 생각은 일찍이 그의 어머니가 그에게 '성기(위들러)' 만지는 짓을 그만두지 않으면 의사가 그것을 잘라버릴 수 있다고 말한 이후 이미 그의 마음속에 깊이 뿌리박혀 있었다.

한스는 딜레마에 빠졌다. 그는 어머니를 향한 자신의 사랑과 아버지를 향한 자신의 사랑 사이에서 괴로워했다. 그는 자기 어머니가 자기만을 위해주길 바랐지만 어머니는 또한 자기 아버지의 소유이기도 함을 깨달았다. 한스는 아버지를 내쫓으려 고민할 때마다 아버지가 보복할 것을 두려워하였다. 설령 그가 자기 아버지를 제거할 수 있다 하더라도, 그는 아버지를 잃고 싶지 않았다.

경쟁자로서 증오하지 않을 수 없는 이 아버지는 그가 항상 사랑했고 앞으로도 계속 사랑해야 할 의무가 있는, 자기의 모델이 되어 왔고, 자기의 첫 번째 놀이 친구였으며, 자기가 세상에 태어났을 때부터 자기를 돌봐주었던 똑같은 바로 그 아버지였다. 그리하여 이것은 … 그의 첫 번째 갈등으로 떠올랐다.³

한스의 불안에는 두 가지 요소가 내포되어 있었다. 곧 아버지**에 대한 두려움**과 아버지**에 대한 염려**가 그것이다. 전자는 자기 아버지를 향한 적개심에서 나왔고, 후자는 자기의 애정-이 시점에서 보상의 수단으로써 과장된-과 자기의 적개심 사이의 갈등으로부터 나왔다.⁴

꼬마 한스는 '오이디푸스 콤플렉스'를 발달시켰다. 자신의 금지된 소망을 만족시킬 수 있는 방법이 없기 때문에, 그는 그런 소망을 **억압**하였다. 그런 소망들을 자기 마음속 깊이 파묻는 것이 차선책이었다. 그럼에도 불구하고 이런 생각과 감정은 사라지지 않곤 하였으며 아버지에 대한 한스의 두려움은 말에 대한 공포증으로 변질되었다.

말을 선택한 상징성은 여러 차례의 예기치 못한 일들의 결과였다. 즉, 한스는 한 어린 소녀의 아버지가 말이 끄는 마차에 앉아 길을 건너 떠나가는 것을 보았다(이것은 바로 한스가 자기 아버지가 하길 바랐던 일이다). 또 한 번은 한스가 마차를 끌던 말이 넘어지는 것을 보았다(그것은 한스가 자기 아버지가 그렇게 되길, 쓰러져서 죽기를, 원했던 바이다). 한스가 자기에게 달려와 나쁜 생각을 하는 자신을 물어뜯을 혹은 더 정확히 말한다면, 자기를 처벌하고 '중성화시키는'(프로이트는 그것을 '거세 불안'이라 했다) 하나의 방법으로 자기 페니스를 물어뜯을 것 같은 말과 자기를 위협하는 아버지를 동일시한 것은 바로 이런 사건들과 관련된 연상을 통해 나온 것이다.

한스는 이 모든 생각들이 차곡차곡 자기의 무의식에 쌓여 그가 결코 다룰 수 없다는 것을 인식하지 못했다. 그가 그런 생각들을 의식하게 될 때, 그 말에 관한 공포증은 비로소 사라지고 그 분석은 끝이 나게 된다. 꼬마 한스의 사례에서 무엇이 양심이나 죄의식 감정의 발달과 관련이 있는가? 프로이트는, 한스의 이야기에서 일어난 바와 같이, 오이디푸스 콤플렉스를 초자아가 주조되는 도가니로 간주하였다. 이를 간략히 논의해본다.

양심과 죄의식

양심과 **의식**이란 이 두 단어는 라틴어 동사 '알다'(**conscire** 콘스키레)에서 나왔다. 의식적이라는 것은 인식한다는 것이며, 우리로 하여금 옳고 그름 간의 차이를 인식하도록 하는 것이 양심이다. 그것은 우리의 감정, 사고, 말, 그리고 행위의 도덕적 질을 결정해준다. 물어뜯는 듯 아픈 죄의식의 감정을 유발하는 것은 양심의 바늘과 이빨이다.

　　문자 그대로 [양심]은 의식만큼 방대한 것으로 그리고 마음 그 자체만큼 복잡한 것으로 이해되어야 한다. 지력, 상상력, 판단력, 의지 등 그 어떤 마음의 능력도 혹은 그 어떤 정신의 열정도, 그것이 아무리 미묘하다 하더라도, 양심과 관련하지 않고는 이해될 수 없다. 거꾸로 양심은 인간과 아주 밀접하게 연결되어 있어서 성격, 기질, 인격, 그리고 습관과 불가분리적인 것으로 여겨지고 있다. 마찬가지로, 양심은 그 사람이 살고 있는 사회와 그의 전통, 법률, 관습, 그리고 가치를 배제한 채 논의될 수 없다.[5]

양심에 관한 종교적 관점

　　　　도덕 판단의 개념은 종교적 신념과 행동에 있어서 필수적인 요소이다.[6] 모든 종교는 도덕적 반성과 자기 평가를 권장한다. 그러나 자유의지에 기초한 사려 깊은 도덕적 행위자의 개념은 비록 그의 전례가 유대교의 오랜 전통으로까지 거슬러 올라

갈 수 있지만 특히 기독교에서 부각되어 왔다.[7]

구약성서에서 하느님은 우리가 품는 모든 생각과 감정에 간여할 수 있다. 다윗왕은 "나를 살피소서, 오 하느님, 그리고 내 마음을 아소서. 나를 시험하시고 내 뜻을 아옵소서! 그리고 내게 무슨 악한 행위가 있나 보소서"(시편 139:23-24)라며 기도한다. 유대교 전통에서는 사람이 13살에 이르면 율법을 준수할 도덕적 책임을 지게 된다.

이 주제들은 신약성서, 특히 성 바울의 편지에서 절정을 이룬다. 로마서 2장 15절에서, 바울은 양심을 이교도들까지 포함하여 모든 사람 안에 있는 증인으로 이해한다. 그들의 마음에 새겨진 율법을 증거 하는 것은 하느님의 은혜이다. 바울의 관념은 알렉산드리아의 그리스 유대교 철학자인 필로의 초기 관점을 잘 보여준 것인데, 그는 양심을 모든 사람들 내부에 있는 진정한 자아, 곧 판단자이자 심판자, 증인이자 고발자-'꾸지람'의 원천-로서 역할을 하는 자아로 이해하였다. 필로는 하느님이 깊이 뉘우치는 마음을 환영한다는 평온한 생각을 지니고 있었다. 곧, 하느님은 바울에게 비탄에 잠긴 마음과 양심이 보다 고발적이며 판단적인 톤을 띠기를 요구한다는 것이다.[8]

초기 중세 교회의 교리를 확립하였던 교부들은 양심의 개념을 신성의 내면적인 도덕적 목소리로서 계속 유지하였다. 모든 사람들에게 존재하는 신성의 목소리는 하느님을 기쁘게 하는 데 작용한다.

서방교회에서 이들 초기 그리스도교 교부들 가운데 가장 영향력 있던 인물은 성 아우구스티누스였다. 그는 라틴어 **콘스키엔티아** (**conscientia**) ('conscience')에 신성판단, 도덕적 자아평가, 내성 등을 조합하였다.[9] 『고백록』에서, 그의 양심의 목소리는 죄의식으로 가득하다. "정말이지, 주님… 설령 제가 당신께 그것을 고백하려 하지 않는다 하더라도, 제 안에 무엇을 숨길 수 있겠습니까? …저의 신음소리는 제가 제 자신에게 비위가 상한다는 … 저는 제 자신이 부끄러워 제 자신을 거부한다는 증언입니다. 당신은 저의 선택이며, 따라서 오로지 당신의 은혜에 의해서만 저는 당신이나 혹은 제 자신을 기쁘게 할 수 있습니다."[10]

중세 후기에 이르러 양심의 관념은 도덕 판단 이론을 통해 더욱 발달되었다. 유럽의 초기 대학들에서 가르쳤던 스콜라 신학자들은 두 가지 기능을 도덕 판단에 부여하였다. 곧, **양지양능**(synderesis **신데레시스**)은 하나님이 부여하신 천부적 능력으로, 우리가 도덕 법칙을 알아서 도덕 원리들을 완전히 이해할 수 있도록 해주는 것이다. 그리고 **양심**(conscientia **콘스키엔티아**)은 도덕 법칙을 구체적인 사례들에 적용하는 능력이다. 그것은 지식을 도덕 행동과 연결시킨 것으로, 우리가 생각하는 도덕적 행위자로서의 양심의 개념과 다르지 않다. 양지양능은 신성하여 결코 실수가 없으며, 양심은 우리 행위에 대한 증인으로, 모든 다른 증인처럼 그것은 실수를 범할 수 있다.[11]

1215년에 가톨릭교회는 1년에 최소한 한 번 자기의 죄를 고백하고 영적 교감을 받을 것을 의무로 도입하였다. **양심의 심판**으로 알려진 이 의식은 기독교인들의 삶이 도덕 원리에 보다 충실히 따르도록 하는 데 도움을 주려는 것이었다. 교회는 도덕 교육에 깊은 관심을 갖고 기독교의 원리를 질문과 대답 형식으로 엮은 교리 문답서를 개발하였다.

도덕 발달의 단계 개념은 성 토마스 아퀴나스가 사랑(**caritas 카리타스**)과 신체적 및 지적 성숙의 발달 간의 유사점을 이끌어냈던 13세기 초에 이미 등장하였다. 그의 첫 단계에서는 사람들이 죄에서 철수하고 악으로 이끄는 욕구에 저항한다. 그다음에는 사람들이 선에 익숙해지기 시작하며, 따라서 단순히 반응하는 태도에서 상황을 주도하는 태도로 변한다.

16세기의 종교개혁은 가톨릭의 양심의 개념을 새로운 시각에서 재구성하였다. 루터는 기독교의 양심이 교회교리로 통했던 인간의 법과 관행에 의해 압도당하고 평가되었다고 생각하였다. 바울과 아우구스티누스의 영적 유산의 계승자로서, 루터는 인간이 하느님에게 직접적으로 설명할 수 있는 **양심의 자유**를 그 어떤 것으로부터도 굴복하지 않고 방어하고자 하였다. 루터는 교회가 신자들의 양심에 대한 인도자로서 실패했다고 평가했다. 선한 행위들로 하느님을 기쁘게 하고자 하는 인간의 수고는 아무리 열심히 노력한다 하더라도 결코 양심에 부끄럽지 않은 떳떳한 마음을 가질 수가 없었다. 이것은 루터가 선행이 아닌 믿음을 통해 자신을 정당화할 수 있다는 것을 깨닫기 전까지 그를 절망으로 몰아넣었다.

루터의 개혁은 양심의 심판 개념을 거부하고 사제들에게 하는 고백성사를 폐지하는 것이었다. 은총에 의해 자유로워진 기독교인들은 중재자 없이 하느님으로부터 직접적으로 내려오는 은혜로서 깨끗한 양심을 받았다. 오로지 하느님만이 인간의 마음을 판단할 수 있었다. 따라서 루터는 자신의 양심이 다른 사람들을 기쁘게 할 필요로부터 자유롭고 그리고 그들의 의견에 의해 영향을 받지 않는 하느님의 손안에 안전하게 있다고 생각하였다. 양심은 교회의 대행자도 아니요, 또한 그의 도덕적 감시자도 아니다. 곧, 오로지 하느님에게만 책임을 지면 되는 것이었다. 17세기에 일어났던 반종교개혁(역자 주: 종교개혁에 유발된 16-17세기 가톨릭 내부의 자기개혁운동)은 결국 신교와 가톨릭 교리 간의 간극을 좁혀놓음으로써, 양심에 관한 보다 일관된 기독교적 관점이 확립될 수 있었다.

18세기에 영국의 신학자 조지프 버틀러 주교는 양심의 종교적 근원을 어느 정도 유지하면서도 현대 철학적 관점을 가미한 양심의 기초를 정립하였다. 버틀러는 인간의 도덕적 감각이란 것이 단지 믿음에만 의존하는 것이 아니라 옳고 그름에 관한 합리적 의식에 기초한다고 주장하였다. 그러면서도 그는 그에 대해 신적 권위를 인정하길

요구하였다. 곧 하느님은 우리 내부에 '반성의 원리'를 주었고, 우리
는 그를 통해 사기나 부정의와 같은 행위들을 탐탁잖게 여기게 된다
는 것이다. 양심은 그 자체의 권위-그것은 사회적 통제의 방법만은
아니다-에 기초한다고 보았다.[12]

이러한 기탄없는 기독교의 양심은 심각한 정치적 결과를 초래하
였다. 그러한 강한 확신감으로 무장한 유럽인들은 자신들이 거짓 믿
음과 미신에 양심을 굽히는 '열등한' 인간들을 구제해야 하는 운명을
지닌 것으로 인식하기 시작하였다. 이것은 식민지 정복을 위한 도덕
적 정당화로 작용하게 되었고, 그럼으로써 그들은 아주 떳떳한 마음
으로 그런 행위를 실행에 옮겼다.

양심에 관한 세속적 관점

도덕적 행위자에 관한 세속적 관념은 플라
톤과 아리스토텔레스로 거슬러 올라간다. 『국가론』에서 플라톤은 이
상적인 그리스 도시 국가의 미래 지도자들에게 덕을 가르치기 위해
교육과정을 창안했다. 남성들은 30살에 이르러서야 비로소 선의 개
념에 대한 철학적 이해를 통해 도덕적 성숙을 이룰 수 있다고 보았
다. 플라톤에게 있어서 양심은 선을 인식하는 합리적 능력이었다.[13]

아리스토텔레스는 양심이 방탕 및 자제와 연관된 것으로 생각했다. 방탕한 사람은 그릇된 행위에 대해 후회하지 않는 반면에 자제력이 부족한 사람은 죄의식을 느낀다. (첫 번째는 부적절한 죄의식의 경우일 것이고, 두 번째는 의지가 빈약한 경우일 것이다.) 방탕한 사람은 변화하고자 하는 어떤 유인동기가 없으며 치유가 어렵다. 그러나 자제력이 부족한 사람은 자신이 한 행위에 대해 죄책감을 느끼며 치유가 가능하다.[14]

헬라스 시기(역자 주: 알렉산더 대왕 사후부터 그리스가 로마 제국의 지배하에 들어가기까지, 즉 B.C. 330년경부터 B.C. 146년까지를 말함)에, 그리스 스토아학파는 특히 선하고 행복한 삶으로 이끄는 도덕적 문제들에 관심을 가졌다. 스토아 윤리는 덕이란 좋은 것이고 악은 나쁜 것인 반면, 건강, 부, 명예와 같은 것들은 도덕적으로 그저 그런 것이라는 원리에 기초하고 있었다. 우리가 우리의 합리성을 발달시킴에 따라 우리의 선택은 다른 사람들을 위해 약간의 자연적 선호를 희생할 것을 요구한다. 예컨대 우리는 공동선을 위해 과도한 부의 축적을 삼갈 수도 있다. 스토아학파는 또한 도덕성을 자기보호를 위한 충동에 근거하고 있는 것으로 인식했다. 이것은 곧 덕스러운 것을 자연적인 것과 일치하게 만들었다.

양심의 개념은 키케로와 같은 로마 사상가들에게서 더욱 명료해졌다. 키케로에게 있어서 양심은 좋은 행위에 답하여 기쁜 감정을 그리고 나쁜 행위들에 대해서는 불쾌 감정을 일으키는 내적인 도덕적 권위를 의미한다. 키케로는 "양심의 힘은 강대하다. 더 없는 행복이나 혹은 파멸에 강력한 영향을 미친다."[15]라고 하였다. 선한 양심은 대중의 의견과는 관련이 없으며 어떠한 청중의 박수갈채보다 더한 권위를 지닌다.

17세기의 대표적인 철학자인 르네 데카르트에게 양심은 훨씬 더 자율적이고, 회의적이며, 사회 지향적이고, 세속적이다. 데카르트는 양심과 의식의 개념을 아주 날카롭게 구분하였다. 양심은 확고하며 안정적인 도덕적 실체인 반면, 의식은 순간적이며 모호하다. 18세기에 이르러 도덕 발달의 모델들은 더욱 명쾌해졌다. 장 자크 루소는 사람들이 연령과 관련된 성숙 단계들을 통과한다는 개념을 제시하였는데, 그 도덕 발달 모델은 오늘날까지도 유지되고 있다. 루소는 전형적인 목가적 인간 본성관을 지녔다. 초기의 인간은 '고결한 야만인들'이었으나, 사회가 발달하면서 사람들은 서로 동의한 관리 규칙들을 준수할 의무를 지니는 '사회적 계약'에 개인의 자유를 양도한다. 도덕적 행동은 사람들 간에 맺어진 이러한 계약의 일부이지, 하느님과의 약속이 아니라는 것이다. 특히 중요한 것은 아동의 사고가 시간이 지나면서 성숙한다는 루소의 생각이다. 청소년기로 나아가기 이전의 초기 단계에 있는 아동들은 도덕 판단을 할 능력이 없다. 사람들이 도덕적으로 책임을 질 수 있게 되는 것은 겨우 청소년기 이후에

나 가능한 일이다.[16]

19세기에 이르자 단순히 사회적 관습에 복종하는 대신 의식적인 도덕적 선택이 중요하다는 목소리들이 부각되었다. 괴테는 파우스트가 그의 양심을 거부하고 대신에 그의 의식을 확장하도록 하였다. 도스토옙스키의 『지하 생활자의 수기』에서 양심은 강박적으로 변한다. 즉, 그것은 자기가 피의자일 뿐만 아니라 고발인이기도 한 억압적인 내면의 법정에 있는 근엄한 판사이다. 사회적 삶과 분리될 때, 양심은 회고적인, 고독한, 그리고 끈질긴 자책으로 이어진다.

19세기 후반과 20세기 초에는 사회학의 창시자 중 한 사람인 에밀 뒤르켕이 양심과 관련된 문제들을 사회의 관점에서 다루었다.[17] 도덕적으로 행동한다는 것은 집단 이익을 확장시키는 것이다. 양심은 사람들이 특정한 사회에 의해 결정된 도덕적 권위에 복종하고 다른 사람들과의 관계에서 동정심을 발휘할 것을 요구한다. 영향력 있는 미국 철학자이자 교육 이론가인 존 듀이는 자신의 『윤리학』에서 도덕 발달의 세 수준을 설명하였다.[18] 첫 번째 수준에 있는 사람들은 생물학적 및 사회적 필요에 의해 충동되며 어떤 도덕적 동기를 지니지 못한다. 다음 수준에 이르면, 사람들은 사회의 도덕적 기준과 관습을 다소 무비판적으로 받아들인다. 마지막 수준에서는 행위가 자기 자신의 가치와 도덕 판단에 기초하게 되며, 이로써 사람들은 보다 합리적이고, 사회적이며, 윤리적인 존재가 된다. 그 결과 사람들은

예술이나 종교에 관심을 기울이게 되고 또한 보다 깊은 일련의 사회
적 관계를 형성하게 된다.

우여곡절에도 불구하고, 양심은 긍정적인 특징을 유지하고 있다.
아리스토텔레스가 지적하였듯이, 사람이 아무리 심술궂게 행동하더
라도 여전히 사람은 선을 행해고 악을 피해야 한다는 자각은 존재할
것이다. 프로이트가 이성적으로 잘 표현한 바와 같이 양심의 목소리
는 부드럽다, 그러나 끊임없이 지속한다. 우리는 그것을 포기할 수
있을지 모르지만, 그것은 결코 우리를 포기하지 않는다.[19]

초자아와 무의식적 죄의식

프로이트는 꼬마 한스의 사례에 큰 중요성
을 부여했는데, 그것은 그가 새로운 어떤 것을 그로부터 알아냈기 때
문이 아니었다. 그는 이미 자신의 성인 환자들로부터 오이디푸스 갈
등에 관한 자신의 이론을 정립해놓았었다. 프로이트는 성인들을 통
해 이 심리적 과정을 재구성했었지만, 꼬마 한스를 통해서 그 과정이
실 시간으로 발전되는 것을 볼 수 있었으며, 그럼으로써 그는 자기
이론의 타당성을 확신할 수 있었다.

첫째, 꼬마 한스의 경험은 유아 성욕의 존재를 입증해주었다. 사

회에 의해 억눌림을 당하고 개인에 의해 억압을 받는 성적 충동 혹은 **리비도**는 사춘기에 일어나는 것이 아니라 이미 아동기 때 존재하였다. 게다가 그 성적 요소는 한 개인의 심리적 및 사회적 발달에서 핵심적인 역할을 하며 그 사람의 이후의 정신적 건강과 정서적 행복을 결정짓는 중요한 것이었다.

둘째, 아동의 심리성적 발달에서 최고의 사건은 오이디푸스 콤플렉스의 해결이었다. 초기에는 성적 충동이 신체의 국부에 집중되었으며 또한 미성숙한 성적 취향의 형식('전성기기')을 보였다. 가장 중요한 것은 오이디푸스 콤플렉스의 해결이 **초자아**(superego)의 발달을 초래한다는 것이다. 역으로, 초자아의 발달은 오이디푸스 갈등의 해결을 가능하게 해주었다.

만약 우리가 이런 개념들을 성인들의 특질로 여긴다면 아마도 전혀 사실 같지 않게 들렸을지 모른다. 그러나 유아의 갈등은 아동의 마음에 접근할 수 있는 초보적인 처지에서 이해되어야 한다. 이 연령대에서 아동들은 성적 취향에 관한 흐릿한 개념을 발달시킨다. 분명히 아동들은 자신들의 오이디푸스 콤플렉스의 소망을 결코 충족시킬 수 없다. 꼬마 한스는 결코 자신의 아버지를 대체하거나 혹은 자기 아버지가 **될 수는** 없었다. 즉, 그는 오로지 아버지를 동일시함으로써 자신의 아버지**처럼** 될 수 있었을 뿐이다. 그는 **자신의** 어머니를 소유할 수 없었지만, 어느 날 자신의 어머니 같은 여자를 맞아들이고 한 사람의 남편으로서 자기의 권리를 확립할 수 있었다. (이 모델은 소녀들에게도 또한 적용되지만, 훨씬 더 복잡하고 난해하다.) 결론적으로 오이디푸스 콤플렉스 충동은 의식적으로 한쪽으로 치워져 억제될 뿐만 아니라 무의식 속에 파묻혀 억압될 것이다. 그래서 아동은 그들의 존재를 인식조차 할 수가 없다. 이런 충동들은 단지 신경증적 증상(한스의 말 공포증과 같은)이나 꿈(프로이트는 이를 무의식으로 향하는 왕도라 불렀다) 혹은 그 밖의 다른 형식(실언 같은)을 통해 위장된 형태로 밖으로 나올 수 있다.

소포클레스는 그리스 비극 『오이디푸스 왕』에서 프로이트가 심리적인 도덕적 작인, 곧 **초자아**의 발달을 위한 최초의 모델을 이끌어내고자 이에 다가가기 이미 25세기 전에 이러한 인간 드라마를 탐구하였다. 프로이트의 모델에 따르면, **양심**은 사회적으로 규정된 도덕적 계율을 구현하는 **의식적인** 도덕적 실체로서, 그의 위반은 소위 말하는 회한을 낳게 된다. 이와 대조적으로 초자아는 주로 **무의식적인** 실체이며 계율의 위반은 우리가 이전에 논의했던 바와 같이 무의식적인 죄의식으로 이어진다. 양심은 사람들이 그들의 도덕 원리들을 합리적으로 수정해감에 따라 변화되는데, 초자아는 무의식에 고정된 채로 남아 있기 때문에 이성에 종속되지 않는다. 초자아는 따라서 양심보다 더 냉혹하고, 더 비타협적이며, 더 가혹하다. 초자아가 유난히 냉혹할 때, 병적 죄의식으로 발전한다.[20]

원자아(id)는 심리적 충동으로 경험되는 '본능적 에너지'를 대표하는 것으로, 그의 충족을 계속적으로 요구하는 동기유발 충동이나 혹은 각성 상태를 나타낸다. 리비도는 성적 쾌락으로 경험되는 성적 충동에 에너지를 공급하며 생식 기능에 기여한다. 두 번째 핵심 본능인 공격성은 환경을 극복하고, 필수품을 획득하며, 자신에게 해로운 것들을 이겨낼 수 있게 한다.[21]

원자아의 본능적 욕구는 자유롭게 충족되어서는 안 되지만 사회적으로 수용 가능한 승화된 혹은 위장된 형식에서라도 어느 정도 충족이 허용되어야 한다. 예컨대 공격적 충동들은 사람들이 규칙 내에서 싸우는 경쟁적 스포츠를 통해 승화된다. 원자아와 사회적 규제 간에 서로 경쟁하는 이들 요구들을 조정하는 과업은 자기(self)를 구성하는 합리적 구성요소인 **자아**(ego)의 임무가 된다. 원자아는 경솔하게 **쾌락 원리**를 따른다. 자아는 사회적 환경의 제약과 규제를 고려하는 **현실 원리**를 준수한다.[22]

어린 아동은 초자아를 선천적으로 지닌 채 태어나지 않기 때문에 죄의식을 경험할 수 없다. 그래서 자아가 제멋대로 구는 원자아의 충동을 다루게 된다. 그것은 힘들기만 하고 보상이 없는 일이다. 자아는 이성에 의존하는데, 그것은 원자아를 누를 수 있는 묘책은 아니다. 초자아가 도덕적 행동의 판사와 배심원으로 발달하고 기능을 발휘할 때 비로소 도움을 받을 수 있다. 자아와 초자아는 이제 원자아

를 다루는 데 서로 힘을 합한다. 자아는 친절하게 이성을 사용하고,
초자아는 도덕적 채찍을 휘두른다.[23]

초자아는 고마운 것 같기도 하고 그렇지 않은 것 같기도 한 존재
이다. 그것은 원자아를 규제하는 데 있어서는 자아의 협력자이다. 그
러나 초자아는 원자아와 아주 똑같이 비합리적이 될 수도 있다. 만약
그의 냉혹함과 비타협적인 요구들이 억제되지 않는다면, 우리의 삶
이 파멸에 이를 수도 있다. 따라서 원자아는 통제되어야 하지만 완전
히 파괴되어서는 안 된다. 초자아는 보호되어야 하지만 맹목적으로
추종되어서는 안 된다. 원자아의 본능적 욕구, 초자아의 규제, 그리
고 사회의 규칙들이 균형적으로 조정되고 조화되어야 한다. 죄의식
은 이런 조정절차를 거치는 데 있어서 핵심적인 역할을 하지만, 그것
또한 축복이자 골칫거리가 될 수 있다.

C. G. 융은 프로이트가 심리성적 기원을 외곬적으로 강조하는 것
에 동의하지 않았으며 통합과 전체를 지향한 **개성화(individuation)**
의 평생 과정에 더 초점을 두었다. 융은 이중적 양심을 제안하였다.
즉, 거의 초자아와 유사한 것으로서의 **도덕적 양심**과 의무 간의 갈등
에 직면하였을 때 비판적인 숙고로부터 나오는 **윤리적 양심**이다. 그
래서 후자는 철학적 및 종교적 함축을 지닌 보다 성숙한 도덕적 추론
의 형식을 따르게 된다. 윤리적 양심은 초자아와 원자아 간의 싸움터
라기보다는 자기 자신의 보다 지혜로운 내적 자기(Thou **인격적 존**

재)와의 내면적 대화의 장을 제공해준다.[24]

정신분석학자 에릭 에릭슨은 프로이트의 심리발달 이론을 유아기부터 노년기에 이르는, 단지 아동기의 초기 몇 년이 아닌 전생애주기를 포괄하는 모델로 수정하였다.[25] 1960년대에 대중화되기 시작한 그의 모델은 생애를 8단계의 **심리사회적(심리성적**보다는) 발달로 구분하고, 사회적 요소의 중요성을 강조하였다.[26] 죄의식과 수치심은 에릭슨의 모델에서 핵심적인 역할을 한다.

에릭슨은 보통 2살이 되면 아동들이 그들 자신의 마음을 갖게 되며 '나'와 '너' 사이의 차이를 알게 된다고 믿었다. 그들은 금방 상냥하고 온화했다가 금방 그와 정반대로 자기 고집을 부리며, 자신들의 의지가 좌절되면 화를 낸다('미운 2살'). 이 발달 단계는 정상적으로는 **자율성**의 형성으로 완성되는데, 자율성을 성취하는 데 실패하면 **수치심**과 **의심**을 낳게 된다. 에릭슨은 수치심의 기원을 노출되고 검토되는 과정으로부터 기인하는 자아의식과 연결시켰다. 이런 다루기 힘든 시기에 속한 아동들은 부모의 사랑과 규제 두 가지 모두를 필요로 한다. 수치심을 주는 것은 아동을 규제하는 데 효과적일 수 있다. 그러나 너무 지나친 수치심은 오히려 아동이 뻔뻔스러움에서 위안을 얻는 지경으로 내몰 수 있다.[27]

자율성은 아동을 한 인간으로서 확고히 자리 잡게 해준다. 그런데 아동은 어떤 사람이 되고자 하는가? 아동들은 그들의 부모를 자신들의 삶에서 가장 중요한 사람으로 존중한다. 그들은 부모를 동일시하고 또한 그들처럼 되고자 한다. 이리저리 움직일 수 있는 운동 능력이 증진되고 의사소통을 할 수 있는 능력이 발달되면서, 아동들의 상상력은 확장되고 또한 그들의 행동은 보다 눈에 거슬리고 공격적이 된다. 아동들은 보다 공공연한 성적 유희와 탐구에 관여하게 된다. 성 정체성은 단순히 사내 아이 혹은 여자 아이가 되는 것 이상으로 발달하며 **남성성**과 **여성성**의 특징을 지니게 된다. 한층 더 커진 주도성은 점차 행위를 이끄는 동력이 되기 시작한다. 그래서 어떻게 행동해야 하는지 그리고 어떻게 행동해서는 안 되는지를 알 필요가 있다. 이런 3단계의 긍정적인 결과는 **주도성**이며, 이 단계에서의 실패는 **죄의식**을 낳는다. 도덕적 판단 능력은 이런 갈등을 통해 발달한다. 에릭슨은 다음과 같이 말한다.

아동은 … 이제 듣는다. 말하자면, 신을 알지도 못하면서 신의 목소리를 듣는다. 게다가 그는 아무도 관심을 갖지 않는 단순한 생각이나 행위로 인해 무심코 죄의식을 느끼기 시작한다. 이것은 개인적인 의미에서 도덕성의 초석이라 할 수 있다. 그러나 만약 이런 위대한 성취가 너무 지나치게 열성적인 성인들에 의해 과중한 부담으로 작용한다면, 정신적 건강의 관점에서 볼 때, 우리는 그것이 도리어 정신이나 도덕성 그 자체에 나쁜 영향을 줄 수 있다는 것을 지적하지 않을 수 없다. 왜냐하면 아동의 양심이, 아동들이 처음부터 끝까지 온통 자신들을 규제하는 것을 배우는 경우들에서 관찰될 수 있듯이 원초적 이고, 잔혹하며, 비타협적이 **될 수 있기** 때문이다. 곧, 이 상황에 이 르면 아동들은 부모가 받아들이기를 바라는 바 그 이상으로 순종을 발달시킨다.[28]

초자아에 관한 프로이트 모델은 임상의들과 인본주의자들에 의 해 널리 활용되고 있다. 사실상, 그것은 도덕 판단에 관한 우리의 상 식심리학의 한 부분이 되고 있다. 그러나 초자아의 개념은 행동 과학 자들이나 프로이트의 사상을 추종하지 않는 임상의들의 사고에서는 발붙일 곳이 없다. 심리학자들은 특히 오이디푸스 갈등이 인간 발달 에서 하나의 보편적인 단계로 나타난다거나 도덕적 행위자로서의 인 간의 발달에 기초가 된다는 데에 회의적이다. 그들은 이런 주장들을 경험적으로 입증할 수 없으며, 그럼으로써 그 주장들은 여전히 입증 할 수도 없고 또한 틀렸다고 입증할 수도 없는 상태로 놓여 있다.

오늘날 프로이트 모델에 상응하는 도덕발달에 관한 단일한 주요 심리학 이론은 존재하지 않는다. 대신에 우리는 도덕적 성숙의 이런 혹은 저런 측면을 밝혀주는 경험적 연구들에 기초한 여러 도덕 발달 이론들을 접하고 있다. 우리는 다음으로 이들에 주목한다.

죄의식에 관한 사회학습모델

심리학이 19세기에 과학적 학문분야로 부각되었을 때, 그의 개척자들은 사고와 감정을 연구하는 데 있어서 내성과 자기관찰에 의존하였다. 20세기의 전환기에 존 B. 왓슨은 심리학을 근본적으로 다른 방향에서 이해하였다. **행동주의**로 알려진 그의 이론들은 이후 50여 년 동안 심리학을 지배하였으며, 예컨대 스키너의 저작에서 보듯이 여전히 심대한 영향을 미치고 있다.

행동주의는 관찰 가능한 행동들에 관한 연구이다. 이것은 행위뿐만 아니라 또한 사고와 감정까지도 포함한다. 더욱이 무엇보다 모든 행동은 학습된다. 왓슨은 다음과 같이 주장하였다. "나에게 정상적으로 발육된 십여 명의 건강한 아이들과 그들을 키울 내 자신의 특정한 세계를 달라, 그러면 나는 그들 중 아무나 뽑아 훈련시켜서 내가 선택하는 어떤 유형의 전문가든지 되게 하겠다. … 의사든, 법관이든, 예술가든, 큰 상인이든, 그리고 심지어는 거지와 도둑이든!"[29]

행동주의자들은 도덕적 행동을 '조건화 이론', 곧, 개인들이 노출되는 사건들과 그 사건들에 대한 그들의 반응의 측면에서 설명한다. 도덕적 판단은 사회적 환경에서 발생하는 우발적 사건들, 곧 예측 불가능한 사건들에 대한 반응으로 발달한다. 우리는 어떤 방식으로 행동하면 보상을 받는다. 또한 우리는 어떤 다른 방식으로 행동하면 벌을 받는다. 그런 과정을 통해 우리는 보상을 받고 처벌을 받지 않기 위해 어떻게 행동해야 하는지를 학습한다. 상황에 따라 삶의 경험들이 개인마다 독특하기 때문에, 행동주의적인 접근은 도덕 발달의 어떤 일반적 단계를 상상할 수가 없다.[30]

엄격히 행동주의 접근을 따른다면, 죄의식은 다름 아닌 사회적 조건화의 결과이다. 왓슨은 아마도 죄의식에 시달리는 혹은 죄의식에서 자유로운 사람들을 원하면 언제든지 만들어낼 수 있었을 것이다.

사회학습 이론가들은 현재는 이런 엄격한 행동주의 입장에서 벗어나 있다. 개인적 수준에서 경험한 보상과 처벌뿐만 아니라, 그들은 우리가 다른 사람들의 경험으로부터 학습한다는 관찰학습의 역할에 주목하였다. 당신의 형제자매가 거짓말을 하여 벌을 받는 것을 목격하면 당신은 그것을 보고 거짓말을 하지 않는다. 곧, 당신 자신이 그런 교훈을 학습하기 위해 직접 처벌을 받을 필요가 없다는 것이다.

도덕성을 순수한 사회적 구성으로 치부함으로써, 행동주의는 자유 의지의 발휘에 대한 여지를 거의 넘겨놓지 않았다. 행동을 규제하는 어떠한 본능적인 혹은 추상적인 도덕 원리, 과거 학습의 누적된 결과 이외에 양심이라 부르는 어떠한 추상적 실체란 존재하지 않는다.

아동을 양육하는 관습에 따라 이런 경향성들을 강화하는 방식들은 문화마다 서로 다르다. 미국의 부모들은 대개 그들의 자녀가 규칙을 어기면 이를 훈육한다. 그들은 자녀들의 특권을 지연시키거나, 자동차 운전을 금지하고 활동을 못하게 함으로써 자신들의 그릇된 행위의 결과들을 숙고하도록 유도한다. 그들은 자녀의 도덕적 책임감을 강화시키는 방식으로 회한의 적절한 수준을 고려한다.

일본 어머니들(이들이 주된 훈육자들이다)은 자녀가 올바르게 행동하도록 유도하기 위해 조롱과 창피를 활용한다. 죄책감을 유발하려 노력하는 대신에 그들은 자녀를 무시해버리는 외면에 의지한다. 아동은 어머니의 관심을 얻기 위해 울고 소리를 지르겠지만 모두 무시당한다. 아동은 심지어 집에 감금당할 수도 있다. (미국인들은 이것을 잔혹하다고 여기는 반면, 일본 어머니들은 자녀들이 미국에서 양육되는 방식에 아연실색해 한다.) 각각의 경우에서 처벌은 각 문화의 근본적인 가치를 반영한다. 특권을 박탈하는 것은 자녀의 자율성을 뒤흔들며, 조롱과 외면은 자녀에게 거절, 사회적 배척, 방기의 위험을 전해준다.

학습 이론가들은 사회화의 과정에 인지를 포함시킨다. 그래서 그들의 발달 모델들이 **사회적 인지 이론**[31]으로 불리는 것이다. 인지는 사회적 상징들을 해석하고, 사람의 행위가 가져올 수 있는 가능한 결과들을 예견하며, 그에 따라 행위 할 수 있는 능력을 제공한다. 다음의 일군의 이론들에서는 인지가 특히 주목을 받는다.

도덕 판단에 관한 인지 발달 모델

　　　　　　　　아동들이 생각하고 추론하기 위해서는 어떤 수준의 인지적 능력이 발달할 필요가 있다. 어린 아동들은 그런 능력이 부족하기 때문에, 우리는 그들에게 도덕적 선택에 대한 책임을 지울 수가 없다. 타고난 도덕적 역량은 그리 충분치 않다. 곧, 우리는 아동들에게 도덕적으로 행동하는 방법을 가르칠 필요가 있다. 도덕성은 언어와 같다. 우리는 언어를 사용할 수 있는 역량을 타고났지만, 우리가 스페인어로 말하느냐 혹은 영어로 말하느냐는 우리가 어떤 언어를 학습하느냐에 따라 결정된다. 도덕 판단에 있어서도 마찬가지다.

　　이 문제에 관한 최초의 체계적인 연구는 1930년대에 스위스 심리학자인 장 피아제에 의해 이루어졌다. 아동기의 행동에 대한 관찰을 통해, 피아제는 도덕적 추론의 두 가지 주요 양식, 곧 전도덕적 양식과 도덕적 양식에 기반 한 도덕 발달 이론을 창안하였다. 생후 첫 몇 년 동안, 아동은 현실 의식이나 규칙에 대한 이해에 바탕을 둔 도덕성의 개념을 지니지 못한다. 이러한 전도덕적 상태에 뒤따라 발달의 두 도덕적 단계, 곧 규제의 도덕성과 협동의 도덕성이 나타난다.[32]

　　규제의 도덕성(4살에서 8살 사이의 특징)은 성인들의 규칙에 대한 무조건적인 복종에 기초하고 있다. 아동은 규칙들을 어떤 경우에서도 절대적이고, 바뀔 수 없으며, 적용될 수 있는 것으로 받아들인다. 아동은 '옳고 그름'을 규칙들의 기원이나 정당화에 관한 분명한 이해가 없이 단순히 그것들에 대한 일치 여부로만 이해한다. 하라고 하는 대로만 하며, 왜 그래야 하는지에 대해서는 결코 신경을 쓰지 않는다.

협력의 도덕성(8살에서 10살)은 아동들에게서 그들의 동료들과의 대인 관계를 토대로 발달한다. 규칙들은 이제 더 이상 위로부터 부과된 것이 아니며 변경이 불가능한 것도 아니다. 그것들은 아동들 간의 상호 동의에 의해서 그리고 공동의 이익을 위하여 만들어지고 또한 수정될 수 있다고 본다. 책임은 행위의 **결과들**로부터 행위 밑에 깔려 있는 **의도**로 옮겨간다. 생후 초기의 아동은 피해의 규모의 견지에서 사건들을 판단한다. 예컨대 10개의 컵을 깨뜨리는 행위는 하나의 컵을 깨뜨리는 행위보다 더 나쁘다. 그러나 아동의 도덕적 추론이 점차 더 정교해짐에 따라, 한 개의 컵을 의도적으로 깨뜨리는 행위가 우연히 실수로 10개의 컵을 깨뜨리는 행위보다 더 나쁘게 된다.

이러한 추론의 성숙은 **구체적** 추론으로부터 **추상적** 추론으로 나아가는 것을 가능하게 해준다. 구체적 추론은 선한 행위들과 악한 행위들 간의 특수한 사례들을 구분한다. 예컨대 바바라는 자신의 친구 아미가 장난감들을 친구들과 함께 가지고 놀며 자기의 여동생이 옷 입는 것을 도와주는 것을 목격한다. 그녀는 이 행위들을 두 가지의

서로 독립된 선행들로 인식하며 그것들을 연결시켜 생각하지는 않는
다. 추상적 사고는 바바라가 그런 연결을 가능하게 하고 그럼으로써
아미를 **친절한** 사람으로 생각하도록 해준다. 친절하다는 것은 모든
선행들에 적용되는 추상적인 개념이다.

　심리학자인 로렌스 콜버그는 피아제의 개념들을 인지적 성숙의
단계들에 기초한 보다 포괄적인 도덕 발달 이론으로 확장시켰다.[33]
이 구조에서 사회화는 여전히 인정되지만, 그것은 어디까지나 사회
화가 가능한 아동의 지적 준비성을 조건으로 한다. 우리는 일반적으
로 자녀들의 도덕적 특질들을 부모의 덕분으로 돌리거나 혹은 그들
탓으로 여긴다. 그러나 그에 대한 책임이 단독으로 혹은 심지어 일차
적으로 부모에게 있지 않을 수 있다("우리가 뭘 잘못했지?"라는 계속
되는 질문으로부터 어느 정도 자유로울 수 있는지 모른다).

　콜버그는 자신의 피험자들이 어떻게 그들의 도덕 판단에 이르는
지에 관심이 있었지, 판단 그 자체의 도덕적 가치에 관심이 있었던
것은 아니다. 그는 미국의 소년들에게 도덕적 딜레마를 포함하고 있
는 이야기를 제시하고 그들이 그를 통해 자신들의 관점을 어떻게 추
론하는지를 연구하였다. 그런 후 약 20여 년 동안 그들의 도덕 추론
에서 어떤 변화가 일어나는지를 알아내기 위해 그들을 주기적으로
재분석하였다. 시나리오는 어떤 지역의 약사가 특수한 종류의 암을
치료할 수 있는 약을 발견했는데 바로 그 암으로 죽어가는 한 여인에

관한 내용을 포함하고 있었다. 그러나 그 약사는 약에 대해 과도한 가격을 요구하고 있어서 그 여인의 남편은 그 약을 구입할 수가 없었다. 그는 약사에게 가격을 좀 낮춰줄 것을 부탁했지만, 그 약사는 거절하였다. 그래서 그는 자기 부인의 생명을 구하기 위해 약을 훔쳤다. 남편이 한 행위는 옳은가 혹은 그른가 그리고 그 이유는 무엇인가?

이런 질문들에 대해서는 옳은 대답이나 그른 대답이 없다. 문제는 피험자들이 어떻게 도덕적 결론에 도달하는지, 말하자면 그들의 대답 배후에 있는 도덕적 추론을 알아내고자 하는 데 있다. 그들의 대답을 토대로 콜버그는 점진적으로 보다 더 복잡정교해지는 도덕 판단의 형식을 반영하고 있는 도덕 발달의 6단계를 제안하였다.

첫 번째 두 단계는 **전인습적 도덕성**을 이룬다. 여기에 속하는 사람들은 옳고 그름에 관한 문화적으로 규정된 도덕적 기준을 받아들이고 적용한다. 1단계는 처벌과 복종 지향으로, 사람들은 규칙에 복종하고 처벌을 피한다. 2단계는 보상과 상호성 지향으로 바뀐다. 곧, 옳은 일을 하라 그러면 다른 사람들이 은혜를 갚을 것이다. 3단계는 인습적 도덕성이 시작되는데, 여기에 속한 사람들은 옳은 것으로 간주되는 바를 행하고 그른 것으로 간주되는 바를 행하지 않음으로써 사회적 기대를 충족시킨다. 그것은 아동들의 착한 소년/착한 소녀 지향으로 시작하여 성인들의 법과 질서 지향의 4단계로 나아간다. 이 단계에서는 규칙과 규정이 무엇이 도덕적인가를 결정한다. 우리는 쉽게 이런 수준들의 도덕 판단을 인식하는데, 그 까닭은 대부분의 사람들이 이들 단계에 속하기 때문이다.

마지막 두 단계는 **후인습적 도덕성**으로 이루어진다. 이제 도덕성의 토대는 사람의 자율적 양심에 의존한다. 사회적 기대 역시 중요하지만 다른 무엇보다 더 중요한 것은 아니다. 중요하게 여기는 것은 도덕적 원리이다. 5단계는 사회적 계약의 개념에 입각한 것으로, 도덕적 행위는 사람들이 공동선으로서 자유롭게 동의하는 바에 그 근거를 두고 있다. 마지막으로, 우리는 6단계에 이르는데, 이 단계에서는 정의, 평등, 인간의 존엄성 등 보편적인 윤리적 원리에 입각하여 행위 한다.[34]

같은 방식으로, 제임스 파울러는 **신앙 발달**의 이론을 제시하는데, 그것은 콜버그의 발달 단계와 매우 유사하다. 예컨대 3단계에 있는 사람들의 신앙은 자신들이 소속한 사회의 인습적 믿음을 반영한다. 다음 단계에 속하는 사람들의 신앙은 보다 더 개성적이 된다. 6단계에 속하는 사람들은 결국 하느님과의 일체감으로 정의된 보편적 신앙에 이른다.[35]

콜버그의 이론은 몇십 년 동안 지배적이었다. 그러나 현재는 그의 방법론과 성별, 문화를 초월한 보편적 적용 가능성과 관련하여 비판을 받고 있다. 원래 그가 취했던 도덕 발달에 대한 인지적 접근은 정서의 역할과 아동들이 집이나 학교, 그리고 동료들과의 대인 관계를 통해 사회화되는 방식에 대해서는 충분한 주의를 기울이지 않았다.[36] 몇 가지 형식의 도덕적 추론들은 아주 어린 아동들로부터도 이미 나타난다는 여러 경험적 증거가 있다. 2살 정도의 아동들도, 비록 그 의식의 내용이 개인마다 다를 수 있겠지만, 벌써 '도덕관념'을 드러내 보인다는 것이다. 유치원 아동들은 바른 행동의 기준을 따라야 할 필요성을 인식할 수 있으며, 그리고 자기들이 그렇게 행동하지 못하면 심적으로 괴로워한다. 그러므로 도덕 판단의 전례들이 적어도 인지 발달 모델들에서 상정했던 것보다 훨씬 더 이른 시기에 나타나고 있다.[37]

도덕 판단에 관한 통합적 모델들

역사적으로 볼 때, 심리학은 모든 문화에 보편적이며 적용 가능한(자연과학의 이론들처럼) 발달 이론 모델에 중점을 두어왔다. 오늘날에는 그처럼 전체를 아우르는 공식화에 대한 집착에서 벗어나 대신 좀 더 문화적으로 특수한 모델들에 관심을 갖는다. 이를 죄의식에 적용하면, 모든 곳에서 기능하는 단일한 죄의식의 기본 모델을 추구하기보다는 대신에 죄의식의 역량이 사회적 환경에서 발달하는 다양한 방식들을 찾고 있다는 것을 의미한다.[38]

이러한 새로운 관점은 인지와 같은 정신적 기능의 어떤 단일 측면에 얽매이지 않고 도덕 판단의 정서, 인지, 그리고 다른 발달적 측면들을 함께 아우르는 보다 통합적인 접근과 결부된다. 심리학자 마틴 호프만의 연구는 이러한 통합적인 접근을 선도하는 데 영향을 미쳐왔다. 호프만의 도덕 발달 이론은 우리가 이전에 언급했던 주요 개념인 **공감**에 기초하고 있다.

공감은 우리가 대인간의 관계와 관련하여 앞에서 주목했던 바와 같이 다른 사람의 감정을 이해하고 공유하는 것이다.[39] 공감은 죄의식의 경험에 있어서 필수적이다. 그러나 우리가 단순히 어느 누군가를 아프게 했다는 것을 아는 것만으로는 죄의식을 유발하기에 불충분하다. 우리가 죄의식을 느끼기 위해서는 어떤 잘못을 했다는 인지적 인식과 더불어 상대방의 정서적 고통을 공유할 필요가 있다. 따라서 **공감적 고통**은 다른 사람의 고통과 불편함에 대한 반응이다('고통을 공유하기'). 그런 의미에서, 그것은 동정과 중복된다. **공감에 기초를 둔 죄의식**은 누군가를 아프게 한 것에 반응하여 자기 자신에 대해 갖는 부정적 감정이다.[40] 공감적 고통의 능력은 타고나는 것으로 보인다. 그것은 일찍 영아들에게서 나타나는데, 영아들은 다른 영아들이 우는 소리를 들으면 따라 운다.[41] 이것은 성인들과 침팬지 새끼들의 울음소리에 반응해서는 일어나지 않는 매우 특수한 반응이다. 그러므로 영아가 우는 것은 소리나 어떤 다른 관련 없는 요소로 깜짝 놀라 그러는 것이 아니다.

호프만은 도덕적 경고의 부정적 형식("너는 해서는 안 된다")이나 긍정적 형식("너는 해야 한다")이 모두 공통적으로 공감을 필수 요소로 하고 있다고 생각한다. 공감의 발달 계열은 매우 빠른 시기부터 시작하며 일곱 단계를 거친다. 생후 첫 1년에는 영아들이 그들 자신과 다른 사람들을 구별하지 못한다. 그들은 타인들의 고통을 그것이 마치 자기 자신의 그것인 양 반응한다. 따라서 죄의식을 느낄 만한 토대가 존재하지 않는다. 생후 2년이 되면, 아동들은 다른 사람들과 자신들이 다르다는 것을 인식하기 시작한다. 이것은 그들이 다른 사람들의 고통을 자기 자신의 것으로 혼동하지 않고 그것을 공감할 수 있도록 해준다. (자기 어머니가 울고 있는 것을 본 한 아이는 자기 어머니의 입에 자신의 고무젖꼭지를 물려준다.)

죄의식은 점차 부각하는 관계 의식의 맥락에서 나타난다. 세 살이 되면 아이들은 다른 사람들의 감정이 그들 자신의 것과 다르다는 것을 더욱 인식하게 된다. 언어를 습득하면서 그들은 더 폭넓고 더욱 복잡한 일군의 감정을 표현할 수 있게 되는데, 그럼으로써 그들은 잘못을 저지른 일과 자신들의 고통을 서로 연계시킬 수 있게 된다. 아동 후기와 청소년 초기에 이르면, 자기 자신의 독특한 성격과 정체성을 유지하고자 하는 보다 분명한 의식이 등장한다. 이것은 상처를 준 누군가에게 미안한 감정을 느끼는 것과 같은 시간적으로 매우 가까

운 경우들에 대한 반응을 초월하여 부정적인 감정과 긍정적인 감정
을 경험할 수 있도록 해준다. 즉, 그들은 이제 가난하거나 박해를 받
는 것과 같은 그런 일들에 관하여 다른 사람들을 공감할 수 있다.[42]
다른 심리적 특성들과 마찬가지로, 죄의식에 관한 성인들의 생각 또
한 청소년기에 굳혀지기 시작한다.

　　오늘날의 연구들은 아동들의 양심 발달에 두 가지의 요소가 있음
을 확인하고 있다. 곧, 생물학적으로 기반을 둔 **기질**과 가정에서의
사회화가 그것이다. 그 두 요소 간의 상호작용의 결과로 자기 규제의
내부 길잡이 체계가 등장한다. 바로 이들 내부 길잡이 기제가 심리적
실체로서의 양심을 구성하는 것이다.[43] 초기의 양심은 서로 관련이
없는 세 가지의 통제 기제, 곧 정서적, 행동적(혹은 집행적), 그리고
인지적 기제를 포함한다. 죄의식은 실제 저지른 비행이든 혹은 단순
히 계획 중인 비행이든 그에 부정적인 감정을 불어넣는 도덕적 정서
이다. 도덕적 행위는 규칙을 준수하는 아동의 집행 능력을 반영하며,
도덕적 인지는 행위의 규칙과 기준에 관한 그리고 그런 것들을 위반
할 때 나타나는 부정적인 결과들에 대한 아동의 점진적인 이해를 반
영한다. 도덕적 행동은 이 세 요소 가운데 어떤 하나가 결정적인 역
할을 하여 등장한다기보다 서로 함께 상호작용한 결과이다.

　　최초의 양심의 선도자는 어린 아동들이 부모의 지시와 요구를 기
꺼이 수용하고자 하는 태도에서 나타난다. 특질과 유사한 이러한 특

성은 개인마다 서로 차이가 있으며, 일반적으로 모든 상황에서 그리고 시간이 지나도 일관성을 유지한다. 우리는 개인마다 서로 다른 이런 차이를 어떻게 설명할 수 있는가? 개인적인 차이는 아동의 생물학적 기질과 가정에서의 사회화가 상호작용함으로써 결정된다. 이러한 생물학적 요소는 우리가 다음 장에서 논의할 우리의 진화적 유산의 일부이다.

양육 방식에 관해서는 그동안 엄청난 연구가 이루어져 왔다. 특별히 의미 있는 것은 애정을 바탕으로 한 쌍방향적 부모자녀 관계를 유지하는 온화한 부모의 훈육이 자녀에게 보다 큰 순종을 발달시킨다는 것이다. 이것은 건강한 죄의식을 지닌 보다 튼튼한 양심의 발달로 이어진다. 이와 대조적으로, 부모가 일방적으로 권력과 응징을 행사하는 훈육은 아동에게서 부모를 향한 분노와 분개를 발달시키며 보다 낮은 죄의식 능력을 낳는다. 비행으로 혹독하게 처벌을 받은 아동은 이미 그 대가를 지불했기 때문에 죄의식을 느낄 필요를 덜 갖는다. 두려움과 무서움 또한 죄책감의 등장과 밀접하게 연관된 것으로 보인다. 두려움은 잘못한 행위에 뒤따르는 중요한 전례이며 결과이다. 무서움을 느끼는 아동들 또한 죄의식을 보다 잘 느끼는 경향이 있다.

죄의식과 수치심은 초기 아동기에는 아직 분화되지 않은 형태로 나타난다. 비행을 저지른 후 아동들이 보이는 부정적 정서들은 혼합된 양태를 띤다. 즉, 그들은 그저 기분이 '나쁘다.' 쑥스러움이 옷을 다 벗은 후의 알몸 상태와 같은 경험들과 연합되기 시작하면서, 아동들은 도덕적 위반과 도덕과 무관한 위반에서 느끼는 정서 간에 차이를 보이기 시작하며, 그럼으로써 차츰 죄의식과 수치심 간의 차이를 인식하게 된다.

사실상 도덕 발달에 관한 모든 심리학적 모델들은 그 아래에 도덕 판단과 행동이 도덕적 추론의 결과라는 가정을 깔고 있다. (똑같은 관점이 도덕 철학에도 널리 팽배해 있다.) 달리 말하면, 도덕적 딜레마에 직면하면 우리는 증거를 검토하고, 사실들을 우리가 지니고 있는 도덕적 개념과 대조하며, 의식적이며 합리적인 과정을 거쳐 도덕적 결정에 이른다는 것이다. 그러나 심리학자 조너선 하이트는 대안적인 모델을 제안함으로써 이런 관점에 도전하고 있는데, 그는 도덕 판단이란 **직관적**으로 이루어지며 그런 연후에 도덕 판단을 합리적으로 정당화하는 과정을 거친다고 본다.[44]

이를 입증하기 위해 하이트는 다음과 같은 예를 들고 있다. 어떤 오누이가 합의하에 성관계를 가졌다고 가정해보자. 연구 피험자들에게 이런 경우의 근친상간이 잘못인지에 관하여 물으면, 그들은 즉각적으로 그렇다고 반응한다. 왜 그렇게 생각하느냐고 물으면, 그들은 다양한 이유를 댈 것이다(예컨대 임신을 하게 된다거나 자녀가 유전적 결함을 지니게 될지 모른다와 같은). 만약 피험자들에게 이 경우

에는 그런 부정적 결과들이 나타나지 않을 것이라는 설득력 있는 논
증을 제시하면, 그들은 합리적인 반론을 제시할 수는 없겠지만 그러
나 여전히 근친상간은 비도덕적이라고 주장할 것이다. 그들은 근친
상간이 잘못이라는 것을 즉시 **안다**.

직관적인 판단은 왜 그들이 그런 판단을 내리고 있는지에 관한
의식적인 인식 없이 즉각적으로, 애쓰지 않고, 자동적으로 일어난다.
반면에 그들의 합리적 정당화는 더욱 고심해서, 지적인 노력을 통해
나타난다. 더 나아가 우리는 도덕성을 **내면화**의 과정을 통해 아동에
게 주입되는 어떤 것으로 생각한다. 하이트의 모델에서는 도덕성이
이미 아동에게 주어져 있으며, 단지 **외재화**의 과정을 통해 발휘될 필
요가 있을 뿐이다. 도덕성에 함축된 통합적인 특성이 바로 이처럼 특
정한 측면에 관심을 갖는 접근들을 가능하게 한다. 이런 접근은 다양
한 심리적 기능의 요소들뿐만 아니라 사회적, 문화적, 유전적, 생물
학적 요소들을 서로 연합시킨다.

죄의식, 성차, 그리고 여성주의 윤리학

여성들과 남성들은 죄의식을 경험하는 방식
에서 차이가 있는가? 이것은 우리가 이미 이 전에 제기했던 의문이

다. 그러나 여기에서 우리가 고려하고자 하는 것은 만약 차이가 있다면 그런 차이가 어떻게 발생하는가이다. 성별 차이를 쑥스러움과 수치심의 측면에서 확인하면 비교적 쉽다. 여성들은 여성신체의 성적 **대상화** 때문에 이런 감정을 더 쉽게 느끼는 경향이 있다. 이런 평가는 대인간의 만남에서 뿐만 아니라 광고에서부터 외설물에 이르는 대중매체의 표현을 보면 가능하다. 그럼으로써 여성들은 보다 큰 민감성과 자의식을 지니게 되며, 이는 이후에 보다 높은 수치감으로 이어진다.[45] 여성들은 또한 쑥스러움의 잠재적 원천이 될 수 있는 특별한 생리적 기능(월경과 같은)을 갖고 있다. 여성들은 일반적으로 비만이나 다른 신체적 특징의 문제들과 관련하여 남성들보다 더 남의 시선을 의식한다. 전통적으로 얌전, 순수, 순결에 대한 기대가 남성들보다는 여성들에게 더 무겁게 주어졌다.

죄의식에 관해서는 어떤가? 만약 여성들이 남성들보다 죄의식을 더 쉽게 느낀다면, 그것은 그와 같은 감정 역량을 더 많이 지니고 있기 때문인가, 아니면 감정을 더 기꺼이 표현하고자 하는 적극성이 있기 때문인가? 아니면 여성들과 남성들이 각기 다른 도덕적 성향을 지니고 있기 때문인가? 프로이트는 남성들이 더 강한 초자아를 지니고 있다고 주장하였다. 그러나 보다 일반적인 관점은 여성들이 죄의식을 다른 사람들에게서 더 잘 유발할 뿐만 아니라, 스스로도 더 잘 느끼는 경향이 있다고 본다.

심리학 연구결과들은 이런 보다 일반적인 관점을 뒷받침해주고 있다.[46] 성차는 생물학적, 사회적, 정치적 근거를 토대로 설명될 수 있다. 그러나 우리가 남성과 여성 행동에 관하여 말하는 그 어떤 것도 여성과 남성을 엄격히 구분하여 그대로 적용될 수는 없다. 여성들과 남성들이 어떻게 느끼고, 생각하고, 행동하는지는 상호 간에 많은 중복성이 존재하기 때문에 우리는 그에 대해 결코 절대적이라고 말할 수 없다. 단지 우리는 각각의 성이 일련의 환경하에서 어떻게 행동하는 경향이 있는가라는 비교 측면에서 말할 수 있을 뿐이다. 게다가 성 정체성과 성 역할이 지난 몇십 년 동안 엄청난 변화를 겪어왔으며, 지금도 여전히 변화하고 있다. 그러므로 우리가 성차에 관해 기술하는 많은 부분은 지금도 여전히 진화하고 있는 새로운 양식보다는 전통적 관계에 보다 더 잘 적용될 수 있을 것이다.[47]

아마도 여성들이 죄의식을 더 잘 느끼는 경향이 있게 된 가장 중요한 요인은 그들이 지닌 보다 큰 공감 능력일지도 모른다. 여성들은 다른 사람들의 감정에 더 민감하다. 여성이나 남성은 별 차이 없이 언제 친구가 슬픈지를 잘 알 것이다. 그러나 여성은 친구의 슬픔에 대해 관심을 더 잘 표현하는 것 같다. 누군가 마음이 아플 때, 고통을 더 잘 느끼는 사람은 여성이다. 그것은 이어서 죄의식을 훨씬 더 쉽게 느끼는 경향으로 이끈다. 여성들이 남성들은 흔히 그들의 감정에 충분히 민감하지 않다고 믿는 이유도 여기에 있다.[48] ("내 남자 친구는 내가 정말 속상하지 않으면 내가 슬픈지 혹은 어떤 걱정을 하는지 도통 관심이 없다. 그래서 그의 관심을 끌고자, 나는 정말 속상해한다. 그리고 그것이 정말이지 나를 속상하게 만든다.")

여성들의 큰 공감능력은 또한 자기 방어적인 기능에도 기여할 수 있다. 여성들이 남성들보다 다른 사람들에게 더 의존해왔다는 점에서, 그들은 다른 누군가가 자신들로 인해서 기분이 상했는지 혹은 화가 났는지 등 다른 사람들의 감정에 분명히 더 민감하다. 따라서 다른 사람을 아프게 한 어떤 책임이 여성들에게 있을 때, 그들의 연약한 마음은 그들로 하여금 죄의식을 더 느끼게 만든다.

전통적으로 여성들은 다른 사람, 특히 자기 자녀들의 필요와 감정에 반응함에 있어서 **표현적** 역할을 수행해왔다. 그러므로 그들은 공감이나 연민과 같은 표현적 특질들을 더욱 쉽게 획득한다. 남성들은 **수단적** 역할–특히 직업적 영역에서–을 수행해왔다. 여성들은 그들의 관계를 공동의 용어로 묘사하고자 하는 경향이 더 강하다("나는 내 남편이 사업 파트너처럼 나를 대하지 않기를 바란다"). 반면에 남성들은 그들의 개인적인 대인 관계에서조차 교환 모델을 더 따르는 경향이 있다("내 아내가 나를 좀 더 사무적인 방식으로 대할 수 있다면, 우리는 더 잘 지낼 수 있을 텐데").

여성들은 자녀들을 보살피는 그들의 전통적인 역할의 확장으로서 다른 사람들을 돌보는 책임을 떠맡는다. 이것은 여성들이 친척이

든, 친구든 혹은 이웃이든 다른 사람들의 문제에 기꺼이 참여하고자
하는 준비가 되어 있다는 것을 의미한다. 여성해방운동은 여성들이
그들 자신의 욕구에 더 많은 관심을 기울일 것을 권장하였는데, 이것
은 일부 여성들에게 다른 사람들에 대한 그들의 전통적인 책임감과
그들이 새롭게 발견한 그들 자신에 관한 인식 사이에서 갈등을 일으
키게 만들었다. 둘 중 어느 한 편을 지지하면 죄의식으로 연결될 수
있고, 그렇다고 그 두 가지를 모두 소화하려고 애쓰면 삶이 고달파
진다.[49]

　　내가 시험 준비를 하고 있을 때, 내 룸메이트는 자기 엄마와 전화
　　상으로 다투고 마치 지옥에라도 오는 것처럼 들어왔다. 이때 나는 어
　　찌 해야 하는가? 그에 관심이 없는 것처럼 가장하고 계속 공부만 할
　　것인가, 아니면 모든 것을 내려놓고 그 친구를 위로해야 하는가? 나
　　는 둘 중 하나를 선택해야 한다는 것에 속상했다.

　　부모가 자녀들을 훈육할 때 남자 아이들에게는 처벌을 그리고 여
자 아이들에게는 애정 철회의 위협을 더 자주 사용하는 경향이 있다.
그런데 이처럼 어린 시기에 애정 철회를 자주 비행과 연결시키게 되
면, 여성 특유의 자책을 낳게 되며, 그것은 이어서 직접적으로 죄의
식과 연결된다.

무언가 잘못되면 그것은 후회와 죄의식의 혼합으로 이어진다("나는 이 일을 예방할 수 있었는데 그렇게 하질 못했다"). 이런 경우, 여성들은 남성들보다 더 쉽게 그 결과에 책임을 지는 경향이 있는데, 심지어 그것이 그들의 잘못이 아닐 때조차도 그런 경향이 나타난다. 이와 대조적으로, 남성들은 그것이 그들의 잘못일 때조차도 다른 사람들을 책망하는 경향이 강하다. 그리고 죄의식을 느끼는 대신에 그들은 화를 낸다. 화가 대리 감정이 된다. 자녀들이 약물, 섹스, 범죄와 관련된 문제를 일으키면 부모 두 사람이 모두 책임을 느끼지만, 전형적으로 어머니들이 아버지들보다 더 많은 책임의식을 느낀다(혹은 느끼도록 되어 있다).

이런 취약성들은 여성들을 더욱 **허위 죄의식**—비행으로부터 일어나는 것이 아니라 비난에 대한 두려움과 관계의 손상에 대한 위협으로부터 나오는 죄의식—의 위험에 노출시킨다. 애정 철회의 위협은 고독감, 두려움, 분노를 죄의식과 자책("그것은 모두 나의 잘못이야")으로 전환시킨다. 자책은 어떠한 노력을 들여서라도 보다 높은 기준에 이르고자 하는 자제에 대한 기대로 이어진다("'나'는 다음에는 더 열심히 노력할 것이다").**50**

자기 자신에 대한 책임과 다른 사람들에 대한 책임 윤리 사이의 충돌은 여성들이 직장생활과 가정의 요구를 균형적으로 처리하고자 할 때 절정에 이른다. 결혼이나 혹은 동거의 경우에는 그런 것이 흔히 문제가 되지 않는다. 그런 경우에는 서로 일을 나눠 할 수 있는 여러 방법이 있다. 진짜 문제는 부모가 된다는 데에 있는 것으로, 전업주부에 대한 기대는 교육 수준이 높은 많은 여성들에게 그들의 지적 및 사회적 잠재력을 성취할 수 없다는 것에 대해 죄의식을 느끼게 하며, 반면에 직장생활에 대한 헌신은 그들의 자녀들에게 충분한 관심을 베풀 수 없다는 것에 대해 죄책감을 갖게 한다. 55살의 한 여성은 다음과 같이 말하고 있다. "나는 내 일에서 뛰어난 사람이 되고자 밤 늦게 까지 불을 밝힌 반면, 내 아들들에게는 소홀했던 것에 대해 여전히 죄의식을 느끼고 있다. 그들은 현재 많은 면에서 제대로 기능을 발휘하지 못하고 있으며 그래서 나는 비록 내가 진정으로 그 원인이었는지에 대해서는 아직 확신이 서진 않지만, 내 자신을 책망하고 있다."

여성들은 이런 딜레마를 해결하고자 많은 방안을 찾아왔다. 하지만 그 어느 것도 여의치 않다. 물론 일부 여성들은 그런 문제와 관련하여 어떤 곤란함도 느끼지 않는 경우도 있다. (의과대학의 한 동료는 결혼을 하여 5명의 자녀를 둔 어머니로 집안일을 건사하고, 대형 실험실을 관리하며, 많은 환자들을 돌본다. 그녀는 "무엇이 문제냐?"고 말했다.) 자녀들의 양육과 관련하여 서로 일을 나누어 맡아 하는 남성들도 이런 문제에 직면하지만, 그 정도가 똑같지는 않다. 게다가 남성들이 자녀 양육에 얼마나 많이 관여하느냐에 상관없이, 자녀들에 대해 궁극적으로 책임을 느끼는 사람은 보통 어머니이다.

> 내 남편과 나는 둘 다 변호사로 매우 비슷한 유형의 일을 한다. 우리는 영특한 아이가 우리 애들을 돌보도록 할 만한 형편이 된다. 그래서 내 남편은 비상사태가 발생하지 않는 한 일을 하는 동안 아이들에 관하여 거의 생각하지 않는다. 그러나 내 마음 뒤편에서는 늘 집에 무슨 일이 없는지 걱정이 든다. 그리고 어떤 일이 일어나면, 나는 호출을 받는 유일한 사람이요, 또한 호출받기를 바라는 유일한 사람이다.[51]

장 피아제는 남자 아이들과 여자 아이들이 갈등을 서로 다르게 해결하는 것을 관찰하였다. 남자 아이들은 규칙에 의존했던 반면, 여자 아이들은 관계에 더 관심을 가졌다. 논쟁이 일어났을 때 남자 아이들은 규칙을 들먹이며 그것을 공정하게 적용하는 방법을 찾았다. 여자 아이들은 그들의 관계를 안정적으로 유지하기 위해 규칙을 왜곡시키거나 아예 무시함으로써 갈등을 조절하는 경향이 있었다. 남자 아이들은 게임을 하다 문제가 생기면 그들이 그 문제에 관하여 논쟁하기 때문에 게임이 더 오랫동안 지속되었다. 여자 아이들은 논란이 일어나면 게임을 중단해버리기 때문에 오래 지속되지 못하였다. 다른 대안이 없을 때 남자 아이들은 싸웠고, 여자 아이들은 사회적으로 따돌림 시켰다.[52]

심리학자 캐롤 길리간은 도덕 발달의 이론들이 남성 모델들에 토대를 두고 있어 여성들에게 잘못 적용되는 경향이 있다고 주장하였다. 이는 프로이트의 연구와 보다 최근의 에릭슨이나 콜버그의 연구에서 사실일 수도 있다. 길리간은 여성들과 남성들이 자아와 다른 사람들과의 관계에 대해 각기 다른 개념을 지니고 있기 때문에 서로 다른 정향에서 도덕적 문제를 해석한다고 지적한다. 여성들은 **배려와 책임의 윤리**를 따르고, 남성들은 **권리와 정의의 윤리**를 따른다. 권리와 정의의 윤리는 공정과 평등의 추상적 원리에 의해 주도되는 도덕성이다. 도덕적 자아는 다른 사람들에 대한 자신의 도덕적 판단을 자율적으로, 독립적인 개체로서, 사심 없이 내리는 특징을 지닌다. 이와는 대조적으로 배려의 윤리는 다른 사람들에 대한 책임감으로부터 등장한다. 따라서 남자 아이들은 규칙을 어기는 것에 죄의식을 더 느끼기 쉬운 반면, 여자 아이들은 그들의 관계를 손상하는 것에 죄의식을 더 느끼기 쉽다.

이런 차이를 설명할 수 있는 어떤 선천적인 측면이 남성이나 여성에게 있는 것인가, 아니면 문화적으로 규정된 성역할의 문제인가? 서양 사회(그리고 특히 미국)는 개인들의 독립과 자율성을 강조하는 **개인 중심**의 도덕률을 지니고 있다. 아시아 사회는 개인의 집단에 대한 통합을 강조한다. 그런고로 그들은 **의무에 기초한** 대인 관계의 도덕률을 지니고 있다(우리가 다음 장에서 논의할 주제임).

조엔 밀러는 비록 길리간의 배려 도덕성의 구조가 콜버그의 정의에 토대한 모델과 다르다 하더라도 그것 역시 개인적인 선택의 자유와 개인적인 책임감을 강조하는 서양 문화의 정향을 반영하고 있다고 주장한다. 만약 길리간의 관점을 다른 문화들로 확장한다면, 자아와 도덕성의 개념들은 같은 문화권의 다른 성의 사람들보다는 다른 문화권의 같은 성의 사람들과 더 유사해야 할 것이다. 달리 말하면, 미국 여성들은 미국 남성들보다 인도 여성들과 더 유사해야 할 것이다. 그러나 이것은 성과 상관없이 문화 간에 상당한 차이가 있다는 것을 보여주는 증거와 모순된다. 이것은 미국의 여성들과 남성들이 그들의 죄의식 경험에서 미국 여성들과 인도 여성들 혹은 미국 남성들과 인도 남성들 사이에서보다 더 많은 공통점을 지니고 있다는 것을 의미한다. 중요한 요인은 그러므로 성이 아니라 문화이다. 비록 미국의 남성들과 여성들이 그들의 도덕적 정향에서(남성들은 정의의 윤리를 따르고 여성들은 배려의 윤리를 따르는) 서로 다르다는 길리간의 주장이 사실이라 하더라도, 그들은 여전히 의무의 윤리를 따르는 아시아인들과는 구별되는 서양의 개인 정향 도덕성을 더 많이 공유하고 있다. 이런 점에서 문화는 성보다 우선한다.[53]

길리간의 연구는 광범위한 **여성주의 윤리학** 분야의 한 부분이다.[54] 이 접근의 주요 요지는 전통적인 서양 윤리학이 여성들의 관심에 주의를 기울이지 않고, 여성들의 문제를 무시하며, 여성들의 가치를 저하시키고, 여성들의 도덕적 경험을 낮춰본다고 비판하는 것이다. 그것은 전통적인 도덕 철학이 가사 활동과 가정 그리고 개인적인 대인 관계의 영역을 중요시 여기지 않는다고 지적한다. 여성주의 윤리학은 낙태, 성 정향, 사회적 평등과 같은 여성들의 삶과 특별히 관련을 맺는 도덕적 문제들에 초점을 둔다. 그것은 여성들의 도덕적 관심에도 똑 같은 중요성을 부여함으로써 윤리학의 영역을 확장시키고 또한 도덕성의 근본적인 문제들을 다시 생각하길 요망한다.[55]

여성주의 윤리학은 계속 확장하고 있는 분야다. 그러나 위에서 언급한 그런 문제들과 별도로, 여성들의 죄의식이 남성들의 그것과 만약 실제적으로 다르다면 개념적 수준에서 그것이 어떻게 다른지에 관한 특유의 철학적 관점들이 아직까지 나오지 않고 있다.[56] 게다가 비록 죄의식과 관련하여 여성들과 남성들 간의 성차가 중요하다하더라도, 차이가 지나치게 단순화되어 **우월성**과 혼동되어서는 안 된다.

두 성이 다르다고 말하는 것은 정의와 공정으로 정의된 도덕성이 박애와 배려로 정의된 도덕성보다 우월하다는 것을 말하는 것과 똑같지 않다. 모든 사람은 도덕적 문제들을 다룰 때 원리와 감정의 다양한 조합을 적용한다. …

이들 성차는, 만일 그것이 존재한다면, 어떻게 등장하게 되는지를

정확하게 말하기가 어렵다. 본성과 양육방식이 복잡하고 풀기 어려
운 방식으로 상호작용한다.[57]

아동들에게서 나타나는 죄의식에 대한 대처

아동들은 성인들과 달리 죄의식으로부터 자
유롭다고 생각하는 것은 마음의 위안이 될 수 있다. 그러나 그것은
사실과 다르다. 비록 죄의식의 경우들과 징후들이 다를 수는 있겠지
만, 사실상 성인들이 느끼는 죄의식의 거의 모든 형태가 아동들에게
서 나타난다. 부모로서 우리는 자녀들이 잘못을 했을 때 진실로 자책
하는 마음을 보이기를 기대하며, 그들이 그런 모습을 보이지 않으면
속상해한다. 그렇지만 아동들이나 청소년들이 심각한 성격의 죄의식
으로 고통받는다면, 성인들은 반드시 그에 대처할 수 있어야 한다.

우리가 지금까지 검토하였던 죄의식에 관한 설명들에 따르면, 아
동기 때 경험하였던 죄의식과 수치심은 그들이 나이를 먹어서까지도
계속 괴롭힌다. 보통은 비행과 관련하여 죄의식을 느끼지만, 아동들
은 이밖에도 흔치 않은 경우들에서 죄의식을 드러내 보인다. 예컨대
암 환자들(특히 죽은 사람들)의 형제자매들은 생존 죄의식을 경험한
다. 그들은 만성적으로 아픈 형제자매를 돌보는 데 전념했던 부모에

게 자신들을 소홀히 했다고 화를 냈던 것에 대해 죄의식을 느낄 수 있을 것이다.

아동들은 흔히 가족 간의 갈등과 불화에 자기 자신을 비난하며 죄의식을 느낀다. 왜냐하면 그들이 개인적으로 책임을 느끼기 때문이다. 부모가 이혼하는 것을 목격하는 고통은 그들이 어느 정도는 그의 원인이었다는 감정과 혼합된다. 이런 일은 부모가 부부싸움을 하며 자녀에게 자기편을 들라고 요청할 때 더욱 악화된다. 만약 그들 스스로 이런 상황들을 해결하지 못한다면, 그들은 상담이나 치료를 받을 필요가 있다. 그런 죄의식에 대처할 때 가장 중요한 요소는 아동들이 그들의 죄책감을 표현하는 것을 허용하고 고무해야 한다는 것이다. 즉, 아동들로 하여금 그들이 바라는 형식이 무엇이든 혹은 그들이 바라는 시간이 얼마든 상관없이 이야기하도록 하게 하는 것이다. 이야기가 경청되고 있다는 바로 그 사실은 그들의 감정이 인정받고 있다는 것을 의미한다. 그들은 그럴 때 더 이상 혼자가 아님을 자각한다. 그들이 자유롭게 표현할 때, 죄의식으로 야기된 심리적 긴장은 이완되기 시작한다. 아동기 때 경험하는 이런 죄의식들은 매우 미숙하며 아직 다년간의 억압을 통해 단련되지 않았다. 또한 그런 죄의식들은 정교한 해석이라 할 만한 것을 거의 요구하지 않는다. 그것들은 표면으로 잘 드러나는 만큼 직접적으로 대처할 수 있다.

죄의식을 낳는 부모나 형제자매를 향해 분노하는 것과 같은 그런 부정적인 감정들은 정상적이며 또한 얼마든지 받아들일 수 있는 감정이라는 것을 자녀들이 인식하도록 돕는 것 또한 중요하다. 사람이 분노를 느낀다는 사실은 반드시 어떤 특정한 누군가를 증오한다는 것을 의미하지 않는다. 그리고 설령 누군가를 증오한다 하더라도, 그것은 반드시 또한 그들을 사랑하지 않는다는 것을 의미하지 않는다.

　이처럼 많은 경우들을 통해 아동들은 부모 혹은 다른 보호자나 세심한 성인들로부터 자신들이 겪고 있는 죄의식과 관련하여 이런저런 도움을 받을 수 있다. 그러나 분노와 죄의식(분노 때문에 생긴 죄의식뿐만 아니라)이 성적 학대–그것도 특히 가족 구성원에 의해 이루어진 경우–로 인해 일어나는 것과 같은 훨씬 더 복잡한 상황에서는 전문가의 도움이 필요할 것이다. 아동이 폭력적인 부모를 맞선다는 것은 매우 어려운 일이다. 때로는 아버지(혹은 더 자주 의붓아버지)가 공격자일 경우 어머니가 그의 편에 들지도 모른다. 즉, 어머니는 아동의 말을 믿지 않고, 모르고 있던 새로운 사실들에 화를 내거나 혹은 성적 작용을 부추겼다고 아동에게 혐의를 씌울 수 있다.

　청소년기에 죄의식의 요소에 따라 보이는 감정의 기복은 성장기 때 불가피하게 맞는 자연스러운 혼란의 한 부분이다. 그러나 심각한 문제의 성격을 지닌 행동들에 대해서는 특별히 관심을 기울일 필요가 있다. 왜냐하면 흔히 죄의식을 유발하는 행동들(예를 들면, 알코올이나 약물의 사용, 그리고 성적 비행과 범죄)은 매우 심각한 결과를 초래할 수 있기 때문이다. 죄의식은 이런 상황들에서 두 가지 방향으로 움직인다. 위험한 행동들이 죄의식을 유발할 수 있다. 혹은 그런 행동들이 위안을 얻는 하나의 방식으로 죄의식(그 원인이 무엇이든)에 의해 유발될 수도 있다. 식이장애와 자해부상(특히, 자상과 같은)은 고통으로부터 위안을 얻고자 시도하는 현상일 수 있다.

젊은 사람들은 그들의 죄책감이 우울증과 같은 더 큰 문제의 일부일 경우 정신과의사나 심리학자를 찾을 가능성이 더 많다. 아동들 가운데 울증의 비율은 2% 그리고 청소년들은 8%로 높다. 이들 비율을 설명하는 데는 유전적 요소와 더불어 심리적 요소가 있을 수 있다. 따라서 항우울제(보통은 세라토닌 재흡수 억제)와 인지적 행동치료 혹은 정신치료를 혼용하여 접근한다. 그런 혼용은 일반적으로 아주 효과적이다. 그러나 우울증이 만성적이고 재발하는 질병이라는 점에서, 약물을 지속적으로 사용할 경우 아동들과 청소년들에게 특수한 문제를 일으킬 수 있으며, 그 가운데 일부는 수십 년 동안 그로 인해 시달려야만 한다.[58] 한편, 우울증을 치료하지 않고 그대로 방치해두면 심각한 위험을 수반하는데, 의사들은 보통 이런 아이들에게 약물을 지속적으로 투약하는 것 외에 다른 선택의 길이 없다.[59]

우울증의 가장 심각한 위험은 자살이다. 미국 이외의 다른 대부분의 선진국들에서, 자살은 청소년 사망의 두 번째로 가장 높은 원인이다(사고 다음으로). 미국에서는 살인이 두 번째이며 자살이 세 번째이다. 자살 충동, 살해기도, 위협은 이 연령 집단에서 정신과의사들이 받는 의뢰 가운데 높은 비율을 차지한다. 미국 고교생들의 5명 중 1명은 1년 동안 한 번은 자살을 생각해본 적이 있다. 자살을 시도하는 자들의 단지 소수만이 실제적으로 자살을 할 것이다(그러나 자살을 하는 자들 가운데 남자 아이들이 여자 아이들보다 그 수가 훨씬 많다).[60] 죄의식이 그런 경우에 흔히 중심적인 역할을 할뿐만 아니라 청소년이 자살로 생을 마감하는 비극은 부모와 형제자매들에게 엄청난 죄책감을 심어줄 수 있다.

어린 시기에 죄책감을 다루는 것은 중요하다. 그러나 아동들이 삶에 지나치게 부담을 주거나 뒤틀리게 만들지 않는 건강한 죄의식을 갖고 성장할 수 있도록 하는 것도 똑같이 중요하다. 누가 이런 중요한 과업에 대한 책임을 져야 하는가, 부모인가 아니면 교사들인가? 그 책임은 보통 부모에게 주어진다. 그리고 그것은 자연스러워 보인다. 부모는 그들 자녀들의 삶에서 가장 최초의 그리고 가장 큰 영향력을 지니며, 그리고 죄의식의 문제가 도덕성과 연관된다는 점에서 부모의 도덕적 가치들은 매우 중요하다. 한편, 교육은 교사들의 주된 과업으로, 그들은 도덕적 가치를 가장 효과적인 교육적 기능과 훈련을 통해 아동들에게 전수할 수 있다. 많은 부모들은 실제적으로 교사들이 이런 과업의 짐을 덜어주는 것에 대해 기뻐할지도 모른다. 그러나 일부는 그렇지만은 않다.

공립학교는 그들 입장에서 공식적인 도덕교육의 과업을 떠맡는 것이 어렵다는 것을 안다. 종교적 믿음에 대해서 아무런 언급도 하지 않은 채 도덕 교육을 하기는 어렵다. 그러나 공립학교에서 학생들에게 종교적 가치를 주입할 수는 없다. 더군다나 공립학교는 어떤 종교의 도덕적 관점을 지지해야 하는가? 교육의 범위는 또한 이와 다른 문제들을 야기한다. 존 듀이는 도덕성을 일상의 생활과 동떨어진 어떤 것으로 다루고자 하는 일반적인 경향에 비판적이었다. 즉, 그는 도덕적 가르침이 교육의 모든 측면에 포함되기를 바랐다.

그러나 교사들이 할 수 있는 일에는 한계가 있다. 어느 누구보다도 아동들에게 사랑을 주고 격려할 뿐만 아니라 규칙을 설정하고 그들의 비행을 다루는 훈육자로서 행동하는 그런 이중적 역할을 수행해야 하는 사람은 부모이다. 그들은 아동들에 대한 사랑과 지지의 일차적인 원천이자 또한 그들의 행동을 제한하고 비행을 다루어야 하는 훈육자이기도 하다. 이런 두 가지의 기능은 서로 갈등할 수도 있겠지만 사실은 서로 보완적인 것이다.

아동들에게 효과적이며 건전한 훈육을 실천하고 분명한 기준과 기대를 제공하는 그런 성공적인 육아에 관해서는 많은 연구가 있어 왔다. 이 주제에 접근하는 길은 매우 많다. 예컨대 종교적 확신을 가진 사람들은 자신들의 종교적 전통 안에서 자녀들을 양육하고자 하는 목적으로 특정한 도덕적 가치들을 주입할 수 있을 것이다. 또 다른 사람들은 같은 목적을 달성하기 위해 보다 세속적인 차원에서 접근할 수 있을 것이다. 죄의식이 도덕적 수단으로 사용되는 정도는 그에 따라 다를 것이다. 또한 부모들이 자녀들의 '도덕적 지능', 곧 공감, 자제력, 건강한 양심, 존중, 친절, 관용, 공정을 개발하는 데 도움이 될 수 있는 방안을 제공하는 대중 서적들도 등장하고 있다. 그들의 전제와 가치가 다양함에도 불구하고, 이들 여러 가지 접근들이 성취하고자 노력하는 결과들에 있어서는 매우 유사하다.[61]

일관성은 효과적인 훈육과 건강한 도덕의식을 주입하는 데 있어서 특히 중요하다. 허용적인 양육 양식과 제한적인 양육 양식은 각각 긍정적인 측면과 부정적인 측면을 지니고 있다. 그러나 어떤 경우이든 아동들이 그들의 행위의 결과를 아는 것이 중요하다. 부모의 비일관성은 아동들이 언제 죄의식을 느끼고 언제 그럴 필요가 없는지를 아는 것뿐만 아니라 이런 결과들을 예측하고 그에 따라 행동할 수 있는 능력을 엉망진창으로 만들어버린다. 그런 비일관성은 여러 가지 형태를 취할 수 있다. 하나는 행위의 도덕성을 판단하는 부모의 기준이 일관적이지 못하다. 예컨대 어떤 경우에는 거짓말 하는 것을 허용하고 어떤 경우에는 그렇지 않거나, 어떤 사람들에게는 괜찮지만 다른 사람들에게는 그렇지 않다. 이것은 도덕 판단을 신뢰할 만한 도덕 원리를 따르는 문제라기보다 그때그때 봐서 상황에 따라 처리하는 문제로 만들어버린다. 이것은 결코 어겨서는 안 될 절대적인 규칙을 정하고 따르라는 의미가 아니다. 도덕적 결정을 내리는 데 있어서 어느 정도의 재량은 건강하며 또한 필요하다. 그러나 아동들이 예외적인 상황에서 어떻게 책임에 예외를 둘 수 있는지를 학습하기 이전에는, 그들은 규칙에 대한 확고한 기초교육을 받을 필요가 있다. 또 다른 위험은 "내가 말한 대로 해라, 그리고 내가 하는 대로 따라 하지는 마라"라는 부모의 특권적인 태도이다. 이것 역시 도덕적 토대를 붕괴시키고 아동의 양심에 구멍을 뚫는 일이다. 그것은 구미에 맞지 않을 때마다 옳은 일을 하지 않는 그리고 잘못을 하면 뒤따라야 할 건강한 후회를 회피하는 구실을 찾도록 해준다.

아동들에게 건강한 윤리 의식을 심어주는 방법을 안다는 것은 쉬운 일이 아니다. 부모로서, 우리는 보통 우리 자신의 삶에 도덕적 경계를 설정하고 그를 준수하며 생활하는 것에 자신이 없다. 부모의 한 사람으로서 당신이 사랑하는 자녀를 질책하거나 처벌하는 일은 그런 일로 자녀가 마음 상해하는 것보다 오히려 당신이 더 속상할 것이다. 그러나 이런 일은 어린 자녀가 평생 자기 것으로 삼고 살아갈 수 있는 도덕적 원리들의 의미를 그들에게 어떻게 이해시킬 것인가를 아는 것보다는 훨씬 더 쉽다. 추상적인 원리들은 흔히 아동들에게 의미가 없다. 내 아들이 어린아이였을 때 어떤 자그만 잘못을 저질렀다. 나는 사소한 잘못을 넘어 그로부터 뭔가 큰 도덕적 교훈을 이끌어낼 기회로 삼고자 했다. 그러자 내 아들은 나를 가로막고 "아빠, 내가 어

떤 잘못을 했다면, 그것이 무엇인지만 말씀해주세요, 잔소리는 하지
마세요."라고 말했다.

결국 부모들이 도덕적 안내자로서 얼마나 효과적이냐는 그들 자
녀들과의 보다 깊은 인간관계의 질에 좌우된다. 부모는 자녀들이 동
일시하고 모방하고자 하는 혹은 거부하고 반발하고자 하는 모델이
다. 만약 부모와 자녀 사이에 서로 함께 감싸는 상호 간의 애정과 존
중이 없다면, 부모가 무슨 말을 하고 행동하던 거의 상관이 없거나
혹은 그 반대로 나아가는 계기가 된다.[62]

도덕 판단이 개인들에게서 어떻게 발달하는가를 이해하는 것은
이야기의 절반에 불과하다. 나머지 절반은 하나의 종으로서 인간이
진화를 거치며 어떻게 도덕 판단을 발달시켜왔는가를 이해하는 일이
다. 죄의식의 능력이 어떻게 인간의 타고난 본성의 일부로 진화하였
는가? 그것은 우리의 다음 장의 주제이다.

1   Sigmund Freud (1999), "Analysis of a Phobia in a Five-Year-Old Boy", in James Strachey, ed. and tr. (1953-74), *The Standard Edition of the Complete Psychological Works of Sigmund Freud,* vol. 10, pp. 3-149 (London : Hogarth). 꼬마 한스의 사례에 관한 논의는 다음을 볼 것. Peter Gay (1988), *Freud : A Life for Our Time,* pp. 255-61 (New York; W. W. Norton).

2   Freud (1909), pp. 123-24.

3   Ibid, p. 134.

4   Ibid, p. 45, 원본에 강조되어 있음.

5   Joseph Anthony Amato (1982), *Guilt and Gratitude: A Study of the Origins of Contemporary Conscience,* p. 49 (Westport, CT: Greenwood).

6   Jayne Hoose (1999), *Conscience in World Religions* (Notre Dame, IN: University of Notre Dame Press).

7   Alan Donagan (2001), "Conscience", in Lawrence C. Becker and Charlotte B. Becker, eds. (2001), *Encyclopedia of Ethics,* vol. 1, pp. 297-99 (New York: Routledge); Michel Despland (2005), "Conscience", in Lindsay Jones, ed. (2005), *Encyclopedia of Religion,* 2nd ed.. vol. 3, pp.1939-46 (Detroit: Gale Thomson).

8   Despland (2005), p. 1940.

9   Peter Brown (1969), *Augustine of Hippo* (Berkeley: University od California Press).

10   Saint Augustine (397/1998), *Confessions,* tr. Henry Chadwick, Book X, ii(2), p.179 (Oxford: Oxford university Press).

11   프란체스코 수도회는 양지양능을 하나의 정서적 성향(당신은 도덕 법칙을 느낀다)으로 해석하는 반면, 도미니크 수도회는 그것을 인지의 한 형식으로 평가한다(당신은 이성에 의해 도덕 법칙을 안다).

12   Robert Audi, ed. (1999), "Butler, Joseph", *The Cambridge Dictionary of philosophy,* 2nd ed., pp. 109-10 (Cambridge, UK: Cambridge University Press).

13   Ernest Alleva and Gareth Matthews (2001), "Moral Development", in Becker and Becker (2001), vol. 2, pp.118-25.

14 Aristotle (ca. 350 BCE/2004), *Nicomachean Ethics,* tr. J. A. K. Thomson (London: Penguin).

15 Despland (2005), p. 1940.

16 Alleva and Matthews (2001), pp. 119-20.

17 Emile Durkheim (1925/1969), *Moral Education* (New York: Free Press).

18 John Dewey (1932), *Ethics* (New York: Henry Holt).

19 note 24 to chapter 10을 볼 것. 샌퍼드 기퍼드에게 감사한다.

20 프로이트가 무의식을 발견(혹은 창안)하지는 않았다. 그 개념은 이미 니체와 그 밖의 다른 사람들의 저작에 등장하고 있다. Lancelot Law (1978), *The Unconscious before Freud* (New York: St. Martin's)을 볼 것. 그러나 프로이트는 무의식의 개념 을 크게 확장시켰으며, 그것을 정신분석 이론의 중심적인 조직 원리로 삼았고, 또 한 그것을 문화적 주류로 끌어왔다. 프로이트의 삶과 저작에 관한 개관은 Gay (1998)를 볼 것.

21 George Engel (1962), *Psychological Development in Health and Disease* (Philadelphia: W. B. Saunders).

22 Sigmund Freud (1923), "The Ego and the Id", in Strachey (1953-74), vol. 19, pp. 3-63. 또한 다음을 볼 것. Anna Freud (1946), *The Ego and the Mechanisms of Defense* (New York: International Universities Press).

23 Sigmund Freud (1933), "New Introductory Lectures on Psychoanalysis", in Strachey (1953-74), vol.22, pp. 3-158.

24 David W. Robinson (2005), *Conscience and Jung's Moral Vision: From Id to Thou* (New York: Paulist Press).

25 Robert Coles (1970), *Erik Erikson : The Growth of His Work* (New York: Little Brown).

26 Erik Erikson (1963), *Childhood and Society,* 2nd ed. (New York: Norton).

27 Erik Erikson (1959), "Identity and the Life Cycle", *Psychological Issues1*(1): 68, 70.

28 Ibid., p. 80, 원문에서 강조됨.

29 John B. Watson (1924/1950), *Behaviorism*, p. 104(New York : W. W. Norton).

30 B. F. Skinner (1971), *Beyond Freedom and Dignity* (New York: Knopf). 이 개념은 새로운 것은 아니다. 17세기 영국의 걸출한 경험주의 철학자인 존 로크는 태어날 때의 마음을 백지(**tabula rasa**)에 비유하면서 인간의 삶의 각본은 경험을 통해 쓰여 진다고 하여 그와 관련된 개념을 분명하게 표현하였다.

31 Albert Bandura (1977), *Social Learning Theory* (Englewood Cliffs, NJ: Prentice-Hall); Albert Bandura (1986), *Social Foundations of Thought and Action*: A Social Cognitive Theory (Englewood Cliffs, NJ: Prentice-Hall); Walter Mischel and Harriet N.Mischel (1976), "A Cognitive Social Learning Approach to Morality and Self-Regulation", in Thomas Lickona, ed. (1976), *Moral Development and Behavior: Theory, Research and Social Issues,* pp. 84-107 (New York: Holt, Rinehart and Winston).

32 Jean Piaget (1932/1965), *The Moral Judgment of the Child* (New York: Free Press).

33 Lawrence Kohlberg (1984a), *The Psychology of Moral Development,* vol. 1, *Moral Stages and the Life Cycle,* vol. 2, *Essays on Moral Development* (New York: Harper and Row); Lawrence Kohlberg (1984b), *The Psychology of Moral Development: The Nature and Validity of Moral Stages* (New York: Harper and Row).

34 Lawrence Kohlberg (1984a), *Essays on Moral Development,* pp.174-76. 콜버그는 후속적으로 "Metaphoric Stage 7" 단계를 추가하였다. 이 단계는 "왜 이 세계는 부정의와 고통과 죽음으로 가득차야만 하는가?"와 같은 궁극적인 윤리적 의문들을 목표로 하는 신비적, 종교적, 그리고 형이상학적인 도덕 판단의 영역과 관련된다.

35 James J. Fowler (1981), *Stages of Faith: The Psychology of Human Development and the Quest for Meaning* (New York: Harper and Row). 또한 다음을 볼 것. S. Lownsdale (1997), "Faith Development across the Life Span: Fowler's Integrative Work", *Journal of Psychology and Theology* 25(1): 49-63.

36 콜버그의 연구에 대한 일반적인 비평은 다음을 볼 것. Jean G. Miller (1994), "Cultural Diversity in the Morality of Caring: Individually Oriented Versus Duty-Based Interpersonal Moral Codes", *Cross-Cultural Research* 28(1): 3-39; Richard A. Shweder, Manamohan Mahapatra, and John Miller (1987), "Culture

and Moral Development", in Jerome Kagan and Sharon Lamb, eds. (1987), *The Emergence of Morality in Young Children,* pp. 1-90 (Chicago: University of Chicago Press).

37 Kagan and Lamb (1987).

38 Joan G. Miller (1997), "Theoretical Issues in Cultural Psychology", in John W. Berry, Ype Poortinga, and Janak Pandey, eds. (1997), *Handbook of Cross-Cultural Psychology: Theory and Method,* vol. 1, ch.3 (Boston : Allyn and Bacon).

39 William Ickes (1999), "Empathy", in David Levinson, James J. Ponzetti Jr., and Peter F. Yorgenson, eds. (1999), *Encyclopedia of Human Emotions,* vol. 1, pp. 243-46 (New York: Macmillan); Candace Clark (1999), "Sympathy", in Levinson, Ponzetti, and Yorgenson (1999), pp. 651-56.

40 Carolyn Zahn-Waxler and Joann Robinson (1995), "Empathy and Guilt: Early Origins of Feelings of Responsibility", in June P. Tangney and Kurt W. Fischer, eds., *Self-Conscious Emotions: The Psychology of Shame, Guilt, Embarrassment, and Pride,* pp. 143-73 (New York: Guilford).

41 A. Sagi and M. L. Hoffman (1976), "Empathic Distress in the Newborn", *Developmental Psychology* 12:175-76.

42 Martin Hoffman (1982), Affect and Moral Development", in D. Cicchetti and P.Hesse, eds., *New Directions in Child Development: Emotional Development,* pp. 83-103 (San Francisco: Jossey-Bass); Martin Hoffman (1984), "Empathy, Its Limitations and Its Role in Comprehensive Moral Theory", in William M. Kurtines and Jacob L. Gewirtz, eds. (1984), *Morality, Moral Behavior, and Moral Development* (New York: Wiley).

43 Grazyna Kochanska and Nazan Aksan (2006), "Children's Conscience and Self-Regulation", *Journal of Personality* 74(6): 1587-1617은 이어지는 논의의 주요 원천이다.

44 Jonathan Haidt (2001), "The Emotional Dog and Its Rational Tail: A Social Intuitionist Approach to Moral Judgment", *Psychological Review* 108(4): 814-34.

45 Tomi-Ann Roberts and Jamie L. Goldenberg (2007), "Wrestling with Nature: An

Existential Perspective on the Body and Gender in Self-Conscious Emotions", in Jessica L. Tracy, Richard W. Robins, and June Price Tangney, eds,., *The Self-Conscious Emotions: Theory and Research*, pp. 395-98 (New York: Guilford).

46 June P. Tangbey (1990), "Assessing Individual Differences in Proneness to Shame and Guilt: Development of the Self-Conscious Affect and Attribution Inventory", *Journal of Personality and Social Psychology* 59: 102-11.

47 내가 담당하고 있는 학생들에게 죄의식과 성차에 대한 강의를 통해 이들 문제의 몇 가지를 지적한 Estelle Friedman에게 감사한다.

48 Martin Hoffman (1977), "Sex Differences in Empathy and Related Behaviors", *Psychological Bulletin* 84(4): 712-22.

49 Carol Gilligan (1982), *In a Different Voice: Psychological Theory and Women's Development*, p. 139 (Cambridge, MA: Harvard University Press).

50 Grace L. Baruch (1988), "Reflections on Guilt, Women and Gender", Working Paper No. 176 (Wellesley, MA: Wellesley College, Center for Research on Women).

51 나는 대학을 졸업한 지 10년이 된 스탠퍼드 졸업생들과 인터뷰를 하면서 이와 같은 이야기를 여러 차례 들었다. 다음을 볼 것. Herant Katchadourian and John Boli (1994), *Cream of the Crop: The Impact of Elite Education on the Decade After College* (New York: Basic Books).

52 Sources in James Q. Wilson (1993), *The Moral Sense,* p. 181 (New York: Free press).

53 Miller (1994).

54 나는 내 세미나에서 여성주의 윤리학을 강의해준 Estelle Freedman에게 감사한다.

55 Alison Jaggar (2001), "Feminist Ethics", in Becker and Becker (2001), vol. 2, pp. 528-39.

56 Rosemarie Tong (1999), "Feminist Philosophy", in Audi, ed. (1999), pp. 305-7.

57 Wilson (1993), p. 182.

58 Robert Kliegman et al., eds. (2007), *Nelson Textbook of Pediatrics,* 18th ed., pp. 121-22 (Philadelphia: Saunders).

59   Richard A. Friedman (2008), "Who Are We? Coming of Age on Antidepressants", *New York Times*, Apr. 15, p. D5.

60   Benjamin J. Sadock and Virginia A. Sadock, eds. (2005), *Comprehensive Textbook of Psychiatry*, 8th ed., vol. w, p. 45 (Philadelphia: Lippincott Williams & Wilkins).

61   대중 서적으로는 다음을 볼 것. Michel Borba (2001) *Building Moral Intelligence: The Seven Essential Virtues That Teach Kids To do the Right Thing* (San Francisco: Jossey-Bass),

62   이들 문제에 관한 일반적인 논의는 다음을 볼 것. June P. Tangney and Rhonda L. Dearing (2002), *Shame and Guilt*, pp. 181-94 (New York: Guilford).

CHAPTER 07

죄의식의 진화

07

죄의식의 진화

동물들은 죄의식을 느끼는가? 개들은 느끼지만 고양이들은 느끼지 못한다? 동물행동학 창시자들 중의 한 사람인 콘라드 로렌츠는 자기의 오랜 충직한 프랑스 산 불도그인 불리에 관하여 다음과 같이 말하고 있다. 로렌츠가 잘 생긴 어린 개와 함께 스키 여행을 갔다가 집으로 돌아온 어느 날, 불리는 시기로 인해 비탄에 빠지고 고통에 시달리고 있었다.

나는 나의 세미나에서 윌리엄 더럼(William Duhram)이 행한 강의를 통해 진화심리학의 분야를 접하게 되었다. 나는 이 장에 대한 통찰력 높은 논평과 더불어 의견을 준 로버트 사폴스키(Robert Sapolsky)에게 대단히 감사한다.

    며칠 동안 분위기가 무거운 긴장감으로 가득했는데, 마침내 내가 지금껏 보아왔던 그 어떤 개싸움들보다 나를 가슴 아프게 한 싸움이 벌어졌다. 심지어 그 싸움은 보통 불구대천의 원수들조차도 휴전을 준수하는 주인의 방안에서 일어났던 유일한 경우이다. 내가 싸움을 벌이고 있는 두 개를 떼어놓으려 하자, 불리가 갑자기 내 오른쪽 새끼 손가락 아래쪽의 볼록한 부분을 깊게 물었다. 그것이 싸움의 끝이었다. 그러나 가엾은 불리가 가장 가혹한 충격을 받았다. … 그는 자신을 주체하지 못하고 완전히 무너졌다. 비록 내가 그를 쓰다듬어주고 달래주었지만 그는 마치 마비된, 일어설 수도 없는, 작은 불행의 덩어리처럼 카펫 위에 누워 있었다. 그는 마치 강한 전율이 그의 몸을 통과해가는 것처럼 흥분해서 몇 초마다 몸을 떨었다. … [그리고] 때때로 깊은 한숨이 그의 고통스러운 가슴으로부터 터져나왔고, 커다란 눈물방울들이 그의 눈에서 넘쳐흘렀다. 그가 정말 일어설 수 없어서, 나는 하루에도 몇 차례 그를 들어다가 길 위에 내려놓아야만 했다. 그러면 그는 스스로 되돌아왔다. … 그러나 겨우 계단을 힘들게 기어 올라올 수 있을 뿐이었다. 그 개를 본 사람은 누구나 … 그가 심각한 병에 걸린 것으로 생각하지 않을 수 없었다. 며칠이 지난 후, 그는 음식을 먹기 시작하였고 또한 내 손에서 음식을 받아 먹을 수도 있었다. 몇 주 동안 그는 고집이 세고 결코 굽실거리지 않는 정상적인 개의 행동과는 슬프게 대조적인 애원하는 태도로 나에게 다가왔다. 그의 떳떳하지 못한 태도는 내 자신 스스로 양심상 아무런 거리낄 것이 없지 않다는 점에서 더욱더 나에게 충격을 주었다. 내가 개 한 마리를 새로 샀던 행위는 이제 거의 용서받지 못할 것 같았다.[1]

　설령 이 이야기가 가슴 아픈 일이라 하더라도, 동물들이 죄의식을 느낄 수 있는지의 여부에 관한 문제는 여전히 풀리지 않고 있다. 그것이 왜 우리가 인간의 죄의식을 이해하는 데 있어서 중요한가? 우리가 자연적인 것은 동물의 세계와 그리고 문화적인 것은 인간과 결부시킨다는 점에서 이 문제는 우리의 죄의식 능력이 어느 정도까지 진화적 유산-소위 말하는 우리 인간의 동물적 본성-과 관련되는지를 결정하는 것과 관련이 있다. 인간의 기원에 대한 이해는 우리가 어떻게 행동하는가를 이해하는 데 있어 매우 중요하다. 이것은 개인적인 수준에서뿐만 아니라 사회적인 수준에서도 마찬가지다. 쟁점이 되고 있는 것은 동물들이 도덕의식을 지니고 있느냐의 여부뿐만 아니라 인간이 진화를 하는 동안 죄의식이 어떻게 진화되어 왔고 또한 문화를 통해 정제되어 왔는가와 관련한 것이다.

　바로 앞 장에서 우리는 죄의식 능력이 개인의 생애-그의 **개채발생**-에서 어떻게 발달하는가를 논의하였다. 이 장에서는 죄의식의 발달을 인간 종의 수준-그의 **계통분류**-에 초점을 맞춘다. 우리가 개인적 죄의식의 경험에서 집단적인 인간 경험으로 관심을 전환한다는 것은 곧 우리가 미시적 관점에서 거시적 관점으로 옮아간다는 것을 의미한다. 우리는 일차적으로 두 가지 문제에 관심을 기울일 것이다. 하나는, 우리는 태어날 때부터 **천부적인** 죄의식을 갖고 있는가의 문제, 그리고 또 하나는 비록 미개한 형식이지만 동물들이 도덕의식을 나타내는 방식과 인간이 그것을 나타내는 방식 간에는 진화의 맥락에서 어떤 **연속성**이 존재하는가의 문제이다.

우리가 이 장의 두 번째 부분에서 고찰할 죄의식의 문화적 진화 또한 이와 똑같이 중요하다. 우리는 침팬지와 같은 우리와 가장 가까운 진화의 동족과 매우 많은 특징들을 공유하고 있는 사회적 동물이다. 그러나 우리는 그런 동족들과 우리를 구분시켜주는, 곧 우리를 인간으로 만들어주는 여러 범주의 특징들을 지니고 있다. 진화론에 따르면 현대 인류는 약 10만여 년 전에 등장하였다. 그때 이래에 우리 인간을 주조해온 것은 주로 우리의 문화이다. 죄의식과 같은 도덕적 정서의 문화적 진화 또한 그 과정에서 필수불가결한 부분이 되어 왔다.

죄의식과 인간의 본성

인간의 본성에 대한 탐구는 부분적으로는 제어하기 어려운 행동을 통제할 우리의 필요에 의해 유발되었다.[2]

아담과 이브의 불복종에 대한 성서의 설명은 인간의 본성이 어떻게 타락하게 되었는가와 관련한 서양의 관념을 형성하는 데 특히 중요한 역할을 하였다. 스토아학파는 합리적 존재의 행위를 안내하는 영원법을 도입하였다. 이는 기독교의 자연법 개념으로 정교화되었는데, 가장 유명한 초기의 주창자는 성 토마스 아퀴나스였다. 곧, 자연법은 하느님의 영원한 지혜로부터 나왔으며 인간의 마음속에 새겨져있다는 것이다. 이것은 자연법과 일치하여 존재해야 하는 도덕 법칙들로 보완되었다.[3]

인간에 의해 만들어진 모든 법은 정확하게 그것이 자연의 법칙으로부터 도출되는 정도에 따라 법의 특징을 지니게 된다. 그러나 어떤 점에서든 그것이 자연법과 갈등한다면, 그것은 법의 왜곡일 뿐이다.[4]

이것은 매우 자연주의적인 성격의 관점이지만 그렇다고 그것이 자연에 관한 실제적인 연구에 토대를 둔 것은 아니다. 오히려 그것은 하느님이 의도했던 바로서 자연이 어떻게 기능하는가에 관한 추정에 기초하고 있다. 인간의 본성에 관한 중세 교회의 관점은 죄의식으로 가득 차 있었다. 그에 뒤이은 르네상스 시대에서의 세속적인 관점 역시 똑같이 암울했다. 니콜로 마키아벨리는 그의 동시대인들을 "은혜를 모르는, 변덕스러운, 가식적인, 위험을 느끼는 것을 두려워하는,

이익을 탐내는"[5] 사람들이라고 평했다. 영국의 철학자 토마스 홉스는 자연 상태에서의 인간을 폭력적인 죽음의 끊임없는 공포와 위험 속에 있는 삶, 곧 "고독하고, 초라하고, 심술궂고, 고통스러우며 짧은"[6] 삶으로 특징지었다. 사람들은 이타적이 됨으로써가 아니라 그들 스스로를 조심함으로써 살아남았다. 사회는 선의지를 통해서가 아니라 끔찍한 처벌을 통해서 평화와 질서를 유지하였다. 계몽주의 시대에는 이런 암울한 관점들이 존 로크와 장 자크 루소와 같은 몇몇 사상가들에 의해 도전을 받았는데, 그들은 자연 상태의 인간을 '고결한 야만인'이라고 주장하였다. 곧, 고결한 야만인들이 타락한 것은 맞지만 그들의 선한 본성을 타락시킨 것은 문명이라는 것이다.[7]

19세기에 찰스 다윈이 자신의 진화론을 체계화시켰던 것은 이런 배경에 맞선 것으로, 그것은 자연 세계와 그 안에 있는 우리 인간의 위치에 관한 근대적인 의식을 형성시켜주었다. 다윈의 관점은 혁명적인 것이었다. 코페르니쿠스가 우주의 중심에서 지구를 내려놓았던 것과 같이 다윈은 비록 인간이 진화적 측면에서 모든 다른 동물들보다 우수하지만 인간을 단지 또 다른 동물의 종에 불과하다고 함으로써 인간을 자연의 중심부에서 내려놓았다.

다윈의 진화론과 관련한 기본적인 타당성들은 새로운 발견에 비추어 끊임없이 수정되고는 있지만, 현재 압도적인 대다수의 생물학자들에 의해 받아들여지고 있다. (그것이 하나의 '이론'으로 불린다는 사실이 그의 타당성을 손상시키는 것은 아니다. 중력 또한 하나의 이론에 속한다.) 그러나 성서에 있는 창조에 관한 기술을 문자 그대로 해석할 것을 고수하는 사람들은 여전히 그것을 거부하고 있다. 어떤 사람들은 창조의 기본적인 구도를 고도의 지혜에 의한 것('지적 창조')으로 이해함으로써 성서의 관련 기술에 권능을 부여하고 있다. 가톨릭교회는 진화에 하느님의 창조적 역할이 마땅히 주어져 있다는 전제하에 진화론을 수용한다.

진화론은 유기체들이 복잡한 방식으로 환경과 상호작용을 하면서 발달한다고 주장한다. **자연선택**은 유전형질들(이것들은 생존하고 번식하는 그들의 능력을 고양시켜준다)을 지닌 개체들이 같게 부여되지 않은 다른 것들에 앞서 선택되는 과정이다. 이 과정에서 적응도는 핵심 요소인데, 그것은 우리가 보통 이해하고 있는 신체적 적응도의 의미가 아니라 다음에 번식할 새끼를 낳을 수 있는 능력을 의미하는 **번식 적응도**를 말한다. 여기에서 중요한 것은 후손의 절대적 수가 아니라(따라서 요점은 당신이 할 수 있는 한 많은 자녀를 갖는 것이 아니다) 개체가 경쟁하는 것들과 비교한 상대적인 수자이다. 그러므로 만약 죄의식이 타고난 능력이라면 우리는 그의 발달을 번식 적응도를 높이는 선택 유리성의 측면에서 이해해야 할 것이다.[8] 그것은 선택이 종의 수준에서 작용한다는 최초의 생각이었다. 달리 말하면 개체들은 집단의 생존과 번식 성공을 돕는 방식에서 행위 한다는 것이다. 이런 관점은 개체 수준에서 작용하는 자연 선택을 옹호하는 입장으로 바뀌었으며, 따라서 각 개인은 자기의 번식 적응도를 고양시키고자 하는 데 목적을 둔다.[9]

다윈은 인간 본성의 문제를 정면으로 다루지는 않았다. 그러나 그의 초기 추종자들은 루소의 온건하고 낭만적인 관점보다는 홉스에 의해 제창된 강경하고 유물론적인 관점을 지지하는 경향이 있었다. 이런 관념들은 영국 철학자 허버트 스펜서에 의해 강한 자는 살아남고 약한 자는 사라진다는 가혹한 자연의 이미지로 확산되었다. 사회진화론의 한 제목인 **적자생존**은 사회를 진보시킨다는 이유로 공격과 착취를 정당화하는 이기적인 자본가들과 정치가들의 좌우명이 되었다.

1970년대에 생물학자들은 자연선택론을 동물들과 인간의 사회적 행동으로 확장시켰다. 이것은 E. O. 윌슨이 1975년 발간하였던 책 제목이기도 한 **사회생물학**의 분야를 새롭게 열었다.[10] 윌슨은 이 분야를 **새로운 종합**으로 설명하였고, 그것은 인간 행동의 진화를 이해하는 새로운 패러다임으로 자리 잡았다. 리처드 도킨스가 쓴 『이기적 유전자』와 같은 이후 후속 저작들에서 이런 개념들은 논쟁의 폭풍을 일으켰는데 특히 섹스, 성차, 공격성과 같은 정치적으로 뜨거운 주제들과 관련하여 논쟁이 일어났다.[11] 인간이 원래 이기적이라는 생각은 가장 진화론적인 입장에 있는 생물학자들과 심리학자들의 사고를 여전히 지배하고 있다.

사회생물학은 다시 부활한 여성주의에서 그의 가장 중심에 자리하였고 그 밖의 다른 이념들이 그 논란에 기름을 끼얹었다. 윌슨은 비난을 받았으며 사회생물학은 사회진화론과 함께 도매금으로 넘어갔다. 그렇다 하더라도 진화론자들은 도덕성과 죄의식의 진화에 새로운 모델을 창출해내었으며, 그것은 우리가 여기에서 관심을 기울일 주제이다.[12]

도덕성의 진화

자연선택은 마치 생물 로봇처럼 우리가 이미 결정된 방식에서 행동할 수밖에 없는 불가항력적인 힘이 아니다. 유전자는 복잡한 화학 분자들이지 우리의 양심이 아니다. 유전자들을 '이기적'이라 부르는 것은 비유적인 말이다. 유전자들이 할 수 있는 것은 우리가 어떤 방식에서 행동**하고자 하는 성향**을 갖게 할 뿐이다. 유전자들의 영향력이 행동을 구성하는 데 있어서 아주 핵심적인 역할을 하는 문화의 중요성을 무력화시키는 것은 아니다. 생물학적 취향이 강한 과학자들조차도 유전적 요소들은 인간 행동 변화에 대해 10% 미만으로만 설명이 가능하다고 평가한다.

'타고난'이라는 용어에 대해서도 이와 비슷하게 이해할 수 있다.

우리가 죄의식 능력을 타고났다고 말할 때 그것이 의미하는 바는 도덕적 행동이 우리의 조상들에게 번식의 이점을 부여하였던 덕분에 그것이 유전적 측면에서 적응할 수 있다는 것이다. 그것은 타고난 특질이 환경과 전혀 무관하게 발현된다는 것을 의미하지 않는다. 또한 그것이 모든 시대에 모든 장소에서 모든 문화에 걸쳐 보편적인 도덕적 행동의 양식으로 이어진다는 것을 의미하는 것도 아니다. 모호한 용어들이 사용되는 것을 피하기 위해 오늘날 생태학자들은 선험적 학습이 없이 등장하는 행동들을 **고정행위패턴**이란 용어로 표현하고 있다. 예컨대 사로잡힌 어린 다람쥐는 다른 다람쥐들로부터 이전에 전혀 학습한 일이 없음에도 견과를 처음 보고 이를 깨뜨릴 것이다. 물론 이런 기능은 학습에 의해 더욱 정교화될 수 있을 것이다.

어떤 것이 자연적이라는 것이 반드시 그것을 좋은 혹은 나쁜 것으로 만들지는 않는다. 자연에 있는 그 어떤 것도 윤리적 가치를 지니고 있다는 의미에서 '부자연스러운' 것이 될 수 없다. **존재하는** 바를 **마땅히 존재해야 하는** 바와 동일시여기는 것을 소위 말하는 "자연주의 오류"[13]라고 한다. 이는 사회적 실재들에 대해서도 똑같이 적용될 수 있다. 여성들이 과거에 아동양육에 대해 일차적으로 책임을 졌다는 사실이 곧 그들이 계속해서 그래야만 한다는 것을 의미하지 않는다. 상황은 변화한다. 과거에 적응되었던 관행이 더 이상 현실에 적응되지 않을 수 있다.

　　자연선택이 고정 불변하게 경직된 것으로 보일지 모르지만, 사실
은 어느 정도 융통성을 발휘한다. 생태적 혹은 사회적 경우들이 항상
예측 가능한 것은 아니라는 점에서, 융통성 있는 도덕률이 엄격한 도
덕률보다 오히려 일반적인 조건들에 더 잘 적응할 수 있는 높은 적응
잠재력을 지닐 수 있다. 진화론자들은 자연의 가치를 무비판적으로
옹호한다는 비난을 받고 있다. 그러나 그들은 사회적 강제를 통해 길
들여지지 않은 자연 상태의 '말에 굴레를 씌움'으로써 자연의 가치를
문화에 의해 형성된 **사회적 가치와** 적절히 조절시킬 필요가 있다는
것을 인정한다.[14]

　　죄의식 능력이 인간의 진화 과정에서 언제 인간의 뇌에 '고유한
것'으로 자리 잡게 되었는지는 우리가 알 수 없지만, 이러한 중대한
변화는 분명히 초기 인류가 친척관계의 사람들과 소규모 집단을 형
성하여 수렵 채집인으로 삶을 영위했던 혹독한 **조상환경**에서 일어났
을 것이다.[15] 그 조상환경은 오래전에 없어졌으며 우리가 지금 살고
있는 세계와는 다르다. 그때 작용했던 자연적 양식들은 어떤 곳에서
든 항상 적용되도록 고안된 것이 아니었다. 당시 일반적이었던 물리
적 조건이나 사회적 조건에 대응하는 과정에서 선택된 도덕적 행동
양식들이 그 때는 잘 적응할 수 있었다 할지라도, 현대 세계에서는
주어진 여건에 잘 적응하지 못할 수 있다.

　　도덕성의 진화과정을 복원하고자 할 때 우리는 두 가지 정보원에

의존한다. 하나는 우리와 유전적으로 그리고 사회 조직에서 가장 유사한 동물들, 특히 유인원(침팬지, 고릴라, 오랑우탄)의 행동이다. 또 하나는 생활 조건이 우리의 진화 조상들이 생활했던 조상환경의 삶의 조건과 유사한 환경에서 생활하고 있는(아프리카의 칼라하리 사막의 원주민들과 같은) 문자사용 이전의 사회에 관한 연구들이다.

(거의) 도덕적 동물

개를 소유한 사람들은 앞에서 보았던 콘라트 로렌츠의 이야기에서처럼 그들의 애완견들이 잘못을 했을 때 어떻게 '가책을 느끼는' 행동을 하는지에 관한 많은 이야깃거리들을 갖고 있다. 다음의 이야기는 좀 회의적이다.

내가 어린아이였을 때, 우리는 가족의 한 일원으로 살고 있던 개를 오랫동안 뒤뜰을 경계하는 용도로 활용하였던 적이 있다. 그 개는 비록 그것이 허용되지 않는다는 것을 잘 알면서도, 이웃의 흥미진진한 세계로 탈출하고자 아주 오랜 시간 동안 노력하고 있었다. … 만약 탈출을 시도하다 도중에 붙잡히면, 그는 죄책감에 빠져 자기 집으로 유순하게 사라지곤 하였다. …

… 엄격히 말하면 나는 내 개가 '그것이 허용되지 않는다는 것을 알고 있다'거나 혹은 그가 진정으로 '죄책감'을 느낀다거나 하는 것을 믿지 않는다. 그는 벌을 받고, 양도될 것이며, 그리고 그런 것을 원하지 않는다는 것을 알고 있었다. 그는 우리 가족의 규칙을 내재화하였지만, 그것을 하나의 규칙**으로서** 인식하지는 못했다. 그의 지능은 비록 많은 방면에서 무척이나 기만적이었지만 … 뒤뜰에서 탈출하고자 하는 생각 혹은 그 무엇보다, 그런 짓이 **금지되어 있다**는 것과 같은 그런 생각을 해낼 만한 능력을 지니고 있지 못한다.[16]

그러한 회의적인 태도는 여러 경험들에 의해 지지를 받고 있다. 예컨대 한 사례를 보면, 개가 주인의 종이와 책들을 씹고는 '가책을 느끼는', 즉 시선을 외면한 채 당황해하는 모습으로 주변을 살금살금 돌아다니는 행동을 하곤 하였다. 언젠가 주인은 그 개가 없을 때 종이를 갈가리 찢어놓았다. 개가 들어와 갈가리 찢긴 종이를 보자, 이때는 그럴 이유가 없었는데도 다시 '가책을 느끼는' 행동을 하였다. 개는 나가지 않고 찢긴 종이들이 그대로 있는 방에서 끙끙거리고 있었는데 그것은 괴롭다는 것이었다. 그 개를 괴롭힌 것은 주인으로부터 받을 수 있는 응징에 대한 두려움이었지 죄책감이 아니었다. 개의 행동은 정해진 방식을 그냥 따르는 것이지(그것이 개가 행동하는 방식이다), 도덕적인 것과는 관련이 없다. 그것은 벌을 피하고 주인의 호의를 얻기 위해 **복종**을 보인다는 것을 뜻한다. 애완견 주인들은 이 것을 죄책감으로 해석할 수 있다. 왜냐하면 그들은 아마도 같은 상황 에서 늘 그렇게 느껴왔을 수 있기 때문이다. (이런 설명이 모든 사람 을 납득시키지는 못할 것이다.)

영장류, 특히 침팬지에 관한 체계적인 연구들은 이와 관련하여 더 유익한 정보를 준다.[17] 영장류 동물학자인 프란스 드 발은 그런 연구들에 기초하여 도덕성과 죄의식 능력이 우리의 타고난 이기심을 감추는 얇은 사회적 '겉치장'이 아니라 우리 인간 본성의 일부라고 하였다. 그는 인간의 도덕성의 근원을 공감, 호혜성, 화해, 사회적 질서와 같은 사회성의 토대를 형성하는 동물의 여러 가지의 특질들 로까지 거슬러 추적하고 있다.

침팬지가 우리와 가장 가까운 진화의 친척(우리 유전자의 95%를 그들과 공유하고 있다)이라는 점에서 우리는 그들의 도덕 발달 수준 또한 인간과 가장 유사할 것으로 기대할 수 있다. (그것이 일반적으 로는 맞는 말이지만, 남을 돕는 행동이 우리와 진화적 규모에서 매우 멀리 떨어져 있는 고래나 코끼리와 같은 몇몇 다른 동물들에서 또한 나타난다는 것은 헷갈리는 일이다.)

우리 인간이 죄의식을 경험하는 데 있어서 **공감**이 중심적인 역할 을 하는 것과 똑같이 침팬지들도 놀랄 만한 공감능력을 발휘한다. 예 컨대 어떤 침팬지들은 동물원 해자에 빠진 다른 침팬지들을 구하기 위해 그곳으로 들어간다. 침팬지들은 다쳐서 장애를 입은 동료들을 돕고 또한 나무 위에서 오도 가도 못하는 어린 침팬지들을 아래로 내려놓는다. 그들은 싸움을 한 후 패배자를 위로하려 한다.

침팬지들 또한 **호혜성**과 관련하여 예리한 감각을 지니고 있다. 한 침팬지가 다른 침팬지의 털을 다듬어주면, 그 침팬지는 똑같은 행동을 할 것이다. 침팬지들은 또한 그들의 털을 다듬어주었던 침팬지들과 음식을 나누어 먹을 것이다. 그들은 누가 자기들에게 호의를 베풀었는지 그리고 누가 자기들에게 해를 끼쳤는지를 기억한다. 이런 그리고 이와 유사한 상호작용을 통해, 그들은 인간의 형평이나 공정 의식에 상응하는 동물의 그것을 보여준다.

사회적 질서의식은 각자가 자기의 위치(그것이 지속적인 경쟁을 통해 변화하기 전까지)를 아는 계층 구조를 지닌 많은 동물 종들에 존재한다. 이러한 사회적 질서는 특히 침팬지들 사이에 잘 발달되어 있다. 그들의 새끼는 그것을 따르는 법을 학습한다. 그리고 만약 그들이 그렇게 하지 않으면 응징을 당한다. 사회적 질서는 또한 화해를 통해서도 유지된다. 평화를 유지하기 위해 침팬지들은 서로 공간을 제공하며 협상을 통해 갈등을 해결한다. 암컷들은 수컷들보다 훨씬 더 자주 솔선해서 공격성을 억누른다. 예컨대 그들은 싸움을 이제 막 하려는 수컷들의 손에서 돌을 빼앗을 것이다. 침팬지들은 싸움을 한 이후 화해를 하는 방법을 알고 있다.

도덕성의 기초

　　　　우리는 앞에서 언어 발달과 도덕 판단 발달 간의 유사성을 지적하였다. 두 경우에 있어서 우리는 언어/죄의식에 대한 능력을 천부적으로 타고나지만, 우리는 특정한 언어나 도덕률을 학습할 필요가 있다. 언어와 도덕성 간의 이러한 유사성은 보다 넓은 기능적 측면에서 더욱 정교화되었다.

　　노암 촘스키의 언어 개념에 따르면, 내가 영어로 말한다고 말할 때 그것이 의미하는 바는 나는 그 언어로 내 자신을 표현함으로써 다른 사람들과 의사소통을 하겠다는 것이다. 그런데 막상 영어로 말을 할 때, 나는 영어에 깔려 있는 문법 규칙들을 의식하지 않을 뿐만 아니라 그에 대해 신경도 쓰지 않는다. 촘스키의 주요 관심은 일상적인 문법적 규칙들뿐만 아니라 현재 통용되고 있거나 사장된 모든 언어들에 적용되는 보다 넓은 **보편 문법**의 언어적 원리들이다. 이러한 보편 문법은 진화를 통해 얻어진 고유한 것으로 동물들이 할 수 없는 방식에서 언어를 사용할 수 있는 선천적인 인간의 능력을 설명해준다.[18]

　　이와 유사하게 도덕적 행위를 할 수 있는 타고난 능력은 진화를 통해 우리의 뇌에 고유하게 주어졌다.[19] 이것은 적절한 문화적 가르침에 기초한 특정한 도덕 규칙들과 원리들을 획득할 수 있게 해준다.

그러나 우리가 인식하지 못하는 그러면서도 우리의 행위를 안내하는 보다 넓은 도덕 원리들 또한 존재한다. 이것들은 우리가 그에 관하여 생각하고자 잠시 멈출 필요도 없이 직관적인 수준에서 기능한다. 도덕적 결정들이 심각한 결과를 초래할 수 있다는 점에서, 우리가 이러한 결정들을 오랜 숙고도 없이 즉흥적으로 내릴 수 있다는 사실은 적응의 측면에서 매우 의미심장하다. 이것은 우리가 요전의 마지막 장에서 다루었던 것과 똑같은 견해이다.[20] 예컨대 내가 죽여야 하느냐혹은 죽임을 당해야 하느냐의 상황에 직면하였을 때, 아마도 도덕적 숙고를 할 시간이 없을 것이다. 나는 그때 나의 윤리적 원리들과 일치하는 방식에서 재빨리 행동할 필요가 있다.

언어와 도덕성이 상호 독립적으로 발달하는 것 또한 가능하다. 언어를 구사하는 능력은 복잡한 도덕적 추론을 가능하게 해줄 것이다. 언어는 도덕적 가르침과 도덕 규칙들의 공식화를 아주 용이하게 해준다. 역으로 복잡한 도덕 규칙들을 전달할 필요성은 언어의 진화를 위한 하나의 수단이 되어 왔다.

도덕성의 기본원리와 그의 구성적 요소들인 공감, 호혜성, 화해, 사회적 질서 등은 **이타주의**의 개념과 연결되어 있다. 우리가 이미 앞에서 논의했던 바와 같이, 이타주의는 개인적 이익에 대한 기대를 하지 않거나 심지어는 자기 자신에게 손해를 끼치면서도 다른 사람들의 행복을 위해 사심 없이 하는 행위들로 이루어진다. 그것은 정확히

이기주의의 정반대이다. 이타주의는 동물들의 맹목적인 '이기주의'
와 대조적인 것으로 도덕성과 더불어 전통적으로 인간의 독점적 특
질로 간주되어 왔다. 오늘날 진화론자들은 그런 관점에 도전하고 있
으며, 동물들 사이에서 인간의 이타주의의 근원을 발견하거나 혹은
그에 필적할 만한 것을 확인하고 있다.

이타주의의 진화

　　　　　　다윈은 어떤 종들의 이타적 행동을 이해하
지 못하고 있었다. 그는 인간이 연민을 갖고 행동해야 한다는 것에
대해서는 당연하다고 여겼지만, 동물들도 그런 행동을 하도록 유도
될 수 있다는 점에 대해서는 이해가 없었다. 왜 벌들은 다른 벌들을
위해 죽고 불임 개미들은 다른 개미들에게 봉사하며 자기들의 삶을
낭비하는가? 왜 자기 자신의 생명이 위태로워질 수 있는 위험에도
불구하고 포식자의 주의를 딴 데로 돌리려고, 새는 개방된 장소로 걸
어 나가고 얼룩 다람쥐는 경고 소리를 내는가? 만약 자연선택이 집
단에 대한 봉사 측면에서 작동했다면, 이것은 이해하기 쉬울 것이다.
그러나 이런 경우들에서는 그렇게 작동하지 않는다. 자연선택이 개
인의 번식 적응도 측면에서 작동한다.

두 사람 간의 상호작용을 고려해보자. 한 사람은 행위의 **수행자**이고, 다른 사람은 그 행위의 **수취인**이다. 행위의 결과는 당사자들에게 **이익**이나 **희생**을 수반한다. 이 경우에 이익이나 희생은 전적으로 개인의 번식 적응도의 측면, 곧 자신이 번식을 하는 데 도움이 될 것인가 아닌가의 측면에서 이해되어야 한다. 이 행위에는 어떤 의식적인 **도덕적** 의도가 존재하지 않는다. 우리는 단순히 유전적 대본에 따라 대처하고 있을 뿐이다.

이에 관한 예를 들어보면 당신과 내가 가라앉고 있는 배에서 단 하나의 자리만 남겨져 있는 마지막 생명보트를 잡기 위해 필사적으로 노력하고 있다고 가정해보자. 만약 내가 당신을 밀치고 그 자리를 차지한다면, 나의 행위는 **이기적**이며 당신의 희생 대가로 나는 이익을 취하게 된다. 내가 그 보트 안으로 들어갈 수 없지만 당신이 안으로 들어가는 것 또한 저지한다면, 그때 나는 **악의적**이 되며, 우리 둘은 모두 생명을 잃는다. 만약 우리가 함께 행동하여 누군가를 밖으로 밀친다면, 우리의 행위는 **협력적**이며 최소한 우리 가운데 한 사람은 또한 이익을 취할 것이다(비록 그것이 비정할지라도). 마지막으로 만약 내가 자발적으로 당신이 마지막 자리를 차지하도록 하고 내가 죽는다면, 나의 행위는 **이타적**이며, 그것은 이기주의의 정반대가 된다. 이기적이며 협력적인 선택들은 나에게 이익을 주기 때문에, 자연선택은 그 두 가지를 강화할 것이다. 악의적이 되는 것은 자멸적인 것으로, 진화적으로 어떤 의미도 없다. 이타적인 행위는 우리 자신을 희생한 대가로 다른 사람에게 이익을 양도한다는 점에서 우리가 왜 그렇게 행동해야 하는지 의문을 남긴다.

첫 번째 대답은 **혈연선택**의 개념에서 제시되었다.[21] 벌, 개미, 말벌과 같은 사회적 곤충들이 이타적으로 행동하는 이유는 그들이 자기들의 친족과 똑같은 유전자를 공유하고 있기 때문이다. 이들 유전자들이 다음 세대로 전달되기만 하면 그보다 중요한 일이 없다. 따라서 번식 적응도는 **포괄적 적응도**로 다시 정의되어야 했는데, 그것은 내가 내 자신을 위해 하고자 하는 바를 내 친족에게 하고자 한다는 것을 의미한다. 이 개념은 언뜻 보기엔 사소하게 보일지 모르지만 중요한 함축을 지니고 있다. 그것은 본질적으로 이타주의를 그냥 그렇고 그런 또 다른 이기적 진화 게임으로 전환시켜버림으로써 이타주의로서 이타주의가 작동할 여지를 두지 않았다. 나아가, 그것은 왜 개인들이 그들의 친족도 아닌, 즉 유전적으로 그들과 아무런 관련이 없는 다른 사람들을 위해 이타적으로 행동하는지의 문제를 미해결 상태로 남겨놓는다. 로버트 트리버즈는 그 문제에 대한 대답으로 **호혜성 이타주의** 이론[22]을 제시하였다. 호혜성 이타주의는 자신을 희생하는 대가로 자기와 가까운 관계도 아닌 다른 사람들에게 이익을 주는 행동이다. 그것은 어떻게 작동하게 되는가?

다음의 시나리오를 음미해보자. 당신이 호수에서 허우적거리고 있는 누군가를 목격했다고 가정해보자. 당신이 만약 아무런 조치를 취하지 않으면, 그 사람은 익사할 것이다. 만약 당신이 뛰어든다면, 당신은 그 사람이 익사할 위험성을 50%로 감소시키지만, 반면에 당신이 구조과정에서 죽을 위험은 5%이다. 당신은 어떻게 할 것인가? 그것은 익사할 위험에 있는 사람과 당신과의 관계에 따라 달라질 수 있다. 그러나 그 반대도 있다. 만약 당신이 익사 위험에 있는 사람이 누구든, 다시 말해 당신과 관련이 있는 사람이든 관련이 없는 사람이든 상관없이 뛰어든다면, 당신의 행위는 **무작위적인 선의의 베풂**─그 사람이 누구든 상관없이 모든 사람을 위해 기꺼이 죽기─의 전형이 된다. 만약 당신이 일관되게 무작위로 모든 사람을 위해 당신 생명의 위험을 감수한다면, 그러면 정말 당신은 오래 살 수 없을 것이다. 만약 당신이 익사 위험에 있는 사람이 친족임을 확인한 이후에만 뛰어든다면, 우리는 **친족에 대해 의도적인 베풂**을 보게 된다. 당신은 이타적이다. 하지만 오로지 당신의 친척에 대해서만 그렇지 모든 사람에 대해서까지 그렇지는 않다. 곧, 당신의 이타주의가 모든 사람으로까지 무작위로 확장되는 것은 아니다. 선택이 좀 더 정교해질 수 있다. 만약 익사 위험에 있는 사람이 당신의 일란성 쌍둥이라면 당신이 정확하게 똑같은 유전자를 공유하고 있기 때문에 당신 자신을 구하는 것과 다름없는 일이다. 만약 그 사람이 보통의 형제나 자매라면, 당신은 당신 유전자의 50%를 구하는 것이다. 사촌이나 먼 친척이라면, 유전적 이익은 그 게임이 더 이상 의미가 없을 때까지 차츰 줄어든다. 그러나 내가 내 형제보다 내 사촌을 더 사랑한다고 가정해보자. 혹은 익사의 위험에 처해 있는 사람이 모차르트이고, 내가 그의 음악을 흠모한다고 하자. 그런 고려사항들은 아무런 문제가 되지 않을 것인가?

그 대답은 마지막 대안에 달려 있는데, 그것은 **친족이 아닌 사람들에 대한 선택적인 베풂**이다. 이 대안에 따르면 당신은 친족이 아닌 사람에게 선택적으로 이타적이 될 수 있다. 모든 사람에게 그렇게 하지는 않는다는 것이다. 거기에는 당신을 위한 뭔가의 어떤 보상의 가능성이 존재해야만 한다. 그것을 **상호 이타주의**라 부르는 것은 바로 이 때문이다. 그것을 당신의 번식 적응도에서 장기적인 투자로 생각하라.[23]

현명한 투자는 비용/편익의 균형에 근거한다. 상호 이타주의는 예외가 없다. 비용/편익 비율은 그것을 가치 있는 것으로 만들고자 하는 당신의 마음에 달려 있을 것이다. 즉, 단순히 동등한 가치를 얻고자 하는 것은 당신을 성공하게 하지 못한다. 최선의 처사는 최소 비용으로 최대 이익을 추구하는 것이다. 거기에 들어가는 시간 또한 고려사항이다. 당신이 주식시장에 투자를 할 때, 당신은 즉시 축재하기를 기대해서는 안 된다. 그렇다고 임종 무렵에 가서 비로소 현금으로 바꾸려고 해서도 안 된다. 이타주의에서의 투자도 똑같은 고려사항들이 적용된다. 보상을 빨리 받는 것이 좋을 것이다. 왜냐하면 당신에게 빚진 사람이 죽거나 사라져버릴 수 있기 때문이다(호의에 대한 기억은 점차 사라지는 경향이 있다). 다른 한편, 답례를 빨리 하라고 강력히 요구하는 것은 오히려 당신의 이익을 극대화하거나 뭔가를 되돌려 받는 것을 불가능하게 할지도 모른다.

상호 이타주의는 게임 이론에서 **눈에는 눈, 이에는 이**로 특징지어진다. 그것은 이타적 호혜가 제로섬 게임이 아니라는 가정에 기초하고 있다. 즉, 한 사람의 이익은 반드시 다른 사람의 손실을 대가로 하지는 않는다는 것이다. 협력적 관계(여기에서는 호의가 동시에 이루어진다)에서나 혹은 상호 이타주의(여기에서는 베풀고 돌려받는데 시간적인 지체가 존재한다)에서는 양쪽 모두가 이익이다. 그러나 상호 이타주의에서는 여전히 단순하게 도덕적인 사람이 되기 위해 도덕적인 사람이 되는 것은 아무런 의미가 없다.

동물을 대상으로 한 연구결과들은 상호 이타주의의 가능성이 여러 요소들에 따라 달라질 수 있다는 것을 보여주고 있다. 물론 인간들 사이에서의 상호 이타주의도 마찬가지다. 하나의 요소는 집단 크기이다. 상호 이타주의가 개인적 교류에 토대하고 있다는 점에서, 교류하는 양쪽이 서로를 알아야 할 필요가 있다. 이것은 일반적으로 그 집단이 작아서 그 안에 있는 사람들이 반복적으로 교류한다는 것을 의미한다. 달리 말하면 상호 이타주의는 소위 뉴욕과 같은 큰 도시보

다는 시골이나 작은 도시에서 더 잘 이루어질 것이다(우리가 화합하
는 공동체로서 기능하는 소수민족 거주지에 관하여 이야기하고 있지
않는 한). 또 다른 요소로는 상호 원조가 필요할 수 있는 가능성이 있
는 상황(서로 떨어진 지역에서 살고 있는 몇몇 농가들과 같은)에서
사는 것이다. 보통은 교류하는 사람들이 서로 비슷한 종류의 필요나
위험에 노출될 수밖에 없을 것이다. 그리고 그들은 서로를 도울 수
있는 동등한 수준의 능력을 지니고 있을 것이다. 상호 이익이 결실을
맺는 데까지는 오랜 시간이 걸릴지 모르기 때문에, 교류하는 집단들
은 안정적이어야 하고 이주 비율이 낮아야 한다(따라서 자주 이동하
는 노동자들은 좋은 이웃 후보자들이 아니다). 우리가 한 달간 이웃
집을 렌트한 어떤 사람보다는 오랫동안 같이 살고 있는 이웃을 저녁
식사에 초대하기 쉬운 것도 이런 이유에서이다(그 사람들이 정말 마
음에 들거나 당신에게 매우 유용할 것 같다면 모를까). 어린 자녀들
을 두는 것은 상호의존의 정도를 훨씬 더 높이며 협력과 호혜를 고무
하게 되는 바, 부가적인 장려책을 하나 더 추가하는 것이다.[24]

　사회 조직의 형태도 의미가 있다. 그것이 평등주의적일수록 상호
이타주의가 효과적으로 작동할 가능성이 그만큼 높아진다. 예컨대
위계적인 개코원숭이 무리의 경우에는 최고의 주도권을 가진 수컷은
아래 것들에게 의지하지 않는다. 그러나 침팬지들은 엄격한 사회적
위계를 갖추고 있지 않은 관계로 훨씬 더 상호의존적이다(예컨대 그

들은 먹이를 공유하려 할 것이다). 그러므로 그들은 더 쉽게 상호 이
타주의에 개입하게 된다. 마찬가지로 돈과 결부된 곳에서는 부자와
매우 가난한 자는 상호 이타주의에 개입할 좋은 후보자들이 아니다.
부자는 가난한 자가 필요하지 않으며, 가난한 자는 되갚을 수 있는
돈이 없다. 이런 경우에 이타주의는 자선의 형식(혹은 그것은 나름의
화폐 이외의 보상을 지닐 수 있을 것이다)을 띤다.

그 행위가 아무리 이타적이라 하더라도 자기 이익에 대한 계산이
깔려 있다. 예컨대 우리는 한창 전성기에 있는 사람들과 비교해볼 때
나이가 매우 어리거나 아주 많은 사람들과 상호 협력을 시작할 가능
성은 크지 않다. 반면에 우리는 미래에 이익을 거둬들일 희망으로 젊
은 사람들에게 투자할 수 있다. 게다가 교환의 통화 유통액이 똑같을
필요는 없다. 당신이 어린 학생들이나 한참 후배인 동료들에게 조언
을 해주는 경우, 당신은 자신의 승진을 위해서가 아니라 그럴 만한
가치가 있는 사람들을 도와주는 데에서 오는 혹은 당신이 그동안 받
아온 빚을 사회에 되갚는다는 데에서 오는 만족감에서 그러는 것이
다. 감사와 동정 또한 이타적 계산법에 속한다. 은혜를 모르고 당연
시 여기는 것은 속상한 일이다. 이와 대조적으로 진심어린 감사("나
는 당신이 나를 위해 했던 일을 결코 잊지 않겠습니다.")는 기부자를
기쁘게 하고 호의의 수혜자가 이런 저런 방식으로 화답할지 모른다
는 가능성을 높여준다.[25]

상호 이타주의는 또한 공동체적 관계의 이득을 교환 관계로 확장시키는 하나의 방법이다. 친족관계가 자동적으로 이타주의를 보장하지는 않는다. 서로 돕지 않는 부모와 자식들이 있으며, 심지어는 서로를 해칠지도 모른다(일부 최악의 불화는 가정 내에서 일어난다). 결국 우리는 가장 사심 없는 부모의 사랑 밑에서 상호 이득에 대한 기대—설령 그것이 전적으로 감정적인 것이라 하더라도—가 작동한다고 주장할 수 있다. 전통적으로 부모들은 나이가 들어감에 따라 자식들이 돌봐주기를 기대해왔다. 비록 산업화된 오늘날 사회에서는 그런 기대가 더 이상 어려울지 모르지만, 부모들은 여전히 자식들에게 어느 정도의 애착과 보살핌을 바라고 있다.

자기희생을 하는 사람들을 우리는 '성인들'이라 일컫는다. 그러나 그들이 번식 적응도의 좋은 예로는 보이지 않는다. 그들은 진화의 부적응자인가? 그들은 어떤 숨겨진 죄의식 때문에 공익사업으로 속죄 받고자 자선을 베푸는가? 그들이 받는 보수는 칭찬과 존경인가, 아니면 천국에 들어갈 수 있다는 희망인가?

마더 테레사는 아마도 이 세상의 가난한 사람 가운데에서도 가장 가난한 자들을 향한 현대세계에서 그 어떤 사람보다 사심 없는 사랑의 상징일 것이다. 거의 반세기 동안 그녀는 극빈자, 병자, 고아 그리고 죽어가는 사람(죽은 사람의 몸을 씻기는 것을 포함하여)을 돌보았다. 그녀를 따르는 사람들은 123개국에서 610가지의 임무를 수행한다. 마더 테레사는 1979년 노벨 평화상을 수상하였으며 교황 요한 바오로 2세로부터 시복을 받았다. 그러나 최근에 발간된 그녀가 영적 조언자들에게 보냈던 편지를 보면, 그녀는 자신의 삶을 "무미건조", "어둠", "슬픔"과 같은 용어들로 기술하는 등 엄청난 울적함을 토로하고 있다.26 이것은 곧 '순수한' 이타주의와 같은 그런 것은 결코 존재하지 않는다는 것을 의미하는가? 만약 그렇다면, 마더 테레사가 받았던 이타주의에 대한 보수는 무엇이었는가? 순진무구하거나 냉소적이지 않으면, 이 질문에 대답하기 어렵다.

죄의식, 부정행위 탐지기제

신뢰에 기반을 둔 모든 다른 거래들처럼 상호 이타주의 역시 기본적으로 위험을 내포하고 있다. 당신과 관계를 나누고 있는 사람들이 자신들의 의무를 충실히 이행하지 않을 수 있다. 즉, 그들은 당신을 속일지도 모른다. 만약 그렇다면, 상호 교환을 기반으로 하였던 관계는 이기적 거래로서 종말을 맞게 된다. 우리는 사기꾼들을 경멸적인 명칭(협잡꾼들, 사칭하는 자들, 기만하는 자들)으로 부르고, 그들을 비난하며, 심지어 그들을 비도덕적인 사람들로 간주할 수 있다. 그러나 진화의 측면에서 보면, '속임'이라는 용어는 오로지 화답하지 못한 것을 나타낼 때 사용되어 왔을 뿐이며 어떠한 도덕적 불신임도 내포하고 있지 않았다.[27]

속임의 근원은 매우 깊어 심지어 동물들에게까지 추적된다.[28] 이 와 관련한 몇 가지 사례들은 상당히 웃긴다. 예컨대 긴꼬리원숭이들 사회에서 암컷들에 대한 성적 접근은 최고의 주도권을 쥔 수컷에게 만 제한되어 있다. 최고의 수컷이 동물원 구내로 들어가면, 이하 수 컷들이 암컷들(그들은 도와주는 일을 좋아한다)과 성교를 나누기 위 해 열심히 사기 행위를 한다. 만약 최고의 주도권을 가진 수컷에게 들키면, 그들은 엄청난 곤란을 겪게 될 것이다. 그러나 최고의 수컷 이 무리로 다시 합류하지만 무슨 일이 일어났는지를 알지 못할 경우, 그 범인들은 바람난 아내를 둔 그 최고의 수컷을 달래고자 만면에 미 소를 머금고 환심을 사는 태도로 고분고분하게 행동한다.

속임은 단기적인 측면에서는 이득을 제공한다. 절도를 할 때와 마 찬가지로 당신은 아무런 대가를 치르지 않고 어떤 것을 취할 수 있다. 만약 사기꾼들이 자주 그런 짓을 한다면, 속임은 번식 적응도를 높이 는 것으로서 선택될 것이다. 그러나 속임과 관련된 위험들이 존재한 다. 사기를 당한 쪽은 범죄자를 처벌함으로써 혹은 미래에 도움을 주 겠다는 그러한 이타적 표현을 하지 않음으로써 보복할 수도 있다.

사기꾼은 이것을 거래의 비용으로 돌릴 수 있겠지만, 문제는 거 기에서 끝나지 않는다. 신뢰할 만한 사람이 아니라는 평판을 받는 사기꾼들은 피해자들에 의해서뿐만 아니라 관련된 집단 자체에 의해서도 회피되고 처벌을 받는다. 노골적인 범죄자들은 즉시 거래에서 쫓겨나게 되지만, 아주 교묘한 사기꾼들은 훨씬 더 은밀하게 상호 이타주의의 작동에 위협을 가한다.

무임승차자가 되는 가장 효과적인 방법은 정직의 망토 밑으로 자신의 의도를 숨기는 것이다. 예컨대 너그러움, 친절, 동정, 심지어 사기행위에 거짓으로 분노하는 행위를 보이는 등 진정한 이타주의의 특징을 흉내 내거나 혹은 교환 관계에 있는 상대방과 마치 서로 공동체적 관계에 있는 것처럼 언급("당신은 가족 같다")하는 것이다. (버나드 매도프는 그런 인물들의 전형으로 행위 할 수 있었다.) 사기꾼들은 자신들의 기만행위를 의식조차 못할 수 있다. 가장 유능한 거짓말쟁이들은 실제로 자신들의 거짓말을 믿는 사람들이다. (그런 경우에, 우리는 그들을 거짓말쟁이들이라 부를 수 있는가?)

일반적으로, 죄의식을 느끼지 못하는 사기꾼들이 남을 속이는 일은 괜찮다고 드러내놓고 주장하지는 않는다. 그들은 그보다는 자기들이 왜 사기를 치는지에 대한 이유를 합리화하고 정상을 참작할 이유를 찾을 것이다("모든 사람이 다 그렇게 한다."; "내가 살기 위해서"; "어쩔 수 없는 일이다."). 우리는 사기꾼들로부터 어떻게 우리 자신을 지킬 수 있을까? 우리는 일관성이 있는지를 지켜보고, 말보다는 행동으로 신뢰성을 판단하며, 약간의 의심을 해봄으로써 우리 자신을 지킬 수 있다. 우리는 또한 연민을 잘못 이해하지 않도록("그는 그럴 수밖에 없어; 그는 힘든 삶을 살아") 그리고 사기꾼들에게 현혹당하지 않도록 스스로 조심할 필요가 있다. 요약하면 우리는 사이코패스들에게 적용하는 전략들 중 일부를 차용할 필요하다. 그러나 우리가 사기꾼들의 전술로부터 우리 자신을 보호할 필요가 있지만, 우리가 하는 방어들 또한 아무런 대가를 치르지 않는 것은 아니다. 예컨대 우리는 지나치게 상대방을 의심함으로써 그렇지 않았더라면 좋은 친구 혹은 심지어 후원자가 될 수 있었던 사람들과 사귈 수 있었던 기회를 놓쳐버릴 수 있다. 더욱이 이타적 관계는 많은 '재화들'이 서로 왔다 갔다 하며 오랜 기간에 걸쳐 이어지기 때문에 흔히 손익계산을 하는 것이, 그리고 사기꾼들이 이익을 얻고 있는지 어떤지를 가늠하는 일이 쉽지만은 않다. 나쁜 짓도 때로는 수지가 맞는다.

사기꾼들을 다룰 때 사회는 본보기로 삼기 위해 **도덕주의적 공격**을 가함으로써 그들을 가혹하게 처벌할 수 있다. 범죄에 대한 도덕적 교화는 대중들에게 정당한 분노를 유발시킨다. 그리고 그것은 이어서 가혹한 보복(군중에 의한 폭력적인 사적 제재와 같은)으로 이어질 수 있다. 좀 더 실용적인 조치들도 등장하였다. 18세기에 영국에서는 빚을 갚지 않는 채무자들을 범죄자들처럼 교도소에 투옥시켰다. 명예 계약을 준수하지 않는 것은 사회의 경제적 기반을 약화시킬 것이라는 데 그 요점이 있다. 사형은 민족성이나 사회 계급에 의해 편파적으로 선정된 범죄자들을 대상으로 국가가 자행하는 도덕주의적 공격의 또 다른 형태이다(2007년에 미국에서 사형된 사람들의 절반은 아프리카계 미국인들이었다).

사기꾼들은 발각될 가능성에 직면하면 자기들의 잘못을 시인하고, 피해자에게 보상을 해주며, 그리고 앞으로는 더 이상 사기 치는 일이 없을 것이라는 확신을 주는 등 **배상적 이타주의**에 관여할지 모른다. 이것은 자신의 비행을 받아들이려고 애쓰는 정직과 더불어 처벌을 모면하고자 하는 시도를 보여주는 것일 수 있다. **죄책감**은 사기꾼이 실토하도록 동기를 부여하는 차원에서 진화되어 왔다. 외부의 감시활동만으로는 사기꾼들을 효과적으로 통제할 수 없기 때문에, 죄의식의 감정이 내부의 도덕적 집행자마냥 작동하는 것이다. 이것이 바로 죄의식이 **부정행위 탐지기제**로 불리는 까닭이다. 다시 말하면 죄의식은 범죄자들로 하여금 이 세상에 자기들의 비행을 밝히도록 동기를 부여한다.[29] 죄의식은 따라서 그의 기능에서 내부의 도덕적 행위자와 같은 **알고리즘**으로 진화해왔다. 알고리즘은 그의 논리적 구조에 대한 이해를 요구하지 않는 단순한 수학적 절차이다. 그것은 컴퓨터가 문제를 해결하기 위해 일련의 정해놓은 단계들을 따르는 방식이다. 그것은 어떠한 '사고'를 요하지 않는다. 마찬가지로 죄의식 반응 또한 '자동적으로' 기능하는 것으로 알려져 있다.[30]

확장하는 원과 떠다니는 피라미드

이타주의가 작동하는 인간관계의 그물망을 보여주기 위해 철학자 피터 싱어는 한 세트의 팽창하는 동심원들을 상상했다. 그 중심에는 우리 자신이 있다(최소한 개인주의적인 서양 사회에서는). 다음 원에는 우리의 핵가족 구성원들이 있다(우리의 부모와 형제자매 혹은 우리의 배우자와 자녀들). 다음으로 결혼으로 인한 친척들(인척들 그리고 인척들과 관련된 원들)을 포함하는 우리의 확장된 가족 구성원들이 뒤따른다. 우리는 이런 원들을 씨족이나 부족과 같은 여전히 우리의 친족관계로 확인 가능한 수준까지 확장할 수 있다.[31]

다음 세트의 원들에는 혈연이나 결혼으로 우리와 관계를 맺고 있지 않은 사람들, 예컨대 우리의 친구들, 함께 일하는 사람들, 이웃들, 지인들 그리고 좀 더 넓게는 종교 공동체들, 협회들, 국가들, 문명들이 있다. 중심으로부터 거리가 멀리 떨어져 있다 하더라도, 이런 원 안에 있는 사람들은 우리에게 국가를 위해 목숨을 바치라거나 신앙을 위해 순교하라는 것과 같이 공헌을 하라거나 혹은 심지어는 생명을 바치라고 요구할지 모른다. 자기의 국가를 위해 목숨을 바치는 일은 결국 우리에게 소중한 사람들을 보호하기 위해 죽는다는 것을 의미한다는 주장이 있을 수 있다. 이들의 주장에 따른다면, 그래서 애국심과 종교적 신앙은 목숨을 바칠 만한 가치를 내포하게 된다. 마지막 원은 궁극적으로 모든 인류, 그리고 그것을 초월한(최소한 일부 사람들에게는) 모든 형태의 생명을 포괄한다. 많은 선지자들이 표현했던 바와 같이, 모든 인간 존재의 보편적 통일체는 하나의 이상이다. 여기에 다음과 같은 다윈의 견해가 있다.

> 인간이 점차 문명화되고, 모든 부족들이 보다 큰 공동체들로 통합되면서, 각 개인은 비록 서로 간에 잘 모른다 하더라도 같은 국가의 모든 구성원들에게 자신의 사회적 본능과 동정심을 확장해야 한다는 가장 단순한 이유를 알게 되었을 것이다. 일단 이 지점에 이르면, 그의 동정심을 모든 국가와 인종의 사람들에게 확장하는 것을 막는 인위적 장벽만 단지 존재할 뿐이다.[32]

확장하는 관심 원은 유용한 비유이긴 하지만 엄격하게 적용되는 체계는 아니다. 예컨대 우리는 친척들보다 어떤 친구들과 더 가깝게 지낼 수 있다. 심지어 애완견이 가족 구성원보다 더 이타심을 불러일으킬지도 모른다. (한 여성은 전하는 바에 따르면 자기 유산 1,200만 달러를 개에게 물려준다고 유언장에 밝혔다. 반면 그녀의 두 손주들에게는 한 푼도 주지 않았다.) 인터넷상의 가상의 관계가 어떤 사람들에게는 살아 있는 그리고 숨 쉬는 생명체들보다 더 의미 있게 다가

올 수 있다. 그렇지만 우리가 진화적 관점에서 생각할 때는 정상궤도
를 벗어난 개인들이 아니라 시간을 초월하여 사람들의 커다란 집단
에 적용되는 보편적 실재에 주로 관심을 갖는다.

여기에서 기본적인 규칙은 공감의 정도 그리고 그 결과로 인한
이타주의의 수준이 원들의 중심에 있는 사람에 대한 관심 대상과의
친밀성에 직접적으로 비례한다는 것이다. 그러나 또 다른 중요한 요
소는 **자원**의 유용성과 관련이 있다. 이타적이 되고자 한다면, 우리는
이타적으로 될 수 있는 뭔가가 필요하다. 즉, 우리가 갖고 있지 않은
것을 거저 줄 수는 없다. 프란스 드 발은 이를 **떠다니는 피라미드**의
모델로 설명하고 있다.

동심원들 대신 점차 그 크기가 작아지는 일련의 직사각형 칸들이
차곡차곡 쌓여 꼭대기에서 모이게 되는 피라미드를 생각해보자. 밑
에 있는 가장 넓은 칸은 모든 생명체들에 대한 우리의 의무를 나타낸
다. 그리고 점차 잇따라 더 높아지는 칸들은 우리와 관계를 맺는 사
람들의 점차 작아지는 집단들에 해당한다. 자기 자신은 피라미드의
맨 꼭대기 칸(원들의 중심에 해당하는)에 거주한다. 피라미드는 자
원의 바다에 떠다닌다. 물의 밀도(포화 소금 용액처럼)는 자원의 유
용성 수준을 나타내며 피라미드가 얼마나 높이 뜰 수 있을지를 결정
한다. 피라미드가 높이 떠다니면 떠다닐수록 물 위의 이타적 관심의
영역은 더 넓어진다. 자원의 밀도가 낮아지면 피라미드는 밑으로 그

만큼 가라앉으며, 따라서 보다 소수의 집단들만이 도덕적 관심의 범위 안에 있게 된다. 가설적인 최악의 경우에는 오로지 꼭대기만 물위에 뜨게 되어, 단지 자기 자신에 대해서만 책임을 진다. 이것은 이타주의를 좀 더 확고한, 실용적인 토대 위에 올려놓으며, 또한 이타주의가 추상적인 원리라는 느낌을 덜 하게 해준다.

모든 사람이 인간의 이타주의가 동물적 전력을 가지고 있다고 확신하지는 않는다. 훨씬 회의적인 관점을 지닌 사람들은 동물들이 진정한 도덕적 추론을 할 수 있는 능력이 부족하다고 본다. 동물들이 매우 효과적으로 의사소통을 할 수 있지만 언어를 사용할 수 없는 것과 마찬가지로, 도덕성에 대해서도 그대로 적용이 가능하다. 언어와 도덕성에 대한 원리적인 보편적 실재가 진화과정에서 동물들의 뇌에 자리를 잡거나 입력되지 않았다. 동물들이 지니고 있는 것은 인간이 지닌 이런 능력들의 **전조들**이다. 그러나 그것은 죄의식을 느낄 수 있게 하는 도덕적 양심을 갖는 데에는 이르지 못한다. 동물들은 무엇을 해야 하고 무엇을 해서는 안 되는지를 알지 모르지만 옳고 그름 간을 구별할 수는 없다. 즉, 그들은 **존재와 당위**를 구분하지 못한다. 달리 말하면 동물들은 어떤 규칙들이 **존재**하는지는 알지만 왜 규칙들이 우선 **존재해야 하는지**에 대해서는 모른다. 동물들은 무엇을 해야 하는지를 알지만, 왜 그렇게 해야 하는지는 모른다. 진정한 죄책감으로 이끄는 것은 유일하게 인간만이 지니고 있는 도덕적 책임에 관한 인식이다.[33]

죄의식의 문화적 진화

죄의식의 진화적 뿌리는 그의 보편적 특징을 설명해줄 것이다. 그러나 죄의식, 수치심, 도덕적 정서는 그동안 엄청난 변화를 겪어왔는데 일반적으로 그 과정에서 드러난 그들의 차이는 서로 다른 문화에서 기인하게 되었다. 죄의식은 문화적으로 진화해온 유산의 일부로서, 각기 다른 문화에 따라 그것이 어떤 조건하에서, 그리고 어떤 목적으로, 어떻게 경험되는지가 결정되어 왔다.[34]

죄의식의 능력이 조상환경에서 진화한 이후, 그다음에 어떻게 되는지는 불분명하다. 오랜 선사 시대를 거치며, 인간은 채집 사냥꾼으로 살아왔다. 그들은 소규모의 친족 집단 안에서 서로 교류하고, 자식을 번식하며 음식을 찾아 배회하였다. 그러나 그것만이 그들이 했던 전부가 아니다. 그들은 죽은 자들을 묻기 시작했는데, 그것은 죽음 이후의 삶에 대해 그들이 어떤 신념을 지니게 되었음을 암시한다. 그들은 옳고 그름에 관해 점차 인식하기 시작하였으며, 그런 인식들을 반영한 행동 규칙들을 점점 더 정교하게 발달시켜나갔다.

약 3만여 년 전부터 인구는 빠른 속도로 늘어나기 시작하였고, 사람들의 수명은 더 길어지게 되었다. 그럼으로써 조부모들과의 생활이 더 확대되었고, 행동 규칙들을 포함한 문화적 전통들이 후손들에게 전달될 기회가 더욱 많아졌다. 창조적 활동에도 적극 참여하여

정교한 동굴 벽화를 그리고 생산력의 종교적 상징을 암시하는 과장
된 엉덩이와 가슴을 가진 작은 여성 조각상들('모신'이라 불리는)을
만들었다. 그러한 상징적인 것들을 창조할 수 있었다는 것은 그들에
게 추상적인 사고가 가능하고 신념체계가 발생했다는 것을 의미한
다. 보다 분명하고 자의식적인 죄의식/수치심이 그 모습을 갖추게
된 것도 아마 이 무렵일 것이다.

　약 1만여 년 전 신석기 시대에 발달한 농업은 보다 복잡한 정주
사회의 발달을 가져왔다. 이것은 엄청난 사회적 함축을 지녔다. 고고
학적 증거는 이 시기에 더욱 형식적인 종교 체계가 등장하였고 도덕
적 추론이 더욱 정교화되었음을 보여주고 있다. 약 5천 년 전 메소포
타미아와 이집트에서 문자가 창안되기까지는 그로부터 불과 수천 년
에 지나지 않았다. 그리고 그것은 역사 시대의 시작과 함께 체계화된
종교의 등장을 가져왔다. 이때에 죄의식과 수치심에 관한 경험들은
아마도 거의 현대적 형식을 갖추게 되었을 것이다.[35]

원초적 종교에서의 죄의식의 기원

　　　　　종교의 기원에 관한 이론들은 추측에 근거하
고 있다. 즉, 물질문화 고고학은 원시인들이 무슨 생각을 하였고 혹은

어떤 신념을 지녔는지에 관해서 직접적으로 우리에게 말해줄 수는 없
다. 인류학자들은 이런 과거를 문자사용 이전의 전통 문화들(오스트
레일리아 아버리진과 같은)의 종교적 신념과 관습들을 연구함으로써
재창조하고자 노력하여 왔다. 그들의 종교적 신념과 관습은 더 오래
된, 이미 사라진 사회들의 그것들과 거의 유사하다고 본다.

우리는 이런 초기의 신념들을 **원초적 종교**('원시적인' 종교가 아
닌)라 부른다.[36] 일반적인 전제는 초기의 종교적 신념이 자연력을 다
루고자 하는 시도로부터 생겨났다는 것이다. 번개나 천둥과 같은 위
협적인 자연현상에 직면하게 되면, 초기 인류는 이런 사건들이 일어
난 원인이 **무엇**인가보다는 **누구**인가에 더 궁금했을 것이다. 이런 자
연력을 외부 요인 탓으로 돌림으로써 초자연적 존재, 곧 유령, 정령
그리고 궁극적으로는 신들에 대한 신념과 자연스레 연결되었다. (예
컨대 고대 가나안 사람들은 번개를 신 하닷 그리고 고대 그리스인들
은 제우스와 관련지어 생각하였다.)

모든 자연물이나 현상은 그 자체의 생명과 영혼을 소유한다는 **물
활론적**인 세계에 살았던 초기 인류는 인간의 삶에 유익하기도 하고
해롭기도 한 영향을 미쳤다. 무당들은 마법적인 의식과 무아지경을
통해 영혼의 세계와 소통하였다. 그들은 악을 막고, 치유하며, 미래
를 예견하였다. 천지는 위험들로 가득 차 있지만, 그러면서도 또한
사람들은 그 안에서 계속 생명을 유지하며 번성하였다. 사람들은 결

과적으로 자연을 부정하고, 도전하거나 혹은 새 형태로 고치기보다
는 자연과 조화를 이루며 살았다(사실, 유목민들은 지나치게 많이 방
목함으로써 많은 해를 끼쳤다). 제임스 프레이저와 같은 인류학의 개
척자들은 종교를 자연과 인간의 삶의 과정을 지시하고 통제하는 힘
을 다루고자 하는 시도의 결과로 이해하였다.[37]

문자사용 이전의 사람들은 심오한 **신성**의식을 지녔다. 그들은 세
상의 모든 것들이 있어야 할 적절한 곳에 신성하게 잘 질서 잡혀있는
것으로 보았다. 그들은 기우제와 같은 자연에 영향을 미치기 위한 의
식들을 개발하긴 하였지만, 죄나 구원과 같은 추상적 개념에 초점을
둔 제도화된 종교적 신념이나 관습은 갖고 있지 못하였다. 죽음 이후
의 삶은 저 바깥 어딘가에 있는 잘 알려져 있지 않은 실재였다.

사람들은 그런 세계에서 어떻게 죄의식을 경험하였을까? 뭔가
잘못했다는 의식과 그에 대해 불편한 느낌을 갖도록 유발한 일탈들
은 어떤 것들이었을까? 우리가 이런 의문들에 대해 어떤 분명한 대
답을 할 수는 없지만, 죄의식을 유발했던 최초의 위반들은 도덕적 성
격의 것이라기보다는 의식적 성격의 것이었을 확률이 더 크다. 즉,
그것들은 윤리보다는 더럽힘과 더 관련이 있었다. 그리고 당시에 생
겨났던 금기들은 사람들이 자기들의 세계를 지배하고 있는 강력한
힘에 순응하고 또한 이를 달래고자 시도하였던 마법적 성격의 관습
들과 관련되어 있었다.

우리가 어느 누군가를 화나게 했다면, 우리는 겸손하게 굴거나 선물 등으로 보상해줌으로써 그 사람을 달래려고 한다. 우리는 빚을 갚음으로써 우리의 잘못을 속죄한다. 고대인들은 인간의 감정과 동기를 초자연적 힘에 돌림으로써 그와 똑같은 방식으로 대하였다. 그리고 가장 공통적인 달래기와 속죄의 방식은 동물을 제물로 바치는 것이었다. 금기와 관련한 순결성과 더럽힘에 관심을 기울인 것은 이런 관습과 밀접하게 연관되어 있었다.

토템과 금기

문자 이전 사람들의 윤리적 삶은 원형의 조상들로부터 구두로 내려온 전통에 따랐다. 개인의 정체성은 부족에 의해 형성되었고, 조상을 상징하는 **동물 토템**에 의해 대변되었다. 토템은 부족 구성원들이 공통적인 생활이 가능하도록 의식의 합일 차원에서 부족을 동물 종들(늑대나 까마귀와 같은)과 연결시켰다. 토템 동물은 부족 구성원들을 서로 결합시켰으며 그들을 돕고 또한 보호해주었다. 그 대신에 그 동물은 부족으로부터 존중을 받았으며 사냥이나 해를 당하지 않았다.

터부는 사람, 동물, 목적 혹은 언어 등과 관련하여 행동의 금지를 언급하는 폴리네시아 말이다. 터부의 대상은 신성하거나 혹은 불결하기 때문에 금지된다. 둘 중 어떤 경우이든 그것은 위험한 특별한 능력을 타고난다. 문자이전 사회에서 핵심적인 터부 대상은 토템이었다. 그 밖의 다른 유형의 터부 대상들은 영혼이 한때 살았던 사망자들뿐만 아니라 능력을 부여받은 사람들(족장이나 사제와 같은)이 될 수 있었다. 문자 이전 사회에서 기본적인 터부는 토템을 헤치거나 침해하는 것과 관련된다. 그 밖의 다른 터부 행동들은 음식, 성 그리고 인간과 자연 간의 관계와 관련이 있었다. 터부를 어기는 것은 죽음을 포함한 사회적 추방과 처벌뿐만 아니라 초자연적 응징을 가져왔다. 사실, 우연히 터부 대상들을 만졌던 사람들은 설령 부주의로 그랬다 하더라도, 너무 겁을 먹어 병을 얻어 죽음에 이를 수도 있었다.[38]

다윈은 선사 시대 사회는 성적으로 독점력이 강한 남성 지배하에 소규모 무리들로 이루어졌다고 추정하였다. 프로이트는 이런 개념을 원시적인 무리의 개념으로 확장시켰는데, 그 무리는 보통 포악한 아버지가 지배한다. 무리의 지배자는 여성들을 자기에게 복종시키고 자기 아들들이 성장하면 내쫓았다. 그러면 아들들은 함께 결속하여 아버지를 죽였다. 그러나 그들 또한 아버지를 사랑했기 때문에 그들은 회한으로 시달려야 했다. 이것은 '죄의식'의 등장으로 이어졌다. 죽은 아버지는 조상 토템의 모델이 되었으며, 그럼으로써 토템/아버지를 헤치는 일은 터부시되었다. 회한은 반항적인 아들들로 하여금 그들 스스로 아버지의 여성들(그들의 어머니와 누이들)에 대해 자제하도록 유도하였으며, 이에 따라 보편적인 근친상간 터부가 시작되었다.

토템과 터부에 관한 자신의 이런 관념을 정교화할 때, 프로이트는 주로 제임스 프레이저와 같은 근대 사회 인류학자들의 연구에 의존하였다. '원시적인' 사람들의 사고와 아동들 및 신경증환자들(특히, 강박신경증 환자들)의 사고를 서로 비교함으로써 정신분석 원리들을 이런 문제들에 적용한 것은 그의 공헌이었다.[39] 이들 초기의 인류학적 해석들과 프로이트에 의한 그들의 가공은 대체로 인정을 받지 못하였다. 그럼에도 불구하고, 『토템과 터부』에서 프로이트가 터부, 죄의식 그리고 양심 사이의 관련을 어떻게 명료화시키는지 주목해보면 참 흥미롭다.

만약 내가 잘못알고 있지 않다면, 터부에 관한 이해는 또한 **양심**의 본질과 기원을 설명하는 데 도움을 줄 것이다. 그 용어의 의미를 전혀 남용하지 않고서도 터부 양심 혹은, 터부를 위반한 이후의 터부 죄의식에 관해서 말할 수 있다. 터부 양심은 아마도 양심의 현상이 직면하게 되는 최초의 형태일 것이다.[40]

죄의식과 수치심 문화

　　　　　　죄의식, 수치심 그리고 쑥스러움은 **사회적**
통제의 형식들이다. 이것들이 진화론적, 심리학적 용어로 제시되든
혹은 문화적 용어로 제시되든 우리는 그 기본 기능을 간과해서는 안
된다. 이 정서들이 항상 이런 용어들로 표현되지 않을지도 모른다.
그러나 중요한 것은 그 정서들이 우리의 문화적 신념과 관습 안에서
어떻게 진화되어 왔고 또한 깊이 뿌리를 내리게 되었는가이다. 우리
가 문제 제기를 해야 할 것은 바로 이런 맥락에서이다. 즉, 사람들이
문화에 따라 죄의식과 수치심을 다르게 경험할 수 있는, **죄의식 문화**
와 대조적인 것으로서 **수치심 문화**가 존재하는가?

　그러한 문화적 대비의 문제는 1946년에 인류학자 루스 베네딕트
에 의해 그녀의 책 『국화와 칼』[41]에서 소개되었다. 그 책의 목적은
전후 시기에 일본의 재건과 관련해서 일본 문화에 관한 좀 더 나은
이해를 제공하는 데 있었다. 베네딕트는 미국의 죄의식 문화와 대비
하여 일본을 수치심 문화로 규정하였다. 이것은 수치심은 외부의 판
단에 의해 이끌어내지는 보다 '원시적인' 도덕적 정서로 간주되는 반
면, 죄의식은 내면화된 도덕적 양심으로부터 일어나는 훨씬 고도로
발달된 도덕적 감정으로 이해된다는 점에서 격렬한 논쟁으로 이어졌
다.[42] 베네딕트는 일본인들이 심지어 그들이 개인적으로 책임을 져

야 할 사안이 아닐 때조차도 다른 사람들의 고통에 대한 죄책감에 매우 민감하다고 지적하였다. 죄의식은 일본 문화에 필수불가결한 요소였다. 수치심이 두드러지게 보였던 까닭은 일본의 통합, 소속, 상호의존에 대한 집산주의적인, 집단 지향적인 가치와 욕구 때문이었다.[43]

문화적 상대주의자로서 베네딕트는 일본 문화를 폄하하거나 죄의식 문화와 수치심 문화의 엄격한 이분법을 제안하고자 하는 의도가 없었다. 그녀는 미국 문화에서의 수치심의 역할에 대해서뿐만 아니라 일본의 죄의식에 대해서도 지적하였다("일본인들은 때때로 그 어떤 청교도 못지않게 개인적으로 쌓여진 죄의식에 강하게 반응한다"). 일본인들이 죄의식보다는 수치심에 더 큰 중요성을 부여하고 있는 것은 상대적인 강조의 문제였다.

미국에 정착했던 초기의 청교도들은 그들의 일체의 도덕성을 죄의식의 기초 위에 두려고 노력하였다. … 그러나 수치심은 미국에서 갈수록 더 무거운 부담이 되고 있고, 죄의식은 이전 세대들에 비해 훨씬 약화되고 있다 … [비록] 우리가 수치심이 도덕성의 힘든 역할을 하길 기대하지 않을지라도, 우리는 수치심에 수반되는 극심한 개인적 고통을 도덕성의 근본체계를 이루는 원동력으로 활용하지 않는다.

일본인들은 수치심을 원동력으로 활용한다. 그들에게 있어서 선한 행동의 분명한 길잡이를 따르지 못하는 것, 의무를 다하지 못하거나 혹은 만일의 사태를 예견하지 못하는 것은 수치(**하지**)다. 그들은 수치란 덕의 근원이라고 말한다. 수치심에 민감한 사람은 모든 행동의 규칙들을 잘 실천할 것이다. '수치심을 아는 사람'은 때로는 '유덕한 사람', 때로는 '신의를 존중하는 사람'을 의미한다. '깨끗한 양심', '하나님과 바르게' 그리고 죄의 회피가 서양 윤리에서 갖는 권위의 위상을 일본에서는 수치심이 차지하고 있다.[44]

개인 중심의 도덕성 대 공동체 중심의 도덕성

　　　　　　수치심과 죄의식 간의 문화적 차이에 관한 논의는 가치에 보다 많은 비중을 두었던 이전의 개념들에 변화를 초래하였다. 더욱이 도덕률이 형성되는 방식에서 문화가 미치는 영향이 크다는 관점이 이전에 비해 큰 공감을 얻어 왔다. 우리가 앞 장에서 지적하였듯이, 도덕 판단의 대안인 길리간의 배려 도덕성과 더불어 콜버그의 인지 모델은 모두 서양의 개인적 자율성의 이상에 기초하고 있다. 이와 대조적으로 아시아 문화에서 도덕적 책임은 다른 사람들에 대한 자신의 책무에 의해 결정되는 의무들에 기초하고 있다.[45]

　　미국 문화에서(그리고 서양 문화에서 일반적으로) 개인적 정체성은 독립적이며 자율적인 존재로 인식된다. 사회는 자기 자신의 행동에 책임을 지는 자립적인 개인들의 집합으로 여겨진다. 개인이 목표를 결정할 때 최대의 자유와 책임이 허용되는 데에는 개인의 이익이 최고의 역할을 한다. 도덕적 계율들은 정의의 개념들에 기초하고 있다. 이것들이 대인 관계에 관련된 의무에 의해 완화될 때조차도 그 초점은 여전히 자기와 의미 있는 타인들과의 사이에서 책임을 균형 있게 완수해야 하는 개인들에게 주어진다.

주요한 도덕적 책무는 의미 있는 타인들에게 해를 가하지 않는 것이다. 당신이 죄책감을 느낄 때는 당신이 해를 끼치거나 혹은 공정하지 못한 경우이다. 다른 사람들의 필요에 관심을 보이는 것은 바람직하지만, 도덕적 의무는 아니다. 개인들은 법이 정한 한도 내에서 그리고 타인들의 권리를 고려하는 데 있어서 자신들의 의향을 따르는 것은 자유다. 타인들에 대한 그들의 의무는 무엇을 해야 하는가의 적극적인 의무들로서보다는 소극적인 측면, 즉 무엇을 해서는 안 되는가의 측면에서 정의된다. 정의를 유지하지 못하는 것은 악인 반면, 타인들에게 선을 베풀지 않는 것은 단지 도덕적 덕이 부족할 뿐이다.[46]

이와 대조적으로 아시아에서는 개인의 정체성이 자신이 소속되어 있는 집단과의 관계에서 정의된다. 전형적인 집단은 물론 가정이다. 서양에서라면 제인 혹은 존 도우로 알려졌을 사람이, 동양에서는 도우 가족의 일원으로 간주된다. 심리학자 존 밀러는 인도의 힌두교 신자들에 대한 연구에서 도덕적 행위를 결정하는 주된 토대가 정의가 아니라 의미 있는 타자들에 대한 개인의 의무라는 것을 발견하였다. 미국인들의 경우, 개인에게 도덕적 의무가 부과되는 것은 그 개인의 행위를 제한하기 위해서이다. 힌두교도들의 경우, 자신의 의무를 수행하는 것은 자기 자신의 본성을 실현하는 것이자 자기의 책무를 다하는 것을 의미하였다. 그러므로 다른 사람들에게 베푸는 호의적인 행동은 정의를 고려해서 나온 결과도 아니요, 또한 의무의 명령을 넘어서고 초월하는 행위의 문제도 아니다. 곧, 도덕적 행위의 일차적인 목적은 자신의 사회적 의무를 다하는 것이었다.[47]

이런 차이들은 무엇이 도덕적인가를 결정하는 데 있어서 대조적인 방식으로 나타난다. 예컨대 만약 궁핍한 친구를 돕는 어떤 다른 방법이 없다면, 인도인이 훔치는 행위는 윤리적일 것이지만, 미국인이 그렇게 하는 것은 설령 그것이 친구를 도울 수 없다는 것을 의미한다 할지라도 비윤리적일 것이다. 물론 이런 차이들이 절대적이지는 않다. 그럼에도 불구하고 미국인들의 거의 두 배에 해당하는 인도인들은 추상적인 윤리적 원리들보다 대인 관계를 고려하는 것을 더 중요시 여겼다. 게다가 인도인들은 미국인들보다 맥락과 관련된 예외(여기에서는 행위의 도덕성이 관계의 본질과 사례의 경우들에 따라 달라진다)를 두는 경향이 더 강했다. 반면에 미국인들은 옳거나

그른 행위에 대해 다른 고려사항들과 상관없이 보다 절대적인 입장
을 견지하였다. 위에서 지적한 바와 같이 서양에서의 도덕적 목표는
그른 행위를 피하는 것이며 보다 객관적이다. 반면에 동양에서는 옳
은 바를 행하는 것이며 보다 주관적이다.

그 밖의 다른 아시아 문화들에서도 이런 통찰들이 비슷하게 적용
된다. 중국에서는 가족이 '대아(大我)'이다. 개인은 말 그대로 자기
부모로부터 자신의 생명을 받아 삶을 시작한다. 개인의 삶에서 일차
적인 의무는 자신의 개인적인 목적을 추구하는 것이 아니라 사회적
유대를 보호하고 이에 봉사하는 것이다. 마찬가지로 미국인들은 자
립을 특히 중요시 여기는 반면에, 일본인들은 집단 내의 상호의존과
조화로운 통합을 선호한다. 두 집단에서 사람들은 매우 경쟁적이지
만 그 방식이 서로 다르다. 미국인들은 다른 사람들을 **앞지르고자** 하
는 반면, 일본인들은 뒤처지지 않는데 관심을 가지며, 단호하게 밀어
붙이는 대신 **우회적으로 제휴한다.** 미국인들의 개인적 경계는 달걀
의 단단한 껍질에 비유되는 반면 일본인들의 그것은 달걀의 부드러
운 내부 막에 비유되어 왔다.[48]

도덕 판단에 대한 이러한 개인주의 대 상호의존의 토대는 수치심
문화와 죄의식 문화 간의 확실치 않은 구분을 분명하게 하는 데 도움
을 준다. 어떤 문화가 다른 문화에 비해 도덕적으로 우월하게 보이는
그런 방식에서 차이를 설명하는 그런 지적들 대신에, 이것들은 문화

적 차이를 각기 서로 다른 필요에 따른 결과로서 설명한다. 자율성을 강조하는 서양의 개인주의 맥락에서는 죄의식이 자기 스스로에게 책임이 있는 개인들을 안내하는 데 보다 나은 도덕적 기반을 제공한다. 다른 사람들에 대한 책임의식이 더 낮기 때문에 사회적 통제의 한 형식으로서 수치심이 그만큼 덜 필요하다. 이와 대조적으로 관계에서의 조화를 유지하는 것이 가장 중요시되고 있는 아시아에서는 수치심이 도덕적 통제의 더 효과적인 수단이다. 개인적 경계가 개인을 넘어서서 확장되기 때문에, 죄의식을 일으키기가 매우 어려워진다. 누군가가 잘못을 하면 죄의식을 갖는 사람은 그 사람뿐만 아니라 그와 관련된 모든 사람들이다. 그러므로 아시아 문화에서 수치심은 죄의식이 서양에서 하는 것과 똑같은 사회적 통제의 일부 기능들을 수행하며 그 반대도 또한 같다.

이런 통찰들은 우리가 다음의 두 장에서 논의하겠지만 죄의식과 수치심이 서양과 동양의 종교에서 인지되는 방식의 차이를 이해하는 데 중요하다. 예컨대 유교에서 수치심이 그 중심을 차지한다는 것은 곧 공자의 중국이 수치심 사회이며, 따라서 윤리적으로 덜 발달된 사회라는 인상으로 이어졌다. 마크 벅슨은 이러한 묘사가 타당하지 않다는 설득력 있는 논증을 제시하였다. 유교 윤리는 윤리적으로 덜 발달되기는커녕, 그로부터 배우고자 하는 다른 윤리들에 오히려 많은 것을 제공해주었다.[49] 일반적으로 동양/서양의 용어로 틀이 잡혀졌지만, 죄의식과 수치심 간의 이들 차이는 서양 문화 그 자체의 역사적 관점에서 또한 이해가 가능하다. 이전에 언급했던 바와 같이, 고대 그리스에서 호머의 영웅들은 명예와 명성의 두 덕에 의해 움직였다. 당시의 호전적인 사회에서 그러한 덕들은 전장에서 가장 잘 두드러졌다. 아킬레스, 오디세우스, 오이디푸스와 같은 영웅들의 자부심은 자신들과 맹렬한 경쟁관계에 있으며 때로는 갈등을 빚기도 하는 자신들의 동료들이 보는 그들의 위상에 따라 달라졌다. 실패는 체면 손상과 수치심으로 이어졌다. 그 결과 수치심은 일반적으로 고대 그리스인들에게 행동의 이유를 제공하거나 제한하였던 중심적인 도덕의 관념으로 추정되고 있다. 그들의 수치심 문화는 공적 존중감에 기반을 두었다. 중요하게 여겼던 것은 자기 자신이 영예 집단의 구성원들인 동료들과의 관계에서 상대적으로 어디에 위치하는가였다. 이런 관점은 도덕 철학자인 버나드 윌리엄스에 의해 이의가 제기되어 왔는데, 그는 수치심에 관한 그러한 그리스인들의 신념들도 죄의식의 요소들을 내포하고 있다고 주장한다.[50]

이런 문화적 차이들은 갖가지 언어에도 뿌리박혀 있다. 이것은 대개 죄의식과 수치심 같은 용어들을 번역할 때 혼돈스럽게 만드는 원인이 된다. 예컨대 우리가 중국어에서 수치심과 죄의식의 동의어를 찾아보면, 우리는 그에 꼭 상응하는 단일한 용어를 찾기 어렵다. 오히려 우리는 수치심의 다양한 유형에 상응하는 여러 가지 용어들을 발견하게 되는데, 영어에는 그런 구분이 존재하지 않는다. 심지어 어떤 정황들에서는 죄의식이 수치심의 부수적인 형식으로 나타나기도 한다.

비록 이를 뜻하는 용어들이 각기 다르다 하더라도, 이들 정서는 보편적인 것인가? 아니면 문화에 따라 특수한 것인가? 한 미국인과 한 인도인이 죄의식과 수치심을 똑같은 방식으로 경험하면, 그들은 그것을 무엇이라 부를까? 이 의문에 대한 대답은 간단치 않다. 어떤 정서들은 다른 정서들에 비해 더 보편적으로 보일 수 있다. 예컨대 두려움이나 분노의 표현을 인정하지 않는 문화를 상상하기가 어렵다. 그러나 문화적 변화에 더 민감한 죄의식과 수치심 같은 복잡한 정서들의 경우에는 상황이 훨씬 더 불분명해진다. 심지어 어떤 문화가 특정한 정서를 나타내는 용어를 갖고 있지 않다는 사실이 곧 그 문화에 그런 정서가 존재하지 않는다는 것을 의미하지도 않는다.

언어학자들은 비록 어떤 정서들이 보편적이라 하더라도 그에 해당하는 전문용어들이 존재하지 않을 수 있다고 말한다. 예컨대 폴란드어에는 "혐오감"에 해당하는 말이 없다. 그리고 한 오스트레일리아 원주민 언어에서는 '두려움'과 '수치심'이 똑같은 말(후퇴하고자 하는 충동과 관련된)로 표현되고 있다. 보통 우리가 저지르는 실수는 자기 자신의 언어로 먼저 시작하고 이를 다른 언어들로 정확하게 번역되길 기대하는 것이다. 결국 우리가 정서들의 보편성을 검증할 수 있는 것은 '죄의식'이나 '수치심' 같은 특수한 용어들을 통해서가 아니라 **메타언어**—정서 상태의 본질적 요소들에 관한 묘사—를 통해서이다. 예컨대 "당신은 소중한 어느 누군가를 잃었을 때 어떤 느낌이 드는가?"에 대한 대답은 "당신은 슬픔을 느끼는가?"라는 질문에 대한 대답보다 슬픔의 관념을 더 잘 전달할 것이다.

　진화적 관점은 우리가 **죄의식에 대처하는 데** 어떤 도움을 주는가? 진화 심리학자들은 이에 대해 명확하게 언급을 하지 않았다. 그러므로 우리는 앞 장들에서 언급한 것 이외에 그 이상 특별히 할 말이 없다. 그렇긴 하지만 이타주의의 능력과 죄책감의 능력에 관한 진화적 기반은 우리에게 죄의식의 자연발생적인 근거뿐만 아니라, 우리가 왜 그것을 기꺼이 받아들이게 되었고 또 그것에는 어떤 유용한 면이 있는지에 대해 알려준다. 만약 죄의식이 정말 우리의 본성의 일부라면, 그리고 그에 대한 충분한 근거들이 존재한다면, 우리가 그것에 맞서거나 그것을 부인하는 것은 아무런 의미가 없다. 죄의식을 삶의 사실로서 받아들인다는 것은 그러므로 긍정적인 방식에서 그에 보다 쉽게 접근하도록 해줄 것이며, 아마도 우리가 그와 관련된 어려움들을 보다 신뢰할 만하며 쉽게 적응할 수 있는 방식들을 통해 해결하도록 해줄 것이다.

　다음 두 장에서 우리는 이 장에서 논의하였던 몇 가지 문제들, 특히 죄의식의 문화적 진화와 관련한 문제를 다시 언급할 것이다. 그러나 우리가 다음 두 장에서 언급할 죄의식의 종교적 관점들은 그 접근에 있어서 도덕 판단과는 그리고 그에 따른 죄의식의 경험과는 뚜렷하게 구분된다. 가장 근본적으로는 우리가 앞에서 신성의 신념을 인간이 창조한 것으로 기술하였지만, 일신교에서는 하느님이 인간을 창조한, 그리고 그 반대는 있을 수 없는, 독자적인 독립체로서 존재한다는 점에서 다르다. 하느님은 엄선된 사람들에게 계시를 통해 인간의 도덕률을 부여한다. 이 신성한 메시지들은 우리의 삶을 인도하는 윤리적 원리들과 도덕적 처방들을 담고 있는 성서를 탄생시켰다. 우리는 죄의식이 어떻게 인간의 삶에서 기능하는지를 6가지 세계 종교들의 본연의 관점에서 검토할 것이다.

1 Konrad Z. Lorenz (1954), *Man Meets Dog*, tr. Marjorie Kerr Wilson, pp. 186-87 (London: Methuen).

2 이들 문제에 대한 훌륭한 설명은 다음을 볼 것. James Q. Wilson (not to be confused with E. O. Wilson of sociobiology fame) (1993), *The Moral Sense* (New York: Free press).

3 Jerome B. Schneewind (1999), "Natural Law", in Robert Audi, ed. (1999), *The Cambridge Dictionary of Philosophy*, 2nd ed., pp. 599-600 (Cambridge, UK: Cambridge University Press).

4 다음 책에 인용됨. Bertrand Russell (1946/1996), *History of Western Philosophy*, p. 567 (London: Routledge).

5 다음 책에 인용됨. Richard Joyce (2006), *The Evolution of Morality*, p. 3 (Cambridge, MA: MIT Press).

6 다음 책에 인용됨. Bernard Gert (1999), "Hobbes", in Audi (1999), p. 388.

7 Jean-Jacques Rousseau (1762/1979), *Emile*, tr. Allan Bloom (New York: Basic Books).

8 다윈의 획기적인 저서 『종의 기원』 (1859/1968) (New York: Penguin)은 자연 선택의 원리를 확립하였으며, 인간의 진화에 관하여서는 거의 언급하지 않았다. 도덕 관념의 진화를 포함하여 진화의 이론을 보다 직접적으로 인간에게 적용한 것은 12년 후에 내놓은 『인간의 유래와 성 선택』 (1871/1981) (Princeton, NJ: Princeton University Press)에서였다.

9 Robert Sapolsky (Personal communication)는, "다수준 선택"이 점차 인정되고 있는 부분으로서, 보다 전문화된 형식에서 집단 선택이 다시 인기를 얻고 있다고 지적하고 있다. 다음을 볼 것. D. S. Wilson and E. O. Wilson (2007), "Rethinking the Theoretical Foundation of Sociobiology", *Quarterly Review of Biology* 82: 327.

10 Edward O. Wilson (1975), *Sociobiology: The New Synthesis* (Cambridge, MA: Harvard University Press). 그 용어는 Stuart Altman에 의해 처음으로 사용되었다.

11 Richard Dawkins (1976/1989), *The Selfish Gene* (Oxford: Oxford University

Press).

12 예를 들면 다음과 같다. Robert Wright (1995), *The Moral Animal. Why We Are the Way We Are: The New Science of Evolutionary Psychology* (New York: Random House); Jerome H. Barkow, Leda Cosmides, and John Tooby (1992), *The Adapted Mind: Evolutionary Psychology and the Generation of Culture* (New York: Oxford University Press). 보다 최근의 설명에 대해서는 다음을 볼 것. Marc D. Hauser (2006), *Moral Minds: How Nature Designed Our Universal Sense of Right or Wrong* (New York: Harper Collins); Joyce (2006). 그들이 구체화한 두 번째 모습에서, 사회생물학의 개념들은 여전히 똑같은 한계를 지니고 있음에도 불구하고 많은 대중적 동의를 받았다.

13 자연주의 오류에 관한 논의는 다음을 볼 것. Joyce (2006), pp. 146-56.

14 William Durham, 세미나 강의.

15 조상환경은 대부분의 인간 행동 패턴들이 형성되던 기간이다. 그것은 10만 년 이상 지속되었고, 홍적세기에서 절정에 이르렀으며, 약 1만 년 전 마지막 빙하기에 끝났다.

16 원문에서 강조됨. Joyce (2006), p. 75.

17 영장류들은 원숭이, 유인원, 그리고 인간을 포함한다. 유인원들은 고릴라와 침팬지를 포함하며, 그 둘은 상당히 사회적이다. 즉, 침팬지들(난쟁이 침팬지를 포함하는)은 우리와 가장 가까운 진화의 친척들이다. 그럼에도 불구하고, 우리를 그들과 구별하는 커대란 간극이 인지적 기능과 언어의 사용을 포함한 많은 점에서 존재한다. 보통의 풍자와는 반대로, 인간은 유인원으로부터 내려오지 않았다. 우리가 그들과 공유하는 것은 약 2,500만 년 전에 살았던 공통 조상이며, 그로부터 이들 다양한 종들이 진화하였다. Frans de Waal (1996), *Good Natured: The Origins of Right and Wrong in Humans and Other Animals* (Cambridge, MAL Harvard University Press); Frans de Waal (2006), *Primates and Philosophers: How Morality Evolved* (Princeton, NJ: Princeton University Press).

18 Jason Stanley, "Chomsky", In Audi (1999), pp. 138-9.

19 말과 도덕성 간의 언어 유사성은 Hauser (2006)가 의지하고 있는 핵심이다.

20 이런 직관적인 판단들이 기본적으로 정서에 의존하는지 혹은 이성에 의존하는

지는 우리가 채택하는 특정한 철학적 관점에 따라 달라진다. 칸트, 흄, 롤스에 토대를 둔 모델들에 대한 비교는 다음을 볼 것. ibid., p. 45.

21 우리는 부모 중 한 사람으로부터 우리 유전자의 절반을 그리고 나머지 절반은 다른 한 분으로부터 물려받는다. 일란성 쌍둥이들은 똑같은 유전자를 지닌다. 형제들은 그들 유전자의 반을 공유한다. 그리고 기타 등등.

22 Robert L. Trivers (1971), "The Evolution of Reciprocal Altruism", *Quarterly Review of biology* 46: 35-56.

23 Wright (1995), ch. 9.

24 친족선택의 요소는 이 모습을 당황스럽게 만든다. 수컷 개코원숭이들은 발정기에 그들의 출생그룹을 떠난다. 따라서 개코원숭이 무리에 있는 성장한 수컷들은 친족들이 아니다. 대조적으로, 침팬지들의 무리를 떠나는 것은 암컷들이다. 따라서 침팬지 집단에 있는 성장한 수컷들은 친족들이거나, 아니면 최소한 그들의 전 생애를 서로 잘 알고 있다. Robert Sapolsky와 사적으로 교신함.

25 자신의 행위가 다른 사람에게 미치는 영향을 알기는 또한 어려울 수 있다. 우연히, 이전 학생이 나에게 "당신께서 20여 년 전에 나에게 했던 말이 제 인생을 바꾸었습니다."라고 말할 수 있다. 내가 무슨 뜻이냐고 물으면, 그 대답은 흔히 마치 운수 쪽지가 든 과자 속의 지혜("결코 포기하지 마라")처럼 들린다. 나는 그 말이 학생을 감동시켰다는 것을 깨닫기 전까지 아주 가볍게 여겨왔다.

26 Arthur C. Brooks (2007), *Wall Street Journal*, Sept. 24. 나에게 이런 자료를 준 Linda Hoffman에게 감사한다.

27 Leda Cosmides and John Tooby (1992), "Cognitive Adaptations for Social Exchange", in Jerome Barkow, ed. (1992), *The Adapted Mind: Evolutionary Psychology and the Generation of Culture*, pp. 163-228 (New York: Oxford University Press).

28 Robert Sapolsky(개인적 교신)는 심지어 아메바와 같은 생물형태에서의 속이기를 포함하는 상호 이타주의에 관한 최근의 연구보고가 있다고 지적하고 있다.

29 Trivers (1971), p. 36.

30 부정행위 탐지기제는 또한 다음의 책에서 논의되고 있다. Matt Ridley (1994), *The Red Queen: Sex and the Evolution of Human Nature* (New York: Macmillan).

31 Peter Singer (1981), *The Expanding Circle* (New York: Farrar, Straus and Giroux).

32 다음 책에 인용됨. Wright (1995), p. 372.

33 몇몇 철학자들과 진화 심리학자들은 이 문제에 대해 다음의 책에서 논쟁하고 있다. de Waal (2006). Nicholas Wade (2007), "Scientist Finds the Beginnings of Morality in Primate Behavior", *New York Times,* Mar. 20, p. D3.

34 Jennifer L. Goetz and Dacher Keltner (2007), "Shifting Meanings of Self-Conscious Emotions across Cultures", in Jessica L, Tracy, Richard W. Robins, and June Price Tangney (2007), *The Self-Conscious Emotions: Theory and Research,* pp. 153-73 (New York: Guilford).

35 Sarah I. Johnson, ed. (2004), *Religions of the Ancient World* (Cambridge, MA: Harvard University Press).

36 원초적 종교에 관한 일반적 논의는 다음을 볼 것. David S. Noss and John B. Noss (1994), *A History of the World's Religions,* 9th ed. (New York: Macmillan College Publishing Co.); Claude Levi0Strauss (1966), *The Savage Mind* (Chicago: University of Chicago Press); Mircea Eliade (1959), *The Sacred and the Profane* (New York: Harcourt Brace Jovanovich); Sir James G. Frazer (1890/1996), *The Illustrated Golden Bough,* abridged by R. K. G. Temple (New York: Simon and Schuster).

37 Frazer (1890/1996).

38 터부는 약화된 형식으로 현대 사회에 여전히 존재하고 있다. 예컨대 유대교와 이슬람교에서는 돼지고기를 먹는 것이 금지되어 있다. 국가의 지도자들과 높은 지위의 종교 지도자들을 대하는 의전은 미리 정해진 방식을 제외하고는 그들을 만지는 것을 금지시키고 있다(당신은 엘리자베스 여왕이나 교황을 향한 존중심이 아무리 크다 하더라도 그들을 껴안을 수 없다).

39 Sigmund Freud (1913), *Totem and Taboo*, in James Strachey, ed. and tr. (1953-74), *The Standard Edition of the Complete Psychological Works of Sigmund Freud,* vol. 13 (London: Hogarth). In *The Future of an Illusion* (1927)에서 프로이트는 이런 사유들을 종교의 기원을 복원하는 데로 확장하였다. Strachey (1953-74), vol. 21, pp. 3-56. 그런 해석들은 종교를 미신과 사회적 통념의 정교한 집합으로 격하시킨다. 오늘날 종교의 가치에 관한 진화론자들 사이의 관점은 적대시하는 것으로부

터 매우 수용적인 것에 이르기까지 다양하게 걸쳐 있다.

40 Freud/Strachey (1954-74). 원문에서 강조.

41 Ruth Benedict (1946), *The Chrysanthemum and the Sword* (Boston: Houghton Mifflin). 베네딕트의 제목 속에 들어 있는 국화와 칼의 상징성은 철사로 만든 지지대로 각각의 꽃잎을 그 자리에서 잡아주는 매우 각본화된 방식으로 일본에서 자라고 있는 국화를 기반으로 하고 있다(요점은 이 꽃들이 그러한 소품과 극단적인 가지치기를 하지 않고 자연스럽게 놓아두어도 또한 아름답다는 것이다). 이와 비슷하게, 칼은 전사 숭배뿐만 아니라 보다 스스로 책임을 지는 사람의 개인적인 행위 규범을 의미한다. 현재의 관점에 대해서는 다음을 볼 것. Christopher Shannon (1995), "a World Made Safe for Differences: Ruth Benedict's *The Chrysanthemum and the Sword*", *American Quarterly* 47(4): 659-80.

42 Takie S. Lebra (1983), "Shame and Guilt: A Psycho-cultural View of the Japanese Self," *Ethos* 11: 192-209.

43 Millie R. Creighton (1990), "Revisiting Shame and Guilt Cultures: A Forty-Year Pilgrimage", *Ethos* 18(3): 279-307.

44 Benedict (1946), pp. 222-24.

45 Joan G. Miller (1994), "Cultural Diversity in the Morality of Caring: Individually Oriented Versus Duty-Based Interpersonal Moral Codes", *Cross-cultural Research* 28(1): 3-29.

46 Ibid., p. 6.

47 Miller (1994).

48 Olwen Bedford and Kwang-Kuo Hwang (2003), "Guilt and Shame in Chinese Culture: A Cultural Framework from the Perspective of Morality and Identity", *Journal for the Theory of Social Behavior* 33(2): 127-44.

49 Mark Berkson, "Shame, Guilt and Conceptions of the Self: A Confucian Perspective", 미발표 원고임.

50 Bernard Williams (1993), *Shame and Necessity* (Berkeley: University of California Press). 윌리엄스는 이런 오해를 서양의 도덕의식이 시간이 지나면서 보다 정교

하게 진화해왔다고 보는 '진보주의자' 관점 탓으로 돌린다. 이 관점에 따르면, 호머의 윤리 의식은 원시적이자 무분별하였으며 그의 영웅들은 수치심에 의해 지배받는 유치한 인물들이었다. 이것은 점차 대철학자들과 비극작가들에 의해 죄의식으로 대체되었다. 그러나 자유와 자율성을 함축하고 있는 것으로서의 도덕적 죄의식에 관한 본격적인 생각은 단지 현대 서양 의식에 의해 이루어졌다. 윌리엄스는 호머가 죄의식의 전형적인 구성요소들이자 정의에 있어서 본질적인 것들이라 할 수 있는 배상과 보상의 필요성으로 가득하다고 지적하고 있다. 호머 당시의 사회들이 주로 수치심에 의존하였지만, 그 사회들은, 비록 죄의식을 우리가 보통 말하는 그런 것으로 인식하게 된 특별한 실체로 전환시키지는 않았다 하더라도, 죄의식을 인식 못하지는 않았다. 이 예는 다시 한 번 죄의식과 수치심을 날카롭게 구분하고, 다른 하나에 대해 그 가치를 떨어뜨리며, 문화적 맥락에서 벗어나 그것들을 이해하려고 노력하는 것이 얼마나 무용한지를 지적해주고 있다.

CHAPTER 08

유대교, 기독교, 이슬람교에서의 죄의식

08

유대교, 기독교, 이슬람교에서의 죄의식

죄의식과 종교의 관계는 서양 문화에서 오랜 역사를 갖고 있다. 세상이 점점 더 세속화되고 있음에도, 종교적 신념은 여전히 비신자들을

나의 세미나에서 동료들은 다음과 같이 각자의 전공 분야를 강의해주었다. 유대교에 대해서는 아놀드 아이젠(Arnold Eisen), 샬럿 폰로버트(Charlotte Fonrobert), 마크 맨콜(Mark Mancall), 스티븐 골드스미스(Steven Goldsmith)가, 기독교에 대해서는 로버트 그레그(Robert Gregg), 조지 브라운(George Brown), 바바라 핏킨(Barbara Pitkin), 루이스 스피츠(Lewis Spits)가, 그리고 이슬람교에 대해서는 에브라힘 무사(Ebrahim Moosa)와 캐롤 딜레이니(Carol Delaney)가 강의해주었다.

나는 이 장을 준비하는 데 있어서 중요한 평론과 가치 있는 도움을 준 아래 사람들에게도 감사를 드린다. 샤자드 바시르(Shahzad Bashir), 아놀드 아이젠(Arnold Eisen), 로버트 그레그(Robert Gregg), 마크 맨콜(Mark Mancall), 윌리엄 맥레넌(William McLennan), 에브라힘 무사(Ebrahim Moosa), 그리고 언리 영(Ernlé Young).

포함한 우리의 도덕적 가치를 형성하는 데 영향을 주고 있다.[1] 콜롬비아의 노벨상 수상자인 가브리엘 가르시아 마르케스가 표현한 바와 같이, "나는 하느님을 믿지 않는다. 그러나 나는 하느님을 두려워한다."

이 장에서 우리는 논의의 초점을 세속적 관점에서 종교적 관점으로 전환한다. 우리는 우선 먼저 유대교, 기독교, 이슬람교를 검토할 것이다. 그런 후 다음 장에서는 힌두교, 불교, 유교로 넘어갈 것이다. 이들 위대한 종교적 전통에서 죄의식에 관한 종교적 신념들은 그들의 특수한 사회적 및 심리적 맥락에서 구현된다. 일신교의 전통에 따르면, 하느님은 엄선된 사람들에게 그들 자신의 언어로 그리고 역사상 특정한 시간과 장소에서 자신의 도덕률을 계시한다. 신에 관한 표현들은 동양의 종교에서는 특정한 개별존재에 덜 집중된다. 그렇더라도 모든 신성한 가르침들은 그들의 문화적 맥락 내에서 이해되어야 한다. 이런 맥락들은 시간이 지나면서 변하고, 종교들 또한 신념과 관습의 핵심을 유지하면서도 그와 함께 변한다.

성 아우구스티누스의 삶이 유대교나 이슬람교는 물론이고 기독교에서도 죄의식의 경험과 관련한 전형은 아니다. 그러나 아우구스티누스가 서양 문화에서 죄의식의 신념에 끼쳤던 엄청난 영향, 그리고 죄의식에 따른 그 자신의 개인적인 몸부림을 감안하면, 죄의식에 대한 도입부의 설명으로는 그가 적절한 인물이다.

아우구스티누스는 로마 제국이 기울어가던 시기인 354년 북아프리카의 자그마한 촌락 타가스테의 가난한 집안에서 태어났다. 아우구스티누스의 어머니는 독실한 기독교인이었으며 그의 삶에 지대한 영향을 미쳤다. 그의 아버지는 그의 생애 말미에 기독교로 개종했던 이교도였으며 아우구스티누스에게 있어서 그다지 중요한 인물은 아니었다.

아우구스티누스는 그의 중년기에 『고백록』을 썼다. 그 책은 비록 상당부분 전기적 소재를 담고 있긴 하지만 자서전은 아니다. 오히려 그것은 개종 이후의 그의 영적 여행에 관한 기술로서, 아우구스티누스가 기독교인으로서의 삶을 위하여 하느님 앞으로 그의 세속적인 열망을 단절하는 하나의 증거를 보이기 위해 의도되었다.[2]

학교를 좋아하지 않았던 총명한 소년으로서, 아우구스티누스는 라틴어에는 뛰어났지만 그리스어는 몹시 싫어했다. 그는 활기가 넘치는 청소년으로 성장하였다. 『고백록』은 그의 젊은 시절의 무분별했던 행동들에 대한 회한으로 가득 차 있다. 예컨대 그는 이웃집 나무에서 배 몇 개를 훔친 것에 대해 다음과 같이 죄의식에 휩싸인다.

나는 훔치는 행위를 하고자 바랐으며 또한 실제로 훔쳤다. 그러나 그것은 오직 나의 내면에 어떠한 정의감이나 혹은 정의를 동정하는 그런 마음이 부족해서 그랬지 뭔가가 필요해서 그런 행위를 했던 것은 아니었다. … 내가 훔친 것은 이미 내가 많이 가지고 있었고 또한 그 질도 내 것이 훨씬 더 좋았다. 내 욕망은 내가 훔쳐서 뭔가를 구하는 데 있는 것이 아니라 단순히 훔칠 때의 흥분과 그른 일을 저지르는 행위를 즐기는 것이었다.[3]

아우구스티누스의 성적 자각에 관한 기억은 그를 도덕적 실망으로 가득 채웠다.

나의 즐거움을 추구하는 일을 지배했던 유일한 욕망은 단순히 사랑하고 사랑받는 것이었다. … 불결한 육신의 정욕 구름들이 공기를 뒤덮고 있었다. 부글부글 끓어넘치는 사춘기의 충동들이 내 마음을 몽롱하게 하고 흐리게 해서 나는 사랑의 밝은 빛과 정욕의 어두운 구름을 분간할 수가 없었다. 그리고 이들 두 가지 것이 서로 혼란스럽게 내 마음속에 끓어올라, 어린 나의 나약함을 강타하며 악의 소용돌이로 나를 집어넣으려고 하였다.[4]

아우구스티누스는 동료들의 압력으로 "나의 결백이 내 동료들로 하여금 나의 부족한 용기를 멸시하도록 이끌어서는 안 되기 때문에, 나의 순결이 내가 열등하다는 표시가 되어서는 안 되기 때문에, 내가 전혀 하지 않았던 일을 내가 한 것처럼 가장"[5]하였다. 16살에 이르러 아우구스티누스는 공부를 위해 카르타고로 오게 됐지만, 그것이 오히려 그에게는 엎친 데 덮친 격이 되어버렸던 것 같다. "나는 카르타고에 왔다. 여기서는 내 주변 도처에서 불결한 정욕으로 끓는 가마솥이 쉬쉬거리며 야유하고 있었다. 나는 아직 사랑에 빠지진 않았지만 사랑하기를 갈망했다. … 나는 내가 사랑할 대상을 구하였고, 사랑하기를 사랑했다."[6]

이것들은 자신의 삶을 되돌아보는 47살의 존경받는 주교의 회고들이다. 그의 경험들은 그를 구원으로 이끌었던 우여곡절이 많은 자신의 영적 여행을 분명히 보여준다. 아우구스티누스가 실제로 이런 경험들을 거치는 과정에서 많은 죄의식을 경험했다는 증거는 없다. 죄의식은 그 사실 이후, 돌이켜본 것이었다.

아우구스티누스는 17살에 카르타고에서 이후 그의 첩이 되었던 어린 여인을 만났는데, 그것은 당시의 일반적 관습으로 두 사람이 서로 충실하다면 가톨릭교회도 기꺼이 인정했던 것이다. 물론 아우구스티누스는 그녀와 15년 동안 충실하게 살았다. 그녀가 낮은 신분 출신이라 그는 그녀와 결혼을 할 수 없었다. 하지만 그들은 일찍이 아들 하나(청소년기에 죽었다)를 두었다. 아우구스티누스는 그의 첩을 무척 좋아했던 것으로 보이지만, 그녀에 관하여 더 이상 자세하게, 심지어 그녀의 이름조차도 밝히지 않는다.

젊은 시절 아우구스티누스는 오랜 동안 고뇌에 찬 종교적 탐색의

과정을 거쳐왔다. 그는 마니교도가 되었으며 그때 신플라톤주의자가
되었다. 그는 기독교를 받아들이고자 하는 욕망과 진지하게 싸웠으
며, 그러나 그는 결코 자신의 삶의 방식을 포기하고 싶지 않았다. 그
는 성적 금욕을 위해 기도했지만, "그러나 나는 아직 아닙니다."라고
했다. 아우구스티누스는 훌륭한 학자이자 로마와 밀라노에서 수사학
을 가르치는 유명한 교사가 되었다. 결국, 그가 함께 살았던 여인은
그녀의 낮은 신분으로 인해 그의 사회적 포부에 장애가 되기 시작하
였으며, 그의 어머니는 사회적으로 보다 유리한 결혼을 위해 그 여인
과의 관계를 정리하라고 그를 설득하였다. 아우구스티누스는 이후
매우 어린 소녀와 관계를 맺게 되지만, 그가 그녀와 결혼하기 위해서
는 그녀가 결혼 가능한 연령(당시 로마법에서는 12살)에 이를 때까지
기다려야만 했다. 그러나 그 사이에 그는 기독교로 개종하였고 수도
교단의 일원이 되었다. 5년 후, 그는 북부아프리카로 되돌아가서 그
의 나머지 생의 34년을 히포라고 불리는 지역의 주교로서 지내며 가
르치고, 설교하며, 많은 저서를 남겼다.

　아우구스티누스의 죄의식에 관한 관점들은 많은 부분에 있어서
개인적인 삶, 특히 그의 어머니와의 관계에 기반을 두고 있었다. 그
가 곱씹는 죄의식에 대한 몸부림들이 때로는 일관적이지 못하다. 그
는 청소년기의 무모한 행동들에 대해 괴로워하지만, 그가 어머니를
영원히 떠나고자 했던 사실을 어머니에게 숨긴 것에 대해서는 어떠

한 회환도 밝히지 않는다. 또한 그는 그가 사랑했고 수년 동안 함께 살았던, 그리고 자기 자식의 생모였던 그 여인을 버린 것에 대해 어떠한 죄의식도 드러내지 않는다. 그의 예리한 죄의식은 그가 접했던 다양한 이념들의 잔류물들(마니교의 육체에 대한 혐오감과 같은)과 무너져가는 로마제국에서의 삶의 음울한 전망 등이 혼합된 어두워진 그의 미래상과 연결되어 있다. 우리에게 중요한 것은 그가 어떤 사람인가가 아니라, 우리가 언급하고자 하는 주제인 서양 세계의 양심을 형성하는 데 있어서 그가 미친 엄청난 영향이다.

우리가 죄의식의 심리에 관하여 더 깊이 다루려 하지 않는 것은 심리적 요소들이 더 이상 중요하지 않기 때문에 그러는 것이 아니다. 죄의식에 대한 종교적 접근은 행동과학의 그것과는 상당히 다르다. 심리적 접근들이 주로 죄의식의 주관적인 경험에 관심을 기울이는 반면, 종교는 객관적 행동들에 기반 한 도덕적 책임으로서의 죄의식에 초점을 둔다. 심리학은 일차적으로 사람들이 **어떻게** 행동하는가에 관심이 있는 반면, 종교는 사람들이 **마땅히** 어떻게 **행동해야** 하는지 그리고 사람들은 왜 그렇게 해야 함에도 그렇게 행동하지 않는지에 더 관심을 기울인다. 전자는 주로 **기술적**이며, 후자는 **규범적**이다.

종교는 죄의식을 완화시키는가 아니면 강화시키는가? 이 질문은 마치 죄의식을 여하튼 치료가 되어야 할 하나의 질병, 곧 결점을 커버할 만한 어떤 장점이 전혀 없는 부정적인 정서인 것처럼 들리게 한다. 더욱이 우리는 '종교'가 죄의식에 미치는 영향을 모든 종교를 아울러 통합적으로 평가할 수가 없다. 죄의식을 하나의 영적 수단이나 사회적 통제의 형식으로 인식하고 활용하는 방식, 그리고 죄의식을 장려하는 혹은 단념시키는 방식에서 여러 종교마다 서로 다른 중요한 차이들을 드러내고 있다. 예컨대 이와 관련하여 기독교와 불교 사이에는 엄청난 차이가 있다.

　일신교의 경우 죄의식에 깔려 있는 핵심 개념은 **죄**에 관한 것이다. 그 말은 죄의식에 해당하는 라틴어(sont 쏭)에서 나왔지만, 그 두 말이 똑같은 것은 아니다. 죄는 종교적 법령을 위반하는 것이 원인이다. 죄의식은 도덕적 일탈이 아니라 그의 결과, 곧 회한에 사로잡히는 감정과 더불어 책임과 같은 그런 것이다. 죄가 전형적으로는 사람들 간의 관계를 통해 발생하지만, 일신교 전통에서는 모든 죄의 감정과 죄의식이 하느님과의 관계에서 경험된다. 죄의식은 죄로 인한 하느님으로부터의 소외의 표징이다. 하느님은 주님(숭배받아야 할)이고, 심판자(두려워해야 할)이며, 창조자(부모처럼 사랑받아야 할)이다. 그러므로 사람은 무례, 불복종, 배은망덕으로 하느님에게 잘못을 저지를 수 있다. 오로지 하느님만이 죄와 죄의식으로부터 사람을 용서할 수 있다. 구원과 용서는 그래서 죄의식을 다룰 때 극히 중요하다.[7]

　히브리어 성서에서 죄는 하느님의 율법에 대한 의도적인 반항을 통해 하느님과 그의 선민 간에 계약관계의 파괴로 이해된다. 신약 성서에 따르면, 죄와 죄의식은 아담과 이브의 에덴동산으로부터의 추방에 기원하며, 인간의 비행으로 인해 영속화되고 있다. 예컨대 폴 틸리히에게 죄는 우리의 진정한 자아와 다른 사람들로부터의 소외, 그리고 하느님으로부터 소외를 나타낸다. 라인홀드 니버에게 죄는 자만심과 채울 수 없는 욕망에서 나온다. 칼 바르트에게 죄는 은혜를 모르는 데에서 기인한다.[8] 이슬람교에서도 또한 죄는 인간의 자만심과 배은망덕에 기원한 하느님에 대한 저항이다.

이러한 위대한 종교적 전통들에서 죄에 대한 신념은 그야말로 불후의 주제이다. 우리는 이미 제2장에서 죄의식의 주제와 직접적으로 연관되는 양심에 관한 종교적 관점을 논의하였다. 우리의 논의는 몇 가지의 핵심적인 측면에 제한될 것이다. 유대교와 관련하여서는 율법에 구현된 그의 윤리와 예언자들의 가르침에 초점을 둘 것이다. 기독교에서는 5명의 핵심 인물들, 곧 예수, 바울, 아우구스티누스, 토마스 아퀴나스, 마틴 루터에 대해 간략히 고찰할 것이다. 그리고 이슬람교에서는 이슬람 율법과 신비주의의 맥락에서 죄의식을 논의할 것이다.

유대교에서의 죄의식

　　　　　　　　많은 유대교도들이 죄의식에 매료되어 있는
것 같다. 그들은 자신들이 죄의식에 쉽게 빠져드는 경향이 있다는 것
에 대해 자부심을 갖고 있을 뿐만 아니라("나는 유대인이다. 나는 죄
의식에 정통한 자다.") 그에 관하여 불평을 호소하기도 한다.[9] 죄의
식에 대한 민감성은 유대교에서 극히 중요한 부분으로 여겨진다. 랍
비 하란 웨슬러는 다음과 같이 기술하고 있다.

　　유대교의 전통에 그리고 성서의 정신에 깊이 뿌리박혀 있는 것은
　　죄의식을 경험할 수 있는 존재란 바로 인간이라는 것이다. 그리고 우
　　리가 그 사실을 찬양하려 하든 혹은 그것을 깊이 묻어두려 하든, 유대
　　인들의 문화는 사실 인간에 관한 그런 신념에 뿌리를 두고 있다는 것
　　이다. 죄의식 이외의 문제는 유대인들에게 있어서 부차적인 것이다.[10]

　　유대교도들이 죄의식을 경험하는 데는 확실한 공통적인 측면이
있다. 속죄일(Yom Kippur 욤 키푸르)에 행하는 참회의 절정에서 유
대교도들은 단체로 다음과 같이 용서를 구한다. "우리는 죄책감에 시
달리고 있습니다. 우리는 신앙에 충실하지 못하였습니다. 우리는 도
둑질을 했습니다. … 우리는 부당한 일을 했고, 불의를 저질렀으며,

건방졌습니다. … 우리는 악을 권장하였고, 조롱하였고, 반란을 일으켰고, 신성모독적인 발언을 하였습니다. 그러니 당신의 의지로 우리의 죄를 용서해주시고, 우리의 불공평을 사면해주시고, 우리의 죄로부터 감면을 허락해주시옵소서."**11**

또한 중요한 개인적인 요소로 사적인 반성과 회계가 있다. 인간은 어떠한 훌륭한 가치도 지니지 않은 채 오로지 하느님의 자비와 사랑을 신뢰하며 하느님 앞에 홀로 서 있다. "저는 제 삶에서 그저 티끌일 뿐이며, 죽음 이후엔 훨씬 더 합니다. 수치심과 혼란으로 가득한 그릇처럼 당신 앞에 서있는 저를 보십시오. 당신의 의지로 … 제가 더 이상 죄를 짓지 않기를, 그리고 당신의 풍요로운 자비 속에서 제가 이미 저질러온 죄들을 용서하소서."**12**

유대인의 윤리는 대체로 정의, 공정, 연민에 관한 예언적인 신념뿐만 아니라 율법에서 비롯된다. 유대교 율법들은 단지 부정적인 금지명령이 아니며, 윤리 또한 단순히 비도덕적 행위를 삼가는 문제가 아니다. 그것들은 도덕적 행위에 대한 긍정명령을 수반하고 있다.

유대교는 예루살렘에 있는 사원을 중심으로 조직된 사제의 종교로 출발하였다. 다른 고대 종교들처럼, 그의 중심적인 의식은 신에게 제물을 바치는 일이었다. 70년에 고대 로마인들에 의해 사원이 파괴된 이후, 제물을 바치는 의식은 더 이상 실행될 수가 없었다. 그것은 율법에 기반한 랍비의 유대교로 대체되었다. 랍비들은 사제들이 아니라 유대교 전통 안에서의 율법학자들이자 교사들이다. 어떤 측면에서 보면 기독교 신학자들이 철학자들에 더 가까운 반면, 유대교의 종교 학자들은 헌법학자들에 더 가깝다(무슬림 학자들도 이와 비슷하다).

유대교에는 중앙집권화된 종교적 위계가 존재하지 않는다. 19세기에 동방(그리스) 정교회에 대한 서양 최초의 중요한 종교적 대안이라 할 수 있는 개혁파 유대교가 독일에서 생겨났다. 개혁파 유대교는 유대 율법의 윤리적 요소를 유지하고 있지만 그의 의식 관습들(그의 식이요구량과 같은)은 없앴다. 보수파 유대교는 그 틈새에서 등장하였고 그 간극을 메우는 데 기여하였다.13 유대교의 이 세 가지 형식들은 모두 근대에 새로운 모습으로 발달하였으며, 동방 정교회가 오히려 근대 이전의 유대교 형식에 훨씬 더 가까이 있다.

히브리어 성서(기독교 성서의 구약)는 세 부분으로 구성된다. 첫 번째는 율법서(Torah 토라)로서, 이것은 맨 처음의 5가지 책들(전통적으로 모세가 쓴 것으로 여긴다)로 구성된다. 다음은 예언서(Nevi'im 느비임)이며, 나머지는 성문서(Kethuvim 케투빔)로 이루어져 있다. 이 세 가지 부분의 첫 번째 글자들로 만든 말이 유대교 성서의 히브리어 이름인 **타나크(Tanakh)**이다.14 유대교에서 매우 중요한 또 다른 자료는 탈무드인데, 그것은 5세기부터 랍비들이 기록한 글들로 이루어져 있을 뿐만 아니라 구시대의 법률적 전통들과 법률들(Mishna 미시나)을 포함하고 있다. 탈무드는 우화들과 격언들을 활용하여 유대인들의 모든 생활과 관련된 관심사들에 대해 이야기한다. 그래서 그것은 전통적인 유대 교육에서 매우 중요하게 여겨진다.

유대교는 논리 정연한 종교적 전통이지만 단일한 실재는 아니다. 오랜 역사를 거치면서 유대교는 엄청난 변화를 겪어왔다. 성서, 탈무드, 중세, 그리고 현대의 시기는 각기 그 자체의 특별한 윤리적 관심사를 내포하고 있다. 유대교를 하나의 단일한 실재로 언급하는 것이 편리하기는 하지만, 유대교는 3천여 년에 이르는 광범위하고 다양한 종교적 전통을 망라하고 있다. 그러므로 우리가 유대교의 죄의식에 관하여 언급하는 그 무엇이든, 그것이 모든 시대의 그리고 모든 장소의 모든 유대인들에게 적용될 수는 없을 것이다.

율법과 책임

유대 율법은 주로 토라와 탈무드에 기반을 둔 할라카(Halakha)에 구현되어 있다. 그것은 우리가 삶을 경건하게 살아갈 수 있는 '방식'을 제시한다. 그 율법들은 실제로 유대인들의 제반 생활 측면들을 규제한다. 독실한 유대인은 율법을 '준수'하지 그것을 '믿지' 않는다. 그의 타당성은 믿음이나 합리적 증거를 요구하지 않는다. 그것은 주어진 것으로서 받아들여진다.

　　유대교에서의 죄의식은 일차적으로 율법을 위반한 것에 대한 책임으로부터 나온다. 죄책감이 든다는 것은 본질적으로 죄를 지었다는 것과 똑같다. 죄의식과 죄라는 말은 모두 **아원(awon)**으로, 이는 '부당성'으로 번역된다. ('자신의 부당성'을 감당한다는 것은 죄가 있다는 것을 의미한다.)15 **아원**에는 유대인들의 윤리에서 율법이 중심적인 위치를 차지하고 있음을 시사해주는 무법과 반역의 이념이 함축되어 있다. 율법은 많은 규칙들을 아우르고 있지만 그 핵심에는 양측에 상호 의무를 부과하는 하느님과 그의 선민들 사이의 약속-엄숙한 계약-이 있다. 율법들은 전형적으로 행위에 대해서 언급하지만, 유대교는 도덕적 의향과 동기에도 관심을 가지며, 그리고 랍비들은 마음의 경화와 부당한 욕망을 통렬히 비난한다.16

　　유대 율법은 부자와 가난한 자, 지배자와 피지배자 등 모든 사람에게, 심지어 하느님에게도 적용된다.17 하느님이 소돔을 파괴하고자 계획하고 있을 때, 아브라함은 감히 "세상을 심판하시는 이가 정의롭게 행하지 않을 것입니까?"(창세기 18:25)라고 설득하려든다. 유대인들의 윤리는 특히 가난한 자, 과부, 고아와 같은 약자들을 보호하는데 관심을 갖는다.18 유대인들의 윤리는 너무 엄하다고 할 수도 있지만, 또한 정의를 완화하는 사랑과 연민을 불러일으킨다. 최고의 계명은 "너는 마음을 다하고, 성품을 다하고 힘을 다하여 네 하느님을 사랑하라"(신명기 6:4)와 "너는 네 이웃을 너 자신처럼 사랑하라"이다. (기독교인들은 이 계명들을 예수 그리스도와 연관시키지만 사실은 그가 유대교 성서를 인용하고 있었다. 마가복음 12:29-31)

유대교에는 두 가지 종류의 위반이 있다. 우선, 그것들은 십계명에 의해 예시된 바와 같은 **도덕 계율들**의 위반으로부터 발생한다. 다음으로는 **제례(의식)계율들**을 어기는 의식의 위반들이 있다. 의식 위반은 피해자가 없는 범죄와 같다. 그것은 도덕적으로 어떤 그른 일을 하는 것과 관련이 없다. 그것은 심지어 자신의 아버지를 매장하는 일(사람이 죽은 시체를 만지면 '부정'을 타게 된다)과 같은 칭찬할 만한 행위로부터 기인할 수도 있다. 그러한 제례(의식) 관습들은 고대 사람들이 출생과 죽음의 과정 혹은 건강 등을 생각하며 느꼈던 경외감으로부터 발생했을 수도 있다(예컨대 그것은 돼지고기를 먹는 것과 관련이 있을지도 모른다). 다른 금지 의식 행위들은 더 불가사의한 측면이 있다(옷에 면과 울을 섞는 것과 같은).

성서 히브리어에 '양심'에 해당하는 말이 없다는 것은 놀랍게 들릴 수도 있다. 현대 히브리어에서 **마츠푼(matspun)**('숨겨져 있는 것'으로부터 나왔다)이란 말은 도덕의 잣대를 표현하기 위해 만들어졌다. 양심에 해당하는 말이 없다는 사실은 곧 유대인들이 양심을 가지고 있지 않다는 것을 의미하지는 않는다(이는 마치 고대 히브리어에 비장에 해당하는 말이 없다는 것이 곧 유대인들은 비장을 갖고 있지 않다는 것을 의미하지 않는 것과 같다).[19]

성서 히브리어는 신체 부분을 정서에 대한 비유로 활용한다.[20] '심장(heart)'은 "다윗의 마음(heart)이 찔려"(사무엘상 24:5)에서와 같이 양심의 개념과 가장 가깝다. 콩팥(신장)(reins)도, "내 마음이 산란하며 내 양심(reins)이 찔렸나이다."(시편 73:21)에서처럼, 비슷한 의미를 지닌다.[21] 회한의 주관적인 감정을 직접적으로 전달하는 용어는 없다. 그러나 다윗의 "마음이 찔려"는 똑같은 개념을 전달한다. 죄의식에 가까이 다가서는 또 다른 용어는 깊은 후회의 표현(tsa-ar 차아르)이다.[22]

몇몇 다른 고대 용어들 또한 죄의식의 개념을 담고 있다. **아삼**(Asham)은 신성한 물건을 훼손하거나 거짓 서약을 하는 것과 같은 특수한 위법 행위를 저지른 개인에게 요구되는 보상 행위로서의 속건제(역자 주: 재물을 바치고 죄를 면죄 받는 희생제의의 일종)와 관련이 있다.[23] **아삼**은 법적 책임을 암시하며 범죄자가 하느님에게 희생제물을 바치고 피해자에게 보상할 것을 요구한다. 그것은 또한 벌금(그런고로 빚으로서의 죄의식) 무는 일을 포함한다.[24] 현대 히브리어에서 **아삼**은 두 가지 의미로 발전하였다. **아셈**(Ashem)은 죄가 있다는 것을 나타내며, 그리고 **아스마**(Ashma)는 죄의식을 느끼는 것을 의미한다. 따라서 영어에서와 같은 죄의식의 이중적 의미를 정확히 모사하고 있다.

두 번째 용어인 **핫타**(khatta't)는 의식계율의 파괴에 대응하는 정화제(역자 주: 희생제물의 피를 성소에 뿌려 성소를 깨끗이 함으로써 속죄하는 희생제의의 일종)로서 제물과 관련된다. 그것은 죄를 뜻하는 히브리어 **헤스(khet')**와 어원이 똑같은 것으로, '속제를 위한 제물'을 의미한다. 그의 중심적인 기능은 정화에 있다. 죄인을 정화하는 것은 회한과 회개이지만, 의식 그 자체 또한 중요하다. 예를 들면 만약 부정이 피를 묻힌 데서 기인한다면(월경이나 출산에서와 같은), 목욕의식(**mikvah** 미크바)은 정화의 기능을 한다. 그런 경우에는 회한이나 회개가 필요하지 않다. 왜냐하면 어떠한 도덕적 잘못이 저질러지지 않았기 때문이다.[25]

유대교에서 죄의 개념은 기독교의 개념보다도 오히려 그에 대한 고대 그리스의 개념과 더 가깝다. 히브리어의 **헤스(khet')**와 그리스어의 **하마르티아(hamartia)**는 둘 다 모두 '과녁을 빗나가다'를 의미하는 것으로, 이 경우에는 계율을 준수하지 않음으로써 잘못을 저지르는 것을 뜻한다. 유대교에서 중대한 죄는 우상 숭배, 살인, 간통이다. 수치심에 해당하는 히브리어는 **부샤(busha)**이며 벌거벗은 상태, 곧 벗은 몸을 보아서는 안 되는 사람에게 신체를 노출시키는 행위와 관련된다. 구약성서에서는 아들들이 아버지의 벗은 몸을 보는 것을 특히 무례하게 여긴다.

예언자들과 회개

예언자들은 유대교의 윤리 의식에서 핵심적인 역할을 하였다. 우리는 예언을 미래를 예측하는 일과 관련시키는 경향이 있다. 하지만 유대교 예언자들의 주요 기능은 이교를 고발하고 정의를 요구하는 데 있어서 주 하느님을 대변하는 것이었다. 예언자들은 윤리적 유일신관의 목소리를 대변한다. 그들의 부름은 각 개인 그리고 넓게는 공동체에 회개를 청원하는 것으로, 그것은 곧 하느님에게로 되돌아가는 것을 의미하였다.

몇몇 초기의 예언자들은 종교적 계층의 하나에 속했다. 그런데 이사야, 아모스, 호세아와 같은 자들은 아니었다. 예언자들은 사회의 부정의에 단호히 대처하였는데, 그런 부정의는 곧 하느님과의 관계에 있어서 이스라엘의 결점을 반영하는 것이었다. 아모스는 사회적 병을 신에 대항하는 죄와 동일시한다. 이사야는 사람들에게 신의 축복을 받을 수 있도록—그렇지 않으면 그의 노여움으로 고통받기 때문에—그들의 공적 및 사적 삶이 하느님의 정의와 공정을 드러내보이도록 촉구한다.

예언자 나단과 다윗 사이의 대립은 예언자들이 권력에 맞서 얼마나 대담하게 진실을 말하는지를 잘 보여준다. 밧세바는 왕의 군대에 속한 히타히트족의 군인인 우리아의 아내였다. 다윗이 밧세바가 목욕하는 장면을 보고 그녀에게 홀딱 반했다. 그는 그녀를 불러오게 한 후 임신을 시켰다. 그녀의 남편이 방해가 될까봐, 다윗은 우리아를 죽음이 거의 확실한 전쟁터로 내보낸다. 다윗은 그런 후 밧세바와 결혼하였으며, 그녀는 그의 아들 하나를 낳았다. 주 하느님은 이를 불쾌히 여겼으며, 이에 나단을 다윗에게 보내 그가 저질렀던 잘못에 강력히 맞서도록 하였다. 나단은 다윗에게 통탄할 만한 부정의를 저질렀던 한 남자의 이야기를 해주는 것으로 일을 시작하였다. 다윗은 그 말을 듣고 격분하여 나단에게 "하느님의 살아 계심을 두고 맹세하노니, 이 일을 행한 그 사람은 마땅히 죽을지라."라고 말했다. 나단이 이에 "그 사람이 바로 당신입니다"(사무엘하 12:5-6)라고 대답했다. 잘못을 깨닫고, 다윗은 자신의 죄를 인정하였다("내가 하느님께 죄를 범하였노라"). 보복의 계율에 따라, 그는 우리아의 잘못된 죽음을 속죄받기 위해서는 마땅히 죽어야만 했다. 그러나 하느님은 그를 긍휼히 여겼으며, 그 대신에 다윗의 빚을 갚도록 그의 부정의의 소산인 그의 자녀에게 병을 주고 죽게 하였다. (그의 다음 아들이 솔로몬이었다.)

유대교에서 윤리적 책임은 두 가지 수준이 있다. 첫째 수준에서는 유대인들의 도덕적 의무가 다른 유대인들을 향한다. 하느님은 모세에게 모든 세상 사람들이 아닌 이스라엘민족이 사용할 계율을 주었다. 도덕적 의무는 모든 사람에 대한 것이 아니라 자신의 친족 혹은 동료 유대인들로 이루어진 자신의 이웃에 대한 것이다. 예언의 메시지들은 그들의 이웃들(유대인들에 대한 그들의 적개심 경고는 제외)이 아니라 하느님의 선택된 사람들 앞으로 보내졌다. 그러나 또한 더 넓은 차원이 있어서 하느님의 말씀은 모든 인류에게 적용된다. 곧 하느님의 말씀은 '모든 민족들을 비추는 빛'으로서 유대교를 통해 세계로 전해진 보편적인 윤리를 의미한다.

죄의식과 악의 충동

"하느님이 자기 형상대로 사람을 창조하시되 … 남자와 여자를 창조하셨다. … 그리고 하느님이 지으신 그 모든 것을 보시니 보시기에 심히 좋았더라."(창세기 1:27, 31). 그것은 훌륭한 시작이었으나 곧 머지않아 일이 그릇된다. 아담과 이브는 뱀에 속아 선과 악의 지식 나무에서 열린 열매를 먹지 말라는 하느님의 명령을 어겼다. 그들이 금지된 과일(성서는 그것이 무엇이었는지를 말하지 않는다)을 먹었을 때 "두 사람의 눈이 뜨였으며", 그래서 그들은 그들의 나신을 덮고 하느님에게서 몸을 숨겼다. 뱀은 악령의 화신으로 나중에 인간을 죄짓도록 유도하는 하느님의 적대자인 사탄으로 특징되었다. 아담과 이브는 하느님에게 복종하지 않은 죄를 지었으며, 그리하여 에덴동산으로부터 추방당하였다. 지상에서의 삶은 힘들고 고통스러워 결국 죽음에 이르게 된다. 카인은 그의 동생인 아벨을 시기심에서 죽였다. 악은 이제 세상에서 활개를 치게 되었다.

아담과 이브의 행위는 죄의식보다는 오히려 수치심과 두려움을 더 시사한다. 나신에 대한 언급은 그 일탈이 왠지 성적이었다는 것을 암시하는가? 하느님은 남자와 여자는 '부부'가 되어 자녀들을 낳을 것이라고 선언하였다. 사람들이 자녀를 낳을 수 있는 방법에는 단 하나가 있지만, 아담과 이브는 에덴동산에서 추방당할 때까지는 자녀들을 두지 않았다. 금지된 과일이 성욕을 불러일으켰는가? 섹스가 추방의 원인이었는가? 성서는 그에 대해 말하지 않는다.

창세기의 기술에 관해서는 여러 가지 해석들이 있지만, 유대교는 불복종에 그 책임을 지운다. 아담과 이브는 벌을 받기는 하지만 그렇다고 죄로 얼룩지지는 않으며, 그리고 그들은 죄를 후손에게 전하지 않는다. 유대교에는 원초적 죄와 관련한 교리가 존재하지 않는다. 대신에 유대교는 사람들이 원래적으로 옳고 그름을 알 수 있는 윤리적 직관─하느님의 은혜로서의 양심─을 타고 난다고 가정한다. 그러나 도덕적 직관은 전적으로 믿을 만한 것은 아니어서, 인간의 행위를 안내하기 위해서는 계시와 계율이 필요하다.

인간은 본질적으로 선하다. 그러나 제멋대로 행동하는 아동들처럼, 인간은 잘못을 저지른다("… 죄를 짓지 않는 사람이 없사오니")

(왕상 8:46). 그런고로 인간은 도덕 교육이 필요하다. 그 목적을 달성하고자 하느님은 모세에게 계율을 주었으며, 윤리적 직관은 도덕적 성숙을 이룰 수 있었다. 성인의 계율 준수 책임은 남자 아이가 13살에 이르고 **바르 미츠바**(bar mitsvah)("계율의 아들")라고 불리는 통과의식을 거치고 나면 주어진다. 이것은 오늘날 **바트 미츠바**(bat mitsvah)라는 이름으로 여자 아이들에게까지 확장되었다.

유대 윤리는 모세스 마이모니데스와 같은 학자들이 아리스토텔레스의 도덕적 덕의 원리들을 채택했던 중세기에 한층 더한 철학적 전환을 맞이하였다. 인간은 선도 아니고 악도 아니며 그 양쪽을 모두 부여받았다는 인간 본성의 이중성에 관한 생각은 비록 그것이 이전의 전통으로 되돌아가는 것이긴 하지만 이즈음 더욱 두드러졌다.[26] 선한 충동(yetzer tov **이에체르 토브**)은 유대인들이 금지된 어떤 것을 하고자 유혹을 받을 때 토라(모세 오경)를 생각해내고 하느님의 계율을 떠올리도록 자극하는 내면의 목소리이다. 사악한 충동(yetzer ha-ra **이에체르 하라**)은 정의하기가 매우 곤란하다. 그것은 무분별한 해악으로 이끄는 악이라고 보기 어렵다. 오히려 그것은 도덕적 결과(폭식이나 간통을 초래하는)를 고려하지 않고 욕망(음식이나 성과 같은 것에 대한)의 충족을 압박하는 이기적인 인간의 본성을 반영한다.

유대교는 성을 긍정적인 측면에서 바라본다. 성의 도덕성을 결정하는 것은 그의 관계적 맥락이다. 그것은 결혼의 범위 내에서는 좋은 것이지만, 그 밖에서는 나쁘다. 유대교에는 독신이나 금욕을 요구하는 수도승 같은 전통이 존재하지 않는다. 성적 범죄는 비록 그의 처벌이 가혹할 수 있다하더라도(간통한 자에 대해 돌로 쳐서 죽이는 것과 같은) 다른 범죄들처럼 하나의 범죄로 취급된다. 혼전 섹스와 동성애를 포함한 혼인 이외에 행하는 모든 성적 행위들은 본질적으로 전통적인 유대교에서는 범죄에 해당한다.[27]

고통은 죄의식에 따른 벌이라는 일반적인 생각에 용기 있게 도전한 구약성서의 책 한 권이 있다. 욥기는 하느님과 사탄(아직 악의 화신이 아닌) 간의 대화로 시작한다. 하느님은 욥(그는 유대인이 아닌, 모아브인이다)을 악을 멀리하는 떳떳하고 올바른 사람으로 칭찬한다. 사탄은 이를 하느님으로부터 너무 많은 은총을 받아서 그런 것이라고 하며 하느님이 이 모든 것을 그에게서 거둬들이면, 욥은 하느님을 배반하고 저주할 것이라고 주장한다.[28]

사탄이 그르다는 것을 입증하기 위해, 하느님이 욥을 사탄의 아귀에 처하자 사탄은 욥의 삶을 파괴시킨다. 그의 친구들은 그가 이런 재앙을 당하는 것을 보면 그가 분명히 그럴 만한 죄를 지었을 것이므로 하느님에게 용서를 구하고 고통을 끝내라고 권한다. 욥은 아무런 잘못을 저지르지 않았기 때문에 그렇게 하는 것을 거부한다. 욥은 하느님이 겉으로 내보이는 부정의에 대해 하느님을 책망하지도 않고 또한 저주하지도 않는다. 그는 그저 괴로워하며 정의를 요구한다. 결국, 하느님에 의해 혐의를 벗고 그의 이전 생활로 되돌아간다. 이 이야기는 고통이란 죄에 대한 벌이 아니라는 강력한 메시지를 전달한다. 즉, 나쁜 일들 또한 선한 사람들에게 일어나며, 선한 사람들 또한 고통을 당한다는 것이다. 그것은 삶의 한 부분이며 하느님의 불가해한 방법이다. 상처의 고통에 죄의식의 상해를 추가할 필요는 없다.[29]

세속적인 유대인의 죄의식

유대인답다는 것은 두 가지의 주요한 측면을 함축하고 있다. 하나는 종교적인 것으로, 유대교의 계율을 실천하는 것이다. 또 하나는 세속적인 것으로 유대인의 윤리적 정체성(그것이 어떻게 정의되든)을 잃지 않는다는 것을 의미한다.[30] 그렇기는 하지만, 많은 세속적 유대인들은 흔히 자녀를 가진 후에 그들에게 유대인의 전통이 서린 도덕적 의지와 연대감을 심어주기 위해 선택적으로 종교 의식에 참여하고 있다.

세속적 유대인들은 스스로를 다름 아닌 유대인으로 여기면서도 유대교의 종교적 요소들에 대해서는 거부한다. 자신의 의지에 따라 문화와 종교적 신념을 이렇게 조합하는 경우는 유대교에만 국한되는 것은 아니다. 그것은 중국인으로서 사는 것과 유교, 인도인으로 사는 것과 힌두교와의 관계에 있어서도 또한 마찬가지다. 그런 경우에는 죄의식의 경험에서 종교적 요소와 문화적 요소를 확실하게 구분하기가 어렵다. 예를 들면 이스라엘에 거주하는 정통유대교도들과 디아스포라(역자 주: 이스라엘 이외의 유대인 거주지)에 거주하는 정통유대교도들이 느끼는 죄의식의 감정은 외부의 문화적 영향에 더 민감할 수 있는 세속적 유대인들이 경험하는 그러한 죄의식의 감정과 비교해서 더 유사한가?

필립 로스와 우디 앨런(이들은 유대인의 죄의식을 거의 문학의 한 장르로 끌어올렸다) 같은 작가들의 작품을 근거로 판단해보면, 죄의식의 어떤 측면들은 미국 유대인들에게 매우 특징적인 것처럼 보인다. 이들의 이야기에서, 그리고 대중적인 유머에서, 유대인의 섹스는 특히 죄의식으로 고통받는 그런 인상을 풍긴다("즐거움은 없고 오로지 죄의식만"). 또 다른 희화화는 "유대인 엄마"—주요 죄의식 유도자—이다("유대인 어머니는 자기 아들에게 두 개의 넥타이—하나는 붉은색, 하나는 푸른색—를 준다. 아들이 푸른색 넥타이를 매고 나타나면, 어머니는 '어떻게 된 거야, 너는 붉은색을 좋아하지 않았니?'라고 말한다."). 『포트노이의 불만』에 있는 다음 구절에서 로스는 섹스에 대한 유대인의 죄의식과 유대인 엄마를 결합시킨다. "엄마 … 소위 말하는, 나의 양심이 나의 성, 나의 자발성, 나의 용기에 해왔던 것! 당신은 수치심과 금지와 두려움의 고속도로 위로 내 몸을 샅샅이 여행할 수 있다."[31]

세속적 유대인의 죄의식과 종교적 유대인의 죄의식을 이러한 문학적 성격묘사와 과장법 이상으로 의미 있게 구분하는 것은 어려운 일이다. 마틴 부버와 같은 유대인 철학자를 포함하여, 죄의식에 관한 독특한 '유대인의 관점'(그것이 무엇을 의미하든)을 실제로 정확하게 파악하기는 어렵다.[32] 다소 실망스러운 일일지 모르지만 만약 신념과 교리가 종교를 분열시킨다면, 공유된 도덕 원리들이 그들을 하나로 통합하지는 않을까?

기독교에서의 죄의식

가톨릭 의사, 영국 성공회 회계사, 복음주의 정비공 그리고 그리스 정교회 가정부는 기독교인들이라는 점에서 그들이 죄의식을 경험하는 데 어떤 공통점을 지니고 있는가? 기독교인들(10억 명의 가톨릭교도들과 500여 개 이상의 개신교 교파를 거느린) 사이의 엄청난 다양성을 감안해볼 때, 마치 기독교가 단일한 실재인양 기독교의 죄의식을 논의하는 것 자체가 과연 이치에 맞는 일인가? 한 종교의 전통 안에 존재하는 다양성을 강조하다보면 그 종교의 핵심적인 도덕적 요소를 이해하고자 하는 모든 희망이 사라져 버리는 것처럼 보인다. 그러나 역사적 및 문화적 차이가 중요함에도 불구하고 일원적인 도덕적 입장만을 가정하는 것 또한 일을 호도하기는 마찬가지다. 예컨대 자랑삼아 말하고 있는 "가톨릭 죄의식"은 이탈리아나 프랑스 가톨릭교도들보다는 아일랜드 가톨릭교도들에게 더 들어맞는 것으로 보이지만, 그럼에도 그들은 모두 다름 아닌 가톨릭교도들이다.

죄의식에 대한 기독교의 관점은 특히 중요하다. 왜냐하면 서방 국가들은—비록 단지 명목상으로 기독교 국가라 하더라도—세계를 정치적으로, 경제적으로, 문화적으로 지배하고 있기 때문이다. 결국 죄의식의 기독교적 신념은 전 세계의 사람들에게 영향을 미친다. 너무 그러하다보니 우리는 서양에서 이해되는 것과 같은 그러한 죄의식이 모든 종교 전통들의 일부분일 것으로 당연시 여기게 되었다. 그러나 그것은 우리가 다음 장에서 보게 되겠지만 그렇지는 않다.

기독교 윤리와 그의 죄의식 신념은 많은 역사적 영향을 받으며 형성되어 왔다. 예컨대 구약성서에 구현된 유대교 유산, 초대교회가 성장하였던 그리스 문화, 그리고 서방세계에서 지배적인 종교가 될 수 있었던 고대 로마(나중에 비잔틴)제국이 있다. 1054년에 기독교 교회(수세기를 거치며 점차 분리됨)는 서방가톨릭교와 동방정교회로 사실상 분리되었다. 16세기 종교개혁으로 로마 가톨릭교회로부터

신교도가 더 분리되었다. 이러한 분리는 죄의식에 대한 태도에서 중
요한 차이를 노정시켰다. 신교도들은 이후 수백 개의 교파와 종파로
분리되었으며, 각각 죄의식에 대하여 그 나름대로 이야기를 하고 있
다. 게다가 비록 언제 그리고 왜 우리가 죄의식을 느껴야 하는지를
결정하는 기본적인 도덕 원리들이 유대인들, 기독교도들, 이슬람교
도들 사이에 매우 유사하긴 하지만, 중요한 차이들 또한 존재한다.
예컨대 기독교는 어떠한 제의 요건들이 없으며 유대교와 이슬람교는
원죄의 교리가 없다. 가장 중요한 것은 기독교도들은 예수 그리스도
의 은총을 통해 죄와 죄의식으로부터 자유를 얻을 수 있지만 분명히,
유대인들과 이슬람교도들에게 있어서는 그렇지 않다는 것이다.

　　우리는 5명의 핵심 인물들, 곧 초대 교회에서 기독교 교리의 기
초를 놓았던 성 바울, 죄와 죄의식에 관한 서양의 기독교 신념에 많
은 영향을 미쳤던 성 아우구스티누스, 가톨릭 신학에서 가장 유력한
인물인 성 토마스 아퀴나스 그리고 종교개혁을 선도하고 개신교를
열었던 마틴 루터의 삶과 가르침을 통해 기독교 죄의식의 보다 독특
한 특징들을 고찰해보고자 한다.[33]

예수의 가르침과 죄의식

예수는 죄에 대해서는 자주 언급했지만 죄의식이나 수치심에 대해서는 그렇지 않았다. 우리는 그러므로 특별히 죄의식과 관련한 그의 생각을 논의할 수가 없다. 다만 우리는 그의 가르침, 그리고 그의 삶과 목회의 사례로부터 추론할 수 있을 뿐이다. 복음서에는 그가 죄 없는 자라 스스로 죄의식을 느꼈다는 암시가 없다(비록 그가 후회, 슬픔, 분노를 느껴보긴 했지만). 그의 사도들은 사정이 다르다. 베드로는 체포된 예수를 따르며, 그를 추종하는 사람들 중의 하나였음을 부인한 후 "그는 허물어지며 울었다"(마가복음 15:66-72). 유다는 예수를 배반한 후, 고위 성직자에게 "내가 무죄한 피를 팔고 죄를 범하였도다."라고 말하고, 물러가서 스스로 목매어 죽었다(마태복음 27:3-5).

예수는 자주 유대교 계율을 인용하지만, 또 그것에 단서를 단다.[34]

너희는 들었다 … "살인하지 말라. 누구든지 살인하는 사람은 재판을 받아야 할 것이다." 그러나 나는 너희에게 말한다. 자기 형제나 자매에게 [이유 없이] 성내는 사람은 누구나 심판을 받을 것이다.(마태복음 5:21-22)

너희는 들었다 … "눈은 눈으로, 이는 이로." 그러나 나는 너희에게 이르노니 … 만약 누구든지 네 오른쪽 뺨을 때리거든 왼편도 그에게 돌려주라. (마태복음 5:38-40)

너희는 들었다 … "너희는 너희 이웃을 사랑하고 원수를 증오하라." 그러나 나는 너희에게 이르노니, 너희 원수를 사랑하며 너희를 박해하는 자를 위하여 기도하라. (마태복음 5:44)

너희는 들었다 … "간음하지 말라." 그러나 나는 너희에게 이르노니 음욕을 품고 여자를 보는 자마다 마음에 이미 간음하였느니라. (마태복음 5:27-28)

예수가 행위의 도덕성을 뛰어넘어 행위 뒤에 숨어있는 동기를 헤아림에 따라, 이 계율들은 준수하기가 불가능할 정도로 도덕적 기준을 높여놓은 것으로 보인다. 우리는 사람들이 그들의 행위를 통제할 거라고 예상할 수 있지만, 그들은 어떻게 그들의 생각과 감정을 통제할 수 있는가? 다른 한편으로 보면 생각과 감정이 행위를 앞서기 때문에 행위를 유도하는 동기를 그 싹부터 잘라버리는 것이 행위를 통제하는 더 나은 방법이 아닐까?

이와 함께 예수는 더 후하게 용서하는 태도를 취함으로써 계율을 완화시키기도 한다. 예컨대 간통을 저지른 한 여자의 이야기에서, 그는 죄 없는 자 있으면 먼저 돌을 던지라고 요청하고, 그 여자를 집으로 돌려보내고 더 이상 죄를 짓지 말라 하였다. 예수의 가르침에 속속들이 스며 있는 이러한 용서의 정신은 그렇지 않으면 지키기가 쉽지 않은 그의 가르침으로부터 일어날 수 있는 죄의식에 대한 강력한 해소수단이 된다.

죄와 죄의식 용어는 신약성서에서는 서로 교환 가능하게 사용되고 있다. 죄의 용서는 죄의식의 사면과 똑같다. 그러나 주기도문의 다양한 번역들은 죄의식이 인식되는 방식에서 중요한 차이가 있음을 암시한다. 누가복음 11장 4절에서 "우리가 우리에게 죄 지은 자를 사하여 준 것같이 우리 **죄**를 사하여 주소서"라고 말하는 반면, 마태복음 6장 12절에서는 "우리가 우리에게 빚진 자들을 용서하는 것 같이 우리의 **빚**을 용서하옵시며"라고 말한다. 빚의 개념은 죄의식에서 중요하다. (원본에 있는 그리스어로는 opheilemata **오페일레마타**로, 그것은 '빚을 지다'를 뜻한다.) 마가복음 11장 25절은 침범(paraptoma **파랍토마**)의 개념을 꺼내고 있다. "서서 기도할 때에 아무에게나 혐의가 있거든 용서하라, 그리하여야 하늘에 계신 우리 아버지께서도 너희의 허물을 용서하여 주시리라." 침범한다는 것은 금지된 선을 넘어선다는 것, 다른 사람의 소유지(혹은 권리와 특권)로 들어간다는 것을 의미한다. 죄는 지옥과 파멸의 의미로 가득하다. 빚과 침범은 훨씬 덜 심상찮게 들린다. 왜냐하면, 빚은 청산될 수 있고, 실수는 바로잡힐 수 있으며, 침범은 물러날 수 있기 때문이다.[35]

우리는 복음서들이 그리스어로 기술되어 있지만 예수가 아람 말을 했다는 점을 또한 염두에 두어야 한다. 그래서 엄격히 말하면 우리는 그가 실제로 행한 말이 무엇이었는지를 알 수 없다. 게다가 예수는 문자 그대로 받아들이기 어려운 우화와 은유로 말하였다. 그러므로 우리는 예수의 말들을 해부하는 것보다는 그의 가르침의 전체적인 맥락과 정신에 의존하는 것이 예수의 도덕적 관점, 그리고 죄의식에 관한 그의 견해를 보다 더 잘 이해할 수 있을지 모른다.

예수가 받았던 유혹들은 사탄이 생각했던 그의 도덕적 취약성이 무엇인지를 잠깐 엿볼 수 있게 해준다. 사탄은 예수에게 여자들, 술, 노래를 제공하지 않았다. 왜냐하면 그는 그것들이 예수에게는 아무런 매력을 주지 못한다는 것을 알기 때문이었다. 대신에 그는 예수에게 돌을 빵으로 변하게 해보도록 하였고(가난한 자들을 먹여 살릴 수 있도록), 그에게 세상을 다스리는 권력을 주겠다고 약속하며(정의가 설 수 있도록), 그리고 그를 보호하는 하느님의 능력에 대한 그의 믿음을 시험하고자 감히 사원의 첨탑 꼭대기에서 몸을 던지도록 하였다. 예수는 그 어느 것에 대해서도 굴복하기를 거부하였다. 예수가 문자 그대로 사탄과 함께 마주 서 있다거나 혹은 그의 양심과 내면적으로 대화하고 있다거나 등 우리가 어떻게 생각하든, 그가 직면하고 있던 윤리적 및 정신적 딜레마는 크게 변하지 않는다.

사람들이 예수를 "선한 선생님"이라 불렀을 때, 그는 "어찌하여 너희는 나를 선하다 일컫느냐? 하나님 한 분 외에는 선한 이가 없느니라."(누가복음 18:19)라고 하였다. 가난한 자들과 사회적으로 따돌림 받는 자들은 그의 특별한 관심과 동정의 대상이었다. 경건한 척하는 동시대인들에 대한 충격으로, 그는 세금 걷는 사람들과 같은 사회적으로 따돌림 받는 사람들과 어울렸다. 그는 그들에게 인간으로서 관심을 보이며 그들을 비난하기보다는 구원하고자 하였다. 당시의 대부분의 남자들과 달리 예수는 결코 결혼하지 않았으며 순결을 지켰다. (그가 마리아 막달레나와 결혼했다는 주장은 꾸며낸 것이다.) 이것은 결혼과 성에 대한 부정이 아니었다. 그의 첫 번째 기적은 가나에서 있었던 결혼식에서 물을 포도주로 바뀌게 하는 것이었으며, 그의 사도들 중 몇 사람은 결혼을 하였다. 예수가 여자들과 함께 있는 것을 피한 것도 아니었다. 마리아와 마르다는 그의 친구들이었다. 결국 예수는 전통적인 기독교의 특징으로 자리잡아온 죄의식을 지지하는 어떤 말이나 행동을 한 적이 거의 없다. 그에 대한 책임은 주로 성 바울에게 주어질 수 있다.

성 바울과 죄의식

　　　　　　　예수 다음으로, 바울은 기독교에서 가장 중요한 인물이다. 독실한 유대인으로서 성장하였고 로마 제국의 시민이었던 바울은 로마 동방지역의 그리스 문화에서 살았다. 초대 교회에 보낸 그의 편지들(그것들은 신약성서에서 가장 앞선 책들이다)은 기독교 신학과 윤리의 형식적 토대를 놓았다. 바울은 결코 역사적 예수를 만나지 않았지만 정당하게 이교도들에 대한 사도라고 주장할 수 있었다. 즉, 보통의 유대인 출신으로 초대 교회를 서방 세계에서 거의 모든 것을 망라하는 기관이 되게 한 인물이 바로 바울이다.

　　바울은 히브리 성서를 기초하였으며, 그 과정에서 몇 가지 기본 계율을 변경하였다. 아담(그는, 이브보다는, 도덕적 책임의 비난을 집중적으로 받았다)의 추방에 관한 그의 해석은 죄의식의 기독교적 신념에 있어 아주 중요하다. 비록 예수가 아담에 대하여 특별한 언급을 하지 않지만, 바울은 죄와 죄의식의 기원을 설명하는 데 있어서 중심이 되는 말을 하였다. 창세기는 죄와 죽음이 아담과 이브의 불복종으로 인해 세상 사람들에게 들어왔다고 말한다. 그러나 창세기는 인간이 아담의 죄의식을 **물려받았다**고 말하지 않는다. 그 관념은 바울에서 비롯되었는데, 그는 창세기의 내용을 그리스도의 임무에 비추어 해석하였다. 바울에게 있어서 그리스도는 제2의 아담이며 그리고 그를 통해 아담의 추방에 따른 영향은 반전된다. 곧, "한 사람의 순종치 아니함으로 많은 사람이 죄인 된 것 같이, 한 사람의 순종하심으로 많은 사람이 의인이 되리라"(로마서 5:19). 이에 기초하여, 성 아우구스티누스는 3세기 후에 원죄의 교리를 완전하게 개발할 수 있었다.

예수가 평온했던 것과 달리 바울은 자기 자신과 늘 싸운다. 그는 그 자신의 행위를 이해하지 못한다. "내가 행하는 것을 내가 알지 못하노니 곧 내가 원하는 것은 행하지 아니하고 도리어 미워하는 것을 행함이라"(로마서 7:15). 이 몇 마디에 왜 우리가 진정으로 옳게 행동하려 애쓰지만 그릇되게 행동하는지의 수수께끼가 압축되어 있다. 바울은 자기를 떠나지 않고 있는 '죄'에 대한 의식으로 부담을 느낀다. 그는 그 죄가 무엇인지에 대해서는 자세히 말하지 않지만 그의 기원은 도덕적 실패의 근원인 아담의 추방에서 비롯된다. 그러나 제사장과 마주칠 때면, 바울은 "형제 여러분, 나는 이날까지 하느님 앞에서 온전히 바른 양심으로 살아왔습니다."(사도행전 23:1)라고 분명히 말하곤 하였다.

바울이 성과 결혼에 대해 보였던 관점은 특별히 관심을 끌며 또한 그것은 죄의식에 대해 직접적인 함축을 지니고 있다. 바울이 끊임없이 괴로워했던 죄는 사실상 성과 관계되는 것(그것이 수반하는 것이 무엇이든)일 수 있다는 설(그럴 만한 증거도 없이)이 있어왔다.

바울은 결코 결혼을 하지 않았으며 그는, 마지못해 그런 것이 아니라, 간음에 대한 안전장치('욕망을 불태우는 것'보다는 결혼을 하는 것이 더 낫다)로서 그리고 자손을 번식할 필요성에 대한 양보로서 결혼을 허용하였다. 자기 자신에 대해서 말하자면, 그는 하느님을 위해 온몸을 바치는 자신의 임무에 소홀해지는 것을 원하지 않았다. 바울이 간통을 범한 사람들을 '음란한 자들, 우상 숭배자들, 성도착자들'과 한데 묶어 취급하는 것을 보면, 그가 비판을 아주 잘하는 것으로 보인다. 그는 동성애자들에게 가혹한 말을 하며 또한 그들의 열정을 하느님이 우상 숭배에 부과했던 형벌로 생각한다. 그는 "이로 인하여 하느님께서 저희를 부끄러운 욕심에 내어버려 두셨다. 저희 여인들도 순리대로 쓸 것을 바꾸어 역리로 쓰며, 이와 같이 남자들도 순리대로 여인 쓰기를 버리고 서로 향하여 음욕이 불 일 듯하여, 남자들이 남자들과 더불어 부끄러운 일을 행하여 저희들의 잘못에 해당하는 보응을 그들 자신들이 받았다."라고 지적하였다(로마서 1:26-27).

바울은 그러한 행위를 죄스러운 것으로보다는 **수치스러운** 것으로 언급하고 있다. 그것은 죄의식을 유발하는 것과 관련하여 문제가 되는가?[36] 비록 자유주의 교회들은 더 이상 동성애를 비도덕적인 것으로 보지 않으며 게이와 레즈비언을 성직자로 임명한다(영국 국교회를 하마터면 분열시킬 수 있었던 주제) 하더라도, 그의 관점은 동성애에 대한 기독교의 도덕적 자각에 강력한 영향력을 발휘하였다

(그리고 지금도 그렇다).

죄를 저지르는 것과 **죄인**이 되는 것은 중요한 차이가 있다. 전자는 행위를 언급하는 것이며, 후자는 사람의 특성을 반영하는 존재의 상태를 언급하는 것이다. 사람들은 특정한 행위와 관련하여 "내가 죄를 지었다"라고 말할 수 있을 것이다. 하지만 죄는 바울에서 떠나지 않고, 그의 몸에 박혀 있으며, 마치 영원한 장애처럼, 그를 죄인으로 만들고 있다(비록 그는 결코 그 자신을 그렇게 언급하지 않는다 하더라도). 계율에는 바울의 죄를 해결할 어떤 방법이 없다. 오로지 하느님만이 예수 그리스도에 대한 믿음을 통해서 그를 자유롭게('정당화') 할 수 있을 뿐이다.

무거운 죄의식이 성 바울과 함께 기독교에 자리를 잡게 되었다는 것은 하나의 일반적인 인식이다. 죄의식의 부담을 안은 자기성찰적인 기독교의 양심은 예수가 보였던 더 관대한 본래의 메시지를 왜곡하는 것으로, 그에 대한 책임을 안고 있는 사람은 바울이다. 이러한 어두운 관점은 바울이 예수의 메시지에 신의를 보이면서도 그의 도덕적 가르침의 기본골격에 살을 붙인 것으로 인식하는 사람들에 의해 거부당하고 있다. 게다가 그가 쓴 것이라고 알려진 사도행전의 가장 비판적인 문구들의 일부는 그가 쓴 것이 아닐 수도 있다. 기독교 그 자체에 적의를 드러내는 사람들이 바울을 희생양으로 삼고 있다는 주장도 있다.[37] 바울을 옹호하는 자들은 바울이 확신에 찬 양심을 가진 자였지 죄의식에서 헤어나지 못한 영혼의 소유자가 아니었다고 주장한다. 그는 관습을 준수하는 유대인으로서 자부심을 갖고 있었으며 기독교인으로서 죄에 빠져 허우적거리지 않았다는 것이다. 우리는 또한 바울이 우리가 지금 이해하고 있는 것과 같은 그런 '기독교'라는 말 혹은 관념이 아직 존재하지 않았던 시기에 살았다는 것을 기억해야 한다. 그는 죄보다는 **나약함**, 용서보다는 **정당화**, 그리고 회개보다는 **부름**을 말했다.[38]

성 아우구스티누스와 죄의식

우리는 성 아우구스티누스의 삶에 관한 전기적인 짧은 글들로 이 장을 시작하였다. 우리는 이제 그가 기독교의 죄의식에 관한 신념에 어떤 특별한 공헌을 하였는지를 살펴본다. 아우구스티누스는 교부라 불린 남자들의 집단에 속했던 사람으로, 서방과 동방 공히 로마제국 내에서 발달했던 초대 교회에 엄청난 영향을 미쳤다. 아우구스티누스의 영향은 특히 죄의식에 관한 서방(라틴어를 말하는)의 기독교 신념에 강하게 미쳤다. 즉, 그리스어를 말하는 동방 정교회는 결코 죄에 관한 그의 관념을 온전히 채택하지 않았다. 정교회 교리는 오늘날 율법주의보다는 오히려 신비주의적으로 남아 있다.

아우구스티누스는 죄와 죽음이 아담의 불복종에 의해 인간 세상에 들어왔으며, 그것을 원죄의 교리로 확장시켰던 바울과는 거리를 둔 교리를 채택하였다.[39]

우리는 앞에서 아담과 이브의 수치심과 죄의식을 성과의 연관 가능성에 관하여 언급했었다. 일부 초기 기독교 저술가들은 그러한 관련성을 넌지시 비치기도 하고 그것을 비난하기도 하였다. 존 밀턴은 『실락원』에서 공개적으로 아담과 이브 간의 '부부 사랑'을 언급하며 그것을 비난한 사람들을 질책한다("위선자들이 근엄하게 이야기하는 무엇이든/순수에 관하여 … 그리고 결백/ … 순수하다고 … 하느님이 선언한 바를 순수하지 않은 것으로 중상하며").[40]

아우구스티누스는 인간은 아담의 자손이 됨으로 인해 죄의 상태로 태어난다는 인간 본성에 관한 새로운 신념을 기독교에 도입하였다(말하자면 유전적 전이에 의해 그의 죄의식이 계승되는). 세례가 이 원죄를 씻어주긴 하지만 원죄가 의지의 자유를 약화시키기 때문에(그러나 파괴하지는 않는다) 죄에 대한 성향은 일생을 통해 없어지지 않고 남아 있다. 세례 이후의 죄들은 고해와 속죄를 통해 다루어진다.

아우구스티누스는 더 나아가 성을 **욕정**–'성욕의 열기와 혼란'으로 대표되는 과도한 욕망–의 개념과 연관시킨다. 이로써 비도덕적인 성적 행동에 대한 비난이 성적 욕망 그 자체에 대한 비난으로까지 확장되었다. 유대인은 간통을 함으로써 죄를 짓는다. 예수는 이를 단순히 여자에 대해 강한 욕망을 느껴 간음을 저지르는 것으로까지 확장하였다. 아우구스티누스는 성에 대한 바로 그 욕망을—자신의 배우자에 대해서까지도—만약 그것이 욕정으로 오염된다면, 그 자체로 죄스러운 것으로 여긴다. 이것은 비도덕적 행동으로부터 비도덕적 욕망으로의 거대한 이동을 의미하는 것으로, 그것을 욕구한다는 것은 그 자체로 비도덕적이며 따라서 죄의식의 가능성을 한층 고양시킨다.

아우구스티누스는 악으로 이끄는 정욕에 사로잡혀 있지 않는 한 결혼 이후 출산을 위해 성적 교합을 하고 남편과 아내가 서로 정서적 친밀감을 나누는 것에 대해서는 비난하지 않았다. 섹스 후에는 어떤 기분일까? 이성에 의해 통제되고 열정으로부터 자유로워, 다정하고 따뜻한 악수와 같은 것일 수 있다. (아마도 그것은 아담과 이브가 만약 에덴동산에 머물렀다면 종내는 자녀를 출산하는 방식이었을 것이다.) 이러한 추론은 그동안 수 세기에 걸쳐 수많은 사람들의 삶을 괴롭혔던 성적 욕망과 사랑 사이의 간극을 더 넓어지게 하였다.[41]

비록 그가 그에 대해 책임이 있다하더라도, 섹스는 아우구스티누스의 가장 절박한 도덕적 관심사가 아니었다. 핵심적인 문제는 하느님이 인간의 의지를 인수해가는 것에 대해 사람들이 마음 내켜하지 않는다는 것이었다. 모든 죄는 궁극적으로 인간의 고의에서 비롯되는 바, 그것은 지배하고자 하는 의지로부터 나온다. 지배에 대한 이러한 적극성은 하느님에게 도전하는 것이자 죄를 짓는 것이고, 인간 관계를 와해시키며, 사회적 부정의와 갈등의 씨앗을 낳는 것이다.

도덕적 책임으로서의 죄의식을 넘어 아우구스티누스는 다음과 같이 주관적인 죄의식에 대해 아주 분명하게 언급하고 있다. "인간의 양심은 죄의식을 느낀다.", "나는 벌거벗은 채로 내 자신 앞에 서 있으며 나의 양심은 나에 대하여 투덜댄다."[42] 그는 우리의 죄의식 언어로 말한다(아니면 그의 언어로 말하고 있는 자가 우리인지도 모른다). 인간의 동기에 관한 그의 통찰은 날카로우며 또한 인간의 행위가 이성의 통제에 저항하는 무의식적인 힘에 의해 추동된다는 것을 암시해준다(프로이트를 예상하게 하는).

죄에 관한 기독교 교리는 죄를 '물려'받을 수 있다는 생각을 거부하는 그리고 그들 자신이 저지르지 않은 죄에 대해서는 책임지지 않을 것이라는 합리주의자들과 배치된다. 아우구스티누스는 이에 대해 많은 책임이 있다. 버트런드 러셀은 "중세교회에서 가장 잔인한 것의 상당 부분은 그의 음울한 보편적 죄의식으로부터 기원한다."[43]라고 기술하고 있다. 그럼에도 불구하고 성 아우구스티누스는 죄의식 등을 포함하여 여러 측면에서 영향을 미친 기독교의 위대한 인물들 중의 한 사람으로 남아 있다.

아우구스티누스 이후 7세기 동안 서양 문화는 부흥기가 올 때까지 침체의 시기를 겪었다. 중세기를 거치면서 죄에 관한 의식은 앞에서 논의하였던 치명적인 죄들이 그의 전형적인 예로, 교회의 가르침에서 점점 더 중요하게 되었다. 우리가 논의하였던 육체에 대한 과도한 금욕은 이런 상황의 한 부분이었다.

죄에 대처하는 회개 체계는 세 가지 구성요소들로 이루어졌다. 첫째는 마음의 회개로, 여기에서 사람들은 자신의 죄를 인정하고 그것을 후회하였다. 죄의식을 느끼는 회한은 가장 기본적인 첫 걸음이었다. 회개에 이어 사제에게 사적으로 죄를 시인하는 자백이 뒤따랐다. 마지막으로, 자신의 행위에 의해 해를 입은 사람들에게 보상이 이루어져야 했다. 그럼으로써 빚을 청산할 수 있었고 또한 자신의 공동체로 다시 복귀할 수 있었다.[44] 일반적으로 기독교를 죄의식에서 벗어나지 못한 종교로서 인식하도록 이끌었던 것은 이러한 죄 신학이었다.[45]

성 토마스 아퀴나스와 가톨릭의 죄의식

가톨릭의 도덕철학은 13세기에 성 토마스 아퀴나스와 더불어 그의 정점에 도달하였다. 귀족 가문에서 태어난 아퀴나스는 5살 때 수도원에서 교육을 받기 시작하였고, 종내에는 파리에서 신학을 연구하였다. 그는 도미니크 수도회에 입단한 후, 연구하고 가르치는 데 그리고 교회의 고위 지배층의 한 사람으로 자신을 격상시키려는 시도에 저항하는 데 자신의 삶을 헌신하였다.[46]

그의 기념비적인 『신학대전』에서 토마스 아퀴나스는 기독교 교리와 아리스토텔레스의 철학을 통합하고자 하였다.[47] 아퀴나스에게 있어서, 죄의식은 하느님의 명령에 불복종하는 데서 비롯되며 회한은 회개로 이어진다. 비록 아퀴나스가 로마 가톨릭 윤리의 형식적 기초를 놓았지만, 교회가 그가 가르쳤던 모든 것에 동의했던 것은 아니다. 예컨대 임신 후 40일에 영혼이 배아에 들어간다는, 곧 '영혼을 부여한다는' 그의 믿음은 그때까지는 낙태를 도덕적으로 수용 가능하도록 하자는 것이었을 수도 있다. 아퀴나스는 성적 행동들을 거의 임상적 수준에서 자세히 논의하는데 신체접촉, 키스, 애무, 유혹, 동정, 부부간의 성관계, 간음, 간통, 강간, 근친상간, 매춘, 동성애, 수간과 같은 주제들을 다루고 있다. 그는 본의 아니게 꿈속에서 이루어지는 사정이 유죄인지의 가부에 대해서까지 상세하게 논의하고 있다.[48] 아퀴나스는 오늘날까지도 전형적인 가톨릭 신학자로 건재하고 있다.

가톨릭교도들(특히 교구 부속학교를 다닌 사람들)은 다른 여느 사람들보다 더 죄의식에 충동된다는 점에 있어서 유대교도들과 어깨를 나란히 하는 것으로 보인다. 일부 가톨릭교도들은 다른 가톨릭교도들보다 이러한 고정관념에 더 들어맞을지 모르는데, 그 까닭은 아마도 그것이 종교적 차이보다는 문화적 차이를 반영하고 있기 때문일 것이다. 그렇기는 하지만 죄의식은 질문과 대답 형식으로 엮어진 교육용 교리문답서에 반영되어 있듯이, 가톨릭의 가르침에서 중심을 차지하고 있다. 그러나 가톨릭의 도덕적 가르침은 오늘날 세속적 통찰에 의해 또한 영향을 받는데, 그것은 종교적 기반에서 비롯된 '실제적인 도덕적 죄의식'과 심리적 문제에 기인한 죄책감 간의 분화로 나아가게 하였다. 다음의 구절은 가톨릭 청년들을 대상으로 한 한 웹사이트에서 가져온 것이다.

죄의식은 긍정적인 것으로 우리에게 필요하다. 죄의식이 궁극적인 가톨릭 정서라는 농담에도 불구하고, 교회는 우리가 죄의식에 빠져 있지 말고 그것에 대처해나가길 바란다. 승용차의 계기판에 있는 경고 표시와 똑같이, 죄책감은 우리에게 '엔진 룸'에 옳지 않은 뭔가가 있다고 말해주는 것이다. … 여러분은 실제적인 죄의식과 죄의식 감정을 구분해서 이해할 필요가 있다. … 만약 여러분이 실제적인 도덕적 죄의식에 사로잡혀 있다면, 여러분은 회개할 필요가 있다. 그것을 합리화하지 말라. 그리고 여러분 자신을 빨리 용서하라. 그러나 만약 여러분의 감정이 사실이 아닌 거짓 죄의식(역자 주: 어떤 심리학자들은 이를 '잘못된 죄의식'이라고도 한다)이라면 … 여러분은 누군가에게 이야기해서 여러분의 감정을 해소시킬 필요가 있을 것이다. 여러분은 다른 사람들이 여러분에게 부과하면서 즐기는 죄의식을 여러분이 떠맡는 것을 미리 예방해줄 수 있는 새로운 기능을 학습할 필요가 있을 것이다.[49]

가톨릭의 고해성사 관습은 죄의식에 대처하는 데 있어서 독특한, 카타르시스적인 역할을 한다. 그것은 회개하는 사람들에게 짐을 덜어주고 그들이 하느님과 아울러 그들의 양심과 화해하도록 이끈다. 가톨릭교도들은 언제든지 자유롭게 고백할 수 있지만 그들은 1년에 최소한 한 차례 그렇게 해야 할 의무가 있다. 다른 기독교 교파들은 고백성사를 다르게 활용한다. 동방정교회는 사제가 죄의 목록을 나열하면 교회원들이 이에 반응하는 집단 고백성사에 의존하는데, 이때 교회원들은 자기들이 어떤 특정한 죄를 지었는지에 대해 구체적으로 고백하지 않고 용서를 구한다. 청교도들은 성직자의 중개 없이 하느님에게 직접적으로 고백한다.

마틴 루터와 청교도의 죄의식

루터는 기독교에서 가장 혁신적인 인물들 가운데 한 사람이다. 예수 이외에 그 어떤 다른 기독교도보다 루터에 관한 책들이 많이 나왔다(9,000여 권 이상). 루터에 관한 전집이 120권을 넘는다.[50] 루터가 로마가톨릭교회로부터 독립하려 하기보다는 개혁을 하고자 시작하였지만, 사실상 그 개혁은 그런 결과를 가져왔다.

루터는 성서를 유일한 도덕적 권위로 삼았다. 즉, 그의 양심은 하나님의 말씀에 '사로잡혀' 있었다. 루터의 가장 중요한 유산 가운데 하나는 기독교도들이 하나님의 말씀과 그들의 개인적인 종교적 경험을 통해 직접 하나님에게 접근할 수 있게 한 것이었다. 루터는 1가지의 종교적 경험이 1,000가지 기적들의 가치가 있으며 1가지의 기적이 1,000가지의 신학적 논증의 가치가 있다고 생각하였다. 라틴어의 성서를 독일어로 번역함으로써, 루터는 성서를 오직 성직자만이 아니라 글을 읽을 수 있는 사람이라면 누구나 접근할 수 있도록 하였다. 그 이후 성서는 그 어떤 책보다 더 많은 언어로 번역되어 왔다(그 책들 가운데 적어도 하나에 2,400여 가지의 언어로 번역되었을 것으로 추정된다).

루터의 삶은 그가 존경했던 아우구스티누스처럼, 흥미롭게도 죄의식에 대한 생각으로 점철되어 있다. 루터는 엄격한 부모 밑에서 자랐으며 21살의 나이에 그는 아버지의 권유로 법률가가 되기로 작정하였지만, 벼락을 맞아 죽을 뻔했다가 살아난 이후 마음을 바꿔 아우구스티누스 수도회의 수도사가 되기로 결심하였다.[51] 수도원에서의 생활은 우리가 앞에서 꼼꼼함과 관련하여 논의하였듯이, 양심의 가책으로 괴로워했다(Anfechtung **안폐흐퉁** 영적 시련). 그는 우울증의 병치레와 분노의 폭발로 고통을 받았다. 그는 의심에 사로잡혔으며 그리스도의 심판에 대한 두려움 속에서 살았다.

나는 자주 고백을 하러 갔으며, 배정된 참회를 충실하게 수행하였다. 그럼에도 불구하고 나의 양심은 결코 확신을 얻을 수 없었고 오히려 항상 의심 속에 있으면서 "너는 이것을 정확하게 행하지 않았다. 너는 죄를 깊이 뉘우치지 않았다. 너는 고백에서 이것을 누락시켰다."라고 말했다. … 나는 내가 필사적으로 도망치고 싶지만 결코 탈출할 수 없는 엄격한 심판자는 그리스도 이외는 아무도 없다고 확신하였다.[52]

에릭 에릭슨은 자신의 정신생물학 관점에서 루터의 '평생 지속한 과도한 죄의식의 부담'에 관해 언급하고 있다. 루터의 어록에는 다음과 같은 말이 있다.

그리고 이것은 모든 병 가운데 최악이다. 양심은 어떻게 회피할 수 없고, 항상 스스로 존재하며 현세에 대해서조차 생기는 피조물의 모든 두려움들을 잘 안다, 왜냐하면 경건치 못한 자는 격노한 바다와 같기 때문이다. … 모든 병 가운데 최악은 심판을 받는 것이다. … 왜냐하면 이것은 갑자기 높이 솟구치고 겁이 버럭 나고, 모든 것이 안전하고 잘 나갈 때조차도 모든 것을 위험과 죽음으로 몰아넣는, 죄의식의 본질이기 때문이다.[53]

루터는 자신의 삶을 온통 교회에 헌신하였음에도 불구하고 자신의 구원을 확신할 수가 없었다. 그는 마침내 구원이 하나님의 은총으로부터 오는 것이지 그 자신이 아무리 노력한다 하더라도 그와는 아무런 상관이 없다는 것을 깨달았다. 청교도 교리로 발전한 이러한 종교적 통찰은 그가 겪었던 개인적인 극심한 괴로움에서 비롯되었다. 내적인 갈등이 있었음에도 불구하고, 루터는 교회의 어마어마한 권위에 도전하고 그의 반란에 따른 엄청난 종교적 및 정치적 결과들에 맞서 대처할 수 있는(그가 항상 잘 대처한 것은 아니었다) 완고한 성품을 지녔다.

루터는 교회를 떠난 후 예전의 수녀와 행복한 결혼생활을 누렸다. 그는 좋은 결혼보다 더 사랑스러운, 더 다정한 매력적인 관계나 사귐은 없다고 생각했다. 루터는 섹스에 관해 세속적인 의식을 가졌으며 또한 스스로 이에 대해 허심탄회하게 말하였다. 그는 성례로서의 결혼에 관한 가톨릭 교리를 거부하였다. 왜냐하면 그는 그에 대한 성서적 근거를 발견할 수가 없었기 때문이다. 그는 결혼을 성스럽게 규정된 의무이자 특권으로 이해하였다. 성적 욕구는 결혼의 범위 안에서 허용되는 하나님의 창조물의 일부였다(그는 결혼을 해방된 성적 욕구를 치유하고 간음으로부터 그것을 보호하는 병원에 비유하였다). 부부간의 성관계는 자녀의 출산을 위해 필요할 뿐만 아니라 배우자 간의 애정의 표현이기도 하였다.[54] 부부간의 성관계를 할 수 없거나 이를 거부하는 것은 이혼의 사유였다. 결혼을 해서 하는 섹스에 대해서는 축복을 하였지만, 루터는 그 밖의 다른 모든 형식의 성적 표현에 대해서는 탐탁잖게 여겼다. 왜냐하면 합법적인 성적 수단이 이용 가능하다는 점에서, 그 밖의 어떤 다른 필요나 핑계거리가 소용없기 때문이었다.

청교도주의 역시 죄의식으로 가득 찬처럼 그려지고 있지만, 감각적이거나 경박한 그 모든 것을 탐탁잖게 여기는 광범한 자제의식을 청교도로 끌어왔던 사람은 루터가 아니라 존 칼빈이다. (한때는 일요일에 휘파람 부는 것조차도 못마땅해 했다.) 영국의 청교도들은 이런 태도를 유별나게 완고한 성도덕 형식으로 정교화시켰다. 남북아메리카의 신세계로 유입된 이런 태도들은 미국 식민지에 살고 있던 사람들의 도덕적 민감성을 형성하는 데 많은 영향을 미쳤다. 이런 태도들이 사람들의 삶을 어떻게 지배하였는가에 관한 고전적인 문학작품으로는 나다니엘 호손의 『주홍 글씨』가 있다. 제2장에서 레버렌드 딤스데일이 내뱉는 절정에 이른 고백은 청교도 죄의식의 고전적 표현에 해당한다.

오늘날에도 청교도의 잔여유산들은 절대주의적이며 엄중한 보수적인 도덕성—특히 성과 관련하여—을 고수하는 청교도 교회들에 남아 있다. 그러나 복음주의 전도사들이 늘 지옥이나 지옥살이를 외치며 위협하고 있지만, 오늘날 그들의 일부 계승자들은 훨씬 더 낙관적이고 긍정적인 메시지를 전하고 있다. 지금은 기독교도들을 선하고 전도가 밝은 삶으로 이끄는 데 초점을 모으고 죄의식의 처벌적인 측면들에 대해서는 점차 축소하거나 거부하고 있다. '미국의 가장 유명한 목사'로 알려진 조엘 오스틴은 다음과 같이 쓰고 있다.

> 너무 많은 사람들이 잘못된 소리를 들으며 죄의식에 시달리며 살고 있다. 성서는 원수를 가리켜 우리가 죄의식으로 몸부림치고 비난을 받으며 사는 것을 즐기는 "교우들의 고발인"이라 하였다. 그는 끊임없이 우리가 하지 않았던 것 혹은 우리가 했어야 하는 것에 대해 지껄이며 우리를 고발한다. …
> 많은 사람들은 이런 일련의 일들을 별다른 혹은 특별한 변명 없이 받아들인다. 그리하여 그들은 죄의식을 느끼고, 비난을 감수하며 배회하고, 극단적으로는 그들 자신에 대해 불만을 품는다.[55]

오스틴은 '온유한 양심'을 발달시키고 그의 목소리에 귀를 기울일 것을 충고한다. 그러면서 그는 과거의 잘못으로 인해 죄의식을 느끼거나 비난을 감수하며 사는 것을 거부한다. 즉, 우리는 하나님으로부터 용서받는다는 것을 알아야 한다, 그래서 우리가 옳지 않은 어떤 일을 했다면, 새롭게 다시 시작하라는 것이다.

진보주의적 청교도들은 이제 전통적인 죄에 대해 죄의식을 덜 느끼며 대신에 사회 부정의와 같은 보다 현대적인 문제들에 초점을 두는 경향이 있다. 진보주의적 도덕성은 전통적인 기독교 교리보다는 개인적인 자유재량을 더 추구한다. 1960년대의 상대적이자 맥락적인 **상황윤리**가 그 좋은 예이다.[56] 이 관점에 따르면 행위의 도덕성은 사람이 **무엇을** 하느냐가 아니라 그가 **왜** 그것을 하느냐에 달려 있다. 어떤 행위를 도덕적으로 만드는 지도 원리는 이기심 없는 사랑으로서의 **아가페적 사랑**이다. 이러한 진보적 관점은 특히 아가페적 사랑을 대신으로 낭만적인 사랑을 즐겼던 젊은 대학생들 가운데 유행하였다("만약 네가 사랑한다면 '그것'으로 충분해").[57]

자기 주도적 도덕성을 중심으로 일어났던 성적 혁명은 1980년대에 이르러 사라졌지만, 과거의 인습적 도덕성이 대거 되살려진 것은 아니다. 이전에 언급했던 바와 같이 혼전 섹스와 동거는 이제 근본적으로 죄의식으로부터 자유롭게 되었지만(만약 다소의 책임하에 이루어졌다면), 혼외 섹스는 여전히 죄의식과 관련이 있다. 미국인들은 낙태의 도덕적 허용가능성에 관하여 찬성파와 반대파가 거의 반으로 나뉘어 있다.

도덕성과 죄의식에 관한 주류 기독교도들의 신념은 오늘날 시대
의 변화하는 상황들에 적응하면서도 종교적인 도덕적 전통을 유지하
는 길을 찾고자 고심하고 있다. 많은 기독교도들은 조직화된 종교의
제약 없이 그들의 삶에서 영성을 고양하는 새로운 방안을 찾고 있다.

죄의식과 영성

오늘날 많은 기독교도들은 도덕성과 죄의식
에 대한 전통적인 태도와 관련하여 중요한 관점의 변화를 보이고 있
는데, 그것은 대략적으로 **영성**의 표제 아래에 수렴될 수 있다.[58] 여
러 비주류 교회들에서 영성은 여전히 일관된 새로운 믿음의 교리나
체계적인 윤리의 규칙을 구성하지 않는다. 교리를 거부하는 것은 사실
상 그의 전형적인 특징 중의 하나이기도 하다. 그럼에도 불구하고 그
것은 다양한 배경을 가진 많은 사람들에게 호소력을 지니고 있다.[59]

사실 전통적인 혹은 고전적인 영성은 기독교가 아닌 유대교와 이
슬람교에서 오랫동안 종교적 전통의 한 부분으로 존재해왔다. 영성
은 교리적인 의무에서가 아닌 사랑에 기반 하여 보다 친밀하고 개인
적으로 만족하는 하나님과의 관계를 갈망한다. 보다 현대적인 견해
에 따르면, 기독교의 영성은 종교적인 전통을 예컨대 인구과잉이나

환경 파괴와 같은 보다 광범위한 세속적 관심사들과 연결시킨다. 건강한 개인적 관계의 구축이나 평화의 추구를 포함하는 세계적인 윤리를 추구하는 데 있어서 다양성을 강조하는 것은 다원주의적 관점이다. 연민에 대한 그의 호소는 지구상에 있는 생명체들의 생존을 위해 필요한 것으로서 그 근거가 이상주의적이기도 하지만 또한 실용주의적이기도 하다. 우리가 이런 맥락에서 동정적이지 못한다면, 그 결과로서 일어나는 감정은 도덕적인 실패에 대한 죄의식이라기보다는 옳은 선택을 하지 못한 것에 대한 후회와 더 가깝다.

영성은 또한 보다 반체제적인 목소리로 나타날 수 있다. 이것은 특히 미국에서 교회의 위계 조직으로부터 부여된 전통적인 도덕적 가르침—무엇보다 피임, 낙태, 혼전 섹스, 동성애, 여성들의 사제서품, 성직자의 결혼과 같은 주제들과 관련한—에 대해 매우 회의적이거나 거부하는 일부 실천적 가톨릭 신자들에게서 분명하게 드러난다.[60]

더 깊게 들어가면 영성은 종교의 대안, 곧 신앙생활 없는 종교의 일종('신앙 없는 종교')이 될 수 있다.[61] 그의 지지자들은 "나는 정신적인 존재이지 종교적인 존재가 아니다"라고 말한다. 일부 사람들은 애초에는 독실한 사람들이었지만, 교회가 그들의 기대를 저버렸거나 아니면 그들이 교회를 초월해버렸다. 그들은 근거 없는 신념에 의해 강화된 교회의 전통적인 종교적 믿음의 경직성과 권위주의를 거부하기에 이르렀다. (성 바울과 성 아우구스티누스는 성과 여성들에 대해

보였던 종교적 관점과 관련하여 많은 비난을 받는 핵심적인 인물들
이 되었다.)

영성은 사람들이 자율적이고 폭넓은 보다 개인주의적인 도덕적
길을 선택하도록, 그리고 낡은 관습에 얽매이지 않고 다양한 전통들-
예컨대 힌두교, 불교, 도교와 같은-가운데 어떤 것이 흥미 있는지 주
의 깊게 선택하도록 고무한다. 동양의 영성과 서양의 영성에서 최고
의 것을 통합하고자 하는 이념은 사이비 지성인들, 호사가들, 자유분
방한 섹스를 추구하는 사람들뿐만 아니라 진지한 지성인들에게서도
매력을 끌고 있다.[62]

영성을 지지하는 사람들에게 있어서 죄의식은 그다지 일반적인
이념이 아니다. 실제로 그들은 죄의식을 그들이 제거하고자 노력하
고 있는 종교적 유산의 일부로 이해한다. 그들은 죄의식의 '부정론적
인' 측면들이 사람들을 속절없이 낙담시키게 만든다고 믿는다. 기껏
해야 그들은 죄의식을 억누르며, 그것을 자아의 탐색을 위한 혹은 자
아의 '인간 잠재력'을 고양시키기 위한 수단이 되도록 할 뿐이다. 영
성은 죄의식 대신 현대 세계에서 삶의 본질적인 요구들과 일치하는
방식에서 행동함으로써 자기 자신에 관하여 긍정적으로 생각할 필요
가 있다는 점을 강조한다. 일부 사람들은 '양심'이란 말이 함축하고
있는 도덕적 비난의 느낌 때문에 단순히 그 단어만 언급하여도 버럭
화를 낸다. 그들은 따라서 양심이란 말 대신에 보다 성취감을 주고

진정한 삶을 향한 윤리적 선택을 안내하는 '내면의 목소리' 혹은 '영혼의 나침판'이란 말을 사용한다. 토마스 무어의 『영혼의 돌봄』과 같은 대중적인 서적들이 보인 개인적인 기준에 의거한 판단을 피하는, 곧 판단하지 않는 어조는 많은 사람들에게 어필하고 있다. 다른 한편으로, 비판가들은 일부 보다 대중화된 영성의 형식들의 경우는 자기주도적 도덕성으로 인해 일어날 수 있는 방탕이나 변덕과 영합하는 것으로 간주하기도 한다.

이슬람교에서의 죄의식

> 오 나의 주님이시여,
> 제가 지옥이 두려워 당신을 숭배한다면,
> 저를 지옥에서 불살라 주소서.
> 제가 낙원을 소망하여 당신을 숭배한다면,
> 저를 낙원의 정문에서 차단하소서.
> 그러나 만약 제가
> 오로지 당신만을 위해 숭배한다면,
> 그땐 당신의 아름다운 모습을 제게 허락하여 주옵소서.[63]

수피의 성녀 라비아 알 아다위야가 8세기에 한 이 기도는 이슬람교에서 하느님의 위치, 곧, 하느님은 모든 것의 궁극적인 목적이지 결코 수단이 아니라는 것을 웅변적으로 보여준다. 라비아는 고아로 자라 어린 소녀 때 노예로 팔렸지만 결국은 자유의 몸이 되었고 이슬람교 신비주의-하느님의 '친구'이자 '연인'-에서 유명한 인물이 되었다. 그녀는 사랑에 기반을 둔 수피즘의 새로운 상을 창시하였다.[64]

7세기에, 예언자 무함마드는 모든 다른 신들을 배제하고 알라를 유일한 하느님으로 끌어올려 숭배하도록 함으로써 아라비아의 다신교를 믿던 사람들을 유일신교로 개종시켰다. 메카의 지배자들로부터 10여 년간 불화와 박해를 받은 후, 632년에 무함마드와 그의 추종자들은 메디나의 오아시스 타운으로 도망쳐 나왔으며, 그곳에서 그는 공동체의 세속적이자 종교적인 지도자가 되었다. 이 이주(al-hijra **알 헤지라**)는 이슬람교에서 변화의 사건이자 이슬람력의 시작을 의미한다. 예언자가 죽고 10여 년이 지난 후, 그의 계승자들(caliphs **칼리프들**)은 이슬람교를 스페인으로부터 중국에 이르는 거대한 제국으로 확장시켰다.[65]

예언자는 이슬람교 이전의 사회를 무지(aljahiliyya **알자히리야**)에 의해 지배된 그리고 부패와 착취가 만연한 사회로 규정하였다. 이것은 사악한 인간의 본성을 반영한 것이 아니라, 미성숙과 배은망덕을 상기시킨 것이었다. 계율에 입각한 종교로서 이슬람교는 '선을 권장하고 악을 금지하는'[66] 명령을 그의 윤리의 핵심으로 삼았다. 이슬람교는 또한 식이제한(돼지고기 금지, 술 금지)과 같은 의식 요건들을 갖추고 있다.

이슬람이란 말(아랍어 taslim **타슬림**에서 나온)은 순종을 의미한다. 무슬림들(혹은 모슬렘)은 전적으로 그리고 결정적으로 하느님에게 순종한다. 사람들은 다음과 같은 믿음을 천명함으로써 무슬림이된다. "하느님 이외에 다른 신은 없으며 무함마드는 그의 예언자이시다." 이러한 신앙고백(shahadah **샤하다**)은 이슬람교의 5대 의무 혹은 기본 토대의 첫 번째에 해당한다. 나머지는 예배, 희사(자카트), 라마단 기간 동안의 단식, 메카 순례이다.

이슬람교의 기본적인 성서적 기초는 코란('암송')이다. 그것은 무슬림들에게 있어서 천사 가브리엘이 예언자 무함마드에게 아랍어로 전달한 하느님의 문자화된 말씀을 상징한다.[67] 그것은 예언자 무함마드의 초기 추종자들이 그의 삶과 가르침을 기록한 글들로 구성된 하디스(역자 주: 무함마드의 언행록)에 의해 보완된다. 예언자는 그의 인간적이고 합리적인 천성에 고무된 그의 추종자들이 변함없는 충성심과 더불어, 깊은 애정에 고취되어 존중하는 인물이다.

코란(거의 신약성서의 분량이다)은 계시를 연대순으로 차례차례 분류한 것이라기보다는 장단의 길이에 따라 정리된 114개 장(surah **수라**)으로 집성되었다. 이슬람교는 유대교와 기독교의 도덕적 계율의 많은 부분을 공유하고 있으면서도(모세와 예수는 이슬람교에서 예언자로 숭배받는다) 그 자체의 독특한 측면을 확보하고 있다.

이슬람교에서 죄는 하느님의 의지에 반하는 자만의 결과이다(사 탄이 아담 앞에 엎드리라는 하느님의 명령에 순종하지 않고 거부하 는 것과 같은). 그러나 죄는 악이라기보다는 오히려 허약함에 더 가 깝다. 즉, 이슬람교에는 원죄와 같은 것이 없다. 아담과 이브는 금단 의 나무 열매를 먹음으로써 하느님의 명령에 순종하지 않았다(이브 는 아담을 유혹하지 않았다. 곧, 그들은 똑같이 책임이 있다). 그래 서 그들은 **망각(al-ghaflah 가프라)**으로 타락하게 되었으며, 그것은 곧 인간의 특징을 나타내고 또한 인간의 도덕적 본성을 왜곡시킨 다.[68] 게다가 인간은 아직도 하느님의 유일성을 입증하는 원초적 본 성을 영혼 안에 깊숙이 담고 있다. 인간은 자유롭게 도덕적 선택을 한다. 사람들이 실수를 할 때는 언제나, 용서가 그들 가까이 있다.

종교적 책임과 법적 책임은 이슬람 율법(shariah 샤리아)에 의해 규정되는데, 그것은 법률이면서 또한 도덕적 지침이기도 하다. 그것 은 현세와 내세에서 행복과 성공으로 이끄는 길이다. 이슬람 율법의 해석은 이런 의무들을 상세히 서술하고 있으며, 이를 일상의 경우들 에 적용한다. 이슬람 율법의 전문가들(mufti 무프티)은 행위와 판결 이 율법(샤리아)과 일치하는지의 여부를 결정하는 법적 해석(fatwa 파트와)을 발표한다.[69] 이슬람교에는 무슬림의 전체 공동체를 대변하는 중심적인 종교 위계체계가 없다. 파트와만이 그에 순종하고자 선택한 사람들에 대해 유일한 구속력을 지닌다. 게다가 이슬람 율법은 네 개의 주요 법학파 가운데 하나를 따를 것이며 또한 시간이 지나면서 이슬람 공동체들의 변화하는 요구를 충족시키기 위해 진화해왔다. 무슬림 법학자들은 샤리아로부터 유추를 통해 추론하는 다양한 수단들을 활용한다. 예컨대 코란은 포도주 마시는 것을 금한다. 위스키에 대해서는 어떤가? 만약 포도주와 관련한 문제가 포도 주스를 이용해 만들어진 것에서 비롯된다면, 위스키는 허용될 수 있을 것이다. 왜냐하면 위스키는 포도 주스와 아무런 관련이 없기 때문이다. 그러나 만약 문제가 만취에 이르게 하는 포도주 속에 들어있는 알코올이라면, 위스키나 그 밖의 모든 다른 알코올음료도 금지될 것이다.

이슬람교의 주요 종파인 수니파와 시아파는 예언자의 후계문제로 갈등을 벌이기 시작하였으며 시간이 지나면서 또한 교리적인 차이도 수반하게 되었다. 유대교와 기독교처럼, 이슬람교 또한 거대한 단일 조직체가 아니라 모자이크와 같이 여러 조직체들로 형성되어 있다. 세계적 종교로서, 이슬람교는 폭넓은 지역적 및 문화적 차이를 보이고 있다.[70] 따라서 아랍, 파키스탄 혹은 인도네시아 무슬림들이 지니는 도덕성, 수치심 그리고 죄의식에 대한 태도는 이슬람교의 중요한 원리들과 더불어 그들의 토착적인 문화를 반영하는 경향이 있다. 그 때문에 일반화를 시도하는 것이 어렵고 또한 잠재적으로 오해의 소지를 낳을 수 있다.

책임으로서의 죄의식

이슬람교에서 죄의식은 주로 법적 책임과
관련된다. 아랍어에서 죄의식의 용어는 죄의식에 대한 주관적 경험
보다는 잘못한 것에 대한 이러한 측면을 반영한다. **주럼**(jurum)은
'범죄(crime)'를 의미하며, 법적 위법행위를 저지른 사람을 범죄자
(mujrim **무즈림**) 혹은 범죄로 가책을 느끼는 자라 한다. **담브**(dhamb)
라는 말 또한 책임을 함축하고 있으면서, 죄의식을 뜻하기도 한다.
죄의식의 정서적 요소를 담아내고 있는 것으로 가장 가까운 말은 **나
다마**(nadama)로, 그것은 '통회'를 의미한다. 무슬림들은 하느님을
위반할 때 특히 그것을 경험한다. '죄(sin)'와 가까운 말은 **에슴**(esm)
이다. 주요 죄로는 우상 숭배, 살인, 절도, 간통 등이 있다. 그리고
그보다 약한 죄로는 반드시 해야 하는 기도를 때때로 수행하지 못하
거나 무심코 위반하는 것이다.

'양심'과 가장 근접해 있는 아랍어 말로는 **다미르**(damir)가 있다.
그 말에는 **타꾸와**(taqwa)―하느님에 대한 경배―를 준수하는 길을 비
추는 '내면의 빛'의 이미지가 담겨 있다. 코란은 타꾸와를 갖춘 사람

들이 옳고 그름을 분간할 수 있는 윤리적 의식을 발달시키고 또한 애매한 도덕적 상황하에서 행위의 윤리적 의미를 찾아낼 수 있는 지침을 제공한다.

또 다른 핵심 용어인 **자하다**(jahada)는 서로 다른 그러나 관련된 의미를 지닌 몇 가지의 연관된 말들의 근원을 이루고 있다. 첫째는 **무자하드**(mujahadeh)로, 의지의 노력 혹은 유혹에 꺾이지 않으려고 자기수양에 전심전력하는 것을 뜻한다. 그것은 사람들이 개인적인 성향과 도덕적 허약성을 인식하고 유혹을 피할 것을 요구한다. 두 번째는 **이즈티하드**(ijtihad) 혹은 지적 노력이다. 그것을 통해 사람들은 올바른 윤리적 해석을 내리고 도덕적 판단을 실천할 수 있는 능력을 획득한다.

마지막으로 많은 오해를 받고 있는 **지하드**(jihad)라는 용어가 있다. 그것은 자신의 신앙을 위해 투쟁하거나 정의("하느님의 이름으로")를 위해 고군분투하는 것을 뜻한다. 그것은 이슬람교를 그의 적들로부터 지키는 도덕적 의무이다. 무함마드가 그를 죽이려 하는 메카 원정군에 대항하여 싸움을 벌였던 전쟁이 그런 대표적인 경우이다. 그러나 이것은 **소지하드**이다. **대지하드**는 자기 자신의 비도덕적 성향에 대항하여 싸우는 것이다. 어떤 경우든 지하드는 무분별하게 공격하고자 하지 않는다. 코란은 다음과 같이 말한다. "너희를 상대하여 싸우는 자에 대해 하느님의 이름으로 싸우라. 그러나 침략하지 말라. 하느님은 침략자들을 싫어하신다."[71]

그러나 그 이념은 이기적인 정치적 목적을 위해 침략을 정당화하는 데 이용될 수 있고, 또한 그래왔다(서양의 "정의의 전쟁" 개념이 그런 경우였듯이). 그 결과, **지하디스트**(혹은 jihadi **지하디**)는 지금 서양에서 맹비난을 받는 용어가 되었다. 자살 폭파범들이 그런 비난을 야기하는데, 그러나 그들은 사실 자살이나 아무 죄도 없는 사람들의 목숨을 앗아가는 것을 반대하는 기본적인 이슬람 금지규정을 어기고 있는 것이다. 비록 대부분의 무슬림들이 이슬람의 이름으로 자행하는 극단주의자들의 폭력에 반대하지만, **지하디스트**라는 말은 종교적 태도를 가장하여 정치적 갈등 문제를 해결하고자 함으로써 무슬림 전체를 테러리즘과 연결시키는 용어가 되고 있다.[72]

죄의식에 대한 주관적인 경험은 '마음'에서 나온다. 마음은 도덕적 관념을 포함할 뿐만 아니라 합리적 측면 또한 지닌다. 그의 정서는 파트와—합법적 결정—처럼 개인적인 도덕적 판단과 관련이 있다("당신의 마음으로부터 파트와를 간구하라").[73] 궁극적으로 도덕성은 깊게 숙고한 개인적인 선택을 수반한다. 자신의 마음의 파트와는 회교 법전 전문가들의 판결에 우선한다. 잘못을 저지른 사람은 그것을 느껴야 할 뿐만 아니라 그것을 인정해야 한다. 이슬람교는 분명히 죄의식의 경험을 인정하지만, 그것에 파묻히지는 않는다. 오히려 이슬람교는 회개를 통해 어떻게 그것에서 벗어나 하느님에게 돌아갈 것인가에 강조점을 둔다.

이슬람 문화에서의 죄의식과 수치심

서양에서 일반적으로 의미하는 바의 죄의식은 이슬람교에서는 두드러진 특징이 되지 않아왔다. 역사적으로 보면 수치심이 오히려 더 중요한 역할을 해왔다. 그런 의미에서 이슬람교는 아시아의 종교에 더 가깝다. 그러나 이슬람교에서 수치심이 중요하게 부각되게 된 것은 주로 아랍 유산에서 파생된 것이다. 아라비아 사막의 환경은 매우 혹독하다. 그곳에 거주하는 사람들은 살아남으려면 전투적 문화를 발달시키지 않을 수 없었다. 아라비아의 유목부족들(베두 혹은 베두인)은 습격에 의해 벌어지는 만성적인 전투 상태에서 생활하였다. 지배적인 사회 윤리는 씨족이나 보다 큰 부족에 대한 충성이었다. 왜냐하면 개인이나 가족이 자체적으로 살아남는다는 것은 불가능한 일이었기 때문이다. 집단을 유지하는 데 필요한 덕목은 '용감함'(murruwwa 무루와)으로 거기에는 전투에서 용감하고, 난관에서 인내하며, 부족의 구성원들에게 가해진 잘못을 응징하는 일 등이 포함된다. 이런 관념에 일치하고자 하는 정서가 바로 명예에 대한 정서('ird 어드)이다. 남자는 전투에서 용맹을 통해 자신의 명예를 지켰고, 여자는 성적 정숙(hasham 하샴)과 사회 어른들, 특히 자기 씨족의 나이든 남자들에 대한으로 존중으로 자신의 명예를 지켰다.[74]

한 사람의 목숨을 빼앗기면 부족은 반드시 이에 복수하였다. 그렇지 않으면 수치심에서 영원히 벗어날 수가 없으며 그래서 그보다 더한 침략을 하게 된다. 이슬람교를 형성하였던 아랍 전사들의 가치와 호머의 영웅들의 그것 간에는 상당한 유사점들이 있다. 전투에서 성취되는 명예와 명성은 이들 남자들을 추동하는 힘, 곧 강한 자가 살아남는다는 바로 그 특성이었다. 만약 그렇지 못하였을 때는 수치심을 느꼈다. 명예를 지킬 것이라는 기대 또한 일부 전통적인 아랍 사회에서 성적으로 잘못을 저지른 여성들(혹은 성폭행의 피해자에게까지도)을 그들의 가족 구성원들—보통은 형제가 이를 수행한다—이 죽이는 이른바 '명예 살인'과 같은 소름끼치는 관습을 만들어낸다. 그러나 이것들은 이슬람교에 의해 규정된 계율이라기보다는 문화적으로 지지를 받았던 관습들이다.

용감함만이 베두인의 유일한 덕목이었던 것은 아니다. 환대와 관용 또한 매우 중요하게 여겨져 왔다. 자신의 친족에 대한 그리고 과부와 고아들에 대한 돌봄, 그리고 공정과 정의는 무함마드가 승인하였던 전통적인 가치들이었다. 이들 가치들은 베두인들이 이슬람교를 받아들이기 전에 지니고 있었던 윤리 체계와 가장 가까운 것이었다.

수치심의 관념은 아랍어의 **하야**(hayah)에 의해 가장 잘 전달되는데, 그것은 '정숙', '부끄러워함' 혹은 '내성적임'을 의미한다. 그것은 하나의 덕, 특히 여성들을 위한 덕으로 여겨진다. 종교적 용어라기보다 문화적 용어에 더 가까운 것으로 **아입**(aib)이 있는데, 그것은 여성들에 대한 성과 관련된 의미를 함축하고 있지만 남성들에 대한 천박한, 야만적인 행동 또한 반영하고 있다. 결국 이슬람교는 수치심의 능력을 긍정적인 특질로서 이해하는데, 그것은 다름 아닌 자신의 평판을 유지하는 데 도움을 주고 모욕적인 파렴치한 행동을 하지 않도록 경계하는 보호 갑옷과 같다는 것이다.

무슬림 여성들의 정숙의 개념과 밀접하게 관련된 것으로는 분리와 베일로 가리기가 있다. 이 관습들은 서양에서 많은 주목을 끌어왔는데, 비평가들은 그것들을 여성들에 대한 예속과 사회적 차별의 상징으로 이해한다. 이 관습들은 이슬람교 이전의 아라비아에서 예언자의 아내들이 그들의 사생활을 보호하기 위해 채택하여 이미 정착되어 있었다. 예언자의 아내들은 이슬람 공동체에서 가장 존중받는 여성들이었기 때문에, 베일로 가리는 관습은 위신의 상징으로 여겨지게 되었다(중국의 전족처럼).

사람들이 있는 데서 몸을 베일로 가리고 덮는 것(일반적으로 **히잡** hijab이라고 언급되는)에 대한 전통적인 정당화는 그렇게 함으로써 여성들을 남자들의 엿보는 시선들로부터 차단시켜주고 그들이 정숙과 명예를 보호하는 데 도움을 준다는 것이다. 이런 관습은 이제 단지 소수의 무슬림 국가들에서만 의무적으로 시행되고 있고(특히 이란과 사우디아라비아), 터키에서는 금지되었다. 그런데 나머지 무슬림 세계의 대부분의 경우에서 나이가 많고 생각이 전통적인 여성들 사이에서는 이 관습이 자발적으로 그리고 상대적으로 매우 흔하게 채택되고 있는 것으로 보아, 이것은 종교적 관습이라기보다는 사회적 인습을 반영하고 있는 것으로 보인다. 그러나 프랑스같이 커다란 무슬림 공동체가 있는 유럽의 국가들에서 젊은 여성들을 중심으로 관습을 부활하고자 하는 움직임이 있는데, 이는 어떤 경우들에서는 문제가 되고 있다.

죄의식과 도덕적 행동

인간은 자유로운 선택을 허용하는 '자연의 상태'(fitra 휘트라)에서 태어난다. 사람은 잘못된 도덕적 선택을 할 수 있지만 그때는 회개로 하느님에게 되돌아간다. 이러한 복귀와 화해(tawbah 타우바)에 대한 기대는 전혀 죄에 빠져들지 않는 것보다 더 낫다고 여겨진다. 그 까닭은 그것이 하느님에 대한 자신의 완전한 의존을 약화시키는 독선과 종교적 자만을 피할 수 있게 해주기 때문이다.

하느님에 대한 반역(isyan **이스얀**)과 배은망덕(kufr **쿠프르**)은 비도덕적 행동의 핵심적인 원천이다. 하느님의 많은 은총을 가정했을 때, 배은망덕은 중대한 위법행위이다. 하느님은 잘못을 한 사람들을 용서한다. 그러나 은혜를 모르는 사람들은 그의 자비를 받을 자격이 없다. 이슬람교는 인간의 행동을 5가지 범주로 구분하고 있다. 허용되는 행위(haral **하랄**), 금지된 행위(haram **하람**), 말리는 행위(makruh **마크루**), 윤리적으로 중립적인 행위(mubah **무바**), 그리고 권장하는 행위(mustahabb **무스타합**)가 그것이다. 이슬람 윤리는 하느님이 금지하라고 표현하지 않은 것이라면 무엇이든 허용된다는 점에서 자유주의적이다(하느님의 관용의 표시). 행위 밑에 깔려 있는 의도는 그들의 도덕적 유인성을 결정하는 데 있어서 행위 그 자체만큼 중요하다.[75]

이슬람 율법은 성이 결혼처럼 합법적 관계로 제한되는 한 하느님의 은혜로 이해한다. 간통과 동성애를 포함하여 결혼의 본래의 모습을 위협하는 그 밖의 모든 성적 행위는 금지된다. 샤리아(회교 율법)를 따르는 국가들에서의 처벌은 돌로 사람을 쳐 죽이는 것과 같이 매우 가혹하다. 그러나 입증기준이 매우 높아서 유죄를 성립시키는 것이 쉽지 않다(그 행위가 "마치 펜이 잉크통 안에 깊숙이 들어 있는 것처럼" 입증되어야 한다). 그러므로 실제적인 문제로서 유죄의 판단은 보통 미혼 여성의 임신이나 여자의 남편이 부재하는 동안 저질러진 것으로 추정되는 행위들과 같이 어쩔 수 없는 경황증거에 기초하고 있다.[76]

이슬람교의 혼인은 대부분 일부일처지만 서양인들의 주목(그리고 공상)을 끌었던 것은 때때로 일부다처가 가능하다는 것이다. 예언자는 카디자(이슬람교로 개종한 첫 번째 사람으로 그보다 15살 위였다)와의 첫 혼인에서 일부일처를 유지하였다. 그녀가 죽은 이후, 예언자는 몇 명의 여자들과 혼인하였으며, 그들 중 몇 명은 정치적 이유에서였다. 코란은 양심적으로 공정하게 대우할 수 있다면 한 남자가 4명의 아내를 둘 수 있다고 명한다. 그 관습은 이슬람교 이전에 존재했었지만 미망인이 된 여인들과 고아가 된 어린 소녀들을 돌봐야 할 필요성에서 탄력을 얻었다(그것은 또한 분명히 성적 다양성을 향한 남성들의 욕망과 부합하였다). 일부다처제는 대부분의 무슬림 국가들에서 거의 시행되지 않고 있으며 터키 같은 세속적 국가들에서는 금지되고 있다. 그것이 허용되고 있는(사우디아라비아와 같은) 소수의 국가에서도 아주 일부의 남자들만이 한 사람 이상의 아내를 취하고 있다.[77]

지금까지 우리는 주류 이슬람교를 중심으로 고찰해왔다. 수피교도들(이슬람교의 신비주의자들)은 죄의식과 수치심에 관하여 약간 다른 관점을 지니고 있다. 책임에 초점을 둔 샤리아를 감안해본다면,

이슬람교는 주관적인 죄의식의 요소들에 별로 관심을 갖지 않는다. 이와 대조적으로 수피교도들은 하느님과의 보다 개인적인 그리고 신비적인 경험을 추구하는 자들로(이 절의 서두에 있는 라비아의 기도로 대표되는 것과 같은) 주관적인 자아(**nafs 납스**)에 더 천착한다. 수피교도들은 '영혼의 명령'을 따르며 하느님의 사랑을 추구한다. 수피교의 심령론은 흔히 이슬람 율법과 대조된다. 그러나 수피교도들은 그 계율을 거부하지는 않는다. 그들이 거부하는 것은 이기적 이유에서 혹은 아무런 헌신 없이 의식의 관습을 수행하는 것이다.[78]

수피교에는 도덕적 덕목에 필요한 두 가지 조건이 있다. 곧, 다른 사람들에 묶인 속박으로부터 자유로운 마음과 세속적인 욕망으로부터 자유로운 욕구이다. 자신의 영적 행로에서 내딛는 첫걸음은 자기 자신의 무지를 깨닫는 것이다. 도덕적 잘못은 대부분의 경우 무지의 소치이다. 사람이 잘못을 저질렀다는 것을 인식할 때, 그 반응은 수치심이지 죄의식이 아니다. 수치심이 타인들의 비난으로 인한 것이 아니라 그 사람 자신의 인정으로부터 나온다고 가정한다면, 수치심은 사람을 회개로 이끄는 데 유용하다.

죄의식은 기껏해야 자신의 잘못을 지적하며 그리고 만약 그것이 단순하게 개인들을 교묘하게 조종하는 데 사용되어 온 제도적 비난을 대변한다면 유용한 목적에 기여하지 못한다. 책임에는 지식이 딸려 있다. 곧, 무지에서 하는 행위는 수치심과 연결되며, 지식이 있음에도 불구하고 무책임하게 하는 행위는 죄의식을 유발한다. 만약 사람이 지침을 찾고 또한 그것을 애써 따른다면, 그 사람은 비판받아서는 안 되며 또한 어떠한 죄의식도 뒤따르지 않을 것이다. 죄의식은 먼 훗날 언젠가 하느님을 마주하게 될 때, 마치 큰 빚을 졌을 때 따라붙는 이자와 같은, 일종의 파생된 고통이다. 그러나 하느님은 가장 자비로워서 만약 사람이 회개한다면 언제든 용서해준다.[79]

죄의식에 대한 대처

일신교의 신앙은 죄의식을 어떻게 인식하는가? 일신교를 신봉하는 자들은 죄의식을 느낄 때 어떻게 하는가? 우리는 이제 그런 의문들과 관련하여 어떤 단 하나의 대답이 존재하지 않는다는 것을 안다. 유대교도들, 기독교도들 그리고 이슬람교도들이 죄의식으로 힘들어할 때 하는 일은 그들의 특별한 종교뿐만 아니라 그들 사회의 문화적 및 민속 전통에 따라, 그리고 또한 개인으로서 죄의식에 대한 그들의 심리적 성향에 따라 달라질 수 있다. 그들이 속한 종교적 전통과는 별도로 가장 중요하고 가장 우선하는 것은 사람들이다.

일신교에서 죄의식에 대처하는 기본적인 순서는 앞에서 논의하

였던 다른 맥락들에서의 죄의식에 대처하는 방식과 그 근본에 있어
서는 똑같다. 예컨대 랍비 할란 웩슬러가 보여주었던 죄의식에 대처
하는 단계는 다음과 같다. 회한(후회하기), 철회(고백하기), 단념(잘
못을 행하는 일을 그만두기), 결심(잘못을 반복하지 않기로 다짐하
기), 그리고 화해(당신이 잘못을 했던 사람의 용서를 받기).[80]

　일신교에서 죄의식을 다루는 **종교적** 요소의 핵심은 회개와 구
원으로 이루어진다. 유대교에서 **회개**는 하느님에게로 돌아오는 것
(teshuvah **테슈바**)을 의미한다. 다윗왕은 하느님이 깊이 뉘우치고
있는 자신의 겸손한 마음을 일축하지 않을 것이라는 확신으로 용서를
구하는 기도를 한다. 회개에 대한 요구는 신약성서에서도 여전히 유
지되는데, 회개는 예수와 바울의 가르침에서 중심 주제에 해당한다.

　이는 이슬람교에서도 똑같은데, 회개와 화해(tawbah **타우바**)로
하느님에게 돌아오는 것은 모든 사람에게 열려 있다.[81] 신성한 용서
의 주제는 코란의 곳곳에 들어 있다. 한 장 외에는 모든 장이 "자비롭
고 자애로운 하느님의 이름으로"라는 구절로 시작한다.[82] 용서는 하
느님의 속성 가운데 하나이자 신도들이 모범으로 삼는 예언자의 특
징이다. 그것은 자비가 분개를 대신 함으로써―설령 분개가 도덕적으
로 정당화된다 하더라도―이루어지는 마음의 변화이다.[83] 용서는 비
굴 혹은 자존심의 결여를 암시하는 것이 아니며, 또한 그것이 이득이
나 손해의 문제가 되어서도 안 된다. 그렇더라도 이슬람교의 법적 기

초를 감안해보면, 죄의식에 대처하는 일은 대체적으로 책임을 결정하는 그리고 피해자에게 적절한 보상을 보장하는 문제와 관련된다. 후회의 감정으로 인해 생기는 굳은 결심은 죄의식을 유발하는 행위에 뒤따를 수 있는데 계율에서는 크게 부각되지 않는다. 그러나 실제적인 문제로서 무슬림들은 아마도 유죄의 행위로부터 빚어지는 관계에 대한 손상을 보상하고자 노력하는 데 있어서 다른 종교들과 결코 다르지 않게 행동할 것이다.

구원('되사는 것'을 의미하는 라틴어 **redimere** 레디메레에서 나옴)은 억류된 사람을 몸값을 지불하고 구해내는 것을 본떠서 만든 의미이다. 히브리 성서에서 하느님은 처음에는 이집트에서 그리고 다시 바빌론에서 억류된 이스라엘 사람들을 구해내는 자(**go'el** 고엘)이다. 구원은 또한 이스라엘 사람들을 억압으로부터 자유롭게 해줄 구세주로서 그들에 대한 하느님의 약속과 관련되어 있다.

기독교에서는 이 약속이 예수 그리스도의 죽음과 부활을 통해 이행된다. 그리스도를 통해, 인간의 불복종으로 비롯된 하나님으로부터의 소외가 치유된다. 그리스도는 자신의 희생을 대가로 죄로부터 인류를 구해냈으며, 이후 부활을 통해 죽음을 이겨내는 승리를 거두었다.[84] 이슬람교에서는 하느님이 심판의 날에 믿는 자들과 믿지 않는 자들의 수지를 결산한다. 이슬람교와 기독교는 이런 수지결산을 다가올 삶에 있어서 신실한 자에 대해서는 옹호하고 죄지은 자에 대해서는 궁극적으로 벌을 주는 것으로 확신한다. 유대교는 이와 관련하여 그렇게까지는 생각하지 않는다.

죄의식에 대처하는 부가적인 방법으로 로욜라의 성 이냐시오의 영적 실천에 기초한 것이 있다. 양심의 일반규명(혹은 **의식 성찰**)이라 불리는 이 방법은 가톨릭 전통의 일부이지만, 다른 종교 전통을 따르는 사람들이나 혹은 일반 세속인도 이를 응용할 수 있다. 그것은 본질적으로 다른 종교적, 철학적, 심리적 관습의 기초가 되어 왔던 자기평가의 한 형식이다.[85]

성찰은 도덕의 질서화와 식별에 목적이 있다. 그것은 유대교도들, 기독교도들, 무슬림들이 행하는 일상의 기도와는 다른 기도의 한 형식이지만 또한 그렇다고 힌두교도들이나 불교도들이 수행하는 명상의 일종도 아니다. 그것은 우리의 생각과 감정이 어떤 지배로부터 자유로워지는 것을 허용한다. 그렇다고 그것이 심리적 자유연상의 형식을 취하는 것은 아니다. 또한 그것은 일종의 이행을 점검하거나 일정을 계획하는 형식도 아니다. 그럼에도 내가 여기에서 굳이 그것을 제안하는 까닭은 죄의식에 대한 관찰과 결의를 위한 '양심 유지'의 한 형식으로서 활용할 수 있기 때문이다.[86]

다른 모든 활동처럼, 성찰 또한 의무에 부과된 것이라기보다 단지 규칙적으로 그리고 일상생활의 한 부분으로 행해졌을 때 효과가 있다. 그것이 유지되기 위해서는 부담스럽고, 지루하거나, 불편해서는 안 된다. 10분에서 15분 정도 소요되기 때문에 우리가 쉽게 일상 스케줄에서 소화할 수 있어 해야 할 또 하나의 일이 추가되는 것은 아닐 것이다.

성찰을 준비하기 위해서는 당신의 가슴을 차분하게 하고 마음을 열어 활동에 대비하는 것이 필요하다. 종교인의 경우, 그것은 마치 어린아이가 사랑하는 부모님 앞에 서 있듯이, 하나님에게 당신이 온전하게 의지한다는 것을 분명하게 깨달으면서 하나님 앞에 서는 것을 의미한다. 당신은 직접적인 당신의 관심, 곧 당신의 전체 삶이 아닌 바로 그 전날 했던 마지막 성찰 이후부터의 당신의 생각, 감정, 행동을 성찰하는 일에만 집중하고 그와 관련이 없는 생각이나 감정이 침입하는 것에 대해서는 차단할 필요가 있다.

첫 번째 단계는 당신의 삶에서 좋은 모든 것, 곧 극적인 성공(흔치 않은)뿐만 아니라 우리가 당연시 여기는 일상의 축복을 인정하고 그에 감사하는 것이다. 두 번째 단계는 보다 직접적으로 죄의식과 관련된다. 당신은 과거에 양심의 가책을 살 만한 어떤 일을 한 적이 있는가? 당신이 무엇 때문에(만약 있다면) 죄의식을 느끼는지를 확인함으로써, 당신은 죄의식에 어떻게 대처할지 혹은 대처하지 않을지를 결정할 수 있을 것이다. (죄의식에 대하는 진정한 방법과 그렇지 않은 방법을 생각해낸다.) 지나치게 꼼꼼하거나 혹은 징벌을 가하려 하지 말고, 당신 자신에게 단호해질 필요가 있다. 이것은 자학을 하고자 하는 활동이 아니다. 죄의식을 느낄 수 있는 어떤 것을 발견해야만 한다는 강박관념을 가져서는 안 되며, 당신의 행위를 경멸해서도 안 된다. 중요한 것은 자기비난이나 현실안주가 아닌, 정직과 연민으로 당신 자신을 성찰하는 것이다.

세 번째 단계는 보통 말하는 그런 일반적인 죄의식에 관해서가 아니라 우리의 생각이나 감정이 죄의식을 낳고 그것을 타오르도록 부채질하는 방식들에 초점을 맞춘다. 이것은 일종의 도덕적 안목의 형식인 동시에 심리적 활동이기도 하다. 예컨대 당신은 이미 체념하고 받아들이고 있는 혹은 당신이 결코 통제할 수 없는 주제들에 대해 아직도 쓸데없이 초조해하고 있는가? 만약 당신이 자신의 기대에 미치지 못하였다면, 그 기준들은 현실적이며 의미 있는 것이었는가? 유형을 분석해보라. 그리고 서로 관련 없는 사건들이라면 그것에 얽매일 필요가 없으며 결점들의 목록 또한 작성하지 말라.

네 번째이자 마지막 단계는 미래, 특히 다음 날을 전망하는 것으로 이루어진다. 당신이 인생에서 합리적으로 그리고 합법적으로 희망할 수 있는 것들이 무엇인가? 당신은 지난 과거로부터 학습한 교훈들을 어떻게 적용하고 또한 실수를 반복하지 않을 수 있는가? 당신은 어떻게 낙관적으로 미래를 맞이하고 또한 더 잘하고자 하는 결심을 할 것인가?

만약 이 단계들과 관련하여 주목할 만한 어떤 일이 아무것도 일어나지 않았다면, 당신은 단계들을 가볍게 통과할 수 있다. 만약 중요한 어떤 일이 일어났다면, 당신은 그 경험이 당신의 마음에서 생생할 동안 그에 관해 평가할 기회를 갖게 된다. 그리고 만약 그것이 어떤 문제가 있으며 죄의식을 유발한다면, 당신은 아예 그 싹을 도려내거나 그와 타협할 수 있다.

이 과정들이 일정한 한도를 벗어나지 않도록 하는 것이 중요하다. 이 일련의 과정은 세무감사보다는 수표책을 결산하는 일에 훨씬 더 가깝다. 그것은 먼지를 털고 진공청소기로 청소를 하는 일이지, 봄에 하는 대청소가 아니다. 어떤 문제는 일정한 시간 내에 당신에게 유용하게 해결되지 않을 수도 있을 것이다. 그런 경우에는 당신은 그 문제를 다음 날 다시 처리함으로써 몇 번에 걸쳐 나눠 다룰 수 있다. 그러나 만약 문제가 심각하다면, 보다 많은 시간을 투입하거나 어쩌면 다른 사람들의 도움을 얻는 등 보다 광범위한 맥락에서 그 문제를 다룰 필요가 있다. 성찰은 단지 도덕적 **보수 관리**의 한 형식일 뿐이다. 만약 단순히 엔진오일을 교환한다거나 급유 이상이 필요하다면, 그 자동차는 차량 정비소에 가서 보다 광범위한 검사와 수리를 받아야 한다.

하루에 5번 기도하는 이슬람교 관습은 이와 유사한 기능을 발휘한다. 물론 그것은 코란에 있는 특별한 구절들을 암송하는 것을 포함하는 보다 형식적인 기도이긴 하지만, 그렇게 함으로써 무슬림들은 그들의 계속 진행 중인 삶을 잠시 멈추고 반성할 수 있다. 그렇게 잠시 시간을 갖는다는 것은 그 형식이 무엇이든, 우리가 누구인지, 무엇을 하고 있는지, 그리고 무슨 목적으로 그러는지를 잊게 만드는 압박감과 정신적 혼란으로 사려 깊게 살지 못하는 것에 대한 훌륭한 치유책이 될 수 있다.

이런 배경과 대조적으로, 우리는 다음에 힌두교, 불교, 유교, 그리고 보다 일반적으로 아시아 문화에서의 죄의식과 수치심에 관한 매우 다른 관점들을 고찰한다. 일신교의 종교에서는 도덕적 충동이 하느님으로부터 유발되고 인간 행위의 도덕적 결과들은 궁극적으로 하느님에 의해 판정되는 반면에, 힌두교, 불교, 유교에서는 힌두교도들, 불교도들 그리고 유생들의 도덕적 삶을 규제하는 그와 비교할 만한 개별적 신성이 존재하지 않는다. 그럼에도 불구하고 수치심과 죄의식을 낳는 갈등으로 이어지는 인간의 기본적인 필요, 성향, 조건은 이들 전통을 따르는 사람들 사이에서도 매우 비슷하다. 이들은 이런 갈등을 어떻게 조정하는가가 다음 장의 주제이다.

1   미국인들의 약 30%는 최소한 일주일에 한 번 예배당에 참석함으로써 신앙심이
    있다고 생각한다. 20%는 세속적이며 예배에 참석하지 않는다. 그리고 그 나머지
    는 불규칙적으로 가끔 참석한다. 이들 수치는 지난 몇십 년 동안 비교적 큰 변화
    가 없다. *Wall Street Journal*, Sept. 24. 2007, p. A18.

2   Saint Augustine (397/1998), *Confessions*, tr. Henry Chadwick (Oxford: Oxford
    University Press). 훌륭한 전기로는 다음을 볼 것. Peter Brown (1975), *Augustine
    of Hippo* (Berkeley: University of California Press). James J. O'Donnell (2005),
    Augustine: A New Biography (San Francisco: Harper Collins).

3   Saint Augustine (397/1998), p. 29.

4   Ibid., p. 24.

5   Ibid., p. 28.

6   Ibid., p. 35.

7   죄와 죄의식의 관계에 대한 간략한 개관은 다음을 볼 것. André LaCocque (2005),
    "Sin and Guilt", in Lindsay Jones, ed. (2005), *Encylopedia of Religion*, vol. 12, pp.
    8402-7 (Detroit: Thomson Gale).

8   Ernlé Young, 개인적 교신.

9   유대교에 대한 개론적 안내는 다음을 볼 것. Jacob Neusner (1993), "Judaism", in
    Arvind Sharma, ed. (1993), *Our Religions*, pp. 293-355 (San Francisco: Harper). 모
    든 일신교에 대한 훌륭한 안내는 다음을 볼 것. Huston Smith (1991), *The World's
    Religions* (San Francisco: Harper), and Dabid S. Noss and John B. Noss (1994), *A
    History of the World's Religions*, 9th ed. (New York: Simon and Schuster).

10 Harlan J. Wechsler (1990), *What's So Bad about Guilt? Learning to Live with It
    Since We Can't Live Without It*, p. 30 (New York: Simon and Schuster).

11 *Mahzor for Rosh Hashanah and Yom Kippur: A Prayer Book for the Days of Awe*
    (1972), tr. and ed. Jules Harlow (New York: Rabbinical Assembly).

12 Quoted in Neusner (1993), p. 345.

13 유대교 내의 이런 분파들에 관한 개관은 다음을 볼 것. ibid., pp. 309-10.

14 *Tanakh: The Holy Scriptures* (1985) (Philadelphia: Jewish Publication Society). 현대 미국의 유대인들에 있어서 유대교 율법의 중요성에 관한 논의는 다음을 볼 것. Arnold M. Eisen (1996), *Taking Hold of Torah: Jewish Commitment and Community in America* (Bloomington: Indiana University Press). 천여 년이 지나면서 최초의 히브리어 성서와 최근의 히브리어 성서의 구성들이 서로 구별되었는데, 여기에는 매우 다양한 문체들과 주제들이 포함되어 있다. 이와 대조적으로, 신약 성서는 1세기도 채 안 되는 기간에 쓰였으며, 코란은 수십여 년에 쓰였다.

15 J. Lachowski (2003), "Guilt in the Bible", in *New Catholic Encyclopedia*, 2nd ed., vol. 6, 99. 569-72(Detroit: Thomson Gale).

16 Geoffrey Wigoder, ed. (2002), *The New Encyclopedia of Judaism*, p. 252(New York: New York University Press).

17 Moshe Sokol (2001), "Jewish Ethics", in Lawrence C. Becker and Charlotte B. Becker, eds. (2001), *Encyclopedia of Ethics*, vol. 2, pp. 909-15(New York: Routledge).

18 Sokol (2001).

19 히브리어 전문용어와 관련하여 도움을 준 Estelle Halevi and Mark Mancall에게 감사한다.

20 E, Y, Kutscheer (1969), "Words and Their History", *Ariel* 25: 64-74; also see, David Steinberg, "Body Part Metaphors in Biblical Hebrew", www.adath-shalom.ca/body_metaphors_bib_hebres.htm.

21 기독교 성서의 표준 개정판에서는 우선 먼저 "신장"을 "마음"으로 번역하고 있으며, 그 구절은 "When my soul was embittered, when I was pricked in my Heart."로 돼 있다.

22 구별부호들은 대체로 생략되어 왔는데, 그 까닭은 외국어를 아는 사람들은 그것이 필요하지 않고 외국어를 알지 못하는 사람들은 그것을 이해할 수 없기 때문이다.

23 R. J. Zvi Werblowski and Geoffrey Wigoder, eds. (1997), *Oxford Dictionary of the Jewish Religion* (New York: Oxford University Press).

24 아샴(**Asham**)은 **ashamnu**-"우리는 침범했다"-와 어원이 같은데, **ashamnu**는 어떤

선을 넘어서는 것, 어느 누군가의 영역(당신의 이웃집 혹은 배우자가 될 수 있다)
에 함부로 들어가는 것과 관련된 죄의식과 연결되는 또 다른 기본개념을 환기시
킨다. 사람은 하느님에 의해 설정된 도덕적 경계를 벗어남으로써 침범한다. (관
련된 용어는 '**avera**'로, 이는 '건너다'를 의미한다.) 그 때 침범의 죄는 희생제물을
바치고 피해자에게 보상하는 것으로 충분하지 않았다. 범죄자는 공동체 앞에서
공개자백을 해야 했다.

25 희생제의가 유대교에서 더 이상 실행되지 않으면서부터, 사람들은 하느님에게
용서를 위해 기도했으며(속죄를 위한 제물을 바치는 대신) 또한 자비를 베풀었
다(속건제를 하는 대신).

26 Werblowski and Wigoder (1997), p. 742.

27 Daniel Boyarim (1993), *Carnal Israel: Reading Sex in Talmudic Culture*(Berkeley:
University of Califonia Press); G. Larue (1983). *Sex on the Bible* (Buffalo, NY:
Primetheus). 다양한 종교 전통에서의 성에 관한 개관은 다음을 볼 것. Herant
Katchadourian (1989), *Fundamentals of Human Sexuality*, 5th ed. (Fort Worth:
Harcourt Brace).

28 Steven Goldsmith, 세미나 강의.

29 Harold S. Kushner (1983), *When Bad Things Happen to Good People*(New York:
Avon).

30 시오니즘과 이스라엘 국가는 세속적이지만 유대교는 디아스포라뿐만 아니라 이
스라엘 사람들에게 커다란 영향을 미친다.

31 Philip Roth (1994), *Portnoy's Complaint*, p. 124(New York: Vintage).

32 Martin Buber (1998), "Guilt and Guilt Feelings", in *the Knowledge of Man* (Atlantic
Highlands, NJ: Humanities Press).

33 기독교에 대한 일반적인 소개는 다음을 볼 것. Harvey Cox (1993), "Christianity",
in Sharma (1993), pp. 359-422.

34 Joseph Klausner (1925), *Jesus of Nazareth: His Life, Times, and Teaching*, Tr. From
the original Herbert Danvy (New York: Macmillan).

35 나는 이 장에 관한 광범위한 평론과 더불어 그리스어 용어에 도움을 준 Robert

Gregg에게 감사한다.

36 수치심에 해당하는 그리스어는 외설을 의미하는 **aschemosunen**이다. 수치스러운(shameful)의 어원은 도덕적 **구조(schema)**의 형식을 갖추고 있지 않다는 의미의 "형태가 없는"(shapeless)에서 나왔다.

37 Garry Wills (2006), *What Paul Meant* (New York: Viking).

38 Krister Stendahl (1976), P*aul among Jews and Gentiles* (Philadelphia: Fortress).

39 나는 성 바울과 성 아우구스티누스의 가르침, 특히 원죄의 개념과 관련하여 가치 있는 도움을 준 Robert Gregg에게 감사한다. Gregg는 번역에서의 미묘한 실수가 아우구스티누스의 관점에 기여하였을 것이라는 점을 지적하고 있다. 그리스어 판 원본(그리고 영어판)에 로마서 5장 12절 "모든 사람이 죄를 지었으므로"라는 문구가 있는데, 이는 아담의 사례 이후를 언급하는 것으로, 그것이 인류에게 죽음을 만연시킨 결과를 초래하였다는 것이다. 아우구스티누스가 사용하였던 라틴어 번역본에서는 아담에 대한 언급이 "사람들 안에(in whom)"로 되어 있다. 그에 따라 죄는 아담에게서 비롯되어 그 뒤에 모든 사람들에게 전달됨에 따라, 아담의 죄는 모든 인간의 죄의 **모델**이 아니라 **원인**이 되었다.

40 John Milton (1674/2000), *Paradise Lost*, Book Ⅳ, pp. 744-45(London: Penguin).

41 Vern L, Bullough and James Brundage (1985), *Sexual Practices and the Medieval Church* (Buffalo, NY: Prometheus, 1982). 다음을 또한 볼 것. G, Ratray Taylor (1963), *Sex in History* (New York: Harper and Row).

42 Saint Augustine (397/1998), pp. 61, 145.

43 Bertrand Russell (1945), A *History of Western Philosophy*, p. 365 (New York: Simon and Schuster).

44 Scott Davis (2001), "History of Western Ethics: Early Medieval," in Becker and Becker (2001), vol. 10, pp. 709-14.

45 Jean Delumeau (1983), *Sin and Fear: The Emergence of a Western Guilt Culture*, tr. Eric Nicholson (New York: St. Martin's). 중세교회의 억압적인 성적 태도와 기독교도의 과도한 금욕에 관해서는 다음 책에 깜짝 놀랄 만큼 상세하게 논의되고 있다. James Cleugh (1963), *Love Locked Out* (London: Spring Books). 일부 이런 관

습들은 심리적 장애에 원인이 있는 것이지 교회의 가르침에 기인하는 것은 아니었다.

46 Ralph McInerny (2001), "Thomas Aquinas, St." in Becker and Becker (2001), vol. 3, pp. 1709-11.

47 St. Thomas Aquinas (1264-74/1989), *Summa Theologiae: A Concise Translation*, Timothy McDermott, ed. (Allen, TX: Christian Classics).

48 Katchadourian (1989), p. 585.

49 Kathiann M. Kowalski, "Youth Update 2000," www.americancatholic.org/Newsletter/ YU/ay0600.asp.

50 Lewis Spitz, 세미나 강의.

51 Erik Erikson (1958), *Young Man Luther: A Study in Psychoanalysis and History* (New York: W. W. Norton).

52 Walter von Loewenich (1986), *Martin Luther: The Man and His Work*, p. 76 (Minneapolis: Augsburg).

53 Erikson (1958), p. 258에서 인용.

54 가톨릭교회도 결국 같은 견해를 갖게 되었다. 다음을 볼 것. Encyclical Letter of Pope Paul VI, *Humanae Vitae*, in Katchadourian (1989), p. 655.

55 Joel Osteen (2007), *Become a Better You*, p. 131 (New York: Free press).

56 Joseph Fletcher (1966), *Situation Ethics: The New Morality* (Philadelphia: Westminster).

57 Katchadourian (1989), ch. 23.

58 **영성**은 심령론과 혼동되어서는 안 된다. 후자를 고수하고 있는 자들은 죽은 자가 중간 매개자를 통해 살아 있는 자와 접촉할 수 있다고 믿는다.

59 영성에 관한 개관은 다음을 볼 것. Mary MacDonald (2005), "Spirituality", in Jones (2005), vol. 13, pp. 1718-21. 다음의 책은 이 주제에 관하여 매우 인기가 높다. Thomas Moore's *The Care of the Soul: A Guide for Cultivating Sacredness in Everyday Life* (New York: Harper, 1992).

60 나에게 가톨릭 교리에서의 이러한 새로운 흐름을 지적해준 Nancy McGaraghan 에게 감사한다.

61 Jeffrey Kripal (2007), *Esalen: America and the Religion of No Religion* (Chicago: University of Chicago Press).

62 "American Spirituality: Where 'California' Bubbled Up", *The Economist*, Dec. 22, 2007.

63 Jane Hirshfield, ed. (1994), *Women in Praise of the Sacred: 43 Centuries of Spiritual Poetry by Women*, p. 44 (New York: Harper Collins).

64 그녀의 삶과 저작에 대한 안내는 다음을 볼 것. Michael A. Sells, ed. (1996), *Early Islamic Mysticism*, ch. 4 (New Yotk: Paulist Press). 라비아가 엄격한 가부장적 사회에서 그렇게 유명한 지위에 도달할 수 있었다는 사실은 놀라운 일이지만 예전에 그런 사례가 없었던 것은 아니다. 예언자 무함마드의 아내인 아이샤는 초기 이슬람교의 형성과 발달에서 중요한 역할을 하였다.

65 이슬람교는 하나의 문명(14세기 이상을 포함하고 있는)일 뿐만 아니라 하나의 종교(10억 명 이상의 신봉자들을 갖고 있는)이다. 비록 이슬람교가 일반적으로 아랍인들과 연관되어 있지만, 대부분의 무슬림들은 아시아에 살고 있으며, 인도네시아에는 세계에서 가장 많은 숫자의 무슬림들이 살고 있다. 비록 대부분의 아랍인들이 무슬림이지만, 아랍인들은 무슬림 전체 인구의 20%도 채 안 된다. 보다 최근의 용어인 '이슬람교도'는 정치적 혹은 '근본주의자' 이슬람교를 나타낸다(무슬림들이 그들 자신에게 적용하지 않는 용어임). 이슬람교에 관한 일반적인 논의는 주로 다음의 책을 참고하였다. Seyyed Hossein Nasr (1993), "Islam," in Sharma (1993), pp. 427-532. 단편적인 역사는 다음을 볼 것. Karen Armstrong (2002), *Islam* (New York: Modern Library).

66 John Kelsey (2001), "Islamic Ethics", in Becker and Becker (2001), vol. 2, pp. 889-94.

67 Al-Our'an (1984), tr. Ahmed Ali (Princeton, NJ: Princeton University Press); Fazlur Rahman (1980), *Major Themes of the Our'an* (Minneapolis, MN: Bibliotheca Islamica).

68 아랍어 용어들과 그것들이 의미하는 개념을 명료화해준 Ebrahim Musa과 Shahzad

Bashir에게 감사한다.

69 보다 포괄적인 용어인 울라마(**ulama**)는 신학자들(**mutakallimun**), 교회법학자들(**muftis**), 그리고 샤이크 울 이슬람(**shaikh ul-Islam**)과 같은 고위 국가종교위원회를 포함하여 이슬람교를 공부했던 사람들(단체)을 의미한다. 이맘(**imam**)이 모스크에서 예배를 이끈다(그 용어는 시아파 신도들에게 더욱 특별한 의미를 지니고 있다).

70 Vartan Gregorian 2003), *Islam: A Mosaic, Not a Monolith* (Washington, D.C.: Brookings Institution).

71 Qur'an 2:190.

72 P. W. Singer (2008), "What Do You Call a Terrorist?", *New York Times*, June 2, P. A21.

73 코란과 하디쓰로부터 인용하는 것을 도와준 Ebrahim Musa에게 감사한다.

74 Lila Abu-Lughod (1986), *Veiled Sentiments: Honor and Poetry in a Bedouin Society* (Berkeley: University of California Press).

75 이슬람교에서 중대한 죄와 그리 중대하지 않은 죄에 관한 논의에 대해서는 다음을 볼 것. Muhammad Qasim Zaman (2006), "Sin, Major and Minor", in Jane Dammen McAuliffe, ed. (2001-6), *Encyclopedia of the Qur'an*, vol. 5, pp. 19-27 (Leiden: Brill).

76 예언자는 여자들이 성적으로 어떻게 다루어져야 하는지에 민감하였다. 그는 남자는 동물이 하듯이 자기 아내에게 덤벼들어서는 안 된다고 그의 추종자들에게 충고한 것으로 알려지고 있다. 부부 사이에 '키스하고 대화하는' 형식의 전조가 있어야 한다는 것이다. 게다가 남자들은 그들의 파트너들이 만족할 때까지 섹스를 끝내지 말고 기다려야 한다고 충고하였다. 보다 자세한 내용은 다음을 볼 것. Devin J. Stewart, "Sex and Sexuality" (2004), in McAuliffe (2001-6), vol. 4, pp. 580-85.

77 무함마드는 아이샤(A'isha)와의 혼인으로 비판을 받아왔는데, 그 이유는 그 때 그녀는 아직 어린아이였기 때문이었다. 아이샤는 계속 자기 부모님과 함께 생활하였으며 혼인은 그녀가 사춘기에 이를 때까지 거행되지 않았다. 앞에서 지적했던 바와 같이, 성 아우구스티누스 역시 어린아이와 관계를 가졌으며 만약 그가 수도

회에 입단하지 않았더라면 그녀가 사춘기에 이른 후에 혼인을 하였을 것이다. (비록 현재 우리가 그런 기준들을 거부한다 하더라도, 우리는 그 사람들이 살던 당시의 기준으로 사람들을 판단할 필요가 있다.)

78 시판 예정인 Carl W. Ernst (1996)의 서문을 볼 것.

79 나는 수피교에 대한 이런 통찰을 제공해준 Hank Edson에게 감사한다. 수피교의 관점에 관한 좀 더 상세한 것은 다음을 볼 것. Nahid Angha (1991), *Principles of Sufism* (Fremont, CA: Jain).

80 Wechsler (1990), p. 140.

81 Uri Rubin (2004), "Repentance and Penance", in McAuliffe (2001-6), vol. 4, pp. 426-30.

82 Daniel C. Peterson (2002), "Forgiveness", in McAuliffe (2001-6), vol, 2, pp. 244-45.

83 Bahar Dava (2000), "Forgiveness", in Oliver Leaman, ed. (2000), *The Qur'an: An Encyclopedia*, pp, 213-16 (London Routledge, 2000).

84 J. Jenson (2006), "Redemption in the Bible", in *New Catholic Encyclopedia*, 2nd ed., vol. 11, pp. 963-73 (Detroit: Thomson Gale).

85 *Notes on the Spiritual Exercises of St. Ignatius of Loyola* (1985), ed. David L. Fleming, S.J. (St. Louis: Review for Religious). 특히 다음을 볼 것. "Consciousness Examen" by George A. Aschenbrenner, S.J., Vol. 31,m pp. 14-21. 나는 이 자료에 관심을 갖도록 해준 Nancy McGaraghan에게 감사한다.

86 양심 성찰의 원본은 다음을 볼 것. *The Spiritual Exercises of St. Ignatius* (2000), tr. Louis J. Puhl, S.J., p. 44(New York: Random House).

힌두교, 불교, 유교에서의 죄의식

09

힌두교, 불교, 유교에서의 죄의식

마하트마 간디는 현대 인도와 힌두교의 윤리적 이념을 구현하였다.
이런 이유로 그의 개인적인 죄의식에 대한 경험들은 힌두교 신자의
죄의식을 소개하는 아주 좋은 자료가 된다. 다음의 전환기적인 사건

다음의 동료들은 내 세미나에서 각자 자신의 전공 분야를 강의해주었다. 린다 헤스
(Linda Hess)와 마크 맨콜(Mark Mancall) (Hinduism); 칼 비엘레펠트(Carl Bielefeldt),
마크 맨콜(Mark Mancall), 마크 벅슨(Mark berkson) (Buddhism); 리 이얼리(Lee
Yearley)와 마크 벅슨(Mark Berkson) (Confucianism); 휴스턴 스미스(Huston Smith)
(Asian Religions). 나는 또한 이 장을 준비하는 데 있어 훌륭한 비평과 매우 유용한 도
움을 준 라카 레이(Raka Ray), 쉬린 파샤(Shireen Pasha), 스미타 싱(Smita Singh), 줄피
거 아마드(Zulfiger Ahmad), 리 이얼리(Lee Yearley), 쉴라 멜빈(Sheila Melvin), 진동
차이(Jindong Cai), 라첼 주(Rachel Zhu)에게 감사한다. 그리고 특히 마크 맨콜(Mark
Mancall)과 마트 벅슨(Mark Berkson)에게 감사한다.

은 간디가 이제 막 결혼을 하고, 임종이 가까운 아버지를 돌보는 순
종적인 16살의 아들이었던 시절에 일어났다.

매일 밤 나는 아버지의 다리를 주물러드렸는데, 아버지께서 그만
하라고 하시거나 잠이 드셨을 때 물러나왔다. 나는 이런 일을 하는 것
을 좋아했으며 … 그리고 결코 그 일을 소홀히 하지 않았다. … 내 아
내가 아기를 임신하고 있었던 것도 또한 이때였는데, 이제야 알게 된
일이지만, 이것은 나에게 이중의 수치를 의미하는 것이었다. 한 가지
는 내가 그때 학생이었는데, 내가 응당 자제했어야 하는데 그렇지 못
하였다는 것이다. 그리고 두 번째는 나의 욕정이, 공부하는 것을 나
의 의무로 간주하였던 바를, 나의 부모에 대한 헌신을 깔아뭉개버렸
다. … 밤마다 손은 아버지의 다리를 주물러드리면서도, 내 마음은 침
실 곁을 맴돌고 있었다. …

작은 아버지는 하루 종일 아버지의 침대 곁에 앉아 계셨으며, 가서
자라고 우리를 내보낸 후 굳이 아버지 곁에서 잠자기를 고집하셨다.
… 그때가 밤 10시 반이나 11쯤이었다. 나는 다리를 주물러드리고 있
었다. 작은 아버지는 나더러 그만하고 들어가 자라고 하셨다. 나는
기뻐서 곧장 침실로 갔다. 가엾은 내 아내는 잠이 들어 있었다. 그러
나 내가 아버지 방에 있을 때 어떻게 잠들 수가 있단 말인가? 나는 그
녀를 깨웠다. 그런데 5분, 6분이 채 지나지 않아 하인이 문을 두드렸
다. 나는 깜짝 놀랐다. "일어나세요." 하고 그가 말했다. "아버지께서

매우 위독하십니다." 나는 물론 아버지가 위독하다는 것을 알고 있었기에, 나는 그 순간 "매우 위독하다"는 것이 무엇을 의미하는지를 가늠해보았다. 나는 침대를 박차고 일어났다.

"무슨 일이냐? 나에게 빨리 말해 보거라!"

"아버지께서 돌아가셨습니다." 그래서 모든 것이 다 끝났다! 나는 다만 내 손을 비틀 수밖에 없었다. 나는 너무나 부끄러웠고 비참함을 느꼈다. 나는 아버지의 방으로 뛰어갔다. 만약 동물적 열정이 나를 눈멀게 하지만 않았더라면 나는 아버지의 마지막 임종 순간을 지켜보지 못한 고문은 겪지 않았을 것이라고 생각했다. 나는 아버지를 주물러드리고 있었어야 했으며 그리고 아버지는 내 팔 안에서 죽음을 맞이하셨어야 했다. …

… 마땅히 잠을 거르며 봉사했어야 했던 내 아버지의 죽음이 임박한 결정적인 순간에서조차 욕정에 사로잡혔던 나의 이 수치는 … 내가 결코 지워버릴 수도 혹은 잊어버릴 수도 없는 오점이다. 그리고 내가 항상 생각하고 있는 것은, 설령 내 부모에 대한 나의 헌신이 한계를 모르고 또한 내가 헌신을 위해 모든 것을 다 바쳐왔다 하더라도, 그 순간에 내 마음이 욕정에 사로잡혀 있었다는 점에서 그것은 결코 용서받을 수 없는 모자란 짓이었다는 것이다. … 내가 욕정의 재잘거리는 소리들로부터 자유롭게 되는 데는 오랜 시간이 걸렸으며, 그리고 나는 많은 시련을 겪고 나서야 비로소 그것을 극복할 수 있었다. …

내가 나의 이중의 수치에 관해 말한 이 장을 끝내기 전에, 내 아내에게서 태어났던 가여운 어린 것은 3, 4일도 못살고 숨을 거뒀다는 것을 말해도 좋을 것이다. 어쩔 수가 없었다.[1]

간디는 자신이 60살 때 썼던(구자라트어 Gujarati 방언으로 쓴) 자서전에서 이 사건을 이야기해주었다. 그의 젊었을 때의 일탈에 대한 기억이 그때까지도 마음에 맺혀있었던 것이다. 만약 아버지가 돌아가셨을 때 간디가 자기 아내 카스투르바이와 사랑을 나누지 않고 단순히 잠만 잤었더라면, 그는 다르게 느꼈을까? 간디는 자기 아내에게 몇 년 후 더 이상 성관계를 갖지 않을 것이라고 말했을 때(그녀는 이에 대해 불만스러워했다) "욕정의 지껄이는 소리들로부터 자유롭고자 하는" 자기의 소망을 마침내 이룰 수 있었다. 그러나 간디가 성관계를 거부할 그때쯤은 아마도 그가 영국 지배로부터 인도의 독립과 정의를 위해 모든 것을 쏟아붓는 자신의 열정이 흐트러지는 것을 원하지 않기 때문이었을지도 모른다.[2]

간디의 경험은 죄의식의 표준적인 구성요소들을 내포하고 있다. 곧, 그의 경험은 도덕적 일탈에 이은 것이었고(그는 그의 효도를 다하지 못했다), 죄의식의 일반적인 원인을 내포하고 있으며(성적 열망), 그로 인해 그는 벌을 받았다(자기의 자녀를 잃음으로써). 그러나 간디는 자기의 감정을 죄의식이 아닌, **수치심**의 그것으로 특징짓고 있다. 영국에서 훈련된 변호사로서, 그는 죄의식이 무엇을 의미하는지를 완벽하게 알고 있었지만, 그가 사용했던 단어는 그것이 아니었다. 그러나 에릭 에릭슨은 간디에 대한 자신의 정신역학적인 관점에서 쓴 전기에서 그를 "죄의식과 순결의 문제로 완전히 강박관념에 사로잡혔던 젊은이"로 묘사하고 있다. 에릭슨은 그의 아버지의 죽음과 관련된 사건을 그의 나머지 삶 동안 그에게서 머물렀던 '저주'로 나타냈다. 에릭슨은 그것은 "비슷하게 조숙한 가차 없는 양심"[3]을 가진 다른 정신적 혁신자들과 마찬가지로 간디에게도 존재했던 저주였다고 말한다.

또 다른 경우로, 간디는 15살이었을 때 아버지에게 썼던 편지에서 형의 팔찌에서 금 조각을 훔쳐 팔았던 사실을 고백하며 죄의식을 언급하고 있다.

이 편지에서 저는 저의 죄의식을 고백했을 뿐만 아니라, 그에 대해 적절한 벌을 요청하였습니다. … 고백을 받을 자격을 가진 사람 앞에서 하는 깨끗한 그 고백, 다시는 죄를 저지르지 않겠다는 약속이 깃들여진, 은 가장 순수한 회개의 형식입니다. 저는 저의 고백이 … 저에 대한 그의 애정을 한층 일깨워줬다는 것을 알고 있습니다.[4]

간디가 이제 죄의식을 언급하고 있는 것은 무슨 까닭일까? 여기에서 말하는 죄의식이란 효도의 의무를 다하지 않은 것에 대해서라기보다는 잘못된 행위에 대해 책임이 있다는 것을 의미하기 때문인가? 덕성의 일탈보다는 오히려 의례적인 관습의 위반에 대한 것이기 때문일까? 엄격한 채식주의자(자이나교에 의해 영향을 받은)로서, 간디는 고기를 먹지 않았다. 그러나 젊은 시절의 어느 날, 간디는 한 친구로부터 고기를 먹으면 '영국인처럼 강한' 사람이 될 수 있기에 고기를 먹자는 설득을 받았다. 간디는 이에 대해 다음과 같이 회상한다. "나는 그 뒤에 엄청나게 힘든 밤을 보냈다. 끔찍한 악몽이 나를 괴롭혔다. … 마치 살아 있는 염소 한 마리가 내 안에서 울고 있는 것 같아서, 나는 회한으로 벌떡 일어나곤 했다."[5]

간디는 여기에서 그의 감정을 우리가 죄의식과 동등하다고 생각하는 '회한'으로 특징짓는다. 그는 다음과 같이 여러 편지들에서 또한 자기의 양심을 "내면의 깨끗한 목소리"라고 자유로이 말한다. "나에게 있어서 하나님의, 양심의, 진리의 목소리 혹은 내면의 목소리, 혹은 작고 '고요한 목소리'는 하나이자 똑같은 것을 의미한다."[6]

간디는 양심을 힘든 훈련을 통해 획득되는 '훈육의 성숙한 결실'로 여긴다. 아동들이나 책임감 없는 젊은이들('야만인들'뿐만 아니라)은 양심을 지니고 있지 않다. 내면의 목소리를 듣기 위해서는 사람들은 '신성한 귀'를 가져야 한다. 양심에 대한 이런 언급들로 보아, 간디는 죄의식을 표현하고 있는 것으로 보인다.

　몇 년 전, 내가 힌두교에 대해서 가르치는 나의 동료들 중의 한 사람에게 죄의식에 관한 나의 강좌에 강의를 부탁했을 때, 그녀는 "그러나 힌두교에는 죄의식이란 게 없다."라고 대답하였다. 나는 그녀의 말을 믿지 못했다. 나는 죄의식이란 비록 사회적으로 드러내는 데 있어서 서로 다를 수는 있겠지만 보편적인 경험이라고 생각했다. 그래서 나는 도대체 죄의식이란 것이 힌두교에서는 어떤 것과 같은 것인지 찾기 시작했다. 그러나 내가 찾는다는 것은 속담에도 있다시피 건초더미에서 바늘을 찾는 것과 다름 아니었다. 마침내 나는 정말 바늘이 있는지 의심이 들기 시작하였다. 그럼 우리는 이 모든 것을 어떻게 이해해야 하는가? 간디의 감정은 죄의식의 감정이었을까 아니면 수치심의 감정이었을까? 또한 그것이 어떻게 불리던, 그런 감정들은 아시아의 종교에서는 어떻게 구분되는가? 이런 물음들이 이 장에서 우리가 관심을 기울일 내용들이다.

　아시아 종교나 서양 종교의 신봉자들은 거의 똑같은 윤리적 행위 규범을 따른다. 그리고 그들이 이런 규칙들을 위반하면, 아마도 그들은 똑같이 후회할 것이다. 영어와 같은 서양 언어에서는 그것을 **죄의식을 느낀다**고 말하지만, 산스크리트나 중국어 같은 아시아의 언어들에는 이와 정확히 같은 의미를 지닌 용어가 없다. 그런 감정들은 전형적으로 **수치심**으로 번역되지만, 그것은 영어에서 수치심이 의미하는 바보다 더 넓고 포괄적인 어떤 것을 나타낸다. 그것은 곧 수치심이 서양 문화에서 죄의식이 하는 그런 똑같은 기능을 충족시킨다는 것을 의미하는가? 우리는 이미 앞에서 죄의식과 수치심 문화를 논의하는 과정에서 이 주제에 대해 고심했었는데, 여기에서는 종교적 관점에서 이를 다시 고찰하고자 한다.

힌두교, 불교, 유교가 발달했던 아시아의 문화들은 가정 내에서, 더 큰 사회에서 그리고 우주에서 개인들 간에 **조화**의 유지를 공통적으로 강조하고 있다. 그러나 일신교 종교에서처럼 그렇게 쉽게 우리는 이들 종교를 단일 범주하에 포함시킬 수는 없다. 힌두교는 많은 신들을 갖고 있고, 불교는 신이 없으며(성서적 의미에서), 유교는 어떤 사람들에게는 종교로서 그리고 또 어떤 사람들에게는 윤리 철학으로서 받아들여지고 있다(개인이 생각하기에 종교를 구성하는 바가 무엇인지에 따라 달라진다).[7]

문화적 차이를 초월하여 죄의식이나 수치심과 같은 개념들을 연구하는 데 있어서의 문제는 또한 고대 종교적 문헌들로부터 끌어내거나 서양의 심리적 모델들로부터 추론하지 않고 개인들의 실제적인 경험들에 초점을 두고 있는 연구들이 거의 없다는 사실에서 기인한다. 이런 불확실성에도 불구하고, 죄의식에 관한 우리 자신의 경험들을 연구하고 다루는 데 있어서 우리는 다른 종교적 및 문화적 전통들로부터 많은 것을 배울 수 있다. 최소한 그것이 이 장을 통해서 알아내고자 하는 희망이다.

힌두교에서의 죄의식

힌두교는 창시자가 없다. 그리고 그의 종교적 표현과 경험은 너무 다양해서 평범한 범주화를 거부한다.[8] 그럼에도 불구하고 우리가 그것들을 **힌두교**로 함께 묶을 수 있도록 가능하게 해주는 핵심적인 공통점이 있다. 힌두교도들은 모든 존재를 다스리는 그리고 결코 완전히 알려질 수 없는 우주적 힘을 믿는다. 개별적 신들과 여신들은 이러한 우주적 힘의 화신들이다. 숭배자들은 친숙한 신들에게 그들의 일상적인 희망과 문제들을 도와달라고 요구한다. 그들의 신들(**deva 데바**) 가운데 세 명의 신이 가장 유명하다. 창조자 브라마, 보존자 비슈누/크리슈나 그리고 파괴자 시바가 그들이다. 또한 여신 데비(Devi: 보호하는 어머니) 아래에 여러 여신들이 있다. 이 신들은 또한 모든 실재와 의식을 대변하는 유일한 브라만의 표상이다. 그것은 궁극적인 존재, 존재 그 자체, 인간의 이해를 거부하는, "그 앞에서는 모든 말들이 움츠러드는"[9] 경이로운 존재이다.

산스크리트어의 방대한 문헌에는 힌두교의 성전들이 들어 있다. 베다는 최초의 근본 경전이다.[10] 베다 시대 이후의 힌두교에서는 도덕적 행동의 모범으로 여기는 현자들과 왕들이 신들의 화신으로 여겨지기 시작하였으며, 그들의 역사는 곧 신성한 서사시로 받아들여졌다. 가장 유명한 두 서사시로는 『라마야나』와 『마하바라타』

가 있는데, 현대 힌두교의 기본 성전인『바가바드기타』는 그의 일부
이다. 기타는 전사 아르주나와 신 크리슈나 간의 대화를 통해 세 가
지 차원의 종교적 경험-알고, 느끼며, 행동하고자 의욕하기-을 탐
구한다.[11]

19세기에 영국의 지배로부터 독립하고자 하는 투쟁에서, 유일 힌
두 신에 관한 이념이 널리 퍼지게 되었다. 영국의 기독교 하느님과
동등한 존재로서, 유일 힌두 신이 정치적 갈등을 해결하는 데 있어서
공통적인 윤리적 근거를 제공하기를 바랐던 것이다. 간디의 경우를
보자.

> 신은 윤리이며 도덕이다. … 신은 양심이다. 신은 심지어 무신론자
> 의 무신론이기도 하다. … 신은 인내하지만, 신은 또한 무서운 존재
> 다. 신에 대한 무지가 결코 변명이 될 수 없다. 그리고 모든 것에 대
> 해, 신은 용서를 하며 신은 항상 우리에게 회개할 기회를 준다. … 신
> 은 우리가 선과 악 사이에서 우리 스스로 선택하도록 '규제하지 않고'
> 우리를 놓아둔다.[12]

죄의식과 수치심에 관한 관념들은 이렇게 풍부한 믿음과 이념들
가운데 어디와 가장 잘 어울리는가? 우선, 산스크리트어와 우르두어
의 용어를 명료화하는 것부터 시작해보자. 나는 앞서 힌두교에는 '죄

의식을 느끼다'에 상응하는 정확한 용어가 없다고 언급하였다. 실제
적으로 영어의 **죄의식**(guilt)에 해당하는 용어가 산스크리트어에는
없다. 우르두어 **카랍**(kharab)은 죄의식의 주관적 감정과 가장 가깝
다("내가 뭔가를 잘못하면, 마음이 무너지는 것을 느낀다."에서와 같
이). 산스크리트어 **도사**(dosa)는 신뢰할 수 없음과 같은, 부정적인
성격특질을 지니고 있다는 것과 아울러 잘못이 있다는 의미를 동시
에 시사한다. 잘못을 하는 것(aparadha **아파라다**)은 책임의 의미에
서 한 가지의 잘못 혹은 죄를 저지르는 것이다. 수치심에 해당하는
일반적인 말(lajja **랏자**)이 있는데, 그것은 몇 가지의 의미를 함의한
다. 그것은 다른 사람에게 불편을 끼친 것에 대한 후회("당신을 불리
한 상황에 처하게 만들어서 미안하다")와 더불어 쑥스러움으로서의
수치심도 포함하고 있다. **샤란**(sharan)은 영어 **불명예**(dishonor)와
그 의미가 가장 가깝다.[13]

　윤리를 일군의 도덕 규칙들로 보는 개념 또한 힌두교에는 그에
해당하는 동의어가 없다. 그러나 모든 사람이 활용할 수 있는 도덕적
지침, 곧 양심(vivek **비벡**)이란 말이 있다. 유대교나 이슬람교와 달
리, 힌두교는 율법 중심의 종교가 아니다. 힌두교에도 많은 규칙들이
있지만 그의 대부분은 제의적 정결과 관련이 있지, 도덕성과 관련이
있는 것은 아니다. 힌두교의 의례적 요소들과 윤리적 요소들은 서로
꼬아 합쳐져 있다. 우주에는 우주적 질서가 존재하며, 그리고 인간은

적절한 도덕적 태도와 행동(정직함이나 관용과 같은)을 함양하고 또
한 적절한 의례를 수행함으로써 우주 질서와 합치하는 행동을 해야
한다.[14] 이 점과 관련하여 두 가지의 근본 원리인 업(karma 카르마)
과 법(dharma 다르마)은 매우 중요하다.[15]

업(Karma 카르마)과 법(Dharma 다르마)

영어에 그에 정확히 상응하는 단어들이 없
는 업과 법은 함께 힌두교의 윤리와 의례의 기본구조를 제공한다. 이
들 개념은 불교와도 공유되고 있지만, 약간의 차이가 있다(다음에 다
룰 불교에서 논의될 것임). 업은 행위의 결과들과 관련되며, 다르마
는 도덕적 의무 및 행실과 관련된다. 이 두 가지 원리들은 우주 질서,
자연 질서 그리고 사회 질서를 지탱하고 규제하기 위해 긴밀한 관계
속에서 작용한다. 도덕성은 사적인 문제만은 아니다. 인간의 운명과
우주는 함께 묶여 있다. 개인들과 사회는 의례적이자 윤리적인 행위
의 규칙들을 적절히 준수함으로써 발전 가능한 세계를 유지할 수 있
게 된다. 만약 모든 일이 잘 되면, 사람들은 행복하고 세계는 올바른
질서 내에 있게 된다. 그러나 만약 그렇지 않으면 사람들은 불행해지
고 혼돈이 지배하게 된다.

업(산스크리트어로 '행위' 혹은 '행동')은 자연의 기본법이다. 그것은 숙명도 아니고 또한 운명도 아니다. 그렇지만 그 말이 그런 의미에서 잘못 사용될 수도 있다("내가 무엇을 할 수 있겠나? 그것은 내 운명이야"). 원래 업은 의례 활동과 연관되어 있었지만, 그 의미가 도덕적 결과를 내포하는 인간 행위의 모든 '결과물'과 관련되는 것으로 확장되었다. 업은 의례적이자 윤리적으로 유의미한 행위들을 환생에 대한 기대와 연결시킨다. 나의 현재의 모든 것은 곧 전생에서부터 이어져 온 나의 업의 결과이며, 내가 지금 하는 모든 것(혹은 내가 쌓고 있는 업)은 나의 내세의 삶을 결정할 것이다.

비록 업이 행위로부터 나온 결과지만, 모든 행위들이 다 업을 쌓는 것은 아니다. 걷기와 같은 정상적인 신체 활동 혹은 숨쉬기와 같은 생리적 기능은 업과 관련이 없다. 좋은 결과와 나쁜 결과로 이어지는 좋은 행동과 나쁜 행동이 있다. 그러나 산스크리트어는 좋은 업과 나쁜 업을 구분하지 않는다, 단지 업만 존재할 뿐이다.

나쁜 행동은 더 낮은 계층 혹은 심지어 동물로(예컨대 대식가는 돼지로 환생할지도 모른다) 환생하는 것과 같이 더 열등한 형식의 운명을 타고나는 환생으로 이어진다. 업은 죄에 대한 벌의 형식처럼 들릴지 모른다. 그러나 힌두교에는 죄 혹은 신성한 심판, 벌이나 회개 혹은 죄의 면죄와 같은 그런 것들이 존재하지 않는다.[16] 그것은 단순히 원인과 결과의 자연스러운 과정일 뿐이다. 업은 또한 죄의식에 대한 힌두교의 대응 개념도 아니다. 이런 점에서 행위의 결과를 평가하는 서양과 힌두교의 양식 간에는 중요한 차이가 존재한다. 서양에서는 도덕적 관심이 자신의 행위가 **다른 사람들에게** 미치는 영향에 있으며, 힌두교에서는 행위가 **자기 자신**에게 미치는 영향에 관심이 있다.

　의도는 결과와 관계없이 매우 중요하다. 간디는 의도를 기본원칙으로 삼았다. 당신의 동기가 순수하고 당신의 수단이 옳은 한, 나머지는 자연히 해결될 것이다. 그의 유명한 비폭력 저항의 행동들 가운데 하나로, 간디는 일어날 수 있는 결과들을 생각하지 않고 기차 철로 위에 앉았다. 간디에게 있어서 이것은 또한 바가바드기타의 중요한 주제이기도 하다.[17]

　힌두교에서 죄의식에 대한 또 다른 방어수단은 원죄 혹은 타고난 악에 관한 교리가 없다는 것이다. 인간은 번뇌(kleshas 크레샤스)라 불리는 어떤 개인적 고통을 쉽게 느끼도록 하는 어떤 성향을 갖고 태어난다. 5가지의 그러한 고통이 존재하는데 무지, 이기심, 집착, 혐오 그리고 죽음의 공포가 그것이다. 그것들은 업을 쌓는 행위로 이어진다. 따라서 사람은 이들 경향성을 극복하고자 노력해야만 한다. 힌두 신들은 인간의 운명을 결정하지 않는다. 신들에 의해 벌을 받게 되는 힌두 오이디푸스 같은 것은 없다. 힌두교는 운명론적이지 않다. 새로운 선택들이 자신의 삶에 관한 도덕적 조망을 재형성할 수 있는 새로운 기회를 제공한다. 사람이 영원히 업의 진창에 빠져 허우적거리지 않는다.

법(dharma)(산스크리트어로 '관습' 혹은 '법령')은 힌두교에서 또 하나의 핵심 개념으로, 애초에는 정결에 대한 관심에서 유래되었지만, 관습이나 의무를 따르는 것을 포함하는 것으로 확장되었다. 따라서 그것은 도덕적 의무, 곧 옳은 행동과 적절한 의례에 대한 규범을 상징한다.[18] 법은 모든 살아 있는 생명체에 내재되어 있으며 자신의 진정한 본성을 실현하는 것뿐만 아니라 사회세계와 자연세계가 원만하게 기능하도록 해준다. 법의 요구에 따르기 위해서는 힌두교도는 세 가지를 준수해야 한다.

첫째는 **제의적 정결**을 유지하는 것이다. 의례의 문제로서, 정결은 어떤 도덕적 내용을 포함하고 있지 않을 수 있지만 그럼에도 오염은 사람을 해방으로 가는 길목에서 되돌려 세운다. 정결은 마음과 신체에 적용될 수 있다. 오염시키는 행동들이란 단순히 청결 규칙을 위반하거나(예컨대 당신의 숟가락을 공동으로 사용하는 냄비 속에 담그기) 혹은 예절의 규칙을 위반하는 것(누군가를 대중 앞에서 껴안는 것과 같은)이다. 그 밖에 아주 유연한 종교적 의례들을 포함한다. 예컨대 힌두교도들이 제물을 바칠 수단이 없을 때, 그들은 의례를 정신적으로만 수행할 수 있다. 이것은 의식을 엉터리로 치르는 것처럼 보일 수도 있겠지만, 중요한 것은 그 의지이다.

법의 두 번째 요구는 모든 힌두교도들이 타고나는 **신분제(카스트 제도)**의 범위 내에서 사는 것이다. 카스트 제도는 힌두교도들의 의식에 매우 깊이 박혀 있어서 가장 친밀한 사람으로부터 하찮은 존재에 이르기까지 모든 인간관계를 실질적으로 지배하였다. 예컨대 브라만들은 **달리트(dalit)** 혹은 '불가촉천민'과 접촉하는 것을 피할 뿐만 아니라 심지어 그들의 그림자 속으로 들어가는 것조차 피하고자 하였다. 왜냐하면 그런 것들은 자신들을 오염시키는 행위로 간주하였기 때문이다. 결과적으로 윤리적 행동은 자신의 신분 범위 내에 머무는 것을 의미하였다. 어떤 주어진 행동의 도덕성은 흔히 당신이 **무엇을** 했느냐가 아니라 당신이 그것을 **누구와 함께** 했느냐에 달렸다.

신분제의 장벽을 뛰어넘을 경우, 낮은 신분의 사람들은 응징의 위협에 직면할 수 있고, 높은 신분의 사람들은 불명예의 위험에 직면할 수 있게 된다. 신분제도는 현대 인도에서는 폐지되었지만 여전히 일부 사회적 관계에 영향을 미치고 있다. 자신의 신분보다 낮은 자와 혼인하는 일은 흔히 가족들이 반대한다. 법률은 신분제에 입각한 직업 차별을 금지하고 있지만, 그것이 곧 더 이상 그런 일이 일어나지 않는다는 것을 의미하는 것은 아니다.

법의 세 번째 요구는 다양한 **인생 단계**에 따라 의무를 완수하는 것이다. 첫 번째 단계는 도제 단계로, 젊은 사람이 그에게 특정한 일을 교육시키고 가르치는 스승과 함께 생활한다. 다음 단계는 세대주

단계로, 가족과 일이 남자의 생활을 지배한다. 마지막으로, 은퇴 단
계가 있는데 이때 남자는 세상의 생활에서 은퇴하고 궁극적으로는
은자(sanyasin 산야신)("모든 것을 증오하지도 않고 사랑하지도 않
는 사람"), 곧 자기의 음식을 구걸하는 집 없는 방랑자, 미래에 대한
관심이 없고 현재에 대해 무관심 하는 자로서 삶을 산다.[19] 여자들에
게는 이에 비교할 만한 단계가 없다. 왜냐하면 여자들의 삶은 그들의
아버지와 남편에 의해 결정되기 때문이었다. 이의 한 극단적인 형식
으로 **과부의 순사의식**(sati 사티)(역자 주: 시바신의 아내로부터 비
롯된 것임)이란 것이 있는데 이에 따르면, 미망인은 자기 남편의 장
례식 장작더미 위에서 자기 자신을 불에 태워 죽고자 하였다(이 관습
은 더 이상 법에 의해 허용되지 않는다).

　다르마의 의무에 관한 전통적인 요구는 한때 힌두교도들에게 미
쳤던 그런 힘을 이제 더 이상 발휘할 수 없는지 모른다. 그러나 그
것은 여전히 유일신 종교들의 윤리와 비교하여볼 때 힌두교의 윤리
를 훨씬 덜 절대적인 것으로 만들고 있다. 자신의 행위에 관한 도덕
은 궁극적으로 자신의 행위의 맥락에 의존한다. 모든 일은 추상적인
맥락에서 이미 옳거나 혹은 그르지 않고, 상황에 따라 결정될 뿐이
다. 이런 점이 힌두교의 도덕성을 덜 심판적인 것으로 만든다.

　힌두교도들은 부모나 그들 가족의 다른 일원들로부터 도덕교육
을 받는다. 성직자들은 주로 도덕적 지침을 제공하기보다는 의례를

진행하는 기능을 수행한다. 자녀들의 행동에 영향을 미치려 애쓸 때
에도, 부모는 그들 자신의 한계를 인정한다. 즉, 자녀들은 그들이 하
고자 원하는 바를 행하고자 할 것이며 결국에는 그들 자신의 길을 찾
아갈 것으로 보는 것이다. 부모는 자녀들이 스스로 선택하여 가는 길
을 막을 수 없다. 부모는 자녀들과 함께 사고하며 논쟁할 수 있지만,
어떤 상황에서도 자녀와 의절하고자 하지는 않는다.

해방으로 향하는 길

　　　　　　힌두교도들은 인간이란 출생, 죽음 그리고
환생의 순환 속에 갇혀 있다고 믿는다(samsara 삼사라 윤회). 매 환
생 시, 육체는 폐기되지만 불멸적인 혹은 진정한 자아(참나)인 **아트
만**(atman)은 다음 생애로 이어져 산다. **아트만**은 영혼과 똑같은 것
이 아니라 모든 것의 본질적 핵심인 '의식'에 더 가깝다. 나머지는 **마
야**(maya) 혹은 환영이다. 삶의 궁극적인 목적은 죽음과 환생의 반복
적인 순환으로부터의 **해탈**(moksha 모스샤)이다. 힌두교의 일부 형
식에 따르면, 순환은 **아트만**이 우주적 존재 그 자체인 **브라만**과 통합
될 때 그 절정에 이른다. 그 통합은 개인적 정체성(죽음 이후에도 그
의 정체성을 보존하는 기독교의 영혼과 달리)의 상실로 이어진다. 기

독교도들이 영생을 갈망하는 데 반해, 힌두교도들은 영원 그 자체의 일부가 되길 바란다. 기독교도들이 지상에서의 삶을 내세에서의 삶으로 연장하는 것을 원하지만, 힌두교도들에게 있어서 지상에서의 삶은 고역이다. 이것은 서양식의 죄의식이 왜 힌두교에서 자리를 차지하지 못하는지를 설명해주는 또 다른 이유가 될 수 있다. 힌두교도들을 힌두교도로 존재하도록 만드는 것은 죄의식이 아니라 환생의 가능성, 특히 사다리를 타고 삶의 낮은 지위로 미끄러져 내려가는 그런 가능성이다.

힌두교는 또한 해방을 향해 나아가는 매우 독특한 다양한 방법들을 제시하고 있다. 유일신 종교에서는 도덕이 다루기 힘든 인간의 본성을 억누르는 데 초점이 있는 반면, 힌두교에서는 흔히 실패에 이르고 마는 이런 힘든 노력에 관심을 두지 않는다. 대신에 힌두교는 인간의 자연스러운 성향에 가장 잘 어울리는 길을 제공함으로써 힘든 상황에 적응하고자 한다. 그러므로 당신은 도덕적인 사람이 되고자 당신이 지니고 있는 원래의 기본적인 성향을 포기할 필요가 없다. 오히려 당신은 그 길이 무엇이든 당신의 기본 특성과 잘 어울리는 길을 가면 된다. 어떤 사람들은 감각적인, 성적인, 미적인 향락(kama 카마)에 의해 충동되고, 어떤 사람들은 세계적인 명성과 부를 갈망하며(artha 아르타), 그러나 또 어떤 사람들은 타인들에 대한 의무와 봉사의 길을 걷고자 한다(dharma 다르마). 그러나 여기에서 말하는 다르마는 우리가 조금 앞서 논의했던 보다 일반적인 다르마의 의미와 혼동되어서는 안 된다. 그것은 어느 길이 더 좋은가가 아니라 어느 길이 그 사람에게 가장 잘 **어울리는가**의 문제이다. 그런 목적에서 보면 가장 중요한 일은 자신의 최선을 다하는 것이다. 따라서 교사는 다른 사람들이 무얼 어떻게 생각하든 상관없이 자신이 할 수 있는 한 최고의 교사가 되어야 한다.[20] 사람은 행위의 결실에 너무 집착하지 말고 행동해야 한다. 우리가 하는 바는 다르마를 위해서이지, 그의 결과를 위해 그러는 것은 아니다. 이것 역시 행위의 결과가 그의 도덕적 본질을 규정한다는 서양의 개념과 날카롭게 대조된다.

이런 욕망들은 나름의 쾌락을 지니고 있지만 그것들은 여전히 우리를 고통, 괴로움, 권태, 무지로부터 벗어날 수 없게 만든다. 우리가 그것을 일찍 버리면 버릴수록, 우리는 더 나아질 것이다.

그 목적을 달하기 위해서 그리고 사람들이 밝히는 욕망에 근거하여, 사람들은 네 가지 방향, 곧 **이지 중심의, 감정 중심의, 행동 중심의** 그리고 **경험 중심의** 방향 가운데 하나를 향해 나아가고자 하는 성향이 있는 것으로 구분되고 있다. 이들 각각의 방향에는 해방을 향한 수단인 **요가**(yoga)('결합시키다')가 있다. 요가는 단지 일련의 뒤틀린 자세들이 아니다. 이를 진지하게 실천하는 사람들은 요가를 활용하여 정신 에너지를 진정한 자아의 내면으로 집중시킨다. 그 수련은 미리 정해진 자세들(asanas **아사나 좌법**)과 특별한 호흡법에 더하여 명상, 청결, 육체적 갈망의 절제 등을 요구한다.

힌두교도들에게 있어서 요가는 업을 소각시키는 하나의 방식이다. 네 가지의 인간 성향에 각각 적절히 어울리는 네 가지의 요가가 있다.[21] **즈나나 요가**(jnana yoga)는 이지적인 성향을 가진 사람들을 위한 인식의 방식이다. 이것은 철학자가 된다거나 이성의 차가운 빛에 의존한다는 것을 의미하는 것이 아니라, 스승의 안내아래 집중적으로 숙고하는 것을 뜻한다. **박티 요가**(bhakti yoga)는 정서적인 성향을 가진 사람들을 위한 것으로 예배를 활용한다. 이는 의식을 통해 헌신을 표현하고, 시를 열정적으로 사랑하며, 신의 이름들을 암송하는 행위들을 수반한다. 전통적인 힌두교는 어떤 경우에는 성적 이미지, 은유, 성행위를 활용함으로써 성에 대한 태도에 독특한 면을 보이고 있다. **탄트릭 요가**(tantric yoga)는 성적 교합을 해방의 통로로 활용한다.[22] 따라서 섹스가 서양의 도덕에서는 죄의식의 핵심적인 원천 가운데 하나로 여겨져 왔던 반면에 힌두교에서는 해방으로 나아갈 수 있게 해준다. 역설적으로, 힌두교는 가장 엄격한 기독교도를 창피스럽게 만들 수 있는 최고의 극단적 형식의 금욕주의와 고행뿐만 아니라 모든 종교들 중에서 가장 관능적인 일부 표현들을 내포하고 있다(카주라호와 같은 인도 중세 사원들의 관능적인 조각상들에서처럼).

세 번째로, **카르마 요가**(karma yoga)는 행위를 중심 성향으로 지닌 사람들을 위한 것으로 일상생활에서의 일과 관련시킨다. (보다 넓은 개념의 카르마와 혼동되어서는 안 된다. 두 용어는 모두 행위와 관련이 있다.) 그런 일은 현명하게 선택되어야 하며 이기심 없이 수행되어야 한다. 당신은 당신의 가슴과 영혼을 그에 몰입시키고 시시콜콜한 것에 매달리는 것을 피할 필요가 있다. 마지막으로, **라자 요가**(raja yoga)(그것은 비틀즈에 의해 '초월 명상법'으로 널리 알려졌다)는 심리적 훈련과 신체적 자세를 활용하여 신체와 정신을 조절한다. 이들 네 가지 방식 가운데 어떤 것이라도 효과적으로 수행하기 위해서는 **구루**(guru), 곧 스승이나 역할 모델이 필요하다.

힌두교는 다른 위대한 종교들과 참됨, 정직, 절제, 규율과 같은 옳은 삶을 위한 기본적인 윤리적 계율을 공유하고 있다. 특히 두드러지는 것은 비폭력에 대한 관심이다. 모든 종교들이 반전주의 이념을 지니고 있는 반면, 일부 형식의 힌두교는 살인을 금지하는 명령을 모든 생명 창조물, 심지어 거미나 개미에게까지(자이나교의 영향을 받은 전통)로 확장하였다.[23] 비폭력 정치적 저항의 이념은 간디에 의해 효과적으로 실행되었는데, 그는 이를 **사티아그라하**(satyagraha)('진실을 확고히 하기')라 불렀다. 그러나 자신의 원수를 사랑하라는 명령이 모든 기독교도들을 반전주의자로 변화시키지 못한 것과 같이, 그것 또한 힌두교도들의 서로 죽이는 행위를 중단시키지는 못하였다(간디 자신이 한 힌두교도에 의해 암살되었다).

힌두교에서의 죄의식에 대한 대처

죄의식이 힌두교도들의 도덕적 세계에서 중심적인 관심이 아니기 때문에, 죄의식에 대처하는 것과 관련하여 별로 할 말이 없다. 힌두교도들이 그릇된 행위를 저지를 때면, 그들은 일종의 후회와 회한의 감정을 느끼지만, 그것에 휩싸이지는 않는다. 그들은 계속해서 그다음 결과를 처리하는 것으로 넘어간다. 그래서 '죄가 있다는 것을 느끼는 것'은 서양의 맥락에서와 같이 죄의식의 해결을 위한 여정에 있는 중간 역이 아니다. 힌두교도들은 도덕적 통제의 힘든 일을 죄의식에 별로 의지하지 않은 채 성취하기 때문에, 그것은 별문제가 안 된다. (이것은 힌두교에 죄의식이 없다는 말이 나오는 의미이기도 하다.)

그럼에도 불구하고, 힌두교도는 여전히 잘못을 저지른 사실을 어떤 형식으로든 다루어야 한다. 그리고 나쁜 짓이 자신의 신분(혹은 사회 계급), 인생 단계 그리고 그 행위가 일어나는 상황들에 따라 달라지기 때문에, 그 결과에 대처하는 방식 또한 그에 따라 달라진다. 어떤 경우든, 밟아가는 단계들이 매우 현실적일 뿐만 아니라 감정에 호소하는 특징이 있다. 따라서 자기가 저지른 잘못에 대처하는 첫 단계는 스스로 그것을 인정하는 것이다. 그러나 고백이나 용서를 강조하지도 않고 또한 빚을 갚는다는 그런 문제도 없다. 단순히 그다음에 더 잘 행동하려고 노력하면 된다. 또한 자기가 유발하였던 고통을 인식하고 스스로 **고행(prayaschivta)**의 고통을 겪는다. 예컨대 자기 어머니가 중병을 앓는 동안 극진히 간호하지 않았던 사람은 자신의 남은 생애 동안 육식을 하지 않겠다고 맹세한다. 또 어떤 다른 사람들은 단식을 하거나 혹은 다른 방식으로 자신들의 중요한 것을 박탈한다.

보다 건설적인 대처방식은 선을 행하는 것이다. 가난한 사람들에게 먹을 것을 주고, 어려운 처지의 사람들에게 호의를 베풀거나, 사원에 돈을 기부할 수 있다. 이의 종교적인 대응방안은 기도, 독경, 제물을 바침으로써 신이나 혹은 자신의 스승에 대한 존경을 표시하는 종교적 의식인 **예배(puja 푸자)**를 올림으로써 신들을 진정시키는 것이다. 신들이 보통은 인간의 삶을 방해하지는 않지만, 인간은 우주의 조화를 유지하기 위해 그들을 존중해야 한다. 이런 관습들은 외부인들에게는 이상하게 보일지도 모른다. 몇 년 전, 나는 뉴델리에 있는 힌두 사원을 고대의 건축물일 것으로 생각하며 방문한 적이 있다. 그런데 그 사원은 온통 화려하게 페인트칠을 한 현대 건축물로 그 모습을 갖추고 있었다. 내가 코끼리 머리를 하고 있는 신 가네샤의 조잡한 조각상을 보며 서 있었을 때, 중세의 마돈나처럼 얼굴이 경건함으로 빛을 발하고 있던 한 젊은 여인이 내 옆에 서 있는 것을 목격한 후, 나는 부끄러움을 느꼈다.

불교에서의 죄의식

나의 동료이자 친구가 달라이 라마에게 불교의 죄의식에 관하여 물었다. 그러자 성하 달라이 라마는 "불교에는 죄의식이란 게 없소"라고 대답하였다. 내 친구는 "만약 어떤 아들이 부모의 기대에 부응하지 못하고 그들을 크게 실망시켰다고 가정해봅시다. 그러면 그 아들은 무얼 느낄까요?"라고 계속 물었다. 성하는 웃으면서 "그럴 수도 있겠죠"라고 하였다.²⁴ 달라이 라마는 설령 사람들이 잘못을 하거나 기대를 충족시키지 못할 경우 마음이 불편하다 하더라도 정말 불교에는 죄의식이 없다고 말한 것일까? 성하는 모순된 말을 하고 있는가? 나의 동료가 세미나에서 불교의 죄의식을 강의하였을 때, 학생들은 실망하였다. 그들은 붓다가 이런저런 것을 운운하였을 때 **정확히** 무엇을 의미하는지를 알고 싶어 했다. 즉, 그들은 정확하고 명료한 대답을 원했던 것이다. 나의 동료는 그들에게 "그것을 세세하게 짜맞추려고"²⁵ 하지 말라 하였다. 그것은 다름 아닌 정확히 내가 앞에서 하고 있었던 바이다.

불교의 역사적 창시자인 고타마 싯다르타는 기원전 563년에 인도에 있는 한 제후의 귀족 집안에서 태어났다. 그는 16살에 공주와 결혼하여 아들 하나를 두었다. 그는 네 가지의 고통스러운 광경, 곧 노인, 병자, 거지, 시체를 목격하고 인간의 괴로움을 인식할 때까지는 자신이 원하는 것은 무엇이든 가질 수 있었던 사람이었다. 29살에 출가하여 6년 동안 깨우침을 얻기 위해 숲속의 황야를 헤매었고, 나중에는 두 명의 힌두 스승으로부터 가르침을 받았으며 그리고 마침내 은자들의 반열에 합류하였다.

그가 냉철한 사고와 불가사의한 집중을 통해 그 대답을 깨닫기 전까지는 모든 것이 소용없었다. 붓다는 금욕주의와 현세적 쾌락 사이의 **중도(Middle Way)**를 추구하였다. 어느 날 밤, 보리수 아래에 앉아 있을 때, 그는 정욕(kama 카마)과 죽음(mara 마라)의 모양을 딴 악마로부터 유혹을 받았다. 그는 어느 유혹에도 넘어가지 않고 대각성을 이루었으며 이후에 **붓다(Buddha)**─깨우친 자─로 불리게 되었다. 이후 45년 동안 붓다는 인도를 돌아다니며 고통받는 사람들에게 설교하고, 가르치며, 위로하였다. 그는 수도승 종단을 설립하였으며 홀로 깊은 명상에 빠지고 대중들을 교육하고 그들의 어려움을 돌보는 데 시간을 할애하였다. (고타마가 붓다로 불리고 있지만, 그가 최초의 혹은 유일한 붓다가 아니었다. 산스크리트어로 '깨달은 자'를 뜻하는 붓다는 완전히 깨우친 사람이다. 깨달은 마음을 지닌 사람이라면 어느 누구든 붓다가 될 수 있는 잠재력을 지니고 있다.)

붓다는 어떤 필적을 남기지 않았다. 그의 말을 기록하고 있는 최초의 경전은 그가 죽은 이후 150여 년 만에 등장하였다. 불교에는 계시록이 존재하지 않는다. 단지 가르침만 존재할 뿐이다. 붓다는 그의 추종자들에게 억측을 멀리하고 말을 마치 경험의 실재인 양 다루는 것을 피하도록 가르쳤다. 그의 언행은 종종 불가사의하다. 즉, 그는 침묵으로 혹은 상징적인 몸짓으로 질문에 응답하는 경우도 있었다. 한 가지의 경우에서 보면, 그는 아무 말 없이 대신 연꽃을 집어 들었다. 선종에서는 스승들이 역설적인 진술, 이야기들(**koan 코앤** 선문답) 그리고 합리적인 대답을 할 수 없게 하는 물음들("두 손이 부딪히면 소리가 난다. 한쪽 손이 내는 소리는 무엇인가?")을 활용한다. 그럼에도 불구하고 붓다의 추종자들은 그의 가르침을 지적인 측면에서 개념화하려고 노력하였다.[26]

붓다의 가르침은 죄의식과 관련하여 어떠한 직접적인 언급을 하지 않는다. 원래의 불교 경전들이 산스크리트어로 되어 있기 때문에, 힌두교의 죄의식 용어에 관한 논의는 여기에서도 또한 관련된다. 붓다가 일찍이 죄의식을 느꼈다는 증거는 어디에도 없다. 우리는 그러므로 힌두교에서서도 우리가 그러하였듯이, 붓다의 가르침으로부터 그런 감정의 존재를 추론하지 않을 수 없을 것이다.

| 불교의 윤리

　　　　　　붓다는 힌두교의 베다 전통의 영향을 받으며 성장하였으며, 각성을 이룬 후에도 그는 카르마(업), 다르마(법) 그리고 인과법칙을 통한 환생의 순환과 같은 베다의 일부 기본적인 교리를 여전히 유지하였다. 불교의 업은 힌두교도의 그것과 유사하다. 그것은 비인격적인 체계 안에서 작동한다. 행위는 사람이 진정으로 자기 자신 마음대로 할 수 있는 유일한 것이다. 삶에서 그 밖의 다른 모든 것은 궁극적으로 차후의 일이다. 힌두교에서처럼, 불교에서도 또한 업은 죄 혹은 죄의식의 이념과 상응하지 않는다. 사랑하거나 두려워해야 할, 즉 보상과 벌을 주는 창조주 신이 존재하지 않는다. 우리는 오로지 우리 자신의 행위에 책임을 진다. 인간의 운명을 지시하는 것은 도덕적 책임이지 믿음, 숭배 혹은 희생이 아니다.27

　　일본 불교는 많은 흉포한 고통의 수준들을 내포하고 있는 지옥의 개념을 착상하였다(아주 추운 지역에 있는 지옥들은 얼려 죽인다. 더운 지역에 있는 지옥들은 끓여 죽인다).28 그러나 지옥은 사람이 영원히 천벌을 받는 곳이 아니다. 오히려 그곳은 사람들이 업을 태워 없애며 고통을 받는 중간 기착지이다. 일부 형식의 불교에서는 지옥이 실제의 장소가 아니라 일종의 자학의 수단이다.

　　의지는 힌두교에서와 마찬가지로 불교에서도 특히 중요하다. 우리의 행위와 그에 따른 업보의 도덕적 특성을 결정하는 것은 우리가 무엇을 하는가가 아니라 우리가 왜 그것을 하는가에 달려 있다. 무심코 해악을 끼치는 것도 어쩔 수 없이 업을 쌓긴 하지만, 의도를 갖고 잘못을 하는 것에 비하면 훨씬 덜하다. 우리가 부주의하여 개미를 밟으면 개미는 역시 죽겠지만, 우리가 의도적으로 개미를 죽인 것에 비하면 훨씬 덜 나쁘다. 붓다는 상한 음식을 그런지 모르고 자신에게 주어 80살에 죽음을 맞이하게 한 그 사람을 책망하지 않았다. (붓다는 그 음식이 상했다는 것을 알았다. 그러나 그가 불쾌해하지 않도록 그 음식을 거부하지 않았다.)

불교는 인간이 붓다가 될 수 있는 잠재력을 지니고 태어난다(혹은 **불성 buddha nature**을 지니고)는 전제에서 출발한다. 사람들은 붓다가 그의 최초의 설법에서 가르쳤던 **사성제**에 직면하게 된다. 첫째는 고통(dukkha 둑카)이다. 이 때문에 사람들은 세상이 좌절감을 주는, 성취감을 느끼지 못하는, 불안스러운 그리고 불만족스러운 곳이란 느낌을 가지게 된다. 당신이 누구든 간에, 인간의 삶은 갓 태어난 아이와 같이 의지할 곳 없이 혼자 시작하여 죽음을 향해 나아가며 노년을 끝으로 막을 내리게 된다.

두 번째의 성스러운 진리는 **집착**(꼭 붙잡는 것과 흡사)으로 고통이 생기는 주요 원인이다. 우리는 사랑하는 것을 잃을까봐 붙들고 놓지 않으려 한다. 우리의 이기적 욕망은 다른 사람들의 욕망을 희생해서라도 충족시키고자 한다. 그래서 우리는 우리의 목적을 위한 수단으로 그들을 이용한다. 남에 대한 악감정과 무지로 인해 발화된 욕망이 우리를 삶의 고통 속으로 쳐 넣는다. 욕망을 극복하고 고통으로부터 벗어나는 길은 세상으로부터 시달림을 받는 '번민'을 끝내는 것이다. 세 번째의 성스러운 진리는 고통으로부터의 **해방**이며 네 번째는 그 해방으로 가는 **길**이다.

불교의 도덕성은 선과 악처럼 추상적 관념으로부터 도출된 규칙들을 기반으로 하고 있지 않고, 행위가 과업을 수행하는 '능숙한' 방식(kushala 쿠샬라)을 반영하는지 아니면 자기 잇속만 차리는 '미숙한' 행위(akushala 아쿠샬라)인지에 토대를 두고 있다. 그 결과로 생긴 업은 선행이나 악행의 도덕적 구분에 기반 하는 것이 아니라 해악이나 해로운 행동을 피하고자 하는 의식적인 노력 여하에 토대를 두고 있다.[29]

간단히 말하면 불교 윤리의 목적은 악을 피하고 선을 행하며, 마음을 정화하는 데 있다. 당신은 당신의 무지를 인정하고, 친절을 고맙게 생각하고, 감사를 표현해야 한다. 불교에서의 죄는 입(거짓말, 모략, 부질없는 이야기), 몸(살생, 투도, 사음) 그리고 마음(탐욕, 분노, 어리석음)과 관련된다. 탐욕은 악과 고통의 근원이다. 왜냐하면 그것이 그릇된 행동을 야기하는 집착으로 이어지기 때문이다. 그래서 욕망과 갈망을 제거하여 초탈해짐으로써 비로소 선으로 나아갈 수 있다. 이러한 도덕적 함정들을 피하기 위해서는 올바른 마음을 가진 사람들과 어울리고 **8정도**를 따라야 한다. 8정도는 정견, 정사, 정어, 정업, 정명, 정근, 정념, 정정으로 이루어진다.[30]

불교는 생명의 존엄함에 높은 가치를 부여한다. 그것은 모든 인간과 동물의 생명(종교적 제물까지 포함하는)에 대한 살생을 금하며 자애심을 모든 지각이 있는 존재에까지 확장한다. 그러나 모든 불교도들이 채식주의자는 아니다. 예컨대 티베트의 불교도들은 고기를 먹는다(티베트에는 다른 먹을 것이 많지 않다). 또한 불교도들이 반드시 지켜야 하는 몇 가지 다른 최소 요건들이 있다. 하지만 승려들은 이 외에 227가지의 부가적인 계율을 준수해야 하는데, 이는 주로 간소한 생활을 이끄는 데 목적을 두고 있다.[31]

불교도들은 도덕적 인간이 되는 데 있어서 실체적인 현세 이익도 필요하다고 본다. 사람들은 근면성실하게 부를 축적하고, 좋은 평판을 누리고, 사회에서 자신 있고 차분하며, 아무런 불안 없이 죽을 수 있다. 그러나 불교의 궁극적인 목표는 죽음과 환생의 순환으로부터의 해방이다. 그렇지만 힌두교와 달리 개인의 영혼은 우주적 영혼과의 합일을 통해서가 아니라 **열반(nirvana 해탈)**(산스크리트어로 '불길이 꺼지다')에 이름으로써 해방되는 것이다. 열반은 절대적 무(존재하지 않음)이기 때문에, 정(역자 주: 불교적 수행의 요체는 정 negative과 혜 positive에 있는데, 전자는 산란한 마음이 한곳으로

집중하여 정신적 통일을 이룬 선정의 상태를 말하며, 후자는 이러한
마음을 바탕으로 사물의 본질을 파악하는 지혜를 의미한다) 이외는
그의 실체를 우리의 언어로 표현해내기가 쉽지 않은 바, 그것은 그의
불가사의한 특성으로 이어진다.

현대 학자들은 열반을 영혼의 궁극적 소멸이 아닌 끝없는 평화와
더없는 행복으로 이끄는 유한한 자아의 소멸로 설명한다. 그럼에도
불구하고 붓다의 말에 따르면, 열반은 여전히 "이해할 수 없는, 형언
할 수 없는, 상상할 수 없는, 말로 표현할 수 없는"[32] 것이다. 그것은
이해될 수 있는 어떤 것이 아니라 체험될 수 있는 어떤 것이다. 이는
공(없음)의 개념에도 그대로 적용된다. 반야바라밀다(지혜의 완성)
의 핵심을 담고 있는 반야심경에서는 다음과 같이 밝히고 있다. "물
질적 형상으로 나타나 우리 눈에 보이는 세계는 눈에 보이지 않는 텅
빈 본질세계이고, 텅 빈 본질세계 또한 눈에 보이는 물질적 형상의
세계이다. … 느낌, 생각, 의지, 인식작용도 역시 고정된 실체가 없이
텅 빈 것이다. … 텅 빈 본질세계에는 느낌도 없고, 생각도 없고, 의
지도 없고, 인식작용도 없다. … 몸도 없고, 마음도 없고 … 무지도 없
고 … 늙고 죽는 것도 없다."[33]

불교도들은 세상이 말 그대로 결코 비어 있는 것이 아니라는 것
을 잘 안다. 여기에서 '공'이 의미하는 바는 어떤 것도 근원적인 실체
혹은 독립적 존재가 아니라는 것이다. 즉, 우리가 우리 주변에서 보

는 것은 우리가 보도록 조건화되어 왔을 뿐이다. 이것은 죄의식과 같은 감정이나 생각에도 똑같이 적용된다. 게다가 어느 것도 세상에 영원하지 않으며 또한 모든 것은 끊임없이 변화하고, 나머지 모든 것들과 서로 연결되어 있으며 상호의존적이다.

죄의식의 독

불교도들은 죄의식에 의지하지 않고 어떻게 그들의 도덕적 목표를 달성하는가? 그들은 절대적 도덕 규칙에 대한 순종에 의존하지 않는다. 오히려 불교는 매우 실용적이다. 그의 궁극적인 목적은 자기 자신이나 다른 사람들에게 고통을 주는 것을 피하는 것이다. 그래서 고통을 감소시키는 것이라면 무엇이든 한다. 그런 목적을 달하기 위해, 만약 당신이 거짓말을 해야 한다면, 그렇게 할 수 있다. 비록 불교의 도덕적 규범들이 부정적 용어로 진술될지라도, 그 규범들은 또한 긍정적인 상대적 의미를 상징한다. 따라서 **거짓말을 하지 말라**는 또한 **진실을 말하라**로 표현될 수 있다.

불교는 세상에 죄의식이 존재하긴 하지만 그것이 형이상학적 실체로서 추상적으로 존재하는 것은 아니라고 인식한다. 또한 그것이 영속적이지도 않다. 세상은 끊임없이 변화하고 있다. 우리는 정말 변화를 느낀다. 이를 바라보는 또 다른 방식은 우리가 세상에서 살아야 하지만 그렇다고 그의 수렁에 **빠져서는** 안 된다는 것이다. 세상은 우리가 종신형을 받아 복역하는 교도소가 아니다. 이것은 **세상에 존재**하는 것이지 **세상의 존재**가 아니라는 성 바울의 권고를 상기시켜준다. 이와 비슷하게 우리가 회한을 느낄 수는 있지만 그 속에 파묻혀 허우적거려서는 안 된다. 죄의식과 수치심이 우리의 도덕적 수호자들임이 분명하지만, 우리는 그들의 포로가 되어서는 안 된다.

불교는 냉혹하게 도덕적 탁월을 추구하거나 도덕적 완성을 구하지 않는다. 즉, 불교는 그의 목표를 모든 사람이 도달할 수 있는 범위 안에 두고 있다. 어느 누군가가 잘못을 하거나 옳은 일을 하지 못할 때, 적절한 반응은 죄의식을 느끼는 것이 아니라 자신의 방식을 고쳐나가는 것이다. 그 때문에 죄의식의 존재 그 자체를 부정한다기보다, 불교는 죄의식을 어떤 잘못에 대해 우리의 자존감을 손상시키는 부정적인 반응으로 인식하여 이를 적극적으로 거부한다.

불교에는 인간 고통의 근원이 되는 몇 가지 '독'이 있다. 욕망/탐욕, 무지/망상 그리고 증오/혐오가 그것이다. 죄의식과 같은 그런 부정적인 태도들은 그것이 설령 자기증오라 할지라도 분명히 증오의 한 형식이다. 그것들은 자기에 대한 혐오를 반영하는데, 무엇보다 그것은 사람들이 자기 자신을 대해야 하는 방식이 아니다. 불교는 또한 교만과 이기주의를 책망한다. 죄의식이 자기중심적인 방식에서 자신의 결점에만 집착하도록 이끌 경우, 그것은, 유달리 나쁘긴 하지만, 자신을 특별하게 느끼도록 만든다.[34]

불교는 수치심에 대해 보다 호의적인 관점을 지니고 있다. 수치심에는 두 가지 형식이 있는데 하나는 긍정적인 것이고 또 다른 하나는 부정적인 것이다. 긍정적인 형식은 우리가 불성에 어울리지 않는 방식에서 행위 할 때 우리에게 경보를 알려준다. 그런 수치심은 우리가 결점을 인식하고 더 나은 방향으로 나아갈 수 있도록 유도해주는 후회와 매우 흡사하다. 이런 의미에서 보면, 수치심은 우리가 진실성을 유지하고 또한 세계질서의 수호자로 행위 하는 데 도움을 준다.

수치심의 부정적인 형식은 우리가 가치 없는 사람이라고 느끼게 하는 등 파괴적인 효과를 지니고 있다(병적인 죄의식처럼). 결론적으로 수치심을 느끼는 능력이나 **수치감**은 필수적인 반면에 **수치심을 느끼지 않는 뻔뻔스러움**은 우리가 피해야 할 것이다. 붓다는 다음과 같이 말하였다.

수치심이 없는 사람에게는 삶이 매우 쉽다. 그는 뻔뻔스럽기가 까마귀 같고, 강요하려 들며, 무모한 사람으로, 그런 사람의 삶은 순수하지 못하다. 그러나 수치심을 아는 사람은 삶이 그리 녹록하지만은 않다. 그는 끊임없이 순수함을 추구하고, 집착하지 않으며, 부주의하지 않고, 순결한 삶을 이해하고자 한다.[35]

붓다는 수치심과 책망의 두려움을 '세상의 두 가지 수호자'로 간주하였다. 첫 번째 것은 잘못에 대한 내적 규제로서 작용하였고, 두번째 것은 그에 대한 외적 규제로서 작용하였다.[36] 회개할 때 널리 암송되는 불교의 시는 다음과 같이 말한다.

> 내가 과거에 저질렀던 모든 사악한 행위들,
> 내 몸으로, 입으로 그리고 마음으로 저질러진,
> 탐욕, 증오 그리고 망상으로부터 …
> 나는 이제 부끄러움을 알고 그 모든 것들을 후회하네. [37]

공동체에 대한 책임

비록 개인들의 주요 목표가 자신들의 해방을 성취하는 것이지만, 불교는 공동체에 대한 공헌과 인간의 고통을 덜어주는 것을 매우 강조하고 있다. 붓다는 독거생활과 설법하고, 가르치고, 위로하는 일(그러나 그는 기적을 수행하는 일은 거부하였다)을 서로 결합하는 모범을 세웠다. 그는 모든 살아 있는 것들에 대한 무한한 연민으로 일반 대중들의 사랑을 받았다.

깨달음을 얻었을 때, 붓다는 열반에 이르고자 하였다. 그러나 그는 세상을 떠나는 것을 연기하고 다른 사람들을 도왔으며, 50여 년을 부단히 그리하였다. 이와 유사하게 열반의 정점에 이르렀지만 다른 사람들이 구원받을 수 있도록 돕고자 자신의 구원을 포기하는 길을 선택한 깨달은 사람들(**보살들**)도 있다.

사회적 관심사에 초점을 두는 불교의 윤리적 측면은 개인적 해방에 대한 추구와 모순되지 않는다. 나쁜 행동은 다른 사람들을 고통으로 나아가게 하며 자기 자신도 괴롭다. 사람들이 해방에 필수적인 자기 인식에 집중하기 위해서는 맑은 양심이 필요하다. 견실한 사회적 양심을 개발하는 것은 윤리적 지침들이 그러하듯이, 그것이 없으면 공동체가 혼돈으로 빠져들 수 있다는 점에서 중요하다. 불교는 개인들로 하여금 다른 모든 사람들이 행하는 모든 것에 대해 책임을 수용할 것을 요구한다. 세상의 모든 것은 서로 연관되어 있다. 붓다는 연민이야말로 가장 중요한 도덕적 요건이여야 한다고 설파하였으며 그것을 손수 자신의 삶에서 모범으로 보여주었다. 궁극적으로 위에서 주목하였듯이 모든 도덕적 고려사항들은 고통으로부터의 해방이라는 목적에 부차적일 뿐이다. 이것이 바로 불교를 다른 세계적 종교와 다르게 만든다.

불교도들은 종교적 **믿음**을 거의 신뢰하지 않는다. 다른 생각들과 마찬가지로 그것도 잠시 나타났다 사라진다. 중요한 것은 **행위이다**(명상 또한 행위의 한 형식이다). 그러나 다른 사람들의 안녕에 대해 그처럼 강렬하게 관심을 보이면서도, 또한 불교는 절연을 옹호하고 과잉간섭을 하지 않도록 한다. 달리 말하면 최소의 집착으로 최대의 관심을 기울이는 것을 의미하는 바, 여기에는 죄의식과 같은 감정에 대한 집착도 포함된다.

불교에서의 죄의식에 대한 대처

우리가 힌두교에서 죄의식에 대처하는 것과 관련하여 말했던 많은 부분이 또한 불교에도 적용된다. 도덕성이 하느님과의 사적 및 공동체적 관계의 일부를 차지하는 유일신교와 달리, 힌두교나 불교는 신에 대한 도덕적 책임감과 유사한 것을 요구하지 않는다. 그러므로 일탈에 대한 반응으로 죄의식을 느끼는 경험은 그리 강렬하지 않다. 힌두교는 죄의식의 경험을 폄하하며 불교는 적극적으로 그것을 반대한다.

불교는 죄책감과 수치심을 **혐오**로 여긴다. 앞에서 언급했던 바와 같이, 그것들은 자기를 향한 증오의 형식들이다. 죄의식에 '대처한다'는 관념 그 자체가 바로 불교의 사유에 반한다. 일탈에 대해 반응하는 서양식 방법은 행동으로 '뭔가를 하는' 것이다. 이와 대조적으로 불교의 반응은 행해진 잘못에 관해 명상을 한다. 그래서 **명상**은 불교에서 특별히 중요하다(그것은 힌두교에서도 마찬가지이다). 다양한 명상 기법들이 있다. 그러나 그것들은 모두 기본적으로 호흡의 통제와 함께 마음의 치열한 집중을 수반한다. 이를 통해 통찰과 이해가 그 사람 내부로부터 각성되게 된다. **마음 챙김 명상**에서는 정신을 산란하게 하는 생각과 감정들(죄의식이나 수치심과 같은 부정적 정서들을 포함하여)을 있는 그대로 비판단적으로 주시하며 그런 다음 따로 마음을 챙긴다. 불교에서 죄의식에 대한 해소수단은 그릇된 행위에 대해 당신이 잘못하였는지 혹은 그렇지 않은지를 확인하고, 당신의 행위동기를 검토하며(긍정적인 의도에서 그리고 사적인 이익에서 벗어나 행해진 행위들은 비난할 만한 것이 못된다) 되돌아본다. 그리고 당신이 할 수 있다면 그 상황을 변화시키고, 만약 당신이 할 수 없다면 받아들인다. 회한은 그것과 관련하여 현재 여기에서 어떤 일을 할 수 있는지에 집중한다면, 그리고 만약 이를 통해 당신 자신과 다른 사람들에 대해 너그러워진다면, 그때 회한은 건설적일 수 있다. 그러나 그렇지 않다면 회한은 건설적이지 못하다.[38]

마음 챙김은 당신이 과거에 대해 너무 지나치게 꼼꼼히 생각하거나 미래에 대해 초조해하는 것을 멈추고 대신에 **현재**에 집중하도록 해준다. 우리는 과거 행위에 대해 이를 지나치게 강박적으로 판단하거나 우리의 생각을 지나치게 미래에 투입하는 것은 피해야 한다. 우리가 과거를 변화시킬 수 없고 또한 미래를 예견할 수 없다는 점에서, 과거와 미래는 별반 가치가 없다. 현재만이 우리가 지니고 있는 그리고 받아들이려고 애쓸 필요가 있는 유일한 실재이다. 죄의식에 대한 불교의 태도는 부정적인 정서에 적절하게 반응하는 보다 넓은 방식의 한 부분에 속한다. 예컨대 서양의 종교적 전통들은 부정의에 대해 정당한 분노를 허용한다. 이와 대조적으로, 불교도들은 분노를 분노하고 있는 그 사람에게도 별반 도움을 주지 못하면서 다른 사람들에게 고통을 야기시키는 부정적인 정서로 이해한다. 특히 사람이 분노에 차서 행동하게 되면, 그 결과는 손상을 일으킬 개연성이 매우 높다.39

달라이 라마는 공개 강연이 끝난 다음에 사람이 중대한 잘못을 저지를 경우 그에 뒤따르는 죄책감에서 어떻게 벗어날 수 있는지에 관해 질문을 받았다. 성하는 다음과 같이 대답하였다.

죄책감을 느끼고 그럼으로써 의기소침해질 수 있는 위험이 존재하는 그런 상황에서, 불교적 관점은 당신이 자신감을 회복하는 데 도움이 될 확실한 사고와 행동 방식을 활용하라고 권고합니다. … 마음을 괴롭히는 그러한 정서들은 우발적이기 때문에 그것들은 제거될 수 있습니다. 우리 내부에 깊숙이 숨겨져 있는 무한한 잠재력의 원천을 생각하고, 마음의 본성이 근본적으로 순수하고 다정하다는 것을 이해하며, 그의 빛나는 성질에 관하여 명상한다면, 당신은 자신감과 용기

를 개발할 수 있을 것입니다.[40]

죄의식, 수치심 혹은 후회와 같은 부정적 감정들은 설령 그것들이 도덕적 지침으로서 유용하다 하더라도 일단 그 목적이 달성되었다면 폐기해야 한다. 붓다는 이런 개념을 이에 꼭 들어맞는 비유로 표현하였다. 그는 뗏목으로 강을 건넌 후에는 다른 편 기슭으로 그것을 버리라고 하였다. 당신은 더 이상 뗏목이 필요하지 않는 숲속으로 굳이 그것을 가지고 갈 필요가 없다.

유교에서의 죄의식

유교는 그 어떤 다른 종교의 전통보다 지난 25세기 이상 동안에 많은 사람들에게 영향을 미쳤다(비록 주로 동아시아에서 그랬지만). 그러나 유교가 일상화된 종교로서, 윤리 철학으로서, 아니면 사회적 및 정치적 이념을 구현하는 학술적 전통으로서 다루어져야 하는지에 대해서는 불분명하다.[41]

지난 60여 년 동안 공산주의 지배하에서 종교는 엘리트주의적이며 외세를 상기시키는 '구시대적 삶'의 현시로 간주되어 억압되어 왔는데, 유교의 가르침도 여기에 포함되어 있었다. 중국 사람들이 직면하였던 빈곤은 그들을 윤리적 문제보다는 생계와 생존에 주의를 집중시키도록 하였다. 그럼에도 불구하고 유교는 문화적 수준에서 여전히 영향을 미치며 존재하고 있다. 게다가 이제는 중국이 종교에 대한 관심의 부활과 더불어 여러 방면에서 엄청난 변화를 거듭하고 있다.[42]

유교에서 근본적인 관심은 가정, 공동체, 세계 그리고 이를 초월하는 관계망 내에서 어떻게 해야 참된 인간이 되는가를 깨닫는 데 있다. 중국 사상가들은 일반적으로 윤리적 용어와 개념들을 정확하게 정의하는 일에 대해서는 별 관심이 없다. 대신에 그들은 그런 개념들을 가능한 한 가장 넓은 의미의 범위로까지 확장시킨다. 이 때문에 그런 개념들이 서양 사람들의 귀에는 애매모호하게 들리며, 그 개념이 중요하면 중요할수록, 애매모호함은 더욱 커진다.[43]

우리는 일찍이 죄의식과 수치심의 서양 용어와 개념들에 상응하는 중국말을 찾는 데 있어서 언어적 및 문화적 문제들을 지적한 바 있다. 유교의 맥락에서 보면 수치심의 관념이 죄의식보다 훨씬 더 일반적인 것으로 보인다. 최소한 서양 학자들은 공통적으로 그렇게 인식하고 있다. 게다가 수치심의 중국어 개념은 매우 광범위하여 죄의식의 관념을 포괄하고 있다. 죄의식의 관념에 대해서는 우리가 종교적 맥락에서 재조명할 것이다.[44]

유교 경전들에서, **수치심**으로 번역되는 한자들로는 **羞(수)**(대충 "시우"로 발음됨)와 **恥(치)**("church"의 "chur"로 발음됨)가 있는데,

그것들은 현대 중국어에서 **羞恥(수치)**(xiuchi 시우츠)로 합자된다.[45] 최근에는 사람들이 오늘날 수치심과 죄의식의 특징을 묘사하기 위해 사용하는 용어들을 기반으로 해서 더 확장된 어휘를 고안해내었다. 그러나 좀 더 넓은 의미를 지닌 이 어휘들은 아직 전통적인 유교 가르침과 통합되지 못하고 있다. 이렇게 언어적으로 상세하게 접근하는 것이 지루해 보일 수도 있겠지만, 죄의식과 수치심의 용어들은 논의를 위한 풍부한 정보의 원천을 제공해준다.

죄의식의 다양한 측면들과 일치하는 세 가지 용어가 있다. **內疚**(내구)(neijiu 네이지우 양심의 가책을 느끼다)는 마땅히 자기가 해야 할 의무가 있는 사람들에게 책임을 다하지 못하는 데서 오는 감정이다. 예컨대 교사들이 너무 바빠서 학생들의 도움 요청에 제대로 응해주지 못할 때 갖는 감정이다. 그것은 적극적인 의무, 곧 사람이 해야 하고 또한 할 수 있는 어떤 것을 다하지 못하는 것을 포함한다. 그러나 **내구**는 또한 자기가 이전에 갖추었으면 하고 바라는 능력이 부족할 때도 일어날 수 있다. 외과의사로서 훈련되지 않은 의사가 수술을 필요로 하는 환자를 만났을 때 그런 감정을 느낄 수 있다. 이런 상황들은 어떤 도덕적 잘못을 수반하지 않기 때문에 그 감정은 죄의식이라기보다는 후회감에 더 가깝다.

죄의식의 두 번째 형식은 **罪惡感(죄악감)**(zui e gan 주이 으 간)이다. 그것은 거짓말을 하거나 속이는 것과 같은 도덕적으로 나쁜 어

떤 일을 하는 것으로부터 발생한다. 그것은 법적 범죄라기보다 개인
적인 도덕성의 위반이다. 그런 의미에서 그것은 '죄책감'의 서양식
개념에 가장 가깝다. 중국어는 이런 감정을 "내 마음이 불결하다"와
같은 용어로 표현할 수도 있을 것이다. 이런 감정은 그 사람이 미래
에는 더 나은 행동을 하도록 자극을 준다. 죄의식의 세 번째 형식인
犯罪感(범죄감)(fanzui gan 판주이 간)은 절도로 붙잡히는 경우와
같이 법을 위반하는 것과 관련된다. 그런고로 그것은 법적 책임과 더
불어 사회적 책임의 불이행을 구성하게 되며, 두 가지 중 어느 경우
라도 그것은 감정이라기보다는 오히려 객관적인 행위로서 유죄에 해
당한다.

　　세 가지 형식의 죄의식은 모두 개인에게 기대되는 바를 **하지 않**
는 데에서 기인한다(금지된 생각이나 감정을 은닉하는 것이라기보
다). **내구**에서는 책임이 **개인적인** 의무감에서 도출되는 반면, **죄악
감**에서는 책임이 사람이 마땅히 해야 하는 바와 관련한 **다른 사람들
의** 기대와 관련된다. **범죄감**에서는 사람의 의무가 공동체를 보호하
기 위한 사회적 및 법적 제재에 의해 더 공식적으로 지지를 받는다.

　　수치심에는 네 가지 유형이 있는데, 그것들은 서양의 부끄러워하
는 관념과는 다른 미묘한 차이가 있다. 첫 번째는 丢脸(주검)(diulian
디우리앤)으로, 이것은 체면의 손상을 의미하며, 그런고로 쑥스러움
을 넌지시 나타낸다. 그러나 그것이 다른 사람들 앞에서 그 사람의

사회적 지위를 손상시킬 수 있다는 점에서, 그것은 쑥스러움보다는 도덕적 수치심의 관념에 더 가깝다. 예컨대 이런 감정은 시험 볼 때 부정행위를 하다(일반적인 의미에서 사기를 치는 행위보다는) 붙잡힐 경우 뒤따를 수 있다. 더 심한 경우, **주검**은 그 사람을 사회적으로 매장시킬 수도 있는 파괴적 효과를 지닐 수 있다. 개인적인 책임을 자신의 가족들과 친구들에게까지 확장시킴으로써, **주검**은 개인들로 하여금 긴장을 늦추지 않도록 도와준다.

수치심의 두 번째 유형은 **慚愧(참괴)(cankui 칸쿠이)**로, 이것은 자기 자신에 대한 자기의 기대를 충족시키지 못할 때 발생한다(서양의 관점에서 보면 자신의 이상적 자아를 충족시키는 데 실패할 때처럼). 그것은 또한 어떠한 도덕적 부담을 수반하지 않는다는 점에서 **내구**의 죄의식에 대응하는 수치심으로 생각될 수도 있을 것이다. 그것은 예컨대 자신의 성취를 대단치 않게 생각하는 것과 같이 심지어 겸손의 한 형식으로 보일 수도 있다. 그렇더라도 **愧(괴)**라는 말이 '피해'를 의미하기 때문에, 그 말 속에는 자신의 목표를 성취하지 못함으로써 다른 사람들, 특히 자기의 가족에게 피해를 끼친다는 의미가 함축되어 있다.

수치심의 세 번째 형식은 **羞愧(수괴)(xiukui 시우쿠이)**로, 여기에는 그 사람의 인격과 자존감에 대한 보다 명백하고 심각한 침해가 존재한다. 그것은 단순히 특정한 과업을 달성하지 못하였다는 사실을 넘어 자신을 실패자로 느끼게 만든다(그 사람 전체를 휩싸고 있는 정서로서 오늘날의 수치심에 대한 심리학적 관점과 일치한다). 중국인들은 이런 유의 수치심을 '무거운 짐' 혹은 '심장 위의 얼룩'으로 표현한다. 훨씬 더 깊은 수치감은 비슷한 표현인 **羞恥(수치)(xiuchi 시우츠)**로 표현되는데, 일반적으로 그 말은 영어 "shame"으로 번역되고 있다. 그것은 감추고자 하는 욕망을 지닌 취약한 자아가 외부에 노출될 때 나타난다.

이런 다양한 수치심의 형식들은 공통적인 특징을 공유하고 있으면서도, 또한 그 나름의 특별한 기능을 발휘한다. 예컨대 **주검**은 사람의 명성을 보호하고, **참괴**는 사람들로 하여금 자신의 최선을 다하도록 자극하며, **수괴와 수치**는 자신의 인격의 본래 모습을 지킴과 동시에 그 기반을 약화시킬 수 있는 행위들을 단념시킨다. 결국 그것들은 모두 사회적 질서와 조화를 유지하는 데 목표를 두고 있다.

수치심과 죄의식에 관한 유교적 관념은 오랜 역사를 통해 진화해 온 중국 사회의 윤리적 기반을 형성하였다. 기원전 6세기에 공자로 시작되었던 유교는 맹자로 이어지면서 죄의식보다는 수치심에 더 많은 관심을 기울였다. 한(漢) 왕조 하의 제국 시대(기원전 206년에 시작한)에 중국은 유교 국가가 되었으며 통치의 도리로 법적 책임의 형식에서의 죄의식이 더욱 중요해지기 시작하였다. 서기 10세기에 **신유교주의**(역자 주: 주자학, 성리학 등과 관련한 서양의 호칭임)가 불

교의 도전과 영향에 대응하면서 발달하였다. 결과적으로 신유교주의
는 마음의 본성과 우주에서의 개인의 위치와 같은 관념들에 관심을
기울였다. 죄의식은 더욱 형이상학적 차원으로 나아갔으며 그의 주
관적인 경험을 더욱 강조하게 되었다.[46] 이제부터 우리는 중국인들,
특히 학식 있는 엘리트 계층에 속한 사람들의 도덕적 감성을 형성하
는 데 중요한 영향을 미쳐왔던 공자와 맹자의 고전들에 주로 관심을
기울일 것이다.

공자의 도덕원리

유교는 중국의 문화와 불가분하게 연결되어
있기 때문에 서로를 분리해서 이해하기는 어렵다. 전통적인 중국 사
회의 인간관계망은 확장된 가정의 모델을 중심으로 형성되었다. 그
래서 사람들은 팔이나 다리처럼 보다 큰 사회적 동체의 부분들이며,
그들의 정체성 또한 그로부터 비롯되는 것으로 이해하였다. 서양에
서는(특히 현대에서) 기본적인 인간의 단위가 자율적인 개인이며 그
런 자율적인 개인들이 함께 모여 사회를 구성한다. 중국에서는 개인
이 관계에 의해 규정되는 것으로 간주되며 그런 관계와 떨어져 독립
적으로 인식될 수 없다. 이전의 수치심과 죄의식 사회에 관한 논의에

서, 우리는 개인의 정체성과 그의 집단과의 관계가 수치심이 지배적인 정서가 되는지 아니면 죄의식이 주요 정서가 되는지를 결정하는 데 기여한다고 말했었다. 이런 논의의 일부 기조가 여기에서도 반복될 것인데, 그 까닭은 그것이 유교 윤리와 밀접하게 연관되어 있기 때문이다.

중국에서는 가정에 대한 관심이 매우 강해서 효도가 조상에게까지 확대되는 중심적인 도덕적 의무로 발달되어 왔다. 따라서 중국인들이 전통적으로 수치심이나 죄의식을 느껴왔던 단 하나의 가장 중요한 이유는 바로 이 의무를 위반하는 것이다. 이것이 기본적으로 중국의 문화적인 특징인지 아니면 유교의 가르침에 따른 결과인지는 분명하지 않다. 게다가 우리는 유교의 가르침(그것은 학자들이 연구하였던 것이다)이 학식 있는 엘리트 계층을 뛰어넘어 영향을 주었다고 추정할 수도 없다(기독교 수도승들의 저작물들이 중세 유럽의 소농인들에게까지 영향을 미쳤는지 알 수 없듯이). 많은 사람들이 공유하는 윤리적 전통들은 민간종교와 관습의 영향 또한 많이 받아왔다는 점에서, 이것들을 분명하게 추적해내는 일은 쉽지 않다.

성인과 속인 혹은 종교인과 세속인의 구분은 서양에서는 당연시여겨지는데, 중국 문화에는 어울리지 않는다. 유생들은 인간 존재의 의미가 실제적인 일상의 삶을 통해 실현된다고 믿는다. 유교 윤리에서는 교리가 아닌 도덕적 실천이 강조된다. 지식과 행동은 공동체 내의 조화와 통일을 증진하는 데 그 목적이 있다. 윤리적 원리들은 변화하는 상황에 맞게 조정된다. 중요한 것은 추상적인 도덕적 원리가 아니라 자신의 행위가 다른 사람들에게 미치는 영향이다. 당시에 잘 교육받은 학자들은 문화적 유산을 구체화시키는 사람들인데, 그들이 공유하고 있던 지식에 대해 다양한 어필 또한 존재한다. 이것은 유교의 도덕적 추론을 훨씬 덜 명료하게 만들며 그럼으로써 그 전통에 속하지 않는 외부 사람들은 이를 이해하기가 더욱 어려워진다.[47]

공자(Kong Zi 콩즈, '콩 스승')는 기원전 551년에 북중국의 몰락한 하급 귀족 집안에서 태어났다. 공자는 격변의 시기에 살았다. 기원전 5세기 주 왕조의 멸망에 이어, 속국들 간의 갈등은 온 나라를 전국(戰國)이라 알려진 시기로 빠져들게 하였다. 유교는 바로 이러한 시대적 혼란에 대한 반작용으로 등장하게 되었다.

공자는 하급 관리가 되었지만 보다 이상적인 정치적 활동에 대한 그의 포부는 결코 충족될 수 없었다. 국민들의 복리에 기초한 정치를 해야 한다는 그의 이상은 당시의 통치자들에게 별 인상을 주지 못하였다. 비록 공인으로서의 경력은 화려한 성공을 거두지 못하였지만 (그의 결혼 또한 그렇다), 공자는 공익사업을 위해 젊은이들을 훈련할 학교를 설립하였고 "만세의 사표"로서 존경을 받게 되었다. 그는 자기 자신을 혁신자라기보다는 고대 전통의 복원자이자 전달자로 생각하였다. 그는 나이 70(그의 죽음 2년 전)에 이르러서야 비로소 올바로 행동하는 법을 알게 되었다고 하였다.

덕(de 더 德)의 개념은 유교 윤리에서 중심을 차지한다. 덕은 인생행로(dao 다오 道)에서 사람들을 안내하는 탁월함의 기준을 상징하는 것으로, 여기에서 **도(道)(dao 다오)**는 유교의 의미에서 훌륭한 삶을 위한 윤리적 이상과 같은 것이다. 공자가 그의 제자들에게 내세웠던 도덕적 모범은 '고상한 정신을 가진 사람'(junzi 쥔쯔 君子)이다. 보통 '군자(gentleman)'로 번역되는 이 용어는 시대에 뒤진 귀족들의 예스러운 고정관념을 떠올리게 할지도 모르지만, 공자가 마음 속에 지녔던 바는 관대함, 선의, 자애 그리고 인간다움의 덕을 구현시킨 사람이었다.[48] 군자가 된다는 것은 인격의 문제이지 출신, 부 혹은 사회적 지위의 문제가 아니었다.[49] 그것은 고결한 마음을 가진다는 것을 의미하는 것이지, 명문가 출신이라는 것을 의미하는 것이 아니었다. 인격의 함양은 유교에서 중심적인 목표이다. 당시의 사회적 정황에 따라, 공자의 가르침들은 주로 남자들을 중심으로 하였다. 그러나 현대 세계에서는 그의 관점을 여성들에게도 똑같이 적용할 수 있을 것이다. 그러므로 우리는 인격의 함양을 양성 모두에 있어서 똑같은 도덕적 이상으로 생각할 수 있다.

공자는 수치심에 대한 능력을 핵심적인 윤리적 요건으로 규정한다. "선비라 불리기 위해서는, 어떤 사람이 되어야 합니까?"라는 질문을 받자, 그는 "항상 부끄러운 마음으로 행동하라"라고 대답하였으며, 또한 이를 "후회"⁵⁰로 바꾸어 말했다. "법령으로써 이끌고 형벌로 써 다스린다면 백성들은 처벌을 면하려고만 할 뿐 후회하지 않는다. 그러나 덕으로써 이끌고 예로써 가지런하게 하면 백성들은 후회를 하고 또한 자기가 해야 할 바를 올바로 고찰하게 된다."⁵¹

예(礼)(li 리)는 고대의 신들에 대한 숭배와 연관되어 있는 핵심 용어이다. 공자는 그것을 사회 구성원들을 함께 묶는 사회적 책임의 망을 나타내는 것으로 재규정하였다. 이것은 자신의 위치를 바탕으로 한 모든 적절한 행동의 형식들을 포함한다. 따라서 그것은 궁정의 전으로부터 사람들이 개인적 및 사회적 책임을 완수하고자 일상생활에서 서로를 대하는 방식들에 이르기까지 다양할 것이다.⁵²

다른 사람들에게 윤리적 지침을 제공할 때, 공자는 항상 자기 자신의 행위를 먼저 돌아볼 것을 요청하였다. 그의 가장 탁월한 제자 중의 한 사람인 증자는 다음과 같이 말했다.

나는 날마다 세 가지로 내 몸을 돌이켜본다. 남을 위해 도모함에 나는 충성스럽지 못하지는 않았나? 벗을 사귐에 나는 믿음직스럽지 못하지는 않았나? 가르침 받은 것을 익히지 못하지는 않았나?⁵³

공자는 수양을 통해 인간이 완벽하게 될 수 있다는 것을 대단히 신봉한 사람이었다. 즉, 그는 인간이 무력하다는 생각을 거부하였다.

'군자'가 되는 길은 모든 사람에게 열려 있다. 그러나 그는 또한 현실주의자였다. 사람들이 배울 수 있는 데에는 한계가 있다. 곧, 어떤 문제들은 설명될 수 없기 때문에, 노력해봤자 아무 소용이 없다고 보았다. 그는 우리가 삶도 이해할 수 없는데 죽음을 어떻게 이해할 수 있는가라고 의아해 했다.

공자의 가르침은 가정과 공동체를 매우 중시여기고 있는데, 이는 중국의 문화적 전통을 반영한 것이었다. 덕은 홀로서지 않는다. "덕은 이웃이 있기 마련이다." 그것은 모두 인간관계에서 나온다. 공자는 사회생활의 구조를 형성하는 5가지의 기본적인 관계를 확인하였다. 이들 관계에서 처음 세 가지(부모와 자녀, 남편과 아내, 형제간)는 가정 내에서의 관계로, 그것이 사회의 기본 단위이자 국가와 같은 보다 큰 구성 조직의 원형이 된다.

당신이 어떻게 행동하는가는 당신이 함께 있는 사람들에 의해 영향을 받는다. 그래서 공자는 함께 살아갈 바른 이웃을 잘 선택하라고 권고하였는데, 당신의 선택에 따라 당신 주변에 자비가 있을지 없을지가 결정된다. 당신이 함께 생활하는 사람들은 곧 당신이 어떤 사람인가를 규정하며 당신의 도덕적 지위를 나타내준다. 당신이 수치심과 죄의식을 느끼는 것은 그들과의 관계에서이다. 당신은 모든 사람으로부터 환영받을 필요가 없다. 직업을 선택하는 것도 마찬가지다. 어떤 사람은 무기를 만들어야 하겠지만, 그것이 꼭 당신이어야 하는 것은 아니다.

제자로부터 선한 행동을 위한 지침으로 삼을 만한 한마디 말이 있느냐는 질문을 받고, 공자는 **서(恕)**(shu 슈)라고 대답하였다. 그것은 다름 아닌 호혜성을 의미한다. 곧, 당신이 바라지 않는 바를 다른 사람들에게 행하지 말라는 것이다. (당신이 바라는 바를 다른 사람들에게 행하라는 황금률의 다른 면이다.)[54]

공자의 유일한 유고는 『논어』인데, 이 책은 그의 도덕원리를 상세히 설명할 수 있는 충분한 여지를 제공하지 않는 짧은 경구들로 구성되어 있다. 그런 과업은 그의 추종자들 가운데 가장 걸출한 맹자에게 넘겨졌는데, 그는 스승의 가르침을 보다 일관된 윤리적 모델로 확장시켰다.

맹자의 가르침과 수치심/죄의식

맹자는 공자 이후 약 1백여 년 뒤에 태어났으며 중국의 정치적 혼란이 여전히 진행되고 있던 시기에 살았다. 그역시 자기의 이념을 실천에 옮기고자 한 뜻이 중국의 통치자들에 의해 받아들여지지 않았다. 그의 언행들은 『맹자』에 기록되었으며, 그것은 유교의 핵심 경전이 되었다.

맹자는 중심적인 도덕적 작인을 **마음**에 두었다. 우리는 마음을 정서와 관련시키지만, 맹자에게 있어서 마음은 또한 이성적인 요소를 지니고 있다. 그런고로 그것은 '마음/정신'(xin 신 心)으로 보다 정확하게 명시된다. 이 윤리 기준은 우리의 '천부적인' 자질의 일부이다. 유교에서 하늘의 이념은 보다 일반적인 개념과는 아주 다르다. 하늘은 의로운 사람이 죽음 이후에 결국 살게 되는 그런 곳이 아니다. 그것은 그의 조직 원리로서 의례를 갖춘 자연의 우주적 실체와 더 가깝다. 그것은 기대를 하고, 책임을 부과하는, 정치력의 원천인 작인이다. 하늘은 사회가 **도(道)(dao 다오)**를 따르도록 장려하는 도덕적 힘으로서 작용한다. 유교에는 신이 존재하지 않기 때문에 하늘은 초자연적 존재와 가장 흡사한 것이다.

마음/정신은 행위를 안내하는 양심보다는 지혜의 형식으로 기능한다고 보는 것이 더 맞는 표현이다. 도덕적 일탈은 도덕적 작인이 제대로 작동하지 않았다기보다는 덜 성숙한 혹은 잘못된 판단의 결과인 실수의 범주로 여겨진다. 그렇더라도 윤리적 판단은 다음과 같이 수치심의 감정과 밀접하게 연관된 중요한 정서적 요소를 내포하고 있다.

사람은 누구나 다 남에게 대하여 차마 하지 못하는 어진 마음이 있는 것이다. … 사람치고 측은지심이 없으면 사람이 아니다. … 사람치고 수오지심이 없으면 사람이 아니며, 사양지심이 없으면 사람이 아니요, 시비지심이 없으면 사람이 아니다.[55]

유교는 유덕한 사람과 억지로 덕스러운 사람처럼 보이는 사람을 날카롭게 구분한다. 맹자는 "정직한 마을 사람"(역자 주: 향원)을 예로 들면서 단지 겉으로 피상적으로 드러내는 도덕적 청렴을 경멸하였다. 비록 그런 사람이 덕의 전형처럼 보일지 모르지만, 그는 오로지 사회적 인정을 얻고자 하는 "덕을 해치는 도둑"이다.

유교의 윤리적 목표는 선한 삶에 있으며, 그것은 네 가지 주덕 혹은 마음/정신의 **탁월함**의 함양을 통해서 성취될 수 있다. 그들 각각은 잠재력 능력으로(씨 혹은 움처럼) 시작하여 성숙한 형태로 발달한다. 이런 초기단계의 능력들은 타고난 것이지만, 그것들이 타고난 잠재력을 완전히 발하기 위해서는 계발되어야 한다. 이들 네 가지의 씨앗 덕들은 연민/인, 공손/예, 시비분별/지, 수치심/의이다.[56]

인(仁)은 핵심적인 도덕적 덕이다. 그에 해당하는 한자(仁)는 두 사람 간의 관계를 뜻하는 '인간'과 '둘'이라는 글자의 합자이다.[57] 그것은 다른 사람들의 안녕에 대한 연민어린 관심을 나타내며 인간다운 마음씨 혹은 단순히 **인간애**를 상징한다. 도덕적 인간이 되는 데 있어서의 핵심은 경건함이나 지성에 있는 것이 아니라 바로 인에 있다. 인의 단초는 **연민**으로, 그것은 다른 사람들의 고통에 대한 측은히 여김과 동정으로서 발현한다.

연민과 인은 인간을 동물들과 구분해주는 그리고 모든 다른 도덕적 고려사항들을 능가하는 인간애의 가장 본질적인 특징이다. 그러나 인이 모든 것을 아우르는 관대함은 아니다. 즉, 그것은 자애로워질 수 있는 당신의 능력에 따라 조건적이다. 당신은 당신의 능력이 미치는 범위 내에 있지 않는 사람들을 도와줄 수는 없다. 또한 인은 자기희생을 반드시 수반할 필요도 없다. 그렇다 하더라도 그것은 친지들과 친척들을 넘어 확장한다. 맹자가 말했듯이, "사해 안의 모든 사람들은 다 우리의 형제자매들이다."

연민은 흔히 자애로운 행동의 첫걸음에 해당하긴 하지만, 또한 연민의 정 없이도 호의적으로 행동하는 것이 가능할 수 있다. (당신은 이웃들을 공정하게 대우하기 위해 그들을 똑같이 사랑해야 할 필요는 없다.) 달리 말하면, 연민은 자애로운 행위를 유발할 가능성이 높지만, 그것이 필요조건은 아니다. 거꾸로 당신이 연민을 바탕으로 행동하지 않는다면 굳이 동정적인 감정을 가질 이유가 없다. 배가 고픈 당신의 이웃들에 대한 죄책감이 그들의 입에 빵을 넣어주지는 않는다.

두 번째 덕은 **예(礼)(li 리)**이다. 예는 안정된 사회생활을 유지하는 모든 전통들과 예의범절 및 의례(악수로부터 황제에 대해 경의를 표하는 것에 이르는)를 포괄한다. 그것은 우리가 천박하게 행동하거나, 도를 넘거나, 갈등을 야기하지 않도록 규제한다. 그것은 우리의 자연스러운 욕망을 충족시키고 다름을 조화시키는 합법적 수단을 제공해준다. 그것은 우리에게 기품을 주며 우리가 문화적 세련미와 도덕적 탁월함을 갖추도록 해준다.**58** 맹자는 예의 단초를 다른 사람들에 대한 존중과 고려, 우리의 존중을 받을 만한 가치가 있는 다른 사람들에게 기꺼이 양보하고 그들의 의견을 따르고자 하는 의지를 통해 드러나는 **사양지심**에서 찾는다.

세 번째 덕은 **지(智)(zhi 즈)**이다. 그것은 실천적 지혜에 따라 건전한 판단을 발휘하는 것이다.**59** 그의 단초는 **시비지심**의 능력이다. 이것은 규칙에 대해 맹목적으로 복종하는 것이 아니라 윤리적 판단을 통해 사건들을 평가하고 상황의 형편에 따라 선택한다는 것을 의미한다. **예**가 총론을 제시하면, **지**는 그것을 특정한 상황들에 적용하는 것이다. 규칙들이 우발적으로 일어날 수 있는 모든 경우들을 예견할 수가 없기 때문에, 우리는 도덕적으로 애매하거나 예상치 못한 상황들을 다룰 방법이 필요하다. 이런 상황들에서 우리의 행위를 안내하는 것이 바로 **지**이며, 그럼으로써 유교 윤리에 많은 유연성을 제공해준다. (공자는 "나는 반드시 그래야 한다거나 그러면 안 된다거나 하는 것이 따로 없다"라고 말했다.)**60** 무엇이 옳고 그른가에 관한 중심점이 서양의 도덕에서는 윤리적 기준과 죄의식의 기저를 이루고 있는 반면에, 유교에서는 **지**의 태만이 회한으로 이어지는 것이 아니라 현명하게 행위 하지 못한 것에 대한 후회로 이어진다.

마지막으로, 그리고 가장 직접적으로 수치심/죄의식의 문제와 연결되는 것은 **의(乂)(yi 이)**의 덕으로, 그것은 또한 충실함 혹은 책무로 이해될 수 있다. 유교에서 의무의 개념은 일반적으로 의례의 규정들을 인간의 행위에 적용하는 것과 관련이 있지만, 동시에 의례의 규정들을 초월할 수도 있다. **인과 의**, 곧 자애로움과 옳음은 따라서 도덕적 행위의 기본적인 토대를 이루는 두 가지의 덕이다. **인의**가 합쳐질 때 그 의미는 도덕성의 개념과 가장 가깝게 된다.

옳음의 단초는 **수치심**이다. 비록 수치심이 완전한 덕으로 표현되지는 않지만, 유교 윤리에서는 매우 중요한 위치를 차지한다. 도덕성의 일신교적 개념은 신의 불만과 응징의 가능성에 의해 뒷받침되고 있다. 유교 윤리의 영향력은 더 세속적일뿐만 아니라 그 파급효과 또한 엄청나다. 수치심이 결여된 마음을 지닌다는 것은 세밀하게 이리저리 엮여 진 중국 사회에서 곧 배척되거나 파멸로 이끄는 운명에 처하게 된다는 것을 의미한다.[61]

그렇다 하더라도 수치심의 중요성을 너무 강조하는 것은 중국의 윤리를 지나치게 단순화시켜 마치 이를 한낱 수치심 문화의 산물로서 여기는 결과를 낳을 수 있다. 수치심이 유교적 사유에서 분명히 중심적인 위치를 차지하고 있지만, 우리는 그것을 서양의 관점에서 보는 우리의 생각과 결코 동등하게 여길 수는 없다. 왜냐하면 우리는 서양의 상황에서 무엇이 수치심을 구성하고 있는가와 같은 훨씬 더 제한된 관점에서 이를 바라보고 있기 때문이다. 마크 벅슨이 설득력 있게 주장하였듯이, 유교에서는 수치심이 일부 서양의 죄의식 개념의 특징들 또한 포함하고 있는 한결 복잡한 윤리적 개념이다. 따라서 중국 사회를 도덕적 깊이가 다소 부족한 사회로 특징짓는 것은, 그리고 그 원인을 유교의 탓으로 돌리는 것은 쉽게 방어될 수 있는 명제가 아니다.[62]

유교에서의 죄의식에 대한 대처

다른 아시아의 종교 전통들처럼, 유교 역시 죄의식을 크게 염두에 두지는 않는다. 오히려 그 초점이 수치심(우리가 지적했듯이, 그것은 서양에서 이해하는 바와 같은 죄의식의 요소를 내포할 수 있다)에 있다. 수치심은 회피하고 싶은 고통스러운 정서이다. 그러나 수치심을 느낄 수 있는 **능력**은 계발될 필요가 있는 덕이다. 그런 의미에서 보면 중국인에게 있어서의 문제는 수치심이 아니라 수치심의 **결여**이다. 유교의 핵심적인 도덕적 목적이 인으로 고취된 인격의 함양에 있기 때문에, 도덕적 결함은 곧 수양을 위한 기회가 된다. 그러나 그 수양은 자기 자신에 대해 혹은 다른 사람들에 대해 굴욕적이지 않는 방식에서 이루어져야 한다.

따라서 중국인들이 수치심에 대처하는 독특한 방식들이 존재한다. 우선 다른 사람들에게 부정적인 감정을 표현하는 것을 삼간다. 공개적인 장소에서는 더더욱 그렇다. 문제가 발생하면, 그 문제는 사적으로, 예컨대 남편과 아내, 부모와 자녀 혹은 가족 내에서 처리되도록 한다. 공적으로 노출되고 다른 사람들이 그에 대해 이러쿵저러쿵 하는 것은 무슨 수를 써서라도 피해야 한다. 이는 의례와 예의범절을 강조하는 유교의 영향으로 더욱 강화되었다. 즉, 유교의 예는 후회나 회한에 가득 찬 정서적 폭발에 굴복하기보다는 이를 꿋꿋하게 이겨내고 견딜 것을 요구한다. 냉정하게 어려움에 대처해나가는 능력 혹은 '고통을 먹는'(chi ku 츠쿠 吃苦) 능력이 매우 높게 평가된다. 이런 경향은 다른 정서들에도 마찬가지로 퍼져 있다. 예컨대 슬픔을 느끼는 어머니는 구슬픈 소리를 내서는 안 되고 자녀들이 어머니의 감정을 헤아려 반응하기를 기대해야 한다.63

중국인에게 있어서 가장 전형적인 후회(혹은 수치심이나 죄의식)의 표현은 "내가 너에게 실망을 안겨주었다"는 의미를 전달하는 것이다. 이는 말로 혹은 심지어 의미 있는 침묵을 통해 전달된다. 가해자들은 겸손하게 책임을 인정하고 자신들이 침해했던 그들의 가족, 친구 혹은 공적 권위에 대해 자신들의 충성이 변함없다는 것을 재차 확인시켜주어야 한다. 사람들은 그러면서 자신의 행실을 고치고 문제

CHAPTER 09 · 힌두교, 불교, 유교에서의 죄의식

를 해결할 수 있다.

　사죄는 중요하다. 그러나 누가 누구를 사죄하는 데에는 한계가 있다. 예컨대 아버지나 혹은 더 높은 사회적 지위의 사람은 보다 낮은 지위에 있는 사람에게 사죄하지 않을 것이다. 즉, 비록 지위가 더 높은 사람이 명백하게 잘못을 했다 하더라도, 그가 사죄를 하는 것은 사회적으로 부적절할 것이다. 따라서 아버지는 자기 아들에게 혹은 시어머니는 그녀의 며느리에게 사죄하지 않을 수 있다. 자신의 아내를 속인 남편은 설령 책임을 인정하면 그녀의 용서를 받을 수 있을지 모르지만 자신의 유죄를 인정하길 거부할지 모른다. 그럼으로써 그는 자신의 자존심과 타협하길 보다는 차라리 관계에 해를 끼치는 것이 낫다고 생각할지 모른다.

　공산주의는 공개적인 자아비판을 제도화하였지만 그의 목적은 도덕교육보다는 사회적 통제에 있었다. 유교에는 도덕 교육을 맡기고 의지할 수 있는 어떤 성직자들이나 승려들이 존재하지 않는다. 행동방식에 관한 원리들은 가족들에 의해 주입되며, 어떤 지침이 필요할 때면 부모나 친척 중의 연장자, 교사 혹은 신뢰할 만한 친구를 찾아 간다.

　우리가 일탈 뒤에 따르는 부정적 감정의 본질을 더 깊게 파고들어 살펴보면, 도출된 가장 가까운 정서는 **슬픔** 혹은 유감(**nan guo** 难过, '견디기 힘들다')이다. 그러므로 당신이 거짓말을 해서 누군가의

감정을 해치든 혹은 우연한 일로 누군가를 해치든, 그때 당신이 느끼는 감정은 부끄러움을 느끼거나 죄가 있다는 인식보다는 유감으로 생각한다. 만약 당신이 법을 위반했다면, 그때는 당신은 법적 의미에서 유죄라는 인식이 들겠지만, 그러나 그것은 다른 문제이다.

다른 시각의 관점에서는 유교의 경우 각 개인이 그들의 행위에 따른 책임을 떠맡도록 함으로써 개인에게 유난히 무거운 죄의식/수치심의 부담을 안긴다고 주장한다. 유교에는 당신을 죄의 굴레로부터 풀어줄 신이 존재하지 않기 때문에, 당신은 당신이 행하는 모든 것에 대해 그리고 누군가 당신과 관련이 있는 일을 하면 그것이 무엇이든 그에 대해 당신 자신이 또한 책임을 져야 한다는 것이다.[64]

이 정도로 우리는 종교적 관점에서의 죄의식에 관한 긴 고찰을 마무리한다. 그것은 고된 여정이었을 수도 있지만 우리가 착수하지 않으면 안 될 그런 여정이었다. 죄의식에 대한 종교의 영향은 매우 깊고 광대하여 우리는, 이런 저런 종교를 신봉하던 혹은 종교를 신봉하지 않던 상관없이, 그에 주의를 기울이거나 혹은 최소한 그것을 알아야 할 필요가 있다.

다음 장에서는 신앙이나 종교적 전통에 기반 한 관점으로부터 이성에 기반 한 세속적인 철학적 관점으로 옮아가 다른 방향에서 이를 함께 고찰할 것이다. 우리가 이 두 접근을 근본적으로 서로 다른 것으로 바라보는 것도 의미가 있지만, 우리는 그 둘 사이를 너무 엄격하게 구분하는 일은 피해야 할 것이다. 역사적으로 보면 서양의 철학과 종교는 중요한 방식에서 서로에게 영향을 미쳐왔다. 이는 철학적 윤리와 종교적 도덕이 상호 중첩하는 아시아의 전통에서도 역시 마찬가지이다.

1   Mohandas K. Gandhi (1929/19790), *The Collected Works of Mahatma Gandhi*, vol. 39, chap. 10, pp. 29-30(Ahmadabad: Ministry of Information and Broadcasting).

2   나는 이 논평에 대해 Mark Mancall에게 감사한다.

3   Erik Erikson (1969). *Gandhi's Truth: On the Origins of Militant Nonviolence*, p. 128 (New York: W. W. Norton).

4   위에서 인용. ibid., p. 124.

5   Gandhi (1929/1970), p. 23.

6   *The Moral and Political Writings of Mahatma Gandhi* (1986), Raghavan Iyer, ed., vol. 2, p. 131 (New York: Oxford University Press).

7   Tu Wei-ming (1993), "Confucianism", in Arvind Sharma, ed. (1993), *Our Religions*, pp. 141-227 (Ans Francisco: Harper Collins).

8   나는 다음의 "힌두교"에 관한 논의를 통해 의미 있는 도움을 준 Mark Mancall에 게 감사한다. "Hinduism", in Sharma (1993); Huston Smith (1991a), "Hinduism", in *The World's Religions*, ch. 1 (San Francisco: Harper); David S. Noss and John Noss (1994), *A History of the World's Religions*, 9th ed., pp. 105-6 (New-York: Macmillan).

9   Smith (1991a), p. 60.

10 베다(Vedas) 경전들은 기원전 약 1200년경에 편찬되었다. 그것들은 계시에 가까 우며 주문(**mantras 만트라**), 사제들의 경전, 밀교의 철학적 저작들을 포함하고 있다. 베다 시대 이후, 새로운 종교적 의식이 힌두교의 역사, 법률, 종교 철학을 구현하였던 우파니샤드에서 발견되었다. 기원전 10세기에 발간되었던 푸라나 (Puranas)들은 신들과 신과 같은 영웅들에 관한 이야기들로 이루어져 있다. 그들 의 적은 악령들로, 악마는 아니다. 즉, 힌두교는 단지 사악한 행위와만 관계한다. 탄트라(Tantras)는 힌두교의 제의 측면들을 다루는데 그 가운데 일부는 종교적 수단으로 섹스를 활용한다. 힌두교의 중세 시대는 기원전 500년 후에 라마야나 (Ramayana)와 마하바라타(Mahabharata)와 함께 형성되기 시작하였다.

11 *the Bhagavad Gita* (2000), tr. Eknath Easwaran (New York: Vintage).

12 Mohandas Gandhi (2000a), *Essential Writings,* selected by John Dear, p. 70 (Maryknoll, NY: Orbis).

13 나는 산스크리트어 및 우르두어 용어와 그 용어들이 사용되는 범례들을 보여준 Raka Ray와 Shireen Pasha에게 감사한다.

14 Frank Reynolds (2001), "Hindu Ethics", in Lawrence C. Becker and Charlotte B. Becker, eds. (2001), *Encyclopedia of Ethics,* vol. 2, pp. 676-83 (New York: Routledge).

15 요가와 초월명상법(비틀즈에 의해 널리 알려진)과 같은 몇 가지의 힌두 개념과 관습은 서양에서 채택되었다. 베단타 학파라 불리는 힌두 철학에 기초한 서양판 힌두교 또한 존재한다. 하레 크리슈나교는 그들이 읊조리는 주문에서 그 이름을 따왔으며 1960년대에 미국 도시들에서 흔히 볼 수 있게 되었다.

16 Noss and Noss (1994), p. 106.

17 Mahatma Gandhi (2000b), *The Bhagavat Gita According to Gandhi,* ed. John Stroheimer (Berkeley, CA: Berkeley Books).

18 Ariel Glucklich (2005), "Hindu Dharma", in Lindsay Jones, ed. (2005), *Encyclopedia of Religion,* vol. 3 (Detroit: Thomson Gale).

19 Smith (1991a), pp. 53-54.

20 Mark Mancall, 세미나 강의.

21 Smith (1991a), pp. 26-50.

22 Philip Rawson (1978), *The Art of Tantra* (New York: Oxford University Press).

23 인도에서 암소를 숭배(외부인들을 아주 당황스럽게 만드는)하는 까닭은 암소가 우유를 제공해준다는 의미에서 어머니의 상징으로 여겨졌기 때문이다. 하지만 암소가 신성시되거나 흠모되지는 않는다. 소고기 소비에 대한 금지는 17세기에 하나의 신조가 되었는데, 이는 돼지고기를 금지하는 이슬람교의 모방일지도 모른다.

24 Robert Gregg, 개인적 교신.

25 Mark Mancall, 세미나에서의 강의.

26 불교는 세 가지 주요 학파 혹은 '수레'로 발전하였다. 소승불교, 대승불교(그것은 선불교를 포함한다)와 밀교가 그것이다. 그들의 죄의식 개념은 약간씩 서로 다르지만 근본적으로 여기에서 서로 분리하여 다룰 만한 근거가 충분하지 않다.

27 내가 불교의 여러 핵심 개념들에 관심을 갖게 된 것은 전적으로 나의 세미나에서 이에 관한 강의를 해주었던 Carl Bielefeldt 덕분이었다. 내가 의존하였던 불교에 관한 2차 자료들은 다음을 볼 것. Masao Abe (1993), "Buddhism", in Sharma (1993), ch. 2; and Huston Smith(1991b), "Buddhism", in *The world's Religions*, ch. 2 (San Francisco: Harper).

28 예컨대 죄를 진 자들이 반드시 먹어야 하는 그리고 구더기들이 득실대는 몹시 뜨거운 똥으로 가득 찬 '배설물의 장소'가 있다. 혹은 살아 있는 생명체를 죽이거나 그것을 먹은 사람들은 철통에 갇혀서 마치 콩처럼 요리된다. Genshin (ca. 985/1974), *The Essentials of Salvation*, tr. Philip B. Yampolsky, microfilm, p. 15 (New York: Columbia University Photographic Service). 이런 지옥들은 중국의 불교에서도 또한 등장한다.

29 Dennis Hirota (2005), "Karma: Buddhist Concepts", in Jones (2005), vol. 5, pp. 5097-5101.

30 Smith (1991b), pp. 103-12.

31 Hsueh-li Cheng (2001), "Buddhist Ethics", in Becker and Becker (2001,) vol. 1, pp. 163-69.

32 Smith (1991b), p. 113.

33 Donald S. Lopez, Jr. (1988), *The Heart Sutra Explained: Indian and Tibetan Commentaries* (Albany: State University of New York Press).

34 나는 이 부분과 관련하여 논평을 해준 Kendri Smith에게 감사하며, 그 논평들은 당시 함께 공유하였던 내 학생 중의 한 사람에게도 전달되었다.

35 *Dhammapada: The Way of Truth* (2001), tr. Sangharakshita, ch. 18, verses 244-45 (Birmingham, AL: Windhorse).

36 www.mahindarama.com/e-library/hiriotap.html.

37 "The Practices & Vows of Samantabadra Bodhisattva", Avatamsaka Sutra, ch. 40,

http://buddhism.kalachakranet.org/guilt.html.

38 http://buddhism.kalachakranet.org/guilt.htm.

39 Venerable Henepola Gunaratana (1992), *Mindfulness in Plain English* (Boston: Wisdom Publications).

40 *Beyond Dogma: The Challenge of the Modern World* (1996), tr. Alison Anderson and Marianne Dresser (Berkeley, CA: North Atlantic Books). Source provided by Mark Berkson.

41 나는 수치심과 죄의식의 유교적 개념에 의미 있는 도움을 준 Mark Berkson와 Lee Yearley에게 감사한다. 유교의 주요 경전들은 공자와 맹자의 가르침들로 이루어져 있다. Confucius (1984), *Analects*, tr. D. C. Lau (New York: Penguin); Mencius (2003), *Mencius*, tr. D. C. Lau, revised ed. (New York: Penguin). 내가 활용하였던 2차 자료는 다음을 볼 것. Tu (1993), Smith (1991b), and Noss and Noss (1994).

42 현재, 한 보고에 따르면, 중국 인구의 약 40%는 비종교인, 28%는 민간종교 전통을 따르며, 약 9%(4,000만 명)는 기독교도이며, 그와 비슷한 인원이 불교도이다. 유교는 종교적 범주로 포함되지 않았다. *National Geographic*, May 2008, p. 14.

43 A. C. Cua (2001), "Confucian Ethics", in Becker and Becker (2001), vol. 1. pp. 287-95.

44 Ying Wong and Jeanne Tsai (2007), "Cultural Models of Shame and Guilt", in Jessica L. Tracy, Richard W. Robbins, and June Price Tangney, eds. (2007), *The Self-Conscious Emotions: Theory and Research* (New York: Guilford).

45 Mark Berkson (n.d.), "Shame, Guilt and Conceptions of the Self: A Confucian Perspective", 미출판 원고, p. 3.

46 나는 죄의식에 대한 중국인들의 관점과 관련하여 이런 역사적 요소들을 지적해 준 Lee Yearley에게 감사한다.

47 Tu (1993), p. 206.

48 군자가 곧 현자는 아니다. 그는 이상적인 인간이었다. 공자는 자기 자신을 현자로 간주하지도 않았고 또한 그가 개인적으로 그런 사람을 만나본 적도 없었다.

49 David Hinton (1998), Introduction to Confucius, *Analects*, P. xxv (New York:

Counterpoint).

50 *Analects* 13:20.

51 *Analects* 2:3.

52 Hinton (1998), pp. 247-48.

53 *Analects* 1:4.

54 *Analects* 15:20.

55 *Mencius*, book 2, part A, p. 38.

56 Lee Yearley가 나의 세미나에서 나누어 준 맹자의 덕 목록에 관한 인쇄물을 변형한 것임.

57 Hinton (1998), p. 247.

58 Cua (2001), p. 293.

59 기(气)(qi 츠)와 혼동되어서는 안 된다. 기는 호흡, 생활에너지, 생명력(胎气에서와 같은)과 관련이 있다.

60 Cua (2001), p. 293

61 Lee Yearley, 세미나 강의.

62 Berkson (n.d.)

63 나는 이들 논평과 관련하여 Jindong Cai와 Sheila Melvin에게 감사한다. Sheila Melvin와 Rachel Zhu는 중국어 용어와 그 용어들의 용례에 큰 도움을 주었다.

64 Lee Yearley, 개인적 교신임.

CHAPTER 10

이성의 관점에서 본 죄의식

10

이성의 관점에서 본 죄의식

대부분의 사람들의 삶에서 도덕 철학은 종교적 도덕성보다 그 역할이 덜 두드러진다. 많은 사람들이 칸트의 윤리보다는 예수의 도덕적 가르침을 더 잘 안다. 그러나 철학이 가까이 하기에는 어려운 것으로 보일 수 있지만, 죄의식을 이해하는 데 있어서는 그것이 종교적 믿음

인문세계에 관한 마쉬 맥콜(Marsh McCall)과 앤서니 라우비체크(Anthony Raubitschek)의 강의 그리고 나의 세미나에서 래니어 앤더슨(Lanier Anderson), 반 하비(Van Harvey), 로버트 맥긴(Robert McGinn), 르네 지라르(René Girard), 로버트 해리슨(Robert Harrison), 쥴리어스 모라브칙(Julius Moravcsik) 등이 이 장에서 논의된 여러 철학자들에 관하여 해주었던 강의는 나에게 정말 많은 도움을 주었다. 그리고 나는 이 장에 대한 비평과 더불어 도움을 준 래니어 앤더슨(Lanier Anderson)과 로버트 아우디(Robert Audi)에게 매우 감사한다.

과 사고를 보완하는 것으로서든 아니면 그에 대한 세속적인 대안으로서든 정말 중요하다.[1]

죄의식에 대한 철학적 접근은 사실은 종교적 접근과 꽤 많은 공통점을 지니고 있다. 철학과 종교는 모두 도덕의 본질에 관심을 기울이며 정의와 공정을 포함하는 똑같은 윤리적 문제들에 초점을 맞추고 있다. 그러나 서양의 전통에서 보면 종교적 도덕성은 궁극적으로는 **믿음**에 기반하고 있는 반면, 철학에서의 도덕적 권위는 **이성**에 기반하고 있다. 이는 프리드리히 니체가 1865년에 그의 누이동생인 엘리자베스에게 썼던 편지에 잘 나타나 있다.

사람이 자라면서 주입을 받아온 그리고 점차적으로 뿌리를 깊게 내린 그 모든 것을 단순하게 받아들이는 것이 정말로 그렇게 어려운가—무엇이 자기의 친척들과 많은 좋은 사람들의 주변에서 진리로 간주되고 있는가 그리고 게다가 정말로 무엇이 사람을 편안하게 하고 기분을 좋게 하는가? 그것은 습관에 맞서 싸우고, 독립의 불안정과 자기의 감정, 심지어 자기 양심의 동요를 경험하고, 흔히 어떠한 위안도 없으면서도 진, 선, 미의 영원한 목표를 향해 나아가며 새로운 길에 부딪쳐보는 것보다 더 어려운가? …

… 우리가 결국에는 우리의 탐구에서 안정, 평화, 기쁨을 추구하는가? 아니야, 오로지 진리야 —비록 그 진리가 혐오스럽고 추하다 할지

라도. … 믿음은 객관적인 진리의 증거로 최소한의 지지도 제공하지 못한다. …

… 만약 네가 영혼의 평화와 만족을 위해 정진하고자 한다면, 믿어라. 그러나 만약 네가 진리의 헌신적인 추종자가 되고자 원한다면, 탐구하라.[2]

이 장의 사례사는 오이디푸스의 비극이다. 이런 목적을 위해 문학작품을 활용하는 것이 이상하게 보일 수도 있을 것이다. 그러나 고대 그리스인들은 철학과 드라마를 서양에 전했던 사람들로서, 근본적인 도덕적 딜레마를 탐구할 때는 늘 그것들을 활용해왔다. 아리스토텔레스는 그의 『시학』에서 오이디푸스의 비극을 광범위하게 기술하였으며 그것을 비극들 중의 최고의 비극으로 간주하였다.[3] 비극은 그리스 사회에서 여러 중요한 목적에 잘 들어맞았다. 비극이 고대 신화에 의존하면서 종교적 요소를 함축하게 되었다. 또한 비극은 청중들이 절정에 이른 정서를 분출할 때 두려움과 연민을 유발하는 심리적 기능에도 기여하였다(**카타르시스**). 이것은 영혼을 깨끗이 정화시키고 관객의 개인적인 감정을 주인공들의 비극적 운명에 대한 연민으로 바꾸어놓았다. 그것은 자유의지와 도덕적 책임의 본질에 관한 심오한 철학적 의문들을 불러일으켰다. 프로이트가 오이디푸스 비극을 그의 양심 이론의 주요 특징으로 삼으면서, '오이디푸스 콤플렉

스'는 일상적인 용어가 되었다.[4]

소포클레스의 희곡 『오이디푸스 왕』은 오래된 유명한 이야기를 바탕으로 하였다.[5] 테베의 왕인 라이오스는 아직 태어나지 않은 그의 아들이 장차 그를 죽일 것이라는 경고를 받는다. 따라서 왕비인 이오카스테가 사내아이를 출산하자, 왕은 그를 산기슭에 내다버려 죽게 하라 하였다. 그러나 그 과업을 맡은 양치기는 그 아이를 불쌍히 여겨 코린트로 데려갔는데, 그 아이는 그곳의 왕인 폴리보스에 의해 입양된다.[6]

오이디푸스는 청년으로 성장하였으며 델파이의 아폴로 신전에서 그가 아버지를 죽이고 어머니와 결혼할 운명이라는 신탁을 받는다. 그는 충격을 받고(그리고 그의 진정한 혈통을 알지 못하고) 코린트에서 달아나 테베로 간다. 가는 도중에 라이오스를 우연히 만나 싸움을 하게 되며 오이디푸스는 라이오스 왕(그의 생물학적 아버지)을 죽인다. 이후 그는 온 나라를 공포로 몰아넣었던 스핑크스를 만나게 되며, 오이디푸스는 그 또한 죽인다. 테베 사람들은 고마운 마음에서 오이디푸스에게 왕위를 물려주고 그는 미망인이 된 이오카스테(그의 생모)와 결혼을 한다.

오이디푸스와 이오카스테는 행복하게 살면서 자녀 넷을 둔다. 그러나 신들의 분노를 초래하였던 몇 가지의 타락 탓으로 온 도시에 전염병이 번진다. 오이디푸스는 그 원인을 찾고자 작정하고 이를 추적

해가는 과정에서, 결국 존속살인과 근친상간의 범죄를 일으킨 범인이 바로 자기 자신임을 알게 된다. 이오카스테는 진실을 알고 자살을 한다. 오이디푸스는 이오카스테의 브로치로 자기의 눈을 찔러 앞을 볼 수가 없게 되며, 자기의 두 딸과 함께 추방당해 떠돌이 신세가 된다.

오이디푸스는 자기가 저지른 죄로 인해 벌을 받는다. 그런데 정말 그에게 죄가 있는가? 사실들은 분명하다. 곧, 그는 자기 아버지를 죽였고 자기 어머니와 결혼을 했다. 그러나 그가 라이오스와 이오카스테의 아들이라는 것을 알지 못하였는데 어떻게 존속살인과 근친상간의 비난을 받을 수 있는가? 오히려, 그는 신탁의 예언이 현실화되는 것을 막기 위해 부모 집을 뛰쳐나왔다. 그가 뭘 더 할 수 있는가? 만약 그가 아폴로 신에 의해 이런 가증스러운 행위를 수행해야 할 운명이었다면, 그가 어떻게 신의 의지를 피해갈 수 있는가? 좁은 길에서 라이오스를 만났을 때, 그는 잠시 옆으로 비켜서서 라이오스가 지나가도록 할 수 있었을 것이다. 그러나 그가 영웅 캐릭터였다는 점에서 그는 다르게 행동할 수가 없었다.

오이디푸스는 그의 행위에 대해 책임을 인정하면서도 죄가 있다는 것에 대해서는 맹렬하게 부인한다. 그는 그의 '내부 깊은 곳에 범죄성의 무언가'가 존재한다는 비난을 거부한다. 그는 일어났던 일들에 대한 책임이 신들에게 있다고 보았다. 그는 그의 조상들에 의해

저질러진 위법행위들 때문에 신들로부터 벌을 받고 있다. 그는 범죄
를 저지를 운명이었다("신들이 나를 꼬드겼다"). 그는 무지의 상태에
서 아버지를 죽이고("내가 누구를 죽였는지 알지 못하게 하였다") 어
머니와 결혼을 하였다("나는 아무것도 몰랐고, 그녀 또한 아무것도
몰랐다"). 방랑하면서 그는 절망에 싸여 다음과 같이 울부짖는다.

> 와서, 내게 말해보시오. 만약 신들의 계시에 의해서,
> 그가 그의 아들의 손으로 죽게 된다는
> 어떤 비운이 내 아버지의 머리에 걸려 있었다면,
> 당신은 어떻게, 털끝만큼의 양심이 있다면, **나**를 책망할 수 있는가?
> 나는 그때 아직 태어나지도 않았다.
> 아버지는 나를 착상시키지도 않았고,
> 어머니는 그녀의 자궁에 나를 들여놓지도 않았다
> 나는 존재하지 않았다, 그땐 없었다.[7]

　오이디푸스는 설득력 있는 논증을 제시한다. 그럼에도 불구하고,
그가 타락시켰던 도시가 구제받기 위해서는 그는 반드시 벌을 받아
야 한다. 이것은 법적 책임의 문제일 뿐만 아니라 그것으로 인해 그
가 '신들에게 가장 불쾌한 존재'가 된 종교적 범죄의 문제이다. 혈통
에 대한 그의 무지가 문제가 아니며, 그가 조상들의 죄로 벌을 받고

있는 문제도 아니다. 존속살인과 근친상간은 어떠한 사면이나 용서를 허용하지 않는다. 오이디푸스가 스스로 눈을 멀게 하지만, 그는 그의 죄를 다 갚지 못한다. 그 까닭은 그의 행위들이 그가 더 이상 세상을 바라볼 수 없는 그런 극도의 혐오를 야기하였기 때문이다. 오이디푸스는 깊은 수치감을 인정한다. 그러나 죄의식에 대해서는 그는 다음과 같이 단호하게 거부한다.

> ... 잘 생각해보시오,
> 당신은 나를 비난할 만한 어떤 죄를 발견하지 못할 것이오 —나는 아무 죄가 없다오.
>   ...
> 나는 부당하게 낙인찍혀서는 안 될 것이오, 그 결혼으로 죄가 있다고,
> 내 아버지의 살인자로. ...[8]

우리는 이 딜레마를 어떻게 해소할 수 있는가? 사람이 같은 범죄에 대해 결백하면서도 죄가 있을 수 있는가? 인간의 책임은 과연 어디에 위치해 있는가, 자아의 내부에 아니면 신들의 불가해한 의지 안에? 고대 그리스인들은 이런 의문에 직면하였지만 그것을 해결하지 못했다. 각 세대마다 그 문제를 새롭게 맞이해야 한다. 그리스인들은

인간의 행위가 이원 결정론의 지배를 받는다고 믿었다. 즉, 인간에게 일어나는 일들은 신들이 미리 정해놓았으며 사람들이 스스로 하고자 선택함에 따라 결정된다. 우리는 우리의 운명을 변경할 수 없다. 우리가 할 수 있는 유일한 일은 그것을 이해하는 것이다.[9]

그 역설은 오늘날에도 여전히 계속되고 있다. 우리는 인간을 **도덕적 선택**을 용납하는 **자유의지**를 지니고 있는 존재라고 생각한다. 전통적인 서양의 종교적 관점에서 보면, 전능하고 전지한 하나님은―비록 무슨 일이 일어날 것이고 그것을 어떻게 방지할 수 있는지를 안다 하더라도―사람들이 하는 바에 대해 그들에게 책임을 묻는다. 그것은 그러나 도덕성의 기반인 인간의 선택을 말살할 것이다. 현대적 용어로 말하면, 우리는 우리의 행동을 생물학적 요소와 문화적 요소들 간의 상호작용 결과로 돌린다. 다시 말하면 우리의 삶의 각본은 이미 우리의 유전자에 쓰여 있으며 사회적으로 성장하면서 이는 차츰 그 모양을 형성하게 된다. 그럼에도 불구하고 우리는 여전히, 그리스인들이 그랬던 것처럼, 설령 자유의지에 대한 설득력 있는 철학적 혹은 심리학적 정당화가 없다하더라도, 우리의 행위에 대해 개인적으로 책임을 져야 한다고 믿는다. 만약 자유의지의 이념이 사회적 필요에 의해 창출되었다면, 우리는 우리가 통제할 수 없는 행위들에 대해서도 우리가 통제할 수 있는 행위들과 똑같이 죄책감을 느껴야 하는가, 아니면 오이디푸스처럼 우리의 무죄를 항변해야 하는가?

오이디푸스가 직면했던 딜레마는 철학자들이 직면하는 윤리적
문제에 대한 적절한 비유이기도 하다. 오이디푸스는 그리스의 영웅
적인 전사이지만 이성을 신뢰하며 마치 철학자처럼 사유한다. 그는
결국에는 스핑크스의 수수께끼를 풀며 전염병의 원인이 무엇인지 밝
혀낸다. 그는 그의 탐구심리가 이끄는 데로 그곳이 어디든 그 결과에
상관없이 찾아갈 것이다. 그러나 종교적 전통과 관습은 이성을 능가
하고 운명으로 이끈다. 철학자들도 이와 비슷하게 이성이 우리의 삶
을 안내해야 한다고 선언한다. 그러나 우리는 그렇게 생활하는 것이
어렵다는 것을 흔히 경험한다. 그리스인들은 자신의 운명을 스스로
통제하고자 노력하는 인간의 한계와 위험을 절실히 알고 있었다. 오
만하게 이성에 의존하는 것은 신들의 분노를 야기하는 교만의 한 형
태였다.[10]

이 장은 죄의식과 관계가 있는 도덕적 및 윤리적 원리들에 대해
철학적 관점에서는 어떻게 접근하는지 그에 관한 어느 정도의 이해
를 제공하는 데 그 목적이 있다. '도덕'과 '윤리'는 보통 서로 교차적
으로 사용된다. 그러나 **도덕(morality)**(풍습 혹은 습관을 뜻하는 라
틴어 **moralis 모랄리스**에서 비롯되었다)은 보다 적절하게는 사람들
이 서로에게 행동해야하는 방식과 관련이 있다. **윤리(ethics)**(그리스
어 **ethos 에토스**)는 공적인 그리고 세속적인 것과 관련이 있으며, 옳
고 그름에 관한 합리적으로 방어 가능한 주장들을 함축하고 있다. 도

덕이 우리의 개인적인 삶(흔히 성적 행위에 관한)에 더 적용되는 반면, 윤리는 전형적으로 우리의 직업상의 삶에 적용된다. 옳고 그름의 문제를 다루는 철학의 분파는 **도덕 철학** 혹은 단순히 **윤리학**이다.11 그것은 두 가지 주요 부분으로 구성된다. 첫째는 규범적 혹은 규정적 윤리학으로 사람들이 어떻게 행동해야 하는지에 관심이 있다. 대부분의 종교처럼 그리고 사회과학과는 다르게, 그의 일차적인 관심은 사람들이 **어떻게** 행동하는가에 관한 과학적 기술에 있는 것이 아니라, 사람들이 어떻게 행동**해야만 하는지**에 관심이 있다. 이와는 대조적으로, **메타 윤리학** 혹은 분석 윤리학은 그의 언어(예컨대 '선'이란 말의 의미)와 논리를 포함하여 윤리 체계의 합리적 토대에 관심이 있다. 그런 의미에서 보면, 그것은 철학자들이 자신의 학문분야를 중심으로 접근하는 검토에 더 가깝다. 규범 윤리학이 우리의 삶과 보다 더 직접적으로 관련되기 때문에 여기에서는 주로 그에 관심을 기울일 것이다.

서양 철학에는 윤리학에 대한 세 가지 주요 접근이 있다. 그것들은 각각 덕, 의무, 결과에 기반을 두고 있다. 첫 번째는 유덕한 인격에 관한 아리스토텔레스의 개념에 기반을 두고 있고, 두 번째는 도덕 규칙이 의무에 의해 규정된다는 임마누엘 칸트의 윤리 철학에 기반을 두고 있으며, 세 번째는 최대 다수의 최대 행복을 보장하고자 하는 목적에서 행위의 결과에 초점을 두는 존 스튜어트 밀의 공리주의 모델에 기반을 두고 있다. 마지막으로 우리는 전통적인 도덕과 죄의식의 개념을 모두 거부하는 니체의 철학을 돌아볼 것이다.

덕 윤리학

서양 철학(그리스어 philosophia 필로소피아, '지혜의 사랑')은 세 명의 아테네 사람, 곧 소크라테스, 플라톤, 아리스토텔레스가 지금까지도 도덕 철학자들의 관심을 사로잡고 있는 거의 모든 기본적인 윤리적 문제를 다루었던 고대 그리스에서 발원되었다. 철학적 윤리학의 주요 주제는 **선**과 **옳은 행위**이다. 선과 관련하여 그리스 철학자들은 궁극적인 선을 행복(eudaimonia 유다이모니아)으로 간주하였다. 무엇이 행복으로 이끄는가? 그것은 쾌락인가, 성취인가, 타인들에 대한 봉사인가? 에피쿠로스는 쾌락의 추구 혹은 **쾌락주의**(그리스어 hedonismos 헤도니스모스에서 비롯됨)를 그에 대한 답으로 간주하였는데, 그렇다 하여 음식, 술 혹은 섹스를 통해 신체적 쾌락을 맹목적으로 추구하는 것을 의미하지는 않았다. 오히려 그가 의미하고자 하였던 바는 자기의 지적 및 도덕적 덕들을 실천함으로써 얻는 쾌락이었다. 플라톤과 아리스토텔레스는 탁월함의 추구를 행복에 이르는 길로 여겼다. 그러한 고려사항들은 우리의 삶에서 죄의식의 경험과 직접적인 관련이 있다. 우리는 종종 행복을 성취하지 못한 것에 대해 죄책감을 가지거나(사회생활에서 실패하거나 혹은 사적인 삶에서 실패함으로써) 혹은 우리는 우리가 행복을 성취하기 위해 이용하여왔던 수단에 대해 죄책감을 가진다.

덕의 개념은 고대 그리스의 도덕 추론에서 중심을 차지하고 있었다. 우리는 덕을 하나의 도덕적 특질로 생각하지만 그에 해당하는 그리스어 arête(아레테)는 '탁월함'이라는 더 넓은 의미를 지니고 있다. 호머의 영웅들로 상징되는 명예와 명성이라는 그리스의 주요 덕들은 이타주의와는 거의 관련이 없다. 무엇이 과연 도덕적인가라는 과제는 철학자들의 몫이 되었다. 그리고 도덕의 목적은 어떻게 선한 삶을 영위할 것인가, 곧 이 세상에서 어떻게 행복해질 수 있는가에 있었지 어떻게 영생을 얻을 수 있는가에 있지 않았다.

플라톤 윤리학에서의 죄의식

아킬레스가 전장에서의 전형적인 그리스 영웅이었다면, 소크라테스는 삶에서 도덕적 용기를 구현한 영웅이다. 소크라테스는 어떠한 저작도 남기지 않았다. 오늘날 그에게 귀속되는 모든 것들은 그의 제자인 플라톤에 의해 쓰인 것이다. 기원전 428

년에 명망 있는 아테네 가문에서 태어난 플라톤은 정치가로서의 경력을 쌓을 수 있었지만 특히 그의 존경하는 스승인 소크라테스의 죽음 이후 공직 생활에 환멸을 느끼게 되었다. 소크라테스는 아테네의 배심원단으로부터 사형을 언도받은 이후 자살을 강요받았다. 그는 자신의 신념을 철회하거나 아니면 도시를 탈출해야만 죽음을 피할 수 있는 운명이었다. 그러나 그는 그 두 가지 모두를 거부하고, 대신에 법에 복종하였다. 그는 우리가 범죄라고 여길 만한 어떤 행위를 저질렀기 때문이 아니라 그가 도덕적 및 사회적 비판을 공개적으로 그리고 용기 있게 표현하였다는 것 때문에 유죄 판결을 받았다.

약 40살 나이에 플라톤은 아테네에 아카데미를 설립하고, 나머지 40여 년을 가르치고 글 쓰는 데 보냈다. 플라톤은 대화를 할 때 소크라테스의 관점들을 제시할 뿐만 아니라 그런 관점들에 대한 수정된 견해를 제시한다.[12]

플라톤 이전의 그리스 사상에서는 도덕적 책임과 자유의지 간의 연결이 분명하지 않았다. 당신이 어떤 잘못을 했으면 벌을 받았다(비록 신들이 당신으로 하여금 그렇게 하도록 하였다 하더라도). 플라톤은 죄의식(책임으로서)이 당신이 인정하는 권위의 명령에 대한 위반으로부터 나온다고 인식한다. 그러나 플라톤에게 있어서 도덕적 권위란 신에 의해서 정해진 것이 아니며 또한 사회적 관습에 의해서 결정되는 것도 아니다. 그것은 합리성에 기반하고 있다. 플라톤은 죄의식 아래에 깔려 있는 원천을 종교와 인간의 인습으로부터 윤리적 이념으로 이동시킨다.

이성은 삶을 살아가는 옳은 목적을 설정함으로써 그리고 그의 합리성을 그의 영적인(심리적인) 측면들과 조화시킴으로써 윤리적 판단을 가능하게 해준다. 잘못을 행한다는 것은 그 표적을 벗어나는 것을 의미한다(hamartia 하마르티아)(역자 주: 이 용어는 아리스토텔레스가 비극의 주인공이 비극적 사건을 겪게 되는 원인으로 제시한 개념으로 판단착오 혹은 성격적 결함 등을 나타낸다). 이것은 **그릇된** 목적(인생의 목표로서 육체적 쾌락을 추구하는 것과 같은)에서 출발함으로써 혹은 당신의 목적을 성취하기 위해 그릇된 **수단**(당신의 출세를 위해서 아첨하는 것과 같은)을 선택함으로써 나타날 것이다. 우리는 또한 **정신이 산만**해질 수 있다(예컨대 성욕과 같은, 어떤 정서에 휩싸여). 그래서 플라톤에게 있어서 죄의식은 이성을 활용하는 데 실패하고 자신의 행위에 따른 책임을 감당하는 것을 거부하는 데에서 기인한다. "신들이 나로 하여금 그것을 하도록 했다." 혹은 "모든 사람이 또한 그것을 한다."는 등의 말은 아무런 문제가 되지 않는다. 게다가 합리적으로 행동하지 못한 것은 그 둘 중 어느 것 때문도 아니다. 그것이 그러나 곧 당신을 나쁜 사람으로 만들지는 않지만 당신은 더 나은 행동을 할 수 있도록 열심히 노력해야 한다.

플라톤에게 있어서 윤리란 온전히 개인적인 문제가 아니었다. 인간은 공동체에서 생활하기 때문에, 개인과 정치는 서로 분리될 수 없는 것이었다. 그러므로 플라톤의 도덕 이론들은 개인적 수준에서 작동하는 구조와 사회적 수준에서 작동하는 구조가 그 기본에 있어서 똑같은 구조를 지니고 있다. 개인들은 그들의 공동체 안에 뿌리를 내리고 있기 때문에, 그들의 개인 윤리는 공동체의 덕이나 가치와 분리될 수 없는 것이다. 그러므로 공동체는 또한 옳은 목적과 정당한 수단을 지녀야 하며 이성을 잃지 않고 도덕의 길을 계속 고수해나가야 한다.13

플라톤의 도덕교육 모델에서 그 핵심은 지식을 아동들의 정신 속으로 차곡차곡 집어넣는 것이 아니라 그들이 이성을 통해 옳은 도덕적 선택을 하는 데 도움을 줄 수 있도록 올바른 **정서적** 반응을 유발하는 것이다. 그러나 인간은 또한 단순히 그저 규칙에 따르는 것이 아니라, 옳은 일을 하고자 하는 정서적 감수성과 의지가 필요하다. 플라톤은 윤리적 행동이 역할 모델에 의해 가장 잘 가르쳐진다고 생각했으며, 그는 윤리적 결함을 질병으로 그리고 도덕적 스승을 의사로 간주하는 그런 의학적 은유를 자주 활용하였다.

심리적 측면에서 보면, 우리는 플라톤에게서 인간의 영혼을 구성하는 이성적 요소와 정서적 요소를 한데 아울러 잘 통합시킨('조화로운') 윤리 체계를 볼 수 있다. 개인들은 도덕적이며 정의로운 공동체에 의해 그들의 삶이 가능하며 또한 거꾸로 그런 개인들에 의해 공동체 또한 존속하게 된다. 윤리 체계가 잘 발달되고(아마도 과도하게 발달된) 세밀하게 통합되어 있어 개인이나 공동체가 효과적으로 기능을 발휘하기 위해 굳이 죄의식에 의존할 필요가 없다.

죄의식과 아리스토텔레스의 윤리학

마케도니아의 의사 아들인 아리스토텔레스는 18살 되던 해(플라톤이 60살이었을 때)에 플라톤의 아카데미에 가입하였고 거기에서 가장 뛰어난 학생이 되었다. 플라톤이 죽은 이후, 그는 어린 알렉산더를 가르치고자 마케도니아로 갔으며, 자기 자신의 철학 학교 리시움을 세우고자 다시 아테네로 돌아왔다. 그 학교는 5백여 년 동안 지속되었다. 아리스토텔레스는 거의 2천여 년 동안 서양 세계에서 가장 영향력 있는 철학자였다. 그는 고대와 중세 철학에 깊은 영향을 미쳤으며 지금도 여전히 우리의 도덕적 의식의 형성에 영향을 미치고 있다. 우리는 여기에서 『니코마코스 윤리학』(그 책은 그의 아들 니코마코스의 이름을 딴 것으로, 아들이 받아 적었거나 혹은 헌정된 것이다)으로 알려지게 된 그의 저서 『윤리학』에 주로 관심을 기울일 것이다.[14]

아리스토텔레스의 실천 철학은 개인 윤리학과 정치학의 두 주제를 다룬다. 개인들이 선한 삶을 영위하고 행복을 달성하는 데 도움을 주고자 하는 데 그 목적이 있었다. 그의 철학은 **덕 윤리학**으로 대표되는데, 그것은 윤리적 규칙들이나 행위의 결과보다는 유덕한 자아에 초점을 둔다. 그는 인간이 이성을 통해 계발될 필요가 있는 천부적인 윤리적 경향성을 타고 난다고 가정한다. 그가 『윤리학』을 저술한 목적은 "덕이란 무엇인가를 알고자 하는 것이 아니라 … 선하게 되는 데" 있다.[15]

아리스토텔레스는 영혼의 덕들을 **성품의 탁월함**으로 언급한다. 그는 미덕과 그의 반대인 악덕을 일시적인 성향 혹은 습관 그 이상으로서, 우리를 각 개인으로서 규정하는 성품의 특질에 더 가까운 것으로 생각한다. 정서는 선택을 수반하지 않는다. 그런고로 당연히 도덕적 책임 또한 수반하지 않는다. 우리는 성질내는 것을 선택하지 않는다. 우리는 자극에 대한 반응으로 그럴 뿐이다. 덕들은 우리가 책임을 질 우리의 선택을 나타내는 성향들이다. 그것들은 일이 본연의 기능을 잘 수행하도록 하는 일종의 탁월함을 상징한다. 그러나 탁월함은 좋은 것으로 간주되는 기능을 내포하고 있어야만 한다(아주 수완이 좋은 도둑이 되는 것은 덕이 아니다).

아리스토텔레스는 도덕적 덕들을 행위 범위 내에서 **모자람**과 **지나침**을 대표하는 두 극단 사이의 **중용**(중간 지점, 단순한 평균이 아닌)에 해당하는 것으로 개념화하였다. 예컨대 두려움과 자신감의 범위 안에서, 용기는 덕인 반면 겁(그의 모자람)과 무모(그의 지나침)는 악덕이다. 기독교의 덕과 악덕의 개념은 정반대이다. 즉, 하나는 나머지 다른 하나의 정반대로, 그 사이에 아무것도 존재하지 않는다. 아리스토텔레스에게 있어서 덕과 악덕 사이에 본래부터 어떤 차이가 있는 것은 아니다. 즉, 덕과 악덕은 슬라이드제(역자 주: 임금의 전부 또는 일부를 물가지수 등과 결부시켜, 물가 변동에 따라서 자동적으로 조정하는 임금지불방식) 방식으로 존재하며, 질이 아닌 양에 의해 구분된다. 그러나 행위의 미덕성이 오로지 정확한 '양'에 의해서만 좌우되는 것은 아니다. 행위는 적시에, 옳은 이유로, 올바른 사람을 향해, 정당한 동기에서 그리고 덕으로서 자격을 지닐 만한 올바른 방식에서 수행되어야 한다. 그러므로 덕은 단순한 양적인 개념이 아니라 우리의 행위를 결정하는 동기적인 그리고 맥락적인 요소들을 고려한다.

　아리스토텔레스는 여러 덕들과 악들에 관하여 논의하는데, 그것은 우리의 주된 관심사인 **수치심**의 범위에 속한다.[16] 그는 죄의식에 대해서는 어떤 언급도 하지 않는다(그러나 앞서 지적하였듯이, 고대 그리스에서 수치심의 관념은 죄의식의 일부 요소들을 내포하고 있었다). 그는 날카로운 통찰력으로 수치심을 두려움에 비유하는데, 악평에 대한 두려움은 위험에 대한 두려움에 의해 초래되는 것과 비슷한 영향을 미친다. 수치심을 덕으로 만드는 중용은 겸손(**aidos 아이**

도스)이다. 그의 부족함은 뻔뻔스러움(anaischuntia **아나이슌티아**)이며, 그의 지나침은 숫기 없음(kataplexis **카타플렉시즈**)이다. 사실, 겸손은 젊은이들의 지각없는 행동을 제한하거나 억제하는 데 주로 유용하다는 점에서 성인의 덕으로서는 적절하지 않다. 그것은 분명히 성숙한 성인의 삶에서는 설 자리가 없다(특히, 아래의 마지막 문장을 주목해보라).

　[수치심]의 감정은 모든 연령에 적절한 것은 아니다. 단지 젊은이들에게만 적절하다. 우리는 청소년들은 마땅히 겸손해야 한다고 생각한다. 왜냐하면 그들은 감정의 지배하에서 생활함에 따라 자주 실수를 하게 되는데, 겸손에 의해 절제될 수 있기 때문이다. 또한 우리는 젊은이들에게 겸손을 권하지만, 어느 누구도 성인들에게 겸연쩍은 얼굴을 하라고 권할 수는 없을 것이다. 왜냐하면 우리는 그가 어떤 부끄러운 짓을 해서는 안 된다고 생각하기 때문이다. … 수치심을 느껴야 하는 사람은 악한 사람이다. 왜냐하면 그는 수치스러운 행위를 할 만한 그런 유의 사람이기 때문이다. 그러나 어떤 부끄러운 짓을 하면서 수치심을 느끼게 되는 것은 당신을 선한 사람으로 만들 것이라고 생각하는 것은 터무니없는 일이다. 왜냐하면 겸손이란 자발적인 행위를 할 때 느끼는 것인데 선한 사람은 결코 어떤 나쁜 짓을 자발적으로 하지 않을 것이기 때문이다. …

　… 비록 뻔뻔스러움, 즉 수치스러운 짓을 하고 부끄러워하지 않는

것이 나쁜 것이라 해서 사람이 부끄러운 짓을 하고 부끄럽게 느끼는 것을 좋은 것이라고 말할 수는 없다.[17]

덕들의 맨 꼭대기에는 **관후**(magnanimity)가 있다. 관후(라틴어로 '위대한 정신')한 사람은 겸손이나 겸양보다는 자부심과 명예를 타고 난다. 그런 사람들은 용기가 있고, 고결하며, 선량한 성품을 지닌다. 설령 높은 사회적 지위에 있다 하더라도, 그들은 권력과 부에 대해 삼가는 마음을 지니고, 심지어는 경멸하기도 한다. 그들은 이익을 관대하게 다른 사람들에게 부여하지만, 혜택을 입는 것에 대해서는 부끄러워한다. 그들은 사랑할 수도 있고 또한 미워할 수도 있으며, 진실을 말하며, 험담을 피한다. 그들은 실수를 하지만 수치심이나 죄의식을 느껴야 할 이유가 없다.[18]

진정한 관후는 희귀한 덕으로 단지 소수의 사람들에 의해서만 획득될 수 있다. 그러나 그에 대응하는 악덕들은 많으며, 우리는 어느 누구도 완전히 그것들로부터 벗어날 수는 없다. 명예의 부족함은 **소심**(pusillanimity 푸설러니머티)의 악덕인데, 소심한 사람들은 그들이 받을 권리가 있는 이득을 자제한다. 명예의 지나침은 **자만**(conceit 컨시트)의 형식을 취하는데, 그것은 자신의 한계에 대한 무지, 도를 넘기, 허례허식을 드러내 보인다.

아리스토텔레스는 철학자 못지않은 생물학자로 모든 지적 분야들이 똑같은 정도의 정밀성을 요망할 수는 없다고 말했다. 윤리와 같은 주제들은 단지 보통 수준의 정밀성이 요구된다. 따라서 그는 중용의 원리를 절대적인 규칙으로 제시하는 것을 삼갔다. 오히려 그는 주어진 환경 아래에서 각 개인에 적절한 **상대적**인 측면에서 중용을 정하였다. 예컨대 돌보아야 할 가족이 있는 어떤 사람에게는 가장 치열한 전투에 참여하지 않는다 하여 그가 비겁하다 할 수만은 없을 것이다.

아리스토텔레스가 완전무결한 윤리 규칙들을 거부함으로써 우리의 어깨에 드리워진 거대한 죄의식의 부담이 한결 가벼워진 것은 분명하다. 확고부동한 규칙들 대신에 예외의 가능성이 존재한다. 만약 우리가 이런 유연성을 남용하고 도덕성을 비웃는다면, 그것은 우리의 잘못이지 아리스토텔레스의 잘못은 아니다. 그러나 아리스토텔레스는 절대적인 도덕적 상대주의자는 아니다. 중용의 원리는 다음과 같이 천부적으로 나쁜 감정이나 행위에는 적용되어서는 안 된다.

모든 행위나 감정이 중용의 여지가 있는 것은 아니다. 왜냐하면 어떤 것들은 악의, **뻔뻔스러움**, 시기 그리고 간통, 절도, 살인과 같은 행위 등 직접적으로 타락을 함축하는 평판을 지니고 있기 때문이다. 이들 그리고 이들과 가까운 그런 것들은 모두 소위 그 자체로 사악한 것들이다. 사악한 것은 지나침이나 부족함의 그런 것이 아니다. 그들

의 경우에는 올바르게 행위 한다는 것이 불가능하다. 항상 잘못 생각
하고 있다. 그런 경우에는 올바른 행동인가 혹은 잘못된 행동인가가
상황에 따라 달라지는 것이 아니다. 어떤 남자가 간통을 저지르는데
그것이 제정신인 여인 혹은 적시에 혹은 올바른 방식으로 이루어진다
하여 달라지는 것이 아니다. 왜냐하면 그런 유형의 행위를 한다는 것
은 그것이 무엇이든 그저 잘못이기 때문이다.[19]

우리는 윤리 규칙들의 이러한 두 가지 차원, 곧 절대 대 상대의
특성을 어떻게 조화시킬 수 있는가? 그 문제는 특별히 아리스토텔레
스에게만 관련되는 것은 아니다. 다른 도덕주의자들(그리고 우리 모
두)도 똑같은 딜레마를 접한다. 우리는 무엇이 옳고 그른가에 관한
명확한 도덕적 명령을 원한다. 그러나 또한 그런 명령들이 주어지면,
우리는 그런 명령들이 재량권이나 개인적 선택에 대한 여지를 전혀
남겨놓지 않는다고 불평한다. 아리스토텔레스는 이런 문제를 잘 알
고 그것을 다룰 수 있는 실천적인 규칙들을 제시하였다. 그래서 그는
우리에게 중용에서 너무 벗어난 극단을 피하도록 권고한 것이다. 예
를 들면 정직함의 덕과 관련하여 볼 때, 자랑으로 사실들을 과장하기
보다는 차라리 사실들을 이해하는 측면에서 실수를 하는 편이 더 낫
다. 우리가 저지르는 실수들의 유형을 분석해보면, 우리의 자연적인
경향성들이 드러날 수 있을 것이다. (어떤 사람은 재치를 익살로 잘

전환시키는가 하면, 어떤 사람은 천박하게 사용하는 경향이 있다.)
어느 한쪽으로 기울어지는 경향이 있다면, 우리는 그 방향에서 뒤로
움직일 필요가 있다(나무의 휜 면을 바로잡아주는 것처럼). 우리는
특히 쾌락에 대해 우리 자신을 잘 안내해야 한다. 왜냐하면 쾌락은
우리의 판단을 흐리게 만들기 때문이다. 따라서 절제와 관련해서 볼
때, 고상한 척 행동하는 것 이상의 방탕이라는 훨씬 더 큰 위험이 존
재한다. 우리가 우리의 도덕적 취약성을 제대로 알면 잘못에 빠지지
않는 데 도움이 된다.[20]

아리스토텔레스는 행복을 삶의 궁극적인 목적으로 간주한다. 성
공적인 사람은 행복한 사람이다. 행복은 즐겁게 생활하는 것이다. 그
러나 그렇다 하여 오로지 신체적 쾌락에 헌신하는 그런 생활은 아니
다(그는 그것은 소에게는 적절할지 모르지만 인간은 아니라고 말한
다). 오히려 행복은 덕과 일치하는 영혼의 활동이다. 사람은 어떻게
최고의 행복을 성취하는가? 아리스토텔레스는 **숙고**를 통해서 가능
하다고 주장한다. 그러나 숙고(theoria **테오리아**)는 결코 정신적으
로 영원을 배회하는 신비주의자나 책 속에 파묻혀 정신이 없는 학자
의 치열한 지적 노력 같은 그런 것이 아니다. 그것은 이미 지식을 획
득한 사람이 그 지식을 곱씹는 일종의 지적 활동의 형식이다. 숙고
의 생활은 또한 다른 덕들이나 쾌락을 실천하면서 쉽게 함께 공존할
수 있다. 더욱이 그것은 사회적 활동과 상반되는 것도 아니다. 플라

톤의 경우처럼 아리스토텔레스의 경우에도 역시 윤리와 정치는 서로 연결되어 있다. 국가는 마땅히 그의 목표를 시민들의 행복에 두어야만 한다.[21]

아리스토텔레스는 현대인들의 생활에서 많은 부분을 차지하고 있는 도덕적 상대주의의 문을 열었다. 그러나 그 이념이 유행하게 된 것은 계몽주의 이후였다. 오늘날 영향력 있는 사상가들은 불굴의 용기(역경에 맞서는 인내), 절제(무분별한 열정을 통제하는 자기 훈련), 사려(올바른 선택을 하는 실천적 지혜) 그리고 정의(공정, 정직, 준법, 약속이행)와 같은 아리스토텔레스의 고전적 덕들을 재차 확인하며 개인 및 사회 윤리의 토대로서 덕으로의 회귀를 요청하고 있다.[22]

의무 윤리학

의무는 주어진 환경 아래에서 이미 규정된 방식에서 행위 할 도덕적 책무를 의미한다. 그것은 **규칙**의 이념과 밀접하게 연관되어 있어, **의무론적** 윤리학(그리스어 deon **데온**은 '요구되는 것'을 뜻함)으로 불린다.[23] 의무 윤리학은 종교적 관습에 그 기원이 있는 것으로, **신의 명령 이론**과 관련된다. 그러나 철학에서의 도덕적 의무들은 이성에 토대를 두고 있지, 신의 의지에 기반하고 있는 것은 아니다. 종교인에게는 이성이라는 것이 우리의 행위를 안내할 만큼 충분히 믿을 만한 것으로 보이지 않을지 모르지만, 프로이트가 말했던 바와 같이, "지성의 목소리는 부드럽지만, 응답을 들을 때까지는 결코 멈추지 않는다."[24]

의무 윤리학의 중심에는 현대의 가장 위대한 도덕 철학자인 임마누엘 칸트(1724–1804)가 있다.[25] 칸트는 경건한 기독교 가정에서 태어났으며 동프로이센의 쾨니히스베르크 대학에서 공부하였다. 그는 논리학과 형이상학 교수로 업적을 쌓았다. 윤리학에 관한 그의 저서는 그가 60살에 이를 때까지도 나오지 않았다. 칸트는 결혼하지 않았고, 강건한 건강상태를 유지하지도 않았으며, 특별한 일이 없는 그런 삶을 보냈다. 그는 매우 체계적인 사람이었지만, 성미가 까다로운 인품의 소유자는 아니었다. 그는 카드놀이에 기량이 뛰어났으며 그의 학생들은 그를 아주 좋아했다.[26]

죄의식은 아리스토텔레스의 윤리학에서보다는 칸트의 윤리학에서 훨씬 더 중요한 역할을 한다. 칸트의 윤리 이론은 어렵다. 그는 철학자의 철학자이며 자기의 관념을 전달하는 데 있어서 복잡한 어휘를 사용한다. 그의 윤리학은 근엄하며, 도덕적 기준을 높게 설정함으로써 그것을 거의 불가능한 요구가 되게 만든다. 그럼에도 불구하고 우리는 칸트에 대한 언급 없이 철학적 윤리학을 논의할 수가 없다.[27]

선의지와 도덕적 의무

아리스토텔레스에게 있어서, 선은 행복으로 이끄는 활동에 있다. 칸트에게 있어서 문제되는 유일한 것은 **선의지**이다. 여기에서 선의지란 개인적인 의향이나 자신의 행위의 결과와 상관없이, 도덕 규칙과 원리에 따라 행위 할 유일한 인간의 능력을 의미한다. 만약 당신이 선의지를 타고났다면, 당신은 옳은 이유에서 옳은 일을 하고자 할 것이다.

보통 말하는 그런 선한 행위는 원칙을 굽혀 타협하는 경우와 무관하지 않다. 만약 당신이 보상을 받기 위해 익사 직전의 사람을 구한다면, 그것은 이미 사심 없는 행위가 아니며 도덕적 덕이 부족한 것이다. 나는 그 사람을 좋아하기 때문에 누군가에게 친절할 수 있다. 혹은 나는 오래 살고 싶기 때문에 내 자신의 건강을 돌본다. 칸트는 그런 행위들은 선하며 **의무와** 일치하지만, 그런 행위들은 **의무로부터** 수행되는 것이 아니기 때문에 도덕적으로 모자란다고 말한다.

할 수 있는 한, 선행을 하는 것은 의무이다. 그 밖에도 천성적으로 동정심이 많은 사람들도 많아서, 그들은 허영이나 사익과 같은 어떤 다른 동인 없이도, 자기 주위에 기쁨을 확대시키는 데서 내적 만족을 발견하고, 그것이 자기 노력인 한에서, 타인의 만족을 기뻐할 수 있다. 그러나 나는 주장하거니와, 그러한 경우에 그 같은 행위는 매우 의무에 맞고, 매우 사랑받을 만한 것이기는 하지만, 그럼에도 아무런 참된 윤리적 가치를 갖지 못하며, 오히려 다른 경향성들, 예컨대 명예에 대한 경향성과 같은 종류이다. 그것은 … 칭찬과 격려를 받을 만하지만, 존중받을 만한 것은 못 된다. 왜냐하면 그 준칙에는, 곧 그러한 행위들을 경향성에서가 아니라, **의무로부터** 행하는 윤리적 내용이 결여돼 있기 때문이다.[28]

이것은 수수께끼 같은 일이다. 우리가 다른 사람들에게 선행을 하는 데도, 왜 우리는 그 행위를 선하다고 말해서는 안 되는가? 우리가 어떤 행위를 하는 이유가 왜 중요한가? 익사 직전에 나의 도움으로 살아난 사람에게 있어서는, 설령 나의 행위의 동기가 내 행위의 도덕적 질과 관련이 있다 하더라도, 나의 동기는 아무런 상관이 없는 일이다. 잘못을 저지른 경우뿐만 아니라 옳은 일을 했지만 그것이 의무에 의해 동기화되지 않았다 해서, 우리는 그런 행위에 대해서조차 죄의식을 느껴야 하는가? 그것은 정말 벅찬 도덕적 난제이다.

칸트는 단순히 우리가 선행을 베푸는 것을 즐기기 때문에 그것이 그의 도덕적 가치를 떨어뜨린다고 주장하지는 않는다. 곧, 우리는 의무로부터 행위 하는 한, 그 행위를 마음껏 즐겨도 될 것이다. 또한 칸트는 인간을 의무에서 행해진 것이라면 그 행위가 무엇이든 그것을 정당화하는 그런 냉혹한 기계로 보지도 않는다("나는 명령을 따르고 있었다"는 말은 전쟁범죄인들이 하는 일반적인 변명이다). 그런 경우에 칸트는 도덕적 인간이라면 명령이 보다 높은 도덕 법칙과 갈등할 때는 그에 불복종하기를 기대한다.

정언 명령

정언 명령은 칸트의 중심적인 도덕 원리이다. 그것은 순수 이성에 의해 주어진 그리고 합리적인 의지를 가진 모든 사람들을 보편적으로 구속하는 절대적인 도덕 법칙의 명령이다. 그것은 무조건적이다. 따라서 상황에 의존적이지도 않고 예외에 종속되지도 않는다. 만약 우리가 어떤 결과를 달성하고자 한다면, 그 행위 과정은 어쩌면 명령적 혹은 필수적일지도 모른다. 그러나 두 종류의 명령이 있다. 예컨대 "만약 체중을 감량하고자 한다면, 아이스크림 먹는 것을 중단하라"는 진술을 생각해보자. **만약**으로 시작하는 이와 같은 진술들은 **가언** 명령을 이룬다. 이런 진술들은 분명히 밝혀진 어떤 조건들에만 적용된다. 그것들은 보편적으로 적용 가능한 것이 아니다("결코 아이스크림을 먹지 마라"와 같이). **정언** 명령은 모든 상황들 아래에서 그 자체로 목적으로서 그의 권위를 확고히 하는 절대적이고, 무조건적인 요구이다. 그것은 기본 원칙들인 **준칙들**을 지배하는 보편적 입법이다. 준칙들은, 거꾸로, 우리가 주어진 상황 아래에서 어떤 방식으로 행위 하도록 의무지우는 도덕적 행위들의 **규칙들**을 지배한다. 정언 명령은 "네 행위의 준칙이 언제나 동시에 보편적 입법의 원리가 되도록 행동하라"고 언명한다.[29]

이것은 도덕 규칙이 모든 사람을 위한 보편적인 규칙이 되는 것을 원하지 않고 오로지 당신 자신만을 위한 것으로 만들지 말라는 것을 의미한다. 즉, 당신은 당신 자신만을 위한 예외를 만들 수가 없다. 예컨대 당신이 하는 거짓말이 도덕적으로 정당화된다고 주장할 수 있으려면, 당신은 모든 사람이 또한 그와 비슷한 상황 아래서 거짓말 하는 것을 허용할 수 있어야 한다. 이것은 당신은 다른 사람들이 당신에게 해주길 원하는 대로 다른 사람들에게 행하라 그리고 그 역으로, 당신은 다른 사람들이 당신에게 해주지 않기를 원하는 대로 다른 사람들에게 행하지 말라는 황금률에 대응하는 철학적 표현이다.

칸트는 오로지 이성에 기반 한 절대적인 도덕 체계를 정립하고 있다. 그러한 체계의 명제들은 논리적으로 일관되어야 한다. 즉, 명제들이 자기모순적이어서는 안 된다("원은 정사각형이다"와 같은). 그것들은 보편적이며 모든 상황들 아래에서 적용 가능하다. 하지만 칸트는 우리가 도덕적 결정에 직면할 때마다 정언 명령에 호소하길 기대하지 않는다. 그의 목적은 준칙들을 만들어내는 데 있는 것이지,

직접적으로 행위를 규제하는 데 있는 것이 아니다. 준칙들 그 자체는 어떤 주어진 상황에서 이런저런 도덕적 길을 선택하라고 우리에게 정확하게 일러주지 않는다. 그것들은 도덕적 행위에 관한 상세한 지도가 아니라 옳은 방향을 가리켜주는 나침판에 해당한다. 그로부터 도출된 도덕 규칙들조차도 합리적인 도덕 판단을 활용하여 적용되어야 한다. 게다가 단순히 지적으로 정언 명령을 수용한다고 해서 곧 우리가 유덕한 사람이 되는 것도 아니다. 우리는 그 규칙들에 복종하고자 하는 의지와 헌신이 필요하다.

칸트는 일부 준칙들을 보편화시킬 때 그것들이 서로 모순적이거나 비도덕적일 수 있다는 것을 인정한다. 예컨대 나는 간통은 당연히 비도덕적이라고 말할 수 없다. 왜냐하면 나에게는 내 이웃의 아내와 잠자리를 할 자유가 있어야 하며, 그리고 내 이웃이 내 아내와 잠자리를 하는 것 또한 환영한다, 따라서 모든 사람은 이처럼 그들이 원하는 사람 누구와도 잠자리를 함께할 수 있다고 말할 수 있기 때문이다. 그래서 칸트는 일련의 규칙들, 예컨대 도둑질하지 말라, 약속을 어기지 말라, 기타 등등을 공포한 것이다. 그럼에도 정언 명령은 서로 경쟁하는 이해관계를 반영하고 있는 규칙들 간의 갈등을 완벽하게 해소하기 어려울 수 있다. 곧, 내가 진실을 말할 경우 그것이 아무 잘못이 없는 사람의 죽음으로 이어질 수 있다면 나는 어떻게 해야 하는가? 칸트는 그의 규칙들에 단서를 허용함으로써 그런 어려움들에 대처하고자 하였으며, 만약 그런 단서들이 적절하면, 그와 관련한 예외를 두는 것을 거부하였다. 그런데 우리가 규칙들을 다시 정해야 한다면, 과연 우리에게 정언 명령이 필요한 까닭이 무엇인가?

칸트는 주장하길, 그 차이는 정언 명령을 수용할 때 우리는 그 내용이 우리 자신의 이성에 의해 결정된 원리를 받아들이고 있다는 것이다. 우리는 따라서 누군가 다른 사람의 도덕적 명령을 따르는 것이 아니라, 우리 자신의 법칙을 따르고 있으며 합리적 존재로서 **자율성**을 실천하고 있는 것이다. 각 개인의 자유와 자율성에 대한 존중은 우리가 강압, 기만 혹은 다른 사람의 자기 결정을 방해할 수 있는 모든 행위를 삼가 할 것을 요구한다. 따라서 모든 인간은 **목적 그 자체**로 존재하며 **목적에 대한 수단**으로 활용되어서는 안 된다. 이로써 칸트는 두 번째의 보편적 규칙을 제시하게 되었다. 그것은 **목적 자체의 정식**이라 불리는 것으로, "네가 너 자신의 인격에서나 다른 모든 사람의 인격에서 인간(성)을 항상 동시에 목적으로 대하고, 결코 한낱 수단으로 대하지 않도록, 그렇게 행위하라"[30]

칸트는 목적 자체의 정식을 정언 명령과 똑같이 중요하게 간주하였다. 그것은 난무하는 도덕적 혼돈 속에서 길을 밝혀주는 강력한 규칙이다. 대부분의 도덕적 금지들은 우리가 다른 사람들을 우리의 목적에 대한 수단, 곧 우리 자신의 이익을 위해 다른 사람들을 착취하는 그런 행위들(그들을 **물건 취급**하는 것이다. 예컨대 강제로 다른 사람들을 우리의 성적 만족을 위한 대용물로 취급함으로써)을 멈추도록 하는 것이다. 칸트는 목적 자체의 공식을 "모든 사람의 행위의 자유에 관한 최고의 제한 조건"[31]이라 부른다. 이것은 죄의식을 초래하지 않고서는 우리가 결코 뛰어넘을 수 없는 하나의 도덕적 장벽이다.

죄의식과 양심의 심판

우리가 지금까지 논의했던 것은 칸트의 의무 윤리학에서 죄의식의 위치를 이해할 수 있는 도덕적 배경을 마련하기 위한 것이었다. 그의 이론으로부터 추론해보면, 죄의식은 의무의 요구에 따라 생활하지 못할 때 발생한다. 이런 점에서 그는 양심의 역할에 대해 다음과 같이 언급하고 있다.

모든 인간은 양심을 지니고 있으며 내부의 심판에 의해 주시받고, 위협받으며, 보통은 외경심(두려움과 결부된 존중)에 싸여 있는 자신을 발견한다. 자신의 내부에 있는 법칙을 지켜보고 있는 이 권위는 그 자신이 (자발적으로) **만든** 어떤 것이 아니라, 그의 존재 안에 내재되어 있던 어떤 것이다. 그것은 그가 탈출하고자 하면 그림자처럼 그를 따라온다. 그는 정말 쾌락과 오락에 빠져 정신없이 지낼 수 있지만,

그는 … 때때로 각성하지 않을 수 없다. 그리고 그가 깨어 있을 때는 즉시 그 무시무시한 목소리를 듣는다. 그는 기껏해야, 타락의 극치에서, 마음속으로 더 이상 그에 **주의를 기울이지** 않고자 할 수는 있지만, 그는 여전히 그것을 듣지 **않을 수 없다.**[32]

양심의 심판은 법정처럼 작용하기 때문에, 죄의식은 주관적인 경험이라기보다는 어떤 책임을 뜻할 것이다. 그렇지만 만약 우리가 우리의 내부 법정에서 죄의식을 발견할 수밖에 없다면, 우리가 회한으로 가득차지 않을 것이라고 상상하기는 어렵다. 칸트가 죄의식의 주관적인 측면을 깊이 숙고하지 않은, 만약 그랬다면, 이유는 도덕성이 감정이 아닌, 이성에 기초해야 한다는 그의 기본적인 전제를 유지하고자 하였기 때문일 수 있다. 죄책감을 제시하는 것은 그의 합리적 기반을 약화시키며 타협하는 것일 수 있다. 결론적으로 양심은 도덕성에 대한 지원으로서 작용하는 것이지 그것이 도덕적 행위의 토대는 아니다. 만약 죄의식(혹은 그에 대한 두려움)이 도덕성에 대한 유인을 제공하고 있다면, 그때 그 행위는 의무로부터 나오는 것이 아니다. 그런고로 진정한 도덕이 아니다. 그런 의미에서, 죄의식의 전망은 도덕적 행위와 관련은 되지만 그에 결정적이지는 않다. 우리가 죄의식을 느끼느냐 그렇지 않느냐는, 비록 그것이 도움이 될 수 있을지는 모르지만, 믿을 수 있는 도덕적 지침이 될 수는 없다.

죄의식과 덕의 의무

칸트는 외부에서 부과되는 법칙에 의존하는
정의의 시행과 도덕적 목적(양심의 목소리로서)을 겨냥한 내부의 명
령에 의존하는 **덕의 원리**를 서로 구분한다.[33] 덕의 원리에 입각하여
칸트는 **자기 자신에 대한 의무와 다른 사람들에 대한 의무**를 논의한
다. 도덕 원리들을 이런 특정한 행동들에 적용한 것은 우리가 칸트
윤리학을 구체적으로 인식하는 데 도움을 준다.

우리 자신에 대한 의무들은 우리의 생물학적('동물적') 본성과 관
련이 있다. 그런 의무들은 자기를 보호하고 후손을 번식하는 것과 관
련된다. 칸트는 자살을 절대적으로 금지하는데, 그는 그것을 '자기
자신을 살해하는 것'으로 본다. 그는 "욕정으로 자기 자신을 더럽히
는 것과 관련하여"[34]란 제목 아래 번식과 성을 논의한다. 칸트는 부
부 간의 성교를 성행위의 도덕적 표준으로 삼는다. 그는 결혼의 범위
내에서는 섹스가 단지 후손을 낳는 데에만 제한될 필요가 없으며 부
부의 사랑과 쾌락을 위한 섹스는 또한 도덕적이라는 것을 인정한다.
같은 이유로 결혼 이외의 모든 형식의 섹스는 도덕적으로 그르다. 칸
트는 동성애에 대해 특별히 언급하지는 않지만, 그는 실제 대상이 아
닌 상상에 의해서 발생되는, 자연적 목적에 상반되는(성적 환상에 대
해서는 분명히 언급), 그러한 "자연스럽지 않은 욕정"으로 인해 자기

자신을 "더럽히는 것"을 강하게 비난한다. 즉, "자연스럽지 않은 욕
정은 자기 자신을 완전히 동물적 성향의 존재로 포기해버리는 것으
로, 그것은 인간을 향락의 대상으로 만들뿐만 아니라 훨씬 더 나아
가, 자연에 반대되는, 즉 **혐오스러운** 대상으로 만들어버리며, 또한
그럼으로써 그에게서 인간으로서의 그 자신에 대한 모든 존중을 박탈
해버린다."35라고 하였다. 칸트는 이 '악'을 구체적으로 표명하지는
않는다. 그러나 그것은 분명히 자위를 의미한다. 이에 관한 그의 관
점은 당시 유럽에 팽배해 있었던 '자위'에 관한 잘못 이해된 그리고
때때로 기이하기도 한, 의학적 및 종교적 관념들과 일치한다.36

또 다른 의무는 "음식이나 음료의 과도한 사용으로 자기 자신을
마비시키지" 말라는 것이다. 칸트가 이렇게 말하는 까닭은 건강상의
어떤 부정적인 결과가 검약하지 않는 행위에서 나온 것이지 의무에
서 나온 행위는 아닐 것이라는 점에서 그러한 방종이 우리 인간을 동
물의 수준으로 격하시키고 인간으로서의 존엄을 손상시킨다고 보기
때문이다.

다른 사람들에 대한 덕의 의무는 두 가지 종류가 있다. 첫 번째는
우리에게 상호적 의무(돈을 친구들에게 빌려주는 것과 같은)하에서
주어지는 인간으로서의 타인들에 대한 의무로부터 나온다. 다른 사
람들에 대한 두 번째 종류의 의무는 그들로 인한 것으로, 그런고로
어떤 상호 간의 의무를 초래하지는 않는다. 이런 구속력 있는 의무들

은 **사랑**과 **존중**이다. 비록 그것들이 서로 별개로 존재할지 모르지만 (당신은 누군가를 존중하지만 사랑하지 않을지도 모른다. 그 반대도 마찬가지다), 그들은 하나의 의무 아래 통합된다.37

칸트가 여기에서 언급하고 있는 것은 이타적 사랑이지, 낭만적 열정이나 성적 끌림이 아니다. 사랑의 준칙은 자신의 이웃을 사랑하는 데 반영된 **박애**이다. 박애가 다른 사람들의 행복에서 오는 만족의 감정인데 반해(그것은 아무 비용도 들지 않는다), **자선**은 어떤 보상을 바라지 않고(어느 정도 우리 자신의 희생을 초래하는) 어려움에 처해 있는 다른 사람들의 행복을 증진시키고자 하는 노력들로 이루어진다. 만약 우리가 부자라면, 우리는 수혜자들에게 갚아야 한다는 부담을 주지 않도록 주의해야 한다. 만약 우리가 부자가 아니라면 우리는 다른 사람들의 자선을 필요로 할 정도로까지 다른 사람들을 돕는 데 우리의 자원을 소비해서는 안 된다.

칸트는 우정을 인간의 유대 가운데 가장 높은 것으로 평가하여 결혼이나 부모자식관계보다 더 앞에 위치시킨다. (독신으로 사는 것이 그의 철학적 관점에 영향을 미쳤는가, 아니면 그의 철학적 관점이 그를 독신으로 살도록 확신시켰는가?) 우정의 완벽한 형식은 두 사람이 서로 공유된 사랑과 존중을 통해 결합하는 것이다. 친구들은 그들이 할 수 있을 때 서로를 도와야 한다. 그러나 상호 간의 도움이 우정의 토대가 되어서는 곤란하다. 우정이 도덕적 토대에 기반하고 있을 때(오로지 감정에만 기반을 두고 있기보다는) 두 사람은 서로 완전히 신뢰할 수 있으며, 또한 그에 따라 서로 존중하며 그들의 가장 깊은 내면에 있는 감정이나 비밀을 털어놓을 수 있다.

결국 칸트는 그의 도덕적 통찰에 궁극적인 의미를 부여하기 위해 하느님에 대한 '믿음의 여지'를 남겨놓아야 했다. 칸트는 덕이 행복을 동반하는 최고의 선을 산출하도록 인간이 그들 자신의 덕을 심판할 수 있는 그런 적절한 심판자는 아니라는 것을 인정했다. 이것은 "행복이 덕의 보상일 수 있도록 우리의 마음을 간파하고 자연의 법칙을 조정하는 인격신 그리고 우리가 현세에서는 성취가 불가능한 도덕적 완성을 성취할 수 있는 영생"[38]을 믿는다는 것을 의미했다. 그러나 그가 전적으로 종교를 도덕성의 궁극적인 원천으로서 대체하고자 하지는 않았다.

칸트는 여전히 존 롤스와 같은 현대 철학자들에게 많은 영향을 미치고 있다. 롤스는 주로 사회 정의에 관심이 있으며, 그의 도덕적 사유의 뿌리는 칸트에 깊이 박혀 있다.[39] 롤스는 죄의식이 칸트의 도덕적 사고에서 중요한 역할을 한다는 관점에 이의를 제기한다. 대신에 그는 도덕 법칙에 따라 행동하지 못하였을 때 야기되는 반응으로 칸트는 죄의식보다는 오히려 수치심을 든다고 주장한다. 롤스는 "칸트의 도덕 이론을 법이나 죄의식에 관한 이론으로 생각하는 사람들은 그를 아주 잘못 이해하고 있다"[40]라고 말한다.

칸트 주변에는 또한 중상하는 자들이 있다. 그의 유명한 동시대 인물인 헤겔은 정언 명령이 아무런 도덕적 내용을 담고 있지 않다고 주장하였다. 기본적인 문제는 칸트가 죄의식을 평가할 때 자신의 행위의 결과를 고려하는 것을 거부한다는 것이다. 결국 도덕적 행위를 결정하는 데 있어서 자기가 하는 행동이 다른 사람들에게 미치는 영향보다 더 중요하게 여겨야 할 것이 무엇인가? 우리가 이어서 고찰하고자 하는 철학적 관점의 핵심은 바로 그러한 인간의 행위에 따른 영향이다.[41]

공리주의 윤리학

'만약 어느 누구도 다치지 않는다면' 우리는 우리가 하고 싶은 대로 할 수 있다는 도덕적 정당화는 공리주의 윤리학의 밑바닥에 깔려 있는 기본 개념을 잘 표현한 것이다. 어떤 행위가 옳은가 혹은 그른가에 대한 판단은 그 행위의 결과가 좋은가 혹은 나쁜가에 달려 있다. 행위의 결과나 영향을 통해 그 행위의 도덕성을 확인하고자 하는 이념에 기반을 둔 일련의 이론들을 **결과주의**라 부른다. 간단히 말하면 기본적인 목적은 최대 다수를 위한 최대의 행복을 증진하는 것이다.

실제적인 문제로서 우리는 세상을 살면서 우리가 하는 일이 다른 사람에게 미치는 영향에 대하여 전혀 관심을 기울이지 않을 수는 없다. 우리가 갖는 관심의 범위는 필요에 의해서, 우리가 확인하거나 통제할 수 있는 방식에서 우리가 하는 행동에 실제적으로 영향을 받는 사람들로 제한될 수밖에 없다. 예를 들면 아파트에서 가스를 전기로 바꾸고자 하는 결정은 직접적으로 거기에서 살고 있는 사람들에게 영향을 미칠 것이다(비록 그 영향이 오로지 그들에게만 엄격하게 제한되는 것은 아니지만). 원자력을 이용하여 도시의 전기를 생산하는 것과 같은 그런 결정들은 훨씬 더 많은 사람들과 관련될 것이다. 원칙적으로는 자신에게 미치는 사적인 영향과 더불어 다수의 다른 사람들에게 미치는 공적인 영향에 관심을 가져야 하겠지만, 우리는 바로 우리 주변의 사람들에게 영향을 미치는 일에 더 관심을 기울이는 경향이 있다.

가장 중요한 결과주의 이론은 **공리주의**다. 유용성은 사용 가능성을 의미하지만, 이 맥락에서는 궁극적 가치의식을 더 담고 있다. 공리주의의 기본적인 목표는 일반적으로 "최대 다수를 위한 최대의 행복"[42]을 성취할 그런 행위에 관여하는 것으로 이해된다.

칸트 이론의 복잡성과 견주어볼 때, 공리주의 윤리학은 거의 뻔한 것처럼 보인다. 그러나 공리주의 또한 도덕성의 근본적인 본질과 관련하여 복잡하고 논쟁의 여지가 많은 이론이다.

18세기에 영국 철학자 제러미 벤담은 **쾌락**은 행복의 토대라는 개념을 제시하였다. 그러나 그는 쾌락을 신체적 감각으로 제한하지 않았다. 즉, 그는 쾌락을 지식의 습득과 타인들의 호의에도 적용하였다.[43] 이후에 공리주의의 가장 유명한 주창자가 된 사람은 영국 철학자 존 스튜어트 밀이다. 밀은 벤담의 쾌락에 대한 지나치게 도식적인 그리고 양적인 개념을 거부하고 쾌락의 **질**에 초점을 맞추었으며, 지적 및 심미적 성취와 관련되는 '고결한 감정'을 훨씬 더 강조하였다.[44]

밀은 사회 정책에서 정의와 자유를 매우 중요하게 여겼다. 그런데 우리가 우리 자신의 행복에 대해 관심을 갖는다는 것은 쉽게 이해가 되는데, 왜 우리가 다른 사람들의 행복에 대해서도 관심을 가져야 하는가? 밀은 불행한 사람들과 함께 있으면 우리도 진정으로 행복할 수가 없기 때문이라고 주장하였다. 우리의 행복은 다른 모든 사람들의 행복에 의존하며 또한 그 반대도 마찬가지이다. 이것은 행복의 원리를 보다 비개인적으로 만들어주며 이기적 관점에서 도덕 원리들을 해석하지 않도록 하는 데 도움을 준다.[45]

이런 이념들이 문제시 되지 않고 순탄하게 나아갔던 것은 아니다. 밀은 1861년에 밀물처럼 밀려오는 비판에 대해 최대 행복 원리의 방어 수단으로 『공리주의』를 발간하였다.[46] 80 페이지 분량의 이 얇은 책자는 공리주의 철학의 기본 성명이 되었으며 윤리학과 사회사상에 많은 영향을 미쳤다.[47] 거기에서 죄의식은 중대한 역할을 한다.

회한의 궁극적 제재

밀은 유용성 원리만으로는 그것이 너무 추상적이고 비개인적이어서 우리의 자연적 욕망의 지지를 받지 못한다는 것을 깨달았다. 좋은 행위(내가 가지고 있는 것을 다른 사람들에 나누어주는 것과 같은)를 수행하거나 나쁜 행위(다른 사람들의 소유물을 취하는 것)를 삼가는 일은 만약 그것이 우리의 자연적 성향과 배치된다면 실천하기가 쉽지 않다. 인간의 자연적 성향은 이기적이다. 내가 나의 양심에 귀를 기울이기 위해서는 그 목소리를 듣고자 하는 **압박감**을 느껴야 한다. 밀은 이것을 해낼 **심리적** 힘을 찾았으며 그것이 **회한**임을 확인하였다. 즉, 회한의 고통을 피하기 위해 인간은 유용성 원리를 위반하는 행위를 삼갈 것이라고 본 것이다. 회한은 거대한 물결처럼 그것에 저항하는 것을 불가능하게 만드는 엄청난 규모의 '감정의 덩어리'로서 작용할 것이다. 회한은 유용성 원리를 침해하였다는 믿음으로부터 나와야 한다. 그렇지 않으면 보통 말하는 그런 후회하는 감정은 도덕적 목적에 별반 기여하지 못할 것이다. 우리는 사실상 무엇을 하던 후회하도록 사람들을 조건화시킬 수 있다. 그러나 그러한 혐오는 분명히 감정일 수 있겠지만 도덕적 감정으로서 자격을 갖추고 있지는 않을 것이다.

비록 밀이 '죄의식'이란 단어를 사용하고 있지는 않지만, 그것은 분명히 회한과 관련이 있다. 게다가 결과주의자의 입장을 유지하는 차원에서, 그는 주로 죄의식의 **선견지명적**의 측면에 관심을 기울였다. 그는 죄의식으로 인해 사람들이 공리주의 원리를 손상하지 않기를 바란 것이지, 손상이 가해진 후에 절망에 빠지는 것을 바라지 않았다. 도움이 되려면 내가 어제 했던 잘못에 대한 회한이 내일의 나의 비행에 뒤따라 나올 예기된 회한으로 전환되어야 했다.[48]

    밀은 모든 도덕 이론에서 회한이 도덕성을 강화하는 **궁극적 제제**로서 역할을 한다고 주장하였다. 그러나 죄의식의 고통을 회피하는 것만으로는 불충분하다. 그것은 브레이크 위에 발을 얹어놓은 것과 같을 것이다. 우리는 또한 우리를 도덕의 길로 나아가도록 추진시켜 줄 적극적인 유인, 예컨대 가속기를 밟는 것과 같은 그런 유인이 필요하다. 이러한 적극적인 유인은 우리가 다른 사람들에 대해 갖고 있는 자연적인 **동료의식**으로부터 나온다. 동료의식은 우리를 양심의 목소리에 귀 기울여 따르도록 이끄는 인간에 대한 사랑이다. 이런 의식은 어디로부터 나오는 것인가? 밀은 하나님을 그의 원천으로서 상정하는 입장에 반대한다. 그는 비록 교육에 의해 더욱 충분히 발달될 필요가 있는 것이긴 하지만, 그것은 우리의 자연의 일부일거라고 추정한다. (밀이 의지할 만한 이타주의에 관한 진화론적 설명이 당시에는 없었다.) 따라서 공리주의에 대한 밀의 도덕적 이상은 궁극적으로 "이미 인간 본성에 내재해 있는 강력한 원리이자, 또한 진보하고 있는 문명의 영향으로 교육의 노력 없이도 다행히 점차 더 강해지는 경향이 있는 것들 가운데 하나인, 우리의 동료들과 결속하고자 하는 욕망"49에 기반하고 있다.

이것은 매우 낙관적인 관점이자 큰 기대에 근거한 고상한 비전이다. 그래서 완전히 이상적으로 들리기도 한다. 더욱이 사람들의 정신과 마음에 이런 심리들을 주입하는 것은 그것들을 세속적 종교의 수준으로 끌어올리는 것이다.

만약 우리가 지금 이러한 사회적 일체감을 하나의 종교로서 가르치고, 한때 종교의 경우에서 그랬던 것처럼, 모든 사람이 아주 어릴 때부터 온통 주변이 고백과 그의 실천으로 둘러싸인 곳에서 성장하도록 교육, 제도, 여론 등의 모든 영향력을 통제한다고 가정한다면, 나는 이런 개념을 인식할 수 있는 사람이면 누구나 행복이란 도덕률이 충분히 궁극적인 정당성을 지닌다는 것에 대해 어떠한 의심도 하지 않을 것이라고 생각한다.50

우리는 도덕적 책임으로서의 동료의식을 지니지 않은 사람들과는 어떻게 지내야 하는가? 밀은 이 문제에 대해 적절한 대답을 하지 않았다(백년 이후까지 그 어느 누구도 하지 않았다). 그는 도덕적 감정은 타고 난다기보다 사회적으로 일궈진다고 믿는다. 그래서 그는 도덕 교육을 매우 강조한다. 만약 밀의 말이 우리들 귀에 현대적으로 들린다면, 그것은 그가 시대를 앞서갔으며 또한 우리가 이런 문제들에 관하여 생각하는 방식이 그의 이념에 의해 크게 영향을 받았기 때문일 것이다.

행위 공리주의와 규칙 공리주의

밀은 사람이라면 마땅히 관련된 모든 이에게 최대의 선을 초래할 수 있도록 행위 해야 한다는 전제에서 출발하였다. 이 원리를 이해하기는 매우 쉬운데, 우리는 어떻게 그 조건을 충족시킬 수 있는가? 당신이 잔디밭에 스프링클러 장치를 설치하길 원한다고 가정해보자. 그 장치는 당신의 목적에는 기여할 것이지만 그것이 이웃이나 혹은 전체의 환경에 도움이 될 것인가? 일반적인 유용성 원리 이외에 우리에게 지침을 제공할 만한 규칙들이 존재하지 않는다. **행위 공리주의**라 불리는 것의 주된 이념은 "모든 사람은 그 행위에 의해 영향을 받는 모든 사람들에게 최대의 행복을 제공할 수 있는 바를 행해야 한다."[51]라는 것이다.

개인적 행위들로 도덕적 책임을 제한하면 도덕적 규칙을 수립하는 데 수반되는 문제들을 방지할 수 있다(누가 그 규칙들을 세워야 하는가? 왜 우리는 그 규칙들을 따라야 하는가? 만약 그 규칙들이 서로 갈등한다면 우리는 어떻게 할 것인가?). 더 나아가 우리가 하는 행위와 관련된 상황들이 수시로 변하기 때문에, 우리는 전반에 걸쳐 적용이 가능한 규칙들을 정해놓을 수가 없다. 결국 그 어떤 것─그것이 거짓말이든, 절도든 혹은 살인이든─에 대한 절대적인 규칙들이란 존재할 수가 없다. 그런 행위들이 공동선을 증진하는 데 기여할 수 있을 것으로 생각되는 상황들만이 오직 존재할지 모른다.

이는 그 자체로 문제를 야기한다. 하나의 난제는 우리 행위의 실제적 결과들을 결정하는 데 있다. 즉, 나는 어떻게 미리 나의 행동이 다른 사람들에게 미치는 영향을 알 수 있는가? 나는 많은 시간을 들여 추론해야 할 것이며, 나의 추론이 잘못될 수도 있다(특히 사리사욕이 나의 판단을 흐리게 할 개연성이 있기 때문이다). 내가 움직이기 전에 이웃을 대상으로 여론조사를 해볼 필요가 있는가? 나의 행위가 이웃들의 삶에 미치는 영향을 확인할 때 내 이웃들이 이기적이지 않고 공정하고 객관적일 것이라는 것을 나는 어떻게 알 수 있는가? 우리가 내리는 개인적인 판단들은 잘못된 경우가 많을 뿐만 아니라, 우리는 종종 정확한 선택을 내릴 사실이나 경험 또한 부족하다. 우리가 행위에 관하여 도덕적 분석을 시도할 경우, 우리는 또한 받아들이기 힘든 몇 가지 판단들로 이어질 수 있다. 예컨대 많은 사람들의 보다 큰 행복을 위한 한 개인의 희생에 관한 선함/옳음과 같은 경우이다. 어떤 규칙을 갖는다는 것은 무엇을 해야 할 것인가를 훨씬 더 쉽게 알 수 있게 해주며, 규칙들을 만드는 과정에서 우리는 다른 사람들의 집합된 경험으로부터 도움을 얻을 수 있다. 바로 이런 추론이 **규칙 공리주의**로 나아가게 했다. 규칙 공리주의는 "모든 사람은 항상 관련된 모든 이들에게 최대의 행복을 가져올 수 있는 규칙을 세우고 따라야 한다."[52]라고 말한다.

당신이 일단 "당신은 도둑질을 해서는 안 된다"는 규칙을 받아들인다면, 당신은 그런 기회가 올 때마다 도둑질로 인해 빚어질 앞으로의 전망에 관해 고민할 필요가 없다. 규칙을 갖는다는 것은 또한 아직 덜 성숙한 양심을 소유한 사람들에게 있어서 행동을 하는 데 좋은 안내가 될 수 있다. 예컨대 우리는 이미 맥주 6개 들이 팩을 마셔본 경험이 있는 10대 커플이 무방비적인 성관계에 따른 결과를 계산하는 것에 대해 신뢰할 수 있는가? 그들은 "안전한 섹스(역자 주: 성병 등의 감염을 예방하기 위해 콘돔을 사용하는) 혹은 섹스는 안 됨"과 같은 단순한 규칙을 더 쉽게 따르는 경향이 있지 않은가? 같은 이유로 만약 우리가 규칙들을 부과하면, 그 경우 그것은 의무 윤리학과 어떻게 차별이 되는가? 우리는 칸트로 되돌아가는가? 공리주의의 대답은 그것은 보통 말하는 그런 규칙들이 아니라 그들에게 도덕적 힘을 주는 정당화라는 것이다. 규칙 공리주의자들에게 있어서 그 정당화는 유용성 원리에 따라 좌우되는 것이지 칸트가 주장하였듯이 그것들이 의무에 일치하느냐 혹은 그렇지 않느냐에 달려 있지 않다.

그러나 규칙들을 설정하는 일은 결과를 예상하는 문제를 한층 더 어렵게 만든다. 즉, 우리는 이제 더 이상 단 하나의 행위의 결과를 취급하지 않고 모든 행위의 결과들을 다루어야 한다. 따라서 이제 주어진 경우에서 어떻게 행위 해야 할 것인가를 계산하는 문제는 경험과 상식의 활용을 통해 도움을 받아야 한다고 주장할 수 있다. 어쨌든 기독교도들이나 유대인들이 도덕적 딜레마에 봉착할 때마다 그 대답을 찾기 위해 성서를 샅샅이 뒤지지 않는다. 그들은 그들의 성숙한 양심에 의해 통지된 그들의 최선의 판단에 기초하여 행위 한다.[53]

그동안 공리주의자들은 도덕성을 너무 쉽게 취급하고 있다는 비난을 받아왔다. 도덕 판단을 개인의 재량권에 예속시킨다는 것은 곧 내 맘대로 하는 도덕성으로 이끈다는 것이다. 총체적인 행복을 극대화하는 것 또한 사적인 의무와 갈등을 겪는다. 전형적으로 우리는 우리 가족들의 필요에 대해 가장 많이 책임을 느끼며, 다음으로 우리 친구들, 그런 이후 다른 사람들("확장하는 원"의 예에서처럼)에 대해 책임을 느낀다. 우리가 특별히 죄의식을 느끼는 것은 우리와 가장 가까이 있는 사람들의 필요를 충족시켜주지 못할 때이다. 친족 간의 연대의식이나 교우관계에 대한 고려를 모두 버리라는 밀의 이념은 직관에 어긋나는 것이며 가망 없는 명제처럼 들린다. 다른 한편으로 보면, 낯모르는 사람들을 위해 죽는 것 또한 그리 이상한 이념이 아니

다. 군인들은 항상 그렇게 한다. 그러나 그러한 행위를 격려하는 것
과 자기희생을 **강요**하는 것은 다른 문제이다. 밀은 노예제도를 용납
하지 않았지만, 전체 사회를 놓고 볼 때 그것이 더 생산적이라는 점
때문에 역사적으로 정당화되어 왔다.

　무엇이 **옳은가**의 문제는-무엇이 **선인가**를 제외하고-공리주의
에서는 크게 주목을 받지 않는다. 그로부터 나오는 목적이 수단을 정
당화한다는 논증은 자칫 파멸로 내달을 수 있는 위험한 도덕의 비탈
길로 이어진다. 의사는 5명의 다른 사람들의 생명을 구하기 위해 건
강한 사람을 희생시켜 그 사람의 신체 기관들을 이식해야 하는가?
우리는 치명적인 질병을 치유할 수 있는 약을 발견하기 위해 실험 대
상자들에게 해를 가하는 인간 실험을 수행해야 하는가? 우리는 국가
안보를 위해 필요하다면 의심되는 테러리스트들을 고문해야 하는
가? 그런 딜레마들은 공리주의에 국한되지 않는다. 다른 도덕 체계
들도 극단적인 시나리오에 직면하면 마찬가지로 미덥지 않은, 모호
한 결과를 낳는다. 이런 문제들에도 불구하고, 공리주의는 다른 이론
들에 비해 다목적 윤리 이론에 가장 가까이 와 있다. 예컨대 사회 과
학자들과 진화 생물학자들은 자신들의 이론을 공리주의의 윤리적 기
반에 의지하고 있다.

죄의식에 대한 공격: 니체의 도덕 철학

우리는 지금까지 우리가 윤리적 방식에서 행위 해야 할 필요가 있다고 그리고 우리는 그렇지 않으면 죄의식을 느껴야 한다고 가정해왔다. 그런데 왜 우리가 그래야만 하는가? 그러면 우리에게 무슨 이득이 있는가? 특별히 우리가 두려워하는 하나님을 마음에 두고 있지 않을 때, 이런 의문들은 더욱 유의미하게 다가온다. 도덕적 제약들을 무시하는 사람들은 항상 있어왔다. 특히 그런 제약들이 보수적인 종교나 문화적 전통에 의해 가해질 때 더 그랬다. 심지어 인간 본성에서 이기심이 중심을 차지한다는 것을 받아들이는 그리고 말하자면, 그에 거슬러 올라가기보다는 그 경향성에 따라 흘러가려고 하는 **윤리적 이기주의**라 불리는 철학적 관점도 존재한다. 이 관점에서 보면, 사람들이 다른 사람들의 이익에 우선하여 그들 자신의 이익을 추구한다는 사실이 곧 그들이 서로 적이 될 수밖에 없다는 것을 의미하지 않는다.

러시아 태생의 미국 소설가 아인 랜드는 이런 관점을 지지하는 유명한 사람으로, 사람들은 그녀의 신조를 **합리주의적 윤리적 이기주의**라 부른다. 랜드는 수십여 년 전에 매우 인기가 있었으며 지금도 여전히 그녀를 추종하는 사람들이 있다. 그녀는 다음과 같은 말로 자신의 이기주의적 관점을 집약하였다. "나의 철학은, 그 근본에 있어서, 자신의 삶의 도덕적 목적으로서 그 자신의 행복을 추구하는, 자신의 최고 고결한 행위로서 결실 있는 업적을 추구하는 그리고 자신의 유일한 절대적인 것으로서 이성을 추구하는, 영웅적 존재로서의 그러한 인간의 개념이다."[54]

랜드는 이론 철학자들로부터 혹은 그녀의 팬클럽 이외의 사람들로부터 결코 좋은 평판을 받지는 못하였다. 전통적인 서양의 도덕성에 대한 그보다 훨씬 더 유명한 비평가는 프리드리히 니체이다. 1844년에 프러시아에서 태어난 니체는 신교도 성직자들의 아들이자 손자였다. 그의 아버지는 니체가 4살 때 정신이상으로 죽었다. 아버지 없이 그는 5명의 여성들이 사는 가정에서 성장하였다. 천부적으로 총명한 정신을 타고났던 니체는 믿기 어려운 24살의 나이에 바젤 대학의 교수가 되었다.

문헌자로서 그리고 고전주의자로서 훈련을 받았던 니체는 인습에 물든 철학자가 아니었으며 그의 사상은 칸트나 밀의 윤리 이론처럼 그런 체계적인 하나의 윤리 이론으로 조리 있게 정리되지 않는다. 그의 저작 스타일은 문학적이고, 그의 이념들은 종종 역설적이며 경구들로 표현되었다("지식인은 자기의 적들을 사랑해야 할 뿐만 아니라, 그는 또한 자기의 친구들을 증오할 수 있어야 한다.").[55]

건강이 좋지 않던 문제 많은 이 사람, 니체는 지적인 추구에 헌신하고자 대학을 떠나 고독한 생활을 하였다. 그는 충분하지 못한 연금으로 연명하였으며 결혼도 하지 않았다. 그는 그를 거부했던 몇 명의 여인들에 관심을 가졌었다. 그중 한 여인이 루 안드레아 살로메인데, 그녀는 프로이트의 문하생이자 비범한 여자로 니체의 친구인 파울 레와 눈이 맞았다. 니체는 또한 작곡가 리하르트 바그너와 그의 아내 코지마(프란츠 리스트의 딸)—다른 남자와 결혼하기 전까지 바그너와의 사이에 세 명의 자녀를 두었다—에 깊은 애착을 가졌다. 니체와 바그너 부부와의 관계는 비록 코지마와는 끝까지 충실하게 관계를 유지하였지만, 그 결말이 좋지 않았다. 니체는 특히 자신의 누이와 가까웠는데, 그녀는 격렬한 반유대주의자였으며 니체의 저술들을 자기 마음대로 건드려 사람들로부터 마치 니체가 자신과 같은 입장에 있는 것으로 여겨져 잘못된 평판을 받도록 하는 데 기여했다. 45살의 나이에 니체는 정신이상자가 되었으며(아마도 신경매독의 결과로서) 10여 년 후 숨졌다.

그의 많은 불만들 가운데, 죄의식은 니체의 최대 적이었다. 그는 '일말의 양심'(Gewissenbiss 거비슨비스)을 기독교의 천벌과 관련한 악의적인 유산 중의 하나로 간주하였다.[56] 그것은 그의 철학을 그 자신이 겪고 있는 개인적인 고통을 감안하여 해석하고자 하는 유혹을 생기게 할 수도 있다. 그러나 그의 전기 작가 월터 카우프만은 다음과 같이 지적하고 있다.

한 철학자의 사상은 부분적으로는 일찍이 겪었던 경험들이 **원인**이 될 수도 있겠지만, 엄격한 인과관계의 개념이 여기에 적용될 수는 없다. … 우리는 그의 사상의 발달을 추적하며 이해해야 한다. 그런데 그의 사상에 대한 이해는 그의 삶을 둘러보는 일과는 별개로 하였을 때 가장 잘 이루어진다. 왜냐하면 연합하여 다루게 되면 거의 불가피하게 삶과 철학 간의 인과 관계에 관한 거짓 관념을 넌지시 암시할 것이기 때문이다.[57]

니체의 신랄한 도덕 철학은 그의 방대한 저작들의 구석구석에 스며들어 있는데, 그 중의 많은 부분은 매우 논쟁적인 것으로 전혀 균형적인 철학적 관점을 드러내 보이지 않는다. 그는 그의 저작들이 어렵다는 것을 인정한다. ("… 나는 희석되어야 하고, 액화되어야 하고, 물과 섞여야 한다. 그렇지 않으면 사람들은 소화를 시키지 못한다.")[58] 니체의 말은 자주 인습에 젖어 있는 독자들에게 충격을 준다.

기독교는 에로스에 독을 먹였다 -에로스는 그로 인해 죽지는 않았지만, 분명히, 악으로 타락하였다.

저주받는 곳에서 축복하는 것은 비인간적이다.

자신의 미덕 때문에 처벌받는 것이 가장 낫다.

축첩조차도 부패하였다: −혼인에 의해서.[59]

니체의 철학적 태도는 모든 믿음과 전제에 대해 의문을 품으며, 그렇게 함으로써 우리를 뒤로 물러나서 우리 자신의 관점을 재고하도록 하게 한다. 자유의지, 합리적 윤리학, 의무로서의 정의, 평등, 민주주의, 인권, 보편적 법칙(다른 사람을 수단으로 대우하지 말라 혹은 네 이웃을 사랑하라와 같은)과 같은 이념에는 어떠한 윤리적 가치가 **존재하지 않으며**, 또한 본래부터 주어진 선이나 악도 존재하지 않는다고 주장하는 도덕 철학자가 이 사람이다.[60] 요약하면 그는 보통의 의미에서 도덕으로 통용되는 모든 것을 사실상 반대한다. 확실히 그에게 죄의식은 거의 쓸모가 없었다.

비록 니체가 기독교 도덕을 격렬하게 비난하였지만, 그는 실제적으로는 예수의 본래의 메시지에 대해서는 매우 동조적이었다. 즉, 니체는 성 바울과 같은 그의 제자들이 그의 메시지를 왜곡하였다고 비난하였다.

모든 사람은 하나님의 아들이다−예수는 분명히 그 자신 혼자만을 위한 것은 아무것도 없다고 주장한다−하나님의 자녀로서, 모든 사람은 모든 다른 사람들과 평등하다. … 하나님은 그의 아들을 **희생** 삼아, 죄를 용서해주었다. 갑자기 도처에 온통 복음성가라니! **죄의식에** 대한 책임으로서의 **희생** 그리고 더욱이 가장 역겨운, 야만적인 형식으로, 죄지은 자의 죄에 대해 **죄 없는 자**를 희생으로![61]

니체는 기독교뿐만 아니라 서양 문화의 전체를 붕괴 직전으로 간주하였다. 그는 '신의 죽음'을 서양 사회의 세속화 탓으로 돌렸다(서양사회는 교회를 '하나님의 무덤'으로 바꾸었다). 즉, 교회의 도덕 규칙들은 아무런 구속력 없는 공헌한 규정이 되어버렸다. 사람들이 믿었던 모든 것은 편견으로, 거짓말로, 기만으로 드러나버렸다. 신성한 확신들은 단지 무의미함에 따른 두려움을 누그러뜨리고자 하는 수단에 불과하였다. 곧은 원뿌리가 잘린 나무처럼, 유럽의 문화는 이미 죽어가고 있었다. 다만 사람들이 아직 그것을 알아차리지 못하고 있을 뿐이었다. 총체적인 도덕적 붕괴와 허무주의로의 추락을 막기 위해서는 새로운 도덕이 필요했으며, 그것이 니체가 '문화의 구제자'로서 그의 역할을 하고자 했던 것이다.[62]

도덕의 기원과 죄의식

도덕의 기원("계보학")에 관한 니체의 설명은 힘없는 보통 사람들의 '무리'에게 그들의 힘과 우월성을 공포한 힘 있는 고상한 자들의 부류로 시작한다.[63] 그들의 상류계층 덕들-혹은 **주인 도덕**-은 이기주의, 자만심, 힘, 용기 그리고 위험 부담이다. 이들은 처음에는 삶에 관해 의기양양한 긍정을 지닌 자유롭고, 기쁨에 차 있는, 호전적인 사람들이었다. **좋은** 사람은 전사였다. ('좋음'을 뜻하는 라틴어 bonum 보넘은 '전쟁'을 의미하는 bellum **벨룸**과 그 어원이 같다.) 좋음(고상한, 우월한, 강한)의 반대는 나쁨(보통의, 열등한, 약한)이었다. 고상한 사람(그들은 모두 남자들이었다)이 어떤 잘못을 했다면, 그는 실수를 저지른 것에 대해 어리석다고 느꼈을지는 모르지만, 도덕적 판단의 지배를 받지 않았다고 하여 어떤 죄의식을 결코 느끼지는 않았다.[64]

어느 때가 되자, 이 주인 도덕은 대중의 **노예 도덕**의 등장으로 도전을 받았다. 그의 덕들은 겸손, 이타주의, 얌전함 그리고 자제였다. 그들의 용어로 **선**(순종적인, 극기하는)은 **악**(지배적인, 이기적인)과 대조되었다. (**좋음/나쁨**이 **선/악**으로의 전환에 주목하라.) 결과적으로, 사람들의 삶은 제한적이고, 음울하고, 자기 부정적이며, **분한 마음**으로 가득 차게 되었다. (니체는 불어 ressentiment **르상티망**을 사용한다.) 이러한 분개는 힘에 대한 노예 도덕 그 자체의 욕망—니체의 도덕적 개념의 중심이 되었던 이념—을 반영하였다.

직접적이고 솔직 담백한 주인 도덕과 달리 노예 도덕은 정직하지 못하고, 앙심을 품고, 원한이 있으며, 억눌려 있다. 노예들로 하여금 **죄의식**을 느끼게 함으로써 힘없음에 대한 그들의 분개를 **양심의 가책**으로 억압하였던 것이 바로 이러한 노예 도덕이었다. 이러한 죄의식은 노예들의 보복에 대한 욕구와 이타주의와 용서라는 핵심적인 노예 덕목들 간의 갈등의 결과였다.

예전에 죄의식으로부터 자유로웠던 특권계급의 사람들은 이제 노예 도덕—그들은 나쁜 양심을 너무 발달시켰다—에 의해 제지당하고 그에 차츰 물들게 되었다. 그들의 덕목이었던 것들이 이제는 악이 되었고 그들에게 죄의식을 심어주었으며, 그것은 그들을 굴복시켰다. 모든 사람은 결국 같은 배에 타게 되었으며, 죄의식의 짐을 싣고 양심의 선장이 이를 운행하게 되었다.

니체는 노예 도덕이 맨 처음 예수로부터 발생했으며, 그러고는 나중에 로마인들을 속여 그들 자신의 것으로 받아들이도록 하였던 기독교를 통해 로마 황제의 억압을 받던 대중들과 노예들에게 번져 나갔으며, 그럼으로써 노예 도덕이 서양 세계의 지배적인 윤리가 되었다고 주장하였다. 이러한 과정을 거치면서, 힘, 자유, 지배의 고상한 덕들은 악으로 뒤집혔으며 오만하고, 잔혹하고, 감각적이며, 신을 믿지 않는 불경한 것으로 비방을 받았다.

니체는 주인과 노예를 실제적인 사회적 계층과 동일시하지는 않았다. 오히려, 그들은 특별한 도덕적 태도를 지닌 인격 유형들을 상징하였다. 그렇기는 하지만, 니체는 주인 도덕을 이상적인 고상한 자의 전형으로서 아킬레스와 같은 호머의 영웅들, 뒤이어 로마의 엘리트, 바이킹족 그리고 계속 내려와 나폴레옹에 이르기까지 그런 인물들과 동일시하는 등 역사적 인물들을 통해 자신의 생각을 피력하였다.

니체가 생각하는 도덕적 전형들의 완전한 모습은 나중에 니체가 **초인(Übermensch)**(보통은 Superman 혹은 Overman으로 번역된다)이라 불렀던 영웅적 인물들이 등장함으로써 나타날 것이었다. **초인**은 '선과 악을 넘어' 그리고 주인 도덕을 악으로 바라보는 노예 도덕의 왜곡된 신조를 넘어 움직인다.[65] 그는 이들 초인들이 최대 다수의 가련한 행복을 초월하기를 강력히 권하였다. (존 스튜어트 밀이 그렇게 추구했건만).

죄의식과 양심의 가책

니체는 보통 말하는 그런 양심에 대해 혹평하지는 않았다. 대신에 그는 노예 도덕의 나쁜 양심과 주인 도덕의 좋은 양심을 구별하였다.

책임이라는 이상한 특권에 관한 자랑스러운 인식, 이러한 매우 드
문 자유, 자기 자신과 운영을 지배하는 이러한 힘에 대한 의식이 그의
가장 깊은 바닥까지 뚫고 들어가 본능, 지배적인 본능이 되어버렸다.
만약 그가 그에 이름을 부여할 필요를 느낀다면, 그는 이 지배적인 본
능을 무엇이라 부를 것인가? 그 대답은 의심의 여지가 없다. 곧, 이
주권적 인간은 그것을 그의 **양심**이라 부른다.[66]

만약 그것이 좋은 양심이라면, 무엇이 나쁜 양심인가? '나쁜 양
심'(schlechtes Gewissen 슐레흐테스 게비센)은 죄의식을 느끼는 것
을 의미한다("나는 너에게 거짓말한 것에 대해 양심의 가책을 느낀
다"에서와 같이). 니체는 그러나 그것을 그 자체로 나쁜 양심을 표현
하기 위해 사용하며 그 '음울한 것', 곧 죄책감의 의식이 어떻게 이
세상에 나타나게 되었는가에 대해 신랄히 비판한다. 반복하자면 그
는 그것을 '주권적 인간'으로서 지녀야 할 자유에 대한 본능을 억제
하는, 힘에 대한 그의 의지를 자꾸 내부로 향하게 하는, 노예 도덕 탓
으로 돌린다.[67] 인간은 그 자신의 반대자, 그 자신의 적이 되기 시작
하였으며, 죄의식은 스스로 자초한 고문의 도구가 되었다. **도덕화**의
과정을 통해서 자연적(생물학적) 충동들(성이나 공격성 같은)이

사회로부터 비난받는 행동으로 변질되고, 양심의 가책은 우리를 그의 벽 안의 죄수들로 가둬두기 위한 죄의식의 채찍이 되었다.

니체는 우리의 자연적 욕망들을 죄의식으로 오염시키는 대신에 오히려 그것들을 있는 그대로 유지시킬 양심의 **자연화**에 대해 찬성론을 편다. 그는 우리가 죄의식을 노예 도덕에 의해 옹호된 비자연적인 성향들로 방향을 돌려야 한다고 말한다. 즉, 기독교가 당신으로 하여금 죄의식을 느끼도록 해서는 안 된다─기독교도가 된 것에 대해 죄의식을 느껴라! 니체는 "만약 우리가 우리의 양심을 길들이면, 그것은 우리를 깨물면서 동시에 입 맞출 것이다."[68]라고 하였다.

니체는 또한 죄의식을 빚과 연관시킨다. 원래, 처벌은 정밀한 보복이었다. 곧, 그것은 정의와 아무런 관련이 없었다. 기독교에 의해 정교화된 노예 도덕은 결코 갚을 수 없는 이 중의 빚에 처하게 되었다. 처음에는 원죄를 통해, 그런 이후에는 인간의 죄 때문에 그의 아들을 희생시킨 하나님을 통해 발생되었다. 기독교도들은 그러므로 영원히 죄의식으로 고통받을 수밖에 없는 운명을 짊어진다.

니체는 양심의 내부 법정이 우리에게 유죄를 선고할 때, 그것은 우리의 자의식의 분열을 초래하고 쇠약하게 하는 효과를 지닐 것이라는 칸트의 생각에 동의할 것이다. 칸트는 그래서 그것을 피하려면 양심의 법정에서 당신이 죄책감을 느낄 만한 그런 일을 하지 말라고 말할 것이다. 니체는 이에 대해 그 얼토당토않은 법정을 집어치우라고 말할 것이다.

니체는 **힘에 대한 의지**를 기본적인 인간의 충동으로 여기는데, 그것은 자주적 결정을 갈망한다. 그것은 우리의 행위에 새로운 해석과 방향을 제시하는 자발적이고, 공격적이며, 대범하고, 너그러운 힘을 표명하는 삶의 본질인 **자유를 향한 본능**과 연결된다.[69] 힘에 대한 의지는 그 자체에 목적이 있다거나 혹은 힘에 대한 맹목적인 탐색이 아니다(돈의 힘처럼, 그것은 좋게 쓰일 수도 있고 나쁘게 쓰일 수도 있다). 그의 궁극적인 목적은 **자율성**이다. 곧, 그것은 이래야 한다는 다른 누군가의 생각이 아닌, 당신이 바라는 바대로 당신의 삶을 살고 당신이 원하는 바를 소유하라는 것이다. 니체는 죄의식에 의해 강요되어 너나 할 것 없이 모든 사람을 용납하는 도덕을 원하지 않는다. 노예 도덕은 그것대로 그 나름의 활용도가 있을 수 있겠지만 모든 사람에게 부과되어서는 안 된다. 그의 지지자들과 추종자들을 매료시키는 것은 니체가 보여주는 바로 이러한 개인적 자유와 자율성에 대한 통찰이다.[70]

니체의 도발적인 언어는 그를 매우 위험스러운 자유인처럼 보이게 하며 또한 그를 자칫 오해하기 쉽게 만든다. 월터 카우프만은 우리에게 다음과 같이 주의를 환기시키고 있다.

그 책에 대한 가장 공통적인 오해는 니체가 노예 도덕, 양심의 가

책 그리고 금욕적 이상을 악으로 간주했다는, 곧 만약 오로지 이런 것들만 결코 나타나지 않는다면 인간은 한층 더 나아질 것이라는 점을 제시했다고 그리고 사실상 그가 비양심적인 야수들을 찬양했다고 의심할 바 없이 가정하는 것이다.[71]

　양심의 가책을 느끼는 것을 습득하지 않으면, 우리 자신에게 깊은 실망감을 느끼는 것을 배우지 않으면, 우리는 보다 높은 규범, 새로운 존재의 상태, 곧 자기완성을 예상할 수가 없다. 금욕적 이상이 없으면, 자제와 고통스러운 자기 훈련이 없으면, 우리는 니체가 칭찬하고 탄복한 바 있는 그 극기를 달성할 수가 없다. 그러나 끊임없이 질책하는 양심의 가책을 계속 간직하고, 금욕적인 사람으로 생활하며 자기 자신을 바꿔나가는 것은 니체의 '디오니소스적' 통찰(역자 주: 디오니소스는 태양의 신 아폴론과 대비되는 술의 신으로, 일정한 형식과 틀을 형성하는 아폴론의 이성과 달리 그런 것들을 깨뜨리고 해체하는 창조적 자유의지를 추구한다)에 미치지 못하는 것이다.[72]

"양심의 가책이란 하나의 병이다. 이것은 의심할 여지가 없다. 그러나 이것은 임신이 병이라는 것과 같은 의미에서의 병이다."[73] 이는 문제를 새로운 시각에서 보게 한다. 임신은 부작용으로 인해 까다로운 사태를 초래할 수 있는 원인이 될 수 있지만 그 자체로 병은 아니다. 즉, 그것은 새로운 삶의 원천이다. 마찬가지로 아마도 니체가 혹평하고 있는 것은(그의 미사여구에도 불구하고) 서양의 양심이 아니라, 단지 그의 나쁜 결과일 것이다. 임신처럼, 그것 역시 새로운 삶의 가능성을 지니고 있을지 모른다.

철학적 방식에서의 죄의식에 대한 대처

　　　　　　　　의사들과 달리 도덕 철학자들은 사람들이 그들의 죄책감에 대처하는 데 도움이 되는 조언을 해주는 일에 종사하지 않는다. 대신에 그들은 도덕적 삶을 영위하는 데 필요한 합리적 모델을 제공하는 데 관심이 있다. 그때조차도 그들은 자신들이 제공하는 조언에 조심스러워한다. 아리스토텔레스는 모든 아테네사람들이 아니라 선택된 사람들에 초점을 맞췄다. 칸트는 철학자의 철학자이다. 존 스튜어트 밀은 공동선을 증진시키고자 광범위한 지지자를 확보하는 데 목표가 있다. 그런 의미에서 보면 그는 철학자라기보다 오히려 사회 활동가다.

　철학에는 죄의식의 문제에 대처하는 적절한 두 부류의 방식이 있다. 첫째는 이해를 달성하는 데 목표가 있는 소크라테스의 내성 방법으로 대표된다. 그것은 자기의 죄의식에 대한 생각들을 점검하고 그것들이 정당화 될 수 있는지 아닌지를 합리적으로 확인하기 위해 그 생각들을 분석하는 데 초점이 있다. 이 관점에서는 모든 잘못이 무지로부터 발생하기 때문에, 자기의 행위를 더 잘 이해한다는 것은 그만큼 사람이 행동에 대한 통제력을 더 얻을 수 있다는 것을 뜻한다. 만약 어떤 사람이 잘못이 있었음을 발견하면, 그 해결은 대개 그것을 인정하고 용서를 구하며, 보상으로 이어지는 표준적인 길을 따른다. 죄의식을 해결하는 이러한 방식은 죄의식을 다루는 심리학적 방법과 그리 다르지 않다.

두 번째 접근은 개인적인 자기성찰을 넘어서서 존 롤스에 의해 제안된 것과 같은 **반성적 평형**의 방안으로 대표된다. 여기에서 추론은 우리를 흔히 둘 혹은 그 이상의 갈등하는 도덕적 선택 사이에서 고민하게 하는 것으로, 그것은 우리가 어떤 길을 선택하여 행동하든 상관없이 우리의 행동을 정상이 아닌 것으로 만들거나 혹은 우리에게 죄책감을 안겨준다. 예컨대 나는 거짓말하는 것이 나쁘다는 것을 알지만, 또한 내가 진실을 말함으로써 내 친구의 마음을 상하게 하고 싶지 않다. 그래서 만약 그의 아내가 나에게 내 친구가 불륜을 저지르고 있는지 묻는다면(나는 그가 그렇다는 것을 알고 있다), 나는 어떻게 해야 하는가, 거짓말을 해야 하는가 아니면 진실을 말해주어야 하는가?

소크라테스의 내성 방법은 내가 이 딜레마를 해결하는 데 별 도움이 안 될 것이다. 게다가 고려해야 할 갈등하는 요소들이 많아서 나는 모든 관련된 사항들(이성적인, 직관적인, 정서적인 그리고 문화적인 것을 포함하여)을 아우르며 나의 행위에 지침이 될 만한 몇 가지의 일반 원리들이 필요하다. 반성적 평형은 어떤 것이 더 중요한가를 다양한 각도에서 고려함으로써 경쟁하는 도덕적 명령들을 조정하는 방식을 제공한다. 중요한 점은 반성적이며 또한 안정적인(평형 상태) 결정에 이르는 것이다.**74** 물론 이 접근은 사실 이후에 죄책감에 대처하는 방식을 제공하기보다는 죄책감을 **피할 수 있는** 방식에 목표를 두고 있다.

철학자가 아닌 사람들에게도 이런 문제가 그렇게 중요한가? 종교를 가지고 있는 사람들은 그들이 필요로 하는 모든 지침들이 있다고 느낄지 모른다(비록 최고의 신학자들 일부는 또한 철학자들이었지만). 세속적인 삶을 사는 사람들은 명료하게 연결된 윤리적 원리들보다는 옳고 그름에 관한 그들의 직관적 감각에 의존하는 **상식 도덕**을 기반으로 윤리적 선택을 할지도 모른다.

그러나 비록 우리가 도덕 판단을 할 수 있는 능력을 타고 났다고 가정한다 하더라도, 우리는 여전히 어떻게 행동해야 할 것인가에 관해 상세히 학습할 필요가 있다. 우리가 상식 도덕이라 생각하는 것은 종교적 계율과 세속적 도덕 계율들이 서투르게 서로 기워 맞춰진 생각의 단편들에 의존하는 경향이 있다. 이것은 어떤 경우에는 나름대

로 효과적으로 작용하겠지만, 자주 그렇지는 않다. 만약 도덕적 선택
이란 것이 그렇게 자명하고 또한 분별하기 쉬운 것이라면, 왜 그렇게
많은 후회, 수치심 그리고 죄의식이 우리에게 일어나겠는가? 따라서
도덕성이란 우리가 그저 귀로 듣고 즐길 수 있는 음악의 일종이 아닐
것이다. 그렇다 하여 도덕 판단에서 철학적 추론이 주는 이점을 얻고
자 우리가 전문 철학자가 될 필요도 없다. 우리는 그의 철학적 근원
이 무엇인지 알지 못한다 하더라도 도덕적 추론을 통해 나온 결론을
활용할 수 있다. 다만 그것이 효과적이기 위해서는 우리가 선택한 철
학적 관점이 우리의 개인적 필요와 능력에 가장 잘 어울려야 할 것이
다. 이것이 평생 동안 지속되어야 할 필요도 없다. 우리가 생활하는
삶의 단계에 어울리는 것이면 된다. 나는 끝맺는 말에서 이에 대해
좀 더 이야기할 것이다.

이런 배경을 바탕으로, 우리는 이제 죄의식에 관한 마지막 관점
인 법의 관점으로 넘어가고자 한다. 우리가 지금까지 검토해왔던 모
든 관점들은 선택적이지만, 법이 미치는 범위는 보편적이다. 즉, 법
은 우리 모두를 구속하고 있다. 법을 이끄는 윤리적 원리들은 궁극적
으로는 죄의식을 규정하는 종교적 및 철학적 가치들과 문화적 전통
들로부터 나온다. 그러나 법이라고 하는 것이 전적으로 파생적인 것
만은 아니다. 법은 또한 그 자체의 원리와 관습에 토대를 둔 그 나름
의 독특한 도덕적 논리와 언어를 확보하고 있다.

1 우리가 기꺼이 얼마간의 노력을 들인다면 쉽게 접근이 가능한 철학들이 아주 많이 있다. 좋은 예로는 다음을 볼 것. Bertrand Russell (1945), *A History of Western Philosophy* (New York: Simon and Schuster). 일부 현대 철학자들은 죄의식과 수치심의 철학에 특별히 관심을 기울이고 있다. 다음을 볼 것. Bernard Williams (1993), *Shame and Necessity* (Berkeley: University of California Press); Gabrielle Taylor (1985), *Pride, Shame and Guilt* (Oxford: Oxford University Press). 존 롤스에게 있어서 죄의식은 또한 보다 넓은 윤리학과 정의의 맥락에서 언급되고 있다. John Rawls (1999), *A Theory of Justice*, revised ed. (Cambridge, MA: Harvard University Press); Peter Singer (1993), *Practical Ethics*, 2nd ed. (Cambridge, UK: Cambridge University Press).

2 Walter Kaufmann (1968), *Nietzsche: Philosopher, Psychologist, Antichrist*, 3rd ed,, pp. 23-24 (Princeto University Press).

3 Aristotle (ca. 335 BCE/2002), *On Poetics*, tr. Seth Bernatdete and Michael Davis (South Bend, IN: St. Augustin's).

4 1940년에 프로이트는『정신분석개론』에서 "나는 감히 만약 정신분석이 오이디푸스 콤플렉스의 발견 이외에 다른 어떤 성취결과를 자랑할 수 없다면, 이전에 인류가 습득한 것들 가운데 새로운 것은 오로지 그것뿐일 것이라고 단언한다."라고 하였다. Sigmund Freud (1940/1949), *An Outline of Psycho-Analysis*, p. 97 (New York: Norton). 오늘날 대부분의 행동과학자들은 오이디푸스 콤플렉스가 인간 발달에 있어서 하나의 표준에 속한다는 생각을 거부한다.

5 Lowell Edmunds (1985), *Oedipus: The Ancient Legend and Its Later Analogues* (Baltimore: Johns Hopkins University Press).

6 Sophocles (ca. 5th c. BCE/1984a), *Oedipus the King*, in *The Three Theban Plays*, tr. Robert Fagles (New York: Penguin). 그의 안내문에서, Bernard Know는 그 희곡을 "그리스 극장의 극적인 명작"이라 부른다.

7 Sophocles (Ca. 5th c. BCE/1984b), *Oedipus at Colonus*, in *The Three Theban plays*, lines 1106 and 1112, 원본에 강조되어 있음.

8 Ibid., lines 1104-5, 1129-30. 나는 나의 세미나에서 오이디푸스의 비극에 관하여

논의해준 Marsh McCall과 고인이 된 Anthony Raubitschek에게 감사한다.

9 오이디푸스의 비극과 그의 중요성은 여전히 결정적인 주목을 끌고 있다. 이에 대한 개관은 다음을 볼 것. Sarah Boxer (1997), "How Oedipus Is Losing His Complex," *New York Times*, Dec. 6, p. A13.

10 나는 철학적 탐구를 위한 비유로서 어떻게 오이디푸스가 기여할 수 있는지를 지적해준 Lanier Anderson에게 감사한다.

11 John Deigh (1999), "Ethics", in Robert Audi, ed. (1999), The *Cambridge Dictionary of Philosophy*, pp. 284-89 (Cambridge, UK: Cambridge University Press). 철학적 윤리학의 한 분파로서의 도덕심리학에 관해서는 Laurence Thomas (2001), "Moral Psychology", in Lawrence C. Bercker and Charlotte B. Becker, eds. (2001), *Encyclopedia of Ethics*, vol. 2, pp. 1145-51 (New York: Routledge); Julia Annas (2001), "Ethics and Morality", in Becker and Becker (2001), pp.485-87을 볼 것. 도덕 철학에 쉽게 접근할 수 있고 이를 흥미롭게 소개한 것으로는 다음을 볼 것. Jacques P. Thiroux (2004), *Ethics: Theory and Practice*, 8th ed. (Upper Saddle River, NJ: Prentice Hall).

12 일반적인 소개서로는 다음을 볼 것. Richard Kraut (1999), "Socrates", pp. 859-60, and "Plato", pp. 709-13. in Audi (1999).

13 Plato (ca. 380 BCE/1992), *The Republic*, tr. G. M. A. Grube and revised by C. D. C. Reeve (Indianapolis: Hackett).

14 Aristotle (ca. 350 BCE/2004), *The Nicomachean Eethics*, tr. J. A. K. Thompson (London: Penguin). 다음의 이어지는 논의에서 나는 Jonathan Barnes의 서론을 광범위하게 활용한다. 아리스토텔레스는 그의 책을 *Ta Ethika*—문자 그대로 '윤리학'—로 언급한다. 그러나 그것은 '성품과 관련이 있는 문제'와 같은 어떤 것을 의미한다. 마찬가지로, **ethike arête**—이는 흔히 '도덕적 덕'으로 번역된다는 사실 '성품의 탁월함'을 의미한다. (introduction, p. xxv).

15 Michael V. Wedin (1999), "Aristotle", pp. 44-51 in Audi (1999).

16 덕과 악덕에 관한 목록은 다음을 볼 것. Aristotle, *Ethics*, appendix 1, pp. 285-86.

17 Ibid., p. 110.

18 Ibid., pp. 93-99.

19 Ibid., p. 42.

20 Ibid., pp. 48-49.

21 Ibid., pp. 44-51.

22 Kenneth L. Woodward (1994), "What Is Virtue?" *Newsweek,* Jun 13.

23 Thiroux (2004), p. 55.

24 Sigmund Freud (1927), *Future of an Illusion,* James Strachey, ed. and tr. (1953-74), *The Standard Edition of the Complete Psychological Works of Sigmund Freud,* vol. 21, pp. 3-56 (London: Hagarth). 나는 이 인용구에 주목하도록 해준 Sanford Gifford에게 감사한다.

25 Roger J. Sullivan (1996), "Introduction", p. vii, in Immanuel Kant, *Metaphysics of Morals* (1797), ed. Mary Gregor (Cambridge, UK: Cambridge University Press).

26 Lanier Anderson이 나의 세미나에서 Kant, John S. Mill, Friedrich Nietzsche의 철학에 관하여 해준 강의는 나에게 많은 도움이 되었다.

27 칸트의 윤리적 관점의 주요 원천들은 the *Groundwork for the Metaphysics of Morals* (1785), ed. Mary Gregor (1998), (Cambridge, UK: Cambridge University Press); *The Metaphysics of Morals* (1797), ed. Mary Gregor (1996), (Cambridge, UK: Cambridge University Press) 등이다. the *Groundwork*(1785)는 칸트가 '최고의 도덕 원리'의 추구와 관련한 중요한 핵심들을 확립함으로써 그의 윤리이론의 정초를 제시하고 있다. The *Metaphysics*(이것은 12년 후에 출판되었다)는 도덕적 의무에 관한 보다 상세한 설명과 아울러 자살과 같은 다양한 윤리적 이슈들에 대한 적용을 제시하고 있다. The *Critique of Practical Reason* (1788)은 두 주제들 간의 연결 역할을 한다. Mary Gregor (1997), in *Immanuel Kant: Practical Philosophy* (Cambridge, UK: Cambridge University Press). 또한 다음을 볼 것. Immanuel Kant (1781/1998), *Critique of Pure Reason,* tr. Paul Guyer and Allen Wood (Cambridge, UK: Cambridge University Press). 나는 다음의 책과 논문을 많이 활용하였다. Christine M. Korsgaard' *Groundwork* (1999); 칸트에 관한 그녀의 논문 Becker and Becker (2001), vol. 2, pp 929-39; Roger J. Sullivan' *Metaphysics*.

28 Kant, *Groundwork*, p. 12, 원본에서 강조됨. 이 글은 [김재호, 2006, 칸트 『윤리형이상학 정초』 (해제), 서울대학교 철학사상연구소]의 번역을 옮긴 것임.

29 Robert Audi (2004), The *Good and the Right: A Theory of Intuition and Intrinsic Value,* p. 90 (Princeton, NJ: Princeton University Press).

30 Ibid., p. 90.

31 Kant, *Groundwork,* p. 39.

32 Kant, *Metaphysics,* p. 189, 원문에서 강조됨.

33 Korsgaard (2001), p. 934.

34 Kant, *Metaphysics,* p. 178.

35 Ibid., p. 179, 원문에서 강조됨.

36 Herant Katchadourian (1989), *Fundamentals of Human Sexuality,* 5th ed., pp. 327-31 (Fork Worth: Harcourt Brace).

37 Kant, *Metaphysics,* pp. 198-217.

38 Korsgaard (2001), p. 933.

39 Rawls (1999).

40 Ibid., p. 225.

41 John Marshall (2001), "Kantian Ethics", in Becker and Becker (2001), vol. 2, pp. 939-43.

42 이 공식과 관련한 애매성에 대한 논의는 다음을 볼 것. Robert Audi (2007), "Can Utilitarianism Be Distributive? Maximization and Distribution as Criteria in Managerial Decisions", *Business Ethics Quarterly* 17(4): 593-612.

43 Richard Brandt (1999), "Jeremy Bentham", in Audi (1999), pp. 79-81. 또한 다음을 볼 것. David Lyons (2001), "Utilitarianism", in Becker and Becker (2001), vol. 3, pp. 1737-44.

44 Oskar Piest (1957), introduction to John Stuart Mill, *Utilitarianism* (fist Published in 1861) (New York: Macmillan).

45 Dan W. Brock (1999), "Utilitarianism", in Audi (1999), pp. 942-44.

46 John Stuart Mill (1861/1957), *Utilitarianism*, tr. Oskar Piest (New York: Macmillan).

47 Piest (1957), p. vii.

48 19세기 후반 당시에 널리 팽배하던 심리학적 관념들을 감안하면, 밀이 도덕적 역할을 완수하기 위해 그러한 심리적 기제를 사용해야만 했던 것을 이해할 만하다. 당시에 팽배했던 심리학 이론은 관념들의 연합을 학습, 지적 사고, 행동의 주요 토대로서 간주하는 **연상주의**였다. 이런 원리는 조건화와 같은 현대 행동주의 모델에 보존되고 있다. George A. Graham (1999), "Associationism", in Audi (1999), p. 58.

49 Mill, *Utilitarianism*, p. 40.

50 Ibid., p. 42.

51 Thiroux (2004), p. 42.

52 Ibid., p. 44.

53 David Lyons (2001), "Utilitarianism", in Becker and Becker (2001), vol. 3, pp. 1373-1744; Thiroux (2004).

54 Ayn Rand (1992; first published in 1957), *Atlas Shrugged*, appendix (New York: Dutton). 랜드의 책은 2,000만 부 이상이 팔렸으며 지금도 꾸준히 대중적 인기를 얻고 있다. 비록 그녀가 몇 개 주요 대학들에서 학생들을 가르쳤지만, 그녀의 저술은 기성체제의 이론 철학자들로부터 별다른 주목을 끌지 못하였다.

55 Friedrich Nietzsche (1908/1969), *Ecce Homo*, preface, tr. Walter Kaufmann (New York: Vintage).

56 Curtis Cate (2002), *Friedrich Nietzsche*, p. 257 (London: Hutchinson).

57 Kaufmann (1968), p. 21. 원문에서 강조됨.

58 Nietzsche, Ecce Homo, appendix two. 니체의 관념들은 여러 겹의 버블 랩으로 싸인 물건들 같다. 즉, 당신이 그 랩들을 풀어헤쳐야 비로소 그것들을 이해할 수 있다.

59 Friedrich Nietzsche (1886/1973), *Beyond Good and Evil: Prelude to a Philosophy of the Future*, tr. R. J. Hollingdale, pp. 105, 107, 100, 98 (Harmondsworth: Penguin).

60 Van Harvey 세미나 강의.

61 Quoted in Cate (2002), pp. 529, 531; 원문에서 강조됨.

62 Friedrich Nietzsche (1887/1989), "First Essay", *On the Genealogy of Morals*, tr. Walter Kaufmann and R. J. Hollingdale (New York: Vintage).

63 Ibid.

64 원래 '보통'을 의미하는 독일어 **Schlecht**는 '나쁜'을 의미하게 되었다. 이와 비슷하게, 마을 사람을 의미하였던 영어 **villein**은 악인 ―나쁜 사람― 을 의미하게 되었다.

65 Nietzsche, *Beyond Good and Evil*.

66 Friedrich Nietzsche (1887/1969), *On the Genealogy of Morals*, pp. 59-60 (New York: Vintage), 원문에서 강조됨.

67 Ibid., p. 85.

68 Nietzsche, *Beyond Good and Evil*, p. 98.

69 Ibid., p. 79.

70 Richard Schacht (2001), "Friedrich Wilhelm Nietzsche", in Becker and Becker (2001), vol. 2, pp. 756-58.

71 Walter Kaufmann, Introduction to the *Genealogy* (1887/1969), p. 10.

72 Ibid.

73 Nietzsche (1887/1969), *Genealogy*, p. 88.

74 Rawls (1999), pp. 42-43.

CHAPTER 11

법정에서의 죄의식

법정에서의 죄의식

우리는 죄의식에 관한 심리학 이론들을 비웃고 종교적 가르침이나 철학적 성찰을 묵살할 수 있을 것이다. 그러나 우리는 누가 유죄이고 누가 무죄인가를 결정하는 법의 판단에 대해서는 모두가 따라야 한다. 법적 갈등에 휘말려들기 전까지는 법이 우리에게 어마어마한 힘을 지니고 있다는 것을 제대로 인식하지 못할 수도 있다. 우리 가정이 안전하다는 전제하에서 그 드라마들을 보는 한, 그것들이 흥미로

나의 강좌에서 강의를 통해 나에게 죄의식에 관한 법적 관점을 안내해주고, 이 장을 준비하는 데 많은 도움을 준 로버트 웨이버그(Robert Weiberg)에게 감사한다. 폴 브레스트(Paul Brest)는 내가 이 장을 집필할 수 있도록 격려해주면서 스티브 토벤(Steve Toben)과 함께 예리한 비평을 해주었다.

운 것은 당연한 일이다.

표도르 도스토옙스키의 소설 『죄와 벌』은 인간의 죄의식과의 투쟁과 결국 법에 굴복하는 모습에 대한 설득력 있는 이야기를 제공해준다. 이것은 일상적인 평범한 살인 미스터리가 아니라 그의 행위들을 체념하고 받아들이는 이상주의적이자 고통에 시달리는 한 인간에 대한 매혹적이며 충격적인 이야기이다. 그의 주제—비록 죄의식이란 단어가 그 책에서는 거의 등장하지 않지만—는 전적으로 그 수수께끼와 같은 죄의식에 달려 있다.[1] 주인공 라스콜리니코프는 19세기의 상트페테르부르크에서 구두쇠이자 불쌍한 전당포업자인 한 노파와 그의 여동생을 살해한 가난한 대학생이다. 그 여동생은 우연히 그 노파와 함께 있다가 살해되었다. 표면적인 동기는 강도지만 라스콜리니코프는 아무 쓸모도 없는 단지 몇 개의 자질구레한 소지품들을 훔치는 데 겨우 성공했을 뿐이다. 살인은 정치적 표현으로 당시의 급진적 허무주의 이념에 사로잡힌 소외된 젊은이가 표출한 저항의 행위인 것이다. 그것은 그의 주변의 부패한 사회에 대한 거부이자 경멸의 표현이며 그의 행위를 정당화하는 그 자신의 도덕에 대한 단언이다.[2]

라스콜리니코프는 그의 범죄의 결과로 인한 모든 죄책감을 단호히 거부한다. 그러나 그는 자신의 행위들을 곰곰이 생각해보며 이해가 안 되고 통제할 수 없는 감정에 괴로워한다. 그의 세계가 주변에서 허물어져가는 데도, 그는 회한을 표현하길 거부하며 자기 여동생

에게 그가 하는 유일한 후회는 범죄의 목적을 달성하지 못한 것이라
고 말한다.

"범죄? 무슨 범죄?" 그는 갑자기 약간은 의외로 격노하여 외쳤다.
"내가 아무에게도 쓸모가 없는 비도덕적인, 악독한, 키 작은 전당포
노파를 죽였어. 가난한 사람들의 생명수를 빨아먹던 그 노파를 죽인
것은 오히려 40가지의 죄를 용서받을 수 있어야 마땅하다고. 그것이
죄야?"3

그의 사랑을 받고 있었던 여동생은 충격을 받고 절망감에서 "오
빠, 오빠, 지금 무슨 말을 하고 있는 거야! 오빠는 살인을 했어!" 하
고 외친다. 그는 그에 대해 "모든 사람이 피를 흘려, … 이 세상에서
는 누구나가 폭포수처럼 피를 흘렸었고 또 지금도 끊임없이 흘리고
있다, 사람들이 샴페인처럼 피를 쏟아내고 있어. … 그리고 이후에
인류의 은인들로 불렀다[불린다]."4라고 대꾸한다.

라스콜리니코프가 마음의 평화를 유지할 만큼 범죄는 별 의미가
없으며, 그가 체포를 당할 것 같지도 않아 보인다. 그러나 점차 혼란
이 커가면서 그는 경찰에 연락하고, 결국에는 가차 없이 그에게 자백
하도록 압력을 가하는 치안판사 포르피리에게 귀뜸해준다.

"포르피리 페트로비치!" 그는 떨리는 다리를 가까스로 지탱하며, 큰 소리로 그리고 뚜렷하게 말하였다. "비로소 나는 당신이 그 노파와 그녀의 동생 리자베타를 내가 살인한 것으로 의심하고 있다는 것을 똑똑히 알게 되었소. … 만약 당신이 나를 법적으로 기소할 권리를 가지고 있다고 믿는다면, 나를 기소하시오. 혹은 나를 체포할 권리가 있으면, 나를 체포하시오. 그러나 내 면전에서 나를 괴롭히거나 조롱하는 것은 내가 허용치 않을 것이오."5

그러고 나서 그는 감정을 주체하지 못하고 허물어진다.

라스콜리니코프는 창백한 입술로 시선을 고정한 채 책상을 향해 똑바로 걸어갔다. 손으로 책상에 기대고 뭔가를 말하려고 하였지만 말을 할 수가 없었다. 단지 잘 알아들을 수 없는 소리만 흘러나오고 있었다. …

라스콜리니코프는 의자 위에 맥없이 주저 않아 … 부드럽게 … 가끔은 쉬어가며, 그러나 뚜렷하게 말했다.

"그 관리의 늙은 과부와 그녀의 여동생 리자베타를 도끼로 죽이고 강탈했던 사람이 바로 나요."6

이 무렵 라스콜리니코프는 그의 가족과 친구들로부터 소외되어 있었다. 그의 유일한 인간관계는 자기 가족들을 위해 자신을 희생하고 있던 신성한 10대 창녀인 소냐뿐이었다. 라스콜리니코프가 시베리아로 유배가 선고되자, 소냐는 그를 따라 간다. 유배지에서도 그는 정신적 고통을 줄여 줄 수 있는 죄의식에 대해 인정하길 거부한다.

만약 단지 운명만이 그에게 뉘우침—마음에 상처를 주는, 잠 못 이루게 만드는 강렬한 뉘우침, 사람을 괴롭혀 꿈속에서 교수형이나 깊은 수중의 나락으로 떨어지게 하는 그런 뉘우침을 준다면! 오, 그는 그것을 참으로 기뻐하였을 것이다! 고통과 눈물—그것 역시, 삶이었다. 그러나 그는 자기의 범죄에 대해서 아무런 후회도 하지 않았던 것이다.[7]

마침내 소냐의 사랑은 돌파구를 찾고 라스콜리니코프가 그의 유죄를 인정하고 구원을 찾을 수 있도록 해준다. 이 설득력 있는 이야기에서 도스토옙스키는 유죄와 관련한 법적 분규를 심리적, 종교적, 철학적 문제들과 능수능란하게 혼합시킴으로써 그 소설을 서구 문학의 고전 반열에 올려놓았다.

법은 일차적으로 선한 행위를 보상하기보다는 나쁜 행위를 처벌하고 방지하는 데 관심이 있다. 그의 주요 초점은 비록 가해자의 정신적 상태 또한 매우 중요하다하더라도, 책임—잘못했다고 **느끼기**보다 잘못이 **있다**—으로서의 유죄에 있다. 우리가 이 장에서 제기할 기본적인 물음들은 다음과 같다. 어떤 사람을 범죄에 대해 유죄로 만드는 요소들은 무엇인가? 책임 있는 행위란 어떤 행위를 말하며 책임 있는 정신적 상태란 무엇을 뜻하는가? 정당화나 변명이 될 수 있는 것은 무엇인가? 범죄에 대한 처벌을 결정하는 것은 무엇이고 또한 그의 결과는 무엇인가?

미국 법의 기본 요소들

서양 법체계의 기본 주의는 유대교와 기독교의 도덕적 가치 그리고 그리스 로마의 철학적 및 법적 전통들을 반영하고 있다. 그의 핵심에는 각자에게 각자의 몫을 할당하는 **정의와 공정**의 원리가 존재한다. 정의와 공정의 이념은 자명한 진리로 보일 수 있겠지만, 기본적으로 그것들은 사회에 따라 그 의미가 달라 질 수 있다. 일반적으로 법은 권력을 가진 사람들의 이익을 반영하여왔지만, 민주 사회들은 비교적 평등주의적이며, 또한 그들의 가치는 소수자들의 개인적 권리를 보호하면서도 다수의 이익을 보호하는, 달리 말하면 이 둘 간의 미묘한 균형을 유지하는 공리주의적 원리들로부터 도출된다.

비록 합법적으로 간주되는 것과 도덕적으로 간주되는 것이 흔히 중복되긴 하지만, 그것들이 항상 꼭 일치하는 것은 아니다. 즉, 어떤 행위들은 합법일 수 있지만 도덕적일 수는 없거나(합의하의 간통과 같은) 불법이지만 도덕적일 수는 있다(시민 불복종과 같은). 법적으로는 금지되지만 본질적으로 사악하지는 않는 그런 범죄들(mala prohibita **말라 프로히비타** 금지적 범죄)과 정반대되는 것으로서 범죄가 그 자체로 나쁘거나 '본질적으로 사악한' 것(mala in se **말라 인 세** 본래적 범죄)으로 간주되는 경우 도덕적 고려사항들은 특히 두드러지게 영향을 미친다. 대부분의 주요 범죄들(살인이나 강간과 같은)은 후자의 그룹에 속하는 반면, 법률의 제정에 의해서 금지되는 행위들(몰래 무기를 운반하는 것과 같은)은 전자의 그룹에 속할 수 있다. 그 밖의 다른 범죄들—성인들 간에 합의하의 다양한 성적 행위들을 포함하여—은 '부도덕한 행위'를 수반한다. 이들 범죄는 흔히 동일인임을 확인할 수 있는 피해자들을 연루시키지 않으며, 따라서 그것이 유죄라는 것을 입증하기가 매우 어렵다.

서로 다른 도덕적 고려사항들이 갈등할 때 판결을 내리기가 또한 쉽지 않다. 예컨대 낙태는 선택할 여성의 권리와 인간의 생명을 보호할 사회의 관심이 대립된다. 그 문제는 전적으로 아직 태어나지 않은 태아/아이가 '인간'으로서 자격을 갖는지 혹은 '언제 생명이 시작하는지'에 달려 있는데, 그 의문들에 대해 생물학이나 의학이 정확한 혹은 일반적으로 수용 가능한 대답을 줄 수가 없다. 1973년의 **로우**

대 웨이드(Roe v. Wade) 판결에서, 미국의 대법원은 낙태를 제한하거나 금지하는 모든 주법과 연방법을 뒤집었는데, 그런 법률들이 개인의 사생활에 대한 헌법적 권리를 침해한다는 근거에서였다. 만약 대법원이 **로우 대 웨이드** 판결을 뒤집는다면, 각 주들은 낙태를 불법화하는 법률을 다시 제정해야 할 것이다. 여기에서 문제는 만약 여성이 혹은 의사가, 낙태를 하거나 시술한 것에 대해 죄의식을 느껴야 하느냐가 아니라(그것은 개인적인 문제이다), 낙태가 그들을 법을 위반한 범죄자로 만드느냐 혹은 그렇지 않느냐이다(그것은 공적인 관심이다).

법은 시간이 지나도 일관성을 유지해야 하므로 그 본질상 보수적이지만, 대중의 태도가 변하면 그에 반응하여 또한 변화한다. 고대 그리스인들은 법은 국민들의 의지를 반영해야 하며, 그런고로 법은 그 수명이 다했을 때는 변해야 한다는 생각을 발달시켰다. 동성성행위들(그러나 보통 말하는 그런 동성애자가 되는 것이 아닌)은 1970년대 중반까지 범죄로 간주되었다. 현재 주 법률은 차별로부터 동성애자들을 보호하고 있다. 마찬가지로 1960년대까지 외설법은 명백하게 성적인 자료를 생산, 분배 그리고 소지하는 것을 불법으로 여겼다. 현재 수정 헌법 제1조는 표현의 자유에 대한 권리가 불쾌한 자료들에 노출되지 않을 권리에 대해 우위를 점하고 있으며 인터넷은 외설물로 넘쳐나고 있다.

만약 내가 법이 비도덕적이고 따라서 그 법을 따르면 내 양심을 파괴할 것 같다고 생각한다면 어떻게 될까? 나는 법을 어기고 그 결과로 고통을 당해야 하는가 아니면 그 법을 개정하도록 노력해야 하는가? 이 문제에 대해 모든 만일의 사태들을 아우를 수 있는 단일한 혹은 단순한 대답이란 존재하지 않는다. 그러나 분명한 것은 자신의 양심이 파괴되지 않는 선에서는 개인적인 자유가 공동선에 종속되어야 한다는 것이다. 어떤 사람들에게는 시속 80마일로 운전하는 것이 다른 어떤 사람들이 시속 40마일로 운전하는 것보다 더 안전할 수도 있다. 그러나 우리는 각 개인에 맞게 속도제한을 정할 수는 없다. 하나의 규정으로 모든 것을 다 해결해야 한다.

일부 법적 관례들, 예컨대 사회적으로 동등한 사람들로 구성된 배심에 의한 재판과 같은 그런 관례는 고대 그리스인들로 거슬러 올라간다.[8] 로마법은 비잔틴 제국 황제인 유스티니아누스가 7세기에 그것을 체계화하기 전까지 하나씩 하나씩 진전되는 방식으로 진화되어 왔다. 그 이래에 그것은 유럽 대륙(나폴레옹 법전을 통해 근대화된)에서 법적 관례의 기초가 되어 왔다. 영국의 관습법은 다른 전통을 따르는데, 그것은 선례들을 수립했던 사례들에 대한 사법적 판단에 토대를 두고 있다.[9] 미국 법은 영국의 관습법으로부터 나왔지만 현재 대부분의 미국 법들은 입법부와 정부 기관들에 의해 제정된 법규들이다.

미국의 사법 체계는 유럽(영국을 포함하는)식의 법원과 달리 일차적으로 배심원들에 의존하는 배심제도에 훨씬 더 많은 비중을 두고 있다. 실제적으로 대부분의 사례들은 현재 사전형량조정제도 혹은 조정을 통해 다루어지며 결코 공판에 회부되지 않는다. 그것은 시간 낭비이자 비용이 많이 든다. 공판이 이루어진다 하더라도 살인과 같은 심각한 범죄들의 경우는 배심원들에 의해 재판이 이루어지는데, 이런 경우들 이외에는 판사들에 의해 매우 신속하게 처리된다.[10]

유럽의 정의 체계는 갱생에 보다 많은 강조점을 두고 있으며 직업공무원들에 의해 관리 운영된다. 미국의 체계는 개인의 책임과 처벌을 강조한다. 일부 지표들에 따르면 미국의 정의 체계가 더 가혹하다. 예컨대 미국은 세계인구의 5% 미만을 차지하고 있지만 세계 죄수들의 거의 4분의 1에 해당하는 인원의 죄수들을 감금시키고 있다. (중국보다 훨씬 더 많은 죄수들을 감금하고 있다.) 이것은 부분적으로 높은 범죄율 때문이기도 하지만, 또한 다른 국가들에서는 투옥으로 연결되지 않는 위법행위들(약물 사용이나 부도수표를 발행하는 것과 같은)에 대해서도 범법자로 취급하여 교도소에 보내기 때문이다. 범죄자들의 형기 또한 더 길다.[11] 미국은 또한 아직까지 사형을 시행하고 있는 그리고 일부 범죄소년들에게 종신형을 선고하는 세계에서 몇 안 되는 국가들 중의 하나이다.[12]

법은 크게 두 범주, 곧 **형법**과 **민법**으로 분류된다. 형법의 목적은 일반 국민을 해악으로부터 보호하기 위한 것이다. 범죄는 개인에 대한 위법행위뿐만 아니라 공동체의 행위 규범에 대한 파괴도 포함된다. 민법은 주로 상거래(계약 같은) 혹은 불법행위(사람이나 재산에 대한 손상)를 다룬다. 따라서 사고로 누군가의 자동차에 손상을 입히는 것은 불법행위를 구성할 수 있으나, 술에 취하여 사고를 일으키는 경우에는 형사상 범죄가 될 것이다.

형법과 민법은 똑같은 기본적인 법 원리를 따른다. 그러나 형사상의 범죄는 더 중대하며 일반적으로 투옥을 수반한다. 민사상의 불법행위는 피해자에게 금전적 보상을 요구한다. 형법은 유죄로 결정된 피고에게 그 범죄에 대해 책임을 묻는다. 민사상의 불법행위는 손상에 대해 책임을 묻는다. 우리는 주로 형법에 관심을 기울일 것이다. 왜냐하면 거기에서 죄의식의 문제가 가장 두드러질 것이라고 판단되기 때문이다.

형사상 범죄는 주요 범죄를 수반하는 **중죄** 그리고 보다 덜 심각한 범죄인 **경범죄**로 구분된다. 특별한 범죄는 미리 규정되거나 혹은 그 결정이 그 범죄의 심각성과 그 범죄가 저질러진 상황들에 대한 고려에 기초하여 내려질 수 있을 것이다.

미국 법의 엄격함은 피고가 유죄가 입증될 때까지는 무죄라는 사실에 의해 다소 완화된다. 법정은 피고가 **유죄**인지 혹은 **무죄**인지를 가려낼 것이다. 그러나 '결백'의 평결은 없다. 여기에서 문제가 되는 것은 타당한 의심을 넘어서서 그 사례를 입증할 검찰 측의 능력 혹은 무능이다. 이것은 재판을 마치 더 영리한 측이 승리하는 검찰 측과 피고 측 변호사들 간의 재치 경연장처럼 보이게 한다. 이것은 법정이 결백에 대해 별 관심을 기울이지 않는다는 것을 의미하는가? 확실히 그렇다. 실제적으로 대립관계에 있는 체계는 입증의 부담을 검찰 측에 부여하는 반면, 결백의 입증을 요구하는 부담은 변호사 측에 부여한다. 범죄를 저지르지 **않았다**는 것을 입증하는 것이 어렵기 때문에, 만약 피고들이 무죄 추정의 권리를 갖지 않는다면 그들은 훨씬 더 큰 위험에 처하게 될 것이다.

　같은 이유로 수정헌법 제5조는 피고인들이 자백하겠다고 하지 않는다면 자기 스스로 자신이 유죄인 것처럼 하지 않아도 되는 것을 허용한다. 피고에게 자백을 강제하는 것은 과거에는 일반적인 관행이었으며 교묘하고 야만적인 방법들이 자백을 얻기 위해 사용되었었다. 고문은 불법이며 미국인들에게 있어서 혐오스러운 것이지만, 법적 허점으로 인하여 아직도 중단되지 않고 있으며 완곡한 표현으로 은폐하나, 기명투표를 통해 자행되고 있다. 경찰은 흔히 피의자에게 자백을 유도하기 위해 종종 피고의 죄의식을 이용하기도 하는 등 심리적 전술을 사용하고 있다(텔레비전 범죄관련 프로의 주요소).

무엇이 범죄 행위를 구성하는가?

어떤 행위가 범죄를 구성하기 위해서는 일련의 필요조건들을 충족시켜야 한다. 피고가 유죄라는 것을 입증하기 위해서는 판사나 배심원은 합리적인 의심을 넘어 그 피고가 과실이 있는 행위에 개입하였다는 것을 밝혀내야 하고 또한 그 범죄가 이루어졌던 당시에 그 피고의 정신 상태를 확인해야 한다. 범죄 행위는 특정한 행동에 개입하거나(어느 누군가에게 해를 야기시키는 것과 같은) 혹은 법이 요구하는 방식(세금을 내는 것과 같은)에서 행동하지 않는 것이다. 과실이 있는 행위 **혹은** 비난받을 만한 정신 상태가 존재하지 않는다면, 어떤 범죄가 이루어지지 않은 것이다. 과실이 있는 **행위**가 보여주어야 할 필요조건은 사람들이 그들의 생각이나 감정 때문에 벌을 받지는 않는다는 것을 보증하는 것이다. 비난받을 만한 **정신 상태**가 보여주어야 할 필요조건은 그들의 행위에 대해 책임을 질 수 없는 사람들은 또한 처벌받지 않는다는 것을 보증하는 것이다. 이들 두 가지의 기준을 갖춘다는 것은 곧 정의와 공정의 필요조건이 충족된다는 것을 보증한다.

과실이 있는 행위(actus reus 액투스 레우스) 어떤 행위가 다른 사람들에게 의미 있는 해악을 끼친다면, 그 행위는 과실이 있거나 혹은 탓할 만하다. 과실이 있는 행위는—예컨대 다른 사람을 **살해하는** 경우처럼—그 행위를 기술하는 동사 단어에 압축되어 있다.[13] 범죄로서 요건을 갖추려면, 그 행위가 **자발적**이어야 한다. 이것은 보통 그 행위가 당신 자신의 선택에 의해, 자진해서 이루어진다는 것을 의미한다. 당신이 그것을 하길 원했던지 혹은 원하지 않았던지 상관없이, 당신의 의지로 하는 모든 행위가 포함된다. 이는 모순적으로 들릴지 모르지만, 다음의 예를 생각해보라. 어느 누가 당신 머리에 권총을 겨누고 당신에게 누군가를 찌르라고 명령한다고 가정해보자. 만약 당신이 그 명령을 따른다면, 당신의 행위는 자발적이다. 왜냐하면 당신은 여전히 권총의 위협에도 불구하고 그런 행위를 하는 것을 거부할 수 있기 때문이다. 그러나 만약 그 범죄자가 그야말로 당신 손을 잡고 당신이 그 피해자를 찌르도록 물리적으로 강제한다면, 그때 그 행위는 자발적인 것으로 간주되지 않을 것이다. 왜냐하면 그 행위를 수행하지 않기에는 물리적으로 불가능하였기 때문이다.

법은 일부 행위를 비자발적인 것으로 극히 드물게 인정함으로써 그 사람에게서 법적 책임을 면해준다. 여기에는 잠자고 있을 때(몽유병) 혹은 간질 발작의 여파로 고생하고 있을 때 이루어진 행위들이 포함된다. 그래서 만약 당신이 그런 조건하에서 자동차를 운전하는 동안 보행자를 친다면, 당신은 형사상 법적 책임을 지지 않을 것이다. 최면상태에서 저지른 행위는 많은 사법 관할에서 방어의 구실로 인정받지 못하고 있다. 게다가 당신이 간질발작이 일어나면 어찌할 도리가 없다는 것을 알면서도 조치를 취하지 않았다면 그 또한 당신에게 법적 책임이 있다. 그런 조건들하에서는 당신이 술에 취하면 운전을 해서는 안 되는 것과 같은 이유에서 자동차를 운전해서는 안 된다.

범죄를 구성하는 부작위는 작위에 비해 그 범위가 더 제한된다. 어떤 행위들-예컨대 법적 소환에 대한 대응과 같은 행위들-은 법에 의해 요구된다. 그러나 위험에 처한 다른 사람에 대해서 우리가 그 사람을 돕거나 구해야 할 법적 의무-물론 도덕적으로 고려할 수는 있겠지만-가 있는 것은 아니다. 당신은 칼을 맞거나 죽도록 몰매를 맞은 누군가를 보고 개입하지 않아도 법률을 위반하는 것은 아니다. 그러나 어떤 사람이 다른 사람에 대해 특별한 책임을 지고 있을 경우, 법률은 그 사람에게 법적 책임을 부여한다. 예컨대 부모는 그들의 자녀들을 보호할 법적 책임이 있으며, 교사들은 학생들을 돌보도록 위탁받았기 때문에 해악으로부터 그들을 보호해야 한다. 이와 비슷하게 고용주들과 서비스 제공자들은 그들의 직원들과 고객들에게 안전한 환경을 제공해야 한다.

다른 예를 든다면, 다른 사람들에 대한 책임은 주로 계약상 의무에 기반하고 있다(비록 비공식적인 계약이라 하더라도). 예컨대 보모들이나 돌보는 사람들은 그들이 책임져야 할 사람들의 안녕을 지켜야 할 의무가 있다. 보모는 자기가 돌보는 아기가 위험에 노출되는 것을 보고 아무 조치도 취하지 않을 수는 없다. 어떤 사람이 자발적으로 다른 사람을 돕는 책임을 가정해볼 때도 마찬가지다. 예컨대 만약 내가 사고의 피해자를 내 차에 태우거나 혹은 도움을 요청한다고 다른 사람들에게 말해야 하는데 그렇게 하지 않는다면, 나는 태만에 대한 법적 책임을 질지도 모른다. 이와 비슷하게, 예컨대 설상차를 얇은 얼음 위로 운전하게 하는 일과 같이 만약 우리가 다른 사람들을 위험에 처하게 하여 그들에게 어떤 일이 발생하면, 우리는 그에 대해 책임이 있다. 이 경우에 하나의 단서가 있다. 만약 다른 사람을 도와야 하는 상황에서 요구되는 행위가 우리에게 심각한 손상을 야기할 수 있다면, 우리는 법적 책임을 면제받을 수 있다. 예컨대 어느 누구도, 심지어는 부모조차도 불타고 있는 집 안으로 뛰어 들어가 자기 자신의 자녀를 포함하여 누군가를 구하도록 법적으로 요구받지 않는다.

부작위와 작위 사이를 구분하는 것이 때로는 어려울 수 있다. 예컨대 만약 의사가 환자의 생명유지 장치에서 플러그를 뽑는다면(작위), 그 의사는 그 환자의 죽음에 법적 책임이 있을 수 있다(동기와 상관없이). 만약 의사가 환자에게 생명유지 장치를 쓰지 않기로 결정한다면(부작위), 그것은 형사상 범죄를 구성하지 않는다.[14] 그러나 그 환자가 죽는다는 최종적인 결과는 똑같다. 이것은 작위와 부작위 간의 도덕적 기반에 관한 많은 의문을 불러일으킨다.[15] 더욱이, 과실이 있는 행위는 당신이 누구인지와는 아무런 관련이 없고, 오로지 당신이 무슨 행위를 했는가와만 관련이 있다. 예컨대 약물 중독자가 **되는 것**은 보통 말하는 그런 범죄자에 해당되지 않는다. 그러나 마취제를 생산, 소지 그리고 판매하는 것은 범죄행위에 해당한다.

비난받을 만한 정신 상태(mens rea 멘즈 리어 범행 의도) 유죄를 결정하는 두 번째 요소는 범죄를 저지를 당시의 그 피고의 정신 상태다. 유해한 행위만이 형사상의 범죄를 구성하는 충분요소가 아니다. 피고가 유죄인지 그리고 처벌을 받을 만한지를 결정하는 데에는 비난받을 만한 정신이 추가적으로 있어야 한다.[16]

사람을 비난받도록 만드는 정신 상태는 그 행위에 대한 지각, 곧 당신이 지금 무엇을 행하고 있는지를 인식하는 것에 토대를 두고 있다. 범죄가 분명하고 강력하게 이 요소와 연결되면 될수록, 죄는 더욱 더 무거워지고 또한 처벌은 더욱 가혹해진다. 고려해야 할 요소들은 이 밖에도 더 있을 수 있다. 예컨대 그 사람이 마지못해 했는지 아니면 아무런 거리낌도 없이 행위 했는지 혹은 그 사람이 피해자에 대해 연민을 느끼고 있었는지 아닌지 등이 있을 수 있다. 그러나 그런 요소들은 처벌의 엄격성에는 영향을 미칠지 모르지만, 그것들이 그 자체로 그 행위에 대한 법적 책임을 결정하지는 않는다.

범행 의도(mens rea)에 관한 정의는 미국 법에서 골치 아픈 문제를 함축하고 있다. 관습법에 있는 전통적인 용어는 더 이상 그것이 초기에 의미했던 바를 담고 있지 않을지도 모른다. 그 결과, 미국의 모범형법전은 그 의미가 보다 명료한 대안적인 용어들을 개발하였다.[17] 의도의 수준에 대응하는 그리고 **범행 의도**를 결정하는 네 가지 용어가 있다.

고의로: 이것은 최고 수준의 의도적인 것이다. 그것은 피고가 사전에 고안한 목적을 달성하기 위해 특정한 방식에서 행동하고자 하는, 특수한 목적 혹은 의도를 지니고 있는 경우로 특징된다. 예컨대 어떤 남편이 자기 아내의 애인을 죽이기 위해 몰래 뒤를 밟아 총을 쏘는 경우이다. '의도를 갖고'라는 말이 사용될 때는, 바로 이러한 최고 수준의 의도성과 관련이 있는 것으로, 이는, 예를 들면, 미리 계획된 살인 혐의를 입증하는 데 요구되고 있다.

알면서: 어떤 사람이 자동차를 망가뜨리기 위해 옆으로 지나가는 자동차에 권총을 발사했는데, 대신에 운전자가 맞았다고 가정해보자. 이 경우에 의도성의 수준은 낮은 편이다. 왜냐하면 그 피고는 운전자에 해를 가할 의도가 없었기 때문이다. 그럼에도 불구하고 그 피고는 그런 결과가 일어날 가능성이 있다는 것을, 따라서 총 쏘는 것을 삼갔어야 한다는 것을 알았어야 했다.

무분별하게: 이 경우에는 해를 끼칠 의도가 없다. 그러나 그 행위가 그러기 쉬운데도 그 사람은 그런 위험을 무시한다. 예컨대 어떤 사람은 위험한 조건하에서 부주의하게 운전함으로써 보행자를 칠 수

도 있다. 그 운전자가 사고를 일으킬 의도가 없었다는 사실이 그 행위를 그만큼 덜 무모한 짓으로 만들지는 않는다. 신중하지 못한 행동은 또한 행위 하지 않는 것, 즉 부작위도 포함할 수 있다. 따라서 자녀가 위독하다는 것을 알면서도 부모가 의료적 처치를 제공하지 않는다면 그것은 신중하지 못한 행위일 것이다.

태만하게: 태만은 내포된 위험에 대해 생각해보지 않고 하는 행위 사례들과 관련된다. 그러나 이성적인 사람이라면 분명히 일어날 수 있을 것으로 알아야 하는, 예컨대 가스를 퍼 올릴 때 담뱃불을 붙이는 것과 같은 그런 위험들이 있다. 여기에서 문제는 의도성이 아니라 행위 그 자체의 본질이다. (그런 의미에서, 이 상황은 다른 정신적 상태들과는 다르다.) 이를 종합하면, 정신의 상태에 기반 한 책임성의 수준은 의도로부터 인지, 무모함, 소홀의 순으로 경감된다.

의도의 문제는 또한 **미완성 범죄**에서도 일어난다. 미완성이란 혼돈상태를 의미하는 것이 아니라 초보적인 혹은 충분히 형성되지 않은 것을 의미한다. 그런고로 미완성 범죄란 범죄를 저지르고자 하는 의도가 그가 계획한 단계에 따라 진행되지만 위태로울 수 있어 실행 직전에 멈추는 범죄이다. 예컨대 두 명의 절도범이 집을 털고자 착수하지만 안에 사람들이 있다는 것을 알고는 철수하는 것이다. 혹은 어떤 집단이 반역을 저지르고자 음모를 꾸미고 폭발물을 공공 빌딩 아래에 설치하지만 그것들을 폭발시키지 않는 경우이다. 그런 경우들에서 범죄를 저지르는 준비행위는 그 자체로 범죄가 된다. 구체적인 단계를 밟지 않고 단순히 생각하거나 논의하는 그러한 검토 행위는 미완성 범죄의 수준으로까지는 올라가지 않는다.

인과관계

법에서 인과관계의 개념은 피고의 행위와 그에 뒤따른 손상 간의 연관과 관련된다(왜 어떤 사람들이 범죄자가 되는가와는 관련이 없다). **범죄 행위**(actus reus)와 **범행 의도**(mens rea)의 조합이 결과적으로 범죄를 이야기할 때, 인과관계는 다음과 같은 두 가지 문제를 고민하여 결정되어야 한다.

첫째: 피고는 인과관계의 고리에 얽혀 있는가? 만약 그 대답이 그렇다고 한다면, 그것은 범죄의 **실제적 원인**임을 드러내는 것이다. 달리 말하면, 그것은 그 범죄가 피고의 행위 없이도 일어날 수 있었는지(혹은 피고의 행위가 '없었더라면' 일어나지 않았을 수 있었는지)의 여부와 관련한 의문에 대해 응답하는 것이다. 예를 들면, 고용주가 금전 등록기를 무단으로 방치하지 않았다면, 돈을 도둑맞지 않았을 수도 있었을 것이다. 그러나 이런 규칙은 범죄가 일어나지 않을 때는 적용되지 않는다. 예컨대 주디가 아무런 잘못을 하지 않았는데

불의의 사고를 당한다면 그리고 그녀 옆에 앉아 있던 친구 게일이 상해를 입었다면, 비록 주디의 자동차 안에 있었다는 사실이 '없었더라면' 상해를 입지 않았을 수도 있겠지만, 주디는 게일의 상해에 대해 법적으로 책임이 없을 것이다.

둘째: 피고의 행위는 형사상의 법적 책임을 부과하는 것을 정당하게 만들만큼 손상에 대한 충분히 직접적인 원인이 되었는가? 이 질문에 대한 대답은 범죄의 **법적 원인**에 관한 것이다.[18] 예를 들면 은행 강도 사건에서 도주차량의 운전자는, 설령 그 범죄가 이루어지는 동안 내내 그 은행에 실제적으로 있지 않았다 하더라도, 강도의 일부를 구성한다.

정당화와 변명

범죄 혐의를 받는 피고는 적극적으로 변호할 수 있는 자격을 부여받는다. 보통 이런 변호는 검사측이 합리적인 의심을 넘어 범죄를 성립시키는 필요 요건들을 입증하지 못하고 있다고 주장하는 것으로 이루어진다. 그러나 설령 그러한 증거가 제시되더라도, 피고 측은 피고를 무죄로 만드는 범죄 행위에 대한 타당한 정당화와 이유가 있다고 주장('적극적 변호'로 불린다)할 수 있을 것이다.

일상생활 속의 대화에서는 정당화와 변명이 실제적으로는 같은 뜻을 갖는 말이지만, 법은 그 둘 사이를 구별한다. **정당화** 변호는, 예컨대 누구를 살해한 것과 같은, 피고가 일상적으로 범죄라고 여겨질 수 있는 행위에 개입한 것에 대해서는 인정한다. 그러나 만약 이 예의 경우에서, 그 행위가 정당방위였다면 그 행위는 '정당화'된다. 반면에 **변명** 변호는 피고가 정신이상과 같은 어떤 장애 때문에 형사상으로 책임을 질 수 없다는 데에 근거를 두고 있다.

정당화   정당화 변호는 두 악 중에서 덜한 것을 선택해야 하는 불가피성에 응해서 하는 행위를 포함한다. 예컨대 정당방위를 위해 혹은 자기 가족의 보호를 위해 절도범을 쏘았다거나, 경찰관이 체포에 저항하는 범죄 피의자를 곤봉으로 때릴 수밖에 없었다고 하는 경우 등이다.

그러나 그런 행위에는 엄격한 제한이 있다. 경제적 궁핍이 도둑질을 정당화하지 못한다. 내 가족이 배고프다는 사실이 다른 대안이 있는 한(예컨대 나는 구걸할 수 있다) 내가 음식을 훔치는 행위를 허용하지 않는다. 피고가 범죄 행위를 필요로 하는 상황들을 미리 예견하거나 혹은 새롭게 만들어서도 안 된다. 예를 들면 폭풍우가 한창 일고 있을 때, 당신은 도중에 침입할 수 있는 오두막집이 있으며 의

외의 긴급 사태에서는 그렇게 할 수 있다고 의식하면서 산행을 시작해서는 안 된다.

마지막으로 당신은 동기가 아무리 가치가 있다 하더라도 법의 의도에 반하여 행위 할 수 없다. 예컨대 만약 법이 금지하고 있다면, 에이즈의 전염을 예방하기 위해 마약 중독자들에게 무균 주사바늘을 나누어줄 수 없다. 반면에, 죄수는 교도소의 견딜 수 없는 조건들로부터 탈출하는 행위에 대해서는 정당화할 수 있지만, 즉각 경찰에 자수해야 한다.

정당방위의 행위는 그렇지 않으면 범죄자가 될 행위에 대한 가장 강력한 정당화이다. 사실상 모든 도덕적 및 윤리적 계율들은 개인들이 자신을 보호하기 위해 힘을 사용하는 것을 허용한다. 그래서 자신의 생명을 심각하게 위협하는 사람에 의해 죽임을 당하느냐 아니면 그를 죽이느냐 사이에서 선택해야 하는 상황에 닥쳤을 때, 후자를 선택하였다고 하여 그 행위를 비난할 수는 없다. 그러나 정당방위는 사람을 죽일 수 있는 허가증이 아니다. 우리는 죽을 수 있다거나 혹은 심각한 신체적 상해를 입을 수 있다는 두려움을 정말로 느껴야 한다. 달리 말하면 그 위협이 실제적이어야만 한다. 단순히 가능성이 있다거나 의심되는 정도여서는 안 된다. 당신은 어떤 사람이 긴급한 위험을 암시하는 무기를 꺼내보이지도 않으며 "나는 당신을 죽일 거야"라고 말한다고 해서 그에게 총을 쏠 수는 없다.

긴장이 고조된 상태에서 공포의 수준과 위협의 지각이라는 두 요소는 피고의 심리적 상태에 의해 영향을 받기 쉽다. 저스티스 홈스는 이를 다음과 같이 표현하고 있다. "칼날이 위로 솟구쳐 있는 데서 사심 없는 심사숙고를 요구할 수는 없다."[19] 위협은 또한 비합법적이어야 한다. 당신은 당신을 체포하기 위해 권총을 겨누고 있는 경찰을 향해 총을 쏠 수는 없다, 그리고 또한 그것은 시공간적으로 직접적이어야 한다. 당신은 지난 과거의 혹은 미래의 위협에 대해 반응할 수는 없다. 만약 누군가가 지난주에 당신을 권총으로 쏴 죽이겠다고 위협했다 해서, 당신이 그 사람을 다음 주에 총으로 쏴 죽이고 정당방위라고 주장할 수는 없다.

이런 문제는 구타당한 배우자들의 사례의 경우 훨씬 더 복잡해진다. 폭력적인 남편으로부터 구타를 당한 아내가 두려움 속에서 나날을 보낸다고 가정해보자. 그는 반복적으로 그녀를 때리고 죽이겠다고 위협한다. 어느 날 남편이 불쾌한 기분으로 집에 와서 그녀에게 오늘이 인생의 마지막 날이 될 것이라고 위협한다. 그러고는 장전된 엽총을 꺼내고, 맥주를 들고 자리에 앉아 있다 잠이 들었다. 그녀는 죽임을 당할 것 같다는 느낌이 들자 엽총을 들어 남편을 쏘았다. 실제 사례에서 정당방위를 했다는 주장은 받아들여지지 않았다. 왜냐하면 잠자고 있는 남편은 직접적인 위협을 가하고 있지 않았고 아내는 집을 떠나 도망쳐 나올 수 있었기 때문이다.[20]

정당방위를 위한 행위는 또한 위협에 비례해야 한다. 당신은 당신 얼굴을 때리는 사람을 총으로 쏠 수는 없다. 그것은 과도하게 힘을 사용하는 것이다. 모범형법전은 죽음의 위협, 심각한 신체적 상해, 유괴, 강간에 대한 정당방위에서 지나친 힘의 사용을 제한하고 있다. 이들 제한은 또한 힘을 이성적으로, 비례적으로 그리고 법의 한계 내에서 사용해야 하는 경찰에게도 적용된다(예컨대 경찰들은 이미 수갑이 채워지거나 제압된 피의자를 곤봉으로 때릴 수 없다).

관습법에서는 위협을 받는 사람이 치명적인 힘을 사용하기 전에 반드시 그 상황을 빠져나와 도피할 필요는 없었다. 지금 여러 사법 관할과 모범형법전에서는 치명적인 힘에 호소하기 전에 안전하게 도피하는 것이 가능하다면 도피하려고 노력할 것을 요구하고 있다. 만약 자기 집에서 위협을 받고 있다면, 도피할 어떠한 책무가 없다. 다른 사람을 방어해주기 위해 힘을 쓰는 사람도 정당방위에 적용되는 똑같은 제한들로부터 구속을 받는다. 구조자는 외관상 피해자로 보이는 자가 법적으로 도움받을 수 없는 어떤 행위도 그를 위해 할 수 없다. 예컨대 당신은 경찰에 의해 제압당하고 있는 누군가를 돕기 위해 나설 수 없다.

자신의 재산, 특히 자신의 집을 보호하기 위해 힘을 사용하는 경우는 정당화된다. 그러나 단지 재산만이 위험에 놓일 경우에는 치명적인 힘을 사용하는 것이 더 이상 허용되지 않는다. 당신은 당신의 생명 혹은 다른 누군가의 생명이 위협받지 않는다면 가해자를 총으로 쏠 수 없다. 이런 모든 보호 장치들은 납득할 만한 이유가 없는 한 생명을 보호하고 폭력의 사용을 억제하기 위한 의도에서 나온 것이다. 경찰들은 '함정' 수사로 범죄자들을 체포하는 속임수 행위를 할수 있을 것이다. 그러나 그들은 피고가 범죄를 저지르는 성향이 있지 않는 한 정부 대표자가 피고를 범죄를 저지르도록 유도하는 그런 함정수사를 펼칠 수 없다. 예컨대 비밀요원은 미심쩍은 마약 밀매자에게 약물을 제공하는 척 가장할 수 있겠지만 밀매자라는 의심을 받지 않는 사람에게는 그렇게 할 수 없다.

변명 변명은 어떤 장애에 입각해서 피고가 왜 그 범죄를 저지르지 않으면 안 되었는가의 이유를 제시하는 항변의 일종이다. 변명 변호는 강압, 심신미약 그리고 정신이상하에서의 행위를 포함하고 있다.

변명의 첫 번째 유형은 **협박** 혹은 강압하에서 일어나는 행위와 관련된다. 협박은 비인격적 상황에 따른 결과보다는 다른 사람에 의해 강제되어야 한다. 그렇지 않으면 정당방위의 많은 요소들이 또한 여기에 적용될 것이다(목전의 죽음에 대한 위협과 같은).

피고의 정신적 기능에 근거한 보다 복잡한 의문들이 변명과 더불어 발생한다. 이것은 두 가지 상황을 포함한다. 심신미약과 정신이상이 그것이다. 그 아래에 깔려 있는 기본적인 이념은 어떤 사람에게 범죄 행위로 유죄 판결을 내리기 위해서는 최소한 법이 범죄가 이루어지는 당시의 정신적 능력의 확실한 수준을 제출할 것을 요구해야 한다는 것이다.

아동들은 그들의 행위에 책임을 질 수 없다는 점은 오랫동안 인정되어 오고 있다. 연령 제한에서는 서로 다르지만 보통은 사춘기와 같은 일부 생물학적 이정표와 연관된다. 관습법에서는 책임의 한계점이 매우 어린 나이인 7살로 결정되었다가 나중에 14살로 상향되었다. 현재 아동들의 범죄 행위는 소년법원체계에서 다루어진다. 모범 형법전에서는 16살 이하의 청소년들이 소년법정에서 재판을 받도록 되어 있다. 이 법정은 아동들을 관대히 다루며 처벌보다는 사회복귀를 염두에 둔 갱생에 더 치중한다. 그러나 특별히 아주 심각한 범죄인 경우, 14살 이상의 범죄자는 성인처럼 기소될 수 있다.

심신미약은 논쟁의 여지가 더 많이 있는 항변으로, 대체로 점차 호응을 잃고 있다. 그것은 **범행 의도**가 정신적 결함의 정도에 따라 서로 달라진다는 법의 이해를 반영하고 있다. 이에 따라 피고는 정신장애를 가지고 있다는 부담이 큰 요소를 주장하며 항변하기보다는 심리적 경감 요인들에 호소하여 형벌을 완화시키고자 한다. 심신미약이 성공적으로 적용된다고 해도 피고의 형사상의 책임이 면제되지는 않으며 또한 투옥 대신 반드시 입원으로 연결되지도 않는다. 그러나 일급살인죄 혐의를 고의가 아니었으며 따라서 보다 낮은 수준의 범행동기에서 일어났던 살인으로 경감시킬 수 있을지도 모른다.

심신미약과 관련한 논쟁이 어느 범위까지 미칠 수 있는지에 관한 하나의 예는 '트윙키 변호'라 할 수 있다. 전직 샌프란시스코 시의원인 댄 화이트는 1979년에 조지 모스콘 시장과 하비 밀크 시정감시관의 살인자로 재판을 받았다. 그의 변호사는 정신의학적 증거를 토대로 화이트가 범죄를 저지를 당시에 우울증을 앓았으며 트윙키(역자 주 : 합성 크림이 안에 들어있는 작은 스펀지케이크) 중독(아마도 짐작컨대 높은 당도 때문)으로 인해 기분이 악화되었다고 주장하였다. 결국 그는 살인 유죄판결에 필요한 예모(미리 계획을 함)를 할 만한 그런 역량이 없는 자로 판정을 받아 고의성 과실치사 판결을 받았다. 이것은 나중에 매우 큰 논란거리로 불거졌던 평결이었다.

훨씬 더 입증이 어려운 변명은 **정신이상 변호**이다. 아주 최근에까지 서양 세계에서는 정신적인 질병을 앓는 사람들에 대한 대우가 매우 유감스러운 수준에 머물러 있었다. 정신이상자들이 악한 존재가 아니라 단지 질병을 가진 존재로 대우받기 시작한 것은 18세기에 이르러서였다. 정신이상 변호는 영국에서 19세기 중반에 처음으로 등장하였다. 그 이래로 그에 관한 일반적인 정당성이 정신이상을 이유로 범죄 행위를 변명하는 차원으로까지 진화하였다.

범죄 행위를 저지른 정신이상자를 무죄로 입증하는 것과 관련한 종교 재판소에서 나온 오래전의 판례가 있다. 그런 사례들에서의 처벌이 반드시 공정한 것도 아니고 또한 억지력 목적에도 기여한다고 볼 수 없을 것이다. 만약 그 사람들이 해악을 끼치지 않도록 하는 데 핵심이 있다면, 그들을 교도소보다는 병원에 입원시키는 것이 훨씬 더 효과적으로 그 목적을 달성할 수 있을 것이다. 보다 근본적인 차원에서 보면, 형법에 깔려 있는 원리는 선택을 하는 데 있어서의 자유의지의 원칙이다. 정신적으로 장애가 있는 사람들은 질병으로 달리 어쩔 도리가 없다. 즉, 그들의 행위에 대하여 책임이 주어질 수가 없다.

1843년에 스코틀랜드의 글래스고 출신 목공이었던 다니엘 맥노튼이 영국 수상 로버트 필의 비서였던 에드워드 드러먼드를 총으로 살해하였다. 맥노튼은 필과 교황이 그에 대해 음모를 꾸미고 있다는 망상에 젖어 드러먼드를 필로 혼동하여 쏜 것이다. 법정은 맥노튼에게 정신이상의 이유로 유죄 판결을 내리지 않았으며 그를 병원으로 송치하였다. 그 판결은 영국 상원이 판사들에게 정신이상의 항변에 합당한 기준을 정립하라고 요구하기에 이를 정도의 공분을 야기시켰다. 이것은 맥노튼 규칙으로 알려지게 되었으며 그 내용은 다음과 같다.

정신이상을 근거로 변호를 하고자 하려면, 정신이상이 그 행위를

저지를 당시에 피의자 측이 정신의 질병으로 인해, 이성의 결함으로,
자기가 하고 있는 행위의 본질과 특질을 알지 못할 정도로, 고통을 겪
고 있다는 것이 혹은 설령 그가 그것을 알았다 하더라도, 그가 하고
있는 행위가 어떤 잘못이 있는지를 알지 못한다는 것이 명백하게 입
증되어야 한다.[21]

맥노튼 규칙이 결코 법으로 제정되지는 않았지만, 그것은 영국과
미국에서 정신이상 항변에 대한 표준적인 근거가 되었다. 판사들이
정신질환이 범죄 행위에 어떻게 영향을 미칠 수 있는지에 관해 더욱
인지하게 되면서, 맥노튼 규칙은 부적절한 것으로 여겨지게 되었다.
왜냐하면 그 규칙은 정서의 역할이나 의지의 발현에 대해서는 고려
하지 않고 그 행위의 본질을 알아야 하고 잘잘못을 구분해야 하는 모
든 부담을 피고의 정신 능력에만 두고 있었기 때문이다.

이러한 인지적 편향성을 바로잡기 위해 **불가저항충동시험**이 맥
노튼 규칙에 대한 보완책으로 채택되었다. 그것은 어떤 피고들은 그
들의 충동을 정신적 장애 때문에 통제할 수 없으며, 설령 그들이 옳
고 그름을 알았다(혹은 '주변에 경찰이 있으면 스스로의 행동을 통제'
한다) 하더라도 범죄를 저지를 수밖에 없다는 것을 인정한 것이었다.
비록 이러한 새로운 시험이 정신이상 항변의 근거를 확장시키긴 하
였지만, 통제될 수 없는 충동들을 통제될 수 있지만 통제하지 않은

충동들과 구분하는 신뢰할 만한 방법을 제공하지는 못하였다. 이것
은 정신이상을 항변하기 위한 정신적 질병의 조작을 더욱 용이하게
만들었으며 그럼으로써 미국법률협회가 1962년에 **모범형법전시험**
을 제안하기 전까지 계속 수정을 거듭해왔다. 새로 제안된 시험의 내
용은 다음과 같다. "만약 그 행위가 일어날 당시에 그가 자기의 행위
의 범죄성을 제대로 인식할 수 있거나 자기의 행위를 법이 요구하는
바와 일치시킬 수 있는 기본적 역량이 부족한 정신질환이나 결함의
결과로 빚어진 범죄 행위에 대해서는 책임을 지지 않는다."²²

이 법규는 이전에 시행되었던 시험의 핵심 요소들을 담고 있으면
서도 그 결점을 보완하고 있다. 그것은 정신장애가 정신이상 변명을
위한 그 자체의 충분조건이라는 것을 허용하지 않으면서 정신장애의
부담을 옹호하는 반면, 잘잘못의 구분과 관련한 맥노튼의 필요조건
과 불가저항충동시험의 통제결핍 요소를 보존하고 있다. 이 규칙은
광범위한 동의를 얻었으며, 1982년에 모든 연방 법정과 대다수의 주
법정에서 그것을 채택하였다.

이 모든 것들은 존 W. 힝클리가 레이건 대통령 암살미수 사건에
서 정신이상을 이유로 무죄를 선고받았을 때 수정되었다. 그 결과로
빚어진 분노는 입법부의 일련의 격렬한 반전으로 이어졌다. 몇몇 주
에서는 정신이상 항변 조항을 아예 삭제해버렸다. 또한 다른 여러 주
들은 맥노튼 규칙을 다시 좁게 제한하기 시작하였다. 연방 법원들은

모범형법전에서 불가저항충동시험을 삭제하고 오로지 심각한 정신
질환이나 결함으로 인한 피고의 행위의 본질과 특질 혹은 불법성에
만 의존하는 새로운 법률로 돌아섰다. 현재 정신이상을 입증하는 부
담이 피고 측에 안겨 있지만, 그 이전에는 그 부담이 검사 측에 부여
되어 있었다. 그렇더라도 18개의 주는 여전히 정신이상을 정의할 때
모범형법전을 활용하고 있다.23

　　비교적 널리 받아들여졌던 또 다른 규정은 **정신질환자인 피고**에
관한 평결이었다. 이것은 피고들을 죄로부터 책임이 없음을 밝혀주
는 것이 아니라 단지 그들이 교도소에서 형을 수행하기에 충분할 만
큼 건강하게 될 때까지 병원에 입원시키는 것이다. 이것은 현재 그대
로 유지되고 있다.

　　정신질환에 대한 진단이 곧바로 보통 말하는 그런 정신이상 변호
가 되지는 않는다. 상습범들은 반사회적 인격 장애(그것은 정신과 의
사들에 의해 일종의 정신질환으로 분류된다)를 가진 것으로 보이게
할 수 있을 것이다. 어느 누군가가 반복적으로 법을 어겼다는 사실은
그 자체가 진단의 중요한 구성요소이다. 따라서 그것을 하나의 변명
으로 제공하는 것은 불필요하다. 법은 범죄를 일으킨 당시의 피고의
정신 상태에 관심이 있는 것이지, 일상에서의 피고의 정신 건강에 관
심이 있는 것은 아니다.

　　정신이상 변호는 여전히 논쟁의 여지를 안고 있다. 범죄자들이

'저지당하거나 처벌받지 않고 자기 하고 싶은 대로 다 하며', 법원은 정신과 의사들과 심리학자들의 방조하에 범죄자들을 귀하게 다루고 있다는 대중의 정서가 존재한다. 그 결과로 일부 명백하게 정신적 장애가 있는 범죄자들조차 그들의 조건과 관계없이 형을 선고받는 경우가 있다. 예컨대 텍사스에 사는 한 어머니인 안드레아 예이츠는 편집망상과 환각을 수반한 급성산후정신병으로 고통을 받고 있던 중에 그녀의 다섯 명의 어린 자녀들을 욕조에서 익사시켰다. 그러나 그녀의 정신이상 변호는 설득하는 데 성공하지 못했다. 하지만 명백하게 정신적으로 병이 있는 사람들을 교도소에 투옥시키는 것에 대해서는 반감이 존재한다. 정신이상을 항변함으로써 자유의 몸이 되는 범죄자들에 대한 이 모든 세평에도 불구하고, 정신이상 변호를 제기하는 피고자의 2% 이하만이 성공을 거두고 있으며, 재판에서 이긴 사람들도 처벌을 받지 않고 걸어서 나가는 것이 아니라 정신병동에서 나머지 생을 보낼 것이다.[24]

뇌의 이상을 찾아내는 신경촬영법의 발달로 피고가 정신질환의 어떤 전통적인 징후를 보이지 않을 때조차도 심신미약의 증거로서 그런 영상을 성공적으로 활용할 수 있게 되었다. 따라서 법률제도상의 범죄자 처우를 한층 변모시킬 수 있는 **신경 법학**이 오늘날 새롭게 관심을 끄는 분야로 성장하고 있다.[25]

범죄 행위를 다룰 때 보통은 범죄자 개인들에게 초점을 맞춘다.

대부분의 폭력 범죄들이 젊은 남자들에 의해 이루어진다는 사실은 저변에 생물학적 요소들이 작용할 가능성을 그리고 많은 범죄자들이 빈곤 문화 출신이라는 사실은 사회적 문제(비록 대부분의 가난한 사람들은 범죄자가 아니지만)를 시사하고 있다. 그렇다면 이것은 곧 그들이 저지른 행위에 대해 그들에게 책임을 물을 수 없다는 것을 의미하는가? 이런 어려운 문제들을 다룰 때에는 법에다 그 책임을 떠넘기면 편리하다. 그러나 법이란 것이 사회적 진공 속에 존재하는 것이 아니다. 궁극적으로 법률 제도에 책임이 있는 것은 공동체이지만, 더 나아가 법이 다루어야 하는 문제들을 낳는 사회적 조건들을 다루어야 할 책임 또한 공동체에 있다.

범죄와 처벌

우리는 빚과 죄의식의 밀접한 관계에 대해 여러 차례 언급하였다. 함무라비 법전과 구약의 계율을 포함한 고대의 종교적 규약과 법적 규범은 누군가가 다른 사람에게 죄를 범하였을 경우, 그 범죄자는 현물로 지급해야 하는 빚을 지게 된다고 인정했다.

사람을 쳐 죽인 자는 반드시 죽일 것이다. 짐승을 쳐 죽인 자는 그
것을 반드시 배상해야 한다. … 사람이 만일 그의 이웃에게 상해를 입
혔으면 그가 행한 대로 그에게 행할 것이다. 파상은 파상으로, 눈은
눈으로, 이는 이로 —남에게 손상을 입힌 대로 그에게 그렇게 할 것이
니라. (레위기 24:17-21)[26]

응보의 법칙(lex talionis 렉스 탈리온)으로 알려진 이 원칙은 기
본적인 법적 계율이 되어 왔다. 그러나 사람들은 그의 문자그대로의
적용이 유용하지 않다는 것을 많은 시간이 지난 이후에 깨닫게 되었
다. (간디는 "'눈에는 눈'이라는 사고방식으로 세상을 살다보면 모든
사람들이 장님이 될 것이다"라고 말했다) 살인자나 가해자의 친족을
죽이는 것은 설령 그것이 '정의'로서 은폐된다 하더라도, 복수에 대
한 충동을 만족시키는 것 외에 피해자의 가족에게 별다른 도움이 되
지 않는다. 그 대신에 중세의 게르만 부족들은 가해자 측에서 피해자
혹은 그 가족에게 돈이나 상품의 지불을 통해 보상하는 **속죄금
(wergild 워길드)**('사람이 치러야 할 대가')의 관습을 도입하였다. 이
것은 빚으로서의 죄의식의 관념에 보다 실용적인 해석을 부여한 것
이다. 그런 관념은 오늘날에도 "살덩이"를 빚의 대가로 받아내다 혹
은 가해자들로 하여금 그들의 죗값을 "지불"하게 하다와 같은 구절들
에 남아 있다.

처벌은 형법에서 중요한 부분을 차지한다. 정의는 범죄가 반드시 처벌되어야 할 것을 요구하며, 공정은 범죄가 존재하지 않을 시 처벌 또한 존재하지 않을 것을 요구한다. 집행유예는 형벌의 집행을 일정 기간 유예하는 것으로, 그것을 무효화하는 것은 아니다. 범죄정의체계에서는 용서에 대해 어느 정도의 여지가 있지만(주지사나 대통령이 사면을 하는 것과 같은), 그런 사례가 매우 드물게 일어난다. 그럼에도 불구하고 설령 처벌에 대한 필요성이 명백해 보일지라도, 처벌이 기여해야 하는 목적과 관련하여 다양한 의문들이 존재한다. 여기에는 응보, 규제, 억제, 갱생 등이 포함된다.[27]

응보

처벌에 대한 전통적인 정당화는 다른 사람들에게 부당하게 아픔과 고통을 가했던 사람들에게 똑같이 아픔과 고통을 가하는 것이다. 응보는 그의 종교적 기원과 더불어 일부 도덕 철학자들로부터 정당화되어 왔다.

응보는 그 자체가 목적이다. 곧, 그것은 범죄의 예방이나 갱생과 같은 그런 정당화를 요구하지 않는다. 그것은 피해자들과 그들의 가족에 대해 그리고 반역죄와 같은 범죄에서는, 전체로서의 국가에 대해, 안도와 종결감을 가져올 것으로 기대된다. 응보는 어떤 행동들은 **처벌받을 만 하다**는 관념에 기초한 '마땅한 벌'로 여겨진다. 그것은 가해자를 처벌함으로써 평형을 바로잡는 방식이다. 가해자들은 부당한 행위에 개입하였고 법을 어김으로써 응당 처벌을 받을 만하기 때문에 고통을 겪어야 한다.[28]

응보 정의는 또한 사람들이 그렇지 않으면 법을 자기 손아귀에 넣고 만족을 얻기 위해 사적인 응징에 호소할 수 있기 때문에 정당화될 수 있다. 그러나 응보의 기본적인 목적은 범죄를 예방하는 것이 아니라 가해자의 비행에 대해 그에 상응한 대응을 하는 것이다. 존 롤스는 이에 대해 다음과 같이 기술하고 있다.

합리적으로 질서가 잘 잡힌 사회에서 정당한 법을 파괴한 것으로 인해 처벌을 받는 사람들은 보통은 어떤 나쁜 짓을 한 것이 틀림이 없다. 왜냐하면 이것은 형법의 목적이 우리가 다른 사람들의 목숨과 신체에 해를 가하거나 혹은 그들에게서 그들의 자유와 재산을 탈취해서는 안 되는, 그런 기본적인 천부적 의무들을 유지시키는 데 있으며, 처벌은 이런 목적을 달성하는 데 기여하고자 하는 것이기 때문이다. 처벌은 단순히 어떤 행위의 형식들에 가격을 매기고 인간의 행위를 상호 모두에게 이익이 되는 방식으로 안내하기 위해 고안된 조세와 책임의 구조가 아니다.[29]

응보적 처벌에 대한 주된 반대는 그것이 제아무리 그럴듯하게 꾸며질지라도, 그야말로 복수의 냄새를 풍긴다는 것이다. 칸트마저도 사실이 그러하다는 것을 인정하고 있다.

악의의 가장 달콤한 형식은 **복수에 대한 열망**이다. 그뿐만 아니라, 인간은 자기 자신에게 어떠한 이익도 없이 다른 사람들에게 해를 끼치는 것을 자신의 목적으로 삼는 최고의 권리, 심지어는 의무(정의에 대한 욕망으로서)를 지니고 있는 것 같기도 하다.

인간의 권리를 파괴하는 모든 행위는 처벌받아 마땅하고, 처벌의 기능은 범죄를 저질렀던 사람에게 그에 대한 복수를 하는 것이다(행해졌던 해악을 단순히 원상시키는 것이 아니다).30

복수는 개인적인 수준에서 보면 규제될 필요가 있는 기본적인 인간의 정서이다. 칸트가 더 지적하듯이, "처벌은 피해자 측이 그의 사적인 권한을 떠맡을 수 있는 행위가 아니라 그에 따라 영향을 받는 사람들 전체에 대한 **최고의 권위자**"에 의해 관리되어야 한다.31

복수는 사회적인 수준에서 보면 문제가 있고, 심지어는 위험스럽기까지 하다. 응보가 피고 측에 어떠한 명백한 명예 회복에 기여하지 못하고, 다른 사람들에 대한 억지 기능 또한 발휘하지 못한다면, 왜 법은 그것을 보증해주어야 하는가? 이 문제는 사형에 이르면 최고

정점에 이르게 된다. 미국 대법원은 지금까지 사형을 잔인하고도 비정상적인 처벌(그런 처벌은 헌법 수정조항 제8조에 의해 금지된다)의 한 형식으로 간주하지 않고 있다. 결과적으로 미국은 아직까지 사형 제도를 유지하고 있는 세계에서 몇 안 되는 국가들 중의 하나이자, 유일한 서구 민주국가이다(비록 15개 주는 그것을 폐지하였지만). 사형에 대해서는 많은 지지자들이 있으며, 그들은 그것을 다양한 근거로 정당화하고 있다(피해자 가족들에게 만족을 준다는 것을 포함하여). 그의 반대자들은 설령 우리가 더 이상 범죄자들을 교수형에 처하거나 혹은 전기의자를 사용하지 않는다 하더라도 그것을 매우 불쾌하게 생각하며, 치사 주사의 사용은 참으로 비인도적인 처사라고 지적하고 있다. 그런고로, 그들은 범죄자들에 대한 처형이 '사법적 살인죄'를 구성하는 것으로 간주한다.

규제

사회는 그의 구성원들을 해악으로부터 보호할 의무를 지닌다. 그런고로 그러한 해악을 끼칠 사람들을 규제(혹은 '법적인 자격을 박탈하다', '격리시키다' 혹은 '무능력하게 하다')할 필요가 있다. 규제의 이념은 범죄자들을 교도소에 감금시키고 갱생을 도움으로써 억지와 같은, 처벌에 대한 다른 정당화들과 연관된다. 이런 모든 고려들이 혼합되어 미국을 범죄자들을 투옥시키는 것에 너무 지나치게 의존하는 국가로 만들고 있다. 예컨대 앞에서 지적하였듯이, 미국은 세계인구의 5%에 불과하지만 세계 죄수들의 거의 25%에 해당하는 인원을 갖고 있다. 곧, 미국 인구의 10만 명당 756명이 교도소에 있으며, 성인 31명당 1명꼴로 교도소에 있거나 보호관찰을 받고 있다. 그 수치는 특히 아프리카계 미국인들에게 높다. 아프리카계 미국인은 자기의 인생에서 교도소에 갈 확률이 3분의 1이나 된다.[32]

규제에 대한 정당화는 자명하다. 문제는 그 사람을 얼마 기간 동안 그리고 어떤 상황하에 구금시킬 것인가를 결정하는 데 있다. 범죄자들을 가두고 열쇠를 없애버려야 하는가 아니면 합당한 기간 동안 그들을 붙들고 있어야 하는가? 그들을 지하 교도소에 가두어야 하는가, 아니면 높은 벽으로 둘러싸인 컨트리클럽에 가둬야 하는가, 아니면 그 둘의 중간 정도에 가둬야 하는가? 우리는 분명히 모든 범죄자를 교도소에 평생 동안 가둘 수는 없다. 그렇다면 언제 범죄자들을 석방시키는 것이 안전한가? 즉, 사전에 결정된 시간 이후에, 아니면 교도소에서 그들이 보이는 행동에 따라, 아니면 전문가들의 검증에 따라 그들을 내보내는 것이 안전한가?

상황을 더욱 어렵게 만드는 것은 수감자들이 교도소 안에서 그냥 시간을 보내고 있지 않다는 것이다. 그들 중 많은 이들이 상습범이 된다는 것이다. 그래서 교도소가, 특히 나이 어린 범죄자들에게 '범죄 학교'라 불리는 것이다. 결과적으로 규제 그것만으로는 우리가 어떻게 그리고 왜 범죄자들을 처벌해야 하는가의 문제에 대한 단순하고 적절한 대답이 될 수가 없다.

억지

처벌이 범죄를 억지시킨다는 이 이념은 일반 대중들뿐만 아니라 전문가들 사이에서도 많은 지지를 받아왔다. 그러나 그것이 일반적으로 그렇게 작용하는지에 대한 확실한 경험적 증거는 없다.

특별 억지는 처벌이 범죄자들을 범죄 생활로부터 빠져나오게 하는 데 있어서 그들 자신에게 미치는 효과와 관련이 있다. **일반 억지**는 범죄자를 처벌하는 것이 법을 위반할 것 같은 다른 사람들에게 미치는 효과와 관련이 있다. 처벌에 대한 두려움이 많은 사람들로 하여금 잘못을 저지르지 않도록 할 것이라고 가정하는 것은 이치에 맞고 타당하지만(만약 붙잡힐 가능성이 없다면 당신은 무엇을 할 수 있는지를 생각해보라), 많은 사람들을 그렇게 하지는 못한다. 일부 범죄자들은 특별히 처벌에 별다른 신경을 쓰지 않는 것 않다. 예컨대 어떤 사람이 홧김에 발끈하여 다른 사람을 폭행한다면, 그 반응은 상황에 따라 특유하고 아마도 화가 치밀었을 것이며 쉽게 원래 상태로 돌아갈 가능성이 낮다(그 사람이 정신적으로 분노를 조절하는 데 있어 어떠한 문제를 갖고 있지 않는 한). 두 번째 범주는 처벌이 사업추진에 따른 비용의 일부라고 생각하는 상습범들이다. 범죄를 저지르는 데 있어서 그 비용이 크면 클수록, 그들은 그 행위에 그만큼 덜 개입하기 쉬운 것이 분명한데, 도둑질을 하면 그들의 손을 잘라버리는 나라들에서조차, 여전히 도둑질이 사라지지 않고 있다(과거에는 도둑의 손을 자르곤 했는데, 지금은 인도적 처우의 명목으로 외과적으로 제거된다).

갱생

현재 우리는 대부분의 상습범들의 행동을 변화시킬 효과적인 방법을 갖고 있지 못하다. 이는 우리가 사이코패스를 논의했을 때 상세히 검토했던 사항이다. 상습범들은 질적으로 좋지 않은 정신치료의 대상자들이며 일반적으로 다른 처치 방법들을 받아들이려 하지 않는다. 그런 사람들이 변화를 원하는지조차도 불

755

분명하다. 만약 그런 경우라면, 그것은 범죄자로 삶을 사는 생활양식
을 선택하느냐 혹은 자신이 통제력을 지니지 못하는 심리적 요소들
에 굴복하느냐의 문제인가?

개혁가들은 그동안 처벌보다는 갱생을 그 대안으로 혹은 처벌의
사용을 갱생의 수단으로 사용할 것을 지지해왔다. 갱생을 강조하는
입장은 아주 최근에 이르러 획기적인 전기를 마련하기 전까지는 형
벌제도에서 광범위하게 채택되었다. 또한 언론, 정치가들, 일반 시
민들로부터도 많은 지지를 받기도 하였다. 그 흐름은 1960년대 중반
에 바뀌기 시작했다. 판사들에게 부여되었던 자유가 판결을 내릴 때
잦은 불일치로 이어지자 이에 대한 이의들이 터져나오기 시작하였
다. 사회적으로 그 시간이 너무 과도하다는 보수적인 반응과 더불어
'마땅한 벌'을 받는 것이라는 심리로의 전환이 또한 있었다. 그러나
주로 새로운 각성이 일어나게 된 계기는 갱생이 그렇잖아도 부족한
공적 자금을 잘 활용하는 것이 아니라는 인식에서 비롯되었다.

그 증거로는 미국에서 범죄자들을 다루는 현재의 방식이 비용 면
에서 효율이 거의 없다는 것이다. 실제적으로 투입되는 비용이 믿기
어려울 정도로 엄청나다. 주 교도소에서 한 사람의 재소자를 유지하
는 데 소요되는 평균 비용이 2001년의 경우 연 약 22,650불에 달했
다(혹은 매일 62불).[33] 일부 주의 경우에는 교도소에 투입되는 비용
이 교육 예산을 초과하는 지점에까지 이르렀다. 단호한 선고법이 사

회에 실제적인 위협을 가하지 않은 많은 사람들까지 투옥시키는 상황으로 이어졌지만, 어떤 확실한 이득을 제공하지는 못하였다. 교도소를 더 많이 그리고 더 크게 짓는다 하여 문제가 해결되는 것은 아니다.

법적 테두리 안에서의 죄의식에 대한 대처

정신과 의사와 심리학자가 과도한 죄의식을 다루는 사람들이라면, 법정과 교도소는 대부분 부적절한 죄의식을 지닌 사람들을 다루어야 하는 곳이다. 물론 법적 테두리 안에서 죄의식에 대처하는 것은 주로 가해자들이 그들의 죄책감을 받아들이도록 돕는 데 그 목적이 있다. 문제는 가해자들—그들 중 많은 이들이 역기능적 양심을 지니고 있는 것으로 보인다—을 다루는 보다 나은 방법을 알아내는 것과 관련이 있다. 모든 사법제도의 일반적인 목표는 분명하다. 곧, 사회를 공평하고, 비용효율이 높으며, 효과적인 방식에서 범죄 행위로부터 보호(그리고 바라건대 그것을 예방)하는 것이다. 사회 과학자들이 범죄 행위를 연구하고 종교 및 철학 사상가들이 그의 불명확성들을 숙고하는 반면, 법은 할 수 있는 한 최선으로 지금 이곳의 문제들을 다루어야 한다.

죄의 법적 결정에 개입하여 그의 결과들을 다루는 주요 대리인들은 검사, 판사 그리고 변호사로 활동하는 법조인들이다. 변호사들의 주요 과업은 서로 대립관계에 있는 체계에서 대중의 이익을 대표하는 검사들과 싸우며 의뢰인들의 이익을 보호하는 것이다. 변호사는 의뢰인이 유죄인지 혹은 결백한지를 결정할 필요가 없다. 설령 의뢰인이 유죄라 하더라도, 여전히 법정에서 활발한 변호를 제공해야 할 의무가 변호사에게 지워져 있다. 그렇게 하고 싶지 않은 변호사는 사건 수임이 점차 어려워질 것이다(그들이 법원으로부터 위촉받지 않는다면). 의뢰인들이 유죄임을 아는 변호사들은 호의적인 양형거래를 확보하기 위해 그들을 설득하여 죄를 인정하도록 노력할지도 모르지만, 결코 의뢰인들로 하여금 그렇게 하도록 강요할 수는 없다. 더 나아가 변호사들은 사건과 관련한 사실에 관하여 알고 있는 바를 발설할 수도 없다. 그렇게 되면 변호사와 의뢰인 간의 비밀유지 의무를 위반하는 것이 된다.

법적 갈등을 협상으로 해결하고 또한 양형거래를 통해서 합의를 보는 것이 더 낫다는 데 일반적으로 동의한다. 그리고 훨씬 더 복잡하고, 시간이 많이 소요되며, 비용이 많이 드는 재판절차를 통하는 것보다는 그런 방식으로 갈등들이 해결되는 경우가 점차 증가하고 있다. **피해자가해자조정제도**를 통해 범죄의 여파를 다루는 혁신적인 방식들 또한 존재한다. 이에 따르면, 가해자와 피해자는 훈련된 조정

관과 함께 서로 얼굴을 맞대고 만난다(그리고 때때로 가족이나 공동
체 구성원들과 함께). 그 목적은 양측이 일어난 일에 대해 그리고 그
에 관한 그들의 감정에 대해 보다 더 잘 이해하고, 정서적 피해와 물
질적 손상을 보상하는 방법을 탐색하도록 하는 데 있다.

　범죄 피해자들은 이런 과정을 통해 그들의 분노, 좌절, 남아 있는
두려움 등을 표현할 수 있는 기회를 갖게 되고, 그럼으로써 보다 분
명한 종결감을 얻고 그들의 일상으로 돌아갈 수 있는 이점을 안게 된
다. 그들은 또한 좀 더 공정하게 대우받고 그들의 손실에 대해 보상
을 받을 것으로 보인다. 이어서 가해자들은 그들이 해를 가했던 사람
에 대해 보다 더 잘 인식할 수 있는 기회를 가진다. 대립적인 환경이
아닌 곳에서 갖는 개인적인 만남은 가해자들이 범죄를 통해 비인간
화시켰던 피해자들에게 보다 더 쉽게 인간적인 면모를 보이게 해준
다. 이것은 또한 그들이 일으켰던 해악에 대해 책임을 감당하고 기꺼
이 그에 대해 보상을 제공하겠다는 말을 더 쉽게 할 수 있도록 해준
다. 가해자들이 그들의 죄책감에 대한 이해를 통해 얻는 것이 많으면
많을수록, 그들은 그만큼 범죄를 되풀이하고자 하는 마음이 줄어들
것이다.

　피해자-가해자 협상은 **회복적 사법제도**라 불리는 보다 큰 운동
의 일부분으로, 그것은 모든 이해당사자들과 관련된 사람들이 포함
됨으로써 보다 복잡하고 개인적인 방식에서 법적 갈등을 다루고자

시도한다. 그런 시도들은 공식적인 사법제도를 대체하지는 않겠지만 범죄를 국가를 상대하는 행위로서가 아니라 다른 개인을 상대하는 행위로 규정함으로써 그것을 보다 개인적이고 인간적인 방식에서 다루도록 해준다. 게다가 이것은 개인들 간뿐만 아니라 보다 넓은 공동체들 간에도 활용될 수 있다.[34]

우리들 대부분에게는 법과 관련된 가장 중요한 문제가 사실 그에 걸려들지 않고 피하는 것이다. 당신은 병원에 입원하는 것을 원하지 않는 것만큼 법정에 서기를 원하지 않을 것이다(당신이 변호사나 의사가 아닌 한). 그럼에도 불구하고 법은 우리의 지적인 수준에서뿐만 아니라 보다 실제적인 수준에서 우리 삶 전체에 특별히 중요한 의미를 갖는다. 우리가 지금까지 죄의식에 관하여 논의하였던 그 모든 것은 법적 테두리 안으로 다 수렴되게 된다. 죄의식에 관한 법적 개념과 그것에 대처하는 방식은 사회과학, 의학, 정신의학, 종교 그리고 철학의 관점을 한데 아우른 것이다. 그리고 신경 과학과 같은 새로운 분야들이 인간의 행동과 비행에 대한 새로운 통찰을 발달시킴에 따라, 그들 또한 법의 모체로 통합되게 된다. 우리가 법에 관해 어떻게 생각하든, 우리가 법을 가까이하지 않고 회피할 수 있는 확실한 방법은 존재하지 않는다.

---

1   Fyodor Dostoevsky (1866/1993), *Crime and Punishment,* tr. Richard Pevear and
     Larissa Volokhonsky (London: Random House). 비판적 개관은 다음을 볼 것.
     Richard Peace, ed. (2006), *Fyodor Dostoevsky's "Crime and Punishment":* A Case
     Book (New York: Oxford University Press); Harold Bloom, ed. (2004),
     Raskolnikov and Svidrigailov (Philadelphia: Chelsea House).

2   허무주의는 1860년대 중반에 프랑스와 영국으로부터 자유주의 이념에 의해 영
     향을 받은 특권 계층의 소외된 아동들에 관심을 기울인 러시아에서 일어났다. 그
     들은 만연된 기성의 사회적 규범들을 문제 삼고 개인의 독립, 여성들의 평등, 그
     밖의 다른 사회 개혁들을 위해 투쟁하였다. 신념은 매우 진실하였지만, 그들은 사
     회 질서의 파괴를 작정하고 덤비는 정치적 선동가로 비쳐지게 되었다.

3   Dostoevsky (1866/1993), p. 518.

4   Ibid., p. 519.

5   Ibid., p, 343.

6   Ibid., p. 531, 원문에서 강조됨.

7   Ibid., p. 544.

8   아테네에서는 시민들의 집단(여성들, 외국인들, 노예들은 배제된)이 다양한 위
     법행위들을 다루었다. 주법정은 **Helaia 헬라이아**였다. 그 법정은 광장이나 시장
     의 모서리에 위치하였다. 그 법정에서는 국가 공무원들이나 살인자들이 저지른
     범죄와 관련된 것들 이외에도 모든 사례들을 심리하였다. 국가 공무원들은 500
     명의 선택된 시민들로 구성된 자문위원회인 **Boule 보울레**에서 그들의 동료들로
     부터 재판을 받았다. 대부분의 살인자들의 경우는 수백 명의 배심원들로 이루어
     진 **Areopagus 아레오파구스**의 법정에서 재판을 받았다. 아테네인들은 또한 독특
     한 추방 체계를 갖추고 있었다. 어떤 사람이 민주주의에 대한 위협적인 존재라는
     것을 법정에서 입증하는 것이 어려울 것 같으면, 그는 군중들의 투표로 10여 년
     동안 추방당할 수 있었다. 투표가 깨진 사기조각(**ostrakon 오스트라콘**)에 피의자
     의 이름을 써서 진행되었기 때문에, '추방'이란 뜻의 'ostracism 오스트라시즘'이
     란 말이 생겨났다.

9   Legal Information Institute, Cornell Law School,

www.law.cornell.edu/wex/index.php/Common_law.

10 미국의 사법 체계는 크게 두 갈래로 나누어지는데, **연방법원제도**와 **주법원제도**가 그것이다. 각각의 체계는 세 가지 수준의 법원, 곧 제일 낮은 법원(유죄를 결정하는 곳), 상소법원(법의 해석과 절차적 잘못을 해결하는 곳) 그리고 대법원으로 구성된다. 연방체계에서는 미국 연방 대법원이 가장 높은 위치에 있다. 그의 주요 기능은 법률이 합헌적인지 혹은 미국의 헌법과 일치하는지의 여부를 결정하는 것이다. 주 법원들의 사법권은 단지 그들의 주로만 제한된다.

11 *New York Times,* Apr. 23, 2008, p. 1.

12 "Prison Nation", editorial, *New York Times,* Mar. 10, 2008, p. A20; Adam Liptak (2007), "Lifers as teenagers, Now Seeking Second Chance", *New York Times.* Oct. 17, pp. A1, 24. 또한 다음의 법무통계국 자료를 볼 것. www.ojp.usdoj.gov/bjs/prisons.htm.

13 Laurie L. Levenson (2005), *The Glannon Guide to Criminal Law,* p. 1. (New York: Aspen).

14 *Barber v. Superior Court,* 147 Cal. App. 3d 1006 (Cal. Ct. App. 1983); Levenson (2005), p. 22.

15 Richard Joyce (2006), *The Evolution of Morality* (Cambridge, MA: MIT Press).

16 Levenson (2005), p 25.

17 미국 법률 협회(ALI)는 1923년에 미국 법에 들어있는 불확실성이나 복잡성과 같은 결점들을 다루기 위해 미국의 저명한 판사, 변호사 그리고 로스쿨 교수들의 집단으로 설립되었다. 미국 법의 명료성과 단순성을 증진시키고 이를 변화하는 사회적 필요에 적용하고자, ALI는 모범형법전을 발간한다. 비록 법정이 그에 구속되어 판결하는 것은 아니지만, 그 법전은 법적 개혁을 촉발하고 안내하는 데 상당한 영향력을 발휘하고 있는 것으로 입증되고 있다.

18 Levenson (2005), p. 91.

19 Justice Oliver Wendell Holmes in *Brown v. United States,* 256 U.S. 335, 343, (1921).

20 특정한 사례들에 대해서는 다음을 볼 것. Levenson (2005), p. 317.

21 다음의 책에서 인용됨. Michael Gelder et al. (1966), *Oxford Textbook of Psychiatry*, 3rd ed., p. 772 (New York: Oxford University Press).

22 Shirelle Phelps, ed. (2003), *Gale Encyclopedia of Everyday Law*, p. 355 (Detroit: Thomson Gale).

23 Ibid.

24 Levenson (2005), p. 375.

25 Jeffrey Rosen (2007), "The Trials of Neurolas", *New York Times Magazine*, Mar. 1, pp. 49ff.

26 Robert Alter, tr. (2004), *The Five Books of Moses* (New York: W.W.Norton).

27 C. L. Ten (1987), *Crime, Guilt, and Punishment: A Philosophical Introductoin* (Oxford: Clarendon); Herbert Morris (1976), *On Guilt and Innocence: Essays in Legal Philosophy* (Berkeley: University of California Press); Herbert Packer (1968), *The Limits of the Criminal Sanction* (Stanford, CA: Stanford University press).

28 Joyce (2006), pp. 66-70.

29 John Rawls (1999), *A Theory of Justice*, revised ed., pp. 276-77 (Cambridge, MA: Harvard University Press).

30 Immanuel Kant (1785/1996), *The Metaphysics of Morals*, tr. and ed. Mary Gregor, p. 207 (Cambridge, UK: Cambridge University Press), 원문에서 강조됨.

31 Ibid., 원문에서 강조됨.

32 "A Nation of Jailbirds", *The Economist*, Apr. 4, 2009, p. 40.

33 www.ojp.usdoj.gov/bjs/pub/pdf/spe01.pdf/spe01.pdf.

34 www.restorativejustice.org/intro/tutorial/processes/vom.

끝맺는 말

이 책에 대한 우리의 여정이 이제 막 끝나려 하고 있다. 우리는 죄가 있다는 것, 죄의식을 느낀다는 것이 무엇을 의미하는지, 그리고 그에 대해 우리가 어떻게 해야 하는지에 관하여 복잡하고, 애매하고, 불확실한 문제들을 해결하려고 노력하였다. 나는 머리말에서 들어가는 글을 쓴다는 것이 왜 그렇게 어려운지를 토로한 바 있는데, 책을 마무리 짓는다는 것 또한 쉬운 일이 아니다. 이 책의 머리말에서, 나는 가능한 한 내 자신의 의견과 편견에 빠지지 않겠다고 약속했었다. 이제 나의 희망은 보다 개인적인 성질의 다음의 내 생각들이 독자들로 하여금 이 책이 끌어내어 왔던 주제들을 더 깊이 되새겨 보도록 자극을 주는 것이다. 나의 논평은 이 책의 장 순서를 그대로 따를 것이다.

우선 죄의식이란 무엇이며 그것이 다른 자의식 정서와 어떻게 관련되는지의 주제부터 시작해보자. 나는 죄의식이 독특한 정서라는, 그리고 수치심, 쑥스러움, 혐오감과는 분명히 서로 다른 정서라는 인식에 동의한다. 그러나 나는 이들 감정들 간의 차이가 현대 심리학

문헌에서 지나치게 과장되었다고 생각한다. 대부분의 사람들은 이러한 자기평가의 정서들을 우리가 이런저런 방식에서 위반하였을 때 수반되는 '불편한 느낌'의 보다 확산된 감각의 일부로서 경험한다. 우리는 이러한 일반적인 감정을 지칭하는 그에 어울리는 용어를 갖고 있지 않으며 그의 구성요소들 간의 차이, 특히 죄의식과 수치심 간의 차이가 뚜렷하지도 않다(예컨대 화와 두려움 간의 차이에서처럼). 이들 감정을 정확하게 구분할 수 있게 유도하는 일들도 또한 없다.

　　죄의식과 수치심의 문제를 다룬 심리학 문헌들이 지닌 심각한 문제는, 비록 이 문제가 오늘날 보다 광범위하게 인식되고 있긴 하지만, 이들 정서의 문화적 맥락에 대해 충분히 주의를 기울이지 않는다는 것이다. 죄의식과 수치심에 대한 서양의 개념과 내용이 다른 문화에서 똑같지 않을 수 있는 것과 마찬가지로, 영어 단어 '죄의식'과 '수치심'이 다른 언어에서 그와 정확히 동등한 가치나 중요성을 내포하지 않을 수 있다. 이는 특히 아시아권 언어들에서 그렇다. 결과적으로, 예를 들어 우리가 수치심이나 죄의식 가운데 어느 것이 더 해로운 정서인가를 결정할 때, 우리는 그 정서들이 각기 다른 문화적 관점에 따라 서로 다른 특징을 지니고 있다는 것을 알게 된다. 인류학자들은 이를 누차 지적해왔지만, 우리는 전 세계를 마치 우리 자신의 확장인 양 계속 자기 시각에서 바라보고 있다. 비록 내가 비서구 문화권(한편으론 서양에 의해 영향을 받았지만)에서 자랐긴 했지만,

처음에 나를 완전히 당황하게 만들었던 아시아 종교들의 죄의식 개념을 이해하고자 고군분투하면서 이런 인식이 더욱 확실히 들었다.

나는 죄의식과 수치심에 관한 과학 및 실험 심리학의 관점과 임상 및 인본주의 분야의 관점 간의 긴장에 대해 간헐적으로 언급을 하였다. 기질적으로 그리고 훈련에 의해, 나는 후자 쪽에 기울어져 있다. 그렇다고 인간 행동에 관한 연구를 한층 과학적인 기반 위에 올려놓은 심리학자들의 그 엄청난 공헌을 손상시키고자 하는 의도는 전혀 없다. 나에게 있어서 과학적 접근과 인본주의적 접근은 서로 보완적이다. 어느 쪽도 진리에 대해 일방적으로 독점권을 갖고 있지 않다고 생각한다. 물리학자인 동료 한 사람이 언젠가 나에게 과학적으로 대답될 수 없는 모든 의문은 하찮은 것이라고 말했던 적이 있다. 이를 인간의 삶에 적용해보면, 가장 기본적인 실존적 관심들의 일부가 역시 하찮은 것으로 전락될지 모른다. 왜냐하면 그것들은 실험과 수량화에 도움이 되지 않기 때문이다. 그럼에도 우리는 과학적인 엄격함에 따르지 않고 순수하게 사변적인 연구방식에 의존할 것이다.

십계명과 같은 규칙이나 도덕률은 오랜 세월에도 불구하고 건재하고 있으며, 앞으로도 여전히 그의 본질에 있어서는 변화가 없을 것이다. 그러나 신성이든 혹은 인간의 구성이든, 그것들이 인간에게 공헌해야지 인간이 그것들에 공헌하도록 해서는 안 될 것이다. 하나님이 자의적이거나 사회가 법률을 제정하는 데 있어서 비합리적이지 않는 한, 인간의 자유에 대한 제한은 역사의 유풍보다는 인간의 삶과 계속적으로 관련되는 실질적인 고려에 토대를 두어야 할 것이다. 그러므로 우리는 그것들을 변화하는 사회적 상황에 비추어 재해석할 필요가 있다. 예컨대 십계명을 따르는 출애굽기 장에서는 노예들과 관련한 법령들을 다루지만, 우리는(성서를 문자 그대로 취하는 사람들을 포함하여) 현재 노예제도를 거부하고 있다.

마찬가지로 전통적인 성 도덕과 관련하여, 내가 보기에 그와 관련한 많은 규칙들은 그 기반을 성교와 임신 간의 예측할 수 없는 연합에 두고 있다. 결과적으로 아이를 양육하는 문제는 최소한 당시의 사회적 상황 하에서는 결혼과 같은 안정적인 제도만이 해결해줄 수 있었을 것이다. 그러나 매우 안전하고 또한 신뢰할 만한 피임방법들이 광범위하게 등장하게 되면서 이제는 섹스가 출산의 문제와 완전히 분리될 수 있게 되었다. 따라서 전통적인 일부 금기들, 예컨대 혼전 섹스와 같은 그런 금기들은 이제 더 이상 적용될 필요가 없다(다른 명백한 고려 사항들이 주어지지 않는 한). 다른 한편으로 성폭력, 착취, 혹은 아동 학대 등에 대한 엄중한 반대는 어떤 변화가 있어서도 안 될 것이다. 우리는 지나치게 엄격하고 불변적인 것으로서의 도덕적 규율과 도덕성을 그와 상대적으로 우리의 일시적인 기분에 예속시켜 자기 마음대로 규칙을 만들어버리는 행위 간에 적절하고 합리적인 중간 지대를 찾을 필요가 있다.

나는 확실히 역사적으로 시대에 뒤진 것으로 간주될 수 있는 것들에 대해 과도한 애착을 지닌 사람인 것 같다. 일곱 대죄가 그 좋은 예이다. 나는 그 일곱 대죄가 인간이 도덕적 행위를 하는 데 있어서 심리적으로나 윤리적으로 가장 근원적인 동기가 될 수 있겠다는 생각에 매우 흥미를 느꼈다. 그러나 여기에서 다시 도덕주의자들은 악덕과 미덕 사이를 너무 날카롭게 구분하고 있다. 아마도 그들은 그들의 도덕적 권위를 고양시킬 필요가 있어 그렇게 했겠지만, 그것은 인간이 어떻게 느끼고, 생각하고, 혹은 행동하는 것과는 거리가 있다. 빅토리아 시대의 소설가인 안소니 트롤럽은 다음과 같이 지적하고 있다.

그러나 우리는 어쩌면 너무 날카롭게 선을 긋고, 그리고 이쪽 편에는 악, 어리석음, 무정함, 탐욕을 놓고, 저쪽 편에는 명예, 사랑, 진리, 지혜를 놓고서 우리 자신들과 다른 사람들을 판단하는 데 익숙해져 있는지 모른다. 선과 악을 각기 서로 다른 영역으로 구분한다. 그러나 선과 악은 우리의 생각에서, 심지어 우리의 열망에서조차, 서로 철저하게 뒤섞여 있다.[1]

나는 잘못을 저지르고 그 결과를 처리할 때 죄책감이 필요하고 또한 그것이 불가피하다는 것을 충분히 안다. 그러나 사적인 관계에까지 그것이 파고들면, 나는 직감적으로 내 인생에서 필요한 요소가 아니면 좋겠다고 반응한다. 나는 그것이 효과적일 수 있고, 또한 그것이 어떤 상황하에서는 필수적일 수도 있다고 생각하지만, 그 대가가 나에게는 너무 크다. 그것은 그럴 만한 가치가 없다. 나는 내가 진정으로 관심을 갖는 사람들에게서 죄의식을 유발하려 하지 않으며 (내 아내와 자식들도 동의한다), 다른 사람들이 그것을 나에게 부과하는 것도 싫다(내 아내와 자식들도 그렇게 하지 않는다). 실랑이를 벌이며 흥정하는 일이 필요하듯, 죄의식 또한 우리에게 유용할 수 있으며 그리고 만약 내가 그래야 한다면 그것을 외면하지는 않는다. 그렇긴 하지만 만약 할 수만 있다면, 나는 나의 친밀한 관계를 죄의식으로 오염시키기보다는 차라리 논쟁하고 싸우는 편이 낫다고 생각한다.

아무런 잘못도 하지 않았음에도 느끼는 죄의식은 나에게 특별한 문제로 다가온다. 나는 생존자 죄의식을 경험해보지 못했으며, 또한 결코 그런 경험을 해보고 싶지도 않다. 나는 우리가 사랑하는 사람들의 불행에 대해 갖는 슬픔과 분노를 이해한다. 그러나 나는 왜 우리가 잘못을 하지 않았는데도 죄의식의 부가적인 짐을 져야 하는가에 대해서는 잘 이해가 안 된다. 나는 이것이 너무 지나치게 이성적으로 들릴 것이며, 또한 불가피한 상황들이 존재할 것이라고 생각한다. 집단적 죄의식은 나에게 결코 생소하지 않은 또 다른 경험이다. 나는 오랫동안 박해를 받아온 민족 집단의 한 사람이다. 그런고로 가해자들이 그들의 행위에 대해 집단적 책임을 수용하길 거부한다면 문제가 있다고 본다. 만약 내가 그의 구성원 중의 한 사람임이 분명한 집단이 똑같은 죄를 범한다면, 나는 기꺼이 그에 대한 책임을 함께 공유할 용기를 갖기를 바란다. 나는 또한 피해자가 된다는 것이 그 사람이 다른 사람들을 피해자로 만드는 것을 멈추게 하지 않는다는 것을 잘 알고 있다.

나는 특권층 배경 출신이지만, 법령(관습)에 의해 정해진 불공평은 내가 성장했던 물질만능 문화에서 사람들이 걱정했던 그런 어떤 것은 아니었다. 지난 20여 년 이상 나는 자선 관련 활동을 해오면서 양심의 가책으로 힘들어하지 않고도 다른 사람들의 곤경에 대해 민감하고 공명적일 수 있다는 확신이 들었다. 내가 양심의 가책을 느낀다는 사실이 불우한 사람들의 기분을 더 나아지게 만들지 않는다. 문제는 내가 도움의 손길을 뻗는 것이다. 실존적 죄의식에 대해서 말하자면, 그 개념이 강한 흥미를 불러일으키긴 하지만 그의 어떤 측면들, 예컨대 세상에 내던져진 존재로서의 죄의식과 같은 그런 문제는 계속 나를 당혹스럽게 만들고 있다.

나는 개인적으로 그리고 정신과 의사로서 과도한 죄의식을 다루는 경험을 많이 해보았다. 나 역시 10대 때 상담과 치료를 받았다면 많은 도움이 되었겠지만, 나는 그걸 이용하지 못했다. 결과적으로 자연치유의 과정이 오래 걸렸으며 그 과정 또한 힘들었다. 과도한 죄의식을 가진 환자들을 치료하는 것은 쉽지 않은 일이다. 부적절한 죄의식을 이해하고 또한 그것을 치료하면서 많은 좌절을 맛보기도 했다. 캘리포니아 청소년국의 컨설턴트로 일하면서, 교도소에서 만났던 청년들에게 관심을 가졌었는데(그들은 극악무도한 범죄에 대해 때로는 죄의식을 느끼지 않는다고 주장하였다), 나에게 유용한 도구들을 가지고 그들을 도우려 노력했지만 어떻게 해볼 도리가 없었다. 아직 어린 나이인데, 그들은 범죄적 사고방식에 꼼짝없이 갇혀있는 것 같았다. 범죄 관련성이 그들의 불리한 배경과 제대로 기능을 발휘하지 못하는 가족들과 연관이 있는 것으로 보이는 자들도 있었다. 그러나 나는 그에 대해 어떤 것도 할 수가 없었다.

나는 어머니와의 관계로 인해서 어린 시절에 양심이 지나칠 정도로 과민하게 발달했다고 생각한다. 어머니는 내 삶에서 대단한 영향력을 발휘하였으며 그 어떤 다른 사람보다 나의 인격 형성에 강력한 영향을 미쳤다. 나의 아버지는 나에게 훨씬 서먹서먹한 존재였다. 나의 어머니는 전형적인 죄의식 유도자는 아니었으며 가르침이 아주 엄한 사람도 아니었다. 어머니가 나에게 벌을 준 것은 물론이거니와 나를 한 번이라도 꾸짖었던 기억이 없다. (나의 유모가 힘들었지만, 아주 심한 것은 아니었다.) 그러나 나의 어머니는 나의 애정을 송두리째 받고 있었기 때문에 보다 직접적인 통제를 주장할 필요가 없었다. 그에 대한 보상은 그녀가 나를 그 어느 누구보다 더 사랑한다는 확신이었다.

어머니는 80살이 되었을 때 자서전을 썼는데, 거기에서 어머니는 19살 때 한 젊은 남자와의 비극적인 사랑 이야기를 밝혔다. 어머니는 미국 여자였는데, 그녀의 아버지는 어머니가 아직 어린아이였을 때 터키에서 일어난 대량학살로 희생당했다. 그녀가 사랑했던 젊은 남자는 이란 무슬림이었다. 이는 처음부터 끝까지 불행한 로미오와 줄리엣의 사랑 이야기였다.[2] 어머니의 삶의 이야기를 읽고 나자, 내가 왜 도무지 상상할 수 없을 만큼 아버지와 그렇게 거리감을 느끼게 되었는지를 한층 분명하게 알 수 있었다. 나는 나의 어머니가 비록 의도하지는 않았다 하더라도 그녀의 잃어버린 사랑을 대신하여 나를 키웠다는 것을 깨닫게 되었다. 그리스인들은 신들이 자기 조상들이 저질렀던 일에 책임을 물어 사람들을 처벌한다고 생각했다. 우리는 그것을 믿지 않을 수 있겠지만, 우리가 살면서 힘들어 하는 문제들이 우리 자녀들의 삶에까지 전해지는 것 또한 일정 부분 사실이다. 나는 어머니가 결코 예상할 수 없었던 그리고 알았다면 매우 고통스러워했을 그런 방식에서 어머니가 겪었던 삶의 비극적 사건들에 대한 대가의 일부를 지불했다고 생각한다.

나는 아버지로서 내 자식들의 도덕 발달에 어떤 영향을 미쳤다면 그것이 무엇이든 그것은 말보다는 모범을 통해서였다. 나는 자식들의 도덕적 감수성을 발달시키기 위해 내가 믿는 바를 그들에게 주입시키고자 하는 유혹을 떨쳐냈다. 그러면서 동시에 나는 바람직하지 않은 어떤 영향이 미칠지도 모를 도덕적 진공상태 속에서 그들이 성장하는 것은 아닌지 걱정하기도 했다. 다행히도 그런 일은 일어나지 않았다.

내 삶에서 또 다른 성장 경험은 내가 9살 때 나를 침대에만 틀어박히게 했던 심각한 질병이었다. 그것은 내가 죽음을 받아들이는 것을 배우도록 해주었다. 그것은 나의 인격에서 능력의 근원이 되어주었다(만약 내가 죽음을 두려워하지 않는다면, 그 밖에 두려워할 일이 뭐 있겠는가?). 그러나 일찍이 겪었던 그런 경험들은 이후 내 성격에 우울증을 드리웠으며(그렇지 않으면 아마도 성격을 삶의 비극적 본성에 관한 의식으로 물들였을 것이다) 장차 내가 겪을 죄의식 성향의 씨앗을 심어 놓았다. 청소년기에 이런 경향성들이 종교적 색조를 띠게 됨에 따라 그것들을 다루기가 더욱 복잡하게 되었다.

결과적으로 종교는 나의 도덕적 감수성을 형성하는 데 있어서 결정적인 역할을 하였다. 나는 비록 어떤 특별한 교파의 도덕적 태도와 완전하게 동일하다고 할 수는 없지만, 기독교적 양심을 가지고 있다. 나는 가톨릭의 고백성사 관습을 부러워하며, 개신교의 양심의 자유와 동방 정교회의 보다 신비스러운 도덕적 비전을 공유하고 있다(나는 비록 개신교도로 성장하였지만 세례를 받았다). 내가 다른 종교적 전통들의 죄의식 관점을 좀 더 이해하게 되면서, 그들의 가치를 더욱

충실히 인식할 수 있었다. 특히 유대교의 예언과 지혜 전통은 나의
종교적 유산에서 중요한 부분이다. 나는 무슬림들 속에서 자랐지만
이슬람에 대해서는 잘 모른다. 내가 이슬람의 전통에 대해 깊은 존경
심을 갖게 된 것은 단지 한참 후이다. 신을 향한 자기의 무조건적인
복종과 신의 사랑에 대한 한결같은 관심(특히 이슬람교 신비주의인
수피교에서)은 내 머릿속에 들어있던 많은 무의미한 신학적 어구들
을 깨끗이 정리해주었다. 더욱이 유대교와 이슬람교의 특징이기도
한 행동에 기반을 둔 책임으로서의 죄의식 개념은 나에게 죄가 되는
생각과 감정으로 인해 유도된 기독교적 죄의식으로부터 숨 돌릴 수
있는 여유를 제공해주었다.

　　내가 아는 바로는 종교적 가르침과 심리적 성향은 인간의 죄의식
개념을 형성하는 데 상호작용을 한다. 종교는 죄의식과 관련한 심리
적 갈등을 다루는 도덕적 지침과 아울러 건설적인 방법을 제공해준
다. 그러나 종교적 관점이 과도한 죄의식을 지게 되고 그의 신봉자들
이 그들의 심리적 갈등을 겪으면서 심리적으로 죄의식을 쉽게 느끼
게 되면, 그 결과는 어려움으로 이끄는 하나의 유해 혼합물이 된다.

　　인간이 해방을 향한 자연적 성향의 길을 따를 수 있다는 것을 나
는 특히 힌두교의 이념에서 발견하는 바, 그것은 나에게 있어서는 내
삶의 도덕적 질서화를 의미한다. 그래서 나는 나의 기본적인 정체성
을 유지하면서도 내 삶의 목표를 달성할 수 있다고 생각한다. 나는

모든 형식의 생명을 존중하고 또한 우리를 세상과 연결시키는 정서적 족쇄-죄의식을 포함하여-에 대해 무심한 태도를 보이는 불교로부터 깊은 인상을 받았다. 나는 유교를 하나의 인습적 종교로서보다는 윤리적 철학에 더 가까운 것으로 이해한다. 나에게 있어서는 인간 관계에서의 수치심에 관한 심오한 이해와 더불어 도덕적 판단에 있어서의 공동체적 토대가 유교의 핵심적인 측면들인 것으로 다가온다.

나는 인간 행동을 이해하는 데 있어서 진화론적 관점이 중요하다는 인식을 뒤늦게야 비로소 깨닫게 되었다(스탠퍼드의 인간생물학 동료들에게 감사한다). 죄의식의 계통 발생적 근원을 들여다보는 그런 시각은 죄의식의 무의식적 기원에 대한 나의 이해를 보완해주고 있다. 정신분석 이론의 타당성에 대한 논란이야 어떻든 간에, 사고와 감정에 영향을 미치는 우리의 정신을 구성하고 있는 무의식적 구성 요소의 개념은 나에게 인간 행동에서 불가사의한 바를 이해하는 강력한 도구로 남아 있다.

죄의식이 나의 뇌리에 본래적으로 들어있다는 관념은 그에 대한 확실한 생물학적 기반을 제공해주며 그 밖에 여러 자연세계와 나를 연결시켜준다. 생물학적 설명에는 새로운 "깔끔한" 어떤 것이 있다. 그런 설명들은 흔히 문화의 복잡한 특징들을 둘러싸고 있는 애매모호함과는 거리를 둔다. 다른 한편으로 보면 나는 모든 것을 물질적 인과관계로 환원하는 생물학적 결정론자가 아니다. 나는 인간의 죄의식 개요를 형성하는 데 있어서 문화의 역할(내 경우에서도 여러 가지가 있다)을 충분히 인식하고 있다.

죄의식을 이해하는 데 있어서 이성에 호소하는 것은 단순히 종교적 도덕 판단에 대한 세속적인 대응이 아니다. 믿음이 도덕적 추론을 방해하거나 혹은 그것을 불필요하게 만들지 않는다. 죄의식의 비밀을 해결하고자 철학자가 될 필요도 없다. 많은 사람들은 상식 도덕성에 의존하여 잘 처리하며 살고 있다. 중요한 것은 우리가 왜 그것을 하는가를 반성적으로 숙고함으로써 우리가 하는 바를 올바로 이해하는 것이다. 문제는 대부분 우리가 옳고 그름을 분간할지 모르기 때문에 일어나는 것이 아니라 옳은 것을 행하지 않는 데서 일어난다. 우리는 이성의 도움이 필요하다. 그러나 그것만으로 충분하지는 않다.

내 경우를 보면 나는 죄의식 문제에 접근할 때 이성의 철학적 적용을 매우 선호한다. 그러나 종교와 관련해서처럼 어떤 하나의 철학적 관점에 전적으로 매달리지는 않는다. 내가 살아온 과정을 반추해 보면 여러 철학적 접근들 가운데 그때그때 시기에 따라 잘 어울리는 어떤 관점이 있었던 것 같다. 예를 들면, 내가 젊었을 때는 도덕적 선택을 할 때 의무 윤리학에 기반을 둔 규칙들이 필요했다. 좀 더 나이가 들어 성인이 되었을 때, 나의 행위가 다른 사람들에게 더 많은 영향을 미치게 됨에 따라 나는 공리주의가 가장 유용하다고 생각했다. 이제 나이가 더 든 지금에 와서는 어떻게 행동해야 하는지를 마침내 잘 알게 되기를(공자처럼), 이제 더 이상 그렇게 많은 규칙들이 필요하지 않다고 느끼기를 희망한다. 정년퇴임을 한 이후에는 나의 행위가 직업 세계에 영향을 그리 미치지 않기 때문에, 내 행위의 결과에 대해서 그렇게 깊은 관심을 기울일 필요가 없다. 결과적으로 나는 지금 덕 윤리학이 가장 호소력이 있다고 생각한다. 덕 윤리학은 칸트 윤리학처럼 그렇게 엄격하지도 않고 내가 도덕적 선택을 할 때 훨씬 더 유연한 융통성을 발휘하도록 해준다. 그것은 공리주의보다 더 많은 자율성을 나에게 부여해주며 인생의 정리시기에 다른 사람들에 대해 별 걱정하지 않고 내 자신의 길을 펼칠 수 있게 해준다. 니체가 악한 들에 대해 격렬한 비판을 쏟아낼 때는 매력이 있지만, 나의 삶에서 유용하게 사용할 만한 어떤 것을 그의 관점에서 발견하기가 어렵다.

　40여 년 전에 논쟁의 여지가 많던 이혼 문제로 법과 관련하여 느꼈던 가슴 아픈 경험은 나에게 쓰라린 상처로 남아 있다. 나는 그때 이래로 법에 대해 관심을 갖게 되었음과 동시에 불편한 감정도 지니고 있다. (나는 내가 성공적인 변호사가 될 수도 있었을 것이라고 생각을 하지만, 그러나 그렇게 되었다면 그것은 나에게 최악이었을 것이다.) 이 책의 마지막 장을 쓰면서 법을 좀 더 이해할 수 있게 되었다. 나는 법률 체계가 죄와 책임을 결정하는 그리고 그의 결과들을 공정하고 인도적인, 그러나 확고하고 합리적인 방식에서 다루는 일이 얼마나 어려운 일인지를 좀 더 분명하게 인식할 수 있었다. 이런

저런 타당한 이유를 대며 법률 체계를 비판하기는 쉽지만, 사실 법률
체계는 범죄를 예방하고 범죄자들의 사회 복귀를 돕는 과업과 관련
하여 사회나 다른 분야로부터 어떤 귀중한 도움도 받지 못하고 있다.

나는 끝맺는 말을 마무리하면서 독자들에게 너무 내 멋대로 생각
한다는 인상을 주지 않을까 하는 걱정이 든다. 내 개인적인 생각을
독자들에게 피력하지 않는 편이 더 나았을지도 모른다는 생각도 든
다. 다만 최소한, 내가 한 말을 모든 사람이 모방할 하나의 모델로서
내 자신을 위치시키고자 하는 어리석은 시도로 받아들이지 않기를
바랄 뿐이다. 나는 지금까지의 내 삶이 훌륭했다고 판단될 수 있는지
는 잘 모르겠지만, 에릭 에릭슨이 말한 바대로, 적어도 나는 괜찮았
다고 생각한다. 나는 이 책을 읽는 독자들도 그렇기를 바란다.

끝으로 죄의식에 관한 모든 고려들이 나에게는 모범적인 삶을 이
끄는 면에서가 아니라 나의 생각, 느낌, 행동에 대한 도덕적 책임의
짐을 수용하는 면에서 다가온다. 왜 혹은 어떻게 도덕적인 사람이 될
수 있는가에 대해서는 분명하고 결정적인 합리적 대답이 존재하지
않는다. 최소한 모든 사람을 만족시킬 그런 대답은 없다. 그러나 우
리는 그것을 이해할 수는 있다. 중요한 것은 도덕성이 우리의 삶에서
중심에 위치해야지 어떤 부속물이나 혹은 부담으로 존재해서는 안
된다는 것이다. 알버트 아인슈타인이 말한 것처럼, "가장 중요한 인
간의 노력은 우리의 행위에서 도덕성을 추구하는 것이다. 우리의 내

면적 안정 그리고 심지어 우리의 존재 바로 그 자체는 그에 달려 있다. 우리의 행위에 내재되어 있는 도덕성만이 삶에 아름다움과 존엄을 제공해줄 수 있다."3

1 Anthony Trollope (1869/1994), *He Knew He Was Right*, p. 502 (London: Penguin).

2 내 아내는 어머니의 기억을 토대로 책을 썼다(나는 아르메니아어를 번역하였다). Stina Katchadourian (2001), *Efronia: An American Love Story* (Princeton, NJ: Gomidas Institute Press, 2001)

3 Mark Vinocur (1984), *Einstein, a Portrait* (Corte Madera, CA: Pomegranate Artbooks), 다음 책에서 인용함, Jacques P. Thiroux (2004), *Ethics: Theory and Practice*, 8th ed., p. 26 (Upper Saddle River, NJ: Prentice Hall).

찾아보기

저자 ㅣ 헤란트 캐챠도리안(Herant Katchadourian)

스탠퍼드 대학교의 정신의학 및 인간 생물학 전공 명예교수
플로라 가족재단(Flora Family Foundation)의 전 이사장
스탠퍼드의 딘켈스피엘 상과 스탠퍼드 대학 동창회에서 수여하는 리만 상을
받음

역자 ㅣ 김태훈

학력
서울교육대학교 졸업
중앙대학교 문리대 영어영문학과 졸업
서울대학교 대학원 윤리교육과 졸업(석사·박사)

경력
미국 조지아대학교 방문교수
중국 북경사범대학교 방문교수
현) 한국윤리학회 부회장
현) 한국초등도덕교육학회 회장
현) 공주교육대학교 윤리교육과 교수

저서 및 역서
『덕교육론』(양서원, 1999)
『도덕성 발달이론과 교육』(인간사랑, 2004/2008)
『인격교육의 실제』(양서원, 2006) (공역)
『새로운 시대의 인격교육』(인간사랑, 2008) (공역)
『도덕성 발달 핸드북 1, 2』(인간사랑, 2010)

죄의식: 일말의 양심

초판인쇄 2016년 7월 14일
초판발행 2016년 7월 21일

저　　　자 헤란트 캐챠도리안
역　　　자 김태훈
펴　낸　이 김성배
펴　낸　곳 도서출판 씨아이알

책임편집 박영지, 김동희
디　자　인 송성용, 추다영
제작책임 이헌상

등록번호 제2-3285호
등　록　일 2001년 3월 19일
주　　　소 (04626) 서울특별시 중구 필동로8길 43(예장동 1-151)
전화번호 02-2275-8603(대표)
팩스번호 02-2275-8604
홈페이지 www.circom.co.kr

I S B N 979-11-5610-240-3 93190
정　　　가 34,000원